Prof. Dr. Dr. Albert Bleckmann

Zur Dogmatik des Allgemeinen Verwaltungsrechts I

Die Handlungsmittel der Verwaltung
in rechtsvergleichender Sicht

Nomos Verlagsgesellschaft
Baden-Baden

Die Deutsche Bibliothek – CIP-Einheitsaufnahme

Bleckmann, Albert:
Zur Dogmatik des Allgemeinen Verwaltungsrechts I : Die Handlungsmittel der Verwaltung in rechtsvergleichender Sicht / Albert Bleckmann. – Baden-Baden : Nomos Verl.-Ges.
1. – 1. Aufl. – 1999
ISBN 3-7890-5559-X

1. Auflage 1999

Vorwort

Wenn es hierzu auch keine umfassenden Monographien gibt, sind grundsätzlich alle Einzelprobleme des Verwaltungsaktes und des Verwaltungsvertrages in den Kommentaren, Lehrbüchern, Monographien und in zahlreichen Aufsätzen so intensiv behandelt worden, daß sich eine alle Probleme umfassende Abhandlung nicht mehr rechtfertigt. Ähnlich ist die Lage, wenn man etwa Belgien und Großbritannien einmal ausnimmt, für welche es eine allgemeine Lehre, insbesondere des Verwaltungsaktes bisher nicht gibt, in den meisten anderen europäischen Staaten. In Frankreich gibt es darüber hinaus umfassende Werke zum Verwaltungsakt und zum Verwaltungsvertrag. Die Aufgabe, alle Einzelprobleme des Verwaltungsakts und des Verwaltungsvertrages rechtsvergleichend darzustellen und so dem deutschen Leser den Zugang zu den fremden Rechtsordnungen zu erleichtern, will und kann die vorliegende Abhandlung nicht übernehmen; diese Aufgabe müßte von zahlreichen Autoren übernommen werden, die in Landesberichten jeweils das Recht ihres Staates darstellen.[1]

Das Ziel der vorliegenden Monographie geht in eine andere Richtung: Unter Rückgriff auf das Verfassungsrecht und eine systematisch-teleologische Interpretation des Verwaltungsverfahrensgesetzes einerseits sowie auf die Rechtsvergleichung andererseits sollen von der Lehre vernachlässigte Grundprobleme des Allgemeinen Verwaltungsrechts analysiert und neue Antworten geboten werden. Die in diesem Werk vorgelegten Lösungen beanspruchen dabei noch nicht, positives Recht zu sein. Von positivem Recht kann man nämlich – abgesehen von der Richtigkeit der Ableitung – nur dann sprechen, wenn sich zu den jeweiligen Lösungen ein hinreichend breiter Konsens schon gebildet hat.

Die Dogmatik des Allgemeinen Verwaltungsrechts steht in den nächsten Jahrzehnten vor gewaltigen Herausforderungen, welche die Lehre bisher nicht einmal in Ansätzen in Angriff genommen hat. Diese Herausforderungen haben sehr verschiedene Ursachen; es ist deshalb recht schwierig, die Auswirkungen dieser verschiedenen Ursachen in einer einheitlichen Dogmatik zu erfassen. Dennoch muß dieser Versuch im Interesse der Durchsetzung des Europäischen Gemeinschaftsrechts, des Rechtsstaatsprinzips und des allgemeinen Gleichheitssatzes gewagt werden.

1 Vgl. J. Schwarze (Hrsg.), Droit national sous l'influence de l'Europe, 1996; ders. (Hrsg.), Administrative Law under European Influence, 1996.

Zunächst ist die Veränderung der Dogmatik des Allgemeinen Verwaltungsrechts auf bestimmte innerstaatliche Ursachen zurückzuführen. Dazu zählt eine wachsende Erkenntnis und damit auch eine Erweiterung des Rechtsstaatsprinzips unserer Verfassung. Insoweit sind vor allem drei Anliegen zu berücksichtigen: Einmal wächst die Erkenntnis, daß die rechtsstaatlichen Sicherungen, die bei einem Eingriff in die Grundrechte anwendbar werden (Gesetzesvorbehalt, Verhältnismäßigkeitsprinzip, Wesensgehaltsgarantie, Rechtsschutz) auch auf den nur mittelbaren Eingriff in die Grundrechte, ja sogar auf die verschiedenen anderen Funktionen der Grundrechte (Teilhaberrechte, institutionelle Garantien, verfahrensrechtliche Komponenten) übertragen werden müssen. Dabei ist nicht an eine automatische Erstreckung dieser rechtsstaatlichen Sicherungen auf die anderen Funktionen der Grundrechte, sondern an eine »anpassende Analogie« zu denken. Diese Grundrechtserweiterung wird erhebliche Auswirkungen auch auf das Verwaltungsverfahren haben. Die damit verbundenen Probleme sind bisher kaum gesehen worden; erst in neuerer Zeit finden sich umfassende Darstellungen der verfahrensrechtlichen Probleme etwa des Drittschutzes[2] (mittelbarer Grundrechtseingriff). Zweitens beginnt das ursprünglich nur auf die Grundrechte bezogene subjektive Rechtsstaatsprinzip sich in ein »objektives« Rechtsstaatsprinzip zu verwandeln. Da die Regeln der Verwaltungs- und Verfahrensgesetze in weitem Sinne Ausfluß des Rechtsstaatsprinzips sind, wird auch diese Entwicklung zahlreiche Auswirkungen auf das Verfahrensrecht haben. Das objektive Rechtsstaatsprinzip hat dabei zwei Seiten: Einmal wird sich das Ziel der Verfahrensordnungen vom Schutz der subjektiven Rechte auf die Durchsetzung des objektiven Rechts erstrecken. Auf der anderen Seite werden durch unsere Verfassung auch bestimmte öffentliche Interessen, insbesondere das Finanzinteresse des Staates geschützt. Das bedeutet aber, daß das Rechtsstaatsprinzip auch auf die Durchsetzung der allgemeinen Interessen erstreckt werden muß, die im politischen Willensbildungsprozeß häufig nicht mehr hinreichend berücksichtigt werden.

Neben diese internen treten externe Ursachen für eine allmähliche Wandlung des Verwaltungsverfahrensrechts. Einen Ausgangspunkt stellt insoweit vor allem das Europäische Gemeinschaftsrecht dar, wenn in Zukunft sich Ansätze zu dieser Entwicklung auch im allgemeinen Völkerrecht finden lassen werden. In der Tat verlangt, wie der Europäische Gerichtshof in neueren Entscheidungen festgestellt hat, der Grundsatz der Einheit und der Effektivität des Gemeinschaftsrechts die Entwicklung eines allen Staaten gemeinsamen europäischen Verwaltungsrechts, das auf den Vollzug des Gemeinschafts-

2 Vgl. etwa *Schmidt-Preuß*, Kollidierende Privatinteressen im Verwaltungsrecht, 1992; *Roth*, Verwaltungshandeln mit Drittbetroffenheit und Gesetzesvorbehalt, 1991; *Preu*, Subjektivrechtliche Grundlagen des öffentlich-rechtlichen Drittschutzes, 1992.

rechts sowohl durch die Organe der EG als auch durch die nationalen Behörden und Gerichte anwendbar ist; in der Tat hatte die Anwendung des nationalen Verwaltungsverfahrensrechts auf den Vollzug des Gemeinschaftsrechts durch die nationalen Behörden zur Folge, daß dem Grundsatz der Gleichheit der Mitgliedstaaten widersprechend das Gemeinschaftsrecht in den verschiedenen Mitgliedstaaten sehr unterschiedlich vollzogen wurde. Im Gegensatz zur Rechtsprechung des Bundesverfassungsgerichts ist dabei das europäische Effektivitätsprinzip primär nicht auf die Durchsetzung der Grundrechte, sondern auf die Durchsetzung des objektiven Gemeinschaftsrechts und der europäischen Allgemeininteressen ausgerichtet. Das aber bedeutet, daß das sich auch auf der europäischen Ebene (Gemeinschaftsrecht und EMRK) allmählich entwickelnde Rechtsstaatsprinzip eine objektive Ausrichtung erhält. Die Folge wird notwendigerweise sein, daß sich das Rechtsstaatsprinzip auch als das Ziel des behördlichen und gerichtlichen Verfahrens in der Bundesrepublik Deutschland ändert: Prinzipien des französischen Verwaltungsrechts werden allmählich typisch deutschrechtliche Konzeptionen verdrängen.

Dabei ist natürlich denkbar, daß man im nationalen Recht hinsichtlich des Verfahrens zwei Rechtsmassen unterscheidet: Neben das den deutschrechtlichen Konzeptionen folgende Allgemeine Verwaltungsrecht, das auf den Vollzug des deutschen materiellen Rechts ausgerichtet ist, tritt das europäische Allgemeine Verwaltungsrecht, das sich nur auf den Vollzug des Europarechts bezieht.

Schon im Interesse des Allgemeinen Gleichheitssatzes, aber auch aus organisatorischen Gründen, erscheint eine solche Zweiteilung des Allgemeinen Verwaltungsrechts aber wenig wünschenswert, zumal auch, wie wir zeigen werden, das deutsche Rechtsstaatsprinzip allmählich in Richtung auf objektive Komponenten weiterentwickelt werden muß. Wenn es auch grundsätzlich im Interesse der inneren Einheit des Verwaltungsrechts liegt, für den Vollzug des Gemeinschaftsrechts für den europäischen und den deutschen Rechtsraum einheitlich allgemeine Regeln des Verwaltungsrechts zu entwickeln, darf nach dem europarechtlichen Subsidiaritätsprinzip und dem vom Maastricht-Vertrag begründeten Interventionsverbot in die Eigenständigkeit der Mitgliedstaaten das europäische Gemeinschaftsrecht auch das deutsche Verwaltungsrecht nur insoweit verdrängen, als es für den effektiven Vollzug des Gemeinschaftsrechts zwingend erforderlich ist: Soweit dies nicht der Fall ist, greift der im Souveränitätsprinzip enthaltene Grundsatz der Autonomie (Selbstbestimmungsrecht) und der Eigenständigkeit der nationalen Rechtsordnungen ein. Für das deutsche Recht bedeutet dies, daß die Ausrichtung des deutschen Verwaltungsrechts am Schutz der subjektiven öffentlichen Rechte durch das Europäische Gemeinschaftsrecht nicht verboten wird, wenn die entsprechenden Begriffe des Verwaltungsaktes und des subjektiven Rechts dem

deutschen System entsprechend so erweitert werden können, daß sie auch für eine effektive Durchsetzung des Gemeinschaftsrechts ausreichen.
Nur am Rande vermerkt sei hier ein weiterer Aspekt, der an der Entwicklung der inneren Einheit des Allgemeinen Verwaltungsrechts ausgerichtet ist. Auf der einen Seite gilt es, umfassende Theorien des Allgemeinen Verwaltungsrechts zu entwickeln, welche die Regeln über den Verwaltungsakt und die Normen über den Verwaltungsvertrag, aber auch die Vorschriften über das Verfahren zu einer inneren Einheit zusammenfassen. Neben der bisher in allen Mitgliedstaaten der EG stark vernachlässigten Lehre vom Ziel des Verwaltungs- und des Verwaltungsgerichtsverfahrens kann insoweit auf die deutsche Lehre vom Verwaltungsrechtsverhältnis und auf die französische Theorie des »service public« zurückgegriffen werden. Das Verwaltungsrechtsverhältnis des deutschen Rechts gestattet eine solche Verallgemeinerung. Wir haben in der Tat dargelegt, daß an dem deutschen System der subjektiven öffentlichen Rechte festgehalten werden kann, wenn die Begriffe des Verwaltungsakts und des subjektiven öffentlichen Rechts soweit erstreckt werden, daß sie auch einer vollen Durchsetzung des objektiven Rechts dienen können. Dann erscheint es aber auch möglich, das französische und das europäische Gemeinschaftsrecht subjektiv zu begreifen und folglich auf das deutschrechtliche Institut des Verwaltungsrechtsverhältnisses zurückzugreifen. Diese Konstruktion hat nämlich den Vorteil, daß sie auf der einen Seite eine Analogie vom Verwaltungsakt auf den Verwaltungsvertrag und umgekehrt sowie eine Analogie vom Privatrechtsverhältnis auf das Verwaltungsrechtsverhältnis gestattet. Auf der anderen Seite wird durch den Rückgriff auf das Verwaltungsrechtsverhältnis ein umfassendes Forschungsprogramm aufgestellt, das die einheitlichen Regeln des Verwaltungsaktes für die Begründung, die Änderung und die Aufhebung des Verwaltungsrechtsverhältnisses ausfüllen muß.
Eine ähnliche Funktion vermag das französische Rechtsinstitut des »service public« zu erfüllen. Dieser im Anschluß an *Léon Duguit* durch den Conseil d'Etat entwickelte Begriff verbindet drei Kriterien miteinander: Er umreißt auf der einen Seite den Behördenbegriff, der vom service public industriel et commercial (Regiebetriebe) abgegrenzt werden muß und richtet sich andererseits an der öffentliche Aufgabe, dem öffentlichen Interesse aus, das in einer Dienstleistung an die Allgemeinheit selbst dann besteht, wenn es sich um die Eingriffsverwaltung handelt. Im Gegensatz zum deutschen Recht werden auf diese Weise die rechtsstaatlichen Regeln der Leistungsverwaltung auf die Eingriffsverwaltung erstreckt. Der Begriff des service public gestattet die Abgrenzung des öffentlichen vom privaten Recht. Er verhindert, daß diese Abgrenzung nach der völlig sinnentleerten »modifizierten Subjektstheorie« vorgenommen werden muß. Auf der anderen Seite verbindet er die Regeln des Verwaltungsvertrages mit denen des Verwaltungsaktes. Die Normen des

öffentlichen Sachenrechts (»usagers d'un service public«) werden auf das allgemeine Verwaltungsrecht anwendbar.
Wir werden im Rahmen dieses Werkes zeigen, daß das deutsche Verwaltungsverfahrensgesetz Ausdruck der in den 70er Jahren entwickelten Formulierung des Rechtsstaatsprinzips ist. Oben haben wir schon gesehen, daß dieses Rechtsstaatsprinzip sich auf der europäischen und der deutschen Ebene zu wandeln beginnt. Da das gesamte Verfahrensrecht verfassungs- und europarechtskonform auszulegen ist, können in einer solchen Situation die Vorschriften der Verwaltungsverfahrensgesetze nur noch als Mindestanforderungen für die Durchsetzung des subjektiven Rechtsstaatsprinzips verstanden werden. Die Verwaltungsverfahrensgesetze stehen damit einer Uminterpretation und eventuell einer Ergänzung nicht entgegen, wenn sich der Inhalt des Rechtsstaatsprinzips als Grundlage dieser Gesetze verschiebt.
Die so umschriebenen Herausforderungen an die Dogmatik des Allgemeinen Verwaltungsrechts können nur durch Generationen von Forschern bewältigt werden.
Die Werke von V. Röben (Die Einwirkung der Rechtsprechung des Europäischen Gerichtshofs auf das mitgliedstaatliche Verfahren in öffentlichen Streitigkeiten (1998) und von Stefan Kadelbach (Allgemeines Verwaltungsrecht unter europäischem Einfluß, 1999) konnten nicht mehr berücksichtigt werden.

Inhaltsverzeichnis

Erster Teil: Die verfassungs- und europarechtlichen Grundlagen

Dritter Teil: Zur Dogmatik des Verwaltungsvertrages (Der Verwaltungsvertrag in Deutschland und Europa)

Anhang

Erster Teil
Die verfassungs- und europarechtlichen Grundlagen

§ 1 Das Rechtsstaatsprinzip

A. *Das Rechtsstaatsprinzip in vergleichender Sicht*[3]

In einem Aufsatz im Deutschen Verwaltungsblatt[4] habe ich die Auffassung vertreten, allen Staaten der Europäischen Gemeinschaften und der westlichen Welt sei der Rechtsstaatsbegriff bekannt, so daß der Europäische Gerichtshof aufgrund dieser Rechtsvergleichung den Rechtsstaatsbegriff selbst und nicht nur einzelne ihm entfließende Rechtssätze als allgemeinen Rechtsgrundsatz übernehmen und aus ihm ohne Rücksicht auf die unterschiedliche Konkretisierung dieses Begriffs in den einzelnen Staaten den europäischen Strukturen und Prinzipien entsprechende Rechtssätze deduzieren könne. Dieses Ergebnis wird von *Wade/Bradley* bestätigt, die in der 7. Auflage ihres Lehrbuchs über Constitutional Law ausführen:

> »The principle of the rule of law has since the end of the Second World War been a matter of universal discussion and endeavour to formulate the basic elements of the rule. So far from the principle being confined to common law jurisdiction, the rule of law is now considered as a basic idea which can serve to unite lawyers of many different systems, all of which aim at protecting the individual from arbitrary government. In this way the rule has become to be identified with the concept of the rights of man. Most countries, outside the Communist world, accept that the rule has a positive content, no matter how much that content may differ in the various countries«[5].

Und *Hood Phillips*[6] verweist auf die Tatsache, daß die der UNESCO angeschlossene International Commission of Jurists zur Auslegung der Rule of Law in der allgemeinen Menschenrechtserklärung auf einem Kongress in Delhi im Jahre 1959 unter Beteiligung von 35.000 Juristen aus allen Ländern der Welt folgenden Inhalt der Rule of Law festgelegt hat:

> »The Rule of Law, according to the Declaration of Delhi, relates to:
> (i) the Legislature: there is a right to representative and responsible Government; and there are certain minimum standards or principles for the laws, including those contained in the Universal Declaration and the European Convention, in particular,

3 Zuerst veröffentlicht in: JIR, Bd. 20 (1977), 406. Abdruck erfolgt mit freundlicher Genehmigung des Verlages Duncker & Humblot.
4 *Bleckmann*, DVBl. 1976, 483 – 488.
5 *Wade/Bradley*, Constitutional Law, 7. Aufl., 1965, 72.
6 Constitutional and Administrative Law, 3. Aufl. 1972, 21.

freedom of religious belief, assembly and association, and the absence of retroactive penal laws;
(ii) the Executive: especially that delegated legislation should be subject to independent judicial control, and that a citizen who is wronged should have a remedy against the State or Government;
(iii) the Criminal Process: a »fair trial« involves such elements as certainty of the criminal law, the presumption of innocence, reasonable rules relating to arrest, accusation and detention pending trial, the giving of notice and provision for legal advice, public trial, right of appeal, and absence of cruel or unusual phunishments;
(iv) the Judiciary and the Legal Profession: this requires the independence of the Judiciary and proper grounds and procedure for removal; and imposes a responsibility on an organised and autonomous legal profession.«

Im folgenden soll auf den Rechtsstaatsbegriff in der Bundesrepublik Deutschland, den der USA, der Schweiz, Österreichs, Italiens, der Beneluxstaaten und Großbritanniens näher eingegangen werden, um dann in einem zweiten Abschnitt zu prüfen, wie der mehr oder weniger einheitliche Rechtsstaatsbegriff auf der Ebene der Europäischen Gemeinschaften und bei der Auslegung der Europäischen Menschenrechtskonvention verwertet werden kann.

I. *Vergleich des Rechtsstaatsbegriffs in den einzelnen westlichen Staaten*

1. *Bundesrepublik Deutschland*

Das in Art 20 III, 28 I GG verankerte Rechtsstaatsprinzip ist ein elementarer Leitgedanke der Verfassung der Bundesrepublik Deutschland, der in zahlreichen Einzelbestimmungen des Grundgesetzes seine Konkretisierung gefunden hat und aus dem das Bundesverfassungsgericht ständig neue Rechtssätze ableitet. Die Rechtsprechung des Bundesverfassungsgerichts[7] läßt sich in drei große Prinzipiengruppen ordnen:

a) Das Rechtsstaatsprinzip fordert zunächst den Schutz von Freiheit und Eigentum des Bürgers gegen staatliche Eingriffe.
aa) Der Staat ist so zu organisieren, daß willkürliche Eingriffe in die Grundrechte unwahrscheinlich werden.

7 Literatur: *Bachof/Forsthoff,* Begriff und Wesen des sozialen Rechtsstaats, Veröffentlichung der Deutschen Staatsrechtslehrer, Heft 12, (1954), 8 – 88; *Leibholz/Rinck/Hesselberger,* Grundgesetz, Kommentar an Hand der Rechtsprechung des Bundesverfassungsgerichts, 7. Aufl. 1993, Art. 20, 395 ff.; *Goeckel,* Die Grundsätze des Rechtsstaats in der höchstrichterlichen Rechtsprechung der Bundesrepublik Deutschland, 1965; *Raether,* Das Prinzip des Rechtsstaats in der Rechtsprechung des Bundesverfassungsgerichts und der obersten Bundesgerichte, 1967.

(1) Voraussetzung der umfassenden rechtlichen Bindung des Staates ist eine geschriebene Verfassung.[8] Der Staat darf nur tätig werden, soweit ihm die Verfassung dies gestattet.

(2) Das bedeutet auch, daß der in Art. 20 II GG bestimmte Souverän – das Volk – nur als Staatsorgan im Rahmen der Verfassung handeln darf.

(3) Die Grundsätze der horizontalen und vertikalen Gewaltenteilung sollen verhindern, daß ein Staatsorgan ohne größere Schwierigkeiten alle Staatsgewalten an sich ziehen kann und damit souverän in dem Sinne wird, daß es die Verfassung durchbrechen kann.

(4) Die Gerichtsbarkeit und die Verwaltung sind neben der Verfassung an die Gesetze gebunden.

(5) Die Einhaltung der Verfassung wird durch die Verfassungsgerichtsbarkeit gewährleistet.

bb) Bei Eingriffen in die Freiheit und das Eigentum des Bürgers sind gewisse organisatorische und formelle Garantien zu beachten:

(1) Die Verwaltung darf in Eigentum und Freiheit des Bürgers nur aufgrund eines Gesetzes eingreifen (formeller Gesetzesvorbehalt), das das Handeln der Verwaltung präzise umschreibt (materieller Gesetzesvorbehalt).

(2) Soweit der Verwaltung ein Ermessen zusteht, wird dieses Ermessen durch rechtsstaatliche Elemente (Ausrichtung am öffentlichen Interesse, Gleichheitssatz usw.) eingeschränkt.

(3) Strafen sind nur aufgrund eines vorherigen Gesetzes zulässig.

(4) Eingriffe der Verwaltung in die Recht des Bürgers werden durch unabhängige Gerichte kontrolliert.

(5) Für die Feststellung von Rechtsverhältnissen zwischen Bürgern sind unabhängige Gerichte zuständig, die in einem rechtsstaatlich geordneten Verfahren entscheiden.

(6) Der Richter muß rechtliches Gehör gewähren.

(7) Auch das Verfahren der Verwaltung muß rechtsstaatlichen Anforderungen entsprechen (Recht auf Gehör, Begründungszwang).

(8) Bei einer rechtswidrigen Verletzung der Rechte der Bürger entsteht ein Schadensersatzanspruch gegenüber dem Staat.

cc) Die Grundrechte der Bürger sind schließlich auch als solche zu schützen.

In die Grundrechte darf nur eingegriffen werden, wenn übergeordnete öffentliche Interessen dies zwingend erfordern. Der Grundrechtseingriff darf nicht

8 Wie sehr das Bundesverfassungsgericht eine geschriebene Verfassung und insbesondere einen geschriebenen Grundrechtsteil für den Rechtsstaat für erforderlich hält, zeigt das Europarechtsurteil vom 29.5.1974, BVerfGE 37, 271 (»Solange I«); dazu *Hilf/Klein/Bleckmann*, Sekundäres Gemeinschaftsrecht und deutsche Grundrechte, zum Beschluß des Bundesverfassungsgerichts vom 29. Mai 1974, ZaöRV 1985, 51 – 108.

weiter gehen, als die öffentlichen Interessen dies verlangen. Stets muß der Wesensgehalt der Grundrechte gewahrt bleiben.

b) Das Rechtsstaatsprinzip verlangt ferner die Wahrung der Rechtssicherheit. Aus diesem Grundsatz werden folgende Rechtssätze abgeleitet:
aa) Im Streit zwischen materieller Gerechtigkeit und Rechtssicherheit muß von einem bestimmten Punkt an das Prinzip der Rechtssicherheit überwiegen. So erklärt sich die Rechtskraft der gerichtlichen Urteile und die Bestandskraft der Verwaltungsakte.
bb) Das Vertrauen des Bürgers in die Kontinuität des staatlichen Handelns ist zu schützen.
(1) Daraus ergibt sich zunächst die Notwendigkeit der Veröffentlichung bzw. der Bekanntgabe von Akten, welche den Bürger betreffen.
(2) Die echte Rückwirkung von Staatsakten, welche die Rechtsstellung des Bürgers verschlechtern, muß ausgeschlossen sein, weil der Bürger sich auf sie nicht einstellen konnte.
(3) Die Änderung eines staatlichen Planes muß, wenn der Bürger sich auf die Einhaltung des Planes verlassen durfte, durch einen Plangewährleistungsanspruch sanktioniert werden.
(4) Die Zusage von Verwaltungsakten durch die Verwaltung muß eingehalten werden.
(5) Die Rücknahme von den Bürger begünstigenden Verwaltungsakten ist nur in Ausnahmefällen zulässig.
c) Das Rechtsstaatsprinzip fordert schließlich, daß der Staat die materielle Gerechtigkeit verwirklicht, soweit diese erkennbar ist. Auf diesem Satz beruht der Ausschluß der staatlichen Willkür durch den Gleichheitssatz, die Forderung, daß Voraussetzung für eine Strafe ein Verschulden des Täters sein muß und das Verbot der Doppelbestrafung.

2. *Die Vereinigten Staaten von Amerika*

a) Das *Fifth Amendment* der amerikanischen Verfassung bindet den Kongress der Vereinigten Staaten u.a. an die *due process clause*:

> »No person shall be held to answer for a capital, or otherwise infamous crime, unless on a presentment or indictment of a Grand Jury, except in cases arising in the land or naval forces, or in the Militia, when in actual service in time of War or public danger; nor shall any person be subject for the same offence to be twice put in jeopardy of life or limb; nor shall be compelled in any criminal case to be a witness against himself, nor be deprived of life, liberty or property, without due process of law; nor shall private property be taken for public use, without just compensation.«

Das *Fourteenth Amendment* erstreckt die *due process clause* auf die Staaten:

> »All persons born or naturalized in the United States, and subjects to the jurisdiction thereof, are citizens of the United States and the State wherein they reside. No State shall make or enforce any law which shall abridge the privileges, or immunities of citizens of the United States; nor shall any State deprive any person of life, liberty or property, without due process of law; nor deny to any person within its jurisdiction the equal protection of the laws.«

Es läge nahe, diese beiden Klauseln verschieden zu interpretieren. Denn der Kongress ist durch die US-Verfassung noch an zahlreiche andere Grundrechte gebunden, während die Staaten nur durch das *Fourteenth Amendment* in die Pflicht genommen werden. Hinsichtlich der Bindung des Kongresses können diese anderen Grundrechte also neben der *due process clause* stehen, während diese Klausel in bezug auf die Staaten alle diese Grundrechte umfassen muß, wenn der Grundrechtsschutz effektiv sein soll. Trotzdem ist die Lehre der Auffassung, daß beide Klauseln im gleichen umfassenden Sinne zu verstehen sind.[9]

b) »The difficulty of defining due process of law has been repeatedly recognized. It has been said that it would be very difficult, if not impossible, to frame a definition of the term which would be accurate, complete and appropriate under all circumstances. What is due process depends on the circumstances varying with the subject matter and the caracteristics of the situation. It also depends, to some extent, on the power of Government which is being exercised and the purpose to be accomplished«.[10]

Dennoch gibt es verschiedene Definitionsversuche. So soll *due process of law* das »law in the regular course of administration through courts of justice, according to the rules and forms which have been established for the protection of private rights; law according to the settled course of judicial proceedings or in accordance with natural, inherent, and fundamental principles of justice, enforceable in the normal modes established in the administration and government with kindred matters«[11] sein. Wie wir sehen werden, sind diese Definitionen unvollständig.

Daß die *due process clause* die Gerechtigkeit im staatlichen Handeln gegenüber den Bürgern sichern soll, kommt am besten im Urteil *Solesbee v. Dalkoom*[12] zum Ausdruck:

9 American Jurisprudence, Constitutional law (AJ), § 576.
10 AJ (Anm. 9), § 570.
11 AJ (Anm. 9), § 571.
12 339 U.S. 9, 16 (1960).

»It is now settled doctrine of this court that the due process clause embodies a system of rights based on moral principles so deeply fundamental to a civilized society as conceived by our whole history. Due process is that which comports with the deepest notions of what is fair and right and just.«

Wie im englischen Recht die *rule of law*, soll im amerikanischen Recht die *due process clause* die staatliche Willkür ausschließen.[13] Bei näherer Betrachtung greifen diese Sicherungen zwar gegen alle drei Gewalten, aber nur insoweit ein, als es sich um Eingriffe (*deprive*) in »life, liberty or property« handelt.

c) Um deshalb das Eingreifen der *due process clause* richtig abzugrenzen, ist es erforderlich zu wissen, was einerseits unter diesen drei Grundrechten, andererseits unter dem Eingriff in diese Rechte zu verstehen ist.
aa) *Property* ist nach amerikanischer Auffassung im weitesten Sinne zu verstehen. Der Begriff geht über den Eigentumsbegriff des deutschen Grundgesetzes noch hinaus. Etwa umfaßt er auch die Freiheit, seine Arbeitskraft zu verwerten.[14]
Beim »Eingriff« in das Eigentum steht auch die amerikanische Rechtsprechung vor dem Dilemma, daß einerseits dieser Begriff weit verstanden werden muß, um die Sicherungen des Rechtsstaatsbegriffs eingreifen zu lassen, daß auf der anderen Seite eine Tendenz zur Einengung besteht, weil bei Eingriffen in das Eigentum eine Entschädigung zu zahlen ist.[15]
bb) *Liberty* ist nicht nur die körperliche Freiheit, der Begriff stimmt vielmehr in etwa mit der »freien Entfaltung der Persönlichkeit« des Art. 2 I GG überein:

»Although the court has not assumed to define liberty with any great precision, that term is not confined to mere freedom from bodily restraint. Liberty under Law extends to the full range of conduct which the indivudal is free to pursue; and it cannot be restricted except for a proper governmental objective.«[16]

Diese Freiheit umfaßt etwa das Vertragsschlußrecht[17], »the liberty to educate one's children in the school of one's choosing, the liberty to study a foreign language, the liberty of couples to use contraceptives,« das Recht, innerhalb der USA und von den USA ins Ausland zu reisen.[18]

13 AJ (Anm. 9), § 575.
14 AJ (Anm. 9), § 569, § 669.
15 AJ (Anm. 9), § 651.
16 *Bolling v. Sharpe,* 347 U.S. 497, 499 – 500 (1954).
17 The Constitution of the U.S.A., Analysis and Interpretation, Congressional Research Service (The Constitution), 1973, 1170.
18 The Constitution (Anm. 17), 1171.

»Without doubt, liberty denotes not merely freedom from bodily restraint but also the right of the individual to contract, to engage in any of the common occupations of life, to acquire knowledge, to marry, establish a home and bring up children, to worship god according to the dictates of his own conscience, and generally to enjoy those privileges long recognized in common law as essential to the orderly pursuit of happiness of free men.«[19]

Liberty umfaßt schließlich auch die Ehre und das Ansehen.[20]

d) Wie in den anderen Rechtsordnungen, umfaßt also auch die *due process clause* im amerikanischen Recht Sicherungen bei Eingriffen in Grundrechte. Wir haben dabei schon gezeigt, daß die Grundrechte *life, property* und vor allem *liberty* der *due process clause* Grundrechte umfassen, die durch Spezialklauseln an anderer Stelle der Verfassung geregelt werden. Wie der Rechtsstaatsbegriff des deutschen Rechts scheint so die *due process clause* alle rechtsstaatlichen Sicherungen zu umfassen, ganz gleich in welchen Bestimmungen der Verfassung sie enthalten sind. Das gilt etwa auch für den Gleichheitssatz, der unter die *due process clause* fällt, obwohl die US-Verfassung eine *equality clause* enthält.[21] Ebenso fallen unter die *due process clause* die Verfahrensrechte des 4., 5., 6. und 8. *Amendments*.[22] Nicht in die *due process* einbezogen ist dagegen etwa der Gewaltenteilungsgrundsatz. Generell gilt folgendes Prinzip:

»While the fact that a right is specifically dealt with in another part of the Federal Constitution may be indicative that it is not embraced in due process of law, such a rule is merely an aid to construction and must yield to more compelling constructions whenever such considerations exist.«[23]

e) Die *due process clause* enthält zahlreiche Einzelrechtssätze zum Schutz der Grundrechte:
aa) Im Vordergrund der historischen Entwicklung standen – dem Wortlaut der Klausel entsprechend – zunächst verfahrensrechtliche Sicherungen:
(1) Es gilt zwar nicht generell der Satz, daß Eingriffe in die drei Grundrechte nur durch ein Gericht möglich sind, bzw. daß ein Gericht – vielleicht sogar eine Jury – solche Eingriffe durch Gesetz oder Verwaltungsakt überprüfen können muß. Bei schwerwiegenden Eingriffen besteht allerdings ein Anspruch auf gerichtliche Überprüfung durch eine zuständigen Richter.[24]

19 Justice *Mac Reynold* in: Meyer v. Nebraska, 262 U.S. 399 (1923).
20 The Constitution (Anm. 17), 1440.
21 AJ (Anm. 9), § 574; The Constitution (Anm. 17), 1162.
22 The Constitution (Anm. 17), 1440.
23 AJ (Anm. 9), § 569.
24 AJ (Anm. 9), § 573; The Constitution (Anm. 17), 1145, 1409.

(2) Das Recht auf Zugang zu den Gerichten darf nicht durch finanzielle Gründe ausgeschaltet sein.[25]
(3) Der Richter muß unabhängig und unparteiisch sein.[26] Das ist er nicht, wenn er unter dem Einfluß des Straßenmobs oder des Fernsehens verhandelt und entscheidet.[27]
(4) Der Angeklagte oder der Beklagte muß so rechtzeitig von einem gegen ihn schwebenden Verfahren benachrichtigt werden, daß er sich hinreichend verteidigen kann (*due notice*).[28]
(5) Besonders wichtig genommen wird vom Supreme Court das Recht auf rechtliches Gehör (*fair hearing*). Es muß insbesondere das Recht gewährt werden, Beweise vorzubringen und zu dem Vortrag der Gegenseite Stellung zu beziehen.[29] Ein Angeklagter muß persönlich anwesend sein und das letzte Wort haben; dabei muß sicher sein, daß er das Verfahren verstanden hat.[30] Es muß die Möglichkeit zum Kreuzverhör und zur Vertretung durch einen Anwalt bestehen.[31]
(6) Es ist auch verboten, eine Zeugenaussage zu verwerten, wenn das Gericht oder der Staatsanwalt erkennt, daß die Aussage falsch ist; die Staatsanwaltschaft darf für den Angeklagten günstige Beweise nicht zurückhalten.[32]
(7) Ein Recht auf eine zweite Verhandlung im Berufungsverfahren verleiht die *due process clause* dagegen nicht.[33]
(8) Im übrigen muß es sich um eine »faires« Verfahren handeln. Während man früher davon ausging, daß die althergebrachten – englischrechtlichen – Prozeßgrundsätze zu beachten sind, ist man heute der Auffassung, es könnten auch neue Verfahrensgrundsätze eingeführt werden:[34]

> »A State is free to regulate the procedure of its courts in accordance with its own conceptions of policy and fairness unless in doing so it offends some principles of justice so rooted in the traditions and conscience of our people as to be ranked as fundamental«.[35]

bb) Auch das Verwaltungsverfahren muß bestimmten rechtsstaatlichen Grundsätzen entsprechen. Dazu gehört insbesondere das Recht auf rechtliches Gehör.[36]

25 The Constitution (Anm. 17), 1409.
26 The Constitution (Anm. 17), 1438.
27 The Constitution (Anm. 17), 1446.
28 AJ (Anm. 9), § 573; The Constitution (Anm. 17), 1145, 1432.
29 The Constitution (Anm. 17), 1146.
30 The Constitution (Anm. 17), 1160 ff.
31 The Constitution (Anm. 17), 1160 ff.
32 The Constitution (Anm. 17), 1438.
33 The Constitution (Anm. 17), 1416, 1452.
34 The Constitution (Anm. 17), 1142.
35 *Ownbey v. Murgan,* 256 U.S. 94, 112 (1921).
36 The Constitution (Anm. 17), 1146.

cc) Die *due process clause* umfaßt ferner das Verbot unbestimmter[37] oder rückwirkender[38] Eingriffs- und insbesondere Strafgesetze, die Unschuldsvermutung, welche die Aufstellung bestimmter gesetzlicher Vermutungen für die Schuld verbietet;[39] sie verlangt, daß nur bei hinreichenden Beweisen verurteilt wird.[40]

dd) In neuerer Zeit gibt es neben dem *procedural due process* einen *substantive due process*:

> »On view of due process . . . sought to limit the provision to a guarantee of procedural fairness. But due process in the consistent view of this court has ever been a broader concept than the view . . . were due process merely a procedural safeguard, it would fail to reach these situations where the deprivation of life, liberty or property was accomplished by legislation.«

Die *substantive due process* sieht also in den Grundrechten der *due process clause* auch Schranken des Gesetzgebers. Der Gesetzgeber kann zwar in Verfolgung eines übergeordneten öffentlichen Interesses den Grundrechten Schranken ziehen, doch überprüft das Gericht, ob solche Interessen vorliegen, ob der Gesetzgeber ihre Verfolgung tatsächlich angestrebt hat, ob die Einschränkung zugunsten der verfolgten öffentlichen Interessen erforderlich war usw.[41] Hier stehen wir also vor ähnlichen Ergebnissen wie bei den Voraussetzungen der Erforderlichkeit, der Geeignetheit, der Verhältnismäßigkeit im deutschen Rechtsstaatsbegriff. Die Urteile sprechen davon, daß der Eingriff »reasonable« sein muß. Dabei gilt wie im deutschen Recht der Grundsatz:

> »Whether legislative action in such matters is deemed to be wise or proves efficient, whether it works a particular hardship on a particular litigant«

ist eine Frage, die allein der Gesetzgeber entscheidet.[42]
Im einzelnen ist hier noch vieles unerforscht. Ein Vergleich, inwieweit der deutsche und der amerikanische Verfassungsrichter die Politik des Gesetzgebers korrigeren darf, steht noch aus.

f) Zusammenfassend kann man also feststellen: Die *due process clause* faßt die Mittel zusammen, die gegen die Willkür staatlicher Akte erforderlich sind, welche in die Grundrechte eingreifen. Dabei werden aus der *due process clause* von den Gerichten ständig neue Sicherungsmittel entwickelt, soweit sie dies für erforderlich halten. Die Einzelrechtssätze stimmen weitgehend mit

37 The Constitution (Anm. 17), 1154, 1440.
38 The Constitution (Anm. 17), 1165.
39 The Constitution (Anm. 17), 1414.
40 The Constitution (Anm. 17), 1449.
41 AJ (Anm. 9), §§ 579, 634; The Constitution (Anm. 17), 1317 ff., 1333 ff., 1405.
42 *Ownbey v. Murgan* (Anm. 35).

den deutschen Rechtssätzen überein, die aus dem Rechtsstaatsbegriff entwikkelt worden sind.

3. *Großbritannien*

a) Die britische Literatur legt Wert darauf, daß die *rule of law* in Großbritannien seit dem Mittelalter etabliert ist. Den Terminus und den Begriff der *rule of law* gibt es allerdings wohl erst seit der ersten Auflage des Staatsrechtslehrbuchs von *Dicey*[43], der den gesamten zweiten Teil seines Werks mit *rule of law* überschrieben hatte und hierunter nach einem einleitenden Kapitel über den Begriff die Kapitel über die einzelnen Grundrechte, das Notstandsrecht, die Grundlagen des Besteuerungsrechts des Staates, über das englische Verwaltungsrecht und die englische Verwaltungsgerichtsbarkeit zusammenfaßte. *Dicey* sieht in der *rule of law*, der *supremacy of law*, ein fundamentales Rechtsprinzip der englischen Verfassung, das sich aus drei Elementen zusammensetzt:[44]

aa) Als erstes Element der *rule of law* nennt er:

> »We mean in the first place, that no man is punishable or can be lawfully made to suffer in body or goods except for a distinct breach of law established in the ordinary legal manner before the ordinary courts of the land. In this sense the rule of law is contrasted with every system of government based on the exercise by persons in authority of wide, arbitrary or discretionary powers of constraint.«[45]

An anderer Stelle[46] hat *Dicey* diese erste Bedeutung noch einmal etwas anders formuliert:

> »It means, in the first place, the absolute supremacy or dominance of law as opposed to the influence of arbitrary and excludes the existence of arbitrariness or prerogative, even of wide discretionary authority on the part of the government . . .«

Damit werden folgende rechtsstaatliche Problemkreise angesprochen:
Insbesondere im zweiten Zitat findet das generelle Ziel des Rechtsgedankens, der Ausschluß der staatlichen Willkür, seinen vollkommensten Ausdruck. Dabei richtet sich das Willkürverbot gegen die Exekutive, wohl weil eine Willkür durch Parlament und Gerichte *Dicey* undenkbar erscheint. Es ist anzunehmen, daß *Dicey* diese Ausrichtung bei entsprechender Erfahrung auf

43 *Dicey*, Introduction to the Study of the Law of the Constitution, 9. Aufl. bearb. von *E.C.S. Wade*, 1948.
44 »That ›rule of law‹ then, which forms a fundamental principle of the Constitution has three meanings, or may be regarded from three different points of view«, ebda., 202.
45 *Dicey* (Anm. 43), 188.
46 *Dicey* (Anm. 43), 202.

das Parlament und die Gerichte ausgedehnt hätte. Deutlich kommt in diesem zweiten Zitat auch zum Ausdruck, daß gegen die Willkür der Verwaltung bestimmte rechtstechnische Mittel eingesetzt werden müssen, die durch die *rule of law* zusammgefaßt werden. Dabei wird der Vorrang des Gesetzes – und im letzten Satzteil – der Vorbehalt des Gesetzes erwähnt, wobei es sich um einen Totalvorbehalt zu handeln scheint, der überdies jede Delegation von Ermessensspielraum an die Verwaltung ausschließt. Ganz anders das erste Zitat, daß präziser ist und dessen Bedeutung durch die späteren Ausführungen von *Dicey* bestätigt wird.

Hieraus ergibt sich, daß das Rechtsstaatsprinzip nur bei Eingriffen in Grundrechte eingreift. Erwähnt wird die Freiheit von Strafen (*punishable*) und Eingriffe in *body and goods*, also in Körper und Eigentum im weiteren Sinne. Daß auch die wesentlichsten Freiheitsrechte gemeint sind, ergibt sich aus den späteren Abschnitten über dieses Recht. Damit wird als zweites Ziel – neben dem Ausschluß der Willkür – der Schutz der Grundrechte wesentliches Anliegen des Rechtsstaatsbegriffs. Aus dem zweiten Zitat und den übrigen Ausführungen ergibt sich, daß nur Eingriffe durch die Verwaltung gemeint sind. Diese Eingriffe gilt es durch rechtstechnische Mittel einzudämmen. Aus dem zweiten Zitat haben wir entnommen, daß der Rechtsstaatsgedanke Vorrang und Vorbehalt des Gesetzes verlangt. Durch das erste Zitat wird dieser Vorbehalt auf die Eingriffsverwaltung beschränkt. Dabei gilt der Gedanke, daß bei der Eingriffsverwaltung Willkür auszuschließen ist. Das wird nach *Dicey* nur erreicht, wenn jeder Ermessensspielraum der Verwaltung ausgeschlossen ist. Ginge man nicht so weit, verlangte das Rechtsstaatsprinzip nach *Dicey* Prinzipien, welche den Ermessensspielraum einengen, also Prinzipien, welche gestatten, einen Ermessensmißbrauch festzustellen. Dazu gehört insbesondere der Ausschluß sachfremder (willkürlicher) Erwägungen. Aber im ersten Zitat werden aus dem Rechtsstaatsbegriff weitere wichtige Folgerungen (rechtstechnische Mittel zum Ausschluß der Willkür) abgeleitet. Verlangt wird nicht nur, daß der Eingriff durch ein hinreichend bestimmtes Gesetz gedeckt ist. Verlangt wird weiter, daß der Eingriff durch die *ordinary courts in the ordinary legal manner* erfolgt oder doch zumindest kontrolliert wird. Der Rechtsstaatsgedanke verlangt also ein ordentliches Gerichtsverfahren vor dem zuständigen Zivilgericht. Hier sind Regeln verankert, die bei uns durch die Art. 19 IV, 101 ff., 91 II GG gesichert sind.

bb) *Dicey* nennt als zweites Element der *rule of law*:

> »It means, again, equality before the law, or the equal subjection of all classes to the ordinary law of the land administered by the ordinary courts: The »rule of law« in this sense exludes the idea of any exception of officers or officials or citizens from the duty of obedience to the law which governs other citizens or from the jurisdiction of the ordinary tribunals; there can be with us nothing really correspon-

> ding to the »administrative law« (droit administratif) or the »administrative tribunals« (tribunaux administratifs) of France . . .«[47]

In dieser berühmten Passage formuliert *Dicey* den Rechtsstaatsgedanken im justizstaatlichen Sinne. Gemeint ist nicht allein der Gleichheitssatz in seiner traditionellen Bedeutung, sondern der Gleichheitssatz, der eine Sonderstellung der Verwaltung hinsichtlich des anwendbaren materiellen Rechts und hinsichtlich der Gerichtsbarkeit ausschließt und das englische System der unmittelbaren zivil- und strafrechtlichen Verantwortlichkeit der Beamten als rechtsstaatlich allein vertretbare Lösung behauptet.

cc) Schließlich *Diceys* drittes Element der *rule of law*:

> »The rule of law, lastly, may be used as a formula for expressing the fact that with us the law of the constitution, the rules which in foreign countries naturally form part of a constitutional court code, are not the source but the consequence of the rights of the individuals, as defined and enforced by the courts, that in short, the principles of general private law have with us been by the action of the courts and Parliament so extended as to determine the position of the Crown and of its servants; thus the constitution is the result of the ordinary law of the land«.[48]

Diese etwas gewundene Formulierung wird klarer, wenn man die übrigen Ausführungen von *Dicey*[49] liest. Ihm kommt es darauf an, die Verwaltung an die wesentlichsten Grundrechte zu binden. Ein Mittel hierfür ist die Aufstellung eines Grundrechtskatalogs wie in den kontinentaleuropäischen Ländern. Bei näherer Betrachtung bleiben diese Grundrechtskataloge nach *Dicey* aber tote Buchstaben, weil die Gerichte sie nicht anwenden dürfen. Gerade diese *remedies*, d.h. die Gerichtsverfahren, sieht *Dicey* aber für den Grundrechtsschutz als unabdingbar an. Solche *remedies* aber bietet das englische Recht mit seinen Verfahren gegen die Verwaltung im zivil- und strafrechtlichen Bereich. Mit diesen *remedies* wird in Großbritannien nun nicht ein abstrakter Grundrechtskatalog durchgeführt. Es läuft aber nach *Dicey* auf dasselbe hinaus, wenn die Zivil- und Strafgesetze und das *common law* die Befugnisse der Exekutive so abgrenzen, wie es der Grundrechtsschutz verlangt. Mit der gerichtlichen Durchsetzung der Gesetze und des *common law* werden so gleichzeitig die Grundrechte geschützt. *Dicey* verkennt dabei nicht, daß derselbe oder vielleicht ein besserer Effekt erreicht wird, wenn – wie im amerikanischen System, das er ausdrücklich lobend hervorhebt – den Bürgern gerichtliche Verfahren zur Durchsetzung abstrakt formulierter Grundrechte in einem verfassungsrechtlichen Katalog an die Hand gegeben werden.

47 *Dicey* (Anm. 43), 203 vgl. auch 193.
48 *Dicey* (Anm. 43), 203, vgl. auch 195.
49 Insbesondere *Dicey* (Anm. 43), 198.

dd) *Dicey* hat in dem Abschnitt seines Buches über das Verhältnis von Parlamentssouveränität und *rule of law* durchaus erkannt, daß auch gegen den Gesetzgeber bestimmte rechtsstaatliche Sicherungen erforderlich sind. Er sieht diese Sicherungen aber nicht in der Ausweitung der gegen die Exekutiveingriffe gerichteten Mittel auf das Parlament. Insoweit greift er vielmehr auf die Instrumente der Gewaltenteilung und der *checks and balances* zurück. Die Willkür der Gesetzgebung sei einerseits durch das Zusammenwirken von drei Organen (House of Commons, House of Lords, Crown) bei der Gesetzgebung gesichert, andererseits durch die Tatsache, daß der Gesetzgeber keine Verwaltungsbefugnisse ausübt. Abweichend vom deutschen Begriff fordert *Dicey* aber auch, daß Gesetze objektiv auszulegen sind und der in Regierungsbegründungen, Ausschußberichten usw. manifestierte historische Wille des Gesetzgebers nicht berücksichtigt wird.

b) Die *rule of law* bildet seit *Dicey* einen beständigen Gegenstand der Staatsrechtsliteratur. So finden sich entsprechende Abschnitte etwa in den Lehrbüchern von *Keir/Lawson*[50], *Wade/Philipps*[51], *Barriedale Keith*[52] und bei *Hood Philips*[53]; keine Ausführungen zur rule of law finden sich etwa bei *Emden*[54], *Chalmers* und *Hood Philips*[55]. Die spätere Literatur hat dabei die Ausführungen von *Dicey* in mancher Hinsicht korrigiert.

aa) Angesichts der Entwicklung seit *Dicey* konnte der rechtsstaatliche Anspruch, daß die Eingriffsverwaltung an genau bestimmte Gesetze gebunden ist, die der Verwaltung keinen Ermessensspielraum gewähren, nicht voll aufrechterhalten werden. So führen etwa *Wade* und *Philips*[56] unter Berufung auf *Hayek* aus:

> »Rule of law means that government in all its actions is bound by rule, fixed and announced beforehand – rules which make it possible to foresee with fair certainty how the authority will use its concise powers in given circumstances, and to plan one's individual affairs on the basis of this knowledge«;

ein Satz, der fast wörtlich vom Bundesverfassungsgericht stammen könnte. Sie setzen aber hinzu:

> »Such certainty is not attainable in modern conditions. The rule of law however, demands that, so far as is practicable where an individual plans his affairs rea-

50 Cases in Constitutional law, 5. Aufl., 1967, 308 ff.
51 Constitutional Law, 7. Aufl., bearb. von *Wade/Bradley,* 1965, 60 ff.
52 Constitutional Law, 7. Aufl., bearb. von *Ridges,* »Constitutional Law of England«, 1946, 31 ff.
53 Constitutional and Administrative Law, 4. Aufl. 1967, 18 ff.
54 Principles of British Constitutional Law, 1925.
55 Constitutional Law, 6. Aufl. 1946.
56 *Wade/Phillips* (Anm. 51), 74.

sonably with due regard for public welfare, he shall receive compensation, if he suffers damage as the result of a change in the law or the exercise of a discretionary authority granted in the public interest. To enable the citizen to foresee as far as possible the consequences of his actions and as a safeguard against arbitrary official conduct the grant of discretionary authority should prescribe as a minimum the general lines on which it should be exercised and fix precise limits.«

Das entspricht in etwa dem deutschen materiellen Gesetzesvorbehalt. Außerdem zeigt dieses Beispiel, daß aus dem Rechtsstaatsprinzip auch in Großbritannien weitere Rechtssätze abgeleitet werden können: hier konkret ein Gewährleistungsanspruch auf Grund des Vertrauensschutzes.

bb) Angegriffen wurde auch das justizstaatliche Denken *Diceys*. Insbesondere wurde dabei hervorgehoben, daß auch in Großbritannien für die öffentliche Verwaltung ein Sonderrecht gilt, das die Verwaltung im weiten Umfang von der Haftung freistelle, und daß sich in Großbritannien zahlreiche Verwaltungsgerichte etabliert haben.[57] Die Angriffe *Diceys* gegen das französische System sind ferner nur verständlich, wenn man berücksichtigt, daß zu seiner Zeit zahlreiche Verwaltungsakte in Frankreich der rechtsstaatlichen Kontrolle entzogen waren und nicht an Gesetz und Recht gebunden waren. Seitdem ist das System in Frankreich soweit verbessert worden, daß es – wie die englischen Autoren heute erkennen – einen besseren Grundrechtsschutz der Individuen sichert als das britische System. Gerade unter rechtsstaatlichen Aspekten wird deshalb in Großbritannien heute häufig die Einführung einer generellen Verwaltungsgerichtsbarkeit gefordert.

cc) Was unter *rule of law* in Großbritannien heute alles verstanden wird, zeigt am besten die Aufzählung bei *Wade* und *Phillips*:[58]

»The rule of law remains a principle of our constitution. It means the absence of arbitrary power; effective control of and proper publicity of delegated legislation, particularly when it imposes penalties; that when discretionary power is granted the manner in which it is to be exercised should as far as it is practicable be defined; that every man should be responsible to the ordinary courts whether he be private citizen or public officer; that private rights should be determined by impartial and independent tribunals; and that fundamental private rights are safeguarded by the ordinary law of the land.«

Barriedale Keith[59] *f*ührt daneben noch das Verbot der Rückwirkung und der ausdehnenden Auslegung der Strafgesetze sowie das Verbot, Meinungen statt Akte zu bestrafen, auf sowie die Forderung nach Berufsrichtern.

57 Vgl. etwa *Keir/Lawson,* (Anm. 50), 308.
58 *Wade/Phillips* (Anm. 51), 74.
59 *Keith* (Anm. 52), 31.

c) Wir haben gesehen, daß die Lehre den Rechtsstaatsbegriff nicht nur als einen Ordnungsbegriff umfaßt, unter dem methodisch verschiedene Elemente zusammengefaßt werden, sondern als einen Leitsatz für die gesamte Rechtsordnung, aus dem neue Rechtssätze abgeleitet werden können. Wenn nun auch der Terminus *rule of law* in der Rechtsprechung anscheinend nicht in diesem Sinne verwendet wird, hat die Lehre *Diceys* und seiner Schüler die britische Gesetzgebung und Rechtsprechung doch stark beeinflußt. Man kann deshalb wohl sagen, daß der Rechtsstaatsbegriff in Großbritannien auch den Gerichten mittelbar zur Entwicklung neuer Rechtssätze und neuer Instrumente zum Schutze der Grundrechte der Bürger dient.

4. *Österreich*

Der österreichische Rechtsstaatsbegriff entspricht weitgehend dem deutschen Rechtsstaatsbegriff. Das ergibt sich schon daraus, daß etwa im Handbuch des österreichischen Verfassungsrechts von *Adamovich*[60] für den Rechtsstaatsgedanken nicht nur auf österreichische, sondern auch auf deutsche und schweizerische Literatur verwiesen wird. *Adamovich* unterscheidet zwischen dem Rechtsstaat im formellen und im materiellen Sinne. Das Wesen des Rechtsstaats im formellen Sinn besteht in der Bindung des Staates an das Gesetz. Die Zielsetzung dieser Bindung ergibt sich aus dem Moment der Rechtssicherheit, der Vorhersehbarkeit des staatlichen Handelns. Hieraus fließt der Grundsatz, daß alles staatliche Handeln auf Gesetze zurückgeführt werden müsse, die inhaltlich genau bestimmt sind, und daß die Rechtssätze den Bürgern bekanntgemacht werden müssen. Unter Rechtsstaat im materiellen Sinne versteht *Adamovich*, daß der Staat dem Ideal des Rechts entspreche. Er müsse die Rechtssicherheit, die grundsätzliche demokratische Erzeugung des Gesetzes, die Gewaltenteilung, Grundrechte, richterlich-unabhängige Kontrollen für die Einhaltung der Rechtsordnung (Verwaltungsgerichte) gewährleisten. *Kelsen/Fröhlich/Merkl*[61], *Merkl*[62], *Antoniolli*[63], *Klecatsky*[64] und *Marçic*[65] gehen von ähnlichen Definitionen des Rechtsstaates aus.

Der österreichische Rechtsstaatsgedanke ist damit – neben etwa der Demokratie – ein Baugesetz der österreichischen Bundesverfassung (*Merkl*,

60 Handbuch des österreichischen Verfassungsrechts, 6. Aufl. 1971, 94.
61 Kommentar zum BVerfGG, 85.
62 Die Wandlungen des Rechtsstaatsgedanken, Österreichisches Verwaltungsblatt (ÖVBl) 1937, 174 - 182; Zaccaria Giacometti, 1953, 163 - 194; Die Baugesetze der österreichischen Bundesverfassung, in: Die Republik Österreich, 1968, 77.
63 Finanzverwaltung und Rechtsstaat, in: Festschrift für Hans Huber, 1961, 9 – 25.
64 Der Rechtsstaat zwischen Heute und Morgen, 1967, 13 ff.; Gedanken zum Rechtsstaatsprinzip, Journal der Internationalen Juristenkommission 1963 II, 213 – 231.
65 Die Sache und der Name des Rechtsstaats, in: Max Imboden (Hrsg.), Gedanken und Gestalt des demokratischen Rechtsstaats, 1965, 54.

Adamovich). In der Terminologie des deutschen Bundesverfassungsgerichts handelt es sich um einen übergeordneten Leitgedanken, der in mehreren Bestimmungen der österreichischen Bundesverfassung seine konkrete Ausprägung gefunden hat. Wie im deutschen Recht, handelt es sich bei diesen konkreten Ausprägungen um ein rechtlich-technisches Instrumentarium zum Schutz von Freiheit und Eigentum des Bürgers, wenn auch im österreichischen Recht stärker als im deutschen Recht die Funktion hervorgehoben wird, die Einhaltung der demokratisch erzeugten objektiven Rechtsordnung und damit auch die demokratische Souveränität zu sichern.
Im deutschen Grundgesetz ist der Rechtsstaat als Rechtssatz verankert. Lehre und Rechtsprechung deduzieren deshalb aus diesem Rechtssatz neben den ausdrücklich in der Verfassung verankerten Ausprägungen weitere Rechtssätze. Soweit geht die österreichische Rechtsordnung in aller Regel nicht. Das Rechtsstaatsprinzip ist allerdings nach der Lehre als *pars pro toto* in Art. 18 der Bundesverfassung (Gesetzmäßigkeit der Verwaltung = Art. 20 III GG) verankert. Aus dem Rechtsstaatsprinzip werden aber weder von der Lehre noch von der Rechtsprechung konkrete Rechtsfolgen abgeleitet. Insbesondere die Rechtsprechung des österreichischen Verfassungsgerichtshofes und des österreichischen Verwaltungsgerichtshofes rekurriert nur ganz selten auf das Rechtsstaatsprinzip. Das mag auch der Grund dafür sein, daß den Verästelungen des Rechtsstaatsprinzips im einzelnen von der Lehre nicht so weit nachgegangen wird wie in der Bundesrepublik Deutschland und in den USA. Allerdings kennt das österreichische Recht allgemeine Rechtsprinzipien, die vom Richter entwickelt worden sind; und bei näherer Betrachtung sind die meisten dieser Rechtsgrundsätze auf das Rechtsstaatsprinzip zurückzuführen, wenn es auch nicht ausdrücklich genannt wird.

5. *Schweiz*

In der Schweiz wird der Rechtsstaatsbegriff von der Lehre ähnlich verstanden wie in der Bundesrepublik Deutschland.[66] In der Literatur wird der Rechtsstaatsbegriff allerdings meist nicht ausdrücklich definiert, sondern vorausgesetzt. *Ruck* betont so, daß die Rechtsstaatsprinzipien auch im Verhältnis des Bundes zu den Kantonen und nicht nur im Verhältnis des Staates zu den Individuen gelten,[67] daß der Rechtsstaat gegen die Willkür der Verwaltung gerichtet ist,[68] eine Kontrolle der Verwaltung durch Verwaltungsgerichte erfor-

66 *Imboden,* Entwicklung und Ausbau des schweizerischen Rechtsstaats, Zentralblatt für Staats- und Gemeindeverwaltung 1955, 13; *ders.*, Das Gesetz als Garantie rechtsstaatlicher Verwaltung, 1954; *Kägi,* Zur Entwicklung des schweizerischen Rechtsstaats seit 1848, Zeitschrift für schweizerisches Recht 1952, 173, 236; *ders.*, Rechtsstaat und Demokratie, in: Festschrift für Zaccaria Giacometti, 1953, 107 – 142.

67 *Ruck,* Schweizerisches Staatsrecht, 1957, 26.

68 *Ruck* (Anm. 67), 88.

dert[69] und die Gesetzmäßigkeit der Verwaltung verlangt.[70] Nach *Fleiner-Giacometti*[71] – gehört zum Rechtsstaat u.a. das Prinzip der Bundesverfassungsgemäßheit der staatlichen Funktionen, das Gewaltenteilungsprinzip, der Gleichheitssatz, der Grundsatz der Gesetzmäßigkeit der Verwaltung, die Ausrichtung der Gesetzgebung, Verwaltung und Rechtsprechung an der Gerechtigkeit,[72] das rechtliche Gehör vor Gericht und Verwaltung,[73] die Abschaffung der geistlichen Gerichte, der verfassungsmäßige Richter, das Verbot der Ausnahmegerichte und der Schuldhaft, das Verbot der körperlichen Strafen und das Verbot der Todesstrafe,[74] die Verfassungsgerichtsbarkeit[75] und die Verwaltungsgerichtsbarkeit[76]. *Schwarzenbach*[77] zählt zum Rechtsstaatsprinzip u.a. die Freiheitsrechte, die Gleichheit, die Idee der Gerechtigkeit, die Gewaltenteilung, die Gesetzmäßigkeit der Verwaltung, den Rechtsschutz, die Selbstbindung der Verwaltung u.a.m.

Insgesamt wird man davon ausgehen müssen, daß nach der Konzeption der schweizerischen Lehre der Rechtsstaatsbegriff ein übergeordnetes Leitprinzip der gesamten Verfassung darstellt, das in zahlreichen Bestimmungen der Verfassung seine konkrete Ausprägung findet. Neue, in der Verfassung oder im sonstigen positiven Recht nicht ausdrücklich verankerte Rechtssätze werden von der Lehre aus dem Rechtsstaatsbegriff anscheinend nicht abgeleitet.

Umgekehrt erwähnt das schweizerische Bundesgericht den Rechtsstaatsbegriff abweichend vom deutschen Bundesverfassungsgericht und vom amerikanischen Supreme Court in seiner Rechtsprechung ausdrücklich kaum. Freie Schöpfungen dieser Rechtsprechung lassen sich aber nur erklären, wenn man voraussetzt, daß das schweizerische Bundesgericht das Rechtsstaatsprinzip als Verfassungssatz ansieht und aus ihm Folgerungen zieht. Das Bundesgericht geht nämlich davon aus, daß im Interesse von Freiheit und Eigentum des Bürgers durch die Rechtsprechung neue Schutzgarantien entwickelt werden können. Nur so wird die Entwicklung des rechtlichen Gehörs, der Überprüfung der Willkür von Gesetzgeber, Verwaltung und Rechtsprechung,[78] der Gesetzmäßigkeit der Verwaltung,[79]des Grundsatzes der Verhältnismäßigkeit[80] und vor allem die Tatsache verständlich, daß das Bundesgericht wie das Bundesverfassungsgericht ungeschriebene Grundrechte kennt: so gibt es nach

69 *Ruck* (Anm. 67), 253, 278.
70 *Ruck* (Anm. 67), 273, 284.
71 Schweizerisches Bundesstaatsrecht, 1949, Nachdruck 1976, 33 ff.
72 *Fleiner/Giacometti* (Anm. 71), 410.
73 *Fleiner/Giacometti* (Anm. 71), 419.
74 *Fleiner/Giacometti* (Anm. 71), 865.
75 *Fleiner/Giacometti* (Anm. 71), 899.
76 *Fleiner/Giacometti* (Anm. 71), 905, 908.
77 Grundriß des allgemeinen Verwaltungsrechts, 6. Aufl. 1975, 72 ff.
78 Vgl. etwa BGE 99 I 345.
79 Vgl. etwa BGE 99 I 542.
80 Vgl. etwa BGE 99 I 43.

der Rechtsprechung des Bundesgerichts das ungeschriebene Recht der persönlichen Freiheit, das vor allem die persönliche Integrität umfaßt; auch dieses Grundrecht kann nach – ebenfalls ungeschriebenen – Grundsätzen des Rechtsstaates aufgrund eines Gesetzes im übergeordneten öffentlichen Interesse eingeschränkt werden, wenn dabei die Grundsätze der Erforderlichkeit und Verhältnismäßigkeit beachtet werden und der Wesensgehalt des Grundrechts erhalten bleibt.[81]

6. *Italien*

In Italien ist der Rechtsstaatsbegriff (stato di diritto) zwar bekannt, aber wenig entwickelt. So heißt es bei *Mortate*[82], der Rechtsstaat umfasse die Gesetzmäßigkeit der Verwaltung. *Cereti*[83] stellt darauf ab, daß zwischen Staat und Bürgern rechtliche Beziehungen bestehen; im übrigen verlange der Rechtsstaat die Gewaltenteilung, Grundrechte und die Teilnahme der Bürger am Staat. Auf die Tatsache, daß den Bürgern subjektive öffentliche Rechte, insbesondere auch Grundrechte gewährt werden, stellt auch *Virga*[84] ab. Nach *Vitta*[85] verlangt der Rechtsstaat die Gewaltenteilung und die Gesetzmäßigkeit der Verwaltung.

Damit entspricht der italienische Rechtsstaatsbegriff zwar im Kern dem deutschen Rechtsstaatsbegriff. Die Literatur hat aber noch nicht gesehen, daß der Rechtsstaatsbegriff ein umfassendes Leitbild auch der italienischen Verfassung ist, in der sich ebenso wie im deutschen Grundgesetz zahlreiche Konkretisierungen des Rechtsstaatsbegriffs finden. In der Lehre werden auch aus dem Rechtsstaatsbegriff keine neuen, in der Verfassung nicht ausdrücklich enthaltenen Rechtssätze abgeleitet. Die italienische Verfassung erwähnt den Rechtsstaatsbegriff nicht. Auch in der Rechtsprechung des italienischen Verfassungsgerichtshofs wird, soweit ersichtlich, kaum auf den Rechtsstaatsbegriff rekurriert. Dennoch gilt wohl auch hier, daß zahlreiche allgemeine Prinzipien des Verwaltungsrechts, die vom Richter frei entwickelt wurden, nur deshalb so entwickelt werden konnten, weil die Richter implizit den Rechtsstaatsbegriff vor Augen hatten.

7. *Benelux*

Während in Belgien und in Luxemburg der Rechtsstaatsbegriff nicht verwendet wird – beide Länder sind zwar rechtsstaatlich organisiert, aber die Lehre

81 BGE 91 I 34; 88 I 84; 99 I 749.
82 Instituzioni di diritto pubblico I, 7. Aufl. 1967, 127.
83 Corso di diritto costituzionale italiano, 7. Aufl. 1966, 67.
84 Diritto costitutionale, 7. Aufl. 1951, 82.
85 Diritto amministrativo I, 4. Aufl. 1954, 14.

und Rechtsprechung fassen diese Eigenarten nicht unter dem Rechtsstaatsbegriff zusammen und leiten aus diesem Begriff keine neue Rechtssätze ab – findet sich der Rechtsstaatsbegriff in der niederländischen Literatur wieder. So faßt etwa *Stellinga* unter den Rechtsstaatsbegriff die Tatsache, daß zwischen Bürger und Staat Rechtsbeziehungen bestehen,[86] die Gesetzmäßigkeit der Verwaltung und die Verfassungskontrolle der Gesetzgebung,[87] die Kontrolle des Ermessensmißbrauchs der Verwaltung[88] und die Haftung des Gesetzgebers[89] zusammen.

8. *Frankreich*

In Frankreich beginnt der Terminus Rechtsstaat (*Etat de droit*) sich allmählich einzubürgern. So hat etwa *Jean Rivero* in einem Vorwort zur Arbeit von *Claude Franck* über »Les fonctions juridictionnelles du droit du Conseil Constitutionnel et du Conseil d'Etat dans l'ordre constitutionnel« (1974) die Verfassungsgerichtsbarkeit als Krönung des »édifice de l'Etat de droit« bezeichnet. Das sind bisher aber noch Ausnahmen. Das Rechtsstaatsprinzip wird, wenn überhaupt, meist mit dem Begriff der »République« angesprochen, der auch die Demokratie und den Einheitsstaat umfaßt,[90] oder einzelne seiner Elemente werden bei den Grundrechten (libertés publiques) unter dem Titel *régime libéral* abgehandelt, das, wie der Rechtsstaat die Grundrechte, die Gewaltenteilung, die richterliche Unabhängigkeit, die Kontrolle der Verwaltung durch unabhängige Gerichte usw. umfaßt.[91]

II. *Vergleichende Betrachtung*

Wenn auch der Rechtsstaatsgedanke im Verfassungsrecht, in der Lehre und in der Rechtsprechung nicht wie in den meisten anderen europäischen Staaten mit einem einheitlichen Schlagwort bezeichnet wird, bedeutet dies noch nicht, daß der dem Terminus Rechtsstaat zugrunde liegende Begriff des Rechtsstaats in Frankreich unbekannt ist. Nicht nur, daß das positive Verfassungs- und Gesetzesrecht Frankreichs den Rechtsstaat in vollem Sinne verwirklicht. Die

86 Grondtrekken van het Nederlands Administratiefrecht, 1951, 22 ff.
87 *Stellinga* (Anm. 86), 116.
88 *Stellinga* (Anm. 86), 122.
89 *Stellinga* (Anm. 86), 153.
90 Vgl. *Colliard,* Libertés publiques, 4. Aufl. 1972, VIII.
91 Vgl. *Colliard* (Anm. 90), 34 ff., 37 ff.; *Duhaniel/Mény,* Dictionnaire constitutionnel, 1992, »Etat de droit«, S. 415, verstehen das Rechtsstaatsprinzip noch ganz im deutschrechtlichen Sinne, während *Redorf,* De l'Etat légal à l'Etat de droit, 1992, versucht, im Wege der Rechtsanalogie aus den entsprechenden französischen Elementen einen französischen Rechtsstaatsbegriff zu entwickeln.

Rechtsprechung des Conseil d'Etat und des Conseil Constitutionnel ist vielmehr stets davon ausgegangen, daß sie zum Schutze von Freiheit und Eigentum des Bürgers rechtsschöpfend neue Garantien entwickeln muß. So beruht die gesamte Entwicklung der französischen Verwaltungsgerichtsbarkeit auf der Rechtsschöpfung des Conseil d'Etat.[92] Der Conseil d'Etat entwickelte diese Rechtssätze so, als ob er sie aus dem Rechtsstaatsprinzip deduziert hätte. Vor allem die allgemeinen Rechtsgrundsätze (*principes généraux du droit*)[93] und die Verfahrensgrundsätze für die Verwaltung[94] basieren auf einem tief verstandenen rechtsstaatlichen Ansatz. Dasselbe gilt für die Entwicklung der *libertés publiques* durch den französischen Verwaltungsgerichtshof und den Conseil Constitutionnel.[95]

Allerdings ist ein allmähliches Umdenken der Verfassungsrechtler der anderen Mitgliedstaaten der EG nur langfristig zu erwarten. Das liegt an dem unterschiedlichen Wissenschaftsverständnis und damit den unterschiedlichen Methoden des deutschen Rechts einerseits, des Rechts der anderen Mitgliedstaaten der EG andererseits. In Frankreich halten die Verfassungsrechtler strikt am Wortlaut der Verfassung fest. Der Rückgriff auf die Regeln der systematischen und der teleologischen Auslegung ist höchst selten; nicht gebräuchlich ist in Frankreich auch die Analogie, vor allem die Rechtsanalogie im Verfassungsrecht. Das hat erhebliche Auswirkungen auf das Verfassungsverständnis: Durchaus im Vordergrund aller Erörterungen steht die Praxis der Verfassungsorgane. Zum Ausgleich des dadurch entstehenden Lehrdefizits wird die Darstellung der rechtlichen Institutionen durch Rückgriff auf die politische Wissenschaft ergänzt.[96] Auch die Allgemeine Staatslehre, also eine systematische Darstellung der Entwicklung der Staatsphilosophie unter rechtlichem Aspekt, gibt es in Frankreich nicht. Das große Werk von *Carré de Malberg*[97], das im übrigen sehr stark von der deutschen Tradition geprägt ist, greift im wesentlichen nicht auf die Lehren der großen Staatsphilosophen, sondern nur auf das positive Verfassungsrecht zurück. Diese besondere Aus-

92 Vgl. neuerdings *Mestre*, Le Conseil d'État protecteur des prérogatives de l'administration, préface de J. Rivero, 1974; Le Conseil d'Etat, son histoire à travers les documents d'époque, 1799 - 1974, 1974.

93 *Colliard* (Anm. 90); *Vedel*, Droit administratif, 5. Aufl. 1973, 278 ff.: libertés publiques, égalité, droits de la défence, caractère contradictoire de toute procédure juridictionelle Rechtsschutzgarantie, non-retroactivité, usw.

94 *Wiener*, Vers une codification de la procédure administrative, 1975.

95 *Stahl*, Die Sicherung der Grundfreiheiten im öffentlichen Recht der Fünften Französischen Republik, 1970.

96 Typisch für Frankreich ist so etwa, daß es mit Ausnahme des Werks von *Luchaire/Conac*, La constitution de la république française, 1980 Verfassungskommentare nicht gibt. Zahlreiche Lehrbücher des Verfassungsrechts weisen schon in ihrem Titel auf die Verbindung mit der politischen Wissenschaft hin: *Chantebout*, Droit constitutionnel et science politique, 1983; *Cadardt*, Institutions politiques et droit constitutionnel, 1979; *Gicquel*, Droit constitutionnel et institutions politiques, 11. Aufl. 1991.

97 Constitution à la théorie génerale de l'Etat, 2 Bde., 1920.

richtung des französischen Verfassungsrechts ist wohl vor allem darauf zurückzuführen, daß die Verfassungsrechtsprechung in Frankreich nur relativ schwach ausgestaltet ist. Im Vergleich zu den umfassenden Klagearten etwa des deutschen und spanischen Rechts reduziert sich die Zuständigkeit des französischen Verfassungsrats auf wenige Verfahren. Die recht seltenen Entscheidungen des Verfassungsrats sind dabei dem französischen Verständnis eines souveränen Gerichts entsprechend apodiktisch kurz gefaßt und greifen auf dogmatische Erwägungen nicht zurück, welche die Lehre befruchten könnten.

Anders ist die Lage im französischen Verwaltungsrecht. Da die Gesetzestexte das Allgemeine Verwaltungsrecht nur sehr punktuell regeln, wurde das Allgemeine Verwaltungsrecht vor allem vom Conseil d'Etat entwickelt. Da die französische Lehre auf die Praxis und Rechtsprechung nur einen relativ geringen Einfluß hat, beschränkt sich die Lehre darauf, diese Rechtsprechung des Conseil d'Etat und des Tribunal des Conflits zu systematisieren und zu generalisieren; die Rechtsanalogie ist weitgehend unbekannt. Eine Generalisierung der Entscheidungen des Conseil d'Etat findet folglich nur auf einer »mittleren Ebene« statt.

Die Folge dieser vom deutschen Recht verschiedenen Methode ist eine äußerst pragmatische Haltung der Lehre. Eine Allgemeine Grundrechtslehre konnte sich deshalb ebensowenig entwickeln wie allgemeine Staatszielbestimmungen, die das öffentliche Recht bestimmen. Selbst allgemeine Theorien, wie etwa die Lehre vom *service public* wurde von den Gerichten und nicht von der Lehre entwickelt.

Ähnlich ist die Lage in anderen Staaten Europas, wenn man Spanien, Portugal, Italien und die Schweiz einmal ausnimmt. Insbesondere in Großbritannien konnte sich ein systematisches Verfassungsrecht nicht entwickeln. Da nur wenige Bereiche des Staatsorganisationsrechts durch die aus der Praxis der Verfassungsorgane entwickelten Konventionsregeln geordnet werden, bleibt für die Staatszielbestimmungen kaum Raum. Im Bereich der Grundrechte aber greift die Lehre heute wie in Frankreich im wesentlichen nur auf die Entscheidungen der (Zivil-)Gerichte zurück. In der Schweiz haben dagegen wohl unter dem Einfluß der deutschen Lehre sich »Elemente einer schweizerischen Grundrechtslehre«[98]entwickelt. Daß der Einfluß der deutschen Rechtsprechung und Literatur auf seine Nachbarstaaten nicht unbedingt zu einem weiteren Verfassungsverständnis führt, zeigt dagegen das Beispiel Österreichs, das vor allem wohl durch den Einfluß von *Hans Kelsen* einem strikt positivierten Verfassungsverständnis folgt. In Spanien und Portugal wurde dagegen das Allgemeine Verwaltungsrecht wohl unter striktem Rückgriff auf das französische System vor allem von der Lehre entwickelt. Dabei

98 So der Titel des Werks von *Müller*, 1982.

ist der Einfluß des deutschen Verfassungsrechts auf das spanische Verfassungsrecht relativ stark.

Diese unterschiedlichen Methodenkonzeptionen haben ein unterschiedliches Verständnis des Verhältnisses zwischen dem Verfassungs- und dem Verwaltungsrecht zur Folge. Wenn in der Bundesrepublik Deutschland das allgemeine Verwaltungsrecht im wesentlichen als Ausfluß des Verfassungsrechts begriffen wird, war dies nur möglich, weil hier das Verfassungsrecht spekulativ-systematisch entwickelt worden ist. Da diese Voraussetzung etwa in Frankreich fehlt, wird dort die völlige Selbständigkeit des Verwaltungsrechts gegenüber dem Verfassungsrecht stark betont. Die französischen Juristen können dabei vor allem auf die Tatsache verweisen, daß das Verwaltungsrecht sich dort seit der Gründung des Conseil d'Etat im Jahre 1799 kontinuierlich entwickelt hat und dabei höchst unterschiedliche politische Systeme überdauert hat. Die Abneigung gegen eine Einwirkung des Verfassungsrechts auf das Verwaltungsrecht geht dabei soweit, daß der Conseil d'Etat die Grundrechte der Verfassung nicht unmittelbar, sondern weitgehend nur als allgemeine Rechtsgrundsätze mittelbar anwendet.

Da die EMRK das nationale Verfassungs- und Verwaltungsrecht nur in ganz punktuellen Einzelfällen überlagert, ist von der Entwicklung der Rechtsprechung der Straßburger Organe, die sich deutlich der deutschen Konzeption nähert, eine Veränderung des nationalen Verfahrensrechts in den anderen Mitgliedstaaten kaum zu erwarten. Dagegen werden die in einigen Entscheidungen schon deutlich werdenden neuen Ansätze des Europäischen Gerichtshofs langfristig auch das Verfassungs- und Verwaltungsrecht in den anderen Mitgliedstaaten verändern, da sich das Gemeinschaftsrecht auf alle Materien des nationalen Rechts bezieht. Dabei ist allerdings zu beobachten, daß etwa die französischen und britischen Juristen auch auf die Rechtsprechung des Europäischen Gerichtshofs ihre wissenschaftlichen Methoden anwenden, während die deutschen Autoren sich um eine spekulativ-systematische Interpretation des Gemeinschaftsrechts bemühen.

Angesichts der Tatsache, daß der große Verfassungsrechtler *Dicey*[99] den Standpunkt vertreten hatte, in Großbritannien gebe es ein selbständiges Verwaltungsrecht nicht, konnte sich das britische Verwaltungsrecht erst entwickeln, als die Lehre erkannte, daß die Gleichsetzung des französischen Verwaltungsrechts mit der Willkürfreiheit durch *Dicey* die Ausrichtung des französischen Rechts in ihr Gegenteil verkehrt hatte. Auch die Tatsache, daß das Handeln der Verwaltung durch die allgemeinen Gerichte im wesentlichen anhand des Privatrechts kontrolliert wird, es also einer rechtlichen Unterscheidung zwischen dem öffentlichen Recht und dem Privatrecht zur Verteilung der Zuständigkeiten zwischen den ordentlichen Gerichten und den Verwaltungsge-

99 *Dicey,* An Introduction to the Study of the Law of the Constitution, 10. Aufl. 1982.

richten nicht bedarf, stand letztlich der Entwicklung eines eigenständigen britischen Verwaltungsrechts nicht entgegen. Denn die Lehre sah deutlich, daß die besonderen Aufgaben und Befugnisse der Verwaltung im Rahmen des allgemeinen Privatrechts einer besonderen Behandlung bedürfen. Allerdings hatte die Tatsache, daß das Handeln der Verwaltung durch die Zivilgerichte nach den Regeln des Privatrechts kontrolliert wird, zur Folge, daß sich im Gegensatz zum deutschen und französischen Verwaltungsrecht eine umfassende Systematik des britischen Verwaltungsrechts nicht entwickeln konnte. So fehlt etwa dort eine umfassende Lehre von den Handlungsmitteln der Verwaltung (Verwaltungsakt, Verwaltungsvertrag und Plan). Die Lehre konzentriert sich in Großbritannien auf besondere Probleme der öffentlichen Verwaltung wie etwa die delegierte Gesetzgebung und die Ermessensfehlerlehre.

In Österreich scheint nicht nur der überaus starke Einfluß der Methodenlehre von *Hans Kelsen* auf das Verfassungsrecht, sondern auch die strikte Funktionentrennung zwischen dem Verfassungsgerichtshof und dem Verwaltungsgerichtshof den Einfluß des Verfassungsrechts auf das Verwaltungsrecht stark zu beschränken.

Auch der unterschiedliche Urteilsstil der Gerichte in Deutschland und der Schweiz einerseits, in Frankreich, Italien und Belgien andererseits hinderte die Entwicklung einer ausgefeilten Dogmatik des Verwaltungsrechts. Der Zwang zu einer wissenschaftlich vertretbaren, überzeugenden Begründung führt in Deutschland zu einer umfassenden, häufig sehr langen Urteilsbegründung, die in starkem Maße auf die wissenschaftliche Literatur zurückgreift. In Frankreich, Belgien und Italien verstehen sich dagegen die Verwaltungsgerichte als souverän; im etwas übertriebenen Sinne finden sie das Recht nicht, sondern setzen sie es. Das bedeutet aber, daß die Gerichte sich einerseits mit einer Rechtsbehauptung begnügen. Die Begründung ergibt sich dann – wenn auch nur unbestimmt – in Frankreich aus den wesentlich längeren, auf die vorangehende Rechtsprechung zurückgreifenden Ausführungen des Vertreters des öffentlichen Interesses (*commissaire du gouvernement*). Dieses Verständnis der Funktion der obersten Gerichte führt in Frankreich im Gegensatz zu Deutschland zu einer starken Minderung der Bedeutung der Lehre, wenn auch der Einfluß großer Rechtsgelehrter, wie etwa *Maurice Hauriou*, *Gaston Jèze* und *André de Laubadère* nicht unterschätzt werden sollte.

Auch in Deutschland hat sich die Lage insoweit in den letzten Jahrzehnten entscheidend gewandelt. Das deutsche System nähert sich insoweit der französischen und britischen Rechtsordnung an, als die Rechtsprechung des Bundesverfassungsgerichts und der Verwaltungsgerichte zunehmend Einfluß gewinnt und die Literatur zurückdrängt. Insbesondere im Verfassungsrecht ist die Entwicklung neuer Rechtsinstitute weitgehend auf das Bundesverfassungsgericht übergegangen.

In Großbritannien führte die pragmatische Einstellung von Lehre und Gerichten zu einem äußerst pragmatischen, an Gerichtsentscheidungen ausgerichteten Denken. Angesichts der parallelen Entwicklung im deutschen, französischen und europäischen Verwaltungsrecht sollte deshalb die stark entwickelte britische Präzendenzlehre[100] auch auf die anderen Rechtsordnungen übertragen werden. Auch die deutsche Lehre vom Richterrecht bedarf in einer solchen Situation einer verfeinerten Analyse.

III. *Ergebnis*

1. Die Rechtsvergleichung im Rahmen des westlichen Staatenkreises hat folgende Ergebnisse gebracht:

a) Alle untersuchten Staaten sowie die hier nicht untersuchten westlichen Staaten sind nach rechtsstaatlichen Prinzipien aufgebaut. Sie kennen die Gewaltenteilung, liberale Grundrechte, allgemeine Rechtsgrundsätze des Verwaltungsrechts, die gegen die Willkür der Verwaltung gerichtet sind, eine rechtliche Kontrolle der Verwaltung[101] und meist auch des Gesetzgebers[102] usw.

b) In den meisten untersuchten Staaten ist der Terminus »Rechtsstaat« (due process of law, rule of law, régime libéral) bekannt. Es handelt sich hierbei um ein verfassungsrechtliches Leitbild, das in zahlreichen Ausprägungen der Verfassung seine Konkretisierung findet.

c) Nur in wenigen Verfassungen (Bundesrepublik Deutschland, USA) ist das Rechtsstaatsprinzip ausdrücklich verankert worden. In diesen Staaten werden aus dem Verfassungsprinzip des Rechtsstaates weitere Rechtssätze deduziert, die neben die in der Verfassung enthaltenen ausdrücklichen Konkretisierungen des Rechtsstaatsprinzips treten.
Selbst wenn die Verfassung aber wie in der Schweiz und in Frankreich das Rechtsstaatsprinzip nicht ausdrücklich verankert hat, entwickelt die Rechtsprechung schöpferisch neue Rechtssätze zum Schutz der Freiheit und des Eigentums der Bürger, als ob die Verfassung das Rechtsstaatsprinzip ausdrücklich enthielte.

100 *Cross* and *Harris*, Precedent in English Law, 4. Aufl. 1991.
101 *Mosler*, Gerichtsschutz gegen die Exekutive, Beiträge zum ausländischen öffentlichen Recht und Völkerrecht (Beiträge), Bd. 52, 1969.
102 *Mosler*, Verfassungsgerichtsbarkeit in der Gegenwart, Beiträge, Bd. 36, 1962.

2. Der Europäische Gerichtshof hat in zahlreichen Entscheidungen einzelne Rechtssätze des Rechtsstaatsprinzips rechtsvergleichend entwickelt und als allgemeine Rechtsgrundsätze des Europäischen Gemeinschaftsrechts verankert.[103] Die vorstehende Rechtsvergleichung gestattet nun den Schluß, daß der Europäische Gerichtshof den Rechtsstaatsgedanken selbst – und nicht nur einzelne seiner Ausprägungen – in das Europäische Gemeinschaftsrecht als allgemeinen Rechtsgrundsatz übernehmen durfte. Daß im Ergebnis nur die USA, die Bundesrepublik Deutschland und die Schweiz – also nur ein Mitgliedstaat der Europäischen Gemeinschaften – das Rechtsstaatsprinzip in dem Sinne kennen, daß aus ihm neue, im positiven Recht und insbesondere im Verfassungsrecht noch nicht enthaltene Rechtssätze zum Schutz der Freiheiten des Bürgers entwickelt werden, steht einer solchen Übernahme nicht entgegen. Denn die bisherige Rechtsprechung des Europäischen Gerichtshofs verlangt nicht, daß die als allgemeine Rechtsgrundsätze übernommenen Prinzipien in allen Mitgliedstaaten dieselbe Ausformung haben. Im Völkerrecht werden als allgemeine Rechtsgrundsätze nicht konkrete Normen, sondern nur die diesen Normen zugrundeliegenden Prinzipien wie etwa der Bereicherungsgedanke, der Grundsatz von Treu und Glauben, der Gedanke der Rechtskraft usw. übernommen. Ähnlich hat der Europäische Gerichtshof in seiner Rechtsprechung zu den europäischen Menschenrechten etwa das Eigentumsrecht und das Recht auf Berufsfreiheit nicht als ausformulierte Normen, sondern als Prinzipien übernommen, obwohl die Konkretisierung dieser Prinzipien in den einzelnen Rechtsordnungen höchst unterschiedlich ist. Das Rechtsstaatsprinzip aber ist fast allen Mitgliedstaaten bekannt und hat im Recht des Europarats allgemeine Anerkennung gefunden.[104] Soweit in einzelnen Mitgliedstaaten der Terminus Rechtsstaat nicht gebraucht wird, ist er doch als Begriff insoweit bekannt, als die gesamte Rechtsordnung bewußt nach diesem Begriff ausgerichtet ist und die nationale Rechtsprechung diesen Begriff stillschweigend zugrunde legt, um aus ihm allgemeine Rechtsprinzipien abzuleiten. Das reicht für die Übernahme dieses Prinzips in das Europäische Gemeinschaftsrecht vor allem auch deshalb aus, weil die Europäischen Gemeinschaftsverträge, wie wir noch sehen werden, selbst den Rechtsstaatsbegriff zugrunde legen. Dabei muß insbesondere berücksichtigt werden, daß bei der Entwicklung eines allgemeinen Rechtsprinzips die Rechtsordnungen nicht statisch, sondern dynamisch gesehen werden müssen. Es kommt nicht allein darauf an, daß ein bestimmter Mitgliedstaat das Rechtsstaatsprinzip noch nicht ausdrücklich als Quelle weiterer Rechtsprinzipien ansieht. Entscheidend ist, daß das Rechtsstaatsprinzip der gesamten Rechtsordnung auch dieses Staates zugrunde liegt und deshalb ohne Verfassungsänderung von der

103 Vgl. die bei *Bleckmann*, Europarecht, 6. Aufl., 1997, S. 213 ff. zitierte Literatur.
104 Siehe unten, III. 6.

Rechtsprechung bewußt als Quelle der allgemeinen Rechtsgrundsätze insbesondere des Verwaltungsrechts bezeichnet werden könnte, welche diese Regeln ohnehin unbewußt aus dem Rechtsstaatsprinzip abgeleitet hat.
Einmal in das europäische Recht übernommen, kann der Europäische Gerichtshof aus diesem Prinzip die den Strukturen des Europäischen Gemeinschaftsrechts entsprechenden Rechtssätze entwickeln. Dabei kann sich der Europäische Gerichtshof auf die Rechtsordnungen stützen, die den Rechtsstaatsgedanken am weitesten konkretisiert haben.[105] Daß diese Konkretisierung jeweils in den Mitgliedstaaten der Europäischen Gemeinschaft übereinstimmt, ist nicht erforderlich. Wichtig ist nur, daß die Prinzipien der anderen Rechtsordnungen diesem Rechtssatz nicht geradezu widersprechen;[106] die Tatsache, daß alle Mitgliedstaaten der Europäischen Gemeinschaft auf dem Rechtsstaatsprinzip fußen, dürfte aber einen solchen Widerspruch wenig wahrscheinlich erscheinen lassen.
Das Rechtsstaatsprinzip ist nicht nur in den anderen Mitgliedstaaten der Europäischen Gemeinschaften, sondern auch in den anderen demokratischen Staaten im westlichen Sinne bekannt. Die Rechtsvergleichung muß in diesem Bereich über die Staaten der Europäischen Gemeinschaften hinausgreifen, weil es sich um ein allgemeines Strukturprinzip der westlichen Demokratien handelt, das sich nur einer solchen umfassenden Rechtsvergleichung voll aufschließt. Deshalb muß für die Konkretisierung dieses Prinzips auch auf das Recht etwa der USA und der Schweiz zurückgegriffen werden.

3. Der Europäische Gerichtshof könnte sich bei der Übernahme des Rechtsstaatsprinzips in das Europäische Gemeinschaftsrecht auch auf die Tatsache stützen, daß die europäischen Gemeinschaftsverträge ganz offensichtlich auf dem Rechtsstaatsprinzip fußen. Das zeigt sich etwa in der rechtsstaatlichen Strukturierung des Rechtssetzungsverfahrens (Begründungszwang, Bekanntmachung und Veröffentlichung, Typenzwang der Rechtssätze, Grundsatz der Einzelermächtigung = Gesetzmäßigkeit der Verwaltung) und des Rechtsschutzverfahrens vor dem Europäischen Gerichtshof.[107] Im Wege der Rechtsanalogie kann der Europäische Gerichtshof aus diesen Ansätzen in Verbindung mit der Rechtsvergleichung den allgemeinen Grundsatz der Rechtsstaatlichkeit der europäischen Gemeinschaftsordnung ableiten.

105 So hat der EuGH sich bei der Entwicklung europäischer Grundrechte auf den Grundsatz der Verhältnismäßigkeit gestützt, der bei Grundrechtseinschränkungen nur in der Bundesrepublik Deutschland und in den USA herangezogen wird, in den anderen Ländern nur im Polizeirecht bekannt ist.

106 So *Pescatore* in der Diskussion auf der Tagung des Max-Planck-Instituts für ausl. öff. Recht und Völkerrecht vom 16. – 28.2.1975 in Heidelberg zum Thema: Völkerrecht als Rechtsordnung, Grundlagen und Quellen, Beiträge zum fünfzigjährigen Bestehen des Instituts, von 1924 – 1974, ZaöRV 1976, Bd. 36.

107 *Fuß*, Die Europäischen Gemeinschaften und der Rechtsstaatsgedanke, 1968.

4. Der Rechtsstaatsgedanke spielt insbesondere bei der Begrenzung der europäischen Verwaltung eine Rolle. Insoweit könnte der Europäische Gerichtshof statt auf den französischen Begriff des détournement de pouvoir stärker auf den deutschen Begriff des Ermessensmißbrauchs abstellen, der neben der Zweckverfehlung rechtsstaatliche Elemente in sich aufnimmt.[108] So könnte unmittelbar über den Begriff des Ermessensmißbrauchs und nicht über den Umweg eines allgemeinen Rechtsprinzips der Rechtsstaatsgedanke herangezogen werden.

5. Die Übernahme des Rechtsstaatsbegriffs auf die europäische Ebene hätte den Vorteil, daß der Europäische Gerichtshof aus dem Rechtsstaatsbegriff – u. U. in Verbindung mit entsprechenden Ansätzen im nationalen Recht einzelner Staaten zum Rechtsstaatsbegriff – dem europäischen Recht angepaßte neue konkrete Rechtssätze zum Schutz der Freiheiten des Individuums deduzieren könnte, ohne daß diese Rechtssätze in allen Mitgliedstaaten bekannt zu sein hätten. Darüber hinaus würde die Rechtsprechung des Europäischen Gerichtshofs zu den allgemeinen Rechtsgrundsätzen durch die Unterstellung unter das Leitbild des Rechtsstaats eine größere Einheitlichkeit und Geschlossenheit gewinnen.

6. Der Europäische Gerichtshof hat im Falle *Nold*[109] ausgeführt, daß bei der Entwicklung europäischer Grundrechte aus den gemeinsamen Verfassungsüberlieferungen der Mitgliedstaaten die internationalen Menschenrechtskonventionen, denen die Mitgliedstaaten angehören, berücksichtigt werden müssen; im *Rutili*-Fall[110] hat er sich ausdrücklich auf die EMRK berufen.
Nun enthält schon die Allgemeine Erklärung der Menschenrechte vom 10. Dezember 1948[111] in der Präambel den Satz:

> »da es wesentlich ist, die Menschenrechte durch die Herrschaft des Rechts (rule of law) zu schützen, damit der Mensch nicht zum Aufstand gegen Tyrannei und Unterdrückung als letztem Mittel gezwungen wird«.

Ähnlich heißt es in der Präambel der Satzung des Europarats:[112]

> »in unerschütterlicher Verbundenheit mit den geistigen und sittlichen Werten, die das gemeinsame Erbe ihrer Völker und der persönlichen Freiheit der politischen Freiheit und der Herrschaft des Rechts zugrunde liegen, auf denen jede wahre Demokratie beruht«.

108 *Ossenbühl*, in: Erichsen, Allgemeines Verwaltungsrecht, 10. Aufl., 1995, S. 188.
109 EuGH, Slg. 1974, 491.
110 EuGH, Slg. 1975, 1219 ff.
111 *Berber*, Völkerrecht, Dokumentensammlung, 1967, Bd. 1, 917.
112 *Berber*, (Anm. 111), 357.

Und die Präambel der EMRK sagt:

»Entschlossen, als Regierungen europäischer Staaten, die vom gleichen Geist beseelt sind und ein gemeinsames Erbe an geistigen Gütern, politischen Überlieferungen, Achtung der Freiheit und Vorherrschaft des Gesetzes (rule of law, prééminence du droit) besitzen, die ersten Schritte auf dem Wege zu einer kollektiven Garantie gewisser in der universellen Erklärung verbindlicher Rechte zu unternehmen.«

Diese drei Präambeln, die auf die »rule of law« verweisen, spielen vor dem Europäischen Menschenrechtsgerichtshof eine große Rolle:
Im *Golder*-Fall war die Kommission der Auffassung, die in Art. 6 I der EMRK enthaltenen prozessualen Garantien stellten zusammen mit dem umstrittenen Recht auf freien Zugang zu den Gerichten die »essence of the rule of law« dar.[113] Die Kommission führte aus:

»The requirements of a fair and public hearing etc. confirm the idea of the rule of law. This idea, in the commission's view, cannot be seperated from the idea of access to the courts and the guarantees which court proceedings offer in the determination of a person's legal position with in the scope of the article. The wider context of the Convention itself nowhere else offers a similar basis for meeting this requirement of the idea of the rule of law which, according to the Preamble, is one of the main objects and purposes of the Convention. It is therefore natural to understand the whole context of the Convention as confirming that the justicability of civil rights and obligations is guaranteed by a right of access to courts.«

Der Gerichtshof hat sich im wesentlichen der Kommission angeschlossen. Zum Rechtsstaatsprinzip führte er aus:[114]

»Die Kommission ihrerseits mißt den Worten Vorherrschaft des Rechts erhebliche Bedeutung bei; ihr zufolge erhellen sie Art. 6 Abs. 1.
Der Auswahlcharakter der Konvention ist unbestreitbar. Man kann auch mit der Regierung gelten lassen, daß die Präambel nicht die Vorherrschaft des Gesetzes in Ziel und Zweck der Konvention aufgenommen hat, sondern sie als eines der Bestandteile des geistigen Lebens bezeichnet, das den Mitgliedstaaten des Europarats gemeinsam ist. Der Gerichtshof meint jedoch mit der Kommission, daß es falsch wäre, in dieser Erwägung eine einfache mehr oder weniger rhetorische Mahnung zu sehen, die für die Auslegung der Konvention ohne Interesse wäre. Wenn die unterzeichnenden Regierungen beschlossen haben, die ersten Schritte auf dem Wege zu einer kollektiven Garantie gewisser in der universellen Erklärung verbindlicher Rechte zu unternehmen, so geschah dies insbesondere wegen ihres tiefen Glaubens an die Vorherrschaft des Gesetzes. Es erscheint natürlich und zugleich dem Grundsatz von Treu und Glauben entsprechend, auf diesen Beweg-

113 *Affaire Golder/Golder Case*, Publications of the European Court of Humans Rights, Series B, Pleadings, Oral Arguments and Documents, Bd. 17, 1973 – 1975, 38.
114 EuGRZ 1975, 91 ff. (96).

grund Bedacht zu nehmen, wenn man den Wortlaut des Art. 6 Abs. 1 in seinem Zusammenhang und unter Berücksichtigung von Ziel und Zweck der Konvention auslegt.
Dies gilt umso mehr, als das Statut des Europarates, der Organisation, zu deren Mitgliedern jeder der Konventionsstaaten gehört, sich an zwei Stellen auf die Vorherrschaft des Gesetzes bezieht . . .
In Zivilsachen aber ist die Vorherrschaft des Gesetzes kaum denkbar ohne die Möglichkeit des Zugangs zu den Gerichten.«

Damit hat der Gerichtshof einen Gedanken verdeutlicht, der sich schon in der *Lawless*-Entscheidung vom 14. November 1960 findet. Der Gerichtshof hatte hier das Recht der Kommission, ihren Bericht dem Individualbeschwerdeführer zuzuleiten, auf den Rechtsstaatsbegriff gestützt:

»Whereas, furthermore, in any democratic society, within the meaning of the Preambel and the other clauses of the Convention, proceedings before the judiciary should be conducted in the presence of the parties and the public«.[115]

Die Tragweite dieser Entscheidung geht sehr weit. Sicherlich können aus den Präambeln der Satzung des Europarats und der EMRK, also auch aus dem dort verwendeten Rechtsstaatsbegriff, nicht weitere Grundrechte oder sonstige Prinzipien entwickelt werden, die neben die in der EMRK verankerten Grundrechte treten. Die *rule of law* kann aber zur Auslegung der EMRK herangezogen werden. Dabei können aus dem Rechtsstaatsbegriff *selbständig* Rechtsprinzipien abgeleitet werden, die zum Grundrechtsschutz erforderlich sind; daß diese Prinzipien in allen Mitgliedstaaten des Europarats bekannt sind, ist also nicht erforderlich. Die Rechtsstaatsprinzipien können deshalb vor allem herangezogen werden, um die Schranken der Grundrechte in einer demokratischen Gesellschaft (Art. 8 ff. EMRK) festzulegen. Insoweit ist an die Grundsätze der Erforderlichkeit, des geringsten Mittels und der Verhältnismäßigkeit zu denken, die aufgrund der Rechtsprechung des Europäischen Gerichtshofs im *Nold*- und *Rutili*-Fall auch im Europäischen Gemeinschaftsrecht anzuwenden sind.
Die Rechtsprechung des Europäischen Gerichtshofs aber hat anerkannt, daß die EMRK herangezogen werden kann, um aus anderen Rechtsquellen vor allem des nationalen Rechts allgemeine Rechtsgrundsätze des Europäischen Gemeinschaftsrechts zu entwickeln. Die aus der EMRK entnommenen Grundrechte müssen also in Anwendung der Prinzipien des *Golder*-Falles im Lichte des Rechtsstaatsbegriffs ausgelegt werden. Das zeigt den Ausgangspunkt des Europäischen Gerichtshofs, wonach die Europaratsverträge und die Europäischen Gemeinschaftsverträge im tieferen Sinne nicht einfach neben-

115 Preliminary Objections and questions of procedure, Publications of the European Court of Human Rights, Serie A, 1960, 13.

einander stehende Vertragswerke darstellen, sondern eine einheitliche rechtsstaatliche europäische Tradition begründen. Der Vertrag über den Europarat und die Präambel der EMRK müssen also bei der Bildung allgemeiner Rechtsgrundsätze des Europäischen Gemeinschaftsrechts auch dann beachtet werden, wenn es nicht um die Auslegung konkreter Rechte der EMRK geht. Auch diese Präambeln können also neben den oben hervorgehobenen Argumenten herangezogen werden, um auf der Ebene des Europäischen Gemeinschaftsrechts als allgemeinen Rechtsgrundsatz die Rechtsstaatsidee zu übernehmen, aus welcher der Europäische Gerichtshof zum Schutz der Freiheit und des Eigentums der Bürger die für die Europäischen Gemeinschaften notwendigen Prinzipien auch dann ableiten kann, wenn sie nicht in allen Mitgliedstaaten bekannt sind.

B. *Zur Struktur des Rechtsstaatsprinzips*[116]

I. *Problemaufriß*

Der Lehre ist es trotz detaillierter Arbeiten zu diesem Thema bisher nicht gelungen, die Strukturen des Rechtsstaatsprinzips aufzudecken. Vor allem in der Rechtsprechung des Bundesverfassungsgerichts, aber auch in der Literatur wird so nicht recht deutlich, wie die verschiedenen in diesem Grundsatz zusammengefaßten Unterprinzipien – etwa der Gewaltenteilungsgrundsatz, der Gesetzesvorbehalt, das Vertrauensschutzprinzip, die Grundrechte, die Verfassungsgerichtsbarkeit – aus dem Rechtsstaatsprinzip abgeleitet werden können und wie diese Unterprinzipien unter sich in innerer Verbindung stehen. Nur wenn dieses Problem gelöst ist, wird aber der Inhalt des Rechtsstaatsprinzips und wird vor allem deutlich, welche weiteren Grundsätze aus diesem Grundsatz abgeleitet werden können; nur dann kann dem Einwand begegnet werden, beim Rechtsstaatsprinzip handle es sich um eine »Zauberkiste«, aus welcher das Bundesverfassungsgericht bei Bedarf beliebige Rechtssätze hervorholt. Auch wird erst dann verständlich, in welcher inneren Beziehung das Rechtsstaatsprinzip zum Sozialstaatsprinzip, zum Bundesstaatsprinzip und zum Demokratieprinzip steht.

Im Gegensatz zu einer in der Lehre recht verbreiteten Meinung bin ich der Auffassung, daß das Bundesverfassungsgericht aus dem Rechtsstaatsprinzip unverzichtbare Sicherungen der Individualrechte entwickelt und die Zusam-

116 Zuerst veröffentlicht in: *Bleckmann*, Staatsrecht I, 1993, S. 305 ff. Abdruck erfolgt mit freundlicher Genehmigung des Carl Heymanns Verlages.

menhänge zwischen den verschiedenen im Rechtsstaatsprinzip zusammengefaßten Unterprinzipien durchaus richtig erahnt hat. In einer solchen Situation ist es die Aufgabe der Lehre, die inneren Zusammenhänge zwischen den verschiedenen Entscheidungen des Bundesverfassungsgerichts herauszuarbeiten. Die Lehre hat noch nicht hinreichend erkannt, daß, da das Bundesverfassungsgericht immer nur über den Einzelfall entscheiden kann, ihr die Funktion zufällt, den durch das Grundgesetz und durch die die Verfassung konkretisierenden Entscheidungen des Bundesverfassungsgerichts aufgegebenen Fragen nach der »Einheit der Verfassung« nachzugehen, also die Zusammenhänge aufzudecken, die zwischen dem organisatorischen und dem grundrechtlichen Teil der Verfassung, zwischen den Staatszielbestimmungen und den aus ihnen entwickelten Unterprinzipien bestehen. Jedenfalls sollte eine umfassende Strukturanalyse zumindest versucht werden, bevor man der Rechtsprechung des Bundesverfassungsgerichts in diesem wie in anderen Bereichen jede innere Kohärenz abspricht.

Zu den Strukturen des Rechtsstaatsprinzips stößt man sicherlich nicht vor, wenn man im Wege der Rechtsanalogie durch generalisierende Induktion aus den im Rechtsstaatsprinzip zusammengefaßten Unterprinzipien einen allgemeinen Rechtssatz bildet und diese Norm dem Rechtsstaatsprinzip unterschiebt. So hilft etwa die geschichtlich begründete Definition, das Rechtsstaatsprinzip diene dem Schutz der Freiheiten des Bürgers,[117] insoweit nicht viel weiter, als dieser Formel nicht ohne weiteres entnommen werden kann, wie die einzelnen Strukturprinzipien des Rechtsstaatsprinzips diesen Schutzzweck durchsetzen können. Ebensowenig läßt sich die Struktur des Rechtsstaatsprinzips erkennen, wenn man in Überbetonung der Abwehrfunktion der Grundrechte den Sinn des Rechtsstaatsprinzips in der Begründung staatsfreier Rechtsräume sieht oder auch nur den Zweck des Rechtsstaatsprinzips in den Vordergrund schiebt, die Freiheiten der Bürger in ihren verschiedenen Funktionen zu schützen. Hat man die Strukturprinzipien des Rechtsstaatsprinzips nicht a priori erkannt, ist es angesichts der unterschiedlichen Bedeutungsinhalte des Begriffs im Wandel des historischen Kontextes auch wenig erfolgversprechend, den Begriff des Rechtsstaats historisch zu bestimmen. Die Lehre hat vielmehr durchaus richtig gesehen, daß der letzte Zweck des Rechtsstaatsprinzips in der Durchsetzung der materiellen Gerechtigkeit besteht. In der Sicht des Grundgesetzes besteht die materielle Gerechtigkeit zwar auch in der Gewährung staatsfreier Räume; dabei handelt es sich aber nur um einen wenn auch wichtigen Unteraspekt des Gesamtproblems. Denn die materielle Gerechtigkeit bezieht sich primär auf die staatliche Entscheidung, soweit sie Grundrechte der Individuen berührt.

117 Vgl. zum Beispiel *Maunz/Zippelius*, Deutsches Staatsrecht, 29. Aufl. 1994, § 12 I 1.

In der Übergangsphase vom Koexistenz- zum Kooperationsrecht hat sich insoweit ein bedeutsamer Wandel vollzogen. Ursprünglich wurde die materielle Gerechtigkeit nur auf die Freiheit, auf die Gewährung eines staatsfreien Raumes bezogen. Schon *Immanuel Kant* aber hatte gesehen, daß selbst im Zeitalter der gesellschaftlichen Neutralität des Staates die Gerechtigkeitsfunktion der Rechtsordnung darin bestand, die gegenseitigen Rechtsräume der Individuen unter sich abzugrenzen. Auch im Koexistenzrecht bezog sich die materielle Gerechtigkeit deshalb primär auf eine bestimmte Qualität der staatlichen Entscheidung, welche die Rechtsräume der Individuen voneinander abgrenzte. Dieser Aspekt hat sich im Zeitalter des Kooperationsrechts verstärkt: Infolge der wachsenden Interdependenz in Staat und Gesellschaft wurden die Grundrechte wachsend durch die Privatinteressen Dritter und vor allem durch die öffentlichen Interessen beschränkt. Der Schutzbereich der Grundrechte verlor damit weitgehend seine selbständige Funktion als Ausgrenzung bestimmter Rechtssphären. Heute hat dieser Schutzbereich deshalb nur noch die Funktion, bei einem Eingriff in diese Sphäre die Rechtswidrigkeit des Handelns zu indizieren. Die Funktion der Grundrechte gleitet in einer solchen Lage vom Schutzbereich auf die rechtsstaatlichen Prinzipien über, die wie der Gesetzesvorbehalt, das Verhältnismäßigkeitsprinzip und die Wesensgehaltsgarantie bei einem Eingriff in diesen Schutzbereich anwendbar werden. Alle diese Garantien aber stellen gewisse Anforderungen an die Qualität des Eingriffs, d.h. aber vor allem der staatlichen Entscheidung. Die Freiheit verwandelt sich in einem solchen System von einem absoluten Wert in einen der Aspekte einer sachlich-gerechten Entscheidung.

Ausgangspunkt einer solchen Strukturanalyse muß also die Tatsache sein, daß nach der Ansicht der Rechtsprechung und Lehre das Grundgesetz unter Anknüpfung an die Entwicklung des Vormärz den Ende des 19. Jh. entwikkelten »formalen« Rechtsstaatsbegriff überwunden hat und zu einer materiellen Konzeption zurückgekehrt ist. Alle aus dem Rechtsstaatsprinzip entwikkelten Grundsätze dienen in einer solchen Sicht nur der Durchsetzung der materiellen Gerechtigkeit. Die materielle Gerechtigkeit aber wird seit *Aristoteles* mit dem Gleichheitssatz identifiziert, nach welchem bei der Verteilung knapper Güter der Staat nach einer modernen Formel alle betroffenen Interessen sachlich-gerecht miteinander abzuwägen hat. Dieses Prinzip findet seinen Ausdruck im Bild der *Justitia*, welche mit verbundenen Augen eine Waage hält, in der die gegenseitigen Interessen miteinander abgewogen werden. Dabei ist zu berücksichtigen, daß mit der *Justitia* eben nicht nur die Gerichtsbarkeit, sondern vor allem auch die materielle Gerechtigkeit selbst angesprochen wird.

Damit haben wir das Strukturmodell des Rechtsstaatsprinzips aber schon abstrakt umrissen: Soll die materielle Gerechtigkeit verwirklicht werden, müssen die miteinander abzuwägenden Interessen in der Verfassung festgelegt

werden; die Verfassung muß ferner das gegenseitige materielle Gewicht dieser Interessen oder zumindest ein Verfahren festlegen, welches eine sachlichgerechte Abwägung aller betroffenen Interessen gewährleistet. Das Rechtsstaatsprinzip begnügt sich aber nicht damit, die Kriterien für die materielle Gerechtkeit abstrakt festzulegen: Es verlangt, daß die materielle Gerechtigkeit sich in der Verfassungswirklichkeit tatsächlich durchsetzt. Damit verlangt das Rechtsstaatsprinzip eine Verankerung dieser Interessen und Abwägungsprinzipien in der Verfassung selbst und Rechtssätze, die sicherstellen, daß die Verfassung von den staatlichen Organen und den Individuen faktisch auch eingehalten wird. Die Verfassung muß damit einen höheren Rang als alles andere Recht beanspruchen; die gesamte staatliche Tätigkeit muß der Kontrolle der Gerichte und insbesondere der Verfassungsgerichte unterliegen; die Verletzung der Verfassung muß für den Beamten und Richter mehr Nachteile als Vorteile bringen; die Verfassung muß gegen den Umsturz von »unten« oder »oben« abgesichert werden. Die Gesamtheit dieser Regeln kann man als Prinzipien umreißen, welche die »Herrschaft der Verfassung« (»rule of law«) begründen.
Dieses die Prinzipien der materiellen Gerechtigkeit konkretisierende Strukturmodell entfaltet somit aus einem einheitlichen Ansatz alle Unterprinzipien des Rechtsstaatsprinzips und gestattet damit immer dann eine Rechtsfortbildung durch den Verfassungsrichter, wenn infolge der wachsenden Erkenntnis etwa durch die Rechtsvergleichung Verfahren bekannt werden, die eine weitergehende Gewährleistung der Durchsetzung der materiellen Gerechtigkeit in der Verfassungswirklichkeit sicherstellen. Da die Bestimmung der Schutzwürdigkeit der Interessen einer Wertung bedarf, diese Wertung aber in der Gesamtheit der positiven Rechtsordnung schon vorliegt, lassen sich so etwa aus einem Vergleich der unterverfassungsrechtlichen Rechtsquellen im Rahmen des Rechtsstaatsprinzips weitere Grundrechte entwickeln. Zeigen sich im Laufe des Erkenntnisfortschritts neue Verfahren, welche die Gerechtigkeit der Abwägung oder die faktische Durchsetzbarkeit der Verfassung verstärken, erstreckt sich das Rechtsstaatsprinzip automatisch auf diese neuen Regeln.

II. *Die geschützten Interessen*

Die materielle Gerechtigkeit verlangt zunächst einmal, daß die bei der sachlich-gerechten Abwägung zu berücksichtigenden Interessen zumindest in ihrem Kernbereich durch die Verfassung selbst festgelegt werden. Die materielle Gerechtigkeit begnügt sich nämlich nicht mit der Formel, daß bei der durch die staatliche Entscheidung erfolgenden Abwägung alle tatsächlich betroffenen Interessen zu berücksichtigen sind. Denn nicht alle faktischen Interessen sind in vollem Umfang des staatlichen Schutzes wert. Das gilt selbst dann, wenn man auf die Interessen abstellt, die allen betroffenen Individuen in der jeweiligen Rolle gemeinsam sind. Die Verfassung muß also in einem ersten Schritt die Interessen festlegen, die wegen ihrer Schutzwürdigkeit bei der staatlichen Interessenabwägung besonders zu berücksichtigen sind. Diesem Ziel dienen die im Grundgesetz verankerten Grundrechte.

Die Rechtsprechung des Bundesverfassungsgerichts[118] und die wohl herrschende Lehre gehen allerdings davon aus, daß die Grundrechte nicht eigentlich Interessen schützen, sondern Werte verankern: Die Grundrechte stellen in einer solchen Sicht nicht den Gegenstand der Abwägung dar, sondern sollen Maßstäbe bei der Abwägung der Interessen zur Verfügung stellen. Diese Konzeption kann schon deshalb nicht richtig sein, weil das Grundgesetz mit den einzelnen Grundrechten sehr verschiedene Werte verankert, die im konkreten Einzelfall in Gegensatz zueinander treten können, dann aber eines über ihnen stehenden Abwägungsmaßstabs bedürfen, den das Grundgesetz durch seine Bewertung der verschiedenen Interessen zumindest partiell liefert. Das Problem ist insoweit allerdings, daß die Verfassung nur den Schutzbereich der Grundrechte und die Grenzen staatlicher Eingriffe, weitgehend aber nicht die öffentlichen Interessen bestimmt, die einen Eingriff in den Schutzbereich dieser Grundrechte gestatten und die im Rahmen des Verhältnismäßigkeitsprinzips im engeren Sinne mit den durch die Grundrechte geschützten Privatinteressen abgewogen werden müssen. Nach der durchaus herrschenden Lehre sind nämlich im Gegensatz zur liberalen Tradition die öffentlichen Interessen nicht mit der Summe der Privatinteressen identisch und werden sie – wenn man einzelne in den Kompetenzvorschriften geschützte Allgemeininteressen einmal ausnimmt – durch das Grundgesetz faktisch nicht festgelegt. Diese letztlich auf *Hegel* und die ihm folgende romantisch-historische Schule zurückgehende Konzeption, nach welcher der Staat als organisches Gebilde mehr ist als die Summe der Individuen und die öffentlichen Interessen deshalb etwas anderes darstellen müssen als die Summe der Privatinteressen, kommt zu dem Ergebnis, daß das »Allgemeininteresse« einen Blankettbegriff darstellt, der nur im demokratischen Willensbildungsprozeß ausgefüllt werden kann, im übrigen nur am Rande mit den durch die Grundrechte geschützten Individualinteressen übereinstimmt und deshalb vom Richter höchstens auf seine verfassungsrechtliche Vertretbarkeit hin überprüft werden kann. Eine gewisse Rolle bei dieser Konzeption spielt sicherlich auch die Tatsache, daß unsere Rechtsordnung die Popularklage verbietet und deshalb die öffentlichen, nur vom Staat zu repräsentierenden Interessen von den durch die Individuen vertretenen Privatinteressen strikt geschieden werden müssen. Dem steht die Tatsache entgegen, daß das gesamte Grundgesetz an der an seinem Anfang stehenden Menschenwürde ausgerichtet ist und deshalb der Staat nur

118 BVerfGE 2, 1 (12 f.); 5, 85 (140); 6, 32 (40 ff.); 27, 1 (6 f.); 52, 131 (168).

berufen sein kann, die Menschenwürde und die Gesamtheit der übrigen aus der Menschenwürde fließenden Grundrechte zu verwirklichen. Die Grundrechte stellen damit aber nicht nur Freiheitssphären verankernde negative Abwehrrechte gegen den Staat dar; es handelt sich vielmehr um Werte, an welchen die staatliche Tätigkeit positiv ausgerichtet werden muß und die deshalb – wenn auch in sehr flexibler Form – die Ziele des staatlichen Handelns umreißen. Nur durch eine solche Konzeption wird dem Grundsatz der Einheit der Verfassung entsprechend der Organisationsteil der Verfassung mit den Grundrechten verbunden. In der auf *Thomas von Aquin* zurückgehenden katholischen Lehre, aber auch von einigen Autoren des Staatsrechts, wird deshalb richtig gesehen, daß das Gesamtinteresse mit der Summe der Individualinteressen oder besser: mit der Resultante der Abwägung zwischen den Interessen verschiedener Personengruppen identisch ist.

Dieses Ergebnis wird auch durch eine Realanalyse der vom Staat verfolgten Gesamtinteressen bestätigt. In der Tat handelt es sich etwa beim Gesundheitsschutz, bei der Bekämpfung der Arbeitslosigkeit und beim Umweltschutz stets nur um einer Gesamtheit von bestimmten Kategorien von Privatpersonen zuzuordnenden Interessen. Aus diesen »quantitativen« oder »primären« Privatinteressen entwickeln sich, da den Individuen häufig die erforderlichen Mittel für ihre Durchsetzung fehlen, »qualitative« Sekundärinteressen, die etwa auf die Organisation, das Funktionieren der Rechtsprechung und der Verwaltung oder auf die sachlichen, personellen und finanziellen Mittel gerichtet sind. Diese »qualitativen« Allgemeininteressen sind auf die Mittel der Durchsetzung von quantitativen Allgemeininteressen ausgerichtet und werden deshalb letztlich ebenfalls nur durch die im Grundgesetz geschützten Individualinteressen legitimiert.

Das zweite Problem ist, daß das Grundgesetz auch die zu schützenden Privatinteressen nur partiell ausdrücklich bestimmt. Auch diese Lücke kann durch eine entsprechende Interpretation der Verfassung geschlossen werden. Denn etwa die Wirtschaftsfreiheiten dienen der Durchsetzung ganz bestimmter sozialer, kultureller und wirtschaftlicher Interessen, die als Ziele der Grundrechte durch die Grundrechte selbst mitgeschützt werden. Auf der anderen Seite ist Voraussetzung der durch die Menschenwürde geforderten faktischen Ausübungsmöglichkeit der Freiheitsrechte, daß die Individuen über die hierfür erforderlichen materiellen Mittel verfügen. Aus beiden Gründen haben die Rechtsprechung und die Lehre aus den Freiheitsrechten soziale Grundrechte entwickelt, die wegen der vorrangigen Kompetenz des Parlaments in diesem Bereich zwar weitgehend injustitiabel bleiben, in dem oben entwickelten Modell aber mit den Freiheitsrechten abzuwägen sind. Darüber hinaus hat das Bundesverfassungsgericht in einer ganzen Reihe von Entscheidungen den in Art. 2 I GG enthaltenen Grundsatz der freien Entfaltung der Persönlichkeit weit über die allgemeine Handlungsfreiheit hinaus auf alle schützenswerten

Privatinteressen erstreckt und so dem Richter die Befugnis zugesprochen, in Weiterentwicklung der im Grundgesetz enthaltenen Prinzipien die Schutzwürdigkeit von im Grundgesetz nicht ausdrücklich geschützten Privatinteressen festzustellen.

Diese Darlegungen gestatten gleichzeitig auch einen ersten Schluß zum Verhältnis zwischen dem Rechtsstaats- und dem Sozialstaatsprinzip. In der Tat wird in der Lehre häufig die Ansicht vertreten, daß das Sozialstaatsprinzip zwar in einem gewissen Spannungsverhältnis zum Rechtsstaatsprinzip stehe, aber in der Form des Rechtsstaatsprinzips durchzusetzen sei. Das obige Strukturmodell der Abwägung der jeweils betroffenen Privatinteressen bezieht sich aber eindeutig eben nicht nur auf die Freiheitsrechte, sondern vielleicht sogar primär auf die durch die sozialen Grundrechte geschützten Interessen. Denn im Gegensatz zum *Kant*schen Staat der Aufklärung,[119] der nur die beiderseitigen, einander widersprechenden Grundrechtssphären der Individuen zueinander so abgrenzen sollte, daß die »Willkür des einen mit der Willkür des anderen« zusammenfindet, hat der moderne Wohlfahrtsstaat bei der Verteilung des Bruttosozialprodukts die miteinander in Widerstreit liegenden sozialen Interessen bzw. die Freiheit und das Eigentum der besitzenden Klasse mit den sozialen Interessen der Arbeitnehmer abzuwägen. Auch diese sozialen Interessen und ihr gegenseitiges Gewicht werden dabei teilweise durch die Verfassung festgelegt; der als Willkürverbot verstandene allgemeine Gleichheitssatz gebietet auch insofern die einheitliche Durchsetzung des einmal gewählten Maßstabes; der Gesetzesvorbehalt, das Gewaltenteilungsprinzip und die Verfahrensgrundsätze sowie die allgemeine Ermessensfehlerlehre bieten auch in diesem Bereich Verfahren, welche die Sachlichkeit und Gerechtigkeit der Abwägung gewährleisten. Auch der Vertrauensschutzgrundsatz bezieht sich eindeutig nicht nur auf die Freiheiten, sondern gerade auch auf die sozialen Grundrechte der Individuen. Das aber bedeutet, daß das Rechtsstaatsprinzip sich in das Sozialstaatsprinzip hinein erstreckt hat. Dieses Ergebnis wird durch die oben dargelegte Tatsache bestätigt, daß die sozialen Grundrechte aus den Voraussetzungen und den Zielen gerade der Freiheitsrechte entwikkelt werden. Nur wenn man das Rechtsstaatsprinzip modellwidrig auf die Funktion beschränkt, nur die Freiheiten abzusichern, tritt das Rechtsstaatsprinzip also angesichts der heutigen Vermögensverteilung in einen Gegensatz zum Sozialstaatsprinzip. Da das Ziel der Freiheits- und vor allem der Wirtschaftsrechte die Durchsetzung der heute durch die sozialen Grundrechte geschützten sozialen und kulturellen Interessen ist, hat auch das Rechtsstaatsprinzip letztlich die Durchsetzung des Sozialstaatsprinzips zum Ziel. Man wird diese Entwicklung dahin umschreiben können, daß, solange das Bürger-

119 Vgl. *Gurwitsch*, Immanuel Kant und die Aufklärung, in: Batscha (Hrsg.), Materialien zu Kants Rechtsphilosophie, 1976, S. 331.

tum seine heute durch die sozialen Grundrechte geschützten Interessen im Rahmen einer autonomen Ausübung der Grundrechte voll verwirklichen konnte, das Rechtsstaatsprinzip auf den Schutz der Freiheiten beschränkt war; in dem Augenblick, in welchem diese materiellen Interessen nur noch durch Leistungen des Staates befriedigt werden können, entwickeln sich aus den Zielen und Voraussetzungen der Freiheiten soziale Grundrechte, für deren Durchsetzung der Staat zu sorgen hat: Der Rechtsstaat erweiterte sich damit um die sozialstaatliche Komponente. Auf der anderen Seite soll nach der Konstruktion der Lehre das Sozialstaatsprinzip nur die Voraussetzungen dafür schaffen, daß die Freiheitsrechte effektiv ausgeübt werden können. Auch das Sozialstaatsprinzip findet also sein letztes Ziel im Rechtsstaatsprinzip. Damit stehen das Rechtsstaats- und das Sozialstaatsprinzip im Verhältnis einer gegenseitigen Zielzuordnung: Beide Prinzipien finden deshalb im jeweiligen Gegenprinzip auch ihre letzte Grenze. Der damit aufgedeckte Strukturwandel erklärt ferner auch die Erweiterung des »subjektiven« auf das »objektive« Rechtsstaatsprinzip. Wir haben in der Tat gezeigt, daß nach den Prinzipien der materiellen Gerechtigkeit die durch die Grundrechte geschützten Privatinteressen im Rahmen des Verhältnismäßigkeitsprinzips mit den entgegenstehenden öffentlichen Interessen abgewogen werden müssen. Nach der klassischen Konzeption erstreckt sich dabei der rechtsstaatliche Schutz durch die Verfassung nur auf die durch die Grundrechte geschützten Privatinteressen, nicht aber auf die diese Privatinteressen beschränkenden öffentlichen Interessen. Diese Position geht damit davon aus, daß die öffentlichen Interessen durch das Staatsorganisationsrecht hinreichend gesichert werden und so aus der richterlichen Kompetenz herausfallen. In dem Augenblick, in welchem insbesondere infolge der Wahlversprechen und des Drucks der Interessenverbände die automatische Durchsetzung der öffentlichen Interessen durch den Staat nicht mehr gewährleistet ist, muß die Verfassung sicherstellen, daß gerade auch die öffentlichen Interessen als Summe von Privatinteressen sich in der Verfassungswirklichkeit voll durchsetzen.

Folgt man der wohl herrschenden, aber nirgends ausdrücklich begründeten Lehre, nach welcher die öffentlichen Interessen von den Privatinteressen strikt unterschieden werden müssen, wird ferner ein wesentlicher Aspekt der Umwandlung des »Nachtwächterstaates« (*Lassalle*) in den Wohlfahrtsstaat verkannt. Ging es im Nachtwächterstaat nur um den Schutz der Freiheiten nach innen und außen, beschränkte sich die für die gegenseitige Abgrenzung der Freiheiten erforderliche staatliche Entscheidung auf die Abwägung im Einzelfall. Daran ändert auch die Tatsache nichts, daß etwa auch das BGB generelle Regeln enthält. Denn diese Normen betreffen jeweils immer nur Bündel bilateraler Rechtsbeziehungen. Im Wohlfahrtsstaat dagegen wird diese »mikrojuristische« durch eine »makrojuristische« Ebene überlagert: Das Bruttosozialprodukt ist zwischen großen Gruppen der Gesamtbevölke-

rung zu verteilen. Soweit man nun das Rechtsstaatsprinzip und die in ihm verankerten Grundrechte nur auf die bilateralen Beziehungen bezieht, liefert das Grundgesetz dem Sozialstaatsprinzip widersprechend für die Abwägung der Gruppeninteressen im Wohlfahrtsstaat Lösungsansätze nicht.
Auch das Bundesstaatsprinzip findet in diesem Strukturmodell des Rechtsstaates seine Erklärung. In der Tat scheint mir der von der Lehre zur Legitimation des Bundesstaats bemühte Grundsatz der vertikalen Gewaltenteilung[120] die schwerfällige Organisationsform des Bundesstaats allein nicht zu rechtfertigen. Vielleicht sogar im Vordergrund des Bundesstaatsprinzips steht vielmehr der Gedanke, daß durch die Zuständigkeit der Länder und der Beteiligung der Länder am Willensbildungsprozeß des Bundes gerade die Interessen der Bewohner der einzelnen Länder besonders berücksichtigt werden sollen.[121] Damit soll die dem Demokratieprinzip widersprechende Situation vermieden werden, daß eine Mehrheit in bestimmten Bundesländern alle anderen Bundesländer faktisch beherrscht. Ferner soll durch die Dezentralisierung der staatlichen Entscheidungen vermieden werden, daß dem »negativen« Demokratieprinzip widersprechend an der staatlichen Entscheidung auch Personen beteiligt werden, die durch diese Entscheidung nicht betroffen werden. Daneben greift das Bundesstaatsprinzip auf den vielfach bewährten Grundsatz zurück, daß durch die Beteiligung unterschiedlich zusammengesetzter Gremien (Bundestag und Bundesrat) unterschiedliche Interessen berücksichtigt werden und so die Entscheidung »vergütet« wird. Auch dient das Bundesstaatsprinzip der Durchsetzung des Gleichheitssatzes: Es verhindert das überproportionale Wachstum der Hauptstadt und sorgt durch die gleichmäßige Verteilung der Finanzkraft auf die einzelnen Länder für die Einheit der Lebensverhältnisse in den einzelnen Regionen.
Auf den ersten Blick scheint sich das Vertrauensschutzprinzip in das oben entwickelte Strukturmodell der materiellen Gerechtigkeit nicht einzufügen. In der Tat wird in der Lehre und Rechtsprechung immer wieder behauptet, daß das Vertrauensschutzprinzip als Ausdruck der formellen Gerechtigkeit in einem gewissen Gegensatz zur materiellen Gerechtigkeit stehe. Bei einer näheren Analyse läßt sich aber auch dieser Gegensatz auflösen. Auch der Grundsatz der formellen Gerechtigkeit dient nämlich nur der Durchsetzung der Grundrechte und damit der materiellen Gerechtigkeit. Nur wenn die sich aus den Freiheiten entwickelnden Handlungssphären von A und B dem Prinzip der formellen Gerechtigkeit entsprechend strikt festliegen, können A und B ihre Grundrechte bis zu ihren letzten Grenzen voll ausüben: Liegen diese Grenzen nicht eindeutig fest, werden vernünftig kalkulierende Unternehmer

120 Vgl. *Stern*, Staatsrecht, Bd. 1, 2. Aufl. 1984, § 19 II 1, 2.
121 *Bleckmann*, Vom Sinn und Zweck des Demokratieprinzips, 1998, S. 161 ff.

diese Grundrechte nur in dem Maße in Anspruch nehmen, als das Risiko berechenbar bleibt.
Das Vertrauensschutzprinzip hat dabei eine in die Vergangenheit und eine in die Zukunft wirkende Komponente. Auf die Vergangenheit bezogen verbietet das Vertrauensschutzprinzip eine Änderung des Datenkranzes, welcher der privaten Entscheidung in der Vergangenheit zugrundegelegt worden ist. Da diese Entscheidung faktisch schon gefallen ist und nicht mehr geändert werden kann, hat der auf die Vergangenheit bezogene Aspekt des Vertrauensschutzgrundsatzes nicht die Durchsetzung der allgemeinen Handlungsfreiheit, sondern den Schutz des Vermögens zum Ziel. Unter diesem Aspekt erscheint auf der einen Seite ein »Inkraftsetzen«, d.h. eine Vermögensdisposition, erforderlich. Da das Schutzobjekt des Vertrauensschutzprinzips insoweit das Eigentum im weiteren Sinne ist, braucht dem Staat die Rückwirkung der Rechtsregeln nicht verboten zu werden; eine Geldentschädigung für den Eigentumsverlust reicht insoweit vielmehr völlig aus. Auf die Zukunft bezogen fordert das Vertrauensschutzprinzip dagegen, daß die Rechtssphären der Individuen unter sich und der Individuen in ihrem Verhältnis zum Staat strikt abgegrenzt werden. Dieser Aspekt des Vertrauensschutzprinzips, der durch die Lehre und Rechtsprechung insoweit zu wenig beachtet wird, als er sich nur auf staatliche Grundrechtseingriffe beziehen soll, dient nicht dem Eigentumsschutz, sondern der allgemeinen Handlungsfreiheit.
Wie in der Literatur richtig gesehen worden ist, hat der Grundsatz des Vertrauensschutzes neben dieser subjektiven aber auch eine objektive Komponente: Insbesondere der kapitalistische Wirtschaftsprozeß, aber auch die Kooperation etwa zwischen den Gemeinden und zwischen den Ländern können die verfassungsrechtlich vorgesehenen öffentlichen Aufgaben nur dann optimal-effektiv erfüllen, wenn wie bei einem Uhrwerk ein Rädchen ins andere greift, wenn also jedes Glied in diesem System sich darauf verlassen kann, daß alle anderen Glieder sich in einer bestimmten, vor allem durch die Vergangenheit festgelegten Weise verhalten. Das bedeutet, daß entgegen der Rechtsprechung des Bundesverfassungsgerichts gerade auch das Vertrauensschutzprinzip nicht nur die privaten Interessen der Individuen, sondern auch die öffentlichen Interessen etwa der Gemeinden und Länder schützt. Dieses Erfordernis wird in der Tatsache besonders deutlich, daß im Völkerrecht und im Europäischen Gemeinschaftsrecht zum Schutz vor allem der Staaten das Vertrauensschutzprinzip allgemein anerkannt wird.
Auch der Grundsatz der formellen Gerechtigkeit dient also der Durchsetzung der materiellen Gerechtigkeit und damit dem materiellen Rechtsstaatsprinzip. In ein Spannungsverhältnis treten die Grundsätze der materiellen und der formellen Gerechtigkeit nur insoweit, als infolge der durch die Rechtssicherheit geforderten Rechtskraft der unterverfassungsrechtlichen Staatsakte die volle Durchsetzung der materiellen Verfassungsregeln verhindert werden kann.

Dabei sollte dieses Spannungsverhältnis allerdings nicht übertrieben werden. Insbesondere wenn der Sachverhalt in mehreren gerichtlichen Instanzen eingehend überprüft und rechtlich gewürdigt worden ist, ist davon auszugehen, daß die Entscheidung sich der materiellen Gerechtigkeit soweit nähert, wie dies menschlich möglich ist. Immerhin müssen die Grundrechte zu jedem Zeitpunkt, also auch vor und nach der endgültigen Entscheidung des Staates voll ausgeübt werden können. Das aber bedeutet, daß die Prinzipien der Rechtskraft der Urteile und der Bestandskraft der Verwaltungsakte ebenso wie die die einstweiligen Anordnungen der Gerichte beherrschenden Prinzipien anhand der materiellen Gerechtigkeit einer erneuten Prüfung unterzogen werden müssen.

III. *Zu den Abwägungskriterien*

Liegen aufgrund der Verfassung die Interessen fest, die bei der durch den Grundsatz der materiellen Gerechtigkeit geforderten Abwägung berücksichtigt werden müssen, stellt sich als zweites Problem die Festlegung der Kriterien einer sachlich-gerechten Abwägung selbst. Dieses Problem kann durch die Verfassung nur beschränkt gelöst werden, weil die durch das Grundgesetz geschützten privaten und öffentlichen Interessen unzählig viele Kombinationen unter sich eingehen können. Dennoch lassen sich der Verfassung insoweit gewisse Prinzipien entnehmen:

Zunächst einmal bestimmt die Verfassung das gegenseitige Gewicht der durch die Grundrechte geschützten Interessen zumindest partiell. Denn auf der einen Seite sind nach Art. 1 III GG die Grundrechte in ihrem Kern nur Ausstrahlungen der durch Art. 1 I GG geschützten Menschenwürde. Das aber bedeutet, daß mit der »räumlichen« Nähe der Grundrechte zu Art. 1 GG auch das Gewicht der Grundrechte steigt. Auf der anderen Seite zeigt das Grundgesetz mit dem Grad der Einschränkbarkeit der einzelnen Grundrechte das jeweilige Gewicht der geschützten Interessen deutlich an. Das Problem ist dabei nur, daß, wie schon *Jeremy Bentham* klar erkannt hat, auf den die Interessenjurisprudenz letztlich zurückgeht, es bei der Einzelabwägung nicht auf das »abstrakte«, durch die Verfassung festgelegte Gewicht der Interessen, sondern darauf ankommt, in welchem Maße die jeweiligen Interessen durch die jeweilige Maßnahme konkret betroffen werden.

Da das Grundgesetz die Kriterien für eine sachlich-gerechte Abwägung im Detail nicht liefern kann, greift es auf den Gleichheitssatz im Sinne des Willkürverbots zurück. Dieser Grundsatz bindet den Gesetzgeber bei der Abwägung im Rahmen neuer Sachverhalte an die von ihm selbst gesetzten Maßstäbe: Immer dann, wenn insbesondere der Gesetzgeber sich im Falle A für einen bestimmten Maßstab entschieden hat, muß er, wenn keine sachlichen

Gründe entgegenstehen, diesen Maßstab auch in anderen, vergleichbaren Fällen einhalten.

Unser Strukturmodell des Rechtsstaatsprinzips zeigt also wiederum in einem gewissen Gegensatz zur herrschenden Lehre deutlich auf, daß die Freiheiten und der Gleichheitssatz jeweils auf einer völlig verschiedenen Ebene angesiedelt sind: Während die Freiheiten die vom Grundgesetz geschützten, bei der Abwägung zu berücksichtigenden Privatinteressen umreißen, versucht der Gleichheitssatz den bei der Abwägung dieser Interessen erforderlichen Maßstab jedenfalls partiell zu liefern. Diese unterschiedlichen Funktionen der Freiheiten und des Gleichheitssatzes machen deutlich, daß die für die Freiheiten entwickelten allgemeinen Grundrechtslehren auf den Gleichheitssatz nicht ohne weiteres übertragen werden können.

Die Grundsätze der Ermessenfehlerlehre werden, um die Gerechtigkeit und Sachlichkeit der staatlichen Entscheidung zu gewährleisten, durch zahlreiche Verfahrensvorschriften des Verfassungsrechts ergänzt, die heute in den Verwaltungsverfahrensgesetzen des Bundes und der Länder festgelegt sind. Auch diese Grundsätze lassen sich bis zu einem bestimmten Grad aus dem Rechtsstaatsprinzip ableiten. Zu beachten ist allerdings, daß die Verwaltungsverfahrensgesetze des Bundes und der Länder bisher zu einseitig an der Funktion der Grundrechte als Abwehrrechte gegen den Staat ausgerichtet sind. Sollen die Postulate der materiellen Gerechtigkeit voll verwirklicht werden, müssen die Verwaltungsverfahrensgesetze so interpretiert werden, daß sie auch den anderen Funktionen der Grundrechte zum Durchbruch verhelfen.

IV. *Die Verfahrensprinzipien*

Wir haben schon angedeutet, daß, da es keine objektiven Maßstäbe für die sachlich-gerechte Abwägung der Interessen gibt und die materielle Gerechtigkeit deshalb weitgehend injustitiabel bleibt, die Verfassung Verfahren einführen muß, die garantieren, daß die staatlichen Instanzen die Interessen sachlich-gerecht miteinander abwägen. Die Verfassung greift insoweit auf drei Grundsätze zurück:

1. Der weitaus wichtigste Grundsatz ist in diesem Bereich das Demokratieprinzip und der damit verbundene Vorbehalt und Vorrang des Gesetzes. Im Gegensatz zu einer weit verbreiteten Lehre hat nämlich das Demokratieprinzip primär nicht zur Aufgabe, die Selbstbestimmung der Individuen dadurch zu gewährleisten, daß jedermann nur an die von ihm selbst gesetzten Regeln gebunden ist. Diese letztlich auf *Immanuel Kant*[122] zurückgehende Autono-

122 *Kant*, Die Metaphysik der Sitten, 1797, § 46 f.; vgl. dazu auch *Zippelius*, Allgemeine Staatslehre, 12. Aufl. 1994, § 17 III 3; *Goyard-Fabre*, Kant et le problème du Droit, 1975.

mievorstellung wird in der modernen Massengesellschaft, in welcher der Einfluß der Individuen auf die staatlichen Entscheidungen sich dem Nullpunkt nähert, durch den schon im 19. Jh. entwickelten Gedanken überlagert, daß das Demokratieprinzip der Richtigkeit der staatlichen Entscheidung dient: Dadurch, daß das Parlament in der Wahl an die subjektiven Wertvorstellungen der Grundrechtsträger zurückgebunden ist, wird gewährleistet, daß bei dem staatlichen Abwägungsprozeß alle Interessen hinreichend und vor allem im Lichte der subjektiven Wertvorstellungen der Grundrechtsträger berücksichtigt werden.
Das Demokratieprinzip gewährleistet also, daß den Grundsätzen der materiellen Gerechtigkeit entsprechend auf der einen Seite die Interessen aller Bevölkerungsgruppen bei der der staatlichen Entscheidung vorangehenden Abwägung berücksichtigt werden und auf der anderen Seite diese Interessen und ihr gegenseitiges Gewicht von den Grundrechtsträgern selbst festgelegt und so maximiert werden. Unser Strukturmodell zeigt damit deutlich auf, daß das Demokratieprinzip die Durchsetzung des Rechts- und Sozialstaatsprinzips zum Ziel hat und deshalb in diesen Prinzipien auch seine Grenze findet. Es ist deshalb letztlich gleichgültig, ob man den Gesetzesvorbehalt mit der älteren Literatur und Rechtsprechung[123] auf das Rechtsstaatsprinzip oder nach der neueren Auffassung[124] auf das Demokratieprinzip stützt.

2. Die durch die Grundrechte geschützten Interessen werden dem Anliegen des Grundgesetzes entsprechend nur dann maximiert, wenn und soweit die Grundrechtsträger über den Inhalt und das gegenseitige Gewicht ihrer Interessen selbst entscheiden. Aus diesem Prinzip folgt zunächst, daß, obwohl die Durchsetzung der durch die Grundrechte geschützten Individualinteressen auch im öffentlichen Allgemeininteresse liegt, dieses öffentliche Interesse grundsätzlich nur potentiell bleibt und sich nur dann aktualisiert, wenn und soweit die Individuen ihre Interessen allein nicht durchsetzen können. Aus diesem Grundsatz wiederum fließt die auch bei der Auslegung der Verfassung zu beachtende Grundentscheidung der Rechtsordnung, daß die Individuen ihre Interessen grundsätzlich durch Verträge mit den anderen Mitgliedern der Gesellschaft durchsetzen können müssen. Denn wenn die Verhandlungsmacht der Individuen gleich ist, werden beim Vertragsschluß dem Gleichheitssatz entsprechend die Vor- und die Nachteile der Entscheidung gleichmäßig auf beide Vertragspartner verteilt.

123 BVerfGE 8, 71 (76).
124 BVerfGE 40, 237 (249); so auch *Stern*, Staatsrecht, Bd. 1, 2. Aufl. 1984, § 20 IV 4 (S. 811); »Der vorwiegend rechtsstaatlich-grundrechtlich motivierte Eingriffsvorbehalt wandelt sich zu einem demokratisch und rechtsstaatlich geprägten Parlamentsvorbehalt, der nicht nur den ersteren in sich aufnimmt (. . .), sondern vor allem auf weitere Sachbereiche als dieser erstreckt wird.«

Sofern die Verhandlungsmacht der Individuen dagegen ungleich ist, kann ein gerechtes Ergebnis immer noch dadurch gefunden werden, daß sich zwei die jeweiligen Interessen vertretenden Verbände mit gleicher Verhandlungsmacht gegenübertreten. Auf diesem Grundsatz der materiellen Gerechtigkeit beruht die Tarifautonomie der Koalitionspartner, welche die grundsätzliche Allzuständigkeit des Parlaments zurückdrängt.

3. Im Einzelfall schließlich läßt sich die materielle Gerechtigkeit dadurch verwirklichen, daß die Rechtsordnung im Gerichtsverfahren die Waffengleichheit garantiert: Das bedeutet, daß, soweit nicht Interessen Dritter oder der Öffentlichkeit eine Rolle spielen, die durch die beiden Parteien nicht repräsentiert werden, die Parteien grundsätzlich über den Streitgegenstand weitgehend frei verfügen können müssen.

V. *Die rechtliche Durchsetzung des Gerechtigkeitsgedankens: Die »rule of law«*

Die oben dargelegten Prinzipien der materiellen Gerechtigkeit können nun nur dann in der Verfassungswirklichkeit voll durchgesetzt werden, wenn und soweit sie in einer höherrangigen und damit das übrige Recht beherrschenden Verfassung verankert sind und durch die Verfassungsgerichtsbarkeit verwirklicht werden.

1. Ohne weiteres einleuchten dürfte aufgrund der einleitenden Bemerkungen in diesem Abschnitt die auf das Rechtsstaatsprinzip zurückgehende liberale Forderung, daß das Rechtsstaatsprinzip selbst und alle seine Konkretisierungen in einer Verfassung, d.h. in einem Gesetz verankert werden, das einen höheren Rang als alles sonstige Recht besitzt. Denn nur ein solcher rechtlicher Vorrang gewährleistet, daß das Rechtsstaatsprinzip sich im Einzelfall in der Rechtsordnung durchzusetzen vermag. Diesem Ziel dient in neuerer Zeit vor allem auch die Einrichtung der Verfassungsgerichtsbarkeit.

2. Die rechtliche Verankerung des Rechtsstaatsprinzips allein reicht dagegen nicht aus, das Verfassungssystem vor einem Umsturz zu sichern. Es wird deshalb durch den ebenfalls aus dem Rechtsstaatsprinzip entwickelten Grundsatz der Gewaltenteilung ergänzt. Dieser Grundsatz nun hat sich in der neueren Verfassungsentwicklung in dreifacher Hinsicht konkretisiert. In einer ersten Funktion dient er in einem doppelten Sinn der Richtigkeit der staatlichen Entscheidung, stellt er also eine weitere Garantie für die sachlich-gerechte Abwägung der durch das Grundgesetz geschützten Interessen durch den Staat dar: Auf der einen Seite leitet sich aus dem Gewaltenteilungsprinzip der

Grundsatz ab, daß die staatliche Entscheidung von den staatlichen Organen zu fällen ist, die nach ihrer Zusammensetzung und ihren Befugnissen hierfür am besten geeignet sind. Auf der anderen Seite soll die Einzelfallentscheidung durch vom Gesetzgeber unabhängige Organe aufgrund allgemeiner Rechtssätze gefällt werden, die vom Parlament festgelegt werden. Diese Konstruktion verhindert, daß die staatliche Entscheidung dadurch beeinflußt wird, daß das Entscheidungsorgan eine der beiden am Streit im Einzelfall beteiligten Parteien aufgrund persönlicher Beziehungen bevorzugt oder benachteiligt und sichert so dem Gleichheitssatz entsprechend die sachlich-gerechte Abwägung der Interessen. In seiner dritten Funktion verhindert das Gewaltenteilungsprinzip im Interesse der Menschenrechte, daß der Staat dem Bürger en bloc mit seinen gesamten Machtbefugnissen und Kenntnissen (Datenschutz) entgegentritt: Die Entscheidung ist vielmehr stets von einer einzelnen, nur über beschränkte Machtmittel verfügende Behörde zu treffen. Durch diesen Grundsatz wird die staatliche Zuständigkeitsverteilung verankert.
Nur in seiner dritten Funktion als System von »checks and balances« dient das Gewaltenteilungsprinzip der faktischen Aufrechterhaltung der Verfassung und damit dem Grundsatz der »rule of law«: Da die die verschiedenen Staatsorgane repräsentierenden Personen in der Regel versuchen werden, die absolute Macht zu erringen, trifft bei der horizontalen und vertikalen (Bundesstaat) Gewaltenteilung der Machtanspruch des einen Organs auf den gleichen Machtanspruch aller anderen Organe und wird so im Rahmen seiner verfassungsrechtlichen Befugnisse gehalten.
Von der Literatur nicht hinreichend beachtet wird schließlich die Tatsache, daß die Aufrechterhaltung der Verfassung nur dann voll gewährleistet ist, wenn dem Grundsatz »Macht nur durch das Recht« entsprechend die Verfassungswirklichkeit durch Rechtsnormen so geordnet wird, daß jeder Machtträger nicht nur rechtlich, sondern auch faktisch nur die Befugnisse wahrnehmen kann, die ihm durch die Rechtsordnung ausdrücklich zugeordnet werden. Diesen Grundsatz, der sich aus dem Prinzip der inneren Souveränität entwickelt hat, bezieht sich auf unzählige Regeln der Gesamtrechtsordnung, die hier im einzelnen nicht untersucht werden können.

VI. *Zusammenfassung*

Dem Postulat der Lehre und Rechtsprechung folgend dient das Rechtsstaatsprinzip der Durchsetzung der materiellen Gerechtigkeit. Das aber bedeutet, daß das Rechtsstaatsprinzip sicherstellen muß, daß die staatlichen Entscheidungen alle schützenswerten Interessen sachlich-gerecht miteinander abwägen. Deshalb muß die rechtsstaatliche Verfassung in einem ersten Schritt die bei der staatlichen Entscheidung zu berücksichtigenden Interessen und ihr gegenseitiges Gewicht festlegen. Da insbesondere die Kriterien einer sachlichgerechten Abwägung nicht hinreichend objektiviert werden können, greift die Verfassung in einem zweiten Schritt auf eine Reihe von Verfahren zurück, die der Erfahrung nach gewährleisten, daß die staatliche Entscheidung, soweit dies menschlich überhaupt möglich ist, den Prinzipien der materiellen Gerechtigkeit entspricht. Um sicherzustellen, daß diese Prinzipien sich in der Verfassungswirklichkeit tatsächlich durchsetzen, müssen sie in Rechtsnormen verankert werden, die einen höheren Rang als die gesamte übrige Rechtsordnung beanspruchen. Die gesamte staatliche Tätigkeit muß von den Gerichten kontrolliert und durch eine Machtbalance derart gesichert werden, daß die Verfassung auch durch einen Umsturz von oben oder unten nicht außer Kraft gesetzt wird.

C. *Vom subjektiven zum objektiven Rechtsstaatsprinzip*[125]

I. *Zur Methode der verfassungsrechtlichen Begriffsbestimmung*

1. Nach der in der Bundesrepublik Deutschland herrschenden Lehre wird das Rechtsstaatsprinzip subjektiv, d. h. dahin verstanden, daß es ausschließlich dem Schutz subjektiver Rechte oder Interessen dient. Nun verlangt das Rechtsstaatsprinzip vor allem gerichtliche Verfahren; sind diese Verfahren aber wie etwa die Normenkontrolle objektiv ausgestaltet, dienen sie also primär der Durchsetzung der Allgemeininteressen des Volkes oder des Staates. Das weist schon darauf hin, daß das Rechtsstaatsprinzip heute auch objektiv verstanden werden muß. Bei näherer Analyse scheint sogar historisch gesehen das objektive dem subjektiven Rechtsstaatsprinzip vorangegangen zu sein. So hat etwa dasselbe Naturrechtsdenken, welches im 17. und 18. Jh. zur Entwicklung der Grundrechte führte, bei *Thomas Hobbes* und anderen das Postulat eines geometrischen Aufbaus des Staates zur Folge gehabt, welcher den Allgemeininteressen dienen sollte. Denn ersichtlich hatte vor allem der absolute Fürst ein erhebliches Eigeninteresse daran, daß sein im objektiven Recht manifestierter Wille lückenlos durchgesetzt wurde. So scheint es, daß etwa die Audienzen als Vorläufer des Petitionsverfahrens und die sich hieraus entwikkelten Verfahren der Verwaltungsbeschwerde in erster Linie der Durchsetzung öffentlicher Interessen dienten. Auch der den *Stein/Hardenbergschen* Reformen Anfang des 19. Jh. zugrunde liegende Rechtsstaatsgedanke war auf

125 Zuerst veröffentlicht in: JöR 1987, S. 1 ff. Abdruck erfolgt mit freundlicher Genehmigung des Verlages J.C.B. Mohr (Paul Siebeck).

die Interessen des Staates hin ausgerichtet.[126] Vor allem der Gleichheitssatz war ursprünglich objektiv ausgestaltet: Im Interesse einer Machtsteigerung des Fürsten wurde im modernen Staat die buntscheckige Staatenvielfalt des Mittelalters spätestens im 18. Jh. durch für alle Provinzen, Gemeinden, Untertanen einheitliche Regeln abgelöst, bis in der franz. Revolution die historisch gewachsenen Provinzen durch völlig einheitliche Departements abgelöst wurden.

Einen sehr starken objektiven Einschlag hat das Rechtsstaatsprinzip ferner noch im heutigen Frankreich. Das Gewaltenteilungsprinzip, das aus deutscher Sicht in erster Linie dem Schutz der Individualgrundrechte dient, hat dort seit dem 18. Jh. primär den Zweck, Übergriffe der Exekutive und der Gerichtsbarkeit in den Kompetenzbereich der Legislative und der Exekutive zu verhindern: Auch dieses Prinzip dient damit dem Schutz der Souveränität des Parlaments und damit der Nation.[127] Weiter wird das Verwaltungsgerichtsverfahren in Frankreich objektiv verstanden: Obwohl für seine Einleitung die Verletzung subjektiver Interessen des Klägers gefordert wird, dient es primär dem Schutz der Allgemeininteressen, der Durchsetzung von Gesetz und Recht.[128] Angesichts des starken Einflusses des französischen auf das deutsche Verwaltungsrecht[129] erstaunt es deshalb nicht, daß etwa das Verwaltungsgerichtsverfahren in Preußen im 19. Jh. primär der Durchsetzung der Allgemeininteressen diente.[130]

Die folgenden Darlegungen sollen nun aufzeigen, daß das Grundgesetz neben diesem subjektiven auch das »objektive« Rechtsstaatsprinzip verankert. Darunter verstehen wir die Summe der institutionellen Garantien der Verfassung, welche sicherstellen, daß durch das Zusammenspiel der Staatsorgane vor allem in der Gesetzgebung das Allgemeininteresse des deutschen Volkes richtig definiert wird und das so entwickelte objektive Recht sich in der Verfassungswirklichkeit durchsetzt.

2. Damit wird das Problem einer Definition des in Art. 28, 20 GG und in zahlreichen Einzelbestimmungen des Grundgesetzes enthaltenen Rechtsstaatsbegriffs, aufgeworfen.

126 Vgl. dazu *von Unruh*, in: Jeserich/Pohl/von Unruh, Deutsche Verwaltungsgeschichte, Bd. II, 1983, S. 399 ff.

127 Vgl. *Debbasch/Bourdon/Pontier/Ricci*, Droit constitutionnel et institutions politiques, 1983, S. 137 ff.

128 *Vedel*, Droit administratif, 5. Aufl. 1971, S. 553 ff.

129 Vgl. *Mayer*, Deutsches Verwaltungsrecht, 3. Aufl. 1924, unveränderter Nachdruck 1961, S. 25 ff.

130 Vgl. *von Unruh*, Die verfassungsrechtliche Bedeutung der preußischen Verwaltungsrechtspflege, in: *Erichsen/Hoppe/v. Mutius*, System des Verwaltungsgerichtlichen Rechtsschutzes, in: Festschrift für Menger, 1985, S. 21 ff.

a) Von einer solchen Definition des Rechtsstaatsbegriffs, welche den gemeinsamen Inhalt der unter diesen Begriff zusammengefaßten Verfassungsgrundsätze aufzeigt und von den verwandten Staatszielbestimmungen des Sozialstaats- und Demokratieprinzips abgrenzt, sind Lehre und Rechtsprechung heute noch weit entfernt. Insbesondere die im monumentalen »Staatsrecht« von *Klaus Stern*[131] aufgezählten Definitionen des Rechtsstaatsprinzips erfüllen die Voraussetzungen einer solchen umfassenden Definition noch nicht. Das gilt schon für die Definitionen, die sich auf das subjektive Rechtsstaatsprinzip beziehen. So definiert etwa *Roos* das Rechtsstaatsprinzip ganz im subjektiven Sinne: Rechtsstaat ist danach ein Staat, »der sich selbst im Verhältnis zu seinen Bürgern Schranken setzt und damit die Beziehungen zwischen dem Gemeinwesen und den Individuen zu rechtlichen umgestaltet«.[132] Ebenso subjektiv gefaßt ist die Definition von *Ulrich Scheuner*: »Der Rechtsstaat verkörpert in sich den Schutz der persönlichen und politischen Freiheit des Bürgers und die Mäßigung und rechtliche Bindung aller öffentlichen Machtausübung«.[133]

Es dürfte ohne weiteres einleuchten, daß aus diesen Definitionen nicht auf alle vom Bundesverfassungsgericht und der Lehre entwickelten Elemente des Rechtsstaatsgrundsatzes geschlossen werden kann, weil diese Definitionen das all diesen Elementen Gemeinsame nicht klar herausarbeiten; insbesondere wird hier nur auf das Ziel, den Schutz der Freiheiten des Bürgers, und nicht auf die hierfür eingesetzten Mittel abgestellt. Allerdings erscheint es fraglich, ob man die in diesem Rahmen entwickelten Unterprinzipien des Rechtsstaatsgrundsatzes über dieses gemeinsame Grundrechtsziel hinaus auf einen weiteren gemeinsamen Nenner bringen kann:

Das gilt in einem weiteren Sinne schon für das Ziel des subjektiven Rechtsstaatsprinzips. So soll die Errichtung der Verfassung und vor allem die verfassungsrechtliche Verankerung der Grundrechte, der historische, auf Eingriffe in Freiheit und Eigentum beschränkte Gesetzesvorbehalt und der Gewaltenteilungsgrundsatz insbesondere dem Schutz der klassischen Grundrechte dienen. Die in Art. 19 IV GG verankerte Gerichtskontrolle bezieht dagegen in ihrem Ziel auch den Schutz der anderen subjektiven Rechte mit ein. Noch darüber hinaus wird durch das Vertrauensschutzprinzip auf den Schutz rein subjektiver Interessen der Bürger abgestellt, die an anderer Stelle durch die Rechtsordnung nicht geschützt werden und deshalb keine subjektiven Rechte darstellen. Bedenkt man nun, daß die Definition der subjektiven Rechte, zu

131 *Stern*, Das Staatsrecht der Bundesrepublik Deutschland, Bd. I, 2. Aufl. 1984, S. 759 ff.

132 *Roos*, Der Grundsatz der gesetzmäßigen Verwaltung und seine Bedeutung für die Anwendung des Verwaltungsrechts, in: Rechtsquellenprobleme im Schweizerischen Recht, 1955, S. 117.

133 *Scheuner*, Die neuere Entwicklung des Rechtsstaats in Deutschland, in: Hundert Jahre deutsches Rechtsleben, Festschrift für den Deutschen Juristentag, Bd. 2, 1960, S. 229 (250).

denen auch die Grundrechte zählen, seit *Rudolf Ihering* auf das rechtlich geschützte Interesse abstellt,[134] ist das gemeinsame Ziel all dieser Verfassungsprinzipien der Schutz des subjektiven Individualinteresses.

Auch die Mittel zum Schutz dieser Individualinteressen sind dabei sehr unterschiedlich. Teilweise werden vom Bundesverfassungsgericht aus dem Rechtsstaatsprinzip zum Schutz bestimmter Individualinteressen neue Grundrechte entwickelt.[135] Teilweise handelt es sich dabei – wie beim Rückwirkungsverbot[136] – auch um objektive Rechtssätze, die aus dem Rechtsstaatsprinzip abgeleitet werden. Daneben treten wie beim Gesetzesvorbehalt und bei der Gewaltenteilung auch institutionelle Garantien des Staatsorganisationsrechts, welche zur Beschränkung der Staatsgewalt und zu ihrer Ausrichtung an den subjektiven Interessen der Bürger führen.

Trotz dieser breiten Spannweite der für den Schutz der Grundrechte im Rahmen des Rechtsstaatsprinzips entwickelten Mittel verankert das Rechtsstaatsprinzip im Kern eben nicht, wie die Lehre häufig behauptet, die Grundrechte selbst, sondern schützt diese Grundrechte durch primär organisatorische und verfahrensrechtliche Garantien. Die typischen Sicherungen des Rechtsstaatsprinzips sind damit etwa das Gewaltenteilungsprinzip und der Gesetzesvorbehalt. Das wird in der Tatsache besonders deutlich, daß das Bundesverfassungsgericht im Gegensatz zur Lehre die Grundrechte selbst nie ausdrücklich als Ausfluß des Rechtsstaatsprinzips verstanden hat.

Zusammengefaßt versteht man so unter dem subjektiven Rechtsstaatsprinzip alle verfassungs- und insbesondere verfahrens- und organisationsrechtlichen Regeln, welche dem Schutz der subjektiven Individualinteressen dienen. Das Bundesverfassungsgericht hat deshalb das subjektive Rechtsstaatsprinzip in seiner Rechtsprechung stets so ausgelegt, daß aus dem Leitprinzip des Rechtsstaats alle in Einzelbestimmungen des Grundgesetzes nicht enthaltenen Rechtssätze fließen, die in der heutigen Zeit für die Sicherung der subjektiven Interessen der Bürger besonders notwendig sind.

b) Bevor im folgenden gefragt wird, ob das Rechtsstaatsprinzip des Grundgesetzes neben dem Schutz der subjektiven Individualinteressen auch den

134 *Ihering*, Geist des römischen Rechts, Bd. III/1, 5. Aufl. 1906, S. 339; vgl. dazu *Bachof*, Reflexwirkungen und subjektive Rechte im öffentlichen Recht, in: Gedächtnisschrift für W. Jellinek, 1955, S. 287 (291 ff.); *Bühler*, Altes und Neues über den Begriff und die Bedeutung der subjektiven öffentlichen Rechte, ebenda, S. 269 (274); *G. Jellinek*, System der subjektiven öffentlichen Rechte, 2. Aufl. 1905, S. 41 ff.

135 Etwa der Grundsatz »nulla poena sine culpa«: BVerfGE 20, 323 (331); 45, 187 (228, 259 f.); das Recht auf ein faires Strafverfahren: BVerfGE 38, 105 (111); 46, 202 (210); 57, 250 (274 f.); 63, 45 (60 f.); das Vertrauensschutzprinzip: BVerfGE 43, 242 (286); 49, 168 (185); und das Verhältnismäßigkeitsprinzip: BVerfGE 19, 342 (348 f.); 61, 126 (134).

136 Vgl. BVerfGE 19, 187 (195); 23, 85 (93); 30, 272 (285); 32, 111 (141); 38, 386 (397); 45, 142 (173 ff.).

Schutz der Allgemeininteressen anstrebt, muß die schon angesprochene Methode näher untersucht werden, mit welcher das Bundesverfassungsgericht und die Lehre den Inhalt des Rechtsstaatsprinzips näher konkretisieren. Das Bundesverfassungsgericht hat dazu ausgeführt:[137]

> »Dabei ist zu berücksichtigen, daß das Verfassungsrecht nicht nur aus den einzelnen Sätzen der geschriebenen Verfassung besteht, sondern auch aus gewissen sie verbindenden, innerlich zusammenhaltenden allgemeinen Grundsätzen und Leitideen, die der Verfassungsgeber, weil sie das vorverfassungsmäßige Gesamtbild geprägt haben, von dem er ausgegangen ist, nicht in einem besonderen Rechtssatz konkretisiert hat.
> Zu diesen Leitideen . . . gehört auch das Rechtsstaatsprinzip . . .«

Aus diesen Ausführungen ergeben sich zwei verschiedene Methoden zur Bestimmung des Rechtsstaatsprinzips. Einmal ist auf das »vorverfassungsmäßige Gesamtbild«, also auf die Entwicklung des Verständnisses des Rechtsstaatsprinzips vor allem im 19. Jh. zurückzugehen. Zum anderen bestimmt sich der Inhalt des Rechtsstaatsprinzips aus einer Zusammenschau aller Einzelbestimmungen des Grundgesetzes, die sich in dieser historischen Sicht auf das Rechtsstaatsprinzip beziehen. Ein weiterer Anhaltspunkt ist dabei das Verständnis des Grundgesetzes vom Inhalt und der Funktion des Rechts, auf welches sich das Rechtsstaatsprinzip bezieht. Fordert das Rechtsstaatsprinzip nämlich, wie die Lehre ständig hervorhebt, seit der Zeit der griechischen Philosophen den Austausch der Herrschaft des Menschen durch die Herrschaft des Gesetzes und des Rechts, kommt es zur Interpretation des Rechtsstaatsprinzips im Grundgesetz vor allem auf die dort dem Recht zugewiesenen Funktionen an. Das Rechtsstaatsprinzip ist damit wie die Rechtsanalogie einerseits aus der Zusammenschau der Einzelbestimmungen des Grundgesetzes zu entwickeln; auf der anderen Seite wirkt das so entwickelte Rechtsstaatsprinzip wiederum auf die Auslegung der Einzelbestimmungen zurück.

II. *Zur Verankerung des objektiven Rechtsstaatsprinzips im Grundgesetz*

1. Nach den obigen Ausführungen kommt es für die Konkretisierung des verfassungsrechtlichen Rechtsstaatsprinzips zunächst auf das »vorverfassungsrechtliche Gesamtbild«, also auf die historische Entwicklung des Rechtsstaatsprinzips an. Insoweit steht man nun vor zwei Schwierigkeiten. Einerseits hat etwa *Ulrich Scheuner*[138] ähnlich wie schon im 19. Jh. *Rudolf*

137 BVerfGE 2, 380 (403); vgl. auch BVerfGE 20, 323 (331).
138 *Scheuner*, a.a.O. (Anm. 133)

von Gneist[139] das Rechtsstaatsprinzip auf eine mehr als tausendjährige Vergangenheit zurückgeführt, die schon bei den griechischen Philosophen, spätestens aber im germanischen Reich begonnen hat. Diese historische Sicht ist sicherlich richtig. Sie trägt aber zur Bestimmung des Rechtsstaatsbegriffs nur wenig bei, weil man die dem 19. Jh. vorangehende Entwicklung unter den Begriff des Rechtsstaats erst zusammenfassen und als Vorläufer des Rechtsstaatsbegriffs verstehen kann, wenn man anhand der Literatur des 19. Jh., die zum ersten Mal den Rechtsstaatsbegriff bewußt verwendet, zunächst einmal festgestellt hat, was man denn unter dem Rechtsstaat zu verstehen hat; dabei kann dahingestellt bleiben, ob man die vor der Entwicklung des modernen Staates auftretenden Ideen mit dem modernen Staatsbegriff überhaupt verbinden kann.

Selbst wenn man aber andererseits auf die Entwicklung des Rechtsstaats im 19. Jh. und damit auf Autoren abstellt, die den Rechtsstaatsbegriff ausdrücklich verwenden, werden nicht alle Probleme der Begriffsbestimmung beseitigt. Während in der Tat etwa *Rudolf von Gneist*[140] und *Ulrich Scheuner*[141] die Geschichte der Rechtsstaatsidee als eine kontinuierliche Entwicklung begriffen, haben *Christian-Friedrich Menger*[142] und vor allem *Ernst-Wolfgang Böckenförde*[143] gezeigt, daß der Rechtsstaatsbegriff etwa bei den Autoren des Vormärz, z. B. bei *Friedrich Julius Stahl*, *Rudolf von Gneist* und *Otto Bähr*, einen sehr unterschiedlichen Inhalt hatte und der materielle Rechtsbegriff gegen Ende des 19. Jh. von der Verwaltungsrechtswissenschaft sehr stark formalisiert worden war. Stellt man dabei nicht auf das gemeinsame Begriffsminimum ab oder versucht man nicht umgekehrt, alle Begriffsbestimmungen zu kumulieren, kann man von einem gemeinsamen Begriff der Staats- und Verwaltungsrechtslehre des 19. Jh. eben nicht ausgehen.

In einer solchen Situation kommt es ersichtlich darauf an, an welche der verschiedenen historischen Konzeptionen der Rechtsstaatsbegriff des Grundgesetzes anknüpfen wollte. Dabei ist generell darauf hinzuweisen, daß nach der gemeinsamen Ansicht der Lehre und Rechtsprechung der Rechtsstaatsbegriff des Grundgesetzes wegen seiner Ausrichtung am Begriff des Sozialstaats nicht an den kleinsten gemeinsamen Nenner der historischen Schulen und damit an den von *Friedrich Julius Stahl* entwickelten und von der Verwaltungsrechtswissenschaft des späten 19. Jh. übernommenen formellen, sondern

139 *von Gneist*, Rechtsstaat und die Verwaltungsgerichte in Deutschland, 2. Aufl. 1879, Nachdruck 1958, S. 12 ff.

140 Ebenda.

141 *Scheuner*, Die neuere Entwicklung des Rechtsstaats in Deutschland, a.a.O. (Anm. 133), S. 235 ff.

142 *Menger*, Der Begriff des sozialen Rechtsstaats im Bonner Grundgesetz, in: Forsthoff (Hrsg.), Rechsstaatlichkeit und Sozialstaatlichkeit, 1968, S. 42 ff.

143 Vgl. *Böckenförde*, Entstehung und Wandel des Rechtsstaatsbegriffs, in: Festschrift für Arndt, 1969, S. 53 ff.

an den vorherigen materiellen Rechtsbegriff anknüpfen wollte. Dafür spricht auch die Tatsache, daß der formelle Rechtsstaat schon den Schutz der Freiheiten der Individuen nicht gewährleisten kann, wenn der Staat, wie *Ulrich Scheuner*[144] richtig gezeigt hat, nicht durchweg nach freiheitlichen Prinzipien organisiert ist. Es sieht damit ganz so aus, als ob der Rechtsstaatsbegriff des Grundgesetzes auf den weitesten der im 19. Jh. entwickelten Begriffe des Rechtsstaats abstellt.
Im folgenden wird deshalb zunächst dargelegt, daß nach dem Verständnis des 19. Jh. der Rechtsstaatsbegriff sich nicht nur auf den Schutz der Grundrechte, sondern gerade auch auf den Schutz der Allgemeininteressen bezogen hat. Anschließend wird gezeigt, daß das Grundgesetz gerade diesen objektiven Rechtsstaatsbegriff übernommen hat.

2. Es muß daher zunächst die Entwicklung des Rechtsstaatsprinzips im 19. Jh. behandelt werden.

a) Wie *Ernst-Wolfgang Böckenförde* gezeigt hat, wurde im Vormärz der Rechtsstaatsbegriff durchaus nicht nur auf den Schutz der Individualinteressen beschränkt. Er führt hierzu aus:[145]

> »Rechtsstaat ist, wie es bei *Welcker* heißt, der ›Staat der Vernunft‹, der ›Verstandesstaat‹ (*Mohl*), ›in welchem nach dem vernünftigen Gesamtwillen regiert und nur das allgemeine Beste bezweckt wird‹ (*v. Aretin*). Von daher findet auch die Bezeichnung eine einleuchtende Erklärung: Rechtsstaat ist der Vernunftsrechtsstaat, der Staat, der die Vernunftprinzipien, wie sie in der Tradition der Vernunftsrechtslehre vorlagen, im Zusammenleben der Menschen und für ihr Zusammenleben verwirklicht«.

b) Die wohl bekannteste Definition des Rechtsstaats stammt von *Friedrich Julius Stahl*[146]:

> »Der Staat soll Rechtsstaat sein, das ist die Losung und auch in Wahrheit der Entwicklungsbetrieb der neueren Zeit. Er soll die Bahnen und Grenzen seiner Wirksamkeit wie die freie Sphäre seiner Bürger in der Weise des Rechts genau bestimmen und unverbrüchlich sichern, und soll die sittlichen Ideen von Staats wegen, also direkt, nicht weiter verwirklichen (erzwingen), als es der Rechtssphäre angehört, d. h. nur bis zur notwendigsten Umzäumung. Dies ist der Begriff des Rechtsstaates, nicht etwa daß der Staat bloß die Rechtsordnung handhabe ohne administrative Zwecke, oder vollends bloß die Rechte der Einzelnen schütze, er bedeutet überhaupt nicht Ziel und Inhalt des Staates, sondern nur Art und Charakter, dieselben zu verwirklichen«.

144 Vgl. *Scheuner*, Die neuere Entwicklung des Rechtsstaats in Deutschland, a.a.O. (Anm. 133).
145 *Böckenförde*, a.a.O. (Anm. 143), S. 55 m. d. jeweiligen Nachw.
146 *Stahl*, Die Philosophie des Rechts, Bd. II, 3. Aufl. 1856, § 36.

In dieser Definition klingt neben dem subjektiven auch der objektive Begriff des Rechtsstaats deutlich, wenn auch unvollständig an. Das subjektive Rechtsstaatsprinzip kommt in der Formel zum Ausdruck, daß der Staat die freie Sphäre seiner Bürger in der Weise des Rechts genau bestimmen und unverbrüchlich sichern solle. Das ist aber nach *Friedrich Julius Stahl* sozusagen nur die innere Seite des Rechtsstaatsprinzips. Denn nach der zitierten Formel soll der Staat gerade auch die »Bahnen und Grenzen seiner Wirksamkeit« in der Weise des Rechts genau bestimmen und unverbrüchlich sichern. Wenn mit den »Grenzen« der staatlichen Wirksamkeit auch wiederum nur die »freie Sphäre der Bürger« gemeint sein dürfte, deutet der Begriff der »Bahnen der staatlichen Wirksamkeit« doch auf das objektive Staatsorganisationsrecht hin. Denn die staatliche Wirksamkeit ist nach *Friedrich Julius Stahl* auf die Durchsetzung der sittlichen Ideen ausgerichtet; unter den »Bahnen« der staatlichen Wirksamkeit sind dann die Methoden und damit auch die Rechtssätze zu verstehen, in denen der Staat diese seine Ziele verwirklicht. Unvollständig ist dieser objektive Rechtsstaatsbegriff nur insoweit, als die staatlichen Ziele – wie die sittlichen Ideen – aus dem Rechtsbegriff herausgenommen und damit nicht gesehen wird, daß das objektive Staatsorganisationsrecht nur der Durchsetzung der Allgemeininteressen dient. Auf der anderen Seite lehnt *Friedrich Julius Stahl* die klassische Beschränkung des Staatsziels auf die Durchsetzung der Rechte der einzelnen deutlich ab.

c) In der Einleitung seines Werkes über den Rechtsstaat übernimmt *Otto Bähr* die Rechtsstaatsdefinition *Friedrich Julius Stahls*. Er führt dazu aus:[147]

> »Man wird sich mit dem, was *Stahl* über den Begriff des Rechtsstaats sagt, wohl einverstanden erklären können. Auch wir verstehen darunter nicht etwa, daß der Staat alles in ihm sich entfaltende Leben ausschließlich durch Rechtsvorschriften zu bestimmen und zu beherrschen suchen, und eben so wenig, daß derselbe seine Zwecke auf Verwirklichung des Rechts beschränken solle. Vielmehr verstehen wir darunter, daß der Staat das Recht zur Grundbedingung seines Daseins erhebe; daß alles in ihm rege Leben, das individuelle sowohl, als das der Gesamtheit im Verhältnis zu ihren Gliedern unbeschadet der für dasselbe nothwendigen Freiheit, dennoch in den Grundangeln des Rechts sich bewege.«

Wir haben oben schon gezeigt, daß die Definition des Rechtsstaats bei *Friedrich Julius Stahl* neben dem subjektiven auch das objektive Element in sich aufzunehmen scheint. Es liegt deshalb nahe, daß auch *Otto Bähr* dieses objektive Element übernimmt, weil er sich der Definition von *Stahl* generell anschließt. Das wird in den weiteren Bezügen deutlich, in denen das Recht auf das gesamte Leben des Staates und nicht nur auf sein Verhältnis zu den Indi-

147 *Bähr*, Der Rechtsstaat, Kassel 1864, 2. Neudruck der Ausgabe, 1961, S. 1 ff.

viduen bezogen wird. Allerdings folgt auf derselben Seite eine Formel, die wiederum ganz auf die subjektiven Bezüge abstellt. Es heißt dort nämlich, nachdem *Otto Bähr* die Privatbeziehungen abgehandelt hat, die ganz durch das Recht beherrscht werden:[148]

> »Ganz anders steht es mit dem *öffentlichen Recht*. Zwar ist heutzutage mehr als je der Gedanke lebendig, daß das Verhältnis zwischen Regierenden und Regierten nicht ein solches einseitiger Gewalt, sondern des Rechts sein soll; daß beide mit Rechten und Pflichten einander gegenüber stehen. Allein über den wahren Charakter dieser Rechte herrscht vielfach Unklarheit. Fast überall ist deren festere Bestimmung und Begrenzung erst im Entstehen begriffen. Und vollends fehlt es an Mitteln, welche die Einhaltung der Rechtsgrenzen zu Gunsten der Untertanen rechtlich sicherstellen und gewährleisten.«

Aufschluß über den Rechtsstaatsbegriff *Otto Bährs* kann deshalb nur der Inhalt seines gesamten Werkes geben. Dabei ist hervorzuheben, daß das Ziel dieser politischen Kampfschrift zwar die Einführung der Gerichtskontrolle der Verwaltung zum Schutz der subjektiven Rechte der Individuen gegen den Staat war und der Rechtsstaatsbegriff insoweit deshalb rein subjektiv verstanden werden muß. Wie die Einleitung und der Inhalt des übrigen Werkes zeigen, dienen diese im folgenden behandelten Kapitel bei *Otto Bähr* aber nicht nur der Begründung richterlicher Kontrolle der Verwaltung, sondern legen weitere Strukturprinzipien des Rechtsstaatsgrundsatzes fest. Gleich im ersten Kapitel behandelt *Otto Bähr* so die Gesetzgebung und die Gerichtsbarkeit. Dabei ist zu unterstreichen, daß *Otto Bähr* auch hier nicht auf das staatliche Innenrecht, sondern auf die Regelung der Rechtsbeziehungen zwischen den Untertanen und der Regierung abstellt, den Rechtsbegriff also ganz im Sinne *Immanuel Kants* und des späten 19. Jh. auf die Regelung der Abgrenzung von Rechtssphären bezieht:[149]

> »Das Recht umgibt den Menschen mit einer geistigen Schranke. Innerhalb dieser Schranke liegt ein Gebiet, auf welchem *er frei* handeln und sein menschliches Dasein entwickeln darf, durch kein anderes Gebot als das innere der Sittlichkeit beschränkt. *Recht* ist daher identisch mit *Freiheit*. Aber es ist keine absolute Freiheit. Jene geistige Schranke, die den Einen wider Eingriffe des Andern in seiner Freiheit schützt, soll ihm selbst zugleich eine Abwehr sein, welche ihn hindert, darüber hinaus in dasjenige Gebiet einzugreifen, auf welchem der Andere gleiche Freiheit beanspruchen darf. Recht ist die *relative* Freiheit *Aller* im Verhältnis zu einander.«

Dieser sehr enge Rechts- und damit auch Rechtsstaatsbegriff wird nun im zweiten Kapitel des Werkes überwunden, in welchem *Otto Bähr* den Staat als Genossenschaft versteht und für die Genossenschaft allgemein drei Rechtsge-

148 Ebenda, S. 2.
149 Ebenda, S. 4 f.

biete herausarbeitet: Neben den Rechtsbeziehungen zwischen der Gemeinschaft und deren Mitgliedern, die das Maß der durch die Mitglieder zu bringenden Opfer und der zu befriedigenden Interessen der Mitglieder bestimmen, wird hier in der Tat die Einhaltung der zur Herstellung des Gesamtwillens notwendigen Regeln, also das sogenannte »innere« Staatsrecht behandelt, das aus Sicht *Otto Bährs* der Durchsetzung des Allgemeininteresses dient, das wiederum mit der Summe der Individualinteressen der Mitglieder identisch sei. Allerdings ist hervorzuheben, daß *Otto Bähr* auch diesen Teil des öffentlichen Rechts nicht als objektives Recht begreift, sondern sofort auf die Frage eingeht, ob und inwieweit in der Form der actio popularis subjektive Rechte der Mitglieder auf Durchsetzung des objektiven Rechts entstehen, die im Allgemeininteresse ausgeübt werden.

Diese weite Bestimmung des Rechts- und damit auch des Rechtsstaatsbegriffs wird im dritten Kapitel bestätigt. Hier geht es um den »auf dem Gebiet des öffentlichen Rechts zu gewährenden Rechtsschutz«. In Analogie zum privatrechtlichen Genossenschaftsrecht entwickelt *Otto Bähr* den Begriff des objektiven Staatsrechts im weiten, auch das Staatsorganisationsrecht umfassenden Sinne:[150]

> »Als den ersten und wesentlichsten Schritt für diesen Übergang zum »Rechtsstaat« betrachtet man die Schaffung einer ähnlichen Grundlage für das Staatswesen, wie sie für eine gewillkürte Genossenschaft Jedermann für unerläßlich erachtet, die Errichtung eines *Grundgesetzes*, einer *Verfassungsurkunde* . . .«
> »Sehen wir aber auf die innere Natur der durch die Verfassungsgesetze begründeten Rechte, so werden wir finden, daß dieselbe ganz der Natur derjenigen Rechte entspricht, welche für die Glieder anderer Genossenschaften aus dem Gesellschaftsstatut hervorgehen. Auch unsere Verfassungsgesetze beschäftigen sich damit, die Rechte und Pflichten zu bestimmen, mit denen das von den leitenden Organen vertretene Staatsganze den einzelnen Gliedern gegenübersteht, und die Normen herzustellen, nach welchen sich die Ordnung innerhalb des Staatsorganismus bewegt.«

Damit bewegt sich *Otto Bähr* auf derselben Linie wie *Otto von Gierke*[151], der in seinem monumentalen »Genossenschaftsrecht« dem Recht vor allem die »Innenfunktion« einer eingehenden Regelung der Bildung des Staatswillens zuschrieb.

d) Noch deutlicher als bei *Bähr* zeigt sich bei *Rudolf von Gneist*[152] das objektive Element des Rechtsstaatsprinzips. In der Tat hat die spätere Lehre mit ihrer Behauptung, *Otto Bähr* habe sich für die justizstaatliche, *Rudolf von*

150 Ebenda, S. 47 ff.
151 *von Gierke*, Das Wesen der menschlichen Verbände, 1902, 2. Neudruck 1954, S. 28 ff.
152 *von Gneist*, a.a.O. (Anm. 139), durchgehend.

Gneist für die verwaltungsgerichtliche Kontrolle der Verwaltung entschieden, das eigentliche Anliegen beider Autoren verwischt. Denn *Otto Bähr* versuchte, in Analogie zum Privatrecht das gesamte öffentliche Recht in bilaterale Rechtsbeziehungen zwischen dem Staat und den Individuen aufzulösen, die nur dem Individualrechtsschutz dienen. Obwohl in der späteren Entwicklung entgegen *Otto Bährs* Vorstellungen die Verwaltungsgerichtsbarkeit auf Sondergerichte übertragen und damit der Anregung *Rudolf von Gneists* gefolgt worden ist, hat – wie die Beschränkung der Klagebefugnis und der Aktivlegitimation auf subjektive Rechte im heutigen Verwaltungsrecht zeigt, letztlich die Auffassung von *Otto Bähr* den Sieg davon getragen. Nach *Rudolf von Gneists* Ansicht ist dagegen das eigentliche Rechtsschutzziel wie in der französischen Verwaltungsgerichtsbarkeit nicht der Schutz der Individualinteressen, sondern der Allgemeininteressen des Staates:[153]

> »Das Verwaltungsrecht ist heute, was es seit Jahrhunderten war, ein Inbegriff von Normativbestimmungen für die Ausübung der obrigkeitlichen Gewalt, abgeleitet vom Staate und existent durch und in dem Staate. Die sinngemäße Ausführung dieser Normen ist Pflicht und Recht der Obrigkeit selbst, und im monarchischen Staat eine der Monarchie inhärente Pflicht. Es handelt sich im Verwaltungsrecht also um eine objektive Rechtsordnung, welche auch unabhängig von Parteianträgen um des öffentlichen Rechts und Wohles zu handhaben ist. Folgeweise sind alle Controlen der Staatsverwaltung gleichzeitig zum Schutz der Gesamtheit wie des Einzelnen bestimmt. Wenn in bestrittenen Fragen dieser Ordnung den Unterthanen rechtliches Gehör gewährt, contradictorisch verhandelt und Beweis aufgenommen wird, so geschieht es (wie im Strafprocess) zur Sicherung einer sinngemäßen Ausführung der Gesetze. Man erkennt das Interesse des Beteiligten als einen Rechtsspruch an, aber in anderer Weise als da, wo der Rechtsschutz des Individualrechts nächster Zweck und Gegenstand der obrigkeitlichen Thätigkeit ist.
> Das Parteirecht erscheint daher in diesem Gebiet nur als ein secundäres, aus dem öffentlichen Recht abgeleitetes, analog wie die formelle Parteistellung des Anklägers und Angeklagten im Strafverfahren sich secundär dem absoluten Gebot der sinngemäßen Anwendung des Strafgesetzes unterordnet. – Jene Beschwerderechte sind keine selbständigen Individualrechte, wie Eigenthum und Familienrecht, welche um des Individuums willen anerkannt werden. Wie im Strafprocess die Parteirechte nur subjective Seiten des Verhältnisses sind, und wie man im Strafverfahren das Recht des Angeklagten auf ein gerechtes Maß der Strafe innerhalb des Gesetzes nicht als ein selbständiges ›Individualrecht‹ behandeln kann, so wenig wird man die Verwaltungsjurisdiction in publicistische Individualrechte und Einzelklagen auflösen können, ohne der Sache Gewalt anzuthun.«

3. Bevor im folgenden der Nachweis versucht wird, daß die Einzelbestimmungen des Grundgesetzes selbst auch das objektive Rechtsstaatsprinzip verankern, wollen wir zunächst einen Blick auf die heutige Lehre werfen. Sicher-

153 Ebenda, S. 270 f.

lich wird dabei das Rechtsstaatsprinzip mit wenigen Ausnahmen von den meisten Autoren vorwiegend im subjektiven Sinne verstanden.[154] Es zeigen sich in der Lehre aber auch Ansätze zu einem objektiven Verständnis dieses Grundsatzes:

a) Insoweit ist zunächst auf den Aufsatz von *Ulrich Scheuner*[155] zu verweisen, nach dem das Rechtsstaatsprinzip im Ergebnis alle Grundsätze des modernen Verfassungsstaates umfaßt. Bei *Ulrich Scheuner* wird allerdings insoweit nicht ganz deutlich, ob diese Prinzipien, wie etwa das Demokratieprinzip, im Rechtsstaatsprinzip selbst verankert sind oder aber nur eine Voraussetzung dafür sind, daß das Rechtsstaatsprinzip seinen Zielen entsprechend ordnungsgemäß funktioniert. Methodisch gesehen, wird man sicherlich das Rechtsstaatsprinzip von den anderen Staatszielbestimmungen und insbesondere vom Demokratie- und Sozialstaatsprinzip abgrenzen müssen.

b) Konsequent hat dagegen *Konrad Hesse* sich für ein auch objektives Verständnis des Rechtsstaatsprinzips auch des Grundgesetzes ausgesprochen. Er führt dazu aus:[156]

> »Im Rechtsstaat gibt das Recht dem Staat, der Wirksamkeit des Staates, dem Gesamtleben innerhalb des Staates *Maß und Form*. Der Rechtsstaat überläßt den Wirkungsbereich und die Wirkungsweise der das staatliche Leben bestimmenden Kräfte nicht ihrer Mächtigkeit, sondern er schafft Zuständigkeiten – die ihrem Wesen nach immer begrenzt sind –, er legt klare Regeln der Hervorbringung von Ergebnissen fest, er schafft eine Gesamtordnung des politischen und sozialen Lebens.
> Die Konstituierung dieser Ordnung beginnt auf der Verfassungsebene. Hier werden auf der Grundlage des Gewaltenteilungsprinzips die Bereiche staatlicher Wirksamkeit aufgegliedert und begrenzt: Es werden Funktionen unterschieden, es werden Organe geschaffen, die diese Funktionen verantwortlich wahrzunehmen haben und die der Eigenart ihrer Aufgabe entsprechend aufgebaut werden; und von hier aus setzt sich die Ordnung der Zuständigkeiten und Verfahren fort in alle Bereiche staatlicher Wirksamkeit bis hin zu den untersten Organen der vollziehenden und rechtsprechenden Gewalt. Durch die Festlegung der staatlichen Aufgaben, die Zuweisung dieser Aufgaben an besondere Organe, die Regelung der Art und Weise ihrer Erfüllung wird der staatliche Aufbau gegliedert und begrenzt, werden der Staat und seine Wirksamkeit ›in Form gebracht‹.«

154 *Doehring*, Staatsrecht der Bundesrepublik Deutschland, 3. Aufl. 1984, S. 235; *Maunz/Zippelius*, Deutsches Staatsrecht, 29. Aufl. 1994, S. 92 ff.; *v. Mangoldt/Klein* (Hrsg.) Das Bonner Grundgesetz Bd. I, 2. Aufl. 1957, unveränderte Neuauflage 1966, S. 601 ff.; *Schnapp*, in: von Münch (Hrsg.), Grundgesetz-Kommentar, Bd. 1, 3. Aufl. 1985, Art. 20, Rdnr. 21 ff.; *Stein*, Staatsrecht, 9. Aufl. 1984, S. 46 ff.

155 *Scheuner*, a.a.O. (Anm. 133).

156 *Hesse*, Der Rechtsstaat im Verfassungssystem des Grundgesetzes (1962), in: Forsthoff (Hrsg.), (Anm. 142), S. 560 f.

Und weiter:[157]

> »Die richterliche Kontrolle der gesetzgebenden und vollziehenden Gewalt, Grundthema der neueren Geschichte des Rechtsstaats in Deutschland, ist ein wesentliches Merkmal des Rechtsstaates des Grundgesetzes; sie ist aber keineswegs das einzige. Und ebenso ist die Aufgabe individuellen Rechtsschutzes eine wesentliche, aber keineswegs die einzige Aufgabe, die der richterlichen Gewalt durch das Grundgesetz gestellt ist. Es ist eine Verkürzung der Bedeutung des Rechtsstaatsprinzips des Grundgesetzes, wenn die gerichtsförmige Kontrolle der staatlichen Gewalten als ›typische Aufgabe des bürgerlich-liberalen Rechtsstaates‹ charakterisiert wird, schon deshalb, weil jene Kontrolle, eine weitere, unter Umständen sogar wesentlichere Aufgabe als die des individuellen Rechtsschutzes zu erfüllen hat; sie soll – besonders deutlich in der Einrichtung des Normenkontrollverfahrens – die Bindung der staatlichen Gewalten an das Recht und seine Unverbrüchlichkeit um des Primats des Rechts willen sichern. Diese Bindung und Unverbrüchlichkeit ist nur dann wirksam gewährleistet, wenn diejenigen Stellen, die über die Einhaltung dieser Bindungen zu entscheiden haben, nicht in eigener Sache entscheiden, sondern unparteiisch sind. Das Prinzip des ›Rechtswegestaates‹ besteht daher nicht nur im Schutz individueller Rechtsansprüche, sondern auch in der Sicherung des objektiven Gefüges des Rechtsstaates. Seine Realität hängt davon ab, ob und in welchem Umfang der Staat in seiner Rechtsprechung das Recht einer ›schlechthin objektiven Selbstverwirklichung zuzuführen weiß‹; insofern gehört die Aktivierung der rechtsprechenden Gewalt durch das Grundgesetz in der Tat zu den Geboten des heutigen Rechtsstaates«.

Im folgenden zeigt *Konrad Hesse* dann auf, daß das Rechtsstaatsprinzip die Unparteilichkeit, die Verstetigung und Kontinuität sowie die Rationalität des öffentlichen Gesamtzustandes fördern soll:[158]

> »Daß der formelle Rechtsstaat ein hohes Maß an funktioneller Rationalität ermöglicht, ist seit langem erkannt. Die Durchrationalisierung der staatlichen Tätigkeit hat dabei zwei Seiten: Sie bedeutet planmäßige Organisierung des staatlichen Handelns, die eine möglichst zweckmäßige und effektive Erfüllung der staatlichen Aufgaben gewährleisten soll; sie dient andererseits der Aufgabe, das staatliche Handeln für diejenigen, die ihr Verhalten nach ihm richten sollen, berechenbar zu machen, Rechts- und Verkehrssicherheit zu schaffen. Mit dieser Deutung ist indes nur ein, wenn auch gewiß wesentlicher, Teil der durch das Rechtsstaatsprinzip bewirkten Rationalisierung des öffentlichen Gesamtzustandes erfaßt.
> Indem der Rechtsstaat der Wirksamkeit des Staates durch Verfassung und Gesetz Maß und Form gibt und alle staatlichen Gewalten an das Recht bindet, will er nämlich nicht nur funktionelle, sondern auch substantielle Rationalität. Dem staatlichen Leben sollen Verstehbarkeit, Geformtheit, Übersichtlichkeit, Klarheit eigen sein; er soll auf gedanklicher Bewältigung beruhen; es soll nicht vom Unbewußtsein, Irrationalen, Ungeformten, von Wünschen, Trieben, Leidenschaften oder Ge-

157 Ebenda, S. 563 f.
158 Ebenda, S. 572 f.

fühlen beherrscht sein, sondern von bewußten, geformten, durch die Vernunft erfaßbaren Regeln, Grundsätzen und Gedanken«.

Diese Gedanken hat *Konrad Hesse* in seinen »Grundzügen des Verfassungsrechts der Bundesrepublik Deutschland« näher konkretisiert.[159] Danach hat das Rechtsstaatsprinzip in erster Linie die Aufgabe, die staatliche Einheit hervorzubringen. Das ist sicherlich richtig, wenn auch die staatliche Einheit kein Selbstzweck, sondern selbst wieder nur Mittel zu dem weiteren Zweck der Festlegung und Durchsetzung der Allgemeininteressen des deutschen Volkes ist.

4. Abschließend soll die Frage untersucht werden, ob das Grundgesetz nicht selbst Anhaltspunkte dafür enthält, daß es neben dem subjektiven auch das objektive Rechtsstaatsprinzip verankert.

a) Wenn nun das Grundgesetz auch den Schutz der Individualgrundrechte in einem vorher nie gekannten Ausmaß erstrebt, zeigt doch schon der in Art. 20 GG enthaltene Grundsatz des Vorrangs der Verfassung deutlich, daß es dem Grundgesetz eben nicht nur um den Schutz der Individualinteressen, sondern vor allem auch um die Bestimmung und Durchsetzung der Allgemeininteressen des Volkes geht. Die Bindung aller drei Gewalten an die Verfassung, die in Art. 20 GG angesprochen wird, beschränkt sich nämlich nicht auf die Bindung an die Grundrechte, sondern erstreckt sich auf das gesamte Staatsorganisationsrecht, das sich die Bestimmung und Durchsetzung der Allgemeininteressen des deutschen Volkes zum Ziel setzt.

b) Die Beschränkung des Rechtsstaatsprinzips auf die subjektiven Elemente in der Spätzeit der konstitutionellen Theorie beruhte sicherlich zu einem erheblichen Teil auf dem damaligen verengten Verständnis des Rechtssatzbegriffs. Mit *Immanuel Kant* wurde unter dem Rechtssatz nämlich nur das objektive Recht verstanden, welches die Rechtssphären von Personen, also der Individuen voneinander und der Individuen zum Staat, abgrenzte. Die damaligen rechtsstaatlichen Garantien – der Gesetzesvorbehalt und die richterliche Kontrolle – erstreckten sich folglich nur auf dieses Recht im engeren Sinne und nicht auf das den Rechtsstaatsbegriff übersteigende, der Verfügungsgewalt des Fürsten überlassene staatliche Innenrecht, auf das Staatsorganisationsrecht im engeren Sinne, welches die Allgemeininteressen verwirklichen sollte.

159 *Hesse*, Grundzüge des Verfassungsrechts der Bundesrepublik Deutschland, 20. Aufl. 1995, Rdnr. 186 ff.

In der parlamentarischen Demokratie erstreckt sich dagegen die Verfügungsgewalt des Parlaments und der Gerichte auch auf die Rechtssätze des staatlichen Innenrechts. Dabei findet eine eigentümliche Verkehrung der Fronten statt. Ursprünglich war die Gesetzgebungsgewalt des Parlaments mit dem klassischen Gesetzesvorbehalt auf Eingriffe in Freiheit und Eigentum beschränkt. Schutzrichtung dieser institutionellen Sicherung war damit das subjektive Individualinteresse, das wegen der Rückbindung des Parlaments an den Wählerwillen gewährleistet erschien. Nicht die Gerichte, sondern das Parlament war damit der eigentliche Hüter der Grundrechte. Mit der Erkenntnis, daß in der modernen Massendemokratie auch das Parlament die Grundrechte insbesondere der Minderheiten verletzen kann, wurden die weithin ineffektiv gewordenen politischen durch richterliche Kontrollen ersetzt. Wenn der Gesetzesvorbehalt auch weiter gilt und damit auch dem Parlament eine gewisse Funktion des Grundrechtsschutzes zufällt, ging die eigentliche Aufgabe des Grundrechtsschutzes doch auf die Gerichte über. Auf der anderen Seite erscheint heute nicht mehr die Regierung, sondern das Parlament als eigentlicher Hüter des Allgemeininteresses, das nach der herrschenden Lehre nur im politischen Willensbildungsprozeß und nicht vom Richter bestimmt werden kann.

Diese heute geläufigen Definitionsketten übersehen, daß das Grundgesetz den Rechtsstaatsbegriff auch auf die Rechtssätze erstreckt hat, die der Durchsetzung der Allgemeininteressen des Volkes dienen, und unter Beibehaltung der klassischen Identifikation der Aufgaben des Richters mit der Kontrolle des Rechts das rechtsstaatliche Instrument der richterlichen Kontrolle auf die Durchsetzung der Allgemeininteressen des deutschen Volkes erstreckt hat.

Das wird in der Tat darin deutlich, daß Art. 93 GG neben der Verfassungsbeschwerde der Individuen die Verfassungsbeschwerde der Gemeinden, den Organstreit, den Zwischenländerstreit und das abstrakte und konkrete Normenkontrollverfahren verfassungsrechtlich verankert hat. Im Gegensatz zu einer weitverbreiteten Meinung handelt es sich dabei nicht um den Schutz grundrechtsähnlicher Rechte etwa der Gemeinden und der Mandatsträger. Hier geht es vielmehr um den Schutz der öffentlichen Interessen selbst:

Je weiter sich die Staatstätigkeit auf alle modernen Wohlfahrtsfunktionen erstreckt, umso stärker werden die Rückwirkungen etwa der Gesetzgebung auf zahlreiche öffentliche und private Interessen. Das Gemeinwohl oder das öffentliche Gesamtinteresse werden dann nur noch als Resultate der sachlichgerechten Abwägung all dieser öffentlichen und privaten Interessen gefunden. Das Staatsorganisationsrecht muß dann sicherstellen, daß im politischen Willensbildungsprozeß diese sachlich-gerechte Abwägung aller öffentlichen und privaten Interessen tatsächlich erzielt und in der Verfassungswirklichkeit durchgesetzt wird.

Dieses öffentliche Gesamtinteresse kann nun mit unterschiedlichen Methoden erreicht werden. Einmal könnte man daran denken, mit der Abwägung der Interessen neutrale Instanzen, einen neutralen Staatschef, einen Richter, neutrale Abgeordnete oder »Technokraten« zu beauftragen. Diese Methode hat den doppelten Nachteil, daß ein unabhängiger Machthaber einerseits stets versuchen wird, bei der Entscheidung seine eigenen Interessen durchzusetzen, andererseits die fremden Interessen im Lichte der eigenen Wertordnung einzuschätzen. Darüber hinaus wird er kaum über den notwendigen Sachverstand für die richtige Einschätzung aller Interessen verfügen können. Das Grundgesetz setzt mit dem Demokratie-, dem Rechtsstaats- und dem Bundesstaatsprinzip (kooperativer Föderalismus) der modernen Organisationssoziologie entsprechend deshalb statt auf die Entscheidung im Subordinationsverhältnis auf eine Kooperation der Interessenträger im politischen Willensbildungsprozeß: Jedes öffentliche und private Interesse muß von einem Repräsentanten vertreten sein, der ein der Bedeutung des jeweiligen Interesses bei der Gesamtentscheidung entsprechendes politisches Gewicht besitzt. Das aktive und das passive Wahlrecht hat in einer solchen Sicht den Sinn, durch die Rückbindung der Staatsorgane an den Wählerwillen sicherzustellen, daß die durch die klassischen und sozialen Grundrechte der Individuen geschützten Individualinteressen im Lichte der jeweiligen subjektiven Wertordnung der Grundrechtsträger gesehen und bei der Gesamtwürdigung hinreichend berücksichtigt werden. Auf der anderen Seite dient die Beteiligung etwa der Länder am politischen Willensbildungsprozeß der Durchsetzung ganz bestimmter regionaler oder anderer partikulärer Interessen. Dasselbe gilt für die Beteiligung etwa der Gemeinden oder der Kommunalorgane am jeweiligen politischen Willensbildungsprozeß.

Der Organ- und der Zwischenländerstreit, die Kommunal- und Universitätsverfassungsstreitigkeiten haben nun den Sinn, rechtlich sicherzustellen, daß die jeweiligen Organe, die bestimmte öffentliche Interessen vertreten, mit dem von der Rechtsordnung bestimmten Gewicht im politischen Willensbildungsprozeß tatsächlich beteiligt werden und so garantiert wird, daß das Allgemeininteresse des Staates auch gefunden wird.

In den sogenannten objektiven Verfahren werden also nicht subjektive Rechte der Gemeinden, Länder und Abgeordneten geschützt, die nach der klassischen Konzeption freies Belieben verankern, sondern staatliche Kompetenzen, die ausschließlich zur Durchsetzung der Allgemeininteressen des Volkes ausgeübt werden können. Die Gemeinden, Länder und Abgeordneten üben also eine Art Popularklage aus: Das Grundgesetz verleiht ihnen eine subjektive Rechtsposition im weiten Sinne, damit sie als Repräsentanten der jeweiligen öffentlichen Interessen diese im politischen Willensbildungsprozeß durchsetzen:[160] Wie schon *Abbé Emanuel Sieyès*[161] und *Adam Müller*[162] richtig gesehen haben und etwa im neueren Schrifttum von *Peter Häberle*[163] so stark unterstrichen wird, setzt das objektive Rechtsstaatsprinzip damit darauf, daß durch das Zusammenwirken der am politischen Willensbildungsprozeß beteiligten Repräsentanten der verschiedenen öffentlichen und privaten Interessen das öffentliche Gesamtinteresse als sachlich-gerechte Abwägung aller Interessen gefunden wird.

Obwohl damit dem in § 42 I VwGO als Voraussetzung der Klagebefugnis verankerten subjektiven Recht ein von der klassischen Definition weit abweichender Sinn gegeben wird, haben die Verwaltungsgerichte bei der Entwicklung des Kommunal- und des Universitätsverfassungsstreitverfahrens[164] richtig gesehen, daß das Grundgesetz mit der Verankerung der objektiven Verfahren dem Rechts- und damit auch dem Rechtsstaatsbegriff einen neuen, objektiven Inhalt gegeben hat, der auch das durch das Rechtsstaatsprinzip geforderte Verwaltungsgerichtsverfahren inhaltlich bestimmen muß. Ähnlich hat in Frankreich, wo die Lehre und Rechtsprechung schon immer den objektiven Charakter des Anfechtungsverfahrens hervorgehoben haben, der Conseil d'Etat Organstreitigkeiten sogar zwischen Ministerien zugelassen, deren Streitigkeiten nicht durch eine übergeordnete politische Instanz entschieden werden können.

Das Grundgesetz geht damit davon aus, daß, wenn die politischen Kontrollen versagen, das Recht auch insoweit vom Richter durchgesetzt werden muß, als es Allgemeininteressen des deutschen Volkes und nicht nur Individualinteressen schützt. Damit wird deutlich, daß das Rechtsstaatsprinzip vom Grundgesetz allgemein auch darauf ausgerichtet ist, die Allgemeininteressen des Volkes zu schützen. Auf der anderen Seite muß berücksichtigt werden, daß diese

160 Im Anschluß an die schon in der Weimarer Reichsverfassung verankerten objektiven Verfahren hat *Thoma*, Das System der öffentlichen Rechte und Pflichten, in: Anschütz/Thoma (Hrsg.), Handbuch des deutschen Staatsrechts, Bd. II, 1932, S. 607 ff. (614 ff.), in Abkehr von der klassischen Doktrin, nach der es innerhalb der einheitlichen juristischen Persönlichkeit keine echten Rechtsbeziehungen geben könne, gezeigt, daß im »Innenraum« des Staates zwischen den Organen echte Rechtsbeziehungen bestehen, die Organe also auf der einen Seite eine »Teilrechtspersönlichkeit«, andererseits subjektive öffentliche Rechte (ius) besitzen. – Daß es sich hier um objektive Verfahren und nicht um die Durchsetzung subjektiver Rechte (i. e. S) handelt, hat neuerdings *Krebs*, Kontrolle in staatlichen Entscheidungsprozessen, 1984, S. 62 ff., wieder gezeigt.

161 *Schmitt*, Sieyès, in: Maier/Rausch/Denzer (Hrsg.), Klassiker des politischen Denkens, Bd. II, 1968, S. 135 (154 f.) führt aber etwas später aus, *Sieyès* gehe in Wirklichkeit von einem naturbestimmten Gemeinwohlbegriff aus. Dazu, daß das Allgemeininteresse in dem demokratischen Verfahren zu finden und nicht a priori vorgegeben ist, vgl. auch die Beiträge von *Ryffel* und *Rupp*, in: Wohl der Allgemeinheit und öffentliches Interesse, Vorträge und Diskussionsbeiträge der 36. staatswissenschaftlichen Fortbildungstagung der Verwaltungshochschule Speyer, Bd. 39, 1968, S. 13 ff. und 116 ff.

162 *Müller*, Elemente der Staatskunst, 1809.

163 *Häberle*, Öffentliches Interesse als juristisches Problem, 1970, S. 209, 219.

164 *Bleckmann*, Staatsrecht II, 4. Aufl. 1997, S. 143 m.w.N. in FN 68, 69.

Allgemeininteressen primär im politischen Willensbildungsprozeß gefunden werden müssen, denn der Richter ist an keinen Wählerwillen gebunden und es besteht die Gefahr, daß er die betroffenen öffentlichen und privaten Interessen nicht im Licht der Wertordnung der Grundrechtsträger gegeneinander abwägt, wie es das Demokratieprinzip und die Effektivität der Grundrechtsgewährleistung fordern.

Das Demokratieprinzip hat neben dem Abbau der Herrschaft des Menschen über den Menschen aber vor allem den Sinn, die Allgemeininteressen des Volkes, d.h. aber eine sachlich-gerechte Abwägung der durch die klassischen und sozialen Grundrechte geschützten Individualinteressen, zu finden und durchzusetzen.[165] Das Demokratieprinzip ist damit nur ein – wenn auch notwendiges – Mittel zur Durchsetzung der Prinzipien des sozialen Rechtsstaats. Wenn im demokratischen Prozeß deshalb die Abwägung der durch die sozialen und klassischen Grundrechte geschützten Individualinteressen evident verfehlt wird, muß der Richter das Rechts- und das Sozialstaatsprinzip auch gegen die politische Mehrheit durchsetzen: Da das Rechts- und Sozialstaatsprinzip und damit die Durchsetzung der klassischen und sozialen Grundrechte die letzten Ziele der Verfassung darstellen, das Demokratieprinzip hierfür nur ein – wenn auch notwendiges – Mittel ist, sind das Rechts- und Sozialstaatsprinzip verletzt, wenn durch die Rückbindungen des Parlaments an den Wählerwillen dem Demokratieprinzip widersprechend die rechtsstaatlichen sozialen Ziele nicht erreicht werden.

c) Nach der an die klassische liberale Tradition anknüpfenden Auffassung sind die Staatszwecke auf die Durchsetzung öffentlicher Interessen beschränkt und decken sich die Allgemeininteressen mit der Summe – oder besser mit der Resultante – der sachlich gerechten Abwägung aller durch die klassischen und sozialen Grundrechte geschützten Individualinteressen. Das bedeutet aber letztlich, daß die oben gezogene Unterscheidung zwischen dem objektiven und dem subjektiven Rechtsstaatsprinzip aufgehoben wird. Stellen sich die Allgemeininteressen als die Resultante der Abwägung der Individualinteressen der Bürger dar, dann verfolgt auch das objektive Rechtsstaatsprinzip letztlich nur die Durchsetzung individueller Interessen. Das bedeutet aber, daß grundsätzlich die für die Individualinteressen im Rahmen des Rechtsstaatsprinzips entwickelten institutionellen Garantien auch auf die Durchsetzung der Allgemeininteressen des Volkes angewendet werden müssen.

165 Das zeigt sich sehr deutlich bei *Rousseau* und bei *Sieyès*; vgl. für beide die Abhandlungen von *Maier*, in: Maier/Rausch/Denzer (Hrsg.), a.a.O. (Anm. 161), S. 104 ff. und *Schmitt*, ebenda, S. 135 ff.; vgl. für *Rousseau* auch die Gegenposition etwa von *Fraenkel*, Der Pluralismus als Strukturelement der freiheitlich-rechtsstaatlichen Demokratie, 1964, in: Nuscheler/Steffani (Hrsg.), Pluralismus, Konzeptionen und Kontroversen, 3. Aufl. 1976, S. 158 ff.

Das gilt um so mehr, als selbst dann, wenn in dieser Sicht die Allgemeininteressen des Staates mit den durch die klassischen und sozialen Grundrechte geschützten Individualinteressen identisch sind, diese Allgemeininteressen im Gegensatz zu der klassischen Abwehrfunktion der Freiheitsrechte nicht in einer Art mathematischen Kalküls aus den Grundrechten entwickelt werden können und ihre Durchsetzung deshalb nicht in den Aufgabenkreis des Richters, sondern in den des Parlaments fällt. Auch diese Fernwirkung der Grundrechte verlangt allerdings, daß die Grundrechte durch das Recht hinreichend geschützt werden. Da dies durch eine Kontrolle der Grundrechtseinhaltung durch den Richter nicht möglich ist, muß der Richter im Rahmen des Rechtsstaatsprinzips institutionelle Garantien für die Sachlichkeit und Richtigkeit der entsprechenden Abwägung schaffen. Generell wächst dabei in der Literatur die Erkenntnis, daß die Grundrechte auch oberhalb der Schwelle einer möglichen Gerichtskontrolle als objektive Direktiven echtes Recht begründen, welches das Parlament in eigener Selbstverantwortung anzuwenden hat.[166]

d) Das objektive Rechtsstaatsprinzip ist letztlich auch im Demokratieprinzip angelegt. Dabei kann es dahingestellt bleiben, ob das Grundgesetz von der Volks- oder von der Staatssouveränität ausgeht: Die Bindung auch des Volkes an das Rechts- und Sozialstaatsprinzip kann den obigen Ausführungen entsprechend nur erreicht werden, wenn man auch das Volk nur als ein an die Verfassung gebundenes Organ des Staates versteht, die Souveränität dem grundsätzlich handlungsunfähigen Staat selbst zufällt und so deutlich aus der Rechtsordnung eliminiert wird.[167]

Das bedeutet nicht, daß das Staatsorganisationsrecht alle Elemente des Souveränitätsprinzips aufgegeben hätte. Wie *Hans Herbert von Arnim*[168] in seiner 1984 erschienenen »Staatslehre der Bundesrepublik Deutschland« richtig gezeigt hat, stellen die verschiedenen, in langer historischer Tradition entwickelten Staatszielbestimmungen so etwa die Jahresringe eines Baumes dar, die im Laufe der Entwicklung von anderen Staatszielbestimmungen überlagert werden, aber im Kern erhalten bleiben.

Das von *Jean Bodin*[169] entwickelte, mit der französischen Revolution auf das Volk konzentrierte Souveränitätsprinzip verlangt in einer solchen Sicht, daß der ganze Staatsapparat und damit das gesamte Staatsorganisationsrecht so

166 Vgl. *Müller*, Grundrechte in der Demokratie, in: EuGRZ 1983, S. 337 ff. (338, 339).

167 Im Gegensatz etwa zu *Schmitt*, Verfassungslehre, 1928, S. 241 ff., unveränderter Nachdruck 1965

168 *von Arnim*, Staatslehre der Bundesrepublik Deutschland, 1984, S. 16 f.

169 *Bodin*, Sechs Bücher über den Staat, Bd. I bis II, übersetzt und mit Anmerkungen versehen von *Wimmer*, 1981, S. 98 ff.

aufgebaut wird, daß der Volkswille richtig definiert und ohne jeden Widerstand in der Verfassungswirklichkeit tatsächlich auch durchgesetzt wird.

e) Schließlich ist auch im Rechtsbegriff selbst die Tendenz angelegt, daß der gesamte Staatsapparat so aufgebaut sein muß, daß das objektive Recht sich in der Verfassungswirklichkeit durchsetzt. Denn der auch im Grundgesetz verankerte Rechtsbegriff geht davon aus, daß das gesamte Leben in der Bundesrepublik Deutschland in den Bahnen des Rechts verläuft. Das Recht würde sich selbst aufgeben, wenn es nicht institutionelle Sicherungen einführen würde, die sicherstellen, daß das objektive Recht sich in der Verfassungswirklichkeit durchsetzt.

f) Damit bemüht sich das Staatsorganisationsrecht des Grundgesetzes, den Staatsapparat so aufzubauen, daß das in einer Abwägung der betroffenen öffentlichen und privaten Interessen bestehende Allgemeininteresse richtig gefunden wird und sich in der Verfassungswirklichkeit durchsetzt. Es wurde dabei gezeigt, daß dem Rechtsstaatsprinzip entsprechend das wichtigste Mittel für dieses Ziel das Recht selbst ist. Damit muß aber der Rechtsstaatsbegriff auch verlangen, daß das objektive Recht sich in der Verfassungswirklichkeit richtig bildet und auch durchsetzt.

III. *Das objektive Rechtsstaatsprinzip in der Rechtsprechung des Bundesverfassungsgerichts*

Das objektive Rechtsstaatsprinzip enthält in dieser Sicht die Gesamtheit der organisatorischen und verfahrensrechtlichen Garantien, die sicherstellen, daß im politischen Willensbildungsprozeß in einer sachlich-gerechten Abwägung der betroffenen Individual- und öffentlichen Interessen das bestehende staatliche Gesamtinteresse richtig definiert und in verbindlicher Form festgelegt wird und daß das so entwickelte Recht sich in der Verfassungswirklichkeit tatsächlich auch durchsetzt. Das Bundesverfassungsgericht ist dieser Konzeption weithin gefolgt:

1. Nach der ständigen Rechtsprechung des Bundesverfassungsgerichts darf der Staat nur das Gemeinwohl verfolgen.[170] Dabei handelt es sich um einen die Staatszwecke umreißenden Rechtssatz des objektiven Verfassungsrechts. Nach der allgemeinen Konzeption des Bundesverfassungsgerichts können

170 BVerfGE 12, 354 (364); 42, 312 (332); 49, 89 (132); 59, 216 (229). Aus der umfangreichen Literatur vgl. statt vieler: *Häberle*, a.a.O. (Anm. 163), durchgehend; *von Arnim*, a.a.O. (Anm. 168), S. 124 ff.

aber auch Rechtsbegriffe des Verfassungsrechts vom Richter nur konkretisiert werden, wenn und soweit ihr Inhalt hinreichend bestimmt und damit justitiabel ist.[171] Sonst beläßt das Verfassungsrecht dem Parlament oder der Verwaltung nämlich zwar keinen Ermessens-, aber einen breiten Beurteilungsspielraum.

Nun gab es entgegen der heute teilweise vertretenen Auffassung auch im 18. und 19. Jh. eine allgemein akzeptierte Staatszwecklehre nicht.[172] Dem stand schon die Tatsache entgegen, daß in der konstitutionellen Monarchie die Repräsentation der Allgemeininteressen dem Fürsten und der Verwaltung überlassen war,[173] das Parlament und – wegen der Definition des Rechtssatzes als Abgrenzung privater Rechtssphären – auch der auf die Kontrolle der Rechtseinhaltung beschränkte Richter auf den Schutz der Grundrechte beschränkt waren. Wenn heute, wie oben schon gezeigt, der Rechtsbegriff auf den Innenraum des Staates erstreckt wird und damit die Gerichtskontrolle grundsätzlich auch der Durchsetzung der Allgemeininteressen dient,[174] führt die pluralistische Konzeption des Grundgesetzes doch zur Aufrechterhaltung der alten Theorie mit merkwürdiger Verkehrung der Fronten. Da heute erkannt worden ist, daß auch das Parlament die Grundrechte verletzen kann, wurde die defizitäre politische durch die richterliche Kontrolle ausgetauscht und statt wie früher das Parlament heute der Richter zum eigentlichen Hüter der Grundrechte. Die Funktion der Repräsentation des Gemeinwohls ging dabei in der parlamentarischen Demokratie von der Exekutive auf die Legislative über. Das hat das Bundesverfassungsgericht in BVerfGE 33, 125 (158 f.) sehr deutlich gemacht:

> »Das Grundrecht der Berufsfreiheit im besonderen steht in engem Zusammenhang mit der Entfaltung der Persönlichkeit, deren Freiheit und Würde nach der Ordnung des Grundgesetzes der oberste Rechtswert ist (vgl. BVerfGE 7, 377 (400 ff.); 13, 97 (104, 113); 19, 330 (336 f.)). Der Rang dieses Grundrechts gebietet daher, daß die freie Selbstbestimmung des Einzelnen nur so weit eingeschränkt werden darf, wie es die Interessen der Allgemeinheit erfordern. Die Berücksichtigung dieses Allgemeininteresses entsprechend den Bedürfnissen des sozialen Rechtsstaats sicherzustellen, ist der Zweck des Regelungsvorbehalts in Art. 12 Abs. 1 Satz 2 GG.

171 Vgl. zur allgemeinen Konzeption des Bundesverfassungsgerichts: *Dolzer*, Verfassungskonkretisierung durch das BVerfG und durch politische Verfassungsorgane, 1982, insbes. S. 4. Diese Konzeption findet insbesondere in der Rechtsprechung des Bundesverfassungsgerichts zu Art. 72 GG Ausdruck: vgl. BVerfGE 1, 264 (272); 4, 115 (127); 10, 234 (245); 13,230 (233); 13, 237 (239), wird in der Lehre aber auch zu Art. 109 II GG vertreten: Vgl. dazu *Stern/Münch/Hansmeyer* (Hrsg.), Gesetz zur Förderung der Stabilität und des Wachstums der Wirtschaft, Kommentar, 2. Aufl. 1972.

172 Vgl. zur Entwicklung der Staatszwecklehren bis zum 19. Jh. vor allem: *Jellinek*, Allgemeine Staatslehre, 3. Aufl., 1919, S. 230 ff.; und neuerdings *Preu*, Polizeibegriff und Staatszwecklehre , 1983, durchgehend.

173 So aber prononciert *Häberle*, a.a.O. (Anm.163), durchgehend.

174 Diese Verlagerung der Verantwortung für die Allgemeininteressen auf den Richter zeigt *Häberle*, a.a.O. (Anm. 163), S. 222 ff. sehr deutlich.

Indem aber das Grundgesetz diese Regelungsbefugnis in die Form des Gesetzesvorbehalts kleidet, überträgt es in erster Linie dem Gesetzgeber die Entscheidung darüber, welche Gemeinschaftsinteressen so gewichtig sind, daß das Freiheitsrecht des Einzelnen zurücktreten muß. Dieser Entscheidungspflicht kann sich der demokratische Gesetzgeber nicht beliebig entziehen. Vielmehr ist in einem Staatswesen, in dem das Volk die Staatsgewalt am unmittelbarsten durch das von ihm gewählte Parlament ausübt, vor allem dieses Parlament dazu berufen, im öffentlichen Willensbildungsprozeß unter Abwägung der verschiedenen, unter Umständen widerstreitenden Interessen über die von der Verfassung offengelassenen Fragen des Zusammenlebens zu entscheiden. *Der Staat erfüllt hier durch seine gesetzgebende Gewalt die Aufgabe, Hüter des Gemeinwohls gegenüber Gruppeninteressen zu sein.*« (Hervorhebung vom Verf.)

Die notwendige Folge ist, daß – auch wenn es um Eingriffe des Staates in Grundrechte und damit um den Rechtsschutz des Bürgers geht – das Bundesverfassungsgericht im Rahmen des politischen Willensbildungsprozesses dem Parlament und der Verwaltung einen breiten Ermessens- oder Beurteilungsspielraum für die Festlegung und Definition des öffentlichen Interesses beläßt, der seine Grenze nur an einer Evidenz- oder Vertretbarkeitskontrolle findet: Nur bei der Abwägung dieses öffentlichen Interesses mit den von den Grundrechten geschützten Interessen bestimmt das Bundesverfassungsgericht – allerdings auch insoweit wohl nur im Rahmen eines breiten Ermessensspielraums des Gesetzgebers – zumindest das Gewicht der so definierten öffentlichen Interessen.[175]

Auch außerhalb der Eingriffe in Grundrechte und insbesondere bei Verfassungsaufträgen beläßt das Bundesverfassungsgericht dem Gesetzgeber einen breiten Beurteilungsspielraum zur Definition und Durchsetzung des Allgemeininteresses des Staates. So ist die Bundesrepublik Deutschland zwar durch das Völkerrecht und das Verfassungsrecht zur Verteidigung verpflichtet, doch obliegt es dem Gesetzgeber, die notwendigen Mittel hierfür festzulegen. Deshalb ließ das Bundesverfassungsgericht im Ersatzdiensturteil (BVerfGE 48, 127 ff.) auch durchblicken, daß – weil auf diesem Wege eine hinreichende Zahl von Rekruten nicht mehr gewonnen werden könne – durch die freie Wahl zwischen Wehr- und Ersatzdienst letztlich auch das Allgemeininteresse verletzt wird; das betreffende Gesetz wurde aber nicht deswegen, sondern nur wegen eines Verstoßes gegen die Wehrgerechtigkeit aufgehoben. In diesem Urteil heißt es auf S. 159 ff.:

175 Vgl. die Literatur und Rechtsprechung bei *Bleckmann*, a.a.O. (Anm. 164), S. 295; insbesondere *Grabitz*, Der Grundsatz der Verhältnismäßigkeit in der Rechtsprechung des Bundesverfassungsgerichts, in: AöR 98 (1973), S. 568 ff. dessen Aufsatz die Gesamtproblematik behandelt.

». . . . .
1. a) Gemäß Art. 73 Nr. 1 GG hat der Bund die ausschließliche Gesetzgebung über die Verteidigung einschließlich des Schutzes der Zivilbevölkerung. Nach Art. 87 a Abs. 1 Satz 1 GG stellt der Bund Streitkräfte zur Verteidigung auf. Mit diesen nachträglich in das Grundgesetz eingefügten Bestimmungen hat der Verfassungsgeber zugleich eine verfassungsrechtliche Grundentscheidung für die militärische Landesverteidigung getroffen. Einrichtung und Funktionsfähigkeit der Bundeswehr haben verfassungsrechtlichen Rang (BVerfGE 28, 243 (261); 32, 40 (46)). Damit nimmt die Bundesrepublik Deutschland wie andere Staaten in der vorgegebenen historisch-politischen Situation die Wehrhoheit und die Ausübung militärischer Hoheitsrechte als Ausfluß ihrer Staatsgewalt in Anspruch. Gleichzeitig wird im Einklang mit dem bereits in Art. 26 Abs. 1 GG enthaltenen Verbot des Angriffskrieges der eindeutige und unmißverständliche Wille des Verfassungsgebers zum Ausdruck gebracht, daß die Streitkräfte der Verteidigung gegen bewaffnete Angriffe dienen sollen.
b) Nach der gewaltenteilenden Verfassungsordnung des Grundgesetzes ist es Sache des Gesetzgebers und der für das Verteidigungswesen zuständigen Organe des Bundes, diejenigen Maßnahmen zu beschließen, die zur Konkretisierung des Verfassungsgrundsatzes der militärischen Landesverteidigung erforderlich sind. Welche Regelungen und Anordnungen notwendig erscheinen, um gemäß der Verfassung und im Rahmen bestehender Bündnisverpflichtungen eine funktionstüchtige Verteidigung zu gewährleisten, haben diese Organe nach weitgehend politischen Erwägungen in eigener Verantwortung zu entscheiden. Das Bundesverfassungsgericht könnte unter diesem Blickpunkt nur dann korrigierend eingreifen, wenn einzelne Maßnahmen die im Grundgesetz getroffene Entscheidung für eine funktionsfähige Landesverteidigung evident beeinträchtigen sollten.
Die von der Verfassung geforderte militärische Landesverteidigung kann auf der Grundlage der allgemeinen Wehrpflicht, aber – sofern ihre Funktionstüchtigkeit gewährleistet bleibt – verfassungsrechtlich unbedenklich beispielsweise auch durch eine Freiwilligenarmee sichergestellt werden. Die Wahl zwischen den sich bietenden Möglichkeiten ist eine grundlegende staatspolitische Entscheidung, die auf wesentliche Bereiche des staatlichen und gesellschaftlichen Lebens einwirkt und bei der der Gesetzgeber neben verteidigungspolitischen Gesichtspunkten auch allgemeinpolitische, wirtschafts- und gesellschaftspolitische Gründe von sehr verschiedenem Gewicht zu bewerten und gegeneinander abzuwägen hat (vgl. BVerfGE 12, 45 (52)).«

Diese Konzeption beruht auf zwei Grundlagen. Einmal erscheint es kaum möglich, angesichts der großen Zahl der in jedem Fall angesprochenen öffentlichen Interessen und des Dissenses in der Gesellschaft über Inhalt und Gewicht dieser Interessen und über die Mittel zu ihrer Durchsetzung wie etwa im Marxismus das öffentliche Gesamtinteresse wissenschaftlich a priori zu bestimmen.[176] Auf der anderen Seite erfordert, wie *Herbert Krüger* richtig ge-

176 Daß das Grundgesetz den Prinzipien des Liberalismus folgt und folglich dogmatische Lehren wie den Marxismus ablehnt, die allein eine wissenschaftliche a priori-Festlegung der Allgemeininteressen gestatten, hat das BVerfG in BVerfGE 5, 85 (197) festgehalten. Daß das Allgemeininteresse in der pluralistischen Gesellschaft nur durch das Zusammenwirken

sehen hat, das Gemeinwohl eine möglichst breite Flexibilität, die es verbietet, den Staat an feste Staatszwecke zu binden.[177] Die notwendige Folge ist dann auch, daß die moderne Staatszwecklehre sich in der Regel mit der Aufzählung der öffentlichen Interessen begnügt, die heute vom modernen Staat tatsächlich wahrgenommen werden.[178]

Allerdings ist damit wohl noch nicht das letzte Wort gesprochen. Nach der liberalen Konzeption, die vor allem von den britischen Utilitaristen[179] entwickelt worden ist, aber selbst von so staatsgeprägten Autoren wie *Jean Bodin*[180] vertreten wurde, ist das Gemeinwohl nämlich nicht anders als die Summe – oder besser die Resultante – einer sachlich gerechten Abwägung aller Individualinteressen.[181] Das Grundgesetz hat sich für die Menschenwürde als höchsten Wert und damit dafür entschieden, daß der Zweck des Staates nur im Dienst am Individuum gefunden werden kann. Diese Menschenwürde wird durch die folgenden klassischen Grundrechte konkretisiert. Damit ist der Staat aber darauf beschränkt, die Grundrechte und die für deren Ausübung erforderlichen sachlichen, personellen und organisatorischen Voraussetzungen zu fördern und zu schaffen. Das Gemeinwohl besteht in dieser Sicht in einer sachlich-gerechten Abwägung der durch die klassischen und sozialen Grundrechte

der Repräsentanten der verschiedenen privaten und öffentlichen Interessen und insbesondere der Parteien und Interessenverbände im politischen Willensbildungsprozeß und nicht wissenschaftlich a priori definiert werden kann, ist dabei vor allem die Auffassung der pluralistischen Lehre: Zum Streit um diese Theorien vgl. *Nuscheler/Steffani* (Hrsg.), a.a.O. (Anm. 165) und dort insbesondere den Aufsatz von *Fraenkel*, S. 158 ff. Vgl. ferner: *Kelsen*, Vom Wesen und Wert der Demokratie, 2. Aufl., 1929, S. 61; *Radbruch*, Die politischen Parteien im System des deutschen Verfassungsrechts, in: Anschütz/Thoma (Hrsg.), (Anm. 160), Bd. I, 1930, S. 285 ff.; sowie *Ryffel*, Rechts-und Staatsphilosophie – Philosophische Anthropologie des Politischen, 1969, S. 475 ff. Dabei ist auch auf das Prinzip der Nicht-Identifikation von *Krüger*, Allgemeine Staatslehre, 1964, S. 178 ff., hinzuweisen.

177 *Krüger*, a.a.O. (Anm. 176), S. 759 ff.

178 Vgl. *Bull*, Die Staatsaufgaben nach dem Grundgesetz, 2. Aufl. 1977, S. 25 ff.; und differenzierter: *Hesse*, Staatsaufgaben. Zur Theorie der Legitimation und Identifikation staatlicher Aufgaben, 1979, S. 11 ff.

179 Vgl. dazu *Höffe* (Hrsg.), Einführung in die utilitaristische Ethik, 1975; dort insbesondere *Bentham*, Eine Einführung in die Prinzipien der Moral und der Gesetzgebung (S. 35 ff.) und *Mill*, Utilitarismus (S. 59 ff.). Vgl. auch dazu die von *Routledge* und *Kegan Paul* herausgegebene Ausgabe »Collected Works of John Stuart Mill«, University of Toronto Press.

180 *Bodin*, a.a.O. (Anm. 169); vgl. dazu auch *Quaritsch*, Staat und Souveränitat, 1970, S. 278 ff.

181 Damit wird dem oft vertretenen Einwand (vgl. etwa *Henkel*, Einführung in die Rechtsphilosophie, 2. Aufl. 1977, S. 457 ff.) begegnet, Gemeinwohl könne nicht in der Summe der Individualinteressen bestehen, weil diese Interessen häufig einander entgegenlaufen. Schon *Bentham* und *Mill* haben, wie ihre zahlreichen Schriften zu praktischen und politischen Problemen zeigen (vgl. etwa die von *Routledge* und *Kegan Paul*, a.a.O. (Anm. 179) herausgegebene Gesamtausgabe der Werke von *John Stuart Mill*), das Allgemeininteresse stets als Resultante der Abwägung der Individualinteressen verstanden, wie ja die Interessenabwägungslehre der Interessenjurisprudenz (vgl. dazu *Larenz*, Methodenlehre der Rechtswissenschaft, 3. Aufl. 1975, S. 128 ff.) und des Bundesverfassungsgerichts (vgl. dazu *Schlink*, Abwägung im Verfassungsrecht, 1975, S. 17 ff. und *Schneider*, Die Güterabwägung des Bundesverfassungsgerichts bei Grundrechtskonflikten, 1979) letztlich auf *Bentham* zurückzuführen sind.

geschützten Individualinteressen.[182] Wenn man anhand dieses Modells auch das öffentliche Gesamtinteresse nicht sozusagen automatisch berechnen kann, enthält es doch zahlreiche Ansatzpunkte für die vom Bundesverfassungsgericht angesprochene Evidenzkontrolle durch die Gerichte.
Oben wurde gezeigt, daß das Grundgesetz selbst die Kontrolle der Einhaltung des Allgemeininteresses den Gerichten insoweit anvertraut, als es von der Verfassung eindeutig definiert wird. Das liegt an der Notwendigkeit, die politischen durch gerichtliche Kontrollen dann zu ersetzen, wenn die politischen Kontrollen die von der Verfassung geschützten Interessen nicht mehr hinreichend sichern. Da nun die Erkenntnis wächst, daß das Parlament nicht nur die Grundrechte, sondern auch die Allgemeininteressen des Volkes nicht mehr in jeder Beziehung richtig definieren und durchsetzen kann, muß der allgemeinen Entwicklung entsprechend dieser Schutz zunehmend durch die Gerichte übernommen werden. Allerdings fällt auch in dieser Sicht mangels hinreichender Bestimmtheit des Allgemeininteresses die Kompetenz zur Definition dieses Interesses grundsätzlich in den politischen Willensbildungsprozeß, wenn auch das Bundesverfassungsgericht und die anderen Gerichte unter Rückgriff auf die obigen Ansätze einer wissenschaftlichen a priori-Definition des Allgemeininteresses die Evidenz- und Vertretbarkeitskontrolle verstärken sollten. Auf der anderen Seite sollten die Gerichte aber unter Rückgriff auf die obigen Definitionen des Allgemeininteresses als Ziel des Staatsorganisationsrechts Verfahrens- und Organisationsprinzipien entwickeln, die sicherstellen, daß das Allgemeininteresse des deutschen Volkes richtig definiert wird und sich in der Verfassungswirklichkeit auch durchsetzt.

182 So schon – mit Einschränkungen – *Schmitt*, Inhalt und Bedeutung des zweiten Hauptteils der Reichsverfassung, in: Anschütz/Thoma (Hrsg.), (Anm. 160), Bd. II, 1932, S. 572 ff., 581 f. Ähnlich ist nach *Ryffel*, (Anm. 176), und *Klein*, Zum Begriff des öffentlichen Interesses, Diss. Münster 1968, S. 30 f., der sich insoweit vor allem auf *Dürig* (Die konstanten Voraussetzungen des Begriffes »Öffentlichen Interesse«, ungedruckte Diss., München 1949, S. 42) stützt, der Staatszweck auf die Durchsetzung der Individualinteressen – konkret: auf die Schaffung der notwendigen Voraussetzungen der freien Entfaltung der Persönlichkeit – ausgerichtet. Diese auf Art. 2 I bzw. auf Art. 1 I GG rekurrierenden Ansätze sind zwar richtig, übersehen aber, daß diese Staatszwecke stärker konkretisiert werden können, wenn man auch die anderen Grundrechte und insbesondere das in der Verfassung verankerte gegenseitige Gewicht dieser Grundrechte mit heranzieht. Die wohl noch herrschende Lehre (vgl. etwa *Häberle*, a.a.O. (Anm. 163) und *Rupp*, a.a.O. (Anm. 161)) unterstreicht zwar, daß das öffentliche Interesse sich heute auch auf die Verwirklichung der Grundrechte richtet, stellt aber in diesem Rahmen das öffentliche Interesse i.e.S. weiterhin dem Privatinteresse gegenüber. Auch die französischen Gerichte greifen zur Konkretisierung des öffentlichen Interesses auf die »besoins de la population« zurück, obwohl sie weiterhin das Allgemeininteresse den Privatinteressen gegenüberstellen (vgl. *Truchet*, Les fonctions de la notion d'intéret général dans la jurisprudence du Conseil d'Etat, 1977, S. 269 ff.; 288 ff., 301 ff.). Ähnlich *von Arnim*, (Anm. 168), S. 124 ff.; vgl. auch BVerfGE 42, 312 (332); 49, 89 (132).

2. Im folgenden soll versucht werden, anhand der Rechtsprechung des Bundesverfassungsgerichts die einzelnen Garantien der Sicherung des Allgemeininteresses näher zu bestimmen:

a) Oben wurde gezeigt, daß die verfassungsrechtlichen Verfahren und insbesondere die Normenkontrolle, die Organstreitigkeiten und die Zwischenländerstreitigkeiten der Durchsetzung des objektiven Verfassungsrechts und der Allgemeininteressen des Volkes dienen.[183] Es fehlt nur noch die Feststellung, daß es sich hierbei um Elemente des verfassungsrechtlichen Rechtsstaatsprinzips handelt. Dieses Zwischenglied liefert nun das Bundesverfassungsgericht in seiner umfangreichen Rechtsprechung zur Strafgerichtsbarkeit. Wenn das Strafverfahren nämlich auch dem Schutz des Angeklagten und letztlich auch des verletzten Individuums dient, geht es doch dabei in erster Linie um die Durchsetzung des staatlichen Strafanpruchs und damit der Allgemeininteressen des Staates. Trotzdem hat das Bundesverfassungsgericht in zahlreichen Entscheidungen festgelegt, daß die Strafverfahren vom Rechtsstaatsprinzip gefordert werden.[184] Von dort ist es nur ein kleiner Sprung zu der Feststellung, daß letztlich auch das Verwaltungs- und das Verwaltungsgerichtsverfahren sowie die Verfahren der freiwilligen Gerichtsbarkeit nicht nur dem Schutz der Individualinteressen, sondern – wie die Tatsache zeigt, daß hier die Offizial- und die Untersuchungsmaxime gelten und hier wie bei der Verfassungsbeschwerde die Einhaltung auch des objektiven Rechts geprüft wird – auch dem Schutz der Allgemeininteressen des Staates dienen und daß auch das Rechtsstaatsprinzip in diesem Zusammenhang nicht nur den Schutz der privaten, sondern auch den der öffentlichen Interessen garantieren will.[185]

b) Im Verfassungs- und Verwaltungsrecht ist darüber hinaus das Allgemeininteresse des Staates insoweit mitgeschützt, als es die Grenze für den Schutz der Individualinteressen darstellt. An dieser Maxime hat das Bundesverfassungsgericht auch bei der Entwicklung neuer Rechtsinstitute stets festgehalten. So findet etwa der aus dem Rechtsstaatsprinzip entwickelte Grundsatz des fairen Verfahrens seine Grenze an der Funktionsfähigkeit der Rechtspflege.[186] Auf der anderen Seite schreckt das Bundesverfassungsgericht davor zurück, eine selbst eindeutig gegen das Grundgesetz verstoßende Norm dann als verfassungswidrig zu erklären, wenn dies Rückwirkungen auf öffentliche

183 Dazu, daß nach der Rechtsprechung des Bundesverfassungsgerichts gerade auch die Verfassungsbeschwerde primär der Durchsetzung des objektiven Verfassungsrechts dient, vgl. *Krebs*, a.a.O. (Anm. 160), S. 67 ff.

184 Vgl. dazu BVerfGE 36, 174 (186); 46, 214 (222); 51, 324 (343).

185 So prononciert vor allem die Lehre zum französischen Verwaltungsprozeß; vgl. etwa *Auby/Drago*, Traité de contentieux administratif, Bd. I, 1975, S. 15 ff. Für das deutsche Recht vgl. neuerdings *Krebs*, a.a.O. (Anm. 160), S. 59 ff.

186 Vgl. BVerfGE 38, 105 (115).

Interessen – etwa auf das ordnungsgemäße Funktionieren der Strafanstalten,[187] der Schulen,[188] aber auch auf die öffentlichen Finanzinteressen[189] – haben könnte.

c) Das Bundesverfassungsgericht hat auch das Verhältnismäßigkeitsprinzip bisher ausdrücklich nur auf den Schutz der Grundrechte bezogen: Es greift nach der Rechtsprechung nur ein, wenn die Grundrechte berührt werden.[190] Es finden sich aber auch Urteile, die – wie die Rechtsprechung des Europäischen Gerichtshofs – das Verhältnismäßigkeitsprinzip zum Schutz der Allgemeininteressen bemühen. So hat das Bundesverfassungsgericht etwa im VW-Urteil (BVerfGE 12, 354 (364)) ausgeführt:

> »Die grundsätzliche verfassungsrechtliche Zulässigkeit einer Privatisierung befreit die Organe des Bundes nicht von ihrer aus dem Dienst am Gemeinwohl folgenden selbstverständlichen Verpflichtung, bei einer Veräußerung öffentlichen Vermögens einen angemessenen Preis zu erstreben. Seine Ermittlung mag oft schwierig sein; gewisse Anhaltspunkte bietet § 47 Abs. 1 Satz 1 RHaushO, wonach die Veräußerung von Bundesvermögen nur gegen einen dem vollen Wert entsprechenden Preis zulässig ist. Bei rein fiskalischen Veräußerungsgeschäften wird ein etwa bestehender Marktpreis regelmäßig auch der angemessene Preis sein. Werden jedoch mit der Veräußerung besondere Ziele, etwa wirtschafts- oder sozialpolitischer Art, verfolgt, so kann eine Abweichung vom Marktpreis gerechtfertigt sein; es dürfen dann in gewissen Grenzen und bei Wahrung der rechtsstaatlichen Prinzipien auch sogenannte politische Gesichtspunkte mitberücksichtigt werden. Hiernach kann die Regelung für die Veräußerung der Volkswagenaktien verfassungsrechtlich nicht beanstandet werden.«

Es liegt nahe, daß mit den zitierten rechtsstaatlichen Prinzipien vor allem das Verhältnismäßigkeitsprinzip gemeint ist. Die politischen Ziele des Gesetzgebers können also das finanzielle Interesse des Staates nur soweit zurückdrängen, als es sich hierbei um ein geeignetes und erforderliches Mittel zur Durchsetzung dieser Ziele handelt und die anderen öffentlichen Interessen das finanzielle Interesse überlagern. Diese Gedanken, die auch bei *Hans Herbert von Arnim* anklingen,[191] hat der Verfasser in seinem Gutachten zum 55. Deutschen Juristentag dahin konkretisiert, daß der Staat durch die Subventionsgewährung die Finanzinteressen nur verletzen darf, wenn und soweit dies zur Durchsetzung anderer, übergeordneter öffentlicher Interessen erforderlich ist.[192]

187 BVerfGE 33, 1 (15 f.).
188 BVerfGE 41, 251 (265).
189 BVerfGE 21, 12 (39).
190 Vgl. *Bleckmann*, a.a.O. (Anm. 164), S. 295 ff.
191 Vgl. *von Arnim*, a.a.O. (Anm. 168), S. 215 f.
192 *Bleckmann*, Ordnungsrahmen für das Recht der Subventionen, Gutachten zum 55. Deutschen Juristentag, Bd. 1, 1984, Teil D, S. 7 ff.

d) Darüber hinaus wird in der Rechtsprechung des Bundesverfassungsgerichts auch der im Rechtsstaatsprinzip angesiedelte Grundsatz des Vertrauensschutzes auf die öffentlichen Interessen erstreckt. In der Tat hat das Bundesverfassungsgericht es im Strafgefangenen-[193] und im Schulbeschluß[194] abgelehnt, die entsprechenden Verwaltungsakte wegen einer Verletzung des Gesetzesvorbehalts aufzuheben, weil es implizit wohl das Vertrauen des Parlaments und der Verwaltung schützen wollte, aufgrund der klassischen und damals noch von der herrschenden Lehre vertretenen Meinung vom besonderen Gewaltverhältnis sei auch bei einem Eingriff in Grundrechte in diesen Verhältnissen ein Gesetz nicht erforderlich.

e) Auch bei der Gesetzmäßigkeit der Verwaltung und hier insbesondere beim Gesetzesvorbehalt zeigen sich ähnliche Ansätze. So hat das Bundesverfassungsgericht aus dem rechtsstaatlichen Prinzip der Gesetzmäßigkeit der Verwaltung den Schluß gezogen, daß die Finanzämter zur Einziehung der Steuern verfassungsrechtlich verpflichtet sind.[195] Darüber hinaus hat das Bundesverfassungsgericht den Gesetzesvorbehalt auch auf Eingriffe in die unabhängige Rechtsprechung (Änderung der Gerichtsbezirke) erstreckt,[196] die nach den obigen Ausführungen eben nicht nur der Durchsetzung von Individualinteressen, sondern auch von Allgemeininteressen dient.
Eine fast ebenso starke Unterstreichung des Allgemeininteresses als Ziel des Gesetzesvorbehalts findet sich für Art. 14 III GG in der Bundesverfassungsgerichtsentscheidung BVerfGE 4, 219 (235):

> »Der Grundgesetzgeber hat deshalb dem Sozialstaatsgedanken Rechnung auch hier getragen und die Interessen der Allgemeinheit stärker in den Vordergrund gerückt. Dem dient die Einschaltung des Gesetzgebers in die Entschädigungsregelung; denn nur er, nicht aber der Richter, ist in der Lage, die Interessen der Allgemeinheit und der von der Enteignung betroffenen Einzelnen generell sachgemäß abzugrenzen.«

Darüber hinaus ist zu beachten, daß das Bundesverfassungsgericht in seiner neueren Rechtsprechung den Gesetzesvorbehalt nicht mehr wie früher ausschließlich auf das Rechtsstaatsprinzip, sondern auch auf das Demokratieprinzip stützt. Da es aber die von *Dietrich Jesch*[197] vertretene Theorie des Totalvorbehalts, nach der das Parlament als einziges unmittelbar demokratisch legitimiertes Organ dazu berufen ist, die wesentlichen Grundzüge aller Le-

193 Vgl. BVerfGE 33, 1 ff.
194 Vgl. BVerfGE 41, 251 ff.
195 BVerfGE 25, 216 (228).
196 BVerfGE 2, 307 (319 f.).
197 *Jesch*, Gesetz und Verwaltung, 2. Aufl. 1968, S. 205; ihm folgend: *Schlotke*, Die hoheitliche Einflußnahme auf den Empfänger öffentlicher Subventionen und ihre rechtliche Grenze, Diss. 1968, S. 61 ff.

bensbereiche festzulegen, in seinem Kalkar-Beschluß[198] ausdrücklich verworfen hat und in neueren Entscheidungen[199] den Gesetzesvorbehalt in der Erkenntnis, daß die Grundrechte nach modernem Verständnis nicht nur Abwehr-, sondern etwa auch Teilhaberechte, objektive Direktiven und institutionelle Garantien begründen, nun auf alle Grundrechtsfunktionen erstreckt, erscheint es unsicher, was das Bundesverfassungsgericht mit dieser Verdoppelung der Geltungsgrundlagen des Gesetzesvorbehalts heute noch meint: Wenn so nicht mehr der Inhalt des Gesetzesvorbehalts neu umrissen wird, kann damit nur gemeint sein, daß der Gesetzesvorbehalt im Allgemeininteresse des Volkes eine ausschließliche Kompetenz des Parlaments verankert, auf deren Ausübung der Grundrechtsträger und auch das Parlament nicht mehr verzichten können, und daß der Gesetzesvorbehalt auch in seiner auf die Grundrechtsberührung verengten Funktion dazu dient, sicherzustellen, daß nicht nur die Grundrechte, sondern auch das Allgemeininteresse des Volkes richtig gefunden werden.

Mit der Aussage, der Gesetzesvorbehalt diene der richtigen Feststellung des Allgemeininteresses, hat das Bundesverfassungsgericht in der Tat die Schutzrichtung dieses Rechtsinstituts revolutionär verändert. Wenn es auch möglich ist, dieses Urteil dahin zu verstehen, daß es letztlich dem Interesse des Grundrechtsträgers dient, wenn das Allgemeininteresse nicht zu umfassend definiert wird, liegt doch eine andere Auslegung des Urteils näher: Lehre und Rechtsprechung haben, wie *Karl August Bettermann* in seiner Streitschrift »Hypertrophie der Grundrechte«[200] zu Recht feststellt, generell die Tendenz, die Allgemeininteressen zu stark einzuschränken, um dem Individualrechtsschutz einen möglichst breiten Raum zu gewähren. In dieselbe Richtung wirkt der Druck der Interessenverbände, welcher den übermäßigen Schutz bestimmter Privatinteressen zum Ziele hat. In einer solchen Situation muß das Allgemeininteresse selbst gegen die Individualinteressen durchgesetzt werden. Da der Schutz der Grundrechte heute weitgehend auf die Gerichte übergegangen ist, hat der Gesetzesvorbehalt heute die Funktion, das Allgemeininteresse gegen die Grundrechte zu schützen. Dem steht nicht entgegen, daß der Gesetzesvorbehalt auch nach der neueren Rechtsprechung des Bundesverfassungsgerichts nur bei einer Grundrechtsberührung greift: Denn gerade in diesem Bereich droht, wie wir gesehen haben, eine Überwältigung der Allgemeininteressen durch die Individualinteressen. Darüber hinaus setzt auch das Grundgesetz selbst in Übereinstimmung mit einer zum Teil sehr langen historischen Tradition den Gesetzesvorbehalt manchmal nicht nur zum Schutz von Individualinteressen, sondern auch von Allgemeininteressen des Staates ein. Das gilt in all

198 Vgl. BVerfGE 49, 89 (125).
199 Vgl. BVerfGE 51, 97 (110).
200 *Bettermann*, Hypertrophie der Grundrechte, 1984.

den Bereichen, in denen nach der klassischen Konzeption die Verfassung auf den Gesetzesbegriff im formellen Sinne abstellt: Also etwa beim Haushaltsgesetz, das dem Schutz der Finanzinteressen des Staates dient, und bei den Zustimmungsgesetzen, vor allem zu den politischen Verträgen, welche die politischen Staatsinteressen sichern sollen. Über diesen historischen Kernbereich des klassischen Verfassungsrechts hinaus wird im Grundgesetz in den Art. 83 ff. die Gesetzesform auch zum Schutze der »Restsouveränität« der Länder vorausgesetzt.

f) Nach der Rechtsprechung des Bundesverfassungsgerichts dient das Gewaltenteilungsprinzip, der historischen Entwicklung von *Thomas von Aquin* bis *Montesquieu* entsprechend[201] zwar in erster Linie dem Schutz der Individualinteressen der Bürger.[202] In der Literatur wird aber hervorgehoben, daß das Gewaltenteilungsprinzip auch öffentlichen Interessen etwa an der Transparenz des politischen Willensbildungsprozesses, an der richtigen Entscheidungsfindung und an der Herstellung der Einheit des Staates dient.[203]
Das zeigen schon die unterschiedlichen Funktionsweisen, die dem Gewaltenteilungsprinzip zugeschrieben werden. Schon bei *Montesquieu* wird die Freiheit der Individuen durch zwei unterschiedliche Kausalketten bewirkt. Auf der einen Seite soll durch eine Verteilung der Funktionen auf verschiedene Gewalten in einem Konkurrenzsystem, in dem jede Gewalt die absolute Macht erringen will, die Ausdehnung der Macht des einen Organs am Machtwillen der anderen Organe seine Schranken finden (le pouvoir arrete le pouvoir). Dieses System fordert, wie schon *Montesquieu*, vor allem aber die amerikanischen Federalists gesehen haben, nicht nur eine strikte Gewaltenteilung, sondern auch eine Gewaltenverschränkung in Form der »checks and balances«. Auf der anderen Seite soll durch die Art der Funktionsverteilung ein stärkerer Grundrechtsschutz erzielt werden: Der Gesetzgeber darf nur allgemeine Gesetze verabschieden, die Verwaltung und die Rechtsprechung dürfen grundsätzlich nur die allgemeinen Gesetze anwenden: Die Gefahr der unsachlichen Behandlung des Einzelfalls aufgrund persönlicher Motive wird so weitgehend ausgeschaltet.
Wenn damit letztes Ziel auch der Schutz der Individuen sein mag, führt das Gewaltenteilungsprinzip doch im Vorfeld dazu, daß die Verfassung selbst

201 Vgl. dazu *Wember*, Verfassungsmischung und Verfassungsmitte, 1977, S. 44 ff., der aber ausführt, daß schon *Aristoteles* die gemischte Verfassung im Interesse der Stabilität des Staates, also eines Allgemeininteresses entwickelt hat (S. 30 ff.).
202 BVerfGE 9, 268 (279 f.); 22, 106 (111).
203 Vgl. etwa die in *Rausch* (Hrsg.), Zur heutigen Problematik der Gewaltentrennung, 1969 zusammengefaßten Aufsätze, insbesondere von *Küster*, Das Gewaltenproblem im modernen Staat, S. 1 ff., *Drath*, Die Gewaltenteilung im heutigen Staatsrecht, S. 21 ff, *Peters*, Die Gewaltentrennung in moderner Sicht, S. 78 ff. und *Schneider*, Zur Problematik der Gewaltenteilung im Rechtsstaat der Gegenwart, S. 153 ff.

eingehalten und insbesondere die Mitwirkungsrechte der anderen Organe geschützt werden, die, wie wir gezeigt haben, eine so wichtige Rolle für die richtige Bestimmung des Allgemeininteresses spielen.[204] Darüber hinaus hat *Konrad Hesse* in seinem Staatsrechtslehrbuch eindrücklich gezeigt, daß die unterschiedlichen Staatsfunktionen, wenn sie zu einer richtigen Entscheidung führen sollen, ganz unterschiedliche Verfahren voraussetzten: Die Verletzung des Gewaltenteilungsprinzips besteht in dieser Sicht in der Formverfehlung.

Darüber hinaus ist zu beachten, daß etwa Art. 80 GG neben dem Rechtsstaatsprinzip nach der Rechtsprechung des Bundesverfassungsgerichts vor allem der Durchsetzung des Gewaltenteilungsprinzips dient. Das bedeutet aber, daß über den Gesetzesvorbehalt hinausgehend eine gesetzliche Ermächtigungsgrundlage nicht nur bei einer Grundrechtsberührung, sondern dann erforderlich wird, wenn eine bestimmte Materie für Verwaltung und Gerichte verbindlich geregelt werden soll. Dann dient aber mit Art. 80 GG das Gewaltenteilungsprinzip gerade auch der Durchsetzung der Allgemeininteressen des Staates. Wenn schließlich das Gewaltenteilungsprinzip auch letztlich dem Schutz der Individuen dient, ist ein von der Verfassung sicherlich gewollter Nebenzweck der Schutz gerade auch der Staatsorgane vor Eingriffen in ihren Kompetenzbereich. Diese Funktion des Gewaltenteilungsprinzips, die wohl deshalb nicht ausdrücklich herangezogen wird, weil es sich in ihrer Konzeption hierbei nur um ein Mittel zur Durchsetzung der Individualinteressen handelt, steht im französischen Verfassungsrecht im Mittelpunkt vor allem der staatsrechtlichen Abhandlungen: Das Gewaltenteilungsprinzip hatte hier eindeutig von Anfang an die Funktion einer Abschirmung der »Souveränität« von Parlament, Regierung und Verwaltung vor allem gegen die Übergriffe der richterlichen Gewalt; die Individualschutzrichtung des Gewaltenteilungsprinzips wird deshalb im Gegensatz zu *Montesquieu* von der französischen Staatsrechtsliteratur kaum noch erwähnt.

g) Das Bundesverfassungsgericht lehnt zwar generell die Grundrechtsträgerschaft der juristischen Personen des öffentlichen Rechts ab.[205] Immerhin gewährt es bei allen diesen Personen die verfahrensrechtlichen Grundrechte.[206] Darüber hinaus sind etwa Universitäten und Rundfunkanstalten grundrechtsfähig.[207] Ferner wird der Gleichheitssatz auf das Verhältnis zwischen den Ländern angewendet, wenn auch nicht als Grundrecht in diesem Sinne, sondern eher als Ausfluß des Gerechtigkeits- und damit des Rechts-

204 Vgl. dazu auch *Krebs*, a.a.O. (Anm. 160), S. 49 f.
205 Vgl. dazu die Rechtsprechung und Literatur bei *Bleckmann* , a.a.O. (Anm. 164), S. 91 f.
206 BVerfGE 6, 45 (50 f.); 13, 132 (140); 21, 362 (373).
207 *Bleckmann*, a.a.O. (Anm. 164), S. 101 f.

staatsprinzips.[208] Und schließlich entwickelt das Bundesverfassungsgericht aus rechtlichen Gründen ein Anhörungsrecht der Gemeinden bei Eingriffen in deren Selbstverwaltung, weil auf der einen Seite die Gemeinden – wie die Menschen nach der Menschenwürde – nicht nur Objekt des staatlichen Verfahrens sein dürften, auf der anderen Seite nur die Anhörung der Gemeinden sicherstellt, daß die betreffenden Interessen hinreichend beachtet und damit im politischen Willensbildungsprozeß die in einer Abwägung aller Interessen bestehenden öffentlichen Gesamtinteressen gefunden werden können.[209] Die Grundrechte aber sind Ausfluß des Rechtsstaatsprinzips par excellence. An diesen Beispielen sieht man, daß die Grundrechte selbst bemüht werden, um kollektive Allgemeininteressen durchzusetzen.

h) Das Bundesverfassungsgericht lehnt es in seiner bisherigen Rechtsprechung ab – etwa unter Rückgriff auf die Geschäftsordnung – das Gesetzgebungsverfahren selbst zu überprüfen.[210] Nach seiner Ansicht erstreckt sich die Gerichtskontrolle nur auf den Inhalt des objektiv ausgelegten Gesetzes.[211] Damit lehnt es das Bundesverfassungsgericht aber auch ab, die Ermessensfehlerlehre der Verwaltungsgerichte auf den Gesetzgeber zu übertragen, nach welcher die Verwaltung nur sachliche Gründe berücksichtigen, den Sachverhalt richtig feststellen und würdigen, die betroffenen Interessen berücksichtigen und sachlich-gerecht miteinander abwägen muß.[212] Es kann dabei dahingestellt bleiben, ob allgemein das Demokratieprinzip und der Vorrang des politischen Willensbildungsprozesses es verbieten, alle diese Ermessensfehlerlehren auf den Gesetzgeber zu übertragen. Das Bundesverfassungsgericht sollte sich aber zumindest bemühen, objektive, auf die Gesetzgebung anwendbare Verfahrensregeln zu entwickeln, die sicherstellen, daß das Parlament die Allgemeininteressen des Volkes durch eine sachlich-gerechte Abwägung der durch die klassischen und sozialen Grundrechte geschützten Individualinteressen richtig finden kann. Die Verletzung der Geschäftsordnung kann unter diesem Gesichtspunkt, selbst wenn es sich dabei nicht um Verfassungsrecht im engeren Sinne handelt, Anhaltspunkte dafür bieten, daß das Rechtsstaatsprinzip selbst verletzt ist.
Einen weiteren Anhaltspunkt findet das objektive Rechtsstaatsprinzip in den anderen Staatszielbestimmungen des Grundgesetzes. Wir haben in der Tat gesehen, daß das Ziel des Verwaltungs- und des Verwaltungsgerichtsverfahrens durch das Rechtsstaatsprinzip bestimmt wird. Das Staatsorganisationsrecht

208 Vgl. etwa BVerfGE 1, 14 (52); 21, 362 (372); 23, 12 (24).
209 BVerfGE 50, 195 (202); 59, 216 (229).
210 BVerfGE 29, 221 (234).
211 BVerfGE 48, 227 (237); vgl. auch BVerfGE 2, 266 (281).
212 Vgl. dazu etwa *Achterberg*, Allgemeines Verwaltungsrecht, 2. Aufl. 1986, S. 345 ff.; *Ossenbühl*, in: Erichsen (Hrsg.), Allgemeines Verwaltungsrecht, 10. Aufl. 1995, S. 184 ff.

verfolgt aber im Interesse der Menschenwürde gleichzeitig drei Ziele: Einmal soll sichergestellt werden, daß die in der heutigen Zeit besonders wichtige staatliche Entscheidung überhaupt gefällt wird. Zweitens muß gewährleistet werden, daß diese staatliche Entscheidung der Sachgerechtigkeit entspricht. Und drittens muß die staatliche Entscheidung sich in der Verfassungswirklichkeit voll durchsetzen. Die in innerer Einheit miteinander verbundenen verschiedenen Staatszielbestimmungen sollen diese Ziele durchsetzen. Insbesondere das mit dem Demokratieprinzip gekoppelte Souveränitätsprinzip verlangt, daß der Wille des Volkes von der Verwaltung lückenlos vollzogen wird. Hier findet sich also ein weiterer Ansatz für das objektive Rechtsstaatsprinzip, der verlangt, daß das Verwaltungs- und Gerichtsverfahren am Ziel der Durchsetzung des objektiven Rechts und damit am Willen des Souveräns ausgerichtet ist. In diesem Rahmen haben wir in unserem Staatsrechtslehrbuch gezeigt, daß die Allgemeine Staatslehre wieder in das positive Recht integriert werden muß.[213] Ähnlich wird man annehmen müssen, daß das Verwaltungsrecht auf dem Hintergrund der Verwaltungslehre interpretiert werden muß; Voraussetzung dafür ist aber, daß die Lehre sich in weit stärkerem Maße der allgemeinen Verwaltungslehre annimmt.

D. *Verfassungsrechtliche Probleme des Verwaltungsrechts*

I. *Verwaltungsrechtliche Konsequenzen der Entwicklung des Rechtsstaatsprinzips*

Die Lehre und Rechtsprechung haben in Deutschland noch nicht alle erforderlichen Konsequenzen aus der Erweiterung des subjektiven auf das objektive Rechtsstaatsprinzip gezogen. Wie die Tatsache deutlich zeigt, daß alle Klagearten der Verwaltungsgerichtsordnung ein subjektives öffentliches Recht voraussetzen und die Klage begründet ist, wenn das Verhalten der Verwaltung sowohl gegen das objektive als auch gegen ein subjektives Recht verstößt, scheint nach der Auffassung des Gesetzes das einzige Ziel des Verwaltungsgerichtsverfahrens der Schutz und die Durchsetzung subjektiver öffentlicher Rechte zu sein.

Da das Rechtsstaatsprinzip sich in den letzten Jahrzehnten auch in Deutschland »verobjektiviert hat«, genügt die Ausgestaltung des Gerichts- und Verwaltungsverfahrens durch die Gesetze dem geltenden Verfassungsrecht nicht mehr. Insbesondere ist dabei zu beachten, daß auch das heute mit dem

213 *Bleckmann*, Staatsrecht I – Staatsorganisationsrecht, 1993.

Demokratieprinzip gekoppelte Souveränitätsprinzip (Art. 20 II GG) Verfahren verlangt, welche die Durchsetzung des Willens des Souveräns in der Verfassungswirklichkeit sicherstellen. Nicht nur in Frankreich, sondern auch in Deutschland muß deshalb der Gedanke in den Vordergrund treten, daß das Verwaltungs- und das Verwaltungsgerichtsverfahren nicht mehr nur dem Rechtsschutz der Individuen, sondern auch der Durchsetzung des objektiven Rechts und der öffentlichen Interessen dienen.

Wie ein Vergleich des deutschen mit dem französischen Verwaltungsrecht zeigt, hat die Ausrichtung des Verwaltungsverfahrens an der Durchsetzung der Rechte der Kläger einerseits, an der Durchsetzung des objektiven Rechts andererseits erhebliche Unterschiede in breiten Bereichen des Verwaltungsrechts zur Folge. So verlangt etwa die Durchsetzung des objektiven Rechts, daß möglichst alle Bereiche des Verwaltungshandelns vom Richter tatsächlich überprüft werden können. Ist wie im französischen Recht grundsätzlich nur die Anfechtungsklage zugelassen, so muß auf der einen Seite der Begriff des Verwaltungsaktes sehr weit verstanden werden, auf der anderen Seite aber der Kreis der möglichen Kläger erheblich erweitert werden, um sicherzustellen, daß in der Regel zumindest ein Bürger die Akte der Verwaltung tatsächlich auch angreift. Statt die Klagebefugnis auf die Verletzung eines subjektiven Rechts zu stützen, verlangt das französische Recht deshalb nur die Verletzung eines schutzwürdigen Interesses. Auch dieses Tatbestandsmerkmal dient letztlich nicht der Durchsetzung von Privatinteressen, sondern dem öffentlichen Interesse, soll es doch sicherstellen, daß der Kläger infolge seiner persönlichen Interessen den Rechtsstreit energisch und sinnvoll führt. Auf der anderen Seite wird dem französischen Konzept des Aktivbürgers entsprechend die Klagebefugnis soweit ausgedehnt, daß sie (fast) einer Popularklage gleichkommt. Ferner wird mit Ausnahme der moyens d'ordre public der Klage des Interessenten schon dann stattgegeben, wenn das objektive Recht verletzt wird.[214]

Wenn nun, wie wir gezeigt haben, das subjektive Rechtsstaatsprinzip der Verfassung, das mit dem Demokratieprinzip gekoppelte Souveränitätsprinzip und letztlich auch die Verwaltungsgerichtsordnung und das Verwaltungsverfahrensgesetz selbst[215] verlangen, daß das Ziel des Verwaltungs- und des Verwal-

214 Zum Ziel des Verwaltungsrechts im deutschen und französischen Recht vgl. etwa *Chapus*, a.a.O., Bd. 1, 1988, S. 503; *Rott*, Das verwaltungsrechtliche subjektive öffentliche Recht im Spiegel seiner Entwicklung im deutschen liberalen Rechtsstaat und in der französischen »théorie des droits subjectifs des administrés«, 1976; *Bleckmann*, Das Ziel des gerichtlichen Rechtsschutzes: Schutz des einzelnen oder objektive Kontrolle der vollziehenden Gewalt? Die Rolle der Klagebefugnis, in: H. Mosler (Hrsg.), Gerichtsschutz gegen die Exekutive, 1971, S. 21 ff.

215 Im Verwaltungsverfahren (§ 24 VwVfG) und im Verwaltungsgerichtsverfahren (§ 86 VwGO) gilt der Untersuchungsgrundsatz. Das aber kann nur bedeuten, daß beide Verfahren eben nicht nur auf den Schutz von subjektiven Rechten, sondern auch an der Durchsetzung öffentlicher Interessen ausgerichtet sind.

tungsgerichtsverfahrens auch in Deutschland nicht nur das individuelle subjektive öffentliche Recht, sondern die Durchsetzung der objektiven Rechtsordnung und damit auch der öffentlichen Interessen ist, kann und muß die Verwaltungsgerichtsordnung trotz des Wortlauts der §§ 42 und 119 VwGO entsprechend umgedeutet werden. Ich möchte dabei darauf hinweisen, daß diese Tendenz sich in der Rechtsprechung allmählich durchzusetzen beginnt. So werden unter dem subjektiven Recht i.S.d. § 42 VwGO auch die Grundrechte verstanden. Wird mit der Rechtsprechung des Bundesverfassungsgerichts Art. 2 I GG über die Handlungsfreiheit weit hinaus auf alle schutzwürdigen Interessen ausgedehnt,[216] nähert sich die deutsche Rechtstheorie der französischen Interessentheorie an.[217] Da das Grundrecht aus Art. 2 I GG nach der Rechtsprechung des Bundesverfassungsgerichts auch dann verletzt wird, wenn die Voraussetzungen des objektiven Rechts nicht gegeben sind,[218] gestattet diese Theorie, den Verwaltungsakt auch dann aufzuheben, wenn er nur gegen das objektive Recht verstößt. Eine entsprechende Lösung ist aber auch dann möglich, wenn man auf die Schutznormtheorie, d.h. darauf zurückgreift, daß das auf den Verwaltungsakt bezogene objektive Recht gerade auch die Interessen des Klägers schützt. Zwar kann auch dann ein Verwaltungsakt nur aufgehoben werden, wenn er gerade die Normen des materiellen Rechts verletzt, die dem Schutz der Interessen des Klägers dienen. Doch wird man annehmen müssen, daß die Verfahrensvorschriften und die Zuständigkeitsregeln in diesem Rahmen gerade auch dem Schutz der materiellen Interessen des Klägers dienen sollen. Diese Normen sollen nämlich die Richtigkeit der staatlichen Entscheidung sicherstellen. Sie dienen also der Durchsetzung auch der Normen, welche materiell die Klägerinteressen schützen.

II. *Zur Interpretation des deutschen Verwaltungsverfahrensgesetzes*

Die Literatur zu den Verwaltungsverfahrensgesetzen des Bundes und der Länder bemüht sich, den Inhalt dieser Gesetze vor allem durch den Rückgriff auf deren Wortlaut und Systematik zu erforschen; das Schwergewicht liegt dabei weitgehend bei einer Entscheidung in Detailfragen, während den Grundproblemen etwa des Verwaltungsaktes und des Verwaltungsvertrages – offensichtlich in der Auffassung, diese Fragen seien durch die Gesetze weitgehend gelöst – wenig Aufmerksamkeit gewidmet wird. Die Folge ist, daß vor allem in der Kommentarliteratur eine außerordentlich umfangreiche Kasuistik ausgebreitet wird, ohne daß man versucht, diese Kasuistik so zu generalisieren,

216 Vgl. *Bleckmann*, Die Klagebefugnis im verwaltungsgerichtlichen Anfechtungsverfahren – Entwicklung der Theorie des subjektiven Rechts, VBl. BW 1985, S. 261.
217 Vgl. *Bleckmann*, Die Rolle der Klagebefugnis, a.a.O. (Anm. 214).
218 Vgl. *Bleckmann*, Staatsrecht II, S. 608 ff.

daß der Inhalt der abstrakten Regeln durch präzise Kriterien umrissen wird. Das gilt vor allem für die Literatur zum Verwaltungsakt.

Die Literatur verkennt damit, daß die Regeln des Verwaltungsverfahrensrechts sich aus dem Rechtsstaatsprinzip ableiten und daß der Inhalt der Verwaltungsverfahrensgesetze nur eine »Momentaufnahme« des damaligen Erkenntnisstandes des Rechtsstaatsprinzips darstellt. Die Verwaltungsverfahrensgesetze können dann aber nicht wie andere Gesetze ausgelegt werden. Vielmehr muß die verfassungskonforme und die teleologische Auslegung in den Vordergrund treten: Es ist nämlich anzunehmen, daß die Verwaltungsverfahrensgesetze selbst die Intention verfolgen, sich der wachsenden Erkenntnis des Inhalts des Rechtsstaatsprinzips automatisch anzupassen.

Das bedeutet aber, daß der Wortlaut dieser Gesetze hinter der teleologischen Interpretation und der Auslegung am Rechtsstaatsprinzip zurücktritt. Eine Folge dieser Konzeption ist, daß die Vorschriften der Gesetze, welche den Bürger schützen sollen, nur als Minimalauflagen gedeutet werden müssen, die eine erweiternde Ergänzung durch Rückgriff auf die teleologische und die verfassungskonforme Interpretation nicht ausschließen. Das ist offensichtlich auch der Standpunkt der Literatur, die etwa den Verwaltungsaktbegriff sehr stark ausgeweitet und die Ermessensfehlerlehre über den Inhalt des § 40 VwVfG weit ausgedehnt hat.

Verfassungskonforme und teleologische Interpretation decken sich dabei zumindest partiell. Wir haben oben gezeigt und werden im folgenden noch eingehend darlegen, daß das subjektive sich auf das objektive Rechtsstaatsprinzip erstreckt hat. Im Gegensatz zum Wortlaut der meisten Vorschriften der Verwaltungsverfahrensgesetze schützen diese Normen heute also nicht mehr nur die Interessen der Bürger, sondern dienen auch der Durchsetzung des objektiven Rechts und damit der öffentlichen Interessen. Dementsprechend sind die Vorschriften der Gesetze zu korrigieren. Dabei ist zu beachten, daß die meisten Vorschriften der Verwaltungsverfahrensgesetze sich dem Rechtsstaatsprinzip entsprechend zum Ziel setzen, die Richtigkeit der staatlichen Entscheidung zu gewährleisten. Unter Rückgriff auf die neuesten Erkenntnisse der Verfahrenslehre und vor allem auch auf die Prozeßgesetze ist deshalb zu fragen, wie dieses Ziel durch die jeweilige Norm am besten zu erreichen ist.

Darüber hinaus ist zu beachten, daß das Europäische Gemeinschaftsrecht auch die Regeln des Allgemeinen Verwaltungsrechts zu überlagern beginnt. Das aber bedeutet, daß auch die Normen der deutschen Verwaltungsverfahrensgesetze nicht mehr nur im Lichte der deutschen Rechtstradition, sondern unter Rückgriff auf den »ordre public européen«, d.h. unter Rückgriff auf die gemeinsame Verfassungs- und Rechtstradition zu interpretieren sind. Das wiederum bedeutet, daß das ausländische Verwaltungsrecht nicht mehr nur als reines Faktum, sondern zumindest als Rechtserkenntnisquelle beachtet werden muß. Etwa zur Interpretation des in § 35 VwVfG bestimmten Begriffs der »Rechtswirkungen« eines Verwaltungsaktes kann und muß deshalb auch auf das romanische und vor allem das französische Verwaltungsrecht zurückgegriffen werden.

§ 2 Probleme des Europarechts

A. *Methoden der Bildung europäischen Verwaltungsrechts*[219]

Der Europäische Gerichtshof stand ursprünglich auf dem Standpunkt, daß auf den Vollzug des Europäischen Gemeinschaftsrechts durch die nationalen Gerichte und Behörden das nationale Verfahrensrecht anzuwenden sei. Wohl wegen der Unterschiede der nationalen Rechtsordnungen, aber auch weil das nationale Verwaltungsrecht ihm häufig ineffektiv erschien, ist der Gerichtshof in neueren Entscheidungen dazu übergegangen, für diesen Vollzug Regeln des Europäischen Gemeinschaftsrechts zu entwickeln. Um festzustellen, welche Regel des nationalen Rechts durch Europäisches Gemeinschaftsrechts ersetzt werden sollen, aber auch um den Inhalt dieses Europäischen Gemeinschaftsrechts vorauszusehen, erscheint es wichtig, die Methoden festzustellen, auf welche der Europäische Gerichtshof bei der Feststellung des Europäischen Verwaltungsrechts zurückgreift.

I. *Einführung*

Jürgen Schwarze hat vor einiger Zeit zwei umfangreiche Bände des »Europäischen Verwaltungsrechts« veröffentlicht, die im wesentlichen »verfassungsrechtliche« Fragen, wie etwa den Gleichheitssatz und das Vertrauensschutzprinzip im Europäischen Gemeinschaftsrecht, behandeln.[220] Die neue Entwicklung des Europarechts[221] fordert über die bisherige Rechtsprechung des

219 Zuerst veröffentlich in DÖV 1993, 837 ff. Abdruck erfolgt mit freundlicher Genehmigung des Verlages W. Kohlhammer.

220 *Schwarze*, Europäisches Verwaltungsrecht, Bd. 1 und 2, 1988; vgl. auch *Schweitzer* (Hrsg.), Europäisches Verwaltungsrecht, 1991.

221 Vgl. dazu auch *Everling*, Elemente eines europäischen Verwaltungsrechts, DVBl. 1983, S. 649; *Rengeling*, Fragen zum allgemeinen Verwaltungsrecht in der Europäischen Gemeinschaft, in: Achterberg/Krawietz/Wyduckel, (Hrsg.), Recht und Staat im sozialen Wandel, Festschrift für H. U. Scupin, 1983, S. 475 ff.; *Papier*, Die Einwirkungen des europäischen Gemeinschaftsrechts auf das nationale Verwaltungs- und Verfahrensrecht, in: Kloepfer/Merten/Skouris (Hrsg.), Die Bedeutung der Europäischen Gemeinschaften für das deutsche Recht und die deutsche Gerichtsbarkeit, 1989, S. 59 ff.; *Streinz*, Der Einfluß des deutschen Verwaltungsrechts auf das Verwaltungsrecht der Mitgliedstaaten, in: Schweitzer (Hrsg.), Europäisches Verwaltungsrecht, 1991, S. 241 ff.; *Klein*, Vereinheitlichung des Verwaltungsrechts im europäischen Integrationsprozeß, in: Starck (Hrsg.), Rechtsvereinheitlichung durch Gesetze, 1992, S. 117; *Kadelbach*, Der Einfluß des Europäischen Gemeinschaftsrechts auf das allgemeine Verwaltungsrecht, in: v. Danwitz u.a. (Hrsg.), Auf dem Weg zu

Europäischen Gerichtshofs hinaus auch, Prinzipien des europäischen allgemeinen Verwaltungsrechts, also europäische Rechtssätze, zu entwickeln, die den Normen gleichen, die im Verwaltungsverfahrensgesetz des Bundes und der Länder enthalten sind.[222] Denn auf der einen Seite gewährt die EG zunehmend durch eigene Rechtsakte insbesondere einen Teil der europäischen Beihilfen. Insoweit wird die Entwicklung europäischer Regeln des allgemeinen Verwaltungsrechts, insbesondere von Normen erforderlich, welche um den Verwaltungsakt und den Verwaltungsvertrag[223] kreisen. Auf der anderen Seite hält der Europäische Gerichtshof zwar grundsätzlich daran fest, daß auf den Vollzug des Europäischen Gemeinschaftsrechts durch die nationalen Behörden und Gerichte die Regeln des betreffenden nationalen Verwaltungsverfahrensgesetzes anzuwenden sind.[224] Der Europäische Gerichtshof hat dabei aber stets unterstrichen, daß die Anwendung des nationalen Verwaltungsrechts den Vollzug des Europäischen Gemeinschaftsrechts nicht praktisch unmöglich machen dürfe.[225] Im Interesse der Einheit und der Effektivität des Gemeinschaftsrechts ist der Europäische Gerichtshof in neuerer Zeit dazu übergegangen, für den Vollzug des Gemeinschaftsrechts durch die nationalen Behörden eigene europäische Rechtssätze zu entwickeln.[226] So werden die in § 48 VwVfG enthaltenen Regeln der Rücknahme von Verwaltungsakten weitgehend durch europäische Normen überlagert, welche den Vertrauensschutz überaus stark beschränken.[227] Auf der einen Seite ist der Mitgliedstaat, der gegen das Beihilfeverbot nach Art. 92 EG-Vertrag verstoßen hat, nach einer entsprechenden Aufforderung der Kommission ohne Rücksicht auf § 48 VwVfG verpflichtet, die Beihilfe zunächst einmal zurückzufordern.[228] Erst in dem folgenden Verwaltungsgerichtsverfahren findet § 48 VwVfG Anwendung. Der Vertrauensschutz ist aber auch hier deutlich dadurch eingeschränkt, daß der

einer Europäischen Staatlichkeit, 33. Assistententagung Öffentliches Recht 1993, 1994, S. 131 ff.; *Schmidt-Assmann*, Zur Europäisierung des allgemeinen Verwaltungsrechts, in: Badura/Scholz (Hrsg.), Wege und Verfahren des Verfassungslebens, Festschrift für P. Lerche, 1993, S. 513 ff.

222 Vgl. dazu *Stelkens/Bonk/Sachs* (Hrsg.), Verwaltungsverfahrensgesetz, Kommentar, 4. Aufl. 1993; *Ule*, Verwaltungsverfahrensgesetze des Auslandes, 1967; sowie *Wiener*, Vers une codification de la procédure administrative (Textauswahl), 1975.

223 Vgl. *Bleckmann*, Die öffentlich-rechtlichen Verträge der EWG, NJW 1978, S. 464 ff.

224 Vgl. dazu *Aubin*, Die Haftung der Europäischen Gemeinschaft und ihrer Mitgliedstaaten bei gemeinschaftsrechtswidrigen nationalen Verwaltungsakten, 1982, S. 44 ff.

225 Vgl. Anm. 4.

226 EuGH, 2.2.1989 – Kommission der Europäischen Gemeinschaften/Bundesrepublik Deutschland, 94/87- Slg. 1989, 175; EuGH, 20.9.1990 – Kommission der Europäischen Gemeinschaften/Bundesrepublik Deutschland, 5/89 – Slg. 1990 I, 3437; *Magiera*, Rückforderung gemeinschaftswidriger staatlicher Beihilfen, in: Baur/Müller-Graff/Zuleeg (Hrsg.), Europarecht – Energierecht – Wirtschaftsrecht, Festschrift für B. Börner, 1992, S. 213 ff.

227 Vgl. *Triantafyllou*, Zur »Europäisierung« des Vertrauensschutzes (insbesondere § 48 VwVfG) – am Beispiel der Rückforderung staatlicher Beihilfen, NVwZ 1992, 436.

228 Vgl. *Schmidt-Räntsch*, Zur Behandlung EG-widriger Beihilfen, EuZW 1990, 376; *Fischer*, Zur Rückforderung von unter Verstoß gegen Art. 92, 93 EWGV gewährten nationalen Beihilfen, DVBl. 1990, 1089 ff.

Beihilfeempfänger entgegen dem Wortlaut des § 48 VwVfG (grobe Fahrlässigkeit)[229] verpflichtet ist, sich bei der Kommission nach dem Stand des Genehmigungsverfahrens (Art. 93 EG-Vertrag) zu erkundigen. Außerdem hat der Europäische Gerichtshof entschieden, daß im Rahmen der nach § 48 VwVfG erforderlich werdenden Abwägung den europäischen Interessen an der Vermeidung einer Wettbewerbsverzerrung weithin der Vorrang eingeräumt werden muß. Diese Entwicklung der Rechtsprechung zeigt sehr deutlich, daß der Europäische Gerichtshof grundsätzlich den öffentlichen Interessen der EG das Übergewicht über den Privatinteressen einräumt.[230]
Die Ziele der Rechtsprechung des Europäischen Gerichtshofs haben sich also im Laufe der Zeit gewandelt. Während der Europäische Gerichtshof ursprünglich auf das nationale Verwaltungsverfahrensrecht verwiesen und nur gefordert hat, daß das nationale Verwaltungsrecht den Vollzug des Europäischen Gemeinschaftsrechts nicht praktisch unmöglich machen dürfe, werden in der neueren Rechtsprechung Regeln des europäischen Verwaltungsrechts selbst entwickelt, um auf der einen Seite die Einheit des Europäischen Gemeinschaftsrechts zu wahren und auf der anderen Seite die europäischen öffentlichen Interessen maximal durchzusetzen.

II. *Die Prinzipien der Bildung Europäischen Verwaltungsrechts*

Für die somit notwendig gewordene Entwicklung des europäischen allgemeinen Verwaltungsrechts bieten sich zunächst die Grundsätze der wertenden Rechtsvergleichung an.[231] In der Tat hat der Europäische Gerichtshof zahlreiche allgemeine Rechtsgrundsätze des Europarechts aus der gemeinsamen Rechtstradition der Mitgliedstaaten entwickelt.[232] Solche allgemeinen Rechtsgrundsätze greifen insbesondere für die Rücknahme europäischer Verwaltungsakte ein.[233] Darüber hinaus hat der Europäische Gerichtshof den Begriff der Entscheidung, der sich weitgehend mit dem deutschen Begriff des Verwaltungsaktes deckt, in deutlicher Analogie zu den Regeln des nationalen

229 Der Begriff der »groben Fahrlässigkeit« in § 48 VwVfG wurde in den Kommentaren bisher dahin interpretiert, daß Informationen nur eingeholt werden müssen, wenn sich die Rechtswidrigkeit geradezu aufdrängt, vgl. *Sachs*, in: Stelkens/Bonk/Sachs (Hrsg.), Verwaltungsverfahrensgesetz, Kommentar, 4. Aufl. 1993, § 48, Rn. 113.

230 Vgl. dazu unten Anm. 251.

231 Vgl. dazu *Bleckmann*, Die wertende Rechtsvergleichung bei der Entwicklung europäischer Grundrechte, in: Baur/Müller-Graff/Zuleeg (Hrsg.), Europarecht – Energierecht – Wirtschaftsrecht, Festschrift für B. Börner, 1992, S. 29 ff.; *Daig*, Zur Rechtsvergleichung und Methodenlehre im Europäischen Verwaltungsrecht, in: Bernstein/Drobnig/Kötz, Festschrift für Zweigert, 1981, S. 395 ff.

232 Vgl. dazu *Bleckmann*, Europarecht, 6. Aufl. 1997, Rn. 572 ff.

233 EuGH, 22.3.1961 – SNUPAT/Hohe Behörde, 42 u. 49/59 – Slg. 1961, 109 (113); *Bleckmann*, Europarecht, 6. Aufl. 1997, Rn. 582 m.w. Urteilen.

Verwaltungsrechts der Mitgliedstaaten entwickelt.[234] Ferner betrifft Art. 215 als einzige Bestimmung des EG-Vertrages zum allgemeinen Verwaltungsrecht die öffentlich-rechtliche Haftung der Organe der EG und stellt dabei deutlich auf die (wertende) Rechtsvergleichung ab.[235] Der Europäische Gerichtshof ist damit bereit, allgemeine Rechtsgrundsätze des allgemeinen Verwaltungsrechts in breitem Umfang aus den Rechtsordnungen der Mitgliedstaaten zu übernehmen. Bei der Entwicklung solcher allgemeiner Rechtsgrundsätze hat der Europäische Gerichtshof aber – so wird diese Rechtsprechung durch die Lehre weithin gedeutet – im wesentlichen die nationalen Rechtssätze des Staates übernommen, dessen Rechtsordnung »am fortschrittlichsten« ist, insbesondere die Grundrechte der Individuen optimal sichert.[236] Bei einer näheren Analyse wird man insoweit auf zwei Ansätze zurückgreifen müssen:

1. *Europäisches Gemeinschaftsrecht*

Der Europäische Gerichtshof hat insbesondere in seinen Urteilen über die europäischen Grundrechte stets hervorgehoben, daß die aus dem Vergleich der nationalen Rechtssätze entwickelten Grundsätze in die »Ziele und Strukturen« des Europäischen Gemeinschaftsrechts eingepaßt werden müssen.[237] Das verlangt vor allem auch, daß die nationalen Rechtssätze der Staaten in das Europäische Gemeinschaftsrecht übernommen werden müssen, die den Strukturen und Zielen des Europäischen Gemeinschaftsrechts am besten entsprechen.[238] Für das allgemeine Verwaltungsrecht bietet das Europäische Gemeinschaftsrecht insoweit zwei Ansätze an:

Zunächst einmal ist das Europäische Gemeinschaftsrecht völlig zweckrational so aufgebaut, daß die in der Präambel und in Art. 2 des EG-Vertrages aufgeführten europäischen Allgemeininteressen durch die einzelnen Rechtssätze des Gemeinschaftsrechts tatsächlich auch erreicht werden.[239] Das Europäische Gemeinschaftsrecht ist trotz der gegenteiligen Behauptung der aus dem Privatrecht kommenden Europarechtler deshalb öffentliches Recht in einem sehr pronunzierten Sinne. Das aber bedeutet, daß die Initiative zu einer

234 Vgl. *Bleckmann*, Europarecht, 6. Aufl. 1997, Rn. 457 – 464.

235 Vgl. *Gilsdorf/Oliver*, in: Groeben/Thiesing/Ehlermann (Hrsg.), Kommentar zum EWG-Vertrag, Band 4, 4. Aufl. 1991, Art. 215, Rn. 12.

236 Vgl. neben *Bleckmann*, a.a.O., (oben Anm. 231), jetzt auch *Streinz*, Bundesverfassungsgerichtlicher Grundrechtsschutz und Europäisches Gemeinschaftsrecht, 1989, S. 365 ff., 378 ff.

237 Vgl. dazu *Bleckmann*, Europarecht, 6. Aufl. 1997, Rn. 609.

238 *Bleckmann*, Die wertende Rechtsvergleichung bei der Entwicklung europäischer Grundrechte, in: Baur/Müller-Graff/Zuleeg (Hrsg.), Europarecht – Energierecht – Wirtschaftsrecht, Festschrift für B. Börner, 1992, S. 29 ff.

239 *Bleckmann*, Teleologie und dynamische Auslegung des Europäischen Gemeinschaftsrechts, Europarecht 1979, S. 239 ff.

Rechtskontrolle in der Hand der Behörden und nicht nur in der Hand der betreffenden Individuen liegen muß. Völlig konsequent hat die Satzung (vgl. Art. 21, 22) und die Verfahrensordnung (vgl. Art. 47, 49) des Europäischen Gerichtshofs die Dispositionsmaxime durch den Amtsermittlungsgrundsatz überlagert. So kann der Europäische Gerichtshof z. B. Beweisaufnahmen auch ohne Antrag der einen oder anderen Partei anordnen. Wenn das Amtsermittlungsprinzip aber schon für die Gerichte gilt, muß es verstärkt bei den Behörden zum Zuge kommen.

Dem Grundsatz der Effektivität des Europäischen Gemeinschaftsrechts entsprechend bemüht sich Art. 215 EG-Vertrag um eine effektive Sanktion einer Verletzung des Europäischen Gemeinschaftsrechts durch die europäischen Organe. Der Europäische Gerichtshof hat dabei diese Bestimmung im Sinne einer verschuldensunabhängigen Haftung ausgestaltet.[240] Insbesondere das deutsche Staatshaftungsrecht entspricht diesem Standard bisher nicht. Denn grundsätzlich geht der Bundesgerichtshof davon aus, daß der Beamte sich in einem unverschuldeten Rechtsirrtum befand, wenn er komplizierte Normen falsch auslegt.[241] Angesichts der wachsenden Komplexität des Europäischen Gemeinschaftsrechts führt dieser Grundsatz dazu, daß eine Haftung der deutschen Behörden beim Vollzug des Gemeinschaftsrechts fast immer entfällt. Im Interesse einer effektiven Sanktion des Gemeinschaftsrechts ist heute wohl in Analogie zu Art. 215 EG-Vertrag davon auszugehen, daß die durch das europäische Recht überlagerte Haftung nach § 839 BGB i. V. m. Art. 34 GG auf ein Verschulden der handelnden Beamten zumindest insoweit verzichtet, als es sich um den Vollzug des Gemeinschaftsrechts handelt.

Man wird sogar einen Schritt weitergehen und mit dem vom Bundesverfassungsgericht für nichtig anerkannten Staatshaftungsgesetz der sozialliberalen Koalition vom 26.7.1981[242] annehmen müssen, daß bei jedem Eingriff in ein europäisches oder deutsches Grundrecht das Verschulden als Voraussetzung der Staatshaftung entfällt. Für die Freiheiten des Gemeinsamen Marktes, die Grundrechte im Sinne der deutschen Terminologie enthalten, folgt dies aus der oben gezogenen Parallele zu Art. 215 EG-Vertrag. Für die Grundrechte der EMRK ist insoweit zu berücksichtigen, daß nach Art. 50 dieses Abkommens der Europäische Menschenrechtsgerichtshof bei einer auch unverschuldeten Verletzung der europäischen Grundrechte den betreffenden Mitgliedstaat zu einem Ersatz des Schadens verurteilen kann.[243]

Der Europäische Gerichtshof hat in seinem Urteil Francovich vom 19.11. 1991[244] die obigen Regeln in einer etwas anderen Form bestätigt: Nach dieser

240 Vgl. *Bleckmann*, Europarecht, 6. Aufl. 1997, Rn. 1020 ff.
241 BGHZ 30, 19 (22); vgl. *Ossenbühl*, Staatshaftungsrecht, 4. Aufl. 1991, S. 60 f.
242 BGBl. 1981 I, S. 553.
243 Vgl. dazu *Frowein/Peukert*, EMRK, Kommentar, 1985 Art. 50, Rn. 5 ff.
244 EuGH, 19.11.1991 – Andrea Frankovich, Danila Bonifaci u.a./Italienische Republik, 6 u. 9/90 – Slg. 1991 I, 5357.

Rechtsprechung begründet das europäische Effektivitätsprinzip i.V.m. dem Grundsatz der Gemeinschaftstreue (Art. 5 EG-Vertrag)[245] bei einer Verletzung des Gemeinschaftsrechts eine verschuldensunabhängige Haftung der Mitgliedstaaten auf der Grundlage des Gemeinschaftsrechts selbst.[246]

Wie die Rechtsprechung des Europäischen Gerichtshofs deutlich zeigt, können europäische Regeln des allgemeinen Verwaltungsrechts für den Vollzug des Europäischen Gemeinschaftsrechts durch die EG und vor allem durch die Mitgliedstaaten auch aus dem Effektivitätsprinzip abgeleitet werden. Dieser Grundsatz, der mit dem Prinzip der Einheit des Europäischen Gemeinschaftsrechts in enger Verbindung steht, wurde vom Europäischen Gerichtshof zum ersten Male im Jahre 1964 herangezogen, um den Vorrang des Europäischen Gemeinschaftsrechts vor dem nationalen Recht zu begründen.[247] In neuerer Zeit hat der Europäische Gerichtshof dieses Prinzip bemüht, um bei einer Verletzung des Europäischen Gemeinschaftsrechts effektive Sanktionen festzulegen. Das war vor allem notwendig, um sicherzustellen, daß der Staat und die Privatpersonen bei der Auslegung und der Anwendung des Europäischen Gemeinschaftsrechts die notwendige Sorgfalt walten lassen. So hat der Europäische Gerichtshof in seinem Urteil vom 10.4.1984 entschieden, daß § 611 a BGB bei einer Verletzung des Grundsatzes der Gleichbehandlung von Mann und Frau eine hinreichende Sanktion nicht enthalte.[248] Auf der anderen Seite hat der Europäische Gerichtshof in einem Urteil festgestellt, daß bestimmte Rechtsgüter der EG durch die Mitgliedstaaten strafrechtlich geschützt werden müssen[249], und hat in zwei Urteilen[250] im Interesse der Durchsetzung der

245 Vgl. *Bleckmann*, in: Groeben/Boeckh/Thiesing/Ehlermann (Hrsg.), Kommentar zum EWG-Vertrag, Band 1, 3. Aufl. 1983, Art. 5, Rn. 1 ff.

246 EuGH, 19.11.1991 – Andrea Francovich, Danila Bonifaci u.a./Italienische Republik, 6 u. 9/90 – Slg. 1991 I, 5357; vgl. *Buschhaus*, Das »Francovich-Urteil« des EuGH – gemeinschaftsrechtlich begründete Haftungsansprüche der EG-Bürger gegenüber den Mitgliedstaaten bei Nichtumsetzung einer Richtlinie, JA 1992, 142; *Fischer*, Staatshaftung nach Gemeinschaftsrecht, EuZW 1992, 41; *Geiger*, Die Entwicklung eines europäischen Staatshaftungsrechts – Das Francovich-Urteil des EuGH und seine Folgen, DVBl. 1993, 465; *Häde*, Staatshaftung für legislatives Unterlassen, BayVBl. 1992, 449; *Karl*, Die Schadensersatzpflicht der Mitgliedstaaten bei Verletzungen des Gemeinschaftsrechts, RIW 1992, 440; *Hailbronner*, Staatshaftung bei säumiger Umsetzung von EG-Richtlinien, JZ 1992, 284 (289); *Nettesheim*, Gemeinschaftsrechtliche Vorgaben für das deutsche Staatshaftungsrecht, DÖV 1992, 999; *Ossenbühl*, Der gemeinschaftsrechtliche Staatshaftungsanspruch, DVBl. 1992, 993; *Pieper*, Mitgliedstaatliche Haftung für die Nichtbeachtung von Gemeinschaftsrecht, NJW 1992, 2454; *Prieß*, Die Haftung der EG-Mitgliedstaaten bei Verstößen gegen das Gemeinschaftsrecht, NVwZ 1993, 118; *Schlemmer-Schulte/Ukrow*, Haftung des Staates gegenüber dem Marktbürger für gemeinschaftsrechtswidriges Verhalten, EuR 1992, 82; *Triantafyllou*, Haftung der Mitgliedstaaten für Nichtumsetzung von EG-Recht, DÖV 1992, 564.

247 EuGH, 15.7.1964 – Costa/ENEL, 6/64 – Slg. 1964, 1251.

248 EuGH, 10.4.1984 – von Colson und Kamman/Land Nordrhein-Westfalen, 14/83 – Slg. 1984, 1891; vgl. auch EuGH, 10.4.1984 – Harz/Deutsche Tradax, 79/83 – Slg. 1984, 1921.

249 EuGH, 21.9.1989, 66/88 – Slg. 1989, 2979; vgl. hierzu m.w.N. *Bleckmann*, Strafrecht und Europäisches Gemeinschaftsrecht, in: Küper/Welp (Hrsg.), FS für Stree und Wessels, 1993, 107, 108 ff.

250 EuGH, 2.2.1989 – Kommission der Europäischen Gemeinschaften/Bundesrepublik Deutschland, 94/87 – Slg. 1989, 175; EuGH, 20.9.1990 – Kommission der Europäischen Gemeinschaften/Bundesrepublik Deutschland, 5/89 – Slg. 1990 I, 3437.

Wettbewerbsgleichheit den Vertrauensschutz des § 48 VwVfG zu Gunsten der öffentlichen Interessen der EG zurückgedrängt. Schließlich ist darauf hinzuweisen, daß der Europäische Gerichtshof in seinem Urteil vom 15.5.1986 aus dem Effektivitätsprinzip, d. h. zum Schutz der öffentlichen Interessen der EG, den Grundsatz abgeleitet hat, daß die nationalen Rechtsordnungen einen wirksamen Rechtsschutz gegen Verwaltungsakte vorsehen müssen, welche das Europäische Gemeinschaftsrecht durchsetzen.[251] Und in einem zweiten Urteil vom 15.10. 1987 hat der Europäische Gerichtshof festgestellt, das Effektivitätsprinzip verlange, daß Verwaltungsakte der Mitgliedstaaten, welche das Europäische Gemeinschaftsrecht durchsetzen, hinreichend begründet werden müssen, um so die für die Durchsetzung der öffentlichen Interessen der EG erforderliche Gerichtskontrolle zu gestatten.[252]

Letztlich lassen sich also aus dem Effektivitätsprinzip alle Regeln des nationalen Verwaltungsverfahrensrechts und des Verwaltungsgerichtsverfahrens ableiten. Denn alle diese Regeln dienen der effektiven Durchsetzung einerseits der öffentlichen, andererseits der privaten Interessen. Sie haben insbesondere zum Ziel, die Richtigkeit der Auslegung und Anwendung des Europäischen Gemeinschaftsrechts schon auf der Ebene der Verwaltung sicherzustellen.

Angesichts der Tatsache, daß schon das europäische Rechtsstaatsprinzip und das europäische Effektivitätsprinzip die Ableitung von Regeln des europäischen Verwaltungsrechts in weitem Umfang gestatten, fragt sich, welche Rolle die Rechtsvergleichung in diesem Rahmen zu spielen hat. Das Effektivitätsprinzip und das Rechtsstaatsprinzip, so muß voraus geschickt werden, rechtfertigen auch bei der Entwicklung des Verwaltungsrechts den Grundsatz der wertenden Rechtsvergleichung und legen die Kriterien für die Auswahl unter den Rechtsordnungen fest: Es ist diejenige Rechtsordnung heranzuziehen, welche die öffentlichen Interessen der EG einerseits, die europäischen Grundrechte der Privatpersonen andererseits maximal schützt. Die Rechtsvergleichung hat in diesem Rahmen vor allem eine horizontale Funktion. Sie deckt auf, welche Grundsätze in welcher Form entwickelt werden können und müssen, um die europäischen Interessen voll durchzusetzen. Auf der anderen Seite zeigt die Rechtsvergleichung auf, welche anderen öffentlichen Interessen unter Umständen dem vollen Einsatz der aus dem Effektivitäts- und dem Rechtsstaatsprinzip entwickelten Regeln entgegenstehen. Das gilt vor allem für Massenverwaltungsakte. Und drittens kann die Rechtsvergleichung aufdecken, in welchen Fällen die Verletzung der Vorschriften des europäischen Verwaltungsverfahrensrechts zur Rechtswidrigkeit oder sogar zur Nichtigkeit

251 EuGH, 15.5.1986 – Johnston/Chief Constable of the Royal Ulster Constabulary, 222/84 – Slg. 1986, 1651.

252 EuGH, 15.10.1987 – Union nationale des entraîneurs et cadres techniques professionnels du football/Georges Heylens u.a., 222/86 – Slg. 1987, 4097; vgl. dazu auch *Bleckmann*, Europarecht, 6. Aufl. 1997, Rn. 492 ff. und die dort angegebene, umfangreiche Rechtsprechung.

des Verwaltungsaktes führen muß, und in welchen Fällen und in welchem Umfang eine Heilung solcher Formfehler als möglich erscheint. Schließlich ist zu überlegen, ob die Rechtsvergleichung nicht auch die Funktion hat, die Rechtsschöpfungsbefugnis des Europäischen Gerichtshofs im Rahmen des Effektivitäts- und des Rechtsstaatsprinzips zu beschränken. In der Tat könnte man die Auffassung vertreten, daß der Europäische Gerichtshof diese beiden Prinzipien nicht heranziehen darf, um völlig neue, den Mitgliedstaaten unbekannte Regeln zu entwickeln.
Während das Effektivitätsprinzip stärker auf die Durchsetzung der europäischen Allgemeininteressen gerichtet ist, setzt sich das Rechtsstaatsprinzip die Maximierung der durch die europäischen Grundrechte geschützten Privatinteressen zum Ziel. Den Grundsätzen der wertenden Rechtsvergleichung entsprechend sind sowohl die privaten als auch die öffentlichen Interessen zu maximieren. Ein Ausgleich ist durch eine Abwägung zu finden. Dabei ist hervorzuheben, daß die Überlagerung des deutschen durch das europäische Verwaltungsrecht gleichzeitig auch eine stärkere Ausrichtung an der Durchsetzung der öffentlichen Interessen zur Folge hat, als dies im deutschen Verwaltungsrecht bisher der Fall ist. Denn die deutsche Verwaltungslehre im Gegensatz etwa zur Lehre und Rechtsprechung in Frankreich setzt sich im Verwaltungsrecht primär den Schutz der Privatinteressen zum Ziel. Die öffentlichen Interessen werden dabei nur insofern berücksichtigt, als ihre Durchsetzung die Privatinteressen partiell zurückdrängen muß. Die europäische Rechtsprechung setzt dagegen, das zeigt vor allem das Urteil im BUG-Fall[253] sehr deutlich, sehr viel stärker auf das Effektivitätsprinzip und damit auf die Durchsetzung der europäischen Allgemeininteressen.

2. *Grundsatz der wertenden Rechtsvergleichung*

Der Grundsatz der wertenden Rechtsvergleichung führt darüber hinaus dazu, daß als allgemeine Rechtsgrundsätze des Europäischen Gemeinschaftsrechts die nationalen Regeln der Mitgliedstaaten übernommen werden, die den Schutz der Interessen der Bürger maximieren.[254] Diese Ausrichtung des Europäischen Gemeinschaftsrechts dürfte auch für das Verwaltungsrecht greifen. Das bedeutet aber, daß etwa hinsichtlich des Anhörungs- und Beteiligungsrechts der Bürger die Prinzipien des Staates in das Europäische Gemeinschaftsrecht übernommen werden müssen, die diese Behördenpflicht am weitesten ausdehnen. Diesem die Individualinteressen begünstigenden Ansatz steht aber die Tatsache entgegen, daß das Europäische Gemeinschaftsrecht wesentlich stärker als das nationale Recht der Mitgliedstaaten gerade auf eine

253 Vgl. oben Anm. 250.
254 Vgl. oben Anm. 236.

Dieckmann, NwZ 04, 11

effektive Durchsetzung der europäischen Allgemeininteressen und auf die Aufrechterhaltung der Einheit der europäischen Rechtsordnung drängt, die eine Durchbrechung der generellen Norm zugunsten einzelner Individuen nicht duldet. Nur soweit das europäische Allgemeininteresse, wie etwa bei den Freiheiten des Gemeinsamen Marktes, gerade auf die effektive Durchsetzung der Individualinteressen gerichtet ist, kann im Sinne der wertenden Rechtsvergleichung die den Individualrechten günstigste nationale Lösung herangezogen werden. Steht das europäische Interesse etwa an der Vermeidung von Wettbewerbsverzerrungen dagegen in einem starken Gegensatz zu den Individualinteressen (hier: Vertrauensschutz), überwiegt nach der Rechtsprechung des Europäischen Gerichtshofs eindeutig das europäische Allgemeininteresse[255]. Allgemein gesehen wird man deshalb die vom EG-Vertrag angestrebten Allgemeininteressen mit den Individualinteressen im Lichte des Europäischen Gemeinschaftsrechts neu abwägen müssen, um zu Regeln des europäischen Verwaltungsrechts vorzustoßen. Anhaltspunkte des Verwaltungsverfahrensrechts, insbesondere des Grundsatzes der Anhörung, können sich auch aus dem europäischen Verwaltungsverfahrensrecht ergeben. So können die Regeln des Kartellrechts[256] ohne weiteres verallgemeinert werden. Auch die im EG-Vertrag enthaltenen Regeln des Verwaltungsrechts etwa über die Notwendigkeit, Rechtsakte zu begründen (Art. 190),[257] können über ihre Bindung nur hinsichtlich der EG-Organe hinaus erweitert und auf den Vollzug des Europäischen Gemeinschaftsrechts durch die nationalen Organe erstreckt werden. Insbesondere auch die in der Satzung und in der Verfahrensordnung des Europäischen Gerichtshofs enthaltenen Regeln können auf das Verwaltungsverfahren übertragen werden,[258] soweit die weiter unten dargelegten Erfordernisse der Beschleunigung des Verwaltungsverfahrens die für Gerichte geltenden Regeln nicht ausschließen.

III. *Das Rechtsstaatsprinzip*

In der deutschen Literatur wird zu Recht hervorgehoben, daß die weitaus meisten Regeln des allgemeinen Verwaltungsrechts nur eine Konkretisierung des verfassungsrechtlich verankerten Rechtsstaatsprinzips darstellen.[259] Darüber hinaus hat das Bundesverfassungsgericht aus den Grundrechten des Grundge-

255 Vgl. oben Anm. 250 und 252.

256 Vgl. EuGH, 15.7.1970 – Buchler/Kommission, 44/69 – Slg. 1970, 733; EuGH, 14.7.1972 – ICI/Kommission, 48/69 – Slg. 1972, 619; EuGH, 21.2.1973 – Europaemballage und Continental Can/Kommission, 6/72 – Slg. 1973, 215; siehe auch *Bleckmann*, Europarecht, 6. Aufl. 1997, Rn. 1317 ff.

257 Vgl. *Bleckmann*, Europarecht, 6. Aufl. 1997, Rn. 492 ff.

258 Vgl. oben II. 1. a).

259 Vgl. *Ehlers*, in: Erichsen (Hrsg.), Allgemeines Verwaltungsrecht, 10. Aufl. 1995, § 3 I 5.

setzes zahlreiche Verfahrensprinzipien entwickelt.[260] Subsidiär muß in diesem Rahmen auch auf die Art. 6 und 14 der Europäischen Menschenrechtskonvention zurückgegriffen werden.[261]

Nun hat der Europäische Gerichtshof mehrfach schon festgestellt, daß gerade auch das Rechtsstaatsprinzip[262] und die Grundrechte[263] Bestandteil der europäischen Rechtsordnung sind. Die europäische Rechtsprechung hat dabei insbesondere aus dem Rechtsstaatsprinzip, wie *Schwarze*[264] eingehend nachgewiesen hat, zahlreiche Unterprinzipien entwickelt, die, wie etwa der Vertrauensschutzgrundsatz, Prinzipien darstellen, die auch das Bundesverfassungsgericht aus dem Rechtsstaatsprinzip abgeleitet hat.[265] Obwohl das Rechtsstaatsprinzip in den Mitgliedstaaten der EG meist nicht so stark entwickelt ist wie in der Bundesrepublik Deutschland,[266] wird man den Grundsätzen der wertenden Rechtsvergleichung entsprechend die deutschen Prinzipien zur Konkretisierung des europäischen Rechtsstaatsprinzips insbesondere auch deshalb übernehmen dürfen, weil der Europäische Gerichtshof in seiner Rechtsprechung diesen Grundsätzen heute schon weitgehend folgt.[267] Nur hingewiesen werden soll in diesem Rahmen auf die Tatsache, daß allen Mitgliedstaaten der EG die aus dem Rechtsstaatsprinzip nach der deutschen Auffassung fließenden Unterprinzipien durchaus bekannt sind, so daß das in der Verfassung dieser Staaten nicht ausdrücklich verankerte Rechtsstaatsprinzip im Wege der Rechtsanalogie aus einer Zusammenschau all dieser Unterprinzipien geschlossen werden kann. Auf der anderen Seite verankert aber auch die alle Mitgliedstaaten der EG bindende Europäische Menschenrechtskonvention in ihrer Präambel das Rechtsstaatsprinzip und hat der Europäische Menschenrechtsgerichtshof einen Teil der nach deutscher Tradition mit dem Rechtsstaatsprinzip verbundenen Grundsätze, wie etwa den Gesetzesvorbehalt, die Wesensgehaltsgarantie der Grundrechte und das Verhältnismäßigkeitsprinzip, aus dem Wortlaut der Konvention und aus dem europäischen Rechtsstaatsprinzip erschlossen.[268]

260 Vgl. BVerfGE 52, 131 (143), 203 (206); *Bleckmann*, Staatsrecht II, 4. Aufl. 1997, S. 606 f. m.w.N.

261 Vgl. dazu die Beiträge in: Ress (Hrsg.), Entwicklungstendenzen im Verwaltungsverfahrensrecht und in der Verwaltungsgerichtsbarkeit, 1990.

262 EuGH, 13.2.1979 – Granaria/Hoofproduktschap voor Akkerbowprodukten, 101/78 – Slg. 1979, 623 (637); *Bleckmann*, Europarecht, 6. Aufl. 1997, Rn. 598.

263 *Streinz*, a.a.O. (oben Anm. 236).

264 Vgl. oben Anm. 220.

265 BVerfGE 38, 139 (148 f.); 49, 168 (184 f.); vgl. *Kunig*, Das Rechtsstaatsprinzip, 1986, S. 256.

266 Vgl. *Bleckmann*, Der Rechtsstaat in vergleichender Sicht, JIR 20 (1977), S. 406 ff.; auch oben, § 1 A.

267 Vgl. oben Anm. 250.

268 Vgl. dazu *Frowein/Peukert*, a.a.O.; (oben Anm. 243); *van Dijk*, Theory and Practice of the European Convention on Human Rights, 2. Aufl. 1990; *Cohent-Jonathan*, La Convention européenne des Droits de l'Homme, 1989.

Bei der Konkretisierung des Rechtsstaatsprinzips im Bereich des Verwaltungsrechts stehen wir dabei allerdings vor dem Problem, daß das Bundesverfassungsgericht bisher noch nicht eindeutig aufgezeigt hat, wie die oben erwähnten Unterprinzipien aus dem Rechtsstaatsprinzip abgeleitet werden können. Die Lehre ist deshalb teilweise der Auffassung, das Bundesverfassungsgericht ähnele insoweit einem Zauberkünstler, der aus seinem Hut Kaninchen hervorzaubert, die er vorher in den Hut eingebracht hat. Insbesondere *Ph. Kunig*[269] hat deshalb in seiner ansonsten brillianten Habilitationsschrift[270] in Verkennung der durch die Rechtsprechung des Bundesverfassungsgerichts der Lehre gestellten Aufgabe die vom Bundesverfassungsgericht aus dem Rechtsstaatsprinzip entwickelten Untergrundsätze aus anderen Verfassungsprinzipien abzuleiten versucht.

Diese Aufgabe kann aber gelöst werden, wenn man die ratio für die Entwicklung der speziellen Unterprinzipien des Rechtsstaatsprinzips sucht, das Rechtsstaatsprinzip also so entwickelt, daß die einzelnen Unterprinzipien aus ihm tatsächlich auch abgeleitet werden können. Die einzuschlagende Methode der wechselseitigen Auslegung kann also dahin konkretisiert werden, daß in einem ersten Schritt das Rechtsstaatsprinzip aus den Unterprinzipien so entwickelt wird, daß die Unterprinzipien aus ihm ohne Schwierigkeiten abgeleitet werden können. Dabei sind natürlich auch die wechselseitigen Beziehungen zwischen den Unterprinzipien aufzudecken. In einem zweiten Schritt ist dann das Rechtsstaatsprinzip als Oberprinzip »aus sich selbst heraus« zu entwickeln. Insbesondere ist in diesem Rahmen die ratio dieses Rechtsinstituts zu untersuchen, aus der sich die wesentlichen Hinweise für seinen Inhalt ergeben. In einem dritten Schritt schließlich sind die Folgerungen aus dem so entwickelten Oberprinzip für die Unterprinzipien zu ziehen.

Bei der Konkretisierung dieses Vorgehens ist zu beachten, daß nach der Auffassung des Bundesverfassungsgerichts und der deutschen Lehre, die wohl auch dem Europäischen Gemeinschaftsrecht zugrunde zu legen ist, das Rechtsstaatsprinzip letztlich nur der Durchsetzung der materiellen Gerechtigkeit dient.[271] Die Gerechtigkeit aber besteht in der sachlichen Abwägung der durch die Entscheidung betroffenen schutzwürdigen Interessen. Das Rechtsstaatsprinzip muß also auf der einen Seite diese schützwürdigen Interessen, auf der anderen Seite aber Kriterien oder Verfahren für eine sachlich-gerechte Abwägung dieser Interessen entwickeln. Der Interessenschutz findet sich dabei zumindest partiell in den in der Verfassung bzw. auf der Ebene des Europäischen Gemeinschaftsrechts durch die allgemeinen Rechtsgrundsätze ver-

269 *Kunig*, a.a.O., (oben Anm. 265), S. 256.
270 *Kunig*, a.a.O., (oben Anm. 265).
271 Vgl. BVerfGE 61, 319 (344); BVerwGE 42, 222 (227); 44, 333 (336); *Kloepfer*, Verfahrensdauer und Verfassungsrecht, JZ 1979, 209 (212); *Robbers*, Gerechtigkeit als Rechtsprinzip, 1980.

ankerten Grundrechten. Diese Freiheiten und sozialen Grundrechte werden dabei nicht als Abwehr- bzw. als Teilhaberechte, sondern nur als Werte verstanden, die mit den entgegenstehenden öffentlichen oder privaten Interessen abzuwägen sind. Im übrigen ist zu fragen, welche Interessen im Lichte der Verfassung schutzwürdig sind. Da es Kriterien einer sachlich-gerechten Abwägung nicht gibt, weil die materielle Gerechtigkeit nicht definiert werden kann, muß das Rechtsstaatsprinzip auf den Grundsatz »Gerechtigkeit durch Verfahren« abstellen. Dabei hat das Staatsrecht vor allem auf vier Prinzipien zurückgegriffen.

Wichtig ist in diesem Zusammenhang zunächst einmal das Demokratieprinzip.[272] Während im klassischen Griechenland dieses Prinzip der Durchsetzung des Gleichheitssatzes im politischen Bereich diente,[273] es im 19. Jh. das Selbstbestimmungsrecht der Individuen verkörpern sollte,[274] hat dieser Grundsatz heute im wesentlichen zum Ziel, die sachliche Abwägung zwischen allen durch die staatliche Entscheidung Betroffenen zu gewährleisten:[275] Wollen insbesondere die großen Volksparteien durch die Wahlen die politische Macht gewinnen oder aufrechterhalten, sind sie gezwungen, bei der staatlichen Entscheidung nach einer Lösung zu suchen, die den Interessen aller Volksschichten gerecht wird. Wenn auch nicht im jedem Einzelfall, gewährleistet dieser Zwang doch zumindest generell, daß alle Interessen im Lichte der subjektiven Werte der verschiedenen Schichten berücksichtigt werden.

Das zweite Modell der »Gerechtigkeit durch Verfahren« ist der Rückgriff auf die neutrale Unabhängigkeit eines Richters oder Verwaltungsbeamten. Die Neutralität dieser Richter und Beamten schafft in Verbindung mit einer Verfahrensordnung, welche die volle Sach- und Rechtsaufklärung gewährleistet, die Voraussetzung für eine sachliche und gerechte Interessenabwägung. In diesem Rahmen ist das Verfahren der Behörden und Gerichte so zu gestalten, daß der Sachverhalt, die wahre Interessenlage und der Inhalt der einschlägigen Rechtssätze umfassend aufgeklärt werden, ohne die im Interesse der Allgemeinheit und der Individuen liegende Verfahrensbeschleunigung zu beeinträchtigen. Ob man die betreffenden Rechtssätze dabei aus dem Rechtsstaatsprinzip oder mit der neueren Rechtsprechung des Bundesverfassungsgerichts[276] aus den einzelnen Grundrechten ableitet, bleibt letztlich gleichgültig. Denn natürlich verlangt auch eine effektive Ausübung der Grundrechte eine solche Sach- und Rechtsaufklärung.

272 Vgl. dazu *Böckenförde*, Demokratie als Verfassungsprinzip, in: Isensee/Kirchhof (Hrsg.), Handbuch des Staatsrechts der Bundesrepublik Deutschland, Band 1, 1987, S. 887 ff.

273 Vgl. etwa *Tarkiainen*, Die attische Demokratie, 1966.

274 Vgl. vor allem *Kant* in seiner » Grundlegung zur Metaphysik der Sitten«.

275 Vgl. insoweit die tiefschürfende Untersuchung in: *v. Arnim*, Gemeinwohl und Gruppeninteressen, 1977, S. 43 ff.

276 BVerfGE 52, 131 (143); *Bleckmann*, Staatsrecht II, 4. Aufl. 1997, S. 606 f. m.w.N.

In diesem Rahmen ist insbesondere zu beachten, daß das Gemeinschaftsrecht ein starkes Interesse an der richterlichen Kontrolle des Vollzugs des Europarechts durch die nationalen Behörden hat. Deshalb hat der Europäische Gerichtshof in zahlreichen Entscheidungen festgestellt, daß die Mitgliedstaaten auf den Vollzug des Europäischen Gemeinschaftsrechts zumindest die Regeln des Verwaltungsverfahrensrechts anwenden müssen, welche dem Gemeinschaftsrecht ähnliche Sachverhalte regeln.[277] Dabei ist insbesondere zu berücksichtigen, daß das Klagesystem des EG-Vertrages auf die französische Konzeption der Klagebefugnis zurückgreift. Damit gibt das Europarecht aber zu erkennen, daß es versucht, durch den Rückgriff auf eine nur faktische Verletzung rein faktischer Interessen der Individuen den Rechtsweg in breiterem Umfang zu eröffnen, als dies nach der deutschen Konzeption des subjektiven öffentlichen Rechts möglich ist. Daß der Europäische Gerichtshof selbst den Begriff der »unmittelbaren Betroffenheit« der Individuen wohl irrtümlich äußerst eng auslegt,[278] steht dabei auf einem anderen Blatt: Nur wenn die richterliche Kontrolle aufgrund der Initiative der Individuen in weitem Umfang eröffnet wird, kann, dem Ziel des Gemeinschaftsrechts entsprechend, gesichert werden, daß das Gemeinschaftsrecht richtig durchgesetzt wird.

Die dritte Methode richtet sich gegen die staatliche Willkür, d. h. aber gegen die Bevorzugung oder Benachteiligung einzelner oder von ganzen Gruppen aus unsachlichen, vor allem persönlichen Motiven. Zu diesem Zweck greift das Staatsrecht auf den Gleichheitssatz zurück, der, als Willkürverbot verstanden, unsachliche Abweichungen von einem früher herangezogenen Maßstab verbietet (Selbstbindung des Gesetzgebers und der Verwaltung).[279] Auch wenn der Gesetzgeber jeweils nur die Rechtslage einzelner Gruppen, und die Verwaltung sogar nur die Rechtsposition einzelner Individuen festlegt, hat diese Methode zum Zweck, den Gesetzgeber oder die Verwaltung zu zwingen, generelle Regeln für Individuen zu schaffen, die sich in derselben Interessenlage befinden.

Insbesondere das Verfassungs- und das Verwaltungsrecht aber greifen auch unmittelbar auf eine Interessenabwägung zurück. Eine solche Abwägung wird etwa im Rahmen des Verhältnismäßigkeitsprinzips bei einem Eingriff in die Grundrechte erforderlich,[280] wird aber auch bei der Auslegung der Gesetze im Rahmen der Interessenjurisprudenz[281] relevant. Im Verwaltungsrecht schließlich wird diese Methode jedenfalls durch die deutsche Lehre und Rechtspre-

277 EuGH, 21.9.1983, 205 – 215 – Slg. 1983 – 2633, 2665; vgl. auch *Streinz*, in: Schweitzer (Hrsg.), Europäisches Verwaltungsrecht, 1991, 243 ff.

278 *Bleckmann*, Zur Klagebefugnis für die Individualklage vor dem Europäischen Gerichtshof, in: Erichsen/Hoppe/v. Mutius (Hrsg.), System des verwaltungsgerichtlichen Rechtsschutzes, Festschrift für C.-F. Menger, 1985, S. 871 ff.

279 *Bleckmann*, Die Struktur des allgemeinen Gleichheitssatzes, 1995.

280 *Bleckmann*, Staatsrecht II, 4. Aufl. 1997, S. 447 ff.

281 *Larenz*, Methodenlehre, 6. Aufl. 1991, Kap. 4.

chung im Rahmen der Ermessensfehlerlehre herangezogen.[282] Die Gerichte überprüfen, ob die Verwaltung überhaupt in eine Interessenabwägung eingetreten ist, ob sie dabei alle relevanten Interessen beachtet und ob sie sie mit sachlichen Argumenten miteinander abgewogen hat. In dem Maße, in welchem der Schutz der Verfassung sich infolge der Entwicklung der Rechtsprechung auf alle schutzwürdigen Interessen der Individuen erstreckt, wird die nur formelle Überprüfung des Abwägungsvorgangs durch die Verwaltung durch die richterliche Abwägung ersetzt. Die Ermessensfehlerlehre hat damit den Sinn, schon vor einer entsprechenden Ausweitung der Grundrechte die mit diesen Grundrechten verbundenen rechtsstaatlichen Garantien auf bisher durch die Verfassung nicht geschützte Privatinteressen auszudehnen. Im Gegensatz zur Ermessensfehlerlehre der anderen Mitgliedstaaten der EG, welche die richterliche Kontrolle der Verwaltung auf den Ermessensmißbrauch (détournement de pouvoir) beschränken[283], hat der Europäische Gerichtshof auf diese deutsche Methode zurückgegriffen[284] und damit wohl Maßstäbe auch für den Vollzug des Europäischen Gemeinschaftsrechts durch die nationalen Behörden und Gerichte gesetzt. Es ist in der Tat wohl anzunehmen, daß das Europäische Gemeinschaftsrecht auch für den Vollzug des Europarechts durch die nationalen Behörden auf die deutsche Ermessensfehlerlehre zurückgreift, weil nur durch diese Erweiterung der richterlichen Kontrolle über den Ermessensmißbrauch i. e. S. hinaus sichergestellt werden kann, daß die europäischen Allgemeininteressen, die sich auch auf die Interessen der Individuen erstrecken, effektiv durchgesetzt werden.

Ein viertes Element des Rechtsstaatsprinzips ist neben dem Vertrauensschutzgrundsatz[285] der Gedanke, daß mit geeigneten rechtlichen Methoden sichergestellt werden muß, daß die oben entwickelten Grundsätze der materiellen Gerechtigkeit sich in der Verfassungswirklichkeit tatsächlich auch durchsetzen. Diesem Ziel dient zunächst die Verankerung der obigen Grundsätze in einer geschriebenen Verfassung, also in einem qualifizierten Gesetz, das einen höheren Rang als alles andere Recht besitzt und dessen Einhaltung von den Gerichten überwacht werden muß.[286] Diesem Zweck dient schließlich auch das Gewaltenteilungsprinzip: Verfolgen alle Staatsorgane den Erwerb der absoluten Macht, wird das Machtstreben der anderen Organe in Schranken ge-

282 *Ossenbühl*, in: Erichsen (Hrsg.), Allgemeines Verwaltungsrecht, 10. Aufl. 1995, § 10 II 2.

283 Vgl. etwa *Hoffmann*, Das Ermessen der Verwaltungsbehörden in Frankreich, 1967; *Clever*, Ermessensmißbrauch und détournement de pouvoir nach dem Recht der Europäischen Gemeinschaften im Lichte der Rechtsprechung ihres Gerichtshofes, 1967; *Schlette*, Die verwaltungsgerichtliche Kontrolle von Ermessensakten in Frankreich, 1991.

284 *Bleckmann*, Zum Ermessensmißbrauch im europäischen Gemeinschaftsrecht, in: Grewe/Rupp/Schneider (Hrsg.), Europäische Gerichtsbarkeit und nationale Verfassungsgerichtsbarkeit, Festschrift für H. Kutscher, 1981, S. 25 ff.

285 *Kisker/Püttner*, Vertrauensschutz im Verwaltungsrecht, VVDStRL (32) 1974, S. 149 ff.

286 Vgl. dazu *Mosler* (Hrsg.), Verfassungsgerichtsbarkeit in der Gegenwart, 1962; *Starck* (Hrsg.), Verfassungsgerichtsbarkeit in Westeuropa, 1986.

halten, und so die Aufrechterhaltung der Verfassung auch politisch gewährleistet (checks and balances; le pouvoir arrête de pouvoir).[287]
Die vorangehenden Ausführungen haben die Ziele und die zu diesem Zweck eingesetzten Mittel des Rechtsstaatsprinzips deutlich gemacht. Aus diesen Ansätzen folgt, daß die Richter aus dem Rechtsstaatsprinzip neue Unterprinzipien entwickeln dürfen, wenn vor allem in neuen Materien der rechtlichen Regelung weitere effektive Mittel zur Definition und zur Durchsetzung der materiellen Gerechtigkeit erkannt werden, welche eine Kontrolle der politischen Staatsorgane gestatten, ohne gleichzeitig die politische Entscheidung auf den Richter zu verlagern. Angesichts der Labilität der Verfassungslage in den Entwicklungsländern ist insbesondere der letzte Aspekt des Rechtsstaatsprinzips – die Aufrechterhaltung einer demokratisch-rechtsstaatlichen Verfassung – durch einen Vergleich der faktischen Lage in den Entwicklungsstaaten mit der in den Industrieländern dringend erforderlich. Als Auslegungsregel ist dabei davon auszugehen, daß das Rechtsstaatsprinzip grundsätzlich alle Regeln umfaßt, die der Durchsetzung seiner Ziele dienen können. Aus der Tatsache, daß etwa die Begründungspflicht die Selbstkontrolle und gerichtliche Kontrolle der Verwaltung verstärken können, ist deshalb zu folgern, daß das Rechtsstaatsprinzip eine Begründung der Rechtsakte verlangt und daß dieser Begründungszwang alle möglichen Ziele tatsächlich auch verfolgt.

IV. *Beispiele für die Bildung europäischen Verwaltungsrechts*

Zum Abschluß dieses Abschnitts wollen wir versuchen, die Bildung der Rechtssätze des europäischen Verwaltungsrechts am Beispiel der Grundsätze für die Anhörung der Parteien, für den Begründungszwang und für die Bestandskraft der Verwaltungsakte deutlich zu machen.

1. *Der Begriff des Verwaltungsaktes*

Der Begriff des Verwaltungsaktes dient in allen nationalen Rechtsordnungen der Mitgliedstaaten der EG als Anknüpfungspunkt für die Regeln über das Verwaltungsverfahren, über das Verwaltungsgerichtsverfahren und bestimmter formeller und materieller Regeln, wie etwa der über die Anhörung und die Rücknahme der Verwaltungsakte.[288] Die in diesen Regeln angesprochene Interessenlage ist dabei so unterschiedlich, daß ein einheitlicher Begriff des

287 *Rausch*, Zur heutigen Problematik der Gewaltentrennung, 1969.

288 Vgl. etwa *Stassinopoulos*, Traité des actes administratifs, 1954; *Gonzàles Rivas*, Estudio jurisprudencial del acto administrativo, 1989; *Pastor*, Fundamentos de derecho administrativo, 1991; *Prakke/Kortmann*, Het bestuursrecht van de landen der Europese Gemeenschappen, 1986.

Verwaltungsaktes seine drei Funktionen kaum befriedigend erfüllen kann. Die notwendige Folge ist, daß in fast jeder Rechtsordnung bei der Konkretisierung dieses Begriffs entweder die eine oder die andere Funktion in den Vordergrund tritt oder daß als Voraussetzung der drei Funktionen unterschiedliche Abgrenzungen des Verwaltungsbegriffs existieren.

Die Problematik wird dadurch noch verschärft, daß die meisten europäischen Rechtsordnungen nur die Anfechtungsklage und damit nicht das ausgefeilte Klagesystem des deutschen Rechts kennen.[289] Will man aber in einem System, welches nur das Anfechtungsverfahren kennt, dem Rechtsschutzbedürfnis des Bürgers gerecht werden, muß man den Begriff des Verwaltungsaktes offensichtlich so weit ausdehnen, daß er auch den Zielen der anderen deutschen Klagearten gerecht wird. Weitet man aber den prozessualen Begriff des Verwaltungsakts aus, ist dieser Begriff als Voraussetzung der materiellen Regeln nicht mehr in vollem Umfang geeignet.

Hinsichtlich der verschiedenen Ziele des Begriffs des Verwaltungsaktes entstehen Probleme auch bei der allen nationalen Rechtsordnungen bekannten Unterscheidung zwischen dem Nichtakt, dem nichtigen Verwaltungsakt und dem fehlerhaften Verwaltungsakt. Der Verwaltungsakt hat die Funktion, besonders schwere Eingriffe in die Grundrechte (Freiheiten und soziale Grundrechte) zu umreißen. Das Interesse des Bürgers kann dabei auf die Vernichtung, aber auch auf die Aufrechterhaltung (Vertrauensschutz) des Hoheitsaktes gerichtet sein. Etwas ähnliches gilt, wenn man das öffentliche Interesse ins Auge faßt, welches mit dem Verwaltungsakt durchgesetzt werden soll. Dieses Allgemeininteresse richtet sich eindeutig dagegen, daß »Verwaltungsakte« von Nichtbehörden oder von etwa evident-unzuständigen Behörden aufrechterhalten werden, weil dann das öffentliche Interesse offensichtlich falsch verwirklicht werden würde. Es ist evident, daß diese öffentlichen und privaten Interessen zueinander in Gegensatz treten können. Ebenso ist zu erwarten, daß die nationalen Rechtsordnungen die Abwägung der verschiedenen Interessen unterschiedlich vornehmen.

Dieses Beispiel zeigt erneut, daß die Rechtsbegriffe von der Zielsetzung der betreffenden Norm abhängen. Verfolgen diese Rechtsnormen unterschiedliche Ziele, ist in den verschiedenen nationalen Rechtsordnungen mit einer unterschiedlichen Bewertung zu rechnen. Da alle diese Ziele nur Ausfluß des Rechtsstaatsprinzips sind, kann im Rahmen des europäischen Rechtsstaatsprinzips auf die allen nationalen Rechtsordnungen gemeinsamen Ziele des Verwaltungsaktes zurückgegriffen werden, um die europäische Dimension der Begriffe festzulegen.

289 Vgl. den Überblick bei *Mosler* (Hrsg.), Gerichtsschutz gegen die Exekutive, Bd. 1, 1969; *Fromont/Auby*, Les recours contre les actes administratifs dans les pays de le CEE, 1971; *Fromont*, Rechtsschutz gegenüber der Verwaltung in Deutschland und in den Europäischen Gemeinschaften, 1967.

Diese Ausführungen zeigen aber deutlich, daß der in Art. 189 EG-Vertrag verankerte Begriff der Entscheidung nicht für alle drei Funktionen einheitlich definiert werden kann, die der »Verwaltungsakt« auch im Europäischen Gemeinschaftsrecht besitzt. Vielmehr ist der Begriff der Entscheidung anhand der Interessenlage bei jeder einzelnen Funktion gesondert zu bestimmen. Dabei kann der nationale Verwaltungsaktbegriff, der eindeutig in fast allen Mitgliedstaaten an der Prozeßfunktion ausgerichtet ist, zwar im Rahmen des Art. 173 EG-Vertrag zur Interpretation herangezogen werden, nicht aber unbesehen auch für die Funktion dieses Begriffes im verfahrens- und materiellrechtlichen Bereich.
In diesem Rahmen ist ferner zu beachten, daß der Begriff des Verwaltungsaktes aus einer Verbindung des Souveränitätsprinzips mit dem Rechtsstaatsprinzip entstanden ist. Im Lichte des Souveränitätsprinzips[290] soll er die einseitige und damit schnelle Durchsetzung des öffentlichen Interesses gestatten. Im rechtsstaatlichen Sinne verbinden sich mit diesem Begriff dagegen alle materiellen Sicherungen, die zum Schutz der insbesondere durch die Grundrechte gedeckten Individualinteressen erforderlich sind.[291] Das materielle Handeln der Verwaltung wird zu diesem Zweck vom vorherigen Erlaß eines Rechtsaktes abhängig gemacht, um den die Rechtsstaatsgarantien kreisen. Aus diesen Ansätzen ergibt sich auch, daß der Verwaltungsaktbegriff erweitert werden kann, wenn das Klagesystem wie im Europäischen Gemeinschaftsrecht auf die Anfechtungsklage beschränkt ist. Es entspricht dann der historischen Entwicklung, etwa auch der Entscheidung über Ansprüche der Bürger Verwaltungsaktqualität beizulegen, was bei der Existenz einer allgemeinen Leistungsklage offensichtlich nicht erforderlich ist.
Um diese Ausführungen deutlich zu machen: Die weiter unten dargelegten Ziele, etwa der Anhörungs- und der Begründungspflicht, verlangen häufig auch eine Anwendung auf rein materielles Handeln der Verwaltung insbesondere dann, wenn ein sicherer Eingriff in wesentliche Grundrechte vorliegt. Auf der einen Seite kann der Gedanke des effektiven Rechtsschutzes in Systemen mit beschränkten Klagesystemen eine Ausdehnung des prozessualen Verwaltungsaktbegriffs verlangen, ohne daß damit gleichzeitig etwa auch die Regeln über die Rücknahme und den Widerruf des Verwaltungsaktes greifen müssen. Und die Notwendigkeit der Abwägung aller durch die Entscheidung betroffenen öffentlichen und privaten Interessen ist offensichtlich ein rechtsstaatlicher, der Willkür entgegenwirkender Grundsatz, den die Verwaltung auch außerhalb der Verwaltungsakte bei ihrem gesamten Handeln zu beachten hat. In Fällen, in denen die Interessenlage hinsichtlich der drei Funktionen des

290 *Bleckmann*, Nationales und europäisches Souveränitätsverständnis, in: Ress (Hrsg.), Souveränitätsverständnis in den Europäischen Gemeinschaften, 1980, S. 33 ff.
291 *Bleckmann/Eckhoff*, Der »mittelbare« Grundrechtseingriff, DVBl. 1988, S. 373 ff.

Verwaltungsakts voneinander abweicht, sind offensichtlich zwei Wege gangbar. Auf der einen Seite kann man nämlich den Begriff des Verwaltungsaktes für jede Funktion getrennt konkretisieren. Auf der anderen Seite ist es aber auch möglich, von einem einheitlichen Verwaltungsaktbegriff auszugehen und die grundsätzlich an den Verwaltungsakt anknüpfenden Regeln analog auf andere Fälle des staatlichen Handelns anzuwenden.

2. *Die Anhörungspflicht*

Wie wir dies für den Verwaltungsakt schon dargelegt haben, können auch die Ziele der Anhörungs- und der Begründungspflicht aus den nationalen Rechtsordnungen in das Europäische Gemeinschaftsrecht übernommen und dort im Rahmen des europäischen Rechtsstaatsprinzips in Verbindung mit der Ausprägung dieser Rechtsinstitutionen in dem für die europäischen Organe geltenden Recht neu konkretisiert werden.[292]

Auch die Anhörungspflicht hat im nationalen Recht mehrere Ziele, die festgestellt werden können, wenn man nach den Auswirkungen einer solchen Anhörung auf die Verwirklichung der Ziele des Rechtsstaatsprinzips fragt.[293] Neben dem rein formellen, den Inhalt dieser Pflicht nicht bestimmenden Ziel, dem Bürger durch die Einschaltung in das Verfahren das Gefühl zu vermitteln, daß er nicht nur Objekt des Verfahrens ist, dient diese Anhörungspflicht zunächst einmal der vollen Aufklärung des Sachverhalts, aber auch der genauen Bestimmung der Interessen, welche insbesondere im Rahmen des behördlichen Ermessens miteinander abzuwägen sind. Insbesondere um die Einlegung eines Rechtsmittels zu vermeiden, hat aber auch das Rechtsgespräch mit dem Bürger eine wichtige Funktion: Die Behörde kann in der Begründung auf die Rechtsansicht des Bürgers näher eingehen, um ihn von der wahren Rechtslage zu überzeugen. Andererseits hat dieses Rechtsgespräch aber auch die Funktion, die Verwaltung zu einem besseren Verständnis der Rechtslage anzuhalten und sie zu zwingen, Argumente zu berücksichtigen, die ihr sonst vielleicht entgangen wären. Grundsätzlich hat nämlich die Verwaltung bei ihrer Entscheidung nicht nur die in ihre Zuständigkeit fallenden Allgemeininteressen, sondern auch die betroffenen Individualinteressen zu berücksichtigen. Die Zuständigkeit der Verwaltungsbehörden für bestimmte öffentliche Interessen hat aber zur notwendigen Folge, daß die Verwaltung diese Allgemeininteressen in der Regel überbewertet und die entgegenstehenden Individualinteressen nicht hinreichend berücksichtigt. Da, wie wir sehen werden, die Verfassung mit dem umfassenden Grundrechtsschutz das Ziel verfolgt, sicherzu-

292 Vgl. dazu *Müller-Ibold*, Die Begründungspflicht im europäischen Gemeinschaftsrecht und im deutschen Recht, 1990.

293 *Lücke*, Begründungszwang und Verfassung, 1987.

stellen, daß die Grundrechte möglichst früh, also auch schon im Rahmen des Verwaltungsverfahrens, effektiv ausgeübt werden können, ist das Verwaltungsverfahren so auszugestalten, daß die Verwaltung gezwungen wird, auch die Individualinteressen hinreichend zu beachten. Diesem Ziel aber dient die Erstreckung der Anhörungspflicht auch auf ein Rechtsgespräch.[294]
Aus diesen verschiedenen Zielen der Anhörungspflicht ergibt sich deren präziser Inhalt, auf den wir hier im Einzelnen nicht näher eingehen wollen.

3. *Die Begründungspflicht*

Auch die Begründungspflicht hat, wie der Europäische Gerichtshof in seinen zahlreichen Urteilen festgestellt hat, mehrere Funktionen.[295] Sie soll zunächst einmal sicherstellen, daß die Behörde den konkreten Einzelfall hinreichend durchdacht hat, dient insoweit also der Selbstkontrolle der Verwaltung. Zweitens soll sie den Bürger in die Lage versetzen, selbst zu entscheiden, ob die Einlegung eines Rechtsmittels sinnvoll erscheint, ob er zumindest den Rat eines Rechtsanwalts heranziehen muß. Und drittens hat die Begründungspflicht, insbesondere im Rahmen des behördlichen Ermessens, die Kontrolle durch die Gerichte zu ermöglichen.
Auch aus diesen Zielen ergibt sich der präzise Inhalt der Begründungspflicht. Im Gegensatz zur Praxis auf der deutschen und der europäischen Ebene verlangen insbesondere die ersten beiden Ziele deutlich, daß die Verwaltung nicht nur die Gründe für ihre Entscheidung, sondern ebenso auch die Gründe gegen ihre Entscheidung darlegt und diese beiden Kategorien von Gründen sachlich miteinander abwägt. Konkret bedeutet dies, daß in der Begründung auch auf die Tatsache hingewiesen werden muß, daß es von der Rechtsansicht der Verwaltung abweichende Stellungnahmen in der Rechtsprechung und in der Literatur gibt. Denn nur so wird dem Bürger deutlich, ob eine Klage gegen die Entscheidung der Verwaltung Erfolgschancen hat.

4. *Sonstige Regeln des Verwaltungsverfahrens*

Die Grundrechte müssen zu jeder Zeit, an jedem Ort effektiv ausgeübt werden können. Nur dann können die Individuen ihre Grundrechte voll ausüben, wenn sie die rechtlichen Grenzen der Handlungsfreiheit genau kennen. Insbesondere ein rational kalkulierender Unternehmer wird seine Handlungsfreiheit an den Grenzen dann nicht voll ausschöpfen, wenn damit hohe Risiken, insbesondere einer Strafsanktion, verbunden sind. Diese Grundsätze bestim-

294 Vgl. *Schwarze*, Europäisches Verwaltungsrecht, Bd. 2, 1988, S. 1201 ff.; a.A. *Kopp*, Verwaltungsverfahrensgesetz, Kommentar, 6. Aufl. 1996, § 28, Rn. 20.
295 *Bleckmann*, Europarecht, 6. Aufl. 1997, Rn. 728.

men zunächst den Inhalt des Verwaltungsverfahrensrechts: Das Verfahren der Verwaltungsbehörden muß so aufgebaut werden, daß im Interesse einer effektiven Grundrechtsausübung einerseits, im öffentlichen Interesse andererseits zwar eine schnelle, aber möglichst auch richtige Entscheidung möglich wird. Das bedeutet aber, daß die Regeln des Gerichtsverfahrens zwar partiell, aber eben doch nicht in vollem Umfang in das Verwaltungsverfahren übernommen werden müssen.

Die aus dem Grundsatz der Effektivität der Grundrechte fließende Notwendigkeit sicherzustellen, daß die Freiheiten zu jedem Zeitpunkt effektiv ausgeübt werden können, stellt dabei nicht nur besondere Anforderungen an die Voraussetzungen des einstweiligen Rechtsschutzes durch den Richter,[296] sondern – was häufig übersehen wird – auch an die Theorie der Bestandskraft der Verwaltungsakte[297] und an die Rechtskraft der Urteile. Insbesondere, wenn es sich um die rechtliche Beschränkung der Grundrechtsausübung für eine längere Zeit handelt, verbietet dieser Grundsatz der Effektivität der Grundrechte, daß aufgrund einer einmaligen Entscheidung der Verwaltungsbehörden oder der Gerichte die Grundrechtsausübung für alle Zeit insbesondere dann unmöglich gemacht wird, wenn infolge der Entwicklung von Lehre und Rechtsprechung die frühere Entscheidung eindeutig nicht mehr mit dem neueren Erkenntnisstand der Grundrechtslehre übereinstimmt.

Das gilt vor allem dann, wenn die Bestandskraft des Verwaltungsakts oder die Rechtskraft des Urteils nicht dem Vertrauensschutz einer privaten Gegenpartei dient: Obwohl der Vertrauensschutz auf der völker- und der europarechtlichen Ebene eindeutig auch den Staaten zugute kommt, ist nicht zu übersehen, daß der Staat sich dem Bürger gegenüber auf diesen Grundsatz nicht berufen darf: Das hinter der Bestandskraft von Verwaltungsakten stehende öffentliche Interesse an der Rechtssicherheit tritt nämlich eindeutig hinter dem öffentlichen Interesse an der Richtigkeit der Entscheidung zurück, weil nur so sichergestellt werden kann, daß das materielle, öffentliche Interesse, das durch den Verwaltungsakt durchgesetzt werden soll, richtig definiert und effektiv verwirklicht wird. Auch der Gedanke, daß die immer wieder neue Bearbeitung desselben Einzelfalls zu einer ungeheuren Arbeitsüberlastung der Behörden und Gerichte führt, greift gegenüber einer schweren Verletzung existentiell wichtiger Grundrechte insbesondere deshalb nicht durch, weil die Verwaltung einen Grundrechtseingriff nicht auf den Gedanken der Arbeitserleichterung stützen darf.

296 Vgl. *Schoch*, Vorläufiger Rechtsschutz und Risikoverteilung im Verwaltungsrecht, 1988, insb. S. 143 ff.; vgl. auch *Schwarze*, Vorläufiger Rechtsschutz im Widerstreit von Gemeinschaftsrecht und nationalem Verwaltungsverfahrens- und Prozeßrecht, in: Baur/Müller-Graff/Zuleeg (Hrsg.), Europarecht – Energierecht – Wirtschaftsrecht, Festschrift für Börner, 1992, S. 389 ff.

297 Vgl. dazu *Badura*, in: Erichsen, Allgemeines Verwaltungsrecht, 10. Aufl. 1995, § 38 V.

Dieses Beispiel zeigt erneut deutlich, daß die gemeinsame Tradition der Mitgliedstaaten im Bereich des Verwaltungsrechts nicht unbesehen in das Europäische Gemeinschaftsrecht übernommen, sondern stets anhand des europäischen Rechtsstaatsprinzip überprüft werden muß.

Man gelangt damit zu dem Ergebnis, daß bei der Entwicklung von Rechtssätzen des Europäischen Gemeinschaftsrechts für den Vollzug des Europarechts durch die Organe der EG und durch die nationalen Behörden und Gerichte mehrere Methoden miteinander zu verbinden sind: Auch in den Rechtsordnungen der Mitgliedstaaten übereinstimmende Rechtssätze des Verwaltungsrechts können in das Europäische Gemeinschaftsrecht nicht unbesehen übernommen werden, weil die Interessenlage im Europäischen Gemeinschaftsrecht anders bewertet wird als im nationalen Rechtsraum. Damit sind die im EG-Vertrag verankerten und vorausgesetzten europäischen Allgemeininteressen mit den Individualinteressen im Lichte des Gemeinschaftsrechts neu miteinander abzuwägen. In diesem Rahmen kommt es darauf an, die Ziele der nationalen Rechtsinstitute im Lichte des europäischen Rechtsstaatsprinzips zu bestimmen. Aus der Verbindung dieser beiden Ansätze können unter gleichzeitigem Rückgriff auf im Europarecht schon bestehende Rechtssätze des allgemeinen Verwaltungsrechts und eine Abwägung der Interessen im Lichte des Europäischen Gemeinschaftsrechts neue Rechtssätze entwickelt werden.

Die vorangehenden Ausführungen dürften gezeigt haben, daß es eine der wichtigsten Aufgaben der Lehre im Verwaltungsrecht heute ist, der zukünftigen Rechtsprechung des Europäischen Gerichtshofs zuzuarbeiten. Das bedeutet nicht nur, daß die Verwaltungsrechtler sich mehr als bisher um die Rechtsvergleichung kümmern müssen. Dem ursprünglichen Zustand im Verwaltungsrecht entsprechend sind vielmehr auch die Vorschriften des Verwaltungsverfahrensgesetzes und der Verwaltungsgerichtsordnung wieder stärker im Lichte des Rechtsstaats- und des Effektivitätsprinzips zu entwickeln. Das Kleben am Wortlaut und am System dieser beiden Gesetze, das in der neueren Entwicklung der Verwaltungsrechtslehre deutlich zu beobachten ist, widerspricht der Tatsache, daß auch nach deutscher Konzeption das Verwaltungsverfahrensrecht und das Gerichtsverfahrensrecht weitgehend nur Ausdruck des Rechtsstaatsprinzips sind.

B. *Zur Überlagerung des deutschen Allgemeinen Verwaltungsrechts durch das Europäische Gemeinschaftsrecht*

I. *Einführung*

Der Europäische Gerichtshof hat ursprünglich die Auffassung vertreten, der Vollzug des Gemeinschaftsrechts durch die nationalen Behörden und Gerichte richte sich nach dem nationalen Verwaltungsverfahrens- und Gerichtsverfahrensrecht, soweit hierdurch der Vollzug des Gemeinschaftsrechts nicht praktisch unmöglich gemacht werde.[298] In neuerer Zeit hat sich die Auffassung des Europäischen Gerichtshofs zu dieser Frage radikal geändert.[299] Wohl, weil durch den Rückgriff auf die nationalen Regeln dem Gleichheitssatz widersprechend die Einheit des Gemeinschaftsrechts nicht gewährleistet werden kann, aber auch, weil das nationale Verfahrensrecht nach der Auffassung des Europäischen Gerichtshofs das europäische öffentliche Interesse häufig nicht effektiv genug durchsetzt, ist der Europäische Gerichtshof in neueren Entscheidungen dazu übergegangen, für den Vollzug des Gemeinschaftsrechts auch durch die nationalen Behörden allgemeine Rechtsgrundsätze des Europarechts zu entwickeln. Das gilt nicht nur für die Rücknahme und den Widerruf von Verwaltungsakten, für welche der Europäische Gerichtshof im Alcan-[300] und BUG-Fall[301] den durch die §§ 48 ff. VwVfG angestrebten Vertrauensschutz im europäischen öffentlichen Interesse sehr stark zurückgedrängt hat. Vielmehr hat der Europäische Gerichtshof auch Regeln für den vorläufigen Rechtsschutz im Verwaltungsgerichtsverfahren entwickelt[302] und für belastende Verwaltungsakte der Mitgliedstaaten generell einen

298 Eine detaillierte Darstellung dieser Rechtsprechung findet sich bei *Aubin*, Die Haftung der Europäischen Gemeinschaft und ihrer Mitgliedstaaten bei gemeinschaftsrechtswidrigen nationalen Verwaltungsakten, 1982, S. 42 ff.

299 Zum folgenden vgl. *Pagenkopf*, Zum Einfluß des Gemeinschaftsrechts auf nationales Wirtschaftsverwaltungsrecht – Versuch einer praktischen Einführung, NVwZ 1993, 216 ff.

300 EuGH, 2.2.1989 – Kommission der Europäischen Gemeinschaften/Bundesrepublik Deutschland, 94/87 – Slg. 1989, 175.

301 EuGH, 20.9.1990 – Kommission der Europäischen Gemeinschaften/Bundesrepublik Deutschland, 5/89 – Slg. 1990 I, 3437; vgl. dazu *Fischer*, Zur Rückforderung von unter Verstoß gegen Art. 92, 93 EWGV gewährten nationalen Beihilfen, DVBl. 1990, 1089 ff.; *Magiera*, Rückforderung gemeinschaftsrechtswidriger staatlicher Beihilfen, in: Baur/Müller-Graff/Zuleeg (Hrsg.), Europarecht – Energierecht – Wirtschaftsrecht, Festschrift für B. Börner, 1992, S. 213 ff.; *Schmidt-Räntsch*, Zur Behandlung EG-widriger Beihilfen, EuZW 1990, 376 ff.; *Streinz*, Vertrauensschutz und Gemeinschaftsinteresse beim Vollzug von europäischem Gemeinschaftsrecht durch deutsche Behörden, Die Verwaltung 1990, S. 153 ff.; *Triantafyllou*, Zur »Europäisierung« des Vertrauensschutzes (insbesondere § 48 VwVfG) – am Beispiel der Rückforderung staatlicher Beihilfen, NVwZ 1992, 436.

302 Vgl. vor allem *Schwarze*, Vorläufiger Rechtsschutz im Widerstreit von Gemeinschaftsrecht und nationalem Verwaltungsverfahren- und Prozeßrecht, in: Baur/Müller-Graff/Zuleeg (Hrsg.), Europarecht – Energierecht -Wirtschaftsrecht, Festschrift für Börner, 1992, S. 389 ff.; *Dänzer-Vanotti*, Der Gerichtshof der Europäischen Gemeinschaften beschränkt vorläufigen Rechtsschutz, BB 1991, 1015 ff.

Begründungszwang eingeführt.[303] Im Urteil Francovich[304] hat der Gerichtshof darüber hinaus, um durch eine effektive Sanktion die Einhaltung des Gemeinschaftsrechts durch die nationalen Behörden und Gerichte zu gewährleisten, für die Verletzung des Gemeinschaftsrechts durch die nationalen Behörden und Gerichte einen Schadenersatzanspruch eingeführt, der dem Art. 215 EG-Vertrag entsprechend und im Widerspruch zum Amtshaftungsrecht der meisten Mitgliedstaaten der EG[305] auf die Tatbestandsvoraussetzung eines Verschuldens generell verzichtet.[306]

Ich habe bereits versucht, die Methoden zu umschreiben, auf welche der Europäische Gerichtshof in den oben zitierten Urteilen zurückgegriffen hat, um allgemeine Grundsätze des Europarechts für den Vollzug des Gemeinschaftsrechts durch die nationalen Behörden und Gerichte zu entwickeln.[307] Dabei habe ich darauf hingewiesen, daß es dem Europäischen Gerichtshof in erster Linie um eine effektive Durchsetzung der europäischen öffentlichen Interessen und des Gemeinschaftsrechts geht. Nur sekundär scheint in diesem Bereich der Grundsatz der Maximierung der Grundrechte der Individuen zu greifen, aus denen nach der Rechtsprechung des Europäischen Gerichtshofs und des Bundesverfassungsgerichts[308] auch Verfahrensrechte entwickelt werden

303 EuGH, 15.10.1987 – Union nationale des entraîneurs et cadres techniques professionnels du football/Georges Heylens u. a., 222/86 – Slg. 1987, 4097; vgl. auch *Bleckmann*, Europarecht, 6. Aufl. 1997, Rn. 492 ff. und die dort angegebene, umfangreiche Rechtsprechung; *Dubouis/Gueydan*, Grandes Textes de Droit Communautaire, 2. Aufl. 1990, S. 187.

304 EuGH, 19.11.1991 – Andrea Francovich, Danila Bonifaci u.a./Italienische Republik, 6. u. 9/90 – Slg. 1991 I, 5337.

305 Vgl. dazu *Mosler* (Hrsg.), Haftung des Staates für rechtswidriges Verhalten seiner Organe, 1967.

306 Vgl. dazu *Buschhaus*, Das »Francovich-Urteil« des EuGH – gemeinschaftsrechtlich begründete Haftungsansprüche der EG-Bürger gegenüber den Mitgliedstaaten bei Nichtumsetzung einer Richtlinie, JA 1992, 142; *Fischer*, Staatshaftung nach Gemeinschaftsrecht, EuZW 1992, 41; *Geiger*, Die Entwicklung eines europäischen Staatshaftungsrechts – Das Francovich-Urteil des EuGH und seine Folgen, DVBl. 1993, 465; *Häde*, Staatshaftung für legislatives Unterlassen, BayVBl. 1992, 449; *Karl*, Die Schadensersatzpflicht der Mitgliedstaaten bei Verletzungen des Gemeinschaftsrechts, RIW 1992, 440; *Hailbronner*, Staatshaftung bei säumiger Umsetzung von EG-Richtlinien, JZ 1992, 284 (289); *Nettesheim*, Gemeinschaftsrechtliche Vorgaben für das deutsche Staatshaftungsrecht, DÖV 1992, 999; *Ossenbühl*, Der gemeinschaftsrechtliche Staatshaftungsanspruch, DVBl. 1992, 993; *Pieper*, Mitgliedstaatliche Haftung für die Nichtbeachtung von Gemeinschaftsrecht, NJW 1992, 2454; *Prieß*, Die Haftung der EG-Mitgliedstaaten bei Verstößen gegen das Gemeinschaftsrecht, NVwZ 1993, 118; *Schlemmer-Schulte/Ukrow*, Haftung des Staates gegenüber dem Marktbürger für gemeinschaftsrechtswidriges Verhalten, EuR 1992, 82; *Triantafyllou*, Haftung der Mitgliedstaaten für Nichtumsetzung von EG-Recht, DÖV 1992, 564.

307 Vgl. *Beyerlin*, Umsetzung von EG-Richtlinien durch Verwaltungsvorschriften?, EuR 1987, 126 ff.; *Bleckmann*, Methoden der Bildung europäischen Verwaltungsrechts, DÖV 1993, 837 (auch oben, § 2 A.); *Hilf*, Möglichkeiten u. Grenzen des Rückgriffs auf nationale verwaltungsrechtliche Regeln bei der Durchführung von Gemeinschaftsrecht, in: Schwarze (Hrsg.), Europäisches Verwaltungsrecht im Werden, 1982, S. 67 ff.; vgl. *Huber*, Gemeinschaftsrechtlicher Schutz vor einer Verteilungslenkung durch deutsche Behörden, EuR 1991, 31 ff.; *Rengeling*, Rechtsgrundsätze beim Verwaltungsvollzug des Europäischen Gemeinschaftsrechts, 1977.

308 BVerfGE 17, 108 (114); 17, 342 (346); 20, 162; vgl. *Held*, Der Grundrechtsbezug des Verwaltungsverfahrens, 1984, S. 66 ff. und die dort angegebene Rechtsprechung.

müssen.[309] Dasselbe gilt, mutatis mutandis, für den Rückgriff auf den Vergleich des nationalen Verfassungs- und Verwaltungsrechts.
Im folgenden wollen wir versuchen, mit diesen Ansätzen die Frage auszuloten, welche Grundsätze des deutschen Verwaltungs- und Verwaltungsgerichtsverfahrensrechts dem Gemeinschaftsrecht widersprechen könnten.

II. *Das objektive und das subjektive System des Verwaltungsrechts*

1. a) Das Verwaltungsverfahren und das Verwaltungsgerichtsverfahren dienen im deutschen Recht primär, wenn nicht sogar ausschließlich, der Durchsetzung subjektiver öffentlicher Rechte. Für das Verwaltungsprozeßrecht ergibt sich diese Auffassung aus den §§ 42 II und 113 I 1 VwGO, nach denen im Anfechtungsprozeß sowohl Klagebefugnis als auch die Begründetheit der Klage eine Verletzung subjektiver öffentlicher Rechte des Klägers voraussetzt.[310] Für das Verwaltungsverfahren folgt diese theoretische Grundhaltung aus der Tatsache, daß das Verwaltungsverfahrensgesetz, dem subjektiven Rechtsstaatsprinzip entsprechend, Normen weitgehend nur zum Schutz subjektiver öffentlicher Rechte der durch den Verwaltungsakt Betroffenen verankert hat. Das öffentliche Interesse spielt im Verwaltungsverfahrensgesetz nur insofern eine Rolle, als der Schutz der subjektiven Rechte der Individuen nicht so weit gehen darf, daß die Durchsetzung des öffentlichen Interesses verhindert wird. Die deutsche Literatur zum Verwaltungsrecht hat diesen »subjektiven« Ansatz durch die Entwicklung der Lehre vom Verwaltungsrechtsverhältnis[311] und durch den Rückgriff auf die Rechtsverhältnistheorie[312] noch verstärkt. Diese Theorien werden durch § 54 S. 1 VwVfG bestätigt, nach welchem durch den Verwaltungsvertrag »ein Rechtsverhältnis begründet, geändert oder aufgehoben« werden kann. Ähnlich wird der Begriff der »Regelung mit Außenwirkung« in § 35 VwVfG für den Verwaltungsakt in der Literatur dahin umschrieben, daß es sich hier um die Begründung, Änderung, Feststellung oder Aufhebung eines Rechtsverhältnisses handelt.[313]

b) Nach der Auffassung des französischen Rechts dient das verwaltungsgerichtliche Anfechtungsverfahren und insbesondere auch das Verwaltungsver-

309 Vgl. *Bleckmann*, Die wertende Rechtsvergleichung bei der Entwicklung europäischer Grundrechte, in: Baur/Müller-Graff/Zuleeg (Hrsg.), Europarecht – Energierecht – Wirtschaftsrecht, Festschrift für Börner, 1992, S. 29 ff.
310 *Bleckmann*, Die Klagebefugnis im verwaltungsgerichtlichen Anfechtungsverfahren – Entwicklung der Theorie des subjektiven öffentlichen Rechts, VBl.BW 1985, 361 ff.
311 Vgl. dazu *Erichsen*, in: Erichsen (Hrsg.), Allgemeines Verwaltungsrecht, 10. Aufl. 1995, § 11 II.
312 Vgl. *Achterberg*, Allgemeines Verwaltungsrecht, 2. Aufl. 1986, § 20.
313 Vgl. *Kopp*, VwVfG, 6. Aufl. 1996, § 35, Rn. 32 m.w.N.

fahrensrecht dagegen primär der Durchsetzung des öffentlichen Interesses und der objektiven Rechtsordnung.[314] Das hat zunächst Auswirkungen auf die Definition der Klagebefugnis.[315] Da das Anfechtungsverfahren der Durchsetzung des objektiven Rechts dient, muß die Klagebefugnis einem möglichst breiten Kreis von Klägern eröffnet werden. Denn nur auf diese Weise wird gewährleistet, daß das Handeln der Verwaltung in weitem Umfang der gerichtlichen Kontrolle unterliegt. Deshalb greift das französische Recht für die Klagebefugnis nicht auf die Verletzung eines subjektiven öffentlichen Rechts, sondern auf den Eingriff in ein persönliches Interesse zurück, das überdies so weit umrissen wird, daß die Klagebefugnis sich der Popularklage nähert. Deshalb auch überprüft der Conseil d'Etat im Rahmen der Begründetheit nicht nur die Verletzung subjektiver öffentlicher Rechte des Klägers, sondern jede Verletzung des objektiven Rechts. Daraus resultiert, daß der Kläger auf sein Klagerecht auch nicht wirksam verzichten kann.

2. Das Europäische Gemeinschaftsrecht folgt nun in seinen Vorschriften über das Klageverfahren vor dem Europäischen Gerichtshof (Art. 173 II EG-Vertrag) eindeutig dem französischen System. Das ergibt sich sehr deutlich aus der Tatsache, daß die Klagebefugnis der Individuen nur die Verletzung schützenswerter Interessen, nicht aber den Eingriff in subjektive öffentliche Rechte voraussetzt und die Akte der EG aufgehoben werden, wenn sie gegen das objektive Gemeinschaftsrecht verstoßen. Darüber hinaus können die Rechtsakte der EG auch durch die anderen EG-Organe und die Mitgliedstaaten der EG angefochten werden, ohne daß diese Klägergruppen die Verletzung eines persönlichen Interesses oder subjektiven öffentlichen Rechts geltend zu machen brauchen.[316] Diese Klägergruppen handeln vielmehr als »Sachwalter des europäischen öffentlichen Interesses«;[317] sie üben also eine Popularklage aus. Daß der Europäische Gerichtshof in Widerspruch zum französischen Recht die Klagebefugnis der drittbetroffenen Individuen sehr stark

314 Zum folgenden vgl. *Chapus*, Droit administratif général, Bd. 1, 4. Aufl. 1988, S. 503 f. Zu den unterschiedlichen Zielen des deutschen und des französischen Verwaltungsrechts und Verfahrensrechts vgl. vor allem *Bleckmann*, Das Ziel des gerichtlichen Rechtsschutzes: Schutz des Einzelnen oder objektive Kontrolle der vollziehenden Gewalt? Die Rolle der Klagebefugnis, in: Mosler (Hrsg.), Gerichtsschutz gegen die Exekutive, Bd. 3, 1971, S. 19 ff.; ferner auch *Rott*, Das verwaltungsrechtliche subjektive öffentliche Recht im Spiegel seiner Entwicklung im deutschen liberalen Rechtsstaat und in der französischen »théorie des droits subjectifs des administrés«, 1976; sowie *Bleckmann*, Vom subjektiven zum objektiven Rechtsstaatsprinzip, JöR 1987, S. 1 ff. (auch oben § 1 C.).

315 Einen Vergleich der Klagebefugnis im deutschen und französischen Recht findet man bei *Bleckmann*, La qualité pour agir dans le recours pour excès de pouvoir en droit français et allemand, 1960; sowie bei *Bleckmann*, Das schutzwürdige Interesse als Bedingung der Klagebefugnis am Beispiel des französischen Verwaltungsrechts, VerwArch 49 (1958), S. 213 ff.; *Skouris*, Verletztenklage und Interessentenklagen im Verwaltungsprozeß, 1979.

316 Vgl. *Bleckmann*, Europarecht, 6. Aufl. 1997, Rn. 848 ff.

317 Vgl. dazu *Pechstein*, Die Mitgliedstaaten der EG als »Sachwalter des gemeinsamen Interesses«, 1987.

eingeschränkt hat,[318] beruht nicht auf einer theoretischen Grundhaltung, sondern nur auf der praktischen Erwägung der beschränkten Verfahrenskapazität dieses Gerichts.
Von diesem objektivrechtlichen Ansatz gibt es im Gemeinschaftsrecht nur eine einzige Ausnahme. In der Tat muß, wenn der Kläger einen Schadensersatzanspruch gegen die EG aufgrund des Art. 215 EG-Vertrag auf die Verletzung des Gemeinschaftsrechts durch einen generellen europäischen Rechtsakt stützt, die Norm des Gemeinschaftsrechts das Interesse gerade des Klägers schützen. Dieser Rückgriff auf das subjektive Modell des deutschen Rechtes beruht auf dem Willen, Schadensersatzansprüche gegen die EG möglichst einzuschränken.[319]

3. Wie wir gesehen haben, bemüht sich der Europäische Gerichtshof bei der Entwicklung allgemeiner Rechtsgrundsätze für den Vollzug des Gemeinschaftsrechts durch die nationalen Behörden und Gerichte, das europäische öffentliche Interesse und die europäische Rechtsordnung effektiv durchzusetzen. Deshalb ist anzunehmen, daß der Europäische Gerichtshof für diesen Vollzug das französische »objektive« System auch dann zugrunde legen wird, wenn es sich, wie bei der Bundesrepublik Deutschland, um einen Mitgliedstaat handelt, der dem subjektiven System folgt. Dieser Ansatz hat eine Reihe von Konsequenzen für das deutsche Verfahrensrecht:

a) Zunächst erscheint es fraglich, ob der Europäische Gerichtshof der Begrenzung der Klagebefugnis von Individuen auf die Verletzung eines subjektiven öffentlichen Rechts[320] folgen wird. Es ist wahrscheinlich, daß der Europäische Gerichtshof, wie wir dies für das französische Recht festgestellt haben, der Auffassung folgen wird, eine effektive Durchsetzung des Gemeinschaftsrechts setze voraus, daß dem »Interessenprinzip« entsprechend ein möglichst breiter Kreis von Klägern die gegen das Gemeinschaftsrecht verstoßenden Verwaltungsakte anfechten kann. Damit verbunden wird der Europäische Gerichtshof wahrscheinlich auch nicht akzeptieren, daß nach deutschem Recht im Rahmen der Begründetheit nur die Verletzung subjektiver öffentlicher Rechte des Klägers überprüft wird.

318 Vgl. *Bleckmann*, Zur Klagebefugnis für die Individualklage vor dem Europäischen Gerichtshof, in: Erichsen/Hoppe/von Mutius (Hrsg.), System des verwaltungsgerichtlichen Rechtsschutzes, Festschrift für Menger, 1985, S. 871 ff.
319 Vgl. *Bleckmann*, Europarecht, 6. Aufl. 1997, Rn. 1020 ff.
320 Zum subjektiven öffentlichen Recht vgl. neuerdings *Huber*, Konkurrenzschutz im Verwaltungsrecht, 1991; *Preu*, Subjektivrechtliche Grundlagen des öffentlich-rechtlichen Drittschutzes, 1992; vgl. auch *Schwarze*, Subventionen im Gemeinsamen Markt und der Rechtsschutz des Konkurrenten, in: Selmer/von Münch (Hrsg), Gedächtnisschrift für Martens, 1987, S. 89 ff.; *Zuleeg*, Hat das subjektive öffentliche Recht noch eine Daseinsberechtigung? DVBl. 1976, 509 ff.

b) Wie die oben zitierten Urteile[321] deutlich zeigen, legt der Europäische Gerichtshof den größten Wert darauf, daß die Verwaltungsakte der deutschen Behörden in breitem Umfang durch die deutschen Verwaltungsgerichte kontrolliert werden, um die Durchsetzung des Gemeinschaftsrechts zu gewährleisten.[322] Das dürfte aber zur Folge haben, daß der Europäische Gerichtshof den Prinzipien der deutschen Ermessensfehlerlehre und nicht dem französischen Modell folgt. In der Tat können nach dem Recht der meisten Mitgliedstaaten der EG unbestimmte Rechtsbegriffe von den Verwaltungsgerichten nur sehr beschränkt kontrolliert werden, während nach deutschem Recht die Verwaltungsgerichte solche Begriffe in vollem Umfang konkretisieren müssen.[323] Wenn der Europäische Gerichtshof für den unbestimmten Rechtsbegriff im Gemeinschaftsrecht auch, dem französischen Recht[324] entsprechend, der Verwaltung einen breiten Ermessensspielraum beläßt, ist anzunehmen, daß er für die Kontrolle der nationalen Verwaltungsakte durch die nationalen Verwaltungsgerichte dem deutschen System[325] folgen wird, weil nur eine umfassende Kontrolle durch die Gerichte die Einhaltung des Gemeinschaftsrechts gewährleistet. Etwas ähnliches gilt für die Ermessensfehlerlehre. Nach den Grundsätzen des französischen Rechts können Ermessensentscheidungen der Verwaltung nur auf einen »detournement de pouvoir«, d. h. daraufhin überprüft werden, ob die Verwaltung mit ihrer Entscheidung der Rechtsordnung entsprechende, öffentliche Interessen durchsetzen wollte.[326] Nach deutschem Recht muß die Verwaltung darüber hinaus die durch die Entscheidung betroffenen Interessen durch Rückgriff auf sachliche Erwägungen miteinander abgewogen haben.[327] Offensichtlich gestattet nur die deutsche Ermessensfehlerlehre eine umfassende Kontrolle der Ermessensentscheidungen der Verwaltung durch die Gerichte. Darüber hinaus soll darauf hingewiesen werden, daß der Europäische Gerichtshof auch für die Kontrolle der Akte der EG weitgehend den deutschen Rechtsregeln folgt.[328]

321 Vgl. oben I.

322 Vgl. vor allem auch EuGH, 15.5.1986 – Johnston/Chief Constable of the Royal Ulster Constabulary, 222/84 – Slg. 1986, 1651; dazu *Dubouis/Gueydan*, Grandes Textes de Droit Communautaire, 2. Aufl. 1990, S. 185 ff.

323 *Bleckmann*, Der Beurteilungsspielraum im Europa- und Völkerrecht, EuGRZ 1979, S. 485 ff.

324 Vgl. dazu neuerdings *Schlette*, Die verwaltungsgerichtliche Kontrolle von Ermessensakten in Frankreich, 1991.

325 Vgl. dazu *Erichsen*, in: Erichsen (Hrsg.), Allgemeines Verwaltungsrecht, 10. Aufl. 1995, § 11 II 1.

326 Vgl. dazu *Hoffmann*, Das Ermessen der Verwaltungsbehörden in Frankreich, 1967, S. 142, 153 ff.

327 *Erichsen*, in: Erichsen (Hrsg.), Allgemeines Verwaltungsrecht, 10. Aufl. 1995, § 11 II 2.

328 Vgl. *Bleckmann*, Zum Ermessensmißbrauch im Europäischen Gemeinschaftsrecht, in: Grewe/Rupp/Schneider (Hrsg.), Europäische Gerichtsbarkeit und nationale Verfassungsgerichtsbarkeit, Festschrift für Kutscher, 1981, S. 25 ff.

c) Die Durchsetzung der öffentlichen Interessen verlangt, daß sowohl im Verwaltungsverfahren als auch im Gerichtsverfahren die Offizialmaxime greift. Daß dies auch im Gemeinschaftsrecht der Fall ist, zeigen die Regeln über das Verwaltungs- und das Gerichtsverfahren der EG sehr deutlich. So kann der Europäische Gerichtshof etwa auch ohne einen entsprechenden Antrag der Parteien Beweis erheben.[329]
In dem Verwaltungs- und Gerichtsverfahrensrecht der Mitgliedstaaten ist die Offizialmaxime auch hinsichtlich des Vollzugs des Europäischen Gemeinschaftsrechts umfassend vorgesehen. Probleme entstehen insoweit nur, als das Gemeinschaftsrecht auch vor den Zivilgerichten durchzusetzen ist, insoweit aber nach dem nationalen Verfahrensrecht meist die Dispositionsmaxime greift. Angesichts der Tatsache, daß nach Ansicht des Europäischen Gerichtshofs das Gerichtsverfahren die europäischen öffentlichen Interessen effektiv durchsetzen muß, wird man annehmen müssen, daß als Ausfluß des Gemeinschaftsrechts die Offizialmaxime auch vor den Zivilgerichten insoweit gilt, als es sich um den Vollzug des Gemeinschaftsrechts handelt.

III. *Die Überlagerung des Verwaltungsverfahrensgesetzes durch das Gemeinschaftsrecht*

Auch die Regeln des Verwaltungsverfahrensgesetzes werden sehr weitgehend durch das Gemeinschaftsrecht überlagert werden.[330] Daß dies der Fall ist, zeigen die Urteile des Europäischen Gerichtshofs zu den §§ 48 ff. VwVfG und zur Begründung der nationalen Verwaltungsakte sehr deutlich. Fraglich in diesem Zusammenhang erscheinen auf der einen Seite die Regeln über den

329 Vgl. *Klinke*, Der Gerichtshof der Europäischen Gemeinschaften, 1989, Rn. 144.

330 Vgl. dazu *Everling*, Elemente eines europäischen Verwaltungsrechts, DVBl. 1983, 649 ff.; *Grabitz*, Europäisches Verwaltungsrecht – Gemeinschaftsrechtliche Grundsätze des Verwaltungsverfahrens, NJW 1989, 1776 ff.; *Klein*, Vereinheitlichung des Verwaltungsrechts im europäischen Integrationsprozeß, in: Starck (Hrsg.), Rechtsvereinheitlichung durch Gesetze, 1992, S. 117 ff.; *Papier*, Die Einwirkungen des europäischen Gemeinschaftsrechts auf das nationale Verwaltungs- und Verfahrensrecht, in: Kloepfer/Merten/Skouris (Hrsg.), Die Bedeutung der Europäischen Gemeinschaften für das deutsche Recht und die deutsche Gerichtsbarkeit, 1989, S. 59 ff.; *Rengeling*, Fragen zum allgemeinen Verwaltungsrecht in der Europäischen Gemeinschaft, in: Achterberg/Krawietz/Wyduckel (Hrsg.), Recht und Staat im sozialen Wandel, Festschrift für Scupin, 1983, S. 475 ff.; *Ress*, Verwaltung und Verwaltungsrecht in der Bundesrepublik Deutschland unter dem Einfluß des europäischen Rechts und der europäischen Gerichtsbarkeit, in: Burmeister (Hrsg.), Die verfassungsrechtliche Stellung der Verwaltung in Frankreich und in der Bundesrepublik Deutschland, 1991, S. 199 ff.; *Schmidt-Assmann*, Zur Europäisierung des allgemeinen Verwaltungsrechts, in: Badura/Scholz (Hrsg.), Wege und Verfahren des Verfassungslebens, Festschrift für Lerche, 1993, S. 513 ff.; *Siedentopf/Hanschild*, Europäische Integration und die öffentlichen Verwaltungen der Mitgliedstaaten, DÖV 1990, 445 ff., 484 ff.; *Streinz*, Der Einfluß des deutschen Verwaltungsrechts auf das Verwaltungsrecht der Mitgliedstaaten, in: Schweitzer (Hrsg.), Europäisches Verwaltungsrecht, 1991, S. 241 ff.

Verwaltungsvertrag, andererseits die Begrenzung des Begründungszwangs und des Anhörungsrechts durch das deutsche Verfahrensrecht.

1. a) Der deutsche Verwaltungsvertrag (vgl. §§ 54 ff. VwVfG) unterscheidet sich in wesentlichen Punkten vom französischen Modell. Im Vordergrund des deutschen Rechts steht der subordinationsrechtliche Verwaltungsvertrag, bei welchem nach dem Wortlaut des § 54 S. 2 VwVfG ein Verwaltungsakt durch einen Verwaltungsvertrag ersetzt wird. Nach § 54 S. 1 VwVfG kann deshalb ein Verwaltungsvertrag ein Rechtsverhältnis nur »auf dem Gebiet des öffentlichen Rechts« begründen, ändern oder aufheben. Darunter ist nach der Rechtsprechung und Literatur zu verstehen, daß die Materie, auf welche sich der Verwaltungsvertrag bezieht, durch das öffentliche Recht geregelt wird.[331] Nach dem französischen System[332], dem die meisten Mitgliedstaaten der EG, wie etwa Belgien[333], Griechenland[334], Portugal[335] und Spanien[336], folgen, wird der Verwaltungsvertrag dagegen in Bereichen geschlossen, die, wie das Kauf- oder Werkvertragsrecht, an sich dem Privatrecht zuzuordnen sind. Um einen Verwaltungsvertrag handelt es sich dabei nur deshalb, weil die Rechtsprechung insbesondere des Conseil d'Etat auf diese Verträge zwecks Durchsetzung bestimmter öffentlicher Interessen Regeln des öffentlichen Rechts anwendet. Nur in den Bereichen, die wie das Subventionsrecht durch den Gesetzgeber nicht durchnormiert worden sind und für welche das Gesetz deshalb den Verwaltungsakt als Handlungsmittel der Verwaltung nicht zwingend vorgeschrieben hat, kann der Verwaltungsakt durch einen Verwaltungsvertrag ersetzt werden.

Diese unterschiedliche Ausgangslage hat wichtige Konsequenzen. Da das öffentliche Recht im Gegensatz zum Privatrecht durchweg zwingende Normen enthält, mußte das Verwaltungsverfahrensgesetz in § 59 II Regeln entwickeln, die, in einer gewissen Parallele zu den Vorschriften über den Widerruf und die Rücknahme der §§ 48 ff. VwVfG, das Vertrauen des Bürgers schützen und deshalb einen Verwaltungsvertrag grundsätzlich unter bestimmten Vorausetzungen auch dann für wirksam erklären, wenn er gegen das objektive Recht verstößt. Ähnliche Regeln finden sich im französischen Verwal-

331 Vgl. *Erichsen*, in: Erichsen (Hrsg.), Allgemeines Verwaltungsrecht, 10. Aufl. 1995, § 24.

332 Vgl. vor allem *de Laubadère/Moderne/Delvolvé*, Traité des contrats administratifs, 2. Aufl. 1983, 2 Bde.; *Beinhardt*, Der öffentlich-rechtliche Vertrag im deutschen und französischen Recht, VerwArch 55 (1964), S. 210 ff.

333 Vgl. etwa *Flamme*, Droit administratif, Bd. 2, 1989, S. 777 ff.

334 *Spiliotopoulos*, Droit administratif hellénique, 1991, S. 139 ff.

335 *Caetano*, Manual de dirito administrativo, Bd. 2, 1980, S. 569 ff.

336 Vgl. vor allem *de Solas Rafecas*, Contratos administrativos y contratos privatos de la administración, 1990; sowie das Gesetz über die Verträge des Staates von 1965, in: Eduardo García de Enterría, Codigo de las leyes administrativas, 8. Aufl. 1991, S. 267 ff.

tungsrecht nicht. Dort ist vielmehr ein Verwaltungsvertrag immer nichtig, wenn er gegen das objektive Recht verstößt.

b) Nun legt der Europäische Gerichtshof, wie seine Rechtsprechung zu den §§ 48 ff. VwVfG deutlich zeigt,[337] der französischen Lehre entsprechend größtes Gewicht auf die Einhaltung des Legalitätsprinzips, also des Grundsatzes der Gesetzmäßigkeit der Verwaltung. Es ist deshalb anzunehmen, daß der Europäische Gerichtshof die in § 59 II VwVfG vorgesehenen Abweichungen von diesem Grundsatz nicht akzeptieren wird. Nach der Auffassung, die der Europäische Gerichtshof im BUG-Fall[338] vertreten hat, ist ein Verwaltungsvertrag also stets nichtig, wenn er gegen das Gemeinschaftsrecht verstößt. Dieser Ansatz fließt überdies auch aus einer konkreten Auslegung des § 59 II VwVfG selbst. In der Tat hebt insbesondere Ziffer 2 die Bindung der Verwaltung an das objektive Recht beim Abschluß eines Verwaltungsvertrages nicht auf: Sonst wäre nicht zu erklären, warum der Verwaltungsvertrag dann nichtig ist, wenn beiden Parteien die Verletzung des objektiven Rechts bekannt war. § 59 II Ziff. 2 VwVfG bemüht sich vielmehr nur, die Sanktion der Nichtigkeit eines Verwaltungsvertrages bei einer Verletzung des objektiven Rechts im Interesse des Vertrauensschutzes der Bürger zu beschränken. Ob das deutsche Verfassungsrecht eine solche Beschränkung der Sanktion gestattet, ist in der Literatur äußerst umstritten.[339] Diese Frage mag hier dahingestellt bleiben, da der deutsche Gesetzgeber für die Beschränkung der Sanktion einer Verletzung des Gemeinschaftsrechts nicht zuständig ist. Auch nach seinem Sinn und Zweck kann also § 59 II Ziff. 2 VwVfG auf die Verletzung des Gemeinschaftsrechts keine Anwendung finden.

c) Auch die Durchsetzung der öffentlichen Interessen wird durch die §§ 54 ff. VwVfG deutlich erschwert. Das gilt insbesondere für den Vollzug der Vertragspflichten des Vertragspartners der Behörde, die nicht einseitig durch einen Verwaltungsakt, sondern grundsätzlich nur durch eine Klage durchgesetzt werden können. Auch die Regelung des § 61 VwVfG hinsichtlich der Unterwerfung unter die sofortige Vollstreckung dürfte also gegen das Gemeinschaftsrecht verstoßen. Man kann höchstens annehmen, daß beim Vollzug des Gemeinschaftsrechts durch einen Verwaltungsvertrag die Behörden durch das Gemeinschaftsrecht verpflichtet werden, in den Vertrag, dem § 61 VwVfG entsprechend, eine Vollstreckungsklausel aufzunehmen.

337 Vgl. oben Anm. 300 und 301.
338 Vgl. oben Anm. 301.
339 Vgl. dazu *Bramsche*, Rechtsfolgen verwaltungsvertraglicher Verstöße, 1986.

d) Ich komme darum zu dem Ergebnis, daß an sich ein Vollzug des Gemeinschaftsrechts auch durch den Abschluß eines Verwaltungsvertrages möglich ist, daß aber einzelne Vorschriften des Verwaltungsverfahrensgesetzes, wie die §§ 59 II und 61, durch das Gemeinschaftsrecht verdrängt werden. Das Problem liegt aber bei einer näheren Analyse viel tiefer. Wie bekannt ist, war die Zulässigkeit des subordinationsrechtlichen Vertrages in der deutschen Literatur vor Erlaß des Verwaltungsverfahrensgesetzes äußerst umtritten.[340] Es ist anzunehmen, daß auf der europäischen Ebene sich diese Problematik wiederholen wird. Die meisten Mitgliedstaaten kennen den subordinationsrechtlichen Vertrag nicht. Die meisten Richter des Europäischen Gerichtshofes stammen aber aus solchen Mitgliedstaaten. Es besteht deshalb eine gewisse Wahrscheinlichkeit, daß der Europäische Gerichtshof generell der Auffassung folgen wird, daß der Verwaltungsvertrag nach deutschem Muster kein geeignetes Mittel zur Durchsetzung des Gemeinschaftsrechts darstellt.

2. Wie ich oben schon dargelegt habe, hat der Europäische Gerichtshof festgestellt, daß der Verwaltungsakt einer nationalen Behörde, mit dem diese das Europäische Gemeinschaftsrecht vollzieht, einer Begründung bedarf.[341] Das Problem ist nun, daß nach § 39 VwVfG der Begründungszwang für bestimmte Fallgruppen insbesondere aber dann aufgehoben ist, wenn es sich um einen begünstigenden Verwaltungsakt handelt, der in Rechte eines Dritten nicht eingreift. Auch diese Ausnahmen könnten gegen das Gemeinschaftsrecht verstoßen. Dabei ist zunächst festzustellen, daß es nur in wenigen Mitgliedstaaten der EG einen generellen Begründungszwang für Verwaltungsakte gibt[342], und daß etwa in Frankreich dieser Begründungszwang nur beim Erlaß belastender Verwaltungsakte greift.[343] Die betreffenden Regeln, die *Jürgen Schwarze* detailliert dargelegt hat, sind also sehr unterschiedlich. Daraus und aus der Tatsache, daß der Europäische Gerichtshof in dem oben zitierten Urteil[344] eine Begründung bisher nur für belastende Verwaltungsakte gefordert hat, aber zu schließen, die Regelung des Begründungszwangs im deutschen Recht entspreche in breitem Umfang dem Gemeinschaftsrecht, wäre wohl etwas voreilig.
Zunächst ist festzustellen, daß nach Art. 190 EG-Vertrag der Begründungszwang auch für begünstigende Rechtsakte der EG greift. Im Rahmen der vom

340 Vgl. dazu *Erichsen*, in: Erichsen (Hrsg.), Allgemeines Verwaltungsrecht, 10. Aufl. 1995, § 26.

341 Vgl. oben Anm. 303; dazu auch *Müller-Ibold*, Die Begründungspflicht im europäischen Gemeinschaftsrecht und im deutschen Recht, 1990.

342 Vgl. die detaillierte Rechtsvergleichung bei *Schwarze*, Europäisches Verwaltungsrecht, Bd. 2, 1988, S. 1333 ff.

343 Vgl. etwa *de Laubadère/Venezia/Gaudement*, Traité de droit administratif, Bd. 1, 11. Aufl. 1990, S. 570 ff. m.w.N.

344 Vgl. oben Anm. 303.

Europäischen Gerichtshof vertretenen »objektiven« Funktionen des Verfahrensrechts[345] hat diese Erweiterung des Begründungszwangs auch eine sinnvolle Funktion. In der Tat hat der Europäische Gerichtshof für das Gemeinschaftsrecht festgestellt, daß dem Begründungszwang drei Funktionen zufallen:[346] Er soll zunächst eine umfassende Selbstkontrolle der Verwaltung gewährleisten. Zweitens soll dem Bürger ermöglicht werden, zu entscheiden, ob er gegen den Rechtsakt klagen will. Und drittens hat die Begründung, insbesondere bei Ermessensakten der Verwaltung den Sinn, dem Gericht eine umfassende Kontrolle zu ermöglichen.
Die letzten beiden Gründe greifen für begünstigende Akte, die nicht in Rechte Dritter eingreifen, offensichtlich nicht. Denn in diesen Fällen erscheint eine Klage als nicht möglich. Der Begründungszwang kann also dem eventuellen Kläger seine Entscheidung über die Klage nicht ermöglichen und dem Gericht eine umfassende Kontrolle des Verwaltungsaktes nicht eröffnen. Der erste dieser drei Gründe greift dagegen auch bei begünstigenden Verwaltungsakten, gerade weil in diesem Fall eine Selbstkontrolle der Verwaltung ausreicht. Insbesondere bei den Subventionen muß sichergestellt sein, daß das Subventionsverbot der Art. 92 f. EG-Vertrag effektiv eingehalten wird. Das aber ist nur möglich, wenn die Verwaltung durch den Begründungszwang zu einer umfassenden Selbstkontrolle angehalten wird.

3. Nach § 28 VwVfG ist das Anhörungsrecht der durch den Verwaltungsakt Betroffenen auf eine Erörterung des Sachverhalts beschränkt. Die Regeln der meisten anderen Mitgliedstaaten und insbesondere auch das Gemeinschaftsrecht gehen insoweit über die deutschen Regeln hinaus, als ein Rechtsgespräch stattfinden muß.[347] Auch eine solche Erweiterung des Anhörungsrechts entspricht der Funktion dieses Rechtsinstituts. In der Tat soll dieses Recht vor allem auch gewährleisten, daß die Behörde eine richtige Entscheidung trifft. Das aber ist nur der Fall, wenn sie auch über die Rechtslage eingehende Erwägungen anstellt. Hierzu aber wird sie letztlich nur durch die Anhörung gezwungen.

IV. *Generalisierung der Regeln des Gemeinschaftsrechts?*

Man könnte nun der Auffassung folgen, daß die oben dargelegten Regeln des Europäischen Gemeinschaftsrechts die Normen des deutschen Verwaltungsverfahrens- und Gerichtsverfahrensrechts ersetzen, soweit es sich um den

345 Vgl. etwa *Schwarze*, Europäisches Verwaltungsrecht, Bd. 2, 1988, S. 1351 ff.
346 Vgl. *Bleckmann*, Europarecht, 6. Aufl. 1997, Rn. 492 ff. und die dort angegebene, umfangreiche Rechtsprechung.
347 Vgl. *Schwarze*, Europäisches Verwaltungsrecht, Bd. 2, 1988, S. 1201 ff.

Vollzug des Gemeinschaftsrechts handelt. Eine solche Konzeption hätte den Nachteil, daß, dem Gleichheitssatz widersprechend, für den Vollzug des Gemeinschaftsrechts und des nationalen Rechts unterschiedliche Verfahrensregeln zur Anwendung gelangen. Deshalb empfiehlt es sich, die deutschen Normen generell durch Rückgriff auf das Europarecht auszulegen und eventuell zu ergänzen. Eine Interpretation gegen den Wortlaut des Verwaltungsverfahrensgesetzes erscheint denkbar, wenn man berücksichtigt, daß das Verwaltungsverfahren im Kern Ausfluß des Rechtsstaatsprinzips ist und das Verwaltungsverfahrensgesetz den Inhalt des Rechtsstaatsprinzips nach dem damaligen Erkenntnisstand formulieren wollte. Unter Rückgriff auf solche Interpretationsmöglichkeiten erscheint es möglich, die Verfahrensregeln nunmehr auf dem Stand der heutigen Erkenntnis des Rechtsstaatsprinzips auszulegen.

C. *Das Maastricht-Urteil des Bundesverfassungsgerichts und die Interpretationsmethoden des Europäischen Gerichtshofes*

I. *Einführung in die Problematik*

1. Das Bundesverfassungsgericht hat in seinem Maastricht-Urteil[348] in einem Frontalangriff gegen den Europäischen Gerichtshof neben der überaus weiten Auslegung des Art. 235 EG-Vertrag durch die Praxis der EG auch das effet utile-Prinzip und die implied powers-Lehre verworfen, welche zahlreichen Grundsatzentscheidungen des Europäischen Gerichtshofs zugrunde liegen. Die entscheidende Passage des Maastricht-Urteils lautet:[349]

> »Indem die Gründungsverträge den Europäischen Gemeinschaften einerseits in umgrenzten Tatbeständen Hoheitsrechte einräumen, andererseits die Vertragsänderung – in einem regelmäßigen und auch in einem vereinfachten Verfahren – regeln, hat diese Unterscheidung auch Bedeutung für die zukünftige Handhabung der Einzelermächtigungen. Wenn eine dynamische Erweiterung der bestehenden Verträge sich bisher auf eine großzügige Handhabung des Art. 235 EWGV im Sinne einer »Vertragsabrundungskompetenz«, auf den Gedanken der inhärenten Zuständigkeiten der Europäischen Gemeinschaften (»implied powers«) und auf eine Vertragsauslegung im Sinne einer größtmöglichen Ausschöpfung der Gemeinschaftsbefugnisse (»effet utile«) gestützt hat (vgl. Zuleeg in: von der

348 BVerfGE 89, 155 ff.; vgl. zu diesem Urteil: *Götz*, JZ 1993, 1081; *Bleckmann/Pieper*, RIW 1993, 669; *Meessen*, NJW 1994, 549; *Schröder*, DVBl. 1994, 316; *Pernice*, EuZW 1993, 649; *Steindorff*, EWS 1993, 341; *Weber*, JZ 1994, 53; *Tomuschat*, EuGRZ 1993, 489; *Zuleeg*, JZ 1994, 1; *Ipsen*, EuR 1994, 1; *Frowein*, ZaöRV 1994, 1; *Streinz*, EuZW 1994, 329; *König*, ZaöRV 1994, 17.

349 BVerfGE, a.a.O. (Anm. 348), S. 210.

Bleckmann, JZ 01, 53

Groeben/Thiesing/Ehlermann, EWG-Vertrag, 4. Aufl. 1991, Art. 2 Rn. 3), so wird in Zukunft bei der Auslegung von Befugnisnormen durch Einrichtungen und Organe der Gemeinschaften zu beachten sein, daß der Unions-Vertrag grundsätzlich zwischen der Wahrnehmung einer begrenzt eingeräumten Hoheitsbefugnis und der Vertragsänderung unterscheidet, seine Auslegung deshalb in ihrem Ergebnis nicht einer Vertragserweiterung gleichkommen darf; eine solche Auslegung von Befugnisnormen würde für Deutschland keine Bindungswirkung entfalten.«

Diese Passage wird nur verständlich, wenn man sie im Gesamtzusammenhang des Urteils liest: Nach der Auffassung des Bundesverfassungsgerichts verlangt das Demokratieprinzip, wohl richtiger das durch Art. 20 II GG damit verkoppelte Souveränitätsprinzip,[350] daß die EG nur von den Mitgliedstaaten als »Herren der Verträge« abgeleitete Hoheitsbefugnisse ausüben darf. Das aber bedeutet, daß – von der Bundesrepublik Deutschland aus gesehen – die Kompetenzen der EG nur auf dem deutschen Zustimmungsgesetz zu den Gründungsverträgen der Europäischen Union beruhen können. Das Bundesverfassungsgericht geht in Übereinstimmung mit dem im Gemeinschaftsvertrag verankerten Grundsatz der beschränkten Einzelermächtigung[351] davon aus, daß der EG-Vertrag nicht in seinen Generalklauseln, sondern nur in den Einzelbestimmungen Kompetenzen der EG begründet. Folglich sei der Schluß vom Zweck auf die Mittel, auf denen der Effektivitätsgrundsatz und die implied powers-Lehre beruhen, nicht gestattet.

2. a) Der Europäische Gerichtshof hat relativ häufig ausdrücklich auf das Effektivitätsprinzip als Auslegungsgrundsatz zurückgegriffen.[352] Fast durchweg handelte es sich dabei um Fälle, in denen er eine bestimmte Auslegung von Vertragsnormen deshalb zurückgewiesen hat, weil eine solche Interpretation die Norm ihres Sinnes berauben, diese Norm aushöhlen oder zu absurden oder den Zielen des Vertrags nicht entsprechenden Lösungen führen würde. Hält man sich an die Fälle, in denen der Europäische Gerichtshof das effet utile-Prinzip ausdrücklich bemüht hat, wird aber die ganze Bedeutung dieses Grundsatzes nicht einsichtig.

Kutscher[353] faßt die Rechtsprechung des Europäischen Gerichtshofs dahin zusammen, »daß der Gerichtshof nach dem Grundsatz vom effet utile derjenigen Auslegung den Vorzug gibt, bei der ihr praktischer Nutzen am größten ist und

350 Vgl. dazu *Bleckmann*, Staatsrecht I, 1993, S. 103 ff., 123 ff.

351 Vgl. dazu *Kraußer*, Das Prinzip begrenzter Ermächtigung im Gemeinschaftsrecht des Strukturprinzips des EWG-Vertrages, 1991; *Bleckmann*, Die Beihilfekompetenz der EG. Ein Beitrag zum Prinzip der begrenzten Ermächtigung, DÖV 1977, 615.

352 Vgl. im Einzelnen *Böhm*, Kompetenzauslegung und Kompetenzlücken im Gemeinschaftsrecht, 1985, S. 72 ff.

353 *Kutscher*, Thesen zu den Methoden der Auslegung des Gemeinschaftsrechts aus der Sicht eines Richters. Begegnung von Justiz und Hochschule vom 27. – 28.9.1976, Bd. I, S. 5 ff., 44; weitere Nachweise bei *Böhm*, a.a.O. (Anm. 352), S. 84, Anm. 230a.

bei der sich ihre Wirkung am stärksten entfaltet«. Die Kriterien für den praktischen Nutzen einer Norm seien aus den Vertragszielen zu entnehmen. Der Grundsatz des effet utile lasse sich deshalb genauer noch dahin definieren, daß diejenige Auslegung vorzuziehen ist, die die Verwirklichung der Vertragsziele am besten fördert.

Als Ziel des Vertrages wird in fast allen Grundsatzentscheidungen des Europäischen Gerichtshofs, die implizit dem Effektivitätsprinzip folgen, die effektive und einheitliche Durchsetzung des Gemeinschaftsrechts auf der europäischen und auf der nationalen Vollzugsebene angesehen. Die Urteile zum Vorrang des Gemeinschaftsrechts gegenüber dem nationalen Recht einschließlich dem Verfassungsrecht,[354] zur unmittelbaren Wirkung des Gemeinschaftsrechts einschließlich der Richtlinien[355] im nationalen Rechtsraum, das Urteil Francovich zur Haftung der Mitgliedstaaten bei einer Verletzung des Gemeinschaftsrechts[356] sowie die neueren Urteile, die durch die Entwicklung allgemeiner Rechtsprinzipien des allgemeinen Verwaltungsrechts sicherstellen wollen, daß die nationalen Behörden und Gerichte das Gemeinschaftsrecht ordnungsgemäß vollziehen,[357] beruhen auf diesem Gedanken.

b) Die – meist älteren – Urteile des Europäischen Gerichtshofs zur implied powers-Lehre[358] greifen dagegen auf die Auslegungsgrundsätze zurück, die er aus dem Verfassungsrecht fast aller Bundesstaaten und dem Völkerrecht entnommen hat.[359] Im Gegensatz zum effet utile-Prinzip dient die implied powers-Lehre in der Rechtsprechung des Europäischen Gerichtshofs nicht zur Entwicklung materiellen Gemeinschaftsrechts, sondern zur Begründung von Kompetenzen der politischen Organe der EG. Es handelt sich auch hier um einen Schluß von den Vertragszielen auf Befugnisse der EG als notwendige Mittel. Nur die erste Entscheidung des Europäischen Gerichtshofs zu diesem Fragenkreis bezog sich dabei auf die allgemeinen Ziele des EGKS-Vertrages; das wird dadurch gerechtfertigt, daß es sich dem Wortlaut nach um den dem Art. 235 EGV entsprechenden Art. 8 des EGKS-Vertrages handelte. Die bei-

354 Vgl. dazu *Bleckmann*, Europarecht, 6. Aufl., 1997, Rn. 1068 ff.

355 *Bleckmann*, a.a.O. (Anm. 354), Rn. 1086 ff.

356 EuGH, Urt. v. 10.7.1990, Rs. C-217/88 – Slg. 1990 I, 2899; vgl. auch EuGH, Urt. v. 21.2.1991, Rs. 143/88, 92/89 – Slg. I 1991, 532, 542 ff.; dazu: *Vedder*, EWS 1991, 10; *Triantafyllou*, NVwZ 1992, 129, 133; *Schwarze*, in: Baur/Müller-Graff/Zuleeg (Hrsg.), Europarecht – Energierecht – Wirtschaftsrecht, FS für Börner, 1992, S. 389, 394 ff.

357 Vgl. dazu *Bleckmann*, DÖV 1993, 837; *Schoch*, JZ 1995, 109 jeweils m.w.N.

358 EuGH, Urt. v. 29.11.1956, Rs. 8/55 – Slg. 1955 – 1956, 297 (312); vgl. auch EuGH, Urt. v. 15.7.1960, Rs. 20/59 – Slg. 1960, 681 (708); EuGH, Urt. v. 15.7.1960, Rs. 25/59 – Slg. 1960, 743 (781).

359 Vgl. dazu *Böhm*, Kompetenzauslegung und Kompetenzlücken im Gemeinschaftsrecht, 1985, S. 120 ff.; *Bothe*, Die Kompetenzstruktur des modernen Bundesstaats in rechtsvergleichender Sicht, 1977 (Australien, S. 94 f.; Deutschland, S. 215 f.; Kanada, S. 172; Schweiz, S. 207; USA, S. 144 ff.).

den folgenden Urteile beziehen sich dagegen auf konkrete Vorschriften des EGKS-Vertrages. Der Europäische Gerichtshof führte insoweit aus:[360]

> »Angesichts der unterschiedlichen Regelung, die zwei immerhin vergleichbare Sachbereiche im Vertrag gefunden haben, ist jedoch weiterhin zu prüfen, ob sich Rechtsetzungsbefugnisse der Hohen Behörde nicht stillschweigend aus anderen Bestimmungen des Vertrages . . . oder aus seinem Gesamtzusammenhang herleiten lassen. In der Tat stimmen Lehre und Rechtsprechung darin überein, daß die von einem völkerrechtlichen Vertrag aufgestellten Vorschriften zugleich diejenigen Rechtssätze in sich schließen, ohne welche sie nicht sinnvoll und vernünftig angewendet werden können.«

Auch in diesen Fällen wird nicht aus den allgemeinen Vertragszielen auf eine Kompetenz geschlossen, sondern nur versucht, eine spezielle Kompetenzvorschrift anhand der Vertragsziele und des Gesamtzusammenhangs sinnvoll auszulegen.

Im Gegensatz zur Auffassung von *Oppermann*[361] kann dagegen das AETR-Urteil des Europäischen Gerichtshofs[362] nicht als Anwendungsfall der implied powers-Lehre angesehen werden. Der implied powers-Lehre lassen sich nicht alle Methoden zuordnen, mit deren Hilfe ungeschriebene Kompetenzen entwickelt werden können; sie setzt vielmehr voraus, daß aus Aufgaben Befugnisse entwickelt werden (Zweck-Mittel-Relation). Im AETR-Urteil handelt es sich vielmehr um einen Unterfall des Grundsatzes der Parallelität der Außen- und Innenkompetenzen:[363] Nach dem ausdrücklichen Wortlaut dieses Urteils können die Mitgliedstaaten mit Wirkung für die Bereiche, in denen die EG Rechtsakte erlassen hat, Verträge mit Drittstaaten nicht mehr schließen, weil sie dann die innergemeinschaftlichen Regeln der EG unterlaufen würden. Dementsprechend besteht eine Vertragsschlußkompetenz der EG.[364]

Soweit ersichtlich, hat der Europäische Gerichtshof nur in einem einzigen neueren Urteil[365] aus den allgemeinen Aufgaben auf Befugnisse geschlossen. Auch hier handelte es sich um die Auslegung einer konkreten Norm, nämlich des Art. 118 EGV, dessen erster Absatz der Kommission die Aufgabe erteilt, eine enge Zusammenarbeit zwischen den Mitgliedstaaten in sozialen Fragen zu fördern und dessen zweiter Absatz die Kommission ermächtigt, zu diesem Zweck durch Untersuchungen, Stellungnahmen und die Vorbereitung von Beratungen tätig zu werden. Der Europäische Gerichtshof führte aus:[366]

360 EuGH, Urt. v. 15.7.1960, Rs. 20/59, Slg. 1960, 681 (708).
361 *Oppermann*, Europarecht, 1991, S. 169 ff.
362 EuGH, Urt. v. 31.3.1971, Rs. 22/70 – Slg. 1971, 263.
363 Vgl. *Bleckmann*, NVwZ 1989, 311.
364 Vgl. dazu *Krück*, Völkerrechtliche Verträge im Recht der EG, 1977.
365 EuGH, Urt. v. 9.7.1987, Rs. 281, 283 bis 285 und 287/85 – Slg. 1987, 3203.
366 EuGH, a.a.O., (Anm. 365), S. 3204, im einzelnen S. 3253 ff. sowie die Schlußanträge des Generalanwalts Mancini auf S. 3219 ff.

»3. Weist eine Bestimmung des EWG-Vertrags, im vorliegenden Fall Artikel 118, der Kommission eine bestimmte Aufgabe zu, so ist davon auszugehen, daß sie ihr dadurch notwendigerweise auch die zur Erfüllung dieser Aufgabe unerläßlichen Befugnisse verleiht; andernfalls würde der Bestimmung jede praktische Wirksamkeit genommen. In diesem Sinne ist Artikel 118 Absatz 2 dahingehend zu verstehen, daß er der Kommission alle zur Organisation der Konsultationen erforderlichen Befugnisse verleiht. Zur Erfüllung dieser Aufgabe muß die Kommission die Mitgliedstaaten zwangsläufig auch zur Mitteilung der unerläßlichen Informationen verpflichten können, zunächst um die Probleme zu ermitteln und sodann um die möglichen Leitlinien eines eventuellen zukünftigen gemeinsamen Vorgehens der Mitgliedstaaten zu erarbeiten; ebenso muß sie die Mitgliedstaaten zur Teilnahme an einem Konsultationsverfahren verpflichten können. Die Kommission ist daher gemäß Artikel 118 befugt, gegenüber den Mitgliedstaaten eine verbindliche Entscheidung zur Einführung eines Informations- und Konsultationsverfahrens zu erlassen. Da sie jedoch nur eine auf das Verfahren beschränkte Zuständigkeit besitzt, kann sie weder das Ergebnis vorschreiben, das mit dieser Konsultation erreicht werden soll, noch die Mitgliedstaaten daran hindern, Vorhaben, Abkommen und Vorschriften in Kraft zu setzen, die sie als nicht in Einklang mit den Politiken und Maßnahmen der Gemeinschaft stehend ansieht.«

Es handelte sich einerseits um die Frage, ob die Begriffe »fördern« in Art. 118 I EGV und »vorbereiten« in Abs. 2 der Norm die Befugnis umfassen, Rechtsakte zu erlassen, die Vorschrift insoweit also eine konkrete Kompetenznorm darstellt; andererseits um die Frage, ob bei der damaligen politischen Brisanz um rechtlich untergeordnete Verfahrensakte der Grundsatz der beschränkten Einzelermächtigung möglicherweise überhaupt nicht greift und den Mitgliedstaaten keine neue Verpflichtungen auferlegt wird, weil sie nach Auffassung aller Parteien durch Art. 5 EGV zur Information der Kommission verpflichtet waren. Das Beispiel zeigt deutlich, daß ohne Rückgriff auf die implied powers-Lehre Kompetenznormen teleologisch nicht ausgelegt werden können.

c) Dem Maastricht-Urteil des Bundesverfassungsgerichts ist schließlich darin zuzustimmen, daß die Praxis des Ministerrats und der Kommission den Art. 235 EG-Vertrag unvertretbar ausgeweitet hat. Ein Beispiel mag diese Entwicklung verdeutlichen: Vor Inkrafttreten der Einheitlichen Europäischen Akte enthielt der EWG-Vertrag Bestimmungen über den Umweltschutz nicht. Um trotzdem Umweltschutzrichtlinien erlassen zu können, griff die Praxis auf Art. 100 und 235 EG-Vertrag zurück. Art. 100 EGV gestattete Umweltrichtlinien nur insoweit, als eine Rechtsvereinheitlichung erforderlich war, weil unterschiedliche nationale Umweltgesetze infolge der unterschiedlichen Kosten für den Umweltschutz den Wettbewerb verfälschten. Das hielt der Ministerrat nicht für ausreichend. Er ging davon aus, daß Art. 235 EG-Vertrag auch außerhalb des Anwendungsbereichs des Vertrages den Erlaß von Richtlinien gestattete, die zur Erreichung der Ziele des Art. 2 EWG-Vertrag erforderlich waren; der in Art. 2 EWGV enthaltene Begriff der »beschleunigten Hebung der Lebenshaltung« wurde sozusagen in Vorgriff auf die neue Fassung des EG-Vertrages[367] im Sinne der »Lebensqualität«, d. h. so weit gefaßt, daß er auch den Umweltschutz erfaßte. Die EG konnte deshalb etwa die Vogelschutzrichtlinie erlassen.[368] Der Europäische Gerichtshof hat in den Verfahren, in denen es um die Durchsetzung dieser Richtlinie ging,[369] diese Kompetenzausweitung nicht überprüft, obwohl er von Amts wegen hierzu verpflichtet gewesen wäre. Die Praxis verkennt damit, daß Maßnahmen im Rahmen des Art. 235 EGV nach dem Wortlaut dieser Bestimmung nur gestattet sind, soweit sie erforderlich sind, »um im Rahmen des Gemeinsamen Marktes« eines der Ziele der Gemeinschaft zu erreichen.[370] Diese Bestimmung läßt also Maßnahmen der EG nur im Rahmen der Vorschriften über den Gemeinsamen Markt als den Anwendungsbereich der damaligen Fassung des EWG-Vertrages zu; der Umweltschutz aber zählte hierzu nicht. Zwar könnte die Ansicht vertreten werden, diese Vorschrift müsse nach Inkrafttreten des Unionsvertrages auf den ganzen, erheblich erweiterten Anwendungsbereich des EG-Vertrages in seiner neuen Fassung ausgedehnt werden. Eine solche letztlich analoge Anwendung von Kompetenzvorschriften erscheint aber insbesondere nach dem Maastricht-Urteil kaum mehr möglich.

II. *Zu den Widersprüchen in der Rechtsprechung des Bundesverfassungsgerichts*

Obwohl das Bundesverfassungsgericht in seinem Maastricht-Urteil sein im 75. Band der Entscheidungssammlung veröffentlichtes Urteil zur Rechtsschöpfungsbefugnis des Europäischen Gerichtshofs[371] ausdrücklich bestätigt hat,[372] ist ein scheinbarer logischer Widerspruch zwischen diesen beiden

367 Im neuen Art. 2 EG-Vertrag heißt es: »Aufgabe der Gemeinschaft ist es, durch die Errichtung eines Gemeinsamen Marktes und einer Wirtschafts- und Währungsunion sowie durch die Durchführung der in den Artikeln 3 und 3a genannten gemeinsamen Politiken oder Maßnahmen eine harmonische und ausgewogene Entwicklung des Wirtschaftslebens innerhalb der Gemeinschaft, ein beständiges, nichtinflationäres und umweltverträgliches Wachstum, einen hohen Grad an Konvergenz der Wirtschaftsleistungen, ein hohes Beschäftigungsniveau, ein hohes Maß an sozialem Schutz, die Hebung der Lebenshaltung und der Lebensqualität, den wirtschaftlichen und sozialen Zusammenhalt und die Solidarität zwischen den Mitgliedstaaten zu fördern.«

368 Richtlinie des Rates vom 2.4.1979 über die Erhaltung der wildlebenden Vogelarten (79/409/EWG).

369 EuGH, Urt. v. 28.2.1991, Rs. C-57/89, Slg. 1991 I, 883.

370 So richtig: *Schwartz*, in: von der Groeben/Thiesing/Ehlermann, Kommentar zum EWG-Vertrag, Bd. 4, 4. Aufl. 1991, Art. 235, Rn. 119 ff.

371 BVerfGE 75, 223 (242 ff.).

372 BVerfGE 89, 209 unten.

Urteilen nicht zu übersehen. Im vorangehenden Urteil hatte das Bundesverfassungsgericht ausgeführt:[373]

»bb) Es ist mit Art. 24 Abs. 1 GG vereinbar, dem Gerichtshof, einer zwischenstaatlichen Einrichtung, eine derartige Befugnis zur Rechtsfortbildung im Bereich des Kompetenzrechts dieser Einrichtung zu übertragen. Zwar ist es auch verfassungsrechtlich erheblich, ob eine zwischenstaatliche Einrichtung im Sinne des Art. 24 Abs. 1 GG sich in den Grenzen der ihr übertragenen Hoheitsrechte hält oder aus ihnen ausbricht (vgl. BVerfGE 37, 271 [279 f.]; 58, 1 [30 f.]). Der Gemeinschaft ist durch den EWG-Vertrag nicht eine Rechtsprechungsgewalt zur unbegrenzten Kompetenzerweiterung übertragen worden. Die Gemeinschaft ist kein souveräner Staat im Sinne des Völkerrechts (vgl. Eric Stein, Towards a European Foreign Policy? The European Foreign Affairs System from the Perspective of the United States Constitution, in: Integration Through Law, Vol. 1, bk. 3 [1986], S. 19), dem eine Kompetenzkompetenz über innere Angelegenheiten zukäme. Auf sie ist weder die territoriale Souveränität noch die Gebiets- und Personalhoheit der Mitgliedstaaten übertragen worden; ihre auswärtigen Befugnisse betreffen begrenzte Bereiche, mögen sie im einzelnen hierbei auch nicht, wie im Bereich anderer Vertragsziele, durch den Grundsatz der Spezialermächtigung beschränkt sein. Nach wie vor sind derzeit die Mitgliedstaaten im Rahmen des allgemeinen Völkervertragsrechts die Herren der Gemeinschaftsverträge, wie nicht zuletzt die Einheitliche Europäische Akte vom 17. und 28. Februar 1986 (Bulletin der Europäischen Gemeinschaften, Suppl. 2 [1986]) belegt.
Zulässig und von den Auslegungsregeln für die Gemeinschaftsverträge her nachgerade geboten ist es indessen, vorhandene Kompetenzen der Gemeinschaft im Lichte und im Einklang mit den Vertragszielen auszulegen und zu konkretisieren. Wo insoweit generelle Grenzen der Reichweite der Gemeinschaftsgewalt verlaufen, kann hier dahinstehen. Die vorliegende Rechtsprechung des Gerichtshofs zur Möglichkeit des Marktbürgers, sich auf Richtlinien bestimmter Art unmittelbar zu berufen, bleibt weit davon entfernt, diese Grenzen zu überschreiten. Das Ergebnis dieser Rechtsprechung hält sich im Gefüge der vertraglich begründeten Handlungsformen der Gemeinschaftsgewalt; sie werden nicht erweitert oder durch neuartige Handlungsformen ergänzt; die Verpflichtungen der Mitgliedstaaten (zur Richtlinienerfüllung) werden weder erhöht noch verschärft – erhöht wird die Wirkungskraft einer bestimmten Art von Richtlinien mit dem Ziel, ihre Beachtung durch die Mitgliedstaaten besser zu gewährleisten. Angesichts des nicht unerheblichen Gefälles zwischen den Mitgliedstaaten beim Vollzug von Richtlinien dient dies zumal der Herstellung der Rechtsanwendungsgleichheit zwischen den Marktbürgern und stellt keine Überschreitung der Grenzen der Hoheitsbefugnisse dar, die für die Gemeinschaft durch den Abschluß des EWG-Vertrages begründet worden sind.

cc) Auch gegen die Methode richterlicher Rechtsfortbildung, derer sich der Gerichtshof bedient hat, ist weder unter dem Maßstab des Zustimmungsgesetzes zum EWG-Vertrag noch dem des Art. 24 Abs. 1 GG etwas zu bewenden. Zwar ist dem Gerichtshof keine Befugnis übertragen worden, auf diesem Wege Gemeinschaftskompetenzen beliebig zu erweitern; ebensowenig aber können Zweifel daran be-

373 BVerfGE 75, 223 (242 ff.).

stehen, daß die Mitgliedstaaten die Gemeinschaft mit einem Gericht ausstatten wollten, dem Rechtsfindungswege offenstehen sollten, wie sie in jahrhundertelanger gemeineuropäischer Rechtsüberlieferung und Rechtskultur ausgeformt worden sind. Der Richter war in Europa niemals lediglich »la bouche qui prononce les paroles de la loi«; das römische Recht, das englische common law, das Gemeine Recht waren weithin richterliche Rechtsschöpfungen ebenso wie in jüngerer Zeit etwa in Frankreich die Herausbildung allgemeiner Rechtsgrundsätze des Verwaltungsrechts durch den Staatsrat oder in Deutschland das allgemeine Verwaltungsrecht, weite Teile des Arbeitsrechts oder die Sicherungsrechte im privatrechtlichen Geschäftsverkehr. Die Gemeinschaftsverträge sind auch im Lichte gemeineuropäischer Rechtsüberlieferung und Rechtskultur zu verstehen. Zu meinen, dem Gerichtshof der Gemeinschaften wäre die Methode der Rechtsfortbildung verwehrt, ist angesichts dessen verfehlt. Das Bundesverfassungsgericht ist auch bislang schon ohne Aufhebens davon ausgegangen, daß der Gerichtshof subjektive Rechte des privaten Einzelnen aus allgemeinen Rechtsgrundsätzen entwickeln darf (BVerfGE 37, 271; 73, 339). Wie behutsam der Gerichtshof dabei im vorliegenden Zusammenhang verfahren ist, zeigt sich daran, daß er nicht Richtlinien schlechthin »berufungsfähig« gemacht hat, sondern dafür bestimmte, oben aufgezeigte Kriterien erstellt hat, die – jedenfalls in der bisherigen Richtlinienpraxis, die Hunderte von Richtlinien allein zur Rechtsangleichung aufweist, – nur selten erfüllt sind.«

Bei einer näheren Analyse dieser Passage wird deutlich, daß nach der Auffassung des Bundesverfassungsgerichts der Europäische Gerichtshof seine Rechtsprechung zur unmittelbaren Wirkung der Richtlinien auf das effet utile-Prinzip gestützt hat: Es handelt sich, so führt das Bundesverfassungsgericht aus, um die zusätzliche Sanktion einer Vertragsverletzung durch die Mitgliedstaaten, welche der Durchsetzung der Rechte der Individuen effektiv dienen soll. Darüber hinaus hat das Bundesverfassungsgericht in dieser Passage hervorgehoben, die deutsche Verfassung verbiete es nicht, dem Europäischen Gerichtshof die Rechtsschöpfungsbefugnis zu billigen, die den Gerichten im europäischen Rechtsraum allgemein zustehen.

Im Maastricht-Urteil hat das Bundesverfassungsgericht insoweit übersehen, daß die implied powers-Theorie nicht nur zum traditionellen Bestand der Interpretationsregeln des Verfassungsrechts in allen Bundesstaaten einschließlich der Bundesrepublik Deutschland gehört, sondern auch im Völkerrecht allgemein anerkannt wird.[374] Etwas Ähnliches gilt für das Effektivitätsprinzip, das nicht nur im Völkerrecht bekannt ist, sondern auch der überaus weiten Auslegung der Grundrechte durch das Bundesverfassungsgericht zugrunde liegt. Als Beispiele hierfür sei auf die Rechtsprechung des Bundesverfassungsgerichts zu Art. 19 IV GG[375] sowie auf eine Entscheidung zu Art. 6 I GG verwiesen, in welcher es heißt:[376]

374 S. o. Anm. 359.

375 Vgl. dazu *Krebs;* Art. 19 IV Rn. 47 ff., in: von Münch, GG-Kommentar, Bd. 1, 4. Aufl. 1992.

376 BVerfGE 6, 51 (72).

»Die rechtliche Wirkung des Art. 6 Abs. 1 GG erschöpft sich jedoch nicht in diesen Funktionen. Wie eine ganze Reihe von Verfassungsnormen – insbesondere solche, die das Verhältnis des Bürgers zum Staat bestimmen oder das Gemeinschaftsleben regeln – erfüllt Art. 6 Abs. 1 GG mehrere Funktionen, die miteinander verbunden sind und ineinander übergehen. Aufgabe der Verfassungsrechtsprechung ist es, die verschiedenen Funktionen einer Verfassungsnorm, insbesondere eines Grundrechts, zu erschließen. Dabei ist derjenigen Auslegung der Vorzug zu geben, »die die juristische Wirkungskraft der betreffenden Norm am stärksten entfaltet (Thoma).«

Nach der Rechtsprechung des Bundesverfassungsgerichts dient das deutsche Effektivitätsprinzip der Durchsetzung der subjektiven öffentlichen Rechte, insbesondere der Grundrechte. Warum dieser Grundsatz verfassungsrechtlich nicht auch dann legitim sein soll, wenn er wie im Europäischen Gemeinschaftsrecht der Durchsetzung des objektiven Gemeinschaftsrechts dient, bleibt unerfindlich.

Diesen doppelten Widerspruch in der Rechtsprechung des Bundesverfassungsgerichts kann man aufheben, wenn man bedenkt, daß es sich in der Entscheidung im 75. Band um die Entwicklung eines Rechtssatzes des materiellen Rechts durch den Europäischen Gerichtshof handelt, die Bedenken des Maastricht-Urteils sich dagegen auf die Begründung neuer Kompetenzen der politischen Organe der EG richten: Die implied powers- und die effet utile-Regel können also vom Europäischen Gerichtshof zwar herangezogen werden, um seine eigene Rechtsschöpfungskompetenz zu begründen. Nicht aber dürfen diese Prinzipien verwendet werden, um Kompetenzen der politischen Organe der EG zu begründen. Einer solchen Intepretation steht die Tatsache entgegen, daß nach dem Maastricht-Urteil die Kompetenznormen des EG-Vertrages auch anhand der Ziele des Vertrages, also auch aufgrund der Lehren von den implied powers und dem effet utile ausgelegt werden können.[377] Dann ist das Maastricht-Urteil in Übereinstimmung mit der Tatsache, daß diese Ausführungen in Zusammenhang mit dem Grundsatz der beschränkten Einzelermächtigung stehen, dem Wortlaut der Art. 3 und 4 EG-Vertrag entsprechend dahin auszulegen, daß die implied powers- und die effet utile-Lehre zwar zur Konkretisierung hinreichend bestimmter Kompetenzen auch der politischen Organe herangezogen werden können, nicht aber, um aus Generalklauseln, welche nur die Ziele des Vertrages umreißen, zusätzliche Kompetenzen der politischen Organe der EG zu begründen. Legt man das Maastricht-Urteil in diesem Sinne aus, stimmt es weitgehend mit der Rechtsprechung des Europäischen Gerichtshofs überein.

377 BVerfGE 89, 209.

III. *Der Europäische Gerichtshof als Verfassungsgerichtshof*[378]

1. Das Bundesverfassungsgericht hat in der oben zitierten Passage des 75. Bandes seiner Entscheidungssammlung darauf hingewiesen, daß selbst die Fachgerichte in den Mitgliedstaaten der EG einen überaus breiten Spielraum für ihre Rechtsschöpfung in Anspruch nehmen können. Als Beispiel hat das Bundesverfassungsgericht auf die Entwicklung des allgemeinen Verwaltungsrechts in Frankreich und in der Bundesrepublik Deutschland hingewiesen: In der Bundesrepublik Deutschland sind vor dem Erlaß des Verwaltungsverfahrensgesetzes die Regeln des allgemeinen Verwaltungsrechts aus dem Rechtsstaatsprinzip, genauer aus dem auf die Durchsetzung der subjektiven öffentlichen Rechte einschließlich der Grundrechte der Individuen gerichteten Effektivitätsprinzip, entwickelt worden.[379] Das auf die Durchsetzung der subjektiven öffentlichen Rechte ausgerichtete Effektivitätsprinzip wird auch heute noch zur Interpretation der Verwaltungsgesetze herangezogen. Im französischen Verwaltungsrecht hat der Conseil d'Etat[380] zu diesem Zweck auf das auf die effektive Durchsetzung des objektiven Rechts gerichtete Effektivitätsprinzip zurückgegriffen. Das zeigt erneut, daß nach der Rechtsprechung des Bundesverfassungsgerichts auch im Maastricht-Urteil dem Europäischen Gerichtshof der Rückgriff auf das Effektivitätsprinzip zur Entwicklung allgemeiner Rechtsgrundsätze des Gemeinschaftsrechts gestattet ist.

2. Die deutschen und französischen Verwaltungsgerichte konnten auf das Effektivitätsprinzip zurückgreifen, weil ihre umfassende Kompetenz zur Kontrolle der Verwaltung anders nicht ausgeübt werden konnte. Insbesondere das Bundesverfassungsgericht nimmt, wie wir gezeigt haben, das Effektivitätsprinzip für weite Rechtsschöpfungsbefugnisse in Anspruch: Zahlreiche Grundsatzentscheidungen des Bundesverfassungsgerichts wären verfassungswidrig, wenn das Bundesverfassungsgericht die Verfassungsregeln, die es scheinbar auf den Europäischen Gerichtshof bezieht, auf seine eigene Recht-

378 *Steinberger/Klein/Thürer*, VVDStRL 50 (1991), S. 31; *Zuleeg*, NJW 1994, 546 f.; *Ipsen*, in: Isensee/Kirchhof, Handbuch des Staatsrechts der Bundesrepublik Deutschland, Bd. VII, 1992, § 181, Rn. 32.

379 Für die Entwicklung vor dem Inkrafttreten des Verwaltungsverfahrensgesetzes vgl. statt vieler *Forsthoff*, Lehrbuch des Verwaltungsrechts, Bd. I, Allgemeiner Teil, 10. Aufl. 1973, insbes. S. 18 ff. Zur Einwirkung des Rechtsstaatsprinzips auf das Verwaltungsverfahren vgl. Bundesrepublik Deutschland, Musterentwurf eines Verwaltungsverfahrensgesetzes, 2. Aufl. 1968, S. 64; *Kopp*, Verfassungsrecht und Verwaltungsverfahrensrecht, 1971; *Obermayer*, Kommentar zum Verwaltungsverfahrensgesetz, 2. Aufl. 1990, S. 68 ff.

380 Zur Entwicklung des Verwaltungsrechts durch den französischen Conseil d'Etat vgl. *Conseil d'Etat*, Son histoire à travers les documents d'époque 1799 – 1974, 1974. Zur Ausrichtung des französischen Verwaltungsrechts an der Durchsetzung des objektiven Rechts vgl. *Chapus*, Droit administratif général, Bd. 1, 4. Aufl. 1988, S. 503 ff., und *Bleckmann*, in: H. Mosler (Hrsg.), Gerichtsschutz gegen die Exekutive, 1971, Bd. 3, S. 21 ff.

sprechung bezöge. Das Bundesverfassungsgericht ist aber nicht stärker demokratisch legitimiert als der Europäische Gerichtshof.

Das Bundesverfassungsgericht hat nun in dem Maastricht-Urteil durch seine Bezugnahme auf seine Entscheidung im 75. Band nur auf die Rechtsschöpfungsbefugnis der Fachgerichte abgestellt. Es hat dabei übersehen, daß die Rechtsschöpfungsbefugnis der Verfassungsgerichte weit über die der Fachgerichte hinausgeht und daß der Europäische Gerichtshof kein Fachgericht, sondern das »Verfassungsgericht« der EG darstellt.

Die Gründungsverträge der Europäischen Union wollten die gesamte Zusammenarbeit zwischen den Mitgliedstaaten so regeln, daß die Ziele dieser Verträge effektiv erreicht werden. Die europäischen Verträge ähneln deshalb, wie in der Literatur einmütig gesehen wird, den Verfassungen der Mitgliedstaaten. Angesichts der relativ wenigen Artikel dieser Rechtsakte und der Tatsache, daß die Vertragsparteien nicht alle später auftretenden Probleme vorhersehen konnten, muß, wenn die Ziele der EG dem Willen der Vertragsparteien entsprechend effektiv durchgesetzt werden sollen, der Europäische Gerichtshof über einen ähnlich breiten Rechtsschöpfungsspielraum wie die nationalen Verfassungsgerichte verfügen. Die deutsche Lehre geht dabei davon aus, daß das Bundesverfassungsgericht die Verfassung nicht im engeren Sinne auslegt, sondern »konkretisiert«.[381]

Wenn die Gründungsverträge der Europäischen Union in ihrer notwendig lapidaren Kürze nur einen Teil der durch die Zusammenarbeit der Mitgliedstaaten in der EG aufgeworfenen Rechtsprobleme ausdrücklich lösen können, die Ziele des Vertrages aber auf eine umfassende, eigenständige europäische Rechtsordnung[382] gerichtet sind, muß dem Europäischen Gerichtshof als Verfassungsgericht der EG wie den französischen und – vor Erlaß des Verwaltungsverfahrensgesetzes – den deutschen Verwaltungsgerichten ein breiter Spielraum der Rechtsschöpfung offenstehen, der jedenfalls wesentlich breiter ist als der Auslegungsspielraum, den die Gerichte bei der Interpretation eines konkreten Einzelgesetzes in Anspruch nehmen können. Hierin liegt – neben der Analogie zum Völkerrecht – das Recht des Europäischen Gerichtshofs begründet, durch den Vergleich des nationalen öffentlichen und privaten Rechts und durch Rückgriff auf das Effektivitätsprinzip neue, bisher unbekannte und ungeschriebene allgemeine Rechtsgrundsätze des Europäischen Gemeinschaftsrechts zu entwickeln.[383]

381 Vgl. *Hesse*, Grundzüge des Verfassungsrechts der BRD, 18. Aufl. 1993, S. 24 ff.
382 EuGH, Urt. v. 15.1.1964, Rs. 6/64, Slg. 1964, 1251.
383 Vgl. dazu *Bleckmann*, Europarecht, 6. Aufl. 1997, Rn. 1086 ff.

IV. *Zur Ableitung der innerstaatlichen Wirkung des Gemeinschaftsrechts aus dem deutschen Verfassungsrecht*

Wie oben schon hervorgehoben worden ist, begründet das Bundesverfassungsgericht im Maastricht-Urteil seine Rechtsauffassung mit dem Hinweis, daß die EG nur über von den Mitgliedstaaten abgeleitete Kompetenzen, nicht aber über die Kompetenz-Kompetenz und damit als Staat über die Souveräntiät verfügt.

Auf den ersten Blick könnte das Urteil deshalb dahin gelesen werden, es übernehme die von *Hegel* [384] begründete Theorie des Völkerrechts als »äußeres Staatsrecht«, die im 19. Jh. weit verbreitet war[385] und die Bindungswirkung der einzelnen Völkerrechtsakte auf die im Souveränitätsprinzip beruhende Selbstbindung der Staaten zurückführte. Daß diese Souveränitätskonzeption mit der Rechtsquellenlehre des Völkerrechts nicht übereinstimmt, ergibt sich aus zahlreichen Anhaltspunkten: So können die von den Gerichten nach der westlichen Konzeption und nach der Konzeption des Europäischen Gerichtshofs aus einem Vergleich der nationalen Rechtsordnungen entwickelten allgemeinen Rechtsgrundsätze[386] des Völkerrechts bzw. des Europäischen Gemeinschaftsrechts[387] aus dem Willen der einzelnen Staaten nicht abgeleitet werden, weil es nach den Grundsätzen der wertenden Rechtsvergleichung[388] nicht darauf ankommt, daß auch die Rechtsordnung des Staates, der durch den allgemeinen Rechtsgrundsatz gebunden sein soll, diesen Rechtsgrundsatz in seiner innerstaatlichen Rechtsordnung kennt. Ferner ist das Völkergewohnheitsrecht auch für die Staaten verbindlich, die in ihrer Praxis dem betreffenden Rechtssatz nicht zugestimmt haben.[389] Die bis vor kurzem von der sowjetischen Lehre vertretene Auffassung, die Bindungswirkung des Völkergewohnheitsrechts beruhe auf dem impliziten Abschluß eines Vertrages zwischen den Staaten, welche die betreffende Praxis gesetzt haben,[390] wird von der westlichen Lehre einmütig abgelehnt. Darüber hinaus zeigen die häufig

384 *Hegel*, Grundlinien der Philosophie des Rechts, Theorie Werkausgabe, 1969, Bd. 7, §§ 321 ff., S. 490 ff., §§ 330 ff., S. 497; *ders.*, Philosophie des Rechts. Die Vorlesung 1819/20 in einer Nachschrift von D. Henisch, 1983, S. 208 ff.

385 Vgl. *Grewe*, Epochen der Völkerrechtsgeschichte, 1984, S. 591 ff. Noch *Kelsen* (Reine Rechtslehre, 2. Aufl. 1960, S. 333) hielt es zumindest theoretisch für möglich, die von ihm postulierte Einheit der Weltrechtsordnung durch die Ableitung des Völkerrechts aus dem Staatsrecht zu begründen (Einheit der Weltrechtsordnung mit Primat des Staatsrechts). Er übersah dabei, daß durch eine solche Konstruktion die Einheit und die Bindungskraft des Völkerrechts verloren geht, weil dann ebenso viele Völkerrechtsordnungen wie Staaten bestehen und die Staaten sich kraft ihrer Souveränität vom Völkerrecht jederzeit auch wieder lösen können.

386 Vgl. dazu *Verdross/Simma*, Universelles Völkerrecht, 3. Aufl. 1984, §§ 597 ff.

387 Vgl. *Bleckmann*, Europarecht, 6. Aufl. 1997, Rn. 572 ff.

388 Vgl. dazu *Bleckmann*, in: Baur/Müller-Graff/Zuleeg (Hrsg.), Europarecht – Energierecht – Wirtschaftsrecht, FS für Börner, 1992, S. 29 ff.

389 *Verdross/Simma*, a.a.O. (Anm. 386).

390 Vgl. dazu *Tunkin*, Das Völkerrecht der Gegenwart, 1963, S. 78 f.

überraschenden Urteile des Internationalen Gerichtshofs sehr deutlich, daß die internationalen Gerichte in breitem Umfang eine Rechtsschöpfungsbefugnis in Anspruch nehmen, die vom Staatenwillen nicht abgeleitet wird. Auch für die Auslegung der völkerrechtlichen Verträge kommt es nicht auf den vermuteten, sondern höchstens auf den hypothetischen Parteiwillen der Vertragspartner an.[391] Und schließlich läßt sich die Bindungswirkung der Mehrheitsentscheidungen bestimmter internationaler Organisationen[392], aber auch das Recht der Staatensukzession, durch diese Souveränitätstheorie nicht erklären.[393]

Die deutsche Praxis, Rechtsprechung und Literatur hat diese Rechtsquellenlehre des Völkerrechts allgemein akzeptiert. An keiner Stelle findet sich ein Hinweis darauf, diese Lehre verstoße zumindest partiell gegen das Demokratieprinzip der deutschen Verfassung. Ganz im Gegenteil: In der Literatur wird hervorgehoben, in Abweichung zu Art. 4 WRV[394] gehe Art. 25 GG nicht mehr von der Notwendigkeit einer Zustimmung gerade Deutschlands zu den betreffenden Normen des Völkergewohnheitsrechts aus.[395] Die Rechtsprechung der im Rahmen des Art. 100 II GG ergangenen Urteile des Bundesverfassungsgerichts zum Völkergewohnheitsrechts[396] hat diese Auffassung zumindest implizit bestätigt.

Das Bundesverfassungsgericht hat in seinem Maastricht-Urteil diese Problematik deutlich gesehen und die Theorie des »äußeren Staatsrechts« eindeutig verworfen. Es heißt in diesem Urteil:[397]

»2. Zu dem gemäß Art. 79 Abs. 3 GG nicht antastbaren Gehalt des Demokratieprinzips gehört, daß die Wahrnehmung staatlicher Aufgaben und die Ausübung staatlicher Befugnisse sich auf das Staatsvolk zurückführen lassen und grundsätzlich ihm gegenüber verantwortet werden muß. Dieser notwendige Zurechnungszusammenhang läßt sich auf verschiedene Weise, nicht nur in einer bestimmten Form, herstellen. Entscheidend ist, daß ein hinreichend effektiver Gehalt an demokratischer Legitimation, ein bestimmtes Legitimationsniveau, erreicht wird (vgl. BVerfGE 83, 60 [72]).

a) Wird die Bundesrepublik Deutschland Mitglied einer zu eigenem hoheitlichen Handeln befähigten Staatengemeinschaft und wird dieser Staatengemeinschaft die Wahrnehmung eigenständiger Hoheitsbefugnisse eingeräumt – beides wird durch

391 Vgl. *Bernhardt*, Die Auslegung völkerrechtlicher Verträge insbesondere in der neueren Rechtsprechung internationaler Gerichte, 1963, S. 34 ff.
392 Vgl. dazu *Seidl-Hohenveldern/Loibl*, Das Recht der internationalen Organisationen einschließlich der supranationalen Gemeinschaften, 6. Aufl. 1996, Rn. 1927 ff.
393 Vgl. dazu *Bleckmann*, Grundprobleme und Methoden des Völkerrechts, 1982, S. 88 ff.
394 Vgl. *Anschütz*, Die Verfassung des Deutschen Reichs vom 4. August 1919. Ein Kommentar für Wissenschaft und Praxis, ND 14. Aufl. 1933, Art. 4, S. 64 ff.
395 Vgl. *Rojahn*, Art. 25, Rn. 7, in: von Münch (Hrsg.), GG-Kommentar, Bd. 2, 3. Aufl. 1995.
396 BVerfGE 15, 25 (34); 16, 27 (33).
397 BVerfGE 89, 155 (182 ff.).

das Grundgesetz für die Verwirklichung eines vereinten Europas ausdrücklich zugelassen (Art. 23 Abs. 1 GG) –, kann insoweit demokratische Legitimation nicht in gleicher Form hergestellt werden wie innerhalb einer durch eine Staatsverfassung einheitlich und abschließend geregelten Staatsordnung. Werden supranationalen Organisationen Hoheitsrechte eingeräumt, verliert das vom Volk gewählte Repräsentationsorgan, der Deutsche Bundestag, und mit ihm der wahlberechtigte Bürger notwendig an Einfluß auf den politischen Willensbildungs- und Entscheidungsprozeß. Jeder Beitritt zu einer zwischenstaatlichen Gemeinschaft hat zur Folge, daß das Mitglied einer solchen Gemeinschaft an deren Entscheidungen gebunden ist. Der Mitgliedstaat – und mit ihm seine Bürger – gewinnt freilich auch Einflußmöglichkeiten durch die Beteiligung an einer Willensbildung der Gemeinschaft zur Verfolgung gemeinsamer – und damit auch eigener – Zwecke, deren Ergebnis für alle Mitgliedstaaten verbindlich ist und deshalb auch die Anerkennung der eigenen Bindung voraussetzt.

Diese Offenheit für Bindungen in der Völkerrechtsgemeinschaft und in dem engeren Rechtsverbund einer zwischenstaatlichen Gemeinschaft ist in einem demokratischen Staat angelegt, der – wie es die Präambel des Grundgesetzes voraussetzt und die Art. 23 und 24 GG ausdrücklich regeln – als gleichberechtigtes Glied in zwischenstaatlichen Einrichtungen und insbesondere bei der Entwicklung der Europäischen Union mitwirken will. Die Mitgliedstaaten sind an der Willensbildung des Staatenverbundes nach dessen Organisations- und Verfahrensrecht beteiligt, dann aber an die Ergebnisse dieser Willensbildung gebunden, unabhängig davon, ob sich diese Ergebnisse gerade auf ihre eigene Beteiligung zurückführen lassen oder nicht. Die Einräumung von Hoheitsbefugnissen hat zur Folge, daß deren Wahrnehmung nicht mehr stets vom Willen eines Mitgliedstaates allein abhängt. Hierin eine Verletzung des grundgesetzlichen Demokratieprinzips zu sehen, widerspräche nicht nur der Integrationsoffenheit des Grundgesetzes, die der Verfassungsgeber des Jahres 1949 gewollt und zum Ausdruck gebracht hat; es legte auch eine Vorstellung von Demokratie zugrunde, die jeden demokratischen Staat jenseits des Einstimmigkeitsprinzips integrationsunfähig machte. Die Einstimmigkeit als *durchgängiges* Erfordernis setzte zwangsläufig den partikularen Willen über den der zwischenstaatlichen Gemeinschaft selbst und stellt eine solche Gemeinschaft damit schon strukturell in Frage. Ein solches Ergebnis ist nach Wortlaut und Sinn in Art. 23 und 24 GG nicht angelegt. Die Einräumung von Hoheitsbefugnissen, zu der die genannten Artikel ermächtigen, setzt einen Gesetzesbeschluß voraus; das Erfordernis eines Gesetzes (Art. 23 Abs. 1 Satz 2, Art. 24 Abs. 1 GG) weist die politische Verantwortung für die Einräumung von Hoheitsrechten dem Bundestag – zusammen mit dem Bundesrat – als der nationalen Repräsentativkörperschaft zu; er hat die mit einer solchen Zustimmung verbundenen weittragenden Folgen, nicht zuletzt auch für die Kompetenzen des Bundestages selbst, zu erörtern und über sie zu entscheiden. Im Zustimmungsgesetz zum Beitritt zu einer Staatengemeinschaft ruht die demokratische Legitimation sowohl der Existenz der Staatengemeinschaft selbst als auch ihrer Befugnisse zu Mehrheitsentscheidungen, die die Mitgliedstaaten binden. Allerdings findet das Mehrheitsprinzip gemäß dem aus der Gemeinschaftstreue folgenden Gebot wechselseitiger Rücksichtnahme eine Grenze in den Verfassungsprinzipien und elementaren Interessen der Mitgliedstaaten.«

Der folgende Hinweis des Bundesverfassungsgerichts, die Rechtsakte der EG würden auch durch die Tatsache demokratisch legitimiert, daß sie der Zustimmung der im Ministerrat vertretenen, vor dem nationalen Parlament verantwortlichen Regierungsvertreter des Bundes bedürften,[398] kann also nicht so verstanden werden, daß alle Rechtsakte der EG einschließlich der vom Europäischen Gerichtshof entwickelten Rechtssätze der Zustimmung der Bundesrepublik bedürften.

Zuzustimmen ist dabei der Auffassung des Bundesverfassungsgerichts, das deutsche Demokratieprinzip verlange, daß die Kompetenzbestimmungen des Vertrages hinreichend bestimmt seien. Richtig ist dabei auch, daß die Verträge nicht denselben Grad der Bestimmtheit aufweisen können, der etwa vom Parlamentsvorbehalt verlangt wird. Das Bundesverfassungsgericht hätte sich dabei auf seine Rechtsprechung beziehen können, wonach auch im Rahmen des Gesetzesvorbehalts das deutsche Gesetz auf Generalklauseln und unbestimmte Rechtsbegriffe zurückgreifen darf, wenn eine konkrete Ausformulierung der Vorschriften des Gesetzes wegen der Vielzahl und Unvorhersehbarkeit aller denkbaren Tatbestände nicht möglich ist.[399] Entgegen der Auffassung des Bundesverfassungsgerichts müssen dabei aus zahlreichen Gründen die Kompetenzbestimmungen der europäischen »Verfassung« so unbestimmt bleiben, daß das deutsche Parlament den Umfang seiner Ermächtigung nicht voraussehen kann. Daß die europäischen Verträge nicht denselben Grad an Bestimmtheit aufweisen können wie das nach dem Parlamentsvorbehalt an sich erforderlich wäre, beruht ferner im Gegensatz zur Auffassung des Bundesverfassungsgerichts primär nicht auf der Tatsache, daß die Rechtsakte mit den anderen Mitgliedstaaten ausgehandelt werden müssen. Vielmehr ist der Aufgabenbereich der EG so breit, daß die Verträge in zahlreichen Bereichen nur ungenau umrissene Kompetenzen festlegen können. Müßte die Bundesrepublik bei der Aushandlung der europäischen Verträge den Prinzipien des Parlamentsvorbehalts entsprechen, wären wegen der Unmenge an Themen, für die überdies konkrete Ordnungsvorstellungen noch fehlen, jahrzehntelange Verhandlungen erforderlich. Der ausgehandelte Vertrag würde in seinem Umfang an die Gesamtheit aller Rechtsakte der EG heranreichen. Darüber hinaus beruht die Erkenntnis der Notwendigkeit weiterer Rechtsakte meist auf den Erfahrungen, die mit den vorherigen Rechtsakten gemacht worden sind. Und schließlich ist das im EG-Vertrag vereinbarte Gesetzgebungsverfahren wesentlich effektiver und in kürzerer Zeit zu bewältigen als die Aushandlung völkerrechtlicher Verträge.

Faßt man die Ausführungen des Maastricht-Urteils zu diesem Fragenkomplex zusammen, beinhaltet das mit dem Demokratieprinzip verkoppelte Souverä-

398 Vgl. BVerfGE 89, 187 oben.
399 Vgl. *Bleckmann*, Staatsrecht I, 1993, S. 230 ff.

nitätsprinzip nur, daß der Beitritt der Bundesrepublik Deutschland zu einer supranationalen Rechtsgemeinschaft der Zustimmung des Parlaments bedarf. Aufgrund dieser Zustimmung werden alle in der betreffenden Gemeinschaft geltenden Rechtssätze der Rechtsquellenlehre auch für die Bundesrepublik Deutschland verbindlich, ohne daß es einer Zustimmung des Bundes zu den einzelnen Rechtssätzen bedarf.

V. *Zur Bindungswirkung der Urteile des Europäischen Gerichtshofs*

Wenn das Bundesverfassungsgericht im Maastricht-Urteil auch nur die Übereinstimmung der Vertragsbestimmungen mit dem Demokratieprinzip überprüft, läßt die zitierte Passage zu den auf diese Kompetenzbestimmungen anwendbaren Auslegungsregeln doch deutlich erkennen, daß das Bundesverfassungsgericht gewillt ist, in Zukunft neben oder vielleicht »über« dem Europäischen Gerichtshof zu prüfen, ob die politischen Organe der EG, vielleicht aber auch der Europäische Gerichtshof selbst, sich an die Kompetenzbestimmungen des Vertrages gehalten haben; auch das Urteil zur Fernsehrichtlinie (Urteil vom 22.3.1995, Az. 2 BvG 1/89; BVerfGE 92, 203) weist in diese Richtung, obwohl es ebenfalls ausdrückliche Aussagen zu diesem Problemkreis nicht enthält. Insbesondere wenn es sich um Richtlinien der EG handelt, die den Bundestag zur Transformation in nationales Recht verpflichten, ist angesichts des Urteils im Maastricht-Fall wohl davon auszugehen, daß die auf Art. 38 GG gestützte Verfassungsbeschwerde zulässig ist. Mit dieser »Popularklage« wird so eine Rechtsschutzmöglichkeit gegen generelle Akte der EG geschaffen, die im System des EG-Vertrages fehlt.[400] Da aber auch Verordnungen und Entscheidungen der EG wegen ihrer innerstaatlichen Wirkung und ihres höheren Rangs die Gesetzgebungsmöglichkeiten des Bundestages beschränken, besteht die Möglichkeit einer Verfassungsbeschwerde offensichtlich auch gegen kompetenzwidrige Akte dieser Art. Allerdings ist nach der zitierten Passage des Maastricht-Urteils die innerstaatliche Wirkung nur solcher Rechtsakte ausgeschlossen, die auf den vom Europäischen Gerichtshof verworfenen Auslegungsprinzipien, also auf einer extremen Kompetenzverletzung beruhen. Offensichtlich ist damit eine Verfassungsbeschwerde etwa bei einer irrtümlichen Anwendung der Interpretationsregeln ausgeschlossen.

400 Zu den Rechtsschutzdefiziten des Gemeinschaftsrechts vgl. *Dauses*, Empfiehlt es sich, das System des Rechtsschutzes und der Gerichtsbarkeit in EG weiterzuentwickeln?, Gutachten D, in: Deutscher Juristentag, 1994, Bd. I Gutachten; *Allkemper*, Der Rechtsschutz des einzelnen nach dem EG-Vertrag, 1995.

Im Völkerrecht wird allgemein anerkannt, daß die Bindung der Parteien an die Urteile internationaler Gerichte und Schiedsgerichte nur in engen Grenzen durch Rückgriff auf den excès de pouvoir durchbrochen werden kann. Ein excès de pouvoir liegt dabei grundsätzlich nur dann vor, wenn das Gericht über seine Kompetenzen hinausgegangen ist oder nicht ordnungsgemäß besetzt war. Außerdem kann ein solcher excès de pouvoir nicht durch die nationalen Gerichte der Parteien überprüft werden; der Streit hierfür muß vielmehr durch die internationalen Streitbeilegungsmittel, eventuell durch ein neues Verfahren vor dem betreffenden Gericht, beigelegt werden.

Eine Kompetenzverletzung liegt nach den Regeln des excès de pouvoir grundsätzlich nur vor, wenn dem Verfahren kein gültiger Schiedskompromiß zugrunde lag oder das Gericht über den Kompromiß hinausgegangen ist, etwa Fragen außerhalb des Streitgegenstandes oder innerhalb des Streitgegenstandes anhand von Normen entschieden hat, deren Anwendung die Parteien ausgeschlossen haben. Die Verletzung des materiellen Völkerrechts, insbesondere die Anwendung nicht allgemein anerkannter Methoden der Interpretation oder der Rechtsfeststellung stellt dagegen einen excès de pouvoir nicht dar.

Angesichts der Tatsache, daß die Urteile des Europäischen Gerichtshofs insoweit über die völkerrechtlichen Wirkungen von Urteilen internationaler Gerichte hinausgehen, als sie einerseits zum größten Teil erga omnes und nicht inter partes wirken,[401] auf der anderen Seite Wirkung auch im innerstaatlichen Recht der Mitgliedstaaten erzeugen, könnte darauf geschlossen werden, daß auch die nationalen Gerichte zu einer Überprüfung der Urteile des Europäischen Gerichtshofs am Maßstab des excès de pouvoir berechtigt sind, andererseits der excès de pouvoir zumindest dann sich auch auf den Inhalt des Urteils und die Rechtsfindungsmethoden erstreckt, wenn dadurch gleichzeitig das nationale Verfassungsrecht verletzt wird. Gegen eine solche Ausweitung der Lehre vom excès de pouvoir sprechen aber entscheidende Gegenargumente. Wird die innerstaatliche Wirkung der Rechtsakte der EG nicht nur vom Europäischen Gerichtshof, sondern auch von den nationalen Gerichte überprüft, wird entgegen den Zielen des Gemeinschaftsrechts die einheitliche und effektive Wirkung des Gemeinschaftsrechts in allen Mitgliedstaaten verhindert. Es ist damit grundsätzlich wohl davon auszugehen, daß der Europäische Gerichtshof eine ausschließliche Kompetenz zur Überprüfung der Rechtsakte der EG am Maßstab des Gemeinschaftsrechts besitzt. Das aber schließt die Überprüfung der Verfassungsmäßigkeit der innerstaatlichen Wirkung solcher Rechtsakte und als Vorfrage auch der Übereinstimmung der Rechtsakte mit dem Gemeinschaftsrecht nicht völlig aus. Denn wenn – was mit der Rechtsprechung des Bundesverfassungsgerichts und der herrschenden Lehre unter-

401 *Bleckmann*, Europarecht, 6. Aufl. 1997, Rn. 992 f.

stellt werden muß – die Übertragung von Hoheitsrechten auf die EG ihre Grenze in den Grundprinzipien der nationalen Verfassung findet, verlangt das im Gemeinschaftsrecht bekannte Rechtsstaatsprinzip auch eine gerichtliche Kontrolle darüber, ob die Verfassungsgrenzen eingehalten worden sind. Da auch das Europäische Gemeinschaftsrecht das Rechtsstaatsprinzip kennt,[402] muß es diese wenn auch auf Extremfälle beschränkte Überprüfung der Rechtsakte der EG durch die nationalen Verfassungsgerichte zulassen.
Im Interesse der Einheit und Effektivität des Europäischen Gemeinschaftsrechts muß eine solche Überprüfung der Rechtsakte der EG und vor allem des Europäischen Gerichtshofs aber nur in extremen Fällen einer Verletzung der deutschen Verfassung eingesetzt werden; es muß sich um eine äußerst seltene Ausnahme im »Notstandsfall« handeln. Im übrigen sollte das Bundesverfassungsgericht auf das damit verbundene Problem die Lösungen anwenden, die es in seinen zwei Solange-Beschlüssen entwickelt hat. Nach diesen Entscheidungen verlangt das deutsche Rechtsstaatsprinzip eine gerichtliche Überprüfung auch der Rechtsakte der EG anhand der deutschen Grundrechte; dabei ist es der deutschen Verfassung aber letztlich gleichgültig, ob diese Überprüfung auf der europäischen oder auf der nationalen Ebene erfolgt. Solange, so meint das Bundesverfassungsgericht in der zweiten dieser beiden Entscheidungen, eine effektive Überprüfung der Grundrechtskonformität der Rechtsakte der EG durch den Europäischen Gerichtshof gewährleistet ist, greift die Zuständigkeit des Bundesverfassungsgerichts folglich nicht ein. Ähnlich wird man annehmen müssen, das deutsche Demokratieprinzip verlange eine gerichtliche Überprüfung der Einhaltung der Kompetenzen durch die Organe der EG vor allem anhand des Gemeinschaftsrechts. Solange – eventuell gerade aufgrund des durch das Maastricht-Urteil erfolgten Drucks – der Europäische Gerichtshof seinem Auftrag als Verfassungsgericht in einem »Bundesstaat« entsprechend die Einhaltung der Kompetenznormen der Verträge durch die politischen Organe der EG effektiv überprüft, scheidet eine entsprechende Kontrolle durch das Bundesverfassungsgericht aus.

VI. *Zusammenfassung der Ergebnisse*

Die vorangehenden Ausführungen haben deutlich gemacht, daß der Angriff des Maastricht-Urteils auf die vom Europäischen Gerichtshof entwickelten Methoden der Rechtsfindung weitgehend ins Leere stößt. Aus dem Zusammenhang der Rechtsprechung des Bundesverfassungsgerichts wird deutlich, daß der Europäische Gerichtshof auch weiterhin Regeln des materiellen Gemeinschaftsrechts aus den Zielen des Unionsvertrages entwickeln darf. Der

402 *Bleckmann*, Europarecht, 6. Aufl. 1997, Rn. 572 ff.

Rückgriff auf das effet utile-Prinzip und die implied powers-Lehre ist auch gestattet, um die Kompetenzvorschriften der Verträge auszulegen. Verboten ist der Rückgriff auf diese Methoden nur dann, wenn dem Grundsatz der beschränkten Einzelermächtigung der Organe der EG widersprechend Kompetenzen als Mittel für die Durchführung der allgemeinen Ziele des Vertrages entwickelt werden; wie wir gesehen haben, hat der Europäische Gerichtshof selbst aber die implied powers-Lehre nie in diesem Sinne verstanden. Darüber hinaus muß der Rückgriff auf die implied-powers Lehre dann möglich sein, wenn konkrete Vertragsziele die Erweiterung der EG-Kompetenzen *zwingend* erfordern. Zwar muß – das dürfte dem Bundesverfassungsgericht vorgeschwebt haben – vermieden werden, daß die implied powers-Lehre wie in den Vereinigten Staaten von Amerika zu einer uferlosen Ausweitung der Kompetenzen der Zentralinstanzen führt. Eine solche Ausweitung wird aber vermieden, wenn man die vom Bundesverfassungsgericht selbst herangezogenen Prinzipien für die Begründung ungeschriebener Kompetenzen auf das Gemeinschaftsrecht überträgt.

D. *Die wertende Rechtsvergleichung bei der Entwicklung europäischer Grundrechte*[403]

I. *Einführung*

Der Europäische Gerichtshof bildet in Anlehnung an die Entwicklung allgemeiner Rechtsgrundsätze im Völkerrecht aus der gemeinsamen Rechtstradition der Mitgliedstaaten, die auch in internationalen Abkommen wie der Europäischen Menschenrechtskonvention zum Ausdruck gelangen kann, allgemeine Rechtsgrundsätze des Europäischen Gemeinschaftsrechts, um die Lükken des Europarechts zu füllen und die Organe der EG bei der Ausübung ihrer Hoheitsgewalt der europäischen Tradition entsprechend an rechtstaatliche Grundsätze zu binden.[404] Für die Durchsetzung des Rechtsstaatsprinzips im Europäischen Gemeinschaftsrecht besonders wichtig ist dabei neben dem vom Europäischen Gerichtshof in zahlreichen Entscheidungen konkretisierten Vertrauensschutzprinzip[405] die Entwicklung europäischer Grundrechte

403 Zuerst veröffentlicht in: FS für Börner, 1992, S. 29 ff. Abdruck erfolgt mit freundlicher Genehmigung des Carl Heymanns Verlages.

404 Vgl. m. w. N. nur *Bleckmann*, Europarecht, 6. Aufl. 1997, Rdnr. 611 ff. und *ders./Pieper*, Die Rechtsquellen des Europäischen Gemeinschaftsrechts, in: Dauses (Hrsg.), Handbuch des EG-Wirtschaftsrecht, B. I.

405 Vgl dazu die Nachweise bei *Schwarze*, Europäisches Verwaltungsrecht Bd. 2. 1988, 1059 ff.

aus der gemeinsamen Verfassungstradition der Mitgliedstaaten und der Europäischen Menschenrechtskonvention.[406]
Wenn der Europäische Gerichtshof die Methoden der Bildung solcher allgemeiner Rechtsgrundsätze und insbesondere der europäischen Grundrechte bisher auch niemals ausdrücklich umrissen hat, ist die Lehre[407] in Übereinstimmung mit den Schlußanträgen der Generalanwälte[408] der Auffassung, daß bei einer Divergenz der Rechtssätze des nationalen Rechts nicht das gemeinsame Minimum, sondern im Wege einer »wertenden Rechtsvergleichung« die »beste Lösung« in das Europäische Gemeinschaftsrecht übernommen werden muß. Wie insbesondere *Streinz*[409] gezeigt hat, scheint auch der Europäische Gerichtshof der Auffassung zu folgen, daß als allgemeine Rechtsgrundsätze die Grundrechte des Staates zu übernehmen sind, welche die Freiheiten der Bürger maximieren.
Allerdings haben die Lehre und die Rechtsprechung bisher die Gründe für eine solche »wertende« Rechtsvergleichung, die dem Völkerrecht als »Urquelle« der allgemeinen Rechtsgrundsätze fremd ist, bisher nicht umfassend aufgedeckt.[410] Der Europäische Gerichtshof scheint die Lösung dieser Frage in der Tatsache zu sehen, daß die allgemeinen Rechtsgrundsätze sich in die »Ziele und Strukturen« des Europäischen Gemeinschaftsrechts einfügen müssen.[411] Berücksichtigt man, daß dieser Gerichtshof als allgemeine Rechtsgrundsätze auch Normen des nationalen Rechts und vor allem Grundrechte übernommen hat, die wie die Berufsfreiheit sich nicht in allen nationalen Rechtsordnungen finden, kann diese Formel offensichtlich nicht dahin verstanden werden, daß zunächst der »gemeinsame Nenner« der nationalen

406 Aus der inzwischen umfangreichen Literatur zu den Grundrechten im Europäischen Gemeinschaftsrecht seien nur genannt *Bleckmann*, Zur Entwicklung europäischer Grundrechte, DVBl. 1978, 457; *Pernice*, Grundrechtsgehalte im Europäischen Gemeinschaftsrecht, 1979; *Bleckmann*, Die Grundrechte im Europäischen Gemeinschaftsrecht, EuGRZ 1981, 257; *ders.*, Die Freiheiten des Gemeinsamen Marktes als Grundrechte, in: GS für Sasse, 1981, Bd. II, 665; *Feger*, Die Grundrechte im Recht der Europäischen Gemeinschaften, 1984; *Bleckmann*, Die Personenverkehrsfreiheit im Recht der EG: Vom Gleichheitssatz zur Verankerung absoluter Grundrechte, DVBl. 1986, 69 sowie die weiteren Nachweise bei *Pernice*, Art. 164 in: Grabitz/Hilf, Kommentar zum EG-Vertrag und *ders.*, Gemeinschaftsverfassung und Grundrechtsschutz – Grundlagen, Bestand und Perspektiven, NJW 1990, 2409; *Beutler*, Grundrechtsschutz, in: Groeben/Thiesing/Ehlermann, Kommentar zum EWG-Vertrag, 4. Aufl. 1991, Bd. 4.

407 Vgl. dazu *Ipsen*, Europäisches Gemeinschaftsrecht, § 5, Rdnr. 20; *Schweitzer/Hummer*, Europarecht, 3. Aufl. 1990, S. 50.

408 Vgl. GA Gand, EuGH Slg. 1967, 361 (367); GA Roemer, EuGH Slg. 1971, 987 (990); GA Roemer, EuGH Slg. 1973, 1254 (1258, 1273); GA Warner, EuGH Slg. 1976, 352.

409 *Streinz*, Bundesverfassungsgerichtlicher Grundrechtsschutz und Europäisches Gemeinschaftsrecht, 1989, S. 399 ff.

410 Vgl. *Bleckmann*, Probleme der allgemeinen Rechtsgrundsätze im Europäischen Gemeinschaftsrecht, in: ders., Studien zum Europäischen Gemeinschaftsrecht, 1986, 83.

411 Hinsichtlich der Grundrechte als allgemeine Rechtsgrundsätze neben der Lit. in Anm. 404 EuGH Slg. 1970, 1125 (1135); hinsichtlich der Allgemeinen Rechtsgrundsätze im Völkerrecht vgl. *Bleckmann*, Europarecht, a.a.O. (Anm. 404), Rdnr. 574 sowie Rdnr. 609.

Rechtsordnungen herausgearbeitet werden muß und anschließend zu prüfen ist, ob die so entwickelte Norm in die Ziele und Strukturen des Europäischen Gemeinschaftsrechts paßt. Vielmehr ist wohl anzunehmen, der Europäische Gerichtshof meine, daß bei einer Divergenz zwischen den Normen der nationalen Rechtsordnungen die Rechtsordnung heranzuziehen ist, deren Norm sich am besten in die Ziele und Strukturen des Europäischen Gemeinschaftsrechts einpaßt. Die Lösung der »wertenden« Rechtsvergleichung findet man also dann, wenn man versucht, diese Ziele und Strukturen des Gemeinschaftsrechts näher zu bestimmen.

Mit diesen Fragen habe ich mich in einem in meinen »Studien zum Europäischen Gemeinschaftsrecht« veröffentlichten Aufsatz eingehend befaßt.[412] Offen blieb damals allerdings die Frage nach den Methoden der wertenden Rechtsvergleichung bei der Entwicklung europäischer Grundrechte. Insoweit wird man vor allem auf drei Gesichtspunkte zurückgreifen müssen: Es handelt sich zunächst einmal darum, das Europäische Gemeinschaftsrecht in den nationalen Rechtsordnungen effektiv durchzusetzen. Zweitens ist zu berücksichtigen, daß die liberale Tradition in allen Mitgliedstaaten sich bemüht, die Freiheiten soweit zu maximieren, als ihnen zwingende öffentliche Interessen nicht engegenstehen. Drittens ist, wie noch zu zeigen bleibt, der gesamte EG-Vertrag auf eine Maximierung seiner Ziele ausgerichtet, zu denen gerade auch die Freiheit des Individuums gehört.

II. *Die Grundrechtsmaximierung als Voraussetzung einer effektiven Durchsetzung des Europäischen Gemeinschaftsrechts*

In der deutschen Literatur wurde zu Anfang des Gemeinsamen Marktes die These vertreten, daß die EG bei ihren Rechtsakten die Verfassungen und insbesondere die Grundrechte aller Mitgliedstaaten der EG zu beachten habe.[413] In der Folgezeit wurde in der Erkenntnis, daß die Hoheitsgewalt der EG sich nicht aus einem Bündel nationaler Hoheitsgewalten zusammensetzt, die an die nationalen Verfassungen gebunden ist, diese Theorie aufgegeben. Der Europäische Gerichtshof hat deshalb im Stauder-Fall – d. h. bevor er auf eigene Grundrechte zurückgriff – die Auffassung abgelehnt, die EG werde durch die nationalen Grundrechte gebunden.[414]

Bekanntlich hatte in der Bundesrepublik Deutschland und in Italien die Lösung der Grundrechtsbindung der Europäischen Organe durch den Europäischen Gerichtshof zur Folge, daß die nationalen Verfassungsgerichte die

412 S. o. Anm. 410.

413 Vgl. *Erler* und *Thieme*, VVdStRL 18 (1960); w. N. bei *Tomuschat*, Bonner Kommentar zum Grundgesetz, Art. 24 (Zweitbearbeitung) Rdnr. 61.

414 EuGH Slg. 1969, 419 (425).

innerstaatliche Wirksamkeit des Europäischen Gemeinschaftsrechts dann ablehnten, wenn es gegen die nationalen Grundrechte verstieß.[415] Um die vom gesamten EG-Vertrag vorausgesetzte Effektivität des Gemeinschaftsrechts sicherzustellen, war der Europäische Gerichtshof deshalb gezwungen, seinerseits durch den Rückgriff auf die Rechtsvergleichung europäische Grundrechte zu entwickeln und die Akte der EG an diesen Grundrechten zu messen. Dieses Kalkül des Europäischen Gerichtshofs ging auf. Insbesondere das Bundesverfassungsgericht hat im zweiten Solange-Beschluß festgestellt, es werde die Rechtsakte der EG an den deutschen Grundrechten solange nicht kontrollieren, als der Europäische Gerichtshof seine liberale Grundrechtsauffassung beibehalte.[416] Wenn nun auch das Bundesverfassungsgericht mit diesem Beschluß nicht verlangte, daß die europäischen mit den deutschen Grundrechten voll übereinstimmen, gebietet wegen des immer noch möglichen Widerstands der nationalen Verfassungsgerichte der europäische Grundsatz der Effektivität und der Einheit des Europäischen Gemeinschaftsrechts, daß der Europäische Gerichtshof bei der Entwicklung der europäischen Grundrechte auf die Rechtsordnung zurückgreift, welche die betreffenden Grundrechte maximal ausformuliert; nur dann ist nämlich gewährleistet, daß die europäischen Grundrechte sich mit den Grundrechten der Verfassungen aller Mitgliedstaaten decken, so daß ein Widerstand der Verfassungsgerichte gegen die europäischen Rechtsakte nicht mehr zu erwarten ist.

Allerdings ist, wie ich dies oben schon angedeutet habe, diese Schlußkette keineswegs absolut zwingend. Denn man könnte zunächst der Auffassung sein, die rechtliche causa für die Entwicklung der europäischen Grundrechte sei nicht der Grundsatz der Effektivität und der Einheit des Europäischen Gemeinschaftsrechts, sondern die liberale Grundhaltung des Europäischen Gerichtshofs. Es erscheint also fraglich, ob man die faktische auch als rechtliche causa so auffassen darf. Spätestens seit den verschiedenen Grundrechtsdeklarationen der EG-Organe,[417] der Entwicklung eines Grundrechtskatalogs durch das Europäische Parlament[418] und der Aufnahme des Rechtsstaatsprinzips in das Europäische Gemeinschaftsrecht durch den Europäischen Gerichtshof[419] haben die Grundrechte im Europäischen Gemeinschafsrecht, so läßt sich vortragen, eine selbständige Grundlage gefunden. Auf der anderen Seite aber haben die nationalen Verfassungsgerichte, allen voran das Bundesverfassungsgericht, eindeutig zu erkennen gegeben, daß sie als Voraussetzung ihrer Kon-

415 BVerfGE 27, 271 (Solange I).
416 BVerfGE 73, 339, 340 (Solange II).
417 Vgl. die Nachweise bei *Beutler*, a.a.O. (Anm. 406), Rdnr. 50 ff.
418 ABl. 1989 C 120, 52 ff.; vgl. dazu *Beutler*, a.a.O. (Anm. 406), Rdnr. 55.
419 EuGH Slg. 1979, 623 (637); vgl. *Bleckmann*, Europarecht a.a.O. (Anm. 404), Rdnr. 598.

trollabstinenz eben nicht verlangen, daß die europäischen Grundrechte mit den jeweiligen nationalen Grundrechten voll übereinstimmen.

III. *Die gemeinsame liberale Tradition der Mitgliedstaaten*

1. Schon ein kursorischer Überblick über die Verfassungen der Mitgliedstaaten der EG zeigt, daß die nationalen Rechtsordnungen unterschiedliche Grundrechte enthalten und daß sie die gemeinsamen Grundrechte darüberhinaus unterschiedlich definieren. So ist etwa die Berufsfreiheit, die Vertragsfreiheit, die Kunst- und die Wissenschaftsfreiheit nicht in allen europäischen Verfassungen geschützt und wird das Eigentum und der Eigentumseingriff sehr unterschiedlich definiert. Auch sind die Rechtsfolgen, die sich an einen Eingriff in den Schutzbereich der Grundrechte anknüpfen, zum Teil recht unterschiedlich. Den Gesetzesvorbehalt im engeren Sinne etwa gibt es nur in der Bundesrepublik Deutschland und in der EMRK, die Wesensgehaltsgarantie der Grundrechte entwickelt sich in den Mitgliedstaaten der EG erst allmählich, das Prinzip des gerichtlichen Rechtsschutzes der Grundrechte wird ungleichmäßig verstanden. Auch die sogenannten allgemeinen Grundrechtslehren und hier vor allem die Funktionen der Grundrechte sind recht unterschiedlich.[420] Eine staatliche Schutzpflicht entwickelt sich so aus den Grundrechten nur im deutschen Recht[421] und im Recht der EMRK,[422] die institutionelle Garantie ist nur im deutschen Rechtskreis anerkannt.

2. a) Trotz dieser evidenten Unterschiede liegt aber sämtlichen europäischen Rechtsordnungen dieselbe liberale Tradition[423] zugrunde, die deshalb auch in das Europäische Gemeinschaftsrecht übernommen werden kann: Alle

420 Vgl. dazu: *Bleckmann*, Staatsrecht II, 4. Aufl. 1997, 243 ff; *Stern*, Das Staatsrecht der Bundesrepublik Deutschland, Bd. 1, 2. Aufl. 1984; *Müller*, Elemente einer schweizerischen Grundrechtstheorie, 1982; *Brugger*, Grundrechte und Verfassungsgerichtsbarkeit in den Vereinigten Staaten von Amerika, 1987; *Grabitz* (Hrsg.), Grundrechte in Europa und USA, 1986; zur EMRK: *Bleckmann*, Theorie der Grundrechte der Europäischen Gemeinschaften und der nationalen Rechtsordnungen, insbesondere des Grundgesetzes: Vergleich und Diskrepanz, in: Ress (Hrsg.), Vorträge, Reden und Berichte aus dem Europa-Institut, Universität des Saarlandes, Nr. 188, 1989.

421 BVerfGE 39, 1, 42; 46, 160, 164; 49, 24, 53; 53, 30, 57; siehe dazu beispielsweise auch *Grabitz*, Freiheit der Person, in: Isensee/Kirchof (Hrsg.), HdbStR Bd. VI, 1989 § 130, Rdnr. 14; *Starck*, in: v. Mangoldt/Klein/Starck, Bd. 1, 3. Aufl. 1985, Art. 2, Rdnr. 128.

422 Vgl. die Urteile EMRGH im Falle Young, James and Webster vom 25.11.1980, Vol. 44, Rdnr. 55; Rees vom 12.10.1986, Vol. 106, Rdnr. 35; Johnston vom 18.12.1986, Vol. 112, Nr. 74 ff.; Plattform »Ärzte für das Leben« vom 21.6.1988, Nr. 312 ff.; vgl. auch *Murswiek*, Die Pflicht des Staates zum Schutz vor Eingriffen Dritter nach der EMRK, in: Konrad, Grundrechtsschutz und Verwaltungsverfahren/ Internationaler Menschenrechtsschutz, 1985, S. 213 ff. sowie *Mosler/Bernhardt/Hilf* (Hrsg.) Grundrechtsschutz in Europa, 1976.

423 Auf die gemeinsame Verfassungstradition und die daraus ableitbaren Grundsätze verweist insbesondere *Häberle*, Gemeineuropäisches Verfassungsrecht, EuGRZ 1991, 261.

Verfassungen bemühen sich nämlich die Grundrechte so umfassend festzulegen, wie dies mit der Durchsetzung zwingender öffentlicher Interessen gerade noch vereinbar ist. Wenn die nationalen Verfassungen trotzdem ausdrücklich nur bestimmte Grundrechte verankern, liegt dies vor allem an der Tatsache, daß die verfassungsgebenden Versammlungen jeweils nur die Grundrechte ausdrücklich sichern müssen, die in der jeweiligen historischen Situation besonders gefährdet sind. Ich habe deshalb in meinem Lehrbuch des Staatsrechts aufzuzeigen versucht, daß die modernen Grundrechte jeweils in historischen Schichten entstanden sind.[424] Daß aber alle Verfassungen der westlichen Welt trotzdem der Verfassung den Grundsatz der Maximierung des Grundrechtsschutzes zugrunde legen, kommt in der Tatsache deutlich zum Ausdruck, daß wenn sich später herausstellt, daß die in der Verfassung ausdrücklich nicht verankerten Freiheiten gefährdet sind, alle Verfassungsgerichte mit Hilfe unterschiedlicher Methoden der Verfassung stillschweigend mitgeschriebene Grundrechte entnehmen. Zu diesem Zweck greift das deutsche Bundesverfassungsgericht vor allem auf das Rechtsstaatsprinzip[425] zurück. Der französische Conseil d'Etat dagegen entwickelt neue Grundrechte in freier Rechtschöpfung als allgemeine Rechtsgrundsätze des Verwaltungsrechts.[426] Ähnlich ist die Rechtslage in der Schweiz und in den Vereinigten Staaten von Amerika.[427]

Da der Tendenz nach die Verfassungsgerichte aller Mitgliedstaaten der EG bei einem entsprechenden Bedürfnis aus den ausdrücklichen Grundrechten oder den Staatszielbestimmungen der Verfassung neue Grundrechte entwikkeln, die den Grundrechten gleichen, die in anderen Verfassungen ausdrücklich geschützt sind, liegt allen Verfassungen der liberale Gedanke zugrunde, daß die Freiheiten und die sozialen Grundrechte soweit maximiert werden müssen, wie dies mit der Durchsetzung wesentlicher öffentlicher Interessen gerade noch vereinbar ist.

b) Der liberale Grundsatz eines maximalen Grundrechtsschutzes kommt außerdem deutlich auch in den Kollisionsregeln zum Ausdruck, welche das Verhältnis zwischen den Grundrechtsgewährleistungen auf der internationalen, regionalen und nationalen Ebene regeln. Diese Kollisionsregeln gehen davon aus, daß die Grundrechte maximal geschützt werden müssen. Infolgedessen werden diese Grundrechtskataloge niemals als abschließend angesehen; sie gestatten vielmehr, daß auf der untergeordneten regionalen und nationalen Ebene die Grundrechte umfassender geschützt werden können als

424 *Bleckmann*, Staatsrecht II, a.a.O. (Anm. 420) S. 1 ff.

425 *Kunig*, Das Rechtsstaatsprinzip – Überlegungen zu seiner Bedeutung für das Verfassungsrecht der Bundesrepublik Deutschland, 1986.

426 vgl. etwa *Rivero*, Les libertés publiques, 5. Aufl. 1983.

427 Vgl. *Brugger*, a.a.O. (Anm. 420), 22 f.; *Müller*, a.a.O. (Anm. 420).

auf der jeweils höheren Ebene. Diesem Grundsatz folgt auch Art. 132 GG für das Verhältnis zwischen den Bundes- und den Landesgrundrechten.

c) Der Gedanke eines optimalen oder maximalen Grundrechtsschutzes kommt auch im Grundsatz des mildesten Mittels als Unterprinzip des Verhältnismäßigkeitsgrundsatzes zum Ausdruck, das in den meisten Mitgliedstaaten der EG[428] und im Rahmen der EMRK greift. Auch diesem Grundsatz liegt der Gedanke der optimalen Effektivität der Grundrechte zugrunde: Die Freiheiten sollen danach nur soweit eingeschränkt werden, als es für die Durchsetzung übergeordneter öffentlicher Interessen zwingend erforderlich ist. Der Grundsatz des mildesten Mittels geht allerdings nur davon aus, daß den Individuen grundsätzlich die gesamte Freiheitssphäre zusteht, die im Schutzbereich des jeweiligen Grundrechts umrissen wird. Aus diesem Grundsatz kann also nicht ohne weiteres entnommen werden, daß das Prinzip der Grundrechtsmaximierung auch Normen verlangt, die über den Schutzbereich der in der Verfassung ausdrücklich verankerten Grundrechte hinausgehen.

d) Auch dem Grundsatz »in dubio pro libertate«[429] liegt das Prinzip der optimalen Effektivität der Grundrechte zugrunde. Führen die verschiedenen auf die Grundrechte anwendbaren Interpretationsmethoden zu einem unterschiedlichen Ergebnis, ist nach diesem in den meisten Mitgliedstaaten der EG bekannten Prinzip die Auslegung zu wählen, welche den Grundrechtsschutz am weitesten ausdehnt. Allerdings kann auch der Effektivitätsgrundsatz nur beschränkt für die Entwicklung des Prinzips der Grundrechtsmaximierung herangezogen werden. Auf der einen Seite ist die Existenz dieses Grundsatzes schon etwa in der Bundesrepublik Deutschland äußerst umstritten, obwohl das Bundesverfassungsgericht mehrfach auf ihn zurückgegriffen hat. Auf der anderen Seite gestattet dieser Grundsatz eine Ausdehnung des Schutzbereichs der Grundrechte nur insoweit, als sich dies zumindest aus einer der möglichen Auslegungsmethoden ergibt.

IV. *Die Ziele des EG-Vertrages*[430]

Der EG-Vertrag hat in der Präambel, in Art. 2 und über das gesamte Abkommen verstreut die letzten Ziele der europäischen Einigung festgelegt. Nur auf den ersten Blick richten sich diese Ziele wie in Art. 2 und Art. 104 EG-Ver-

428 *Kutscher/Ress u. a.*, Der Grundsatz der Verhältnismäßigkeit in europäischen Rechtsordnungen, 1985.

429 *Bleckmann*, Staatsrecht II, a.a.O. (Anm. 420), 106, 118 f., 394; *Schneider*, »in dubio pro libertate«, FS zum Deutschen Juristentag 1960, Bd. 2, 263 ff.

430 Vgl. dazu *Bleckmann*, a.a.O. (Anm. 404), Rdnr. 789 ff.

trag auf die Maximierung bestimmter wirtschaftlicher Globalgrößen wie etwa die Vollbeschäftigung, das Wirtschaftswachstum und den Abbau der regionalen Unterschiede. Wie aus Art. 2 und Art. 117 EG-Vertrag deutlich hervorgeht, ist letztes Ziel auch des EG-Vertrages die ständige Hebung der Lebenshaltung der Individuen. Darunter aber vesteht man in der neueren Entwicklung nicht nur die Einkommensverhältnisse, sondern den gesamten Bereich der Interessen, die nach der liberalen Tradition gerade auch in der Maximierung der Freiheit bestehen. Wie stark auch der EG-Vertrag auf diese liberale Tradition ausgerichtet ist, zeigt die Maximierung der wirtschaftlichen Freiheiten des Gemeinsamen Marktes.

Darüber hinaus ist zu beachten, daß der EG-Vertrag in fast allen seinen Kapiteln, vor allem auch in seiner Präambel auf eine »fortschrittliche Entwicklung« ausgerichtet ist. Dieses Prinzip wird besonders deutlich in den Sozialbestimmungen des Abkommens, leuchtet aber deutlich auch in der Regelung des Umweltschutzes auf, der sich dem Wortlaut des Abkommens nach auf einen hohen Standard bewegen muß. Bei einer näheren Analyse können auch diese Aussagen des EG-Vertrages nicht dahin verstanden werden, daß sie nur auf eine Maximierung der wirtschaftlichen, politischen und rechtlichen Integration ausgerichtet sind. Bezogen auf die Hebung des Lebensstandards (Art. 2 EGV) und die sozialen Interessen der Arbeitnehmer (Art. 117 ff. EGV) wird deutlich, daß eine Maximierung gerade auch der Freiheiten und der sozialen Interessen der Bürger gemeint ist.

Dieser Hintergrund des EG-Vertrages wird deutlicher, wenn man die in den Menschenrechtspakten und den Sozialcharten verankerten Freiheiten und sozialen Grundrechte wie erforderlich nicht nur als Schranken, sondern gerade auch als letzte Ziele des Europäischen Gemeinschaftsrechts ansieht. Diese Sichtweise wird bestätigt, wenn man bedenkt, daß auf der einen Seite das ordnungsgemäße Funktionieren des Gemeinsamen Martes eine Maximierung der wirtschaftlichen Freiheiten (Eigentum, Berufsfreiheit, Vertragsfreiheit) voraussetzt und auf der anderen Seite in der liberalen Tradition der Wirtschaftsliberalismus eng mit dem politischen Liberalismus zusammenhängt: Auf der einen Seite forderte das Bürgertum seit dem 18. Jahrhundert die wirtschaftlichen Freiheiten, um so im Selbstregulierungsprozeß der Wirtschaft ihre heute durch die sozialen Grundrechte geschützten kulturellen und materiellen Interessen maximieren zu können. Auf der anderen Seite wird in der Neuzeit zunehmend erkannt, daß die durch den EG-Vertrag angestrebte Maximierung der wirtschaftlichen Interessen der Bürger vor allem den Zweck hat, die materiellen Voraussetzungen für eine effektive und optimale Ausübung der Freiheiten zu schaffen. In der Literatur setzt sich so der Gedanke durch, daß das Sozialstaatsprinzip nicht im Gegesatz zum Rechtsstaatsprinzip steht, sondern sich beide Prinzipien wechselseitig bedingen und ergänzen.

V. *Ausdehnung des Effektivitätsprinzips vom Grundrechtsschutzbereich auf die Funktionen der Grundrechte*

Bisher haben wir den Grundsatz der Effektivität der Freiheiten und der sozialen Grundrechte nur auf den Schutzbereich dieser Rechte bezogen. In weiteren Ansätzen müssen wir nun beweisen, daß dieser Grundsatz auch für die Funktionen der Grundrechte und vor allem für die Rechtsfolgen gilt, die an den Eingriff in den Schutzbereich der Grundrechte anknüpfen.
Insoweit ist zunächst hervorzuheben, daß auf der einen Seite zahlreiche europäische Verfassungen und vor allem die universellen und die regionalen Sozialpakte sowie die Europäische Charta der sozialen Rechte der Arbeitnehmer[431] soziale Grundrechte verankert haben, auf der anderen Seite die Freiheiten weitgehend nur als Abwehrrechte gegen den Staat verstanden werden. Insoweit ist nun zu beachten, daß der Europäische Menschenrechtsgerichtshof aus den Freiheiten der Europäischen Menschenrechtskonvention in breitem Umfang Schutzpflichten entwickelt. Diese übereinstimmende Entwicklung auf der europäischen und der deutschen Verfassungsebene gestattet den Schluß, daß die Verfassungen der anderen Mitgliedstaaten der EG den Grundsatz der maximalen Effektivität der Grundrechte verankern. Wenn sie in der Tat die Freiheiten weitgehend nur als Abwehrrechte verstehen, liegt dies daran, daß die Grundrechte bisher vor allem durch das Handeln des Staates und Dritter gefährdet werden. Setzt sich die Erkenntnis durch, daß den Freiheiten weitere Funktionen zukommen müssen, um einer Gefährdung zu begegnen, ist deshalb anzunehmen, daß auch die anderen Verfassungen der Entwicklung des europäischen und des deutschen Verfassungsrechts folgen werden.

Etwas anderes gilt dagegen für die Rechtsfolgen, welche die Verfassung an den Eingriff in den Schutzbereich der Grundrechte knüpft. Insoweit ist nämlich zu beachten, daß der Europäische Menschenrechtsgerichtshof und der Europäische Gerichtshof bereit sind, den Gesetzesvorbehalt und die Wesensgehaltsgarantie zu übernehmen. Diese Rechtsfolgen richten sich also ebenfalls nach dem Grundsatz der optimalen Effektivität der Grundrechte. Etwas anderes gilt dagegen bei der Übertragung dieser Rechtsfolgen auf den nur mittelbaren Grundrechtseingriff und auf die über den Abwehranspruch hinausgehenden Funktionen der Grundrechte. Insoweit ist zu beachten, daß selbst in der Bundesrepublik Deutschland, wo diese Funktionen am weitesten entwickelt worden sind, Bedenken gegen eine solche automatische Erstreckung dieser Rechtsfolgen auf die anderen Funktionen der Grundrechte bestehen, weil diese Rechtsfolgen diesen neuen Funktionen nicht voll angepaßt sind. Inso-

431 Vgl. *Beutler*, a.a.O. (Anm. 406), Rdnr. 56.

weit wird man also auf die weitere Entwicklung des verfassungsrechtlichen Denkens warten müssen.

E. *Das Effektivitätsprinzip*

Das Effektivitätsprinzip ist dem Wortlaut, wenn auch nicht dem Inhalt nach, dem Völkerrecht, dem Europäischen Gemeinschaftsrecht und dem deutschen Verfassungsrecht gemeinsam. Im Völkerrecht beinhaltet dieser Grundsatz, daß die Spannung zwischen dem Recht und der Verfassungswirklichkeit dadurch abgebaut werden muß, daß das Recht der Verfassungswirklichkeit angepaßt wird. Nur so ist die Bindung der Völkerrechtssubjekte möglich, kann also sichergestellt werden, daß die Staaten das Völkerrecht tatsächlich befolgen. Deshalb richtet sich das Völkerrecht seit Ende des 18. Jh. nicht mehr an naturrechtlichen Spekulationen, sondern an der Staatenpraxis aus.
Hierauf beruht auch die Tatsache, daß die Effektivität der Staatsgewalt zur Voraussetzung für die Anerkennung als Staat durch die anderen Staaten und für den Gebietserwerb gemacht wird. Allerdings gilt auch im Völkerrecht nicht der Grundsatz, daß positives Recht, das in der Praxis häufig nicht befolgt wird, seine Qualität als Recht verliert.
Im Europäischen Gemeinschaftsrecht und im deutschen Verfassungsrecht hat das Effektivitätsprinzip den Inhalt, daß bestimmte Rechtssätze des Rechts so interpretiert und sanktioniert werden müssen, daß sie in der Verfassungswirklichkeit maximale Wirkung (effet utile) entfalten. Während das Bundesverfassungsgericht diesen Grundsatz im einzelnen stärker auf die Grundrechte bezieht (subjektives Rechtsstaatsprinzip), verlangt nach der Rechtsprechung des Europäischen Gerichtshofs dieser Grundsatz die Durchsetzung des objektiven Gemeinschaftsrechts. Auf diesem Grundsatz beruht der selbst dem Verfassungsrecht der Mitgliedstaaten vorangehende besondere Rang und die unmittelbare Wirkung des Gemeinschaftsrechts, aber auch die Haftung der Mitgliedstaaten bei einer Verletzung des Gemeinschaftsrechts. In neuerer Zeit wird der Grundsatz vom Europäischen Gerichtshof auch auf die Verfahrensvorschriften angewendet, die beim Vollzug des Gemeinschaftsrechts durch die nationalen Behörden und Gerichte Anwendung finden. Auch daß die Richtlinien der EG nach Ablauf der in ihnen vorgesehenen Frist für die Umsetzung in nationales Gesetzesrecht innerstaatlich unmittelbar anwendbar werden und daß diese Richtlinien nicht durch Verwaltungsvorschriften, sondern durch Gesetze der Mitgliedstaaten im materiellen Sinne transformiert werden sowie daß diese Gesetze den Wortlaut der Richtlinien übernehmen müssen, beruht letztlich auf dem Effektivitätsprinzip, weil nur auf diese

Weise eine effektive Durchsetzung durch die nationalen Verwaltungsbehörden zu erwarten ist. Die Politik des Europäischen Gerichtshofs geht damit eindeutig in die Richtung, Sanktionen des Gemeinschaftsrechts so festzulegen, daß der Vollzug des Gemeinschaftsrechts im nationalen Rechtsraum gesichert ist. Den Grund hierfür stellt die Regel dar, daß die Kommission und der Europäische Gerichtshof die Durchsetzung des Gemeinschaftsrechts durch die nationalen Behörden und Gerichte im Einzelfall nicht überprüfen können. Zu diesem Zweck werden weitgehend auch die nationalen Organe als »europäische« Organe zum Vollzug des Gemeinschaftsrechts eingesetzt.

Dabei ist das Effektivitätsprinzip in diesem gemeinschaftsrechtlichen Sinne Ausfluß des objektiven Rechtsstaatsprinzips. In der Tat ist nach Art. 164 EG-Vertrag der Europäische Gerichtshof nicht wie nach Art. 19 IV GG die deutschen Gerichte zu der Durchsetzung der subjektiven Rechte der Bürger, sondern zur Durchsetzung des objektiven Europäischen Gemeinschaftsrechts berufen. Dementsprechend wird durch die Verträge das Klageverfahren vor dem Europäischen Gerichtshof völlig objektiv ausgestaltet. Die Klagebefugnis der Kommission gegen Akte der anderen europäischen Organe und gegen eine Vertragsverletzung durch einen Mitgliedstaat setzt nicht die Verletzung eines subjektiven Rechts oder Interesses voraus. Es handelt sich vielmehr um eine »Popularklage«. Die Kommission tritt als »Sachwalter des europäischen Interesses« auf. In der Tat hat nach Art. 155 EG-Vertrag die Kommission vor allem die Aufgabe, »für die Anwendung dieses Vertrages sowie der von den Organen aufgrund dieses Vertrages geschaffenen Rechtsregeln Sorge zu tragen«, und die Klagebefugnis der Kommission stellt das wichtigste Mittel der Kommission bei der Bewältigung dieser Aufgabe dar. Aber auch die Klagebefugnis der Mitgliedstaaten der EG gegen die Rechtsakte der EG und gegen die Vertragsverletzung durch einen anderen Staat setzt die Verletzung eines subjektiven Rechts oder Interesses nicht voraus; auch die Mitgliedstaaten treten insoweit als Sachwalter des öffentlichen Interesses der EG auf, das auf die effektive Durchsetzung des Gemeinschaftsrechts gerichtet ist. Schließlich stellt auch die Klagebefugnis der Individuen gegen Entscheidungen der EG nicht auf ein subjektives Recht, sondern dem objektiven Rechtsstaatsprinzip des französischen Rechts entsprechend auf die unmittelbare Verletzung eines persönlichen Interesses ab.

Auch in anderen Bereichen des Primär- und des Sekundärrechts findet sich das nicht auf Grundrechte abstellende objektive Rechtsstaatsprinzip. Die Durchsetzung des Gemeinschaftsrechts ist Ziel des Vorabentscheidungsverfahrens nach Art. 177 EG-Vertrag. Nach seiner Satzung führt der EuGH die Sachverhaltsermittlung von Amts wegen durch; er darf Zeugen auch ohne Antrag der Parteien vernehmen. Der Begründungszwang greift nicht nur beim Erlaß belastender, sondern auch begünstigender Rechtsakte der EG und ist damit auf die Selbstkontrolle der Organe der EG gerichtet. Wäre das Ziel des europäischen Verfahrensrechts die Durchsetzung des subjektiven Rechtsstaatsprinzips, läge eine Beschränkung des Begründungszwangs wie im deutschen Recht auf belastende Verwaltungsakte nahe. Alle diese Normen werden also nicht durch das subjektive, sondern nur durch das objektive Rechtsstaatsprinzip gefordert. Insoweit ist zu erwarten, daß die vom Europäischen Gerichtshof entwickelten Prinzipien des Rechtsstaats sich nicht nur auf Eingriffe in die Rechtssphäre der Bürger, sondern auch auf Eingriffe in die Kompetenzen der Mitgliedstaaten, also auf nationale Allgemeininteressen, beziehen.

F. *Subjektives und objektives Rechtsstaatsprinzip: Konsequenzen für das Allgemeine Verwaltungsrecht*

Der Rückgriff auf das objektive Rechtsstaatsmodell war in Frankreich von Anfang an historisch bestimmt. Auf der einen Seite wurde 1799 der Conseil d'Etat gegründet, um die Souveränität der das Volk repräsentierenden Assemblée nationale durchzusetzen; in Parallele zu dieser Gründung wurde die Cour de cassation als eine Art Ausschuß des französischen Parlaments geschaffen und den Staatsanwälten ein Klagerecht vor der Cour »dans l'intérêt de la loi« eingeräumt. Auf der anderen Seite wurde das öffentliche Recht in Frankreich von Anfang an als ein Sonderrecht begriffen, das wegen der Hoheitsbefugnisse des Staates in striktem Gegensatz zum Privatrecht steht. Dagegen strebten die Vertreter der deutschen Lehre seit *Otto Mayer* eine stärkere dogmatische Durchdringung auch des Verwaltungsrechts als die französische Lehre an. Dafür bot sich der Rückgriff auf das Privatrecht an, dessen subjektiv-rechtlicher Einschlag unverkennbar ist. Diese Anlehnung an das Privatrecht finden wir im modernen Recht bis in die Verfahrens- und Gerichtsordnungen, die durchweg in einer Generalklausel auf das BGB bzw. die ZPO verweisen.

Die Ausrichtung des Verwaltungsrechts an der Durchsetzung der objektiven Rechtsordnung verlangt, daß möglichst das gesamte Handeln der Verwaltung der Kontrolle der Verwaltungsgerichte unterworfen wird. In dieselbe Richtung zielt das subjektive Rechtsstaatsprinzip: Alle Akte der Verwaltung, welche die Rechtsposition des Bürgers betreffen, müssen von den Gerichten überprüfbar sein. Sofern, wie in Frankreich, Belgien, Italien, Spanien und Portugal, im wesentlichen nur die Anfechtungsklage (recours pour excès de pouvoir) den Rechtsweg zu den Verwaltungsgerichten eröffnet, muß also zur Durchsetzung des objektiven Rechts und der subjektiven Rechte des Bürgers der Begriff des Verwaltungsaktes erheblich erweitert werden. Diese Entwicklung ist etwa in Frankreich deutlich nachzuweisen. Die Lehre vertritt dort zwar die Auffassung, der Verwaltungsakt müsse (objektive) Rechtswirkungen entfalten. Typisch ist dabei aber schon, daß diese »Rechtswirkungen« nicht auf die subjektive Rechtsposition der Bürger, sondern auf eine Änderung des objektiven Rechts bezogen werden, das allerdings in einem weiten, auch subjektive Rechtspositionen umfassenden Sinne gedeutet wird. Auch allgemeine (Rechtsverordnungen[432]) und innerdienstliche Akte (Weisungen und Verwaltungsverordnungen[433]) sind damit Verwaltungsakte im Sinne des französischen Rechts. Da die Rechtswirkungen nicht auf die Position des Bürgers bezogen werden, fallen an sich auch Rechtsakte der Regierung im Verhältnis zum Parlament und zu anderen Staaten unter den Begriff des Verwaltungsakts. Im Gegensatz zum deutschen Recht, wo dieses Handeln der Regierung schon mangels subjektiver Rechtswirkungen nicht unter den Begriff des Verwaltungsakts fällt, mußte die französische Lehre versuchen, den Begriff des Verwaltungsakts durch Rückgriff auf die Lehre vom Regierungsakt zu beschränken. Darüber hinaus hat sich der Begriff des Akts mit Rechtswirkungen so weit entwickelt, daß jede Entscheidung der Verwaltung, welche Interessen der Bürger berührt, einen Verwaltungsakt darstellen kann. Die französische Rechtsprechung griff hierfür im Gegensatz zur deutschen Lehre vor Erlaß der Verwaltungsverfahrensgesetze nicht auf die Konstruktion des »Verwaltungsakts auf Duldung« zurück, sondern setzte den Verwaltungsakt dem Begriff »acte faisant grief« gleich. Dadurch konnte auch das schlichthoheitliche Handeln der Verwaltung unter dem Begriff des Verwaltungsakts erfaßt werden. Darüber hinaus stellen auch Organisationsakte, wie etwa die Aufhebung und Verlegung von Behörden, Verwaltungsakte dar.[434] Dasselbe gilt für die Entscheidungen der Gemeinden, gemeindliche Metzgereien und andere Geschäfte zu eröffnen.[435] Da die Steuerzahler der Gemeinde jeden Akt ihrer Gemeinde, der finanzielle Auswirkung hat, vor den Verwaltungsgerichten anfechten können, mußte auch der Begriff des Verwaltungsaktes erweitert werden.[436] Infolge dieser Methoden konnte auch der Kommunalverfassungsstreit in Frankreich im Rahmen der Anfechtungsklage bewältigt werden.[437]

Das objektive Rechtsstaatsprinzip verlangt zwecks lückenloser Durchsetzung des objektiven Rechts, daß in aller Regel zumindest ein Bürger den Verwaltungsakt in diesem weiten Verständnis anfechten kann. Auf diesem Gedanken beruht zunächst die im Vergleich zum deutschen Verwaltungsrecht erhebliche Ausweitung der Klagebefugnis im französischen Recht. Nur auf den ersten Blick wird dabei mit dem Rückgriff auf das »persönliche Interesse« ein sub-

432 Vgl. etwa *Chapus*, Droit du contentieux administratif, 3. Aufl. 1991, S. 596 ff.
433 *Chapus*, a.a.O., S. 345 ff.
434 Vgl. etwa *Chapus*, a.a.O., S. 394 ff.
435 *Bleckmann*, La qualité pour agir dans le recours pour excès de pouvoir droit français et allemand, 1960, S. 242 ff.
436 *Chapus*, a.a.O., S. 312 f.
437 *Bleckmann*, a.a.O. (Anm. 435), S. 324 ff.

jektives Element neben dem objektiven Rechtsstaatsprinzip herangezogen. In Wahrheit handelt es sich angesichts der uferlosen Ausweitung der Klagebefugnis um die Anerkennung einer, wenn letztlich auch beschränkten Popularklage. Der Bürger wird im Interesse der Allgemeinheit in seiner Rolle als Aktivbürger zum Sachwalter des öffentlichen Interesses. Das persönliche Interesse wird offensichtlich nur verlangt, weil einerseits nur so gewährleistet wird, daß der Bürger das öffentliche Interesse mit der notwendigen Intensität vertritt; auf der anderen Seite spielt auch der Gedanke der Funktionsfähigkeit der Verwaltung und der Verwaltungsgerichtsbarkeit – also wiederum ein öffentliches Interesse – bei der Umgrenzung des Kreises der Klagebefugten eine entscheidende Rolle. Die fast uferlose Erstreckung der Klagebefugnis findet eine Grenze dort, wo alle französischen Staatsangehörigen klagebefugt wären.

Wie nicht anders zu erwarten, hat also das System der Klagearten erhebliche Auswirkungen auch auf das materielle Verwaltungsrecht. Hier wird also der allgemein anerkannte Grundsatz umgekehrt, das Verfahrensrecht diene dem materiellen Recht und müsse sich deshalb diesem anpassen. Dabei ist zu beachten, daß es das umfangreiche System der verwaltungsgerichtlichen Klagearten nur im deutschen Recht gibt. Diese Eigenart des deutschen Verwaltungsrechts beruht auf der Tatsache, daß dem Privatrecht entsprechend das objektive Recht in Bündel subjektiver Rechtsverhältnisse aufgelöst wird und dabei im Interesse einer ordnungsgemäßen Vollstreckung der ZPO entsprechend diese subjektiven Rechte im Tenor des Urteils genannt werden müssen. Die anderen Rechtsordnungen, vor allem das französische Recht, kennen ein so ausgefeiltes System der Klagearten nicht. Sie folgen vielmehr weitgehend dem französischen System, nach welchem die Anfechtungsklage der Durchsetzung der objektiven Rechtsordnung dient. Da es eine Leistungsklage in Form der Unterlassungsklage und eine Feststellungsklage nicht kennt, müssen diese Funktionen in der französischen Rechtsordnung von der Anfechtungsklage übernommen werden. Diese Rechtssysteme folgen dabei der Vermutung, daß die Verwaltung sich in der Regel auch an die Gründe der verwaltungsgerichtlichen Urteile halten wird, eine Rechtsverletzung also unwahrscheinlich ist. Die Anfechtungsklage wird so in eine Verpflichtungsklage umgewandelt, indem nach Ablauf einer bestimmten Frist die Ablehnung des Antrags durch die Verwaltung vermutet wird (décision implicte de rejet). Aus der Begründung ergibt sich dann, daß eine Verpflichtung der Verwaltung zum Erlaß des begehrten Verwaltungsaktes bestand. Die Leistungsklage und die Feststellungsklage werden ebenfalls durch eine Ausweitung der Anfechtungsklage ersetzt. Dadurch beruht die Ausweitung des Begriffs des Verwaltungsakts auch auf rein faktischen Entscheidungen. Aus den Gründen ergibt sich dann die Feststellung, daß der entsprechende Verwaltungsakt nichtig war. Diese implizite Feststellungsklage entspricht wohl besser den Bedürfnissen des Klägers als die auf die Feststellung eines Rechtsverhältnisses ausgerichtete Feststellungsklage des deutschen Rechts, bei welcher die Feststellung der Rechtswidrigkeit des Verwaltungsaktes nur im Wege komplizierter Hilfskonstruktionen möglich ist. Es stellt sich deshalb die Frage, ob in Deutschland das Klagesystem nicht überperfektioniert worden ist. In der Tat werden durch solche Vervielfältigungen der Klagearten Probleme der Interpretation und der Abgrenzung aufgeworfen, die letztlich nur akademischen Charakter haben.

Diese objektive Ausrichtung des Verwaltungsakts hat im französischen Recht eine deutliche dogmatische Trennung zwischen dem Begriff des Verwaltungsakts und der Klagebefugnis zur Folge. Bei der deutschrechtlichen Dogmatik wird dagegen die Berührung der Rechtsposition des Bürgers durch den Verwaltungsakt verlangt. Die bei der Klagebefugnis verwendete Lehre vom subjektiven öffentlichen Recht hat dabei auch die Funktion, aus den vom Verwaltungsakt berührten Bürgern den Kläger auszusondern. Im Extremfall kann deshalb ein Handeln der Verwaltung gegenüber einer Gemeinde einen Verwaltungsakt, gegenüber dem Bürger einen nicht anfechtbaren innerdienstlichen Akt darstellen.

Allerdings ist zu beachten, daß sowohl die französische als auch die deutsche Rechtsordnung grundsätzlich sowohl das subjektive als auch das objektive Rechtsstaatsprinzip verfolgen, daß also im französischen Recht das Ziel der Durchsetzung des objektiven Rechts in bestimmten Fällen durch Rückgriff auf subjektive Elemente aufgelockert wird, im deutschen Recht aber der Rechtsschutz des Bürgers durch Elemente des objektiven Rechtsstaatsprinzips überlagert wird. Entscheidend ist nur, daß im deutschen Recht der Rechtsschutz des Bürgers, im französischen Recht die Durchsetzung des objektiven Rechts im Vordergrund steht.

Zum Beweis für diese Behauptungen wollen wir uns zunächst dem französischen Verwaltungsrecht zuwenden. Das objektive Rechtsstaatsprinzip steht hier durchaus im Vordergrund: Die Klagebefugnis setzt eine Verletzung eines subjektiven öffentlichen Rechts nicht voraus, der Verwaltungsakt wird von den Gerichten aufgehoben, wenn er gegen das objektive Recht und nicht nur, wenn er gegen subjektive Rechte des Bürgers verstößt. Zweitens wird – vor allem, um das Gewaltenteilunsprinzip nicht zu durchbrechen, das eine Kontrolle der Verwaltung durch echte Gerichte verbietet – die Kontrolle der Verwaltung durch den Conseil d'Etat wiederum als Verwaltung und nicht als Gerichtsbarkeit verstanden. Dementsprechend stellt rein formal der Conseil d'Etat nur eine Verwaltungsbehörde dar, wenn er auch materiell wegen der Unabhängigkeit der Richter, des anzuwendenden Verfahrens und der Wirkung der Urteile ein Gericht i.e.S. ist. Drittens werden im Interesse einer effektiven Durchsetzung des objektiven Rechts die Klagebefugnis und der

Begriff des Verwaltungsakts als Voraussetzungen der allein zulässigen Anfechtungsklage sehr weit verstanden.

Im deutschen Recht ist die Rechtslage genau umgekehrt. Dem Art. 19 IV GG entsprechend ist das Verwaltungsverfahren und das Verwaltungsgerichtsverfahren primär auf eine effektive Durchsetzung der subjektiven öffentlichen Interessen der Individuen ausgerichtet. Allerdings wird schon in den Verfahrensgesetzen das subjektive Rechtsstaatsprinzip durch Rückgriff auf objektive Elemente durchbrochen. So werden nach der Rechtsprechung des Bundesverfassungsgerichts die Freiheiten des Grundgesetzes auch dann verletzt, wenn der Staat bei einem Grundrechtseingriff das objektive Verfassungsrecht verletzt. Diese Objektivierung des Verfassungsgerichtsverfahrens ist von der Lehre bemerkt worden und ist auch in den in Art. 93 GG vorgesehenen Verfahren vor dem Bundesverfassungsgericht angelegt. Denn wenn auch mit Ausnahme der abstrakten Normenkontrolle die dort vorgesehenen Verfahren die Verletzung eines subjektiven öffentlichen Rechts voraussetzen, zeigt die Tatsache, daß auf diese Weise alle Verfassungsstreitigkeiten vor das Bundesverfassungsgericht gebracht werden, sehr deutlich, daß das letzte Ziel des Art. 93 GG die Durchsetzung des objektiven Verfassungsrechts ist. Außerdem ist nicht zu übersehen, daß beim Organstreit und bei den Verfahren zwischen Bund und Ländern und zwischen den Ländern es sich um die Durchsetzung öffentlicher Interessen handelt, die nur der Form nach als subjektive öffentliche Rechte verstanden werden.

In Analogie zur Rechtslage vor dem Bundesverfassungsgericht wird man annehmen müssen, daß, soweit die Klagebefugnis vor den Verwaltungsgerichten auf einen, wenn auch nur mittelbaren Eingriff in ein Grundrecht gestützt wird, der Kläger die Verletzung jeder Rechtsnorm des objektiven Rechts geltend machen kann, die den Erlaß des Verwaltungsakts regelt. Darüber hinaus ist dies auch in dem Fall anzunehmen, in dem es sich um die Verletzung von Zuständigkeits- und Formvorschriften des objektiven Rechts handelt, die durch den Kläger auch dann geltend gemacht werden dürfen, wenn er nur die Verletzung einer ihm günstigen, den Erlaß des Verwaltungsakts regelnden Norm rügt. Denn die Zuständigkeits- und die Formvorschriften sollen sicherstellen, daß die betreffende Norm des materiellen Rechts richtig durchgesetzt wird. Soweit diese Normen subjektive öffentliche Rechte der Individuen begründen, dienen sie also auch den Interessen der Bürger. Zudem ist allgemein anerkannt, daß sich aus den Formvorschriften ergeben kann, daß die betreffende materielle Norm die Interessen gerade auch des Klägers schützen soll.

Wir werden im folgenden sehen, daß auch der Begriff des Verwaltungsakts im deutschen Recht sich soweit entwickelt hat, daß er jede Entscheidung betrifft, welche den Interessenkreis der Bürger berührt. Auch das rechtlich geschützte Interesse erstreckt sich wie im französischen Recht über Art. 2 I GG auf alle

schützenswerten Interessen. Die Voraussetzungen der Anfechtungsklage nähern sich also im deutschen Recht weitgehend der Situation des französischen Rechts an, wenn auch am System der subjektiven öffentlichen Rechte festgehalten wird.
Im Verwaltungs- und Verwaltungsgerichtsverfahren finden sich ferner Vorschriften, welche das Verfahren an der Durchsetzung des objektiven Rechts bzw. öffentlicher Interessen ausrichten. So gilt etwa in beiden Verfahren die Offizialmaxime, deren Anwendung nicht allein dadurch erklärt werden kann, daß die subjektiven öffentlichen Rechte der Individuen immer ihre Grenze in entgegenstehenden öffentlichen Interessen finden. Zweitens findet sich in allen Rechtsordnungen der »Vertreter des öffentlichen Interesses«, der das Recht hat, im öffentlichen Interesse an der Durchsetzung des objektiven Rechts (»dans l'interet de la loi«) Berufung und Revision einzulegen. Die Übernahme des Rechtsinstituts des Vertreters des öffentlichen Interesses kann letztlich nur in einem objektiven Verfahren einen Sinn gewinnen. Auch hat die Aufhebung des Verwaltungsakts durch die Gerichte wie im französischen Recht objektive Wirkung.
Im Gegensatz zu Deutschland beruht in Großbritannien das in vielen Punkten entsprechende umfassende System der Klagearten gegen die Verwaltung nicht auf der analogen Übernahme des Privatrechts in das öffentliche Recht, sondern auf der Tatsache, daß die Verwaltung vor den Zivilgerichten nach den Grundsätzen des Privatrechts verklagt werden kann. Anders ist die Rechtslage dabei in den Niederlanden und in der Schweiz, wo für die Klagen gegen die Verwaltung in letzter Instanz zwar das oberste Zivilgericht zuständig ist, sich aber für die Klagen gegen die Verwaltung Regeln des öffentlichen Rechts entwickelt haben.
Wenn das Rechtsstaatsprinzip auf die Durchsetzung der materiellen Gerechtigkeit ausgerichtet ist, die Gerechtigkeit aber nicht definiert werden kann, müssen nach dem oben entwickelten Modell Verfahrensvorschriften entwikkelt werden, welche die sachlich-gerechte Abwägung aller privaten und öffentlichen Interessen unter sich und untereinander garantieren. Diese Verfahrensvorschriften haben also im Sinne des materiellen Rechtsstaatsprinzips die Durchsetzung des objektiven Rechts und der subjektiven Rechte nicht zum Ziel, weil mit der Garantie einer sachlich-gerechten Abwägung aller auch öffentlichen Interessen das objektive Rechtsstaatsprinzip schon deutlich angesprochen wird.
Das in dieser Abhandlung interessierende Problem des Zieles des Verwaltungs- und Verwaltungsgerichtsverfahrens wird dagegen durch das letzte Element des Rechtsstaatsprinzips angesprochen. Sollen das Gewaltenteilungsprinzip, die Verfassungsgerichtsbarkeit, die Verankerung des Rechtsstaats- und Demokratieprinzips in einer geschriebenen, mit höchstem Rang ausgestatteten Verfassung verankert werden und durch die Verfassungsgerichtsbar-

keit durchgesetzt werden, wird offensichtlich die Durchsetzung des Verfassungsrechts einschließlich der Grundrechte in der Verfassungsgerichtsbarkeit angesprochen. Ist Ziel des Rechtsstaatsprinzips die nicht definierbare materielle Gerechtigkeit, gewährleistet das auf dem Demokratieprinzip beruhende Parlamentsgesetz (la loi expression de la volonté générale) die sachlich-gerechte Abwägung aller Interessen. Da die materielle Gerechtigkeit sich in der Verfassungswirklichkeit durchsetzen soll, verlangt das Rechtsstaatsprinzip also auch die effektive Durchsetzung des objektiven Gesetzesrechts.
Sowohl die Durchsetzung des objektiven Rechts als auch die Durchsetzung der subjektiven Grundrechte werden also schon vom Rechtsstaatsprinzip gefordert. Dabei ist nun zu berücksichtigen, daß alle Staatszielbestimmungen in der sie verbindenden Einheit sicherstellen sollen, daß die staatliche Entscheidung überhaupt gefunden wird, diese Entscheidung der Gerechtigkeit entspricht und lückenlos durchgesetzt wird. Die Durchsetzung des objektiven Rechts des das Volk repräsentierenden Parlaments wird dabei auch vom Souveränitätsprinzip und vom Demokratieprinzip gefordert. In der Tat stellt die Durchsetzung des Willens des Souveräns ein wichtiges Ziel des Souveränitätsprinzips dar, das in unserer Verfassung eng mit dem Demokratieprinzip verkoppelt ist. Das zeigt sich etwa darin, daß nach dem Grundsatz der innerstaatlichen Souveränität innerstaatlich nur das positive Recht gelten kann, das sich unmittelbar oder mittelbar aus dem Willen des Souveräns ableiten läßt. Diese auch vom Bundesverfassungsgericht geforderte »Legitimationskette« soll die Durchsetzung des Willens des Souveräns gewährleisten, die gefährdet wird, wenn dem Willen des Souveräns ein aus einer anderen Quelle entwickeltes Recht entgegengehalten werden kann. Wie aus dem Rechtsstaatsprinzip, kann aus diesem Ziel des Souveränitätsprinzips das Verfahrensziel der Durchsetzung des allgemeinen objektiven Rechts ebenso abgeleitet werden wie die Durchsetzung der subjektiven Rechte, die ja ebenfalls durch das positive Verfassungsrecht begründet oder – beim Verständnis der Grundrechte als Naturrecht – vom Souverän bestätigt worden sind.
Angesichts der starken Ausrichtung des Verwaltungsgerichtsverfahrens am Rechtsschutz der Individuen stellt das Rechtsinstitut des Vertreters des öffentlichen Interesses scheinbar einen Fremdkörper im deutschen Recht dar, der vom französischen Recht übernommen worden ist. In unserer Sicht hat dieser Vertreter, indem die Kläger ihre Privatinteressen, die verklagte Behörde das in ihre Zuständigkeit fallende öffentliche Interesse verfolgen, zur Funktion, durch eine Abwägung aller öffentlichen Interessen unter sich und mit den Privatinteressen im Gerichtsverfahren das Gemeinwohl finden zu helfen.

Zweiter Teil
Zur Theorie des Verwaltungsaktes

§ 3 Zur Interpretation des Begriffs des Verwaltungsaktes in § 35 VwVfG

A. *Der Begriff des Verwaltungsaktes in den europäischen Rechtsordnungen*

I. *Frankreich*

Nach *Vedel/Delvove*[438] ist der Verwaltungsakt (acte administratif, acte faisant grief, acte exécutoire) ein einseitiger Willensakt (manifestation de volonté) der Verwaltung auf dem Gebiet des Verwaltungsrechts, der darauf gerichtet ist, rechtliche Wirkungen (effets juridiques) zu erzeugen. Diese rechtlichen Wirkungen werden von den beiden Autoren dann akzeptiert, wenn der Akt Rechtsregeln (règles de droit) begründet, welche die Lage der ihm unterworfenen Personen (natürliche und juristische Personen des Privatrechts, juristische Personen des öffentlichen Rechts, Beamte) ändern, für sie Rechte oder Pflichten begründen. Bis auf die Tatsache, daß in dieser Definition nicht auf die Regelung eines »Einzelfalls« abgestellt wird, entspricht diese Definition auf den ersten Blick der in § 35 VwVfG enthaltenen Definition. Bei einer näheren Analyse werden aber erhebliche Unterschiede deutlich:

1. Wie im deutschen Recht stellt auch in Frankreich der Verwaltungsvertrag selbst einen Verwaltungsakt nicht dar. Um dem Vertragspartner und dem durch den Vertrag betroffenen Dritten den notwendigen Rechtsschutz zu gewähren – eine Feststellungsklage gibt es in Frankreich nicht – wird aber der Beschluß, einen Verwaltungsvertrag zu schließen, als Verwaltungsakt qualifiziert (acte détachable)[439].

2. Eine ähnliche Lösung greift für das faktische Handeln der Verwaltung (activité matérielle volontaire) der Verwaltung ein: Da es in Frankreich auch eine Unterlassungsklage nicht gibt, wird der das Handeln auslösende Willensakt als ein auf Duldung gerichteter Verwaltungsakt gedeutet, um den notwendigen Rechtsschutz des Bürgers zu gewährleisten[440].

438 *Vedel/Delvove*, S. 235.
439 CE 20.1.1978, Syndicat national de l'enseignement agricole public, Rec. P. 23.
440 *Vedel/Delvove*, S. 249.

3. Die obige Definition legt die Ansicht nahe, die vom Verwaltungsakt angestrebte Rechtswirkung müsse in der Person des Adressaten des Verwaltungsakts eintreten. Diese Auffassung wird durch die Rechtsprechung des Conseil d'Etat widerlegt. Nicht nur Organisationsakte[441], sondern auch Akte der Gemeinden, welche die Finanzen der Bürger belasten oder zwecks Senkung der Preise öffentliche Geschäfte errichten, stellen nach den obigen Darlegungen Verwaltungsakte dar. Es reicht damit aus, wenn die Stellungnahme der Behörde Rechtswirkungen für die untergeordneten Beamten begründet.

4. Die Rechtsverordnungen (règlements) können im französischen Recht rein formell unter Rückgriff auf den Erlaß durch eine Behörde als Verwaltungsakt, materiell wegen ihrer Allgemeinheit den Gesetzen angenähert werden. Diese Doppelstellung der Rechtsverordnungen findet in ihrer rechtlichen Behandlung Berücksichtigung. Hinsichtlich der Anfechtbarkeit werden Verordnungen als Verwaltungsakte angesehen. Hinsichtlich der Bekanntgabe, des Widerrufs und des Verwaltungsverfahrens i.e.S. handelt es sich dagegen um ein materielles Gesetz.

5. Dasselbe gilt abweichend vom deutschen Recht für die Verwaltungsverordnungen (circulaires, directives) dann, wenn sie der Rechtsordnung neue verbindliche Elemente hinzufügen. Als Verwaltungsakte werden die Verwaltungsverordnungen dann qualifiziert, wenn sie den folgenden Kriterien[442] entsprechen:

- Der Minister trifft die Entscheidung selbst. Das ist dann der Fall, wenn den untergeordneten Stellen kein Entscheidungsspielraum mehr verbleibt.[443]
- Der Minister fügt den Gesetzen oder Rechtsverordnungen neue Regelungen hinzu.
- Der Minister begründet für die Bürger neue Pflichten oder Rechte.

Die Verwaltungsverordnungen haben dieselben Wirkungen wie Rechtsverordnungen.[444]

6. Mit der Forderung, daß der Verwaltungsakt Rechtswirkungen erzeugen müsse, werden wie im deutschen Recht vorbereitende Akte, Mitteilungen, Auskünfte, Bekanntmachungen usw. ausgeschlossen.[445]

441 C. E. 12.2.1982, Université de Paris VII, Fc. 70.
442 Concl. Tricot zu l'arrêt Institution N.-O. de Kreisker du 29.1.1954, RPDA 1954, S. 50.
443 CE 2.12.1966, Marchand, RDP 1957, 562; 24.5.1974, Syndicat national des personnels des ministères de l'enseignement et autres, AJ 1974, 322, Chr. 307.
444 CE 5.5.1976, Confédération nationale des groupes de l'enseignement public, AJ 1977, 392.
445 *Waline*, S. 448.

II. *Spanien*

Die spanische Rechtsordnung folgt für den Begriff des Verwaltungsaktes weitgehend dem deutschen Recht. Nach *Parada*[446] ist Verwaltungsakt (acto administrativo) jedes in Ausübung von Hoheitsbefugnissen gesetzte einseitige Rechtsgeschäft, das unter der Kontrolle der Verwaltungsgerichte die Rechtsposition von Privatpersonen oder juristischen Personen des öffentlichen Rechts ändert. Dabei wird unter dem Verwaltungsakt nur die Regelung eines Einzelfalls verstanden. Das spanische Recht kennt die Befristung, Bedingung und Auflage, hat hierfür besondere Regeln aber noch nicht entwickelt. Wie das deutsche Recht unterscheidet das spanische Recht zwischen den begünstigenden (actos favorables) und den belastenden (actos de gravamen) Verwaltungsakten.

III. *Portugal*

Die portugiesische Definition des Verwaltungsakts entspricht weitgehend der des deutschen Rechts. Nach *Gaetano*[447] ist Verwaltungsakt das willentliche Handeln eines Verwaltungsorgans in Ausübung einer Hoheitsbefugnis und zur Verfolgung der ihm übertragenen Aufgaben, welches Wirkungen im Einzelfall erzeugt. Nach *Gaetano* sind Rechts- und Verwaltungsverordnungen keine Verwaltungsakte; dasselbe gilt für das rein tatsächliche Verwaltungshandeln. Unter den Rechtswirkungen versteht *Gaetano* dabei die Wirkungen auf Rechtspositionen von Bürgern.[448]

IV. *Griechenland*

Nach *Spiliotopoulos* ist der Verwaltungsakt eine Willensäußerung eines Verwaltungsorgans, durch die einseitig eine Rechtsnorm gesetzt wird.[449] Der Verwaltungsakt begründet Rechte oder Pflichten für die ihn erlassende Behörde, für andere juristische Personen des öffentlichen Rechts sowie für natürliche und juristische Personen des Privatrechts.[450] Auch Rechtsverordnungen stellen Verwaltungsakte dar.[451] Das griechische Verwaltungsrecht unterscheidet zwischen den begünstigenden und den belastenden Verwaltungsakten.[452]

446 *Parada*, Derecho administrativo, 3. Aufl., 1991, S. 92.
447 *Gaetano*, Manual de Direito Administrativo, 1980, S. 427 ff.
448 Vgl. auch *de Oliveira*, Direito Administrativo, 1980, S. 371 ff.
449 *Spiliotopoulos, S.*, Droit administrat hellenique, 1991, S. 74.
450 *Spiliotopoulos*, S. 78.
451 *Spiliotopoulos*, S. 79.
452 *Spiliotopoulos*, S. 89.

V. *Italien*

Nach *Vittà* sind Verwaltungsakte (atti oder provvedimenti amministrativi) Maßnahmen einer Verwaltungsbehörde, die im Rahmen einer öffentlichen Aufgabe ergehen und Rechtswirkungen gegenüber Dritten begründen.[453] An sich stellen auch Rechtsverordnungen Verwaltungsakte dar, doch wird die Anfechtungsklage in der Regel wegen des Fehlens der Klagebefugnis ausgeschlossen.[454] Auch der Beschluß zu einem tatsächlichen Handeln stellt einen Verwaltungsakt dar.[455]

VI. *Niederlande*

Nach *de Haan/Drupsteen/Fernhout*[456] ist ein Verwaltungsakt (beschikking) eine aufgrund Hoheitsgewalt erlassene, einseitige und nach außen gerichtete, schriftliche Willenserklärung, die keine allgemeinen Regeln enthält und auf die Begründung, Änderung oder Aufhebung eines Rechtsverhältnisses gerichtet ist.

VII. *Österreich*

Nach *Adamovich/Funk*[457] ist ein Verwaltungsakt ein einseitiges, hoheitliches Handeln einer Verwaltungsbehörde, das rechtliche Auswirkung und individuellen Charakter hat. Verwaltungsakte, die aufgrund eines förmlichen Verfahrens erlassen werden, heißen in Österreich »Bescheid«. *Adamovich/Funk* definieren den Bescheid:[458]

> »Bescheide sind alle jene hoheitlichen (behördlichen) Erledigungen der Verwaltungsbehörden, durch die in bestimmten einzelnen Angelegenheiten der Verwaltung gegenüber individuell bestimmten Personen in einer förmlichen (und der Rechtskraft fähigen) Weise über Rechtsverhältnisse materiellrechtlicher oder formellrechtlicher (verfahrensrechtlicher) Art abgesprochen wird, sei es, daß bestehende Rechtsverhältnisse festgestellt (deklarativer Inhalt) oder neue Rechtsverhältnisse gestaltet werden (konstitutiver Inhalt) . . .«

453 *Vittà*, Diritto amministrativo, 4. Aufl., 1955, S. 298.
454 *Vittà*, S. 304.
455 *Vittà*, S. 306.
456 *de Haan/Drupsteen/Fernhout*, Bestuursrecht in de Sociale rechtsstaat, 3. Aufl., 1986, S. 19.
457 *Adamovich/Funk*, Allgemeines Verwaltungsrecht, 3. Aufl., 1987, S. 262.
458 *Adamovich/Funk*, S. 267.

VIII. *Schweiz*

Nach Auffassung des Bundesgerichts[459] ist

> »der Verwaltungsakt bzw. die Verwaltungsverfügung . . . ein individueller, an den einzelnen gerichteter Hoheitsakt, durch den eine konkrete verwaltungsrechtliche Rechtsbeziehung rechtsgestaltend oder feststellend in verbindlicher und erzwingbarer Weise geregelt wird.«

Art. 5 Abs. 1 und 2 des schweizerischen Verwaltungsverfahrensgesetzes umschreibt die Verfügung wie folgt:

> »I. Als Verfügungen gelten Anordnungen der Behörden im Einzelfall, die sich auf öffentliches Recht stützen und zum Gegenstand haben:
> a) Begründung, Änderung oder Aufhebung von Rechten und Pflichten;
> b) Feststellung des Bestehens, Nichtbestehens oder Umfanges von Rechten oder Pflichten;
> c) Abweisung von Begehren auf Begründung, Änderung, Aufhebung oder Feststellung von Rechten und Pflichten oder Nichteintreten auf solche Begehren.
>
> II. Als Verfügungen gelten auch Vollstreckungsverfügungen, Zwischenverfügungen, Einspracheentscheide, Beschwerdeentscheide, Entscheide im Rahmen einer Revision . . .«

Thomas Fleiner[460] führt aus:

> »Die Verfügung ist also eine Anordnung, d. h. eine hoheitliche, einseitige Feststellung von Rechten und Pflichten. Befugt zum Erlaß von Verfügungen sind Behörden, die mit staatlicher Macht, d. h. mit Hoheitsbefugnissen, ausgerüstet sind. Die Verfügung muß sich auf öffentliches Recht abstützen können. Sie regelt keinen allgemeinen Sachverhalt wie das Gesetz, sondern den konkreten Einzelfall für bestimmte Adressaten.«

B. *Auslegung des § 35 VwVfG*

Die Literatur ist übereinstimmend der Auffassung, im Gegensatz zur früheren Rechtslage in Deutschland und zur Situation im Ausland brauche der Begriff des Verwaltungsaktes heute nicht mehr weit ausgelegt werden. Das Rechtsschutzbedürfnis der Bürger werde heute nämlich dadurch befriedigt, daß es im

459 CE 101 Ia 74.
460 *Fleiner*, Grundzüge des allgemeinen und schweizerischen Verwaltungsrechts, 1977, S. 144.

deutschen Recht neben der Anfechtungsklage die Feststellungs- und die Allgemeine Leistungs- und Unterlassungsklage gebe.[461] Dieser Auffassung vermag ich aus einer ganzen Kette von Gründen nicht zu folgen.

I. Zunächst vermag ich der Auffassung der herrschenden Lehre und der Rechtsprechung nicht zu folgen, Art. 19 IV GG gewähre den Gerichtsschutz nur gegen Einzelakte und nicht auch gegen generelle Maßnahmen des Staates.[462] Der Wortlaut des Art. 19 IV GG spricht von Akten der »öffentlichen Gewalt«, unter die eindeutig auch generelle Staatsakte fallen. Daß dies der Fall ist, zeigt sich sehr deutlich in der Tatsache, daß der in Art. 93 I Ziff. 4 a GG enthaltene Begriff der öffentlichen Gewalt hinsichtlich der Verfassungsbeschwerde in diesem weiten Sinne gedeutet wird. Allerdings ist der herrschenden Lehre insoweit zuzustimmen, als Art. 19 IV GG unterschiedliche Verfahren zuläßt, wenn insoweit sachliche Unterschiede zwischen den individuellen und generellen Akten bestehen.

Zweitens kann ich der herrschenden Lehre und der Rechtsprechung nicht zustimmen, der Begriff der »Rechte« in Art. 19 IV GG umfasse nur die Grundrechte der Verfassung und die Fälle, in denen der Gesetzgeber durch seine Normen die Interessen der Bürger schützen will. In der Tat würde bei einer solchen Interpretation der Anwendungsbereich dieser Vorschrift entgegen den allgemeinen Grundrechtslehren weitgehend vom Gesetzgeber festgelegt. Es hinge von einem Zufall ab, ob existenzielle Interessen der Individuen geschützt werden. Auch widerspricht eine solche Interpretation des Art. 19 IV GG der Tatsache, daß in dieser Bestimmung die *Kant*sche Konzeption der Menschenwürde (Art. 1 I GG) Ausdruck findet, nach welcher niemand zum bloßen Objekt der Rechtsordnung herabgewürdigt werden darf: Greift eine Maßnahme der öffentlichen Gewalt in schützwürdige (legitime) Interessen des Bürgers ein, muß der Betroffene nach Art. 1 I GG einen Beseitigungs- und Abwehranspruch besitzen, der gerichtlich durchgesetzt werden können muß. Das aber bedeutet, daß unter den »Rechten« in Art. 19 IV GG alle schützenswerten Interessen der Bürger zu verstehen sind. In diesem Rahmen ist darauf hinzuweisen, daß das Bundesverfassungsgericht dieses Ergebnis indirekt dadurch akzeptiert, daß es die Allgemeine Handlungsfreiheit des Art. 2 I GG und Art. 1 I GG so weit auslegt, daß diese Grundrechte alle schützenswerten Interessen umfassen.[463] Da unter den »Rechten« i.S.d. Art. 19 IV GG vor allem die Grundrechte zu verstehen sind, werden auch auf diese Weise alle schützenswerten Interessen durch Art. 19 IV GG umfaßt.

461 Vgl. etwa *Erichsen*, in: Erichsen, a.a.O., S. 242.
462 Hierzu und zu den folgenden Problemen der Interpretation des Art. 19 IV GG vgl. neuerdings *Krebs*, Art. 19 IV, in: von Münch/Kunig, Kommentar zum GG, Bd. 1, 4. Aufl. 1992.
463 *Bleckmann*, VBl. BW 1985, S. 361 ff.

II. Art. 19 IV GG sieht bei einem Eingriff der öffentlichen Gewalt in legitime Interessen subsidiär den Rechtsschutz durch die ordentlichen Gerichte vor. Diese Entscheidung der Verfassung widerspricht dem Art. 95 I GG, der für Verwaltungsstreitigkeiten die Errichtung von Verwaltungsgerichten vorsieht. Um diesen Widerspruch aufzuheben, hat § 40 VwGO für den Anwendungsbereich des Art. 19 IV GG die Zuständigkeit der ordentlichen Gerichte durch die Kompetenz der Verwaltungsgerichte ersetzt, soweit nicht die Finanz- und Sozialgerichte zuständig sind. Das aber kann nur bedeuten, daß die in den §§ 43 ff. VwGO vorgesehenen Klagearten so weit auszulegen sind, daß dem Rechtsschutzauftrag des Art. 19 IV GG in vollem Umfang genügt wird.

III. Nur auf den ersten Blick wird durch diese Interpretation des § 40 VwGO i.V.m. Art. 19 IV GG die Auffassung der deutschen Lehre bestätigt, der Begriff des Verwaltungsaktes brauche nicht auf Bereiche erstreckt werden, in denen heute die Feststellungsklage oder die Allgemeine Leistungsklage zulässig ist. Diese Auffassung übersieht in der Tat, daß nach der Rechtsprechung des Bundesverfassungsgerichts Art. 19 IV GG einen effektiven Rechtsschutz erfordert.[464] Damit aber ist nicht nur gemeint, daß die Verwaltungsgerichte die Maßnahmen der Verwaltung in vollem Umfang kontrollieren müssen (Kontrolldichte). Man muß vielmehr, da alle Grundrechte auf eine Maximierung des Rechtsschutzes abzielen, annehmen, Art. 19 IV erfordere ein Maximum an gerichtlichem Rechtsschutz. Die Entscheidungen des Bundesverfassungsgerichts zu dem von Art. 19 IV GG geforderten effektiven Rechtsschutz zeigen in der Tat, daß der Rechtsschutz zu gewähren ist, der bei den verschiedenen Akten der öffentlichen Gewalt möglich ist, ohne die Effektivität des staatlichen Handelns zu beeinträchtigen.
Vergleicht man aber den Rechtsschutz gegen Verwaltungsakte mit dem Rechtsschutz, der im Rahmen einer Feststellungsklage oder einer Allgemeinen Leistungsklage greift, zeigt sich schnell, daß ein solches Maximum an Rechtsschutz nur im Anfechtungsverfahren gewährleistet wird. Zunächst einmal wird die Beschwer des Klägers im Anfechtungsverfahren grundsätzlich dadurch ausgeräumt, daß der Verwaltungsakt aufgehoben wird. Die Vollstreckungswirkung ist in diesen Fällen schon im Ausspruch des Gerichts enthalten. Bei der Feststellungsklage und der Allgemeinen Leistungsklage ist der Kläger dagegen auf den guten Willen der Verwaltung, eventuell auf zusätzliche Vollstreckungsmaßnahmen angewiesen, die gegen die Verwaltung nur in beschränktem Umfang zulässig sind. Die Klagearten der §§ 42 ff. VwGO sind aber wie in der ZPO durch das Vollstreckungsziel bestimmt. Dazu kommt,

464 Zur Forderung des Art. 19 IV GG nach effektivem Rechtsschutz vgl. *Bleckmann*, Staatsrecht II – Die Grundrechte, 4. Aufl. 1997, S. 1162 ff.

daß im Anfechtungsverfahren der Suspensiveffekt des § 80 VwGO automatisch greift, während bei der Feststellungs- und Leistungsklage auf die einstweilige Anordnung des § 123 VwGO zurückgegriffen werden muß. Zudem ist die Verwaltung beim Erlaß eines Verwaltungsakts an zahlreiche Verfahrensvorschriften gebunden, deren Anwendung auf »Realakte« fraglich erscheint. Und schließlich kann, wenn das Handeln der Verwaltung nicht als Verwaltungsakt qualifiziert wird, der nach § 40 VwGO in Verbindung mit Art. 19 IV GG erforderliche Rechtsschutz in der Regel nur durch eine problematische Ausweitung der Voraussetzungen der Feststellungsklage und der Leistungsklage erreicht werden. Statt diesen sehr fraglichen Weg zu beschreiten, sollte man im Interesse der Rechtssicherheit in solchen Fällen deshalb besser den Begriff des Verwaltungsaktes ausweiten. Offensichtlich geht die deutsche Literatur und Rechtsprechung davon aus, daß der Begriff des Verwaltungsaktes durch die deutsche Tradition so festgelegt wurde, daß eine Erweiterung des Rechtsschutzes nur über die Feststellungs- und die Leistungsklage noch möglich ist, deren Voraussetzungen dogmatisch noch nicht so stark verkrustet sind. Dieser Weg erscheint vor allem deshalb als fraglich, weil die Verwaltungsgerichte die Voraussetzungen der verschiedenen Klagearten ohne Rücksicht auf die Frage zu prüfen pflegen, ob im Ergebnis das Rechtsschutzverlangen des Art. 19 IV GG erfüllt wird.

IV. Die obigen Darlegungen lassen erkennen, daß grundsätzlich als Verwaltungsakt alle *Maßnahmen der Verwaltung zu qualifizieren sind, bei denen die Beschwer der Individuen durch eine Aufhebung des Aktes beseitigt werden kann*. Eine solche Interpretation des § 42 VwGO entspricht in der Tat dem Ziel des Gesetzes: Kann die Beschwer des Klägers allein durch eine gerichtliche Aufhebung des Aktes beseitigt werden, verlangt eine auf die Art der Vollstreckung der Urteile ausgerichtete Typologie der Klagearten, daß das Anfechtungsverfahren zulässig ist. Ausnahmen von diesem Grundsatz greifen nur dann ein, wenn und soweit die Verfassung oder das Gesetz für bestimmte Akte der öffentlichen Gewalt wie etwa für die Rechtsverordnungen und Satzungen besondere Gerichtsverfahren vorgesehen haben.

Wir werden im folgenden zeigen, daß diese von der herrschenden Lehre weit abweichende Interpretation des § 35 VwVfG durchaus mit dem Wortlaut dieser Norm übereinstimmt, zumindest aber durch diesen partiell noch gedeckt ist. Im übrigen ist darauf hinzuweisen, daß die Verwaltungsverfahrensgesetze nur eine Momentaufnahme des seinerzeit bekannten Inhalts des Rechtsstaatsprinzips verankern, die bei einer verbesserten Erkenntnis des Rechtsstaatsprinzips ergänzt werden müssen.

C. *Die »Regelung« in § 35 S. 1 VwVfG*

I. § 35 VwVfG setzt als Voraussetzung des Verwaltungsaktes zunächst eine »Regelung« voraus. Dieses Begriffselement wird im folgenden dahin konkretisiert, die Maßnahme müsse auf »unmittelbare Rechtswirkung nach außen gerichtet« sein. Wie wir im folgenden zeigen werden, versteht die herrschende Lehre und die Rechtsprechung in Deutschland dieses Begriffselement dahin, daß der Verwaltungsakt »Rechte oder Pflichten der Bürger« begründen muß. In der Tat kann die Voraussetzung der »Rechtswirkungen nach außen« als »Rechtswirkungen gegenüber dem Bürger« verstanden werden. Eine solche Interpretation wird aber durch den Wortlaut des § 35 VwVfG nicht notwendig gefordert. Denkbar ist vielmehr auch, daß der Verwaltungsakt Rechte und Pflichten der *Verwaltung* in einem sehr weiten Sinne begründet. Grundsätzlich wird man in diesem Rahmen fordern müssen, es müsse sich um eine unmittelbare rechtliche Bindung der Verwaltungsbehörden in ihrem Verhalten nach außen handeln. Bei einer solchen Interpretation können auch innerdienstliche Akte und Verwaltungsverordnungen unter den Begriff des Verwaltungsaktes fallen. Auch Entscheidungen über nur einen Teil der Tatbestandsvoraussetzungen eines Rechts der Bürger sind dann als Verwaltungsakte anzusehen.
Die herrschende Lehre und die Rechtsprechung in Deutschland legen beim Tatbestandsmerkmal »auf unmittelbare Rechtswirkungen nach außen gerichtet« die »Außenwirkung« der klassischen Tradition entsprechend dahin aus, daß der Wille der Verwaltung auf die Begründung subjektiver Rechte und Pflichten der Individuen gerichtet sein muß. Da sich die Verwaltungsverordnungen und die Weisungen nur an die untergeordneten Beamten und nicht unmittelbar an die Individuen richten, stellen diese »rein innerdienstlichen« Akte Verwaltungsakte dann nicht dar. Wir werden sehen, daß angesichts des Art. 19 IV GG und der deutschen Rechtsprechung zum Verwaltungsakt ein Wechsel des Paradigmas erforderlich wird, daß also die »Rechtswirkungen« i.S.d. § 35 Abs. 1 VwVfG nicht mehr im Sinne der Begründung subjektiver Rechte und Pflichten der Individuen, sondern dahin interpretiert werden müssen, daß die rechtliche Verhaltenssteuerung der Verwaltung gemeint ist. Der Verwaltungsakt – das ist die notwendige Folge – ist also dann auf die unmittelbaren Rechtswirkungen nach außen gerichtet, wenn er unmittelbar darauf gerichtet ist, das Verhalten der Verwaltung im Verhältnis zur Außenwelt rechtlich zu steuern.

II. Nach der klassischen deutschen Definition bestimmt der Verwaltungsakt die Rechtssphäre der Bürger, begründet er also für die Bürger Rechte und

Pflichten. Wie *Toshiyuki Nhikawa*[465] nachgewiesen hat, wird der Verwaltungsakt schon in dem 1857 erschienen Verwaltungslehrbuch von *Friedrich Franz von Mayer* als Einzelakt definiert, der bestimmt sei »mit rechtlicher Wirkung für die Einzelnen Recht zu sprechen«. An anderer Stelle meint *Mayer*, der Ausspruch der Verwaltung habe das Ziel der »Bestimmung des Einzelnen«. Dementsprechend klassifiziert er in seinem Allgemeinen Polizeirecht die Verwaltungsakte der Polizei in 1. Aufsicht, 2. Verbote, 3. Gebote, 4. Pflicht zur Anzeige (Meldung), 5. Cognitions, 6. Konzession. Diese Linie des klassischen Verwaltungsrechts wurde in dem 1924 in 3. Auflage erschienen Band des »Deutschen Verwaltungsrechts« von *Otto Mayer* (ND 1969) fortgesetzt. Bekanntlich hat *Otto Mayer* festgestellt, der Verwaltungsakt stelle einen verwaltungsbehördlichen Ausspruch dar, der für das »Individuum im Einzelfall bestimmt, was für ihn Rechtens sein soll« (S. 93). Allerdings kann die Stelle bei *Mayer* auch dahin gedeutet werden, daß sie dem modernen Verständnis entsprechend die Selbstbindung der Verwaltung meint. So lautet der oben zitierte Ausspruch von *Mayer* vollständig (S. 62):

> »Jedenfalls ist die Tatsache, daß auch in unserer gewöhnlichen Verwaltung, außerhalb der Verwaltungsrechtspflege also, sich immer deutlich ein Seitenstück des zivilgerichtlichen Urteils ausgeprägt hat, ein verwaltungsbehördlicher Ausspruch, der für den Einzelfall bestimmt, was Rechtens sein soll, bindend für das, was weiter hier von der Verwaltung aus geschieht.«

Auf Seite 96 macht *Meyer* diese Feststellung deutlich:

> »Er (der Verwaltungsakt) bestimmt für den über welchen er geht, was dieser soll und darf. ... Aber nicht bloß für ihn: Die bindende Kraft ist hier zweiseitig wie beim Rechtssatz. ... Dem, was über den betroffenen Untertanen bestimmt wird, entspricht eine rechtliche Gebundenheit der vollziehenden Gewalt in allem, was sie in dem re gegen eadem personam vornehmen wird. Gebundenheit nach den Regeln der Vollziehung. Ihre weiteren Verwaltungsakte müssen fortbauen auf der von dem ersten gegebenen Grundlage, und vor allem ihre Tat muß sich nach diesem richten.«

Sieht man einmal davon ab, daß *Mayer* die Bindung der Verwaltung als Spiegelbild der rechtlichen Bindung des Bürgers versteht, also auf die Begründung von Rechten und Pflichten des Bürgers durch den Verwaltungsakt nicht verzichtet, kommt in diesem Zitat deutlich schon zum Ausdruck, daß der Verwaltungsakt das Handeln der Verwaltung in ihrem Verhältnis zur Außenwelt steuert.

465 *Nhikawa*, Friedrich Franz von Mayer, Begründer der »juristischen Methode« im Verwaltungsrecht, 1992, S. 129 f.

Auch *Rudolf Hermann Hernritt*[466] versteht unter dem Verwaltungsakt i.e.S. nur die behördlichen Akte, »welche nach dem Willen der handelnden Behörde konkrete Rechtsverhältnisse einzelner Personen in bindender Weise erzeugen.« Auch in den nach dem Zweiten Weltkrieg vor Erlaß der Verwaltungsverfahrensgesetze veröffentlichten Lehrbüchern des Verwaltungsrechts wird an dieser Definition festgehalten. So heißt es etwa bei *Kurt Egon von Turregg*[467], der Verwaltungsakt sei eine Maßnahme, durch die »auch gegen den Willen des davon Betroffenen ... Rechtsbeziehungen entweder konstitutiv gestaltet oder deklaratorisch geregelt werden«. Ähnlich definiert *Walter Jellinek*[468] den Verwaltungsakt als »jede einer natürlichen Person gegenüber vorgenommene obrigkeitliche Willensäußerung außerhalb der Verwaltung.« Obwohl § 35 VwVfG wohl im Anschluß an *Ernst Forsthoff*[469] genereller davon spricht, daß der Verwaltungsakt »Rechtswirkungen« haben müsse, greift ein Teil der neueren Verwaltungsrechtsliteratur auf die klassische Definition zurück, nach welcher die Verwaltungsakte Rechte und Pflichten der Individuen begründen müssen. Auch die Klassifizierung der Verwaltungsakte in gebietende, verbietende, feststellende und privatrechtsgestaltende Akte greift auf diese Formel zurück. Als Beispiel sei auf das von *Erichsen* herausgegebene, 1995 in 10. Auflage erschienene Lehrbuch des Allgemeinen Verwaltungsrechts verwiesen. Auf S. 252 f. führt *Erichsen* zwar generell aus, ein Verwaltungsakt sei eine Verfügung, die auf eine Rechtsfolge gerichtet sei. Auf Seite 260 meint *Erichsen* dann aber doch:

> »Eine Regelung mit Außenwirkung ist dann zu bejahen, wenn die Maßnahme auf Setzung einer Rechtsfolge für eine natürliche oder juristische Person in der Weise gerichtet ist, daß sie ihren Rechtskreis erweiternd, verringernd oder feststellend gestaltend wirken soll.«

Und der 1972 in zweiter Auflage erschienene Kommentar zum Verwaltungsverfahrensgesetz von *Meyer/Borgs* verweist für die »Rechtswirkung« in der Definition des § 35 VwVfG auf die Defintion des § 3 des Schweizer Verwaltungsverfahrensgesetzes, nach welchem ein Verwaltungsakt ist die:

> »a) Begründung, Änderung oder Aufhebung von Rechten und Pflichten
> b) Feststellung des Bestehens, Nichtbestehens oder den Umfang von Rechten und Pflichten
> c) Abweisung von Begehren auf Begründung, Änderung, Aufhebung oder Feststellung von Rechten oder Pflichten oder Nichteinhalten auf solche Begehren.«

466 *Hernritt*, Grundriß des Verwaltungsrechts, 1921, S. 269.
467 *von Turregg*, Lehrbuch des Verwaltungsrechts, 3. Aufl. 1956, S. 12 f.
468 *Jellinek*, Verwaltungsrecht, 1966, S. 246.
469 *Forsthoff*, Lehrbuch des Verwaltungsrechts, Bd. I, noch 10. Aufl. 1973, S. 198 f.

Dabei werden nach Schweizer Recht unter den Rechten und Pflichten nur solche der Bürger gemeint.[470]

Auch *Stelkens/Bonk/Sachs*[471] verstehen mit der Rechtsprechung des Bundesverwaltungsgerichts[472] den Begriff der »Rechtswirkungen« im § 35 VwVfG im Sinne der Begründung von Rechten und Pflichten für den Bürger.

Diese Ansätze verkennen, daß § 35 VwVfG mit dem Verwaltungsakt die rechtliche Regelung meint, die generell »Rechtswirkungen« erzeugt, also Wirkungen nicht nur gegenüber dem Bürger, sondern auch gegenüber der Verwaltung entfaltet. Wenn natürlich den Rechten und Pflichten der Bürger jeweils stets Pflichten und Rechte der Behörde gegenüberstehen, ist insbesondere der Begriff der Bürgerrechte viel zu eng, weil er sich auf die Vollbindung der Verwaltung bezieht. Eine ganze Reihe von Rechtsakten, die in der Rechtsprechung und in der Kommentarliteratur als Verwaltungsakte qualifiziert werden, begründen derartig enge Pflichten der Behörden nicht, fallen also bei einer so engen Definition unter den Begriff des Verwaltungsaktes nicht. Daß die »rechtliche Regelung« i.S.d. § 35 VwVfG nicht nur in der Begründung von Rechten und Pflichten der Bürger besteht, zeigt sich deutlich auch in der Tatsache, daß auf der einen Seite § 48 VwVfG unter die begünstigenden Verwaltungsakte nicht nur Maßnahmen faßt, die subjektive Rechte der Bürger i.e.S. begründen, sondern auch Akte, die den Individuen »rechtlich erhebliche Vorteile« verschaffen, und daß nach § 35 S. 2 VwVfG einen Verwaltungsakt im Sinne des ersten Satzes auch die Widmung einer öffentlichen Sache darstellt, die nicht dem Gemeingebrauch dient und deshalb subjektive öffentliche Rechte des Bürgers nicht begründet.

Darüber hinaus ist zu beachten, daß die Einwirkung des Verwaltungsaktes auf die Rechtsposition der Bürger im wesentlichen Kern Gegenstand der Klagebefugnis, also einer weiteren Zulässigkeitsvoraussetzung der Anfechtungsklage darstellt, die neben die Voraussetzung tritt, daß es sich um einen Verwaltungsakt handeln muß. Wenn insbesondere ein Drittbetroffener gegen einen Verwaltungsakt vorgeht, ist nicht recht einzusehen, warum dieser Akt Rechtswirkungen gegen eine andere Person zeigen muß, obwohl er Rechtswirkungen gegenüber dem Drittbetroffenen nicht äußert: In der Tat wird man nicht annehmen können, daß der Verwaltungsakt in einem solchen Falle für den Drittbetroffenen eine Pflicht zur Duldung begründet. In diesem Rahmen wird man auch darauf verweisen müssen, daß die Konstruktion von janusköpfigen Verwaltungsakten nicht haltbar ist. In der Tat soll nach der Rechtsprechung und der herrschenden Lehre ein Aufsichtsakt gegenüber der Selbstverwaltungskörperschaft einen Verwaltungsakt, gegenüber dem Bürger dagegen

470 Vgl. etwa *Knapp*, Grundlagen des Verwaltungsrechts, Bd. 1, 1992, S. 224 ff.

471 *Stelkens*, in: Stelkens/Bonk/Sachs, VwVfG § 35, Rdnr. 64.

472 BVerwGE 64, 550; 36, 192, 194; BVerwG NJW 1985, 693; NJW 1985, 1302; BVerwGE 77, 268, 271; BVerwG NVwZ 1988, 941.

nur einen innerdienstlichen Akt darstellen.[473] Die damit angesprochene Problematik sollte nicht im Rahmen des Verwaltungsaktsbegriffs, sondern im Rahmen der Klagebefugnis gelöst werden.

Versuchen wir nun, anhand der Kommentare zu § 35 VwVfG von *Stelkens/Bonk/Sachs* und von *Kopp* festzustellen, ob die klassische Definition heute noch verwendbar ist, ob es also nur auf die Einwirkung auf die Rechtssphäre des Bürgers ankommt.

Schon bei der Ablehnung eines Antrages etwa auf eine Genehmigung oder auf eine Geldleistung der Verwaltung kann man kaum von der Begründung von Rechten oder Pflichten der Individuen sprechen. Etwas Ähnliches gilt für die beurkundenden Verwaltungsakte, die überhaupt keine materiellen, sondern nur verfahrensrechtliche Wirkungen haben. Auch vorgeschaltete Verwaltungsakte begründen höchstens Duldungspflichten. Auch die »bedingenden« Verwaltungsakte begründen nicht im eigentlichen Sinne Rechte und Pflichten: Sie sind wie die Einbürgerung oder die Beamtenernennung auf die Errichtung eines Status gerichtet, an welchen das Gesetz Rechte und Pflichten anknüpft. Dasselbe gilt für Genehmigungen bei Verboten mit Erlaubnisvorbehalt: Diese Rechtsakte begründen nicht Rechte, sondern räumen nur Schranken für die Ausübung der entsprechenden Freiheiten aus dem Wege. Schon gar nicht Rechte und Pflichten begründen die Organisationsakte wie etwa die Verlegung oder die Aufhebung einer Schule. Es stellt eine Verzerrung der wirklichen Rechtslage dar, wenn man unter Rückgriff auf die klassische Definition die Rechtswirkung auf den Bürger dahin sieht, daß solche Verwaltungsakte die verfassungsrechtlichen oder gesetzlichen Rechte und Pflichten zum Schulbesuch konkretisieren. Überdies erscheint es inkonsequent, wenn in diesem Zusammenhang die Verlegung oder Aufhebung anderer Behörden oder Gerichte nicht als Verwaltungsakte qualifiziert werden.

Die angeführten Beispiele aus der Rechtsprechung, die unbegrenzt vermehrt werden können, machen deutlich, daß man unter der Rechtswirkung, auf die eine Regelung gerichtet sein muß, jeden Akt zu verstehen hat, welcher das Verhalten der Behörde für die Zukunft ganz oder partiell rechtlich steuert. Das ist nicht nur dann der Fall, wenn der Akt Rechte und Pflichten der Bürger im engsten Sinne begründet: Auch in diesen Fällen wird der Behörde für die Zukunft ein bestimmtes Verhalten auferlegt. Vielmehr werden durch diese Definition auch Akte umfaßt, die nur das Verhalten untergeordneter Behörden steuern. Insbesondere die Verlegung oder Aufhebung einer Schule berührt nicht das Recht oder die Pflicht zum Schulbesuch; eine solche Entscheidung bindet vielmehr primär die untergeordneten Behörden und Beamten in ihrer Tätigkeit gegenüber der Außenwelt.

473 Vgl. dazu *Kopp*, VwVfG, § 35, Rdnr. 42; *Meyer/Borgs*, VwVfG, § 35, Rdnr. 48.

III. Ähnlich wie § 35 S. 1 VwVfG stellt das französische Recht nur darauf ab, daß der Verwaltungsakt Rechtswirkungen auslösen soll. Die Literatur neigt dabei dazu, auf die Wirkung auf die *objektive Rechtsordnung* abzustellen. So heißt es bei *René Chapus*[474], der hierfür auf eine umfangreiche Literatur verweist:

> »Un acte unilatéral est une décision lorsque la manifestation de volonté de son auteur se traduit par l'édiction d'une norme destinée à modifier l'ordonanncement juridique ou bien, au contraire, à la maintenir en l'état.«

Diese objektive Definition der Rechtswirkungen des Verwaltungsakts gestattet, auch Entscheidungen als Verwaltungsakte zu qualifizieren, die nicht subjektive Rechte und Pflichten der Bürger begründen, sondern objektiv das Handeln der Verwaltung steuern.
Der französische Ansatz der »objektiven Rechtswirkung« gestattet dem Rechtsschutzbedürfnis der Kläger und der Durchsetzung des objektiven Rechts entsprechend eine äußerst breite Erweiterung des Verwaltungsaktsbegriffs. Dies ist in den romanischen Rechtsordnungen und vor allem deshalb erforderlich, weil es dort neben der Anfechtungsklage durchwegs nur eine »verkümmerte« Leistungsklage (recours de pleine juridiction), nicht aber die Feststellungsklage und die breite Entfaltung der allgemeinen Leistungsklage wie in Deutschland gibt. Wenn man die französische Regelung zusammenfaßt, kann die »objektive Rechtswirkung« generell dahin umschrieben werden, daß eine rechtliche Bindung des zukünftigen Verhaltens der Verwaltung im Verhältnis nach außen ausreicht. Verwaltungsakte sind deshalb auch alle Entscheidungen, welche die untergeordneten Behörden und Beamten bei ihrem Verhalten in der Außensphäre rechtlich binden. Als solche Verwaltungsakte werden nicht nur die Organisationsakte angesehen. Um den Grundsatz der »liberté du commerce et de l'industrie« wirksam durchzusetzen, sieht der Conseil d'Etat vielmehr auch Entscheidungen der Gemeinden als Verwaltungsakte an, durch welche Regiebetriebe errichtet werden.[475] Auf der anderen Seite verleiht der Conseil d'Etat allen Steuerzahlern der Gemeinden eine Klagebefugnis gegen die Maßnahmen der Gemeinden, welche den Haushalt der Gemeinden belasten; notwendigerweise müssen deshalb solche Maßnahmen als Verwaltungsakte qualifiziert werden.[476] Auch die Kommunalverfassungsstreitigkeiten können nach französischem Recht nur durch die Anfechtungsklage bewältigt werden.

474 *Chapus*, a.a.O., Bd. 1, S. 330.
475 Vgl. etwa CE 13.12.1939 Séguinaud, Rec 588; CE 16.1.1908 Chambre syndicale des propré faires de bains, Rec. 91; 19.5.1933 Blane, Rec. 540; 12.7.1939, Chambre syndicale des maîtres-huendiers de Sainte-Etienne, Rec. 1080.
476 Vgl. *Chapus*, a.a.O., Bd. 1, S. 508.

Allerdings ist darauf hinzuweisen, daß nicht nur die österreichische[477] und schweizerische[478], sondern auch die romanische Literatur sich dem deutschrechtlichen Begriff entsprechend auf die Begründung subjektiver Rechte und Pflichten der Bürger konzentriert. So heißt es etwa für das italienische Recht bei *Massimo Servo Giannini*, der Verwaltungsakt müsse »subjektive Rechtslagen« (situazioni suggitivi) betreffen[479] und *Aldo Sandoulli*[480] sieht als Verwaltungsakte nur provvidementi an, die »situazioni giuridici« betreffen. Ähnlich meint *Jose Roberto Dromi* für das spanische Recht[481] ein Verwaltungsakt sei:

> »Toda declaracion unilateral efectuada en el ejercicio de la función administrativa que produce efectos juridicos individuales en forma directa.«

Und diese »éfectos juridicos« werden auf S. 21 dahin definiert, daß sie Rechte und Pflichten für beide Parteien, also für die Verwaltung und den Bürger, begründen.

Etwas ähnliches gilt für das niederländische Recht. *De Haan/Brugsteen* und *Fernhout* definieren die Rechtswirkungen des Verwaltungsrechts unter Rückgriff auf die gesetzliche Umschreibung dahin, der Verwaltungsakte regle im wesentlichen die Beziehungen zwischen der Verwaltung und den Bürgern (S. 25 f.):

> »Als eenzijdige publiekrechtlelijke rechtshandeling moet die beschickking in de termen van art. 2 lid. 1 Wet ARob »gericht« zijn op enig rechtsgevolg. . . . Immers daarbij denkt men toch in den eerste plaats aan die persoonlijke relatie tussen overheit en bepaalde burgers. . . .«

D. *Die Regelung eines »Einzelfalls«*

Wir haben oben gesehen, daß Art. 19 IV GG unter den Begriff der öffentlichen Gewalt auch generelle Staatsakte faßt. Für den durch diese Bestimmung intendierten Rechtsschutz reicht die Inzidentkontrolle im Rahmen eines Verfahrens gegen einen die generelle Norm konkretisierenden Verwaltungsakt insbesondere dann nicht aus, wenn die generelle Norm eine Strafsanktion ent-

477 *Walter/Mayer*, Grundriß des österreichischen Bundesverfassungsrechts, 5. Aufl., 1985, S. 392 ff.; *Adamovich/Funk*, Allgemeines Verwaltungsrecht, 2. Aufl., 1984, S. 353 f.
478 *Fleiner*, Grundzüge des allgemeinen und schweizerischen Verwaltungsrechts, 1977, S. 194 f.
479 *Giannini*, Diritto amministrativo, 2. Aufl., 1988, S. 672.
480 *Sandoulli*, Manuale di diritto amministrativo, 15. Aufl., 1989, S. 611.
481 *Dromi*, El acto administrativo, 1985, S. 15.

hält. Auf der anderen Seite verlangt Art. 19 IV GG, daß im Rahmen des Anfechtungsverfahrens auch gegen generelle Akte die Übereinstimmung mit allen höherrangigen Normen geprüft werden muß. Im Rahmen einer Verfassungsbeschwerde vor den Verfassungsgerichten kann aber nur ein Verstoß gegen die Verfassung, nicht die Verletzung der gesetzlichen Ermächtigungsgrundlage überprüft werden. Da, soweit die Verfassungsgerichte nicht zuständig sind, § 40 VwGO solche Verfahren an die Verwaltungsgerichte verweist, müssen die Klagearten der §§ 42 ff. VwGO so weit interpretiert werden, daß sie Klagen zumindest gegen Rechtsverordnungen und Satzungen auch dann zulassen, wenn aufgrund des § 47 VwGO ein besonderes Normenkontrollverfahren nicht eingerichtet worden ist. Da überdies auch Verwaltungsverordnungen die zuständigen Beamten zum Erlaß eines Verwaltungsaktes gegen Dritte verpflichten, greifen solche Verwaltungsverordnungen auch dem Art. 19 IV GG entsprechend in Rechte der Individuen ein. Auch sie müssen also im Rahmen der Klagen nach §§ 42 ff. VwGO unmittelbar angefochten werden können.

Auch hinsichtlich der Rechts- und der Verwaltungsverordnungen verlangt dabei, wie wir gezeigt haben, Art. 19 IV GG eine Optimierung, wenn nicht eine Maximierung des Rechtsschutzes. Das ist nur möglich, wenn auch gegen solche Rechtsakte die Anfechtungsklage eröffnet wird.

Da nach unseren obigen Darlegungen die Verwaltungsverfahrensgesetze nur einen Mindeststandard an rechtsstaatlichem Verfahrensschutz festlegen, der überschritten werden kann und muß, wenn das Rechtsstaatsprinzip dies verlangt, kann der in § 35 VwVfG verankerte Begriff des Verwaltungsaktes an sich über die Voraussetzungen dieser Bestimmung hinaus ausgedehnt werden.

Allerdings erscheint auch eine verfassungskonforme Auslegung des § 35 VwVfG möglich:

Auszugehen ist dabei von der Tatsache, daß nach § 35 S. 2 VwVfG eine Allgemeinverfügung ein Verwaltungsakt ist, der sich an einen nach allgemeinen Merkmalen bestimmten oder bestimmbaren Personenkreis richtet oder die öffentlich-rechtliche Eigenschaft einer Sache oder ihre Benutzung durch die Allgemeinheit betrifft. Diese Bestimmung kann nicht dahin gedeutet werden, daß der im ersten Satz definierte Begriff des Verwaltungsaktes im zweiten Satz durch drei Fälle erweitert wird. Vielmehr deutet der Wortlaut darauf hin, daß durch den zweiten Satz des § 35 VwVfG der im ersten Satz verwendete Begriff des »Einzelfalls« näher konkretisiert wird. Eine Regelung eines Einzelfalls liegt also vor, wenn der Verwaltungsakt sich an einen nach allgemeinen Merkmalen bestimmten oder bestimmbaren Personenkreis oder, sofern es sich um die Regelung eines konkreten Sachverhältnisses handelt, diese sich an einen unbestimmten Personenkreis richtet.

§ 35 VwVfG definiert den Verwaltungsakt also so, daß auch generelle Akte sehr weitgehend unter diesen Begriff fallen. Ausgeschlossen sind nur solche

Akte, die keinen konkreten Sachverhalt regeln und Personen betreffen, die erst in Zukunft unter die Regelung fallen. Mißt man diese Bestimmung am allgemeinen Gleichheitssatz des Art. 3 Abs. 1 GG, lassen sich sachliche Gründe für eine unterschiedliche Behandlung der generellen Akte nicht mehr finden, die aus dem Begriff des Verwaltungsaktes ausgeschieden werden. Insbesondere ist nicht einzusehen, warum Personen, die schon bei Erlaß eines generellen Aktes unter dessen Regelung fallen, diesen Akt nur deshalb mit der Anfechtungsklage nicht angreifen dürfen, weil in Zukunft weitere Personengruppen unter die generelle Regelung fallen können. § 35 S. 2 VwVfG ist also dahin zu interpretieren, daß auch eine in die Zukunft hineinreichende generelle Regelung einen Verwaltungsakt darstellt, wenn beim Erlaß eines Aktes ein bestimmter oder bestimmbarer Personenkreis schon gebunden ist. Auch in diesem Fall richtet sich der Verwaltungsakt dem Wortlaut des § 35 S. 2 VwVfG entsprechend an einen »bestimmten oder bestimmbaren Personenkreis«. Daß andere, also auch die in Zukunft betroffenen Personen bei ihrem Erlaß durch die Regelung nicht erfaßt werden dürfen, legt der Wortlaut des § 35 S. 2 VwVfG eindeutig nicht fest.

Aus § 35 S. 2 VwVfG ergibt sich nämlich nicht, daß eine Allgemeinverfügung nur dann vorliegt, wenn der Verwaltungsakt sich nur an einen bestimmten oder bestimmbaren Personenkreis richtet. Eine Rechtsverordnung oder Satzung stellt folglich eine Allgemeinverfügung insofern dar, als sie sich an einen zur Zeit ihres Erlasses bestimmten oder bestimmbaren Personenkreis richtet. Man kann vielleicht noch einen Schritt weiter gehen: Statt einer Rechtsverordnung, welche die Rechtslage unbestimmter Personenkreise in der Zukunft regelt, kann die Exekutive zahlreiche zeitlich aufeinanderfolgende Allgemeinverfügungen erlassen, die sich jeweils an einen zu einem späteren Zeitpunkt bestimmten oder bestimmbaren Personenkreis richten. Es ist nicht einzusehen, warum diese beiden Fälle rechtlich unterschiedlich geregelt werden können. Die in die Zukunft gerichteten generellen Akte lassen sich gedanklich vielmehr in zahlreiche zeitlich aufeinanderfolgende Allgemeinverfügungen zerlegen.

§ 47 VwGO steht dieser Interpretation nicht entgegen. Dem Wortlaut dieser Vorschrift kann nicht entnommen werden, daß Verordnungen und Satzungen nur in dem durch diese Bestimmung festgelegten Verfahren angegriffen werden können. § 47 hat im Rahmen unserer Konstruktion also nur die Funktion, den Ländern die rechtliche Möglichkeit zu eröffnen, für generelle Rechtsakte die an sich nach § 42 VwGO zulässige Anfechtungsklage durch ein besonderes Normenkontrollverfahren zu ersetzen.

Man kann das angestrebte Ergebnis der Zulässigkeit einer Anfechtungsklage gegen allgemeine Akte (Verwaltungs- und Rechtsverordnungen) auch auf einem zweiten Wege erreichen. Nach § 35 VwVfG ist Verwaltungsakt jede Regelung der Rechtsverhältnisse eines bestimmten Personenkreises, wenn der

Personenkreis auch so groß sein mag, daß er alle Einwohner der Bundesrepublik umfaßt. Dabei kommt es nicht darauf an, daß der Verwaltung bei dem Erlaß ihres Rechtsaktes dieser Personenkreis namentlich und der Adresse nach bekannt ist; es reicht aus, wenn die Verwaltung – wenn auch nach großen Mühen – diesen Personenkreis feststellen kann. § 35 VwVfG stellt also für die Definition des Verwaltungsaktes in der Form der Allgemeinverfügung nicht auf formelle Kriterien wie die Benennung des Rechtsakts (Verwaltungs- und Rechtsverordnung) ab, sondern auf materielle Kriterien. Das aber bedeutet, daß auch die Rechtsakte, die formell als Rechts- oder Verwaltungsverordnung ergangen sind, einen Verwaltungsakt i.S. des § 35 VwVfG darstellen, wenn sie sich an einen bestimmten Personenkreis richten. Die Rechtslage im deutschen Verwaltungsrecht entspricht damit der des Europäischen Gemeinschaftsrechts, wo eine Rechtsverordnung als durch die Individuen anfechtbare Entscheidung dann qualifiziert wird, wenn die Verordnung sich an einen bestimmten Personenkreis richtet. Der Europäische Gerichtshof hat aus dieser Vorschrift neuerdings den Schluß gezogen, daß eine Verordnung der EG auch punktuell-partiell eine Entscheidung darstellen kann. Das sei, so führt das Gericht aus, dann der Fall, wenn die Rechtsverordnung neben einem erst in der Zukunft bestimmbaren einen jetzt festliegenden Personenkreis betrifft.[482] Da die Rechtslage im deutschen und im europäischen Recht übereinstimmt, wird man diese Konstruktion des EuGH auch auf § 35 VwVfG übertragen dürfen.

§ 47 VwGO ist also in dieser Deutung des § 35 VwVfG nicht dahin auszulegen, daß er die Klagemöglichkeit gegen Rechtsverordnungen und Satzungen erst eröffnet und den Ländern gestattet, die Voraussetzungen der Klage und das Verfahren an die besonderen Bedingungen allgemeiner Akte anzupassen. Angesichts des eindeutigen Inhalts des § 35 VwVfG muß vielmehr § 47 VwGO dahin ausgelegt werden, daß er nur gestattet, für an sich nach § 42 VwGO anfechtbare Rechtsverordnungen und Satzungen ein von der Anfechtungsklage abweichendes Verfahren einzuführen.

Allerdings hat diese Qualifizierung der Rechtsverordnung als Verwaltungsakt nur zur Folge, daß eine gerichtliche Anfechtung ermöglicht wird. Das bedeutet nicht, daß im übrigen die Rechts- und Verwaltungsverordnungen als Verwaltungsakte behandelt werden müssen. So kommt es für die formelle Grundlage einer Verordnung nicht auf den für Verwaltungsakte geltenden Gesetzesvorbehalt, sondern auf eine Ermächtigungsgrundlage nach Art. 80 GG an. Auch wird man die Regeln über den Vertrauensschutz (Rücknahme und Widerruf) auf Rechtsverordnungen und Satzungen nicht anwenden können. Dasselbe gilt für die Anhörung und die Begründung, die jedenfalls in der für Verwaltungsakte geltenden Form auf allgemeine Akte kaum angewendet wer-

482 EuGH, 18.5.1994, DVBl. 1994, S. 1124.

den können. Hier wird man in einer gewissen Analogie zu den für Verwaltungsakte geltenden Regeln neue Verfahrensvorschriften entwickeln müssen. Daß eine Begründung auch der Rechtsverordnungen erforderlich wird, könnte so etwa durch das Europäische Gemeinschaftsrecht gefordert werden, welches sogar für begünstigende Verordnungen der EG eine Begründung vorsieht. Die in § 35 VwVfG enthaltenen Prinzipien können also für das Verwaltungsgerichtsverfahren, das Verwaltungsverfahrensrecht i.e.S. und für das materielle allgemeine Verwaltungsrecht nicht eingehalten werden.
Die Interpretation des § 35 S. 2 VwVfG durch die herrschende Lehre beruht auf der deutschen Tradition des 19. Jh. Danach konnten vor den Verwaltungsgerichten nur Individualakte angefochten werden. Dementsprechend wurde der Begriff des Verwaltungsaktes von den Autoren des 19. und beginnenden 20. Jh. definiert. Diese Umschreibung sollte die Anfechtung von Gesetzen und Rechtsverordnungen ausschließen, weil durch solche Gerichtsverfahren die Souveränität des Parlaments oder des Fürsten tangiert wurde und die Aufhebung genereller Regeln das öffentliche Interesse sehr viel stärker berührt als die Aufhebung eines Individualaktes. Diese Beschränkungen der Anfechtbarkeit von generellen Akten wurden durch Art. 19 IV GG beseitigt. Dementsprechend ist § 42 VwGO heute dahin auszulegen, daß er Anfechtungsklagen auch gegen generelle Akte der Verwaltung dann zuläßt, wenn die Rechtsordnung andere Klagearten für gesonderte Akte nicht zur Verfügung stellt.

E. *Das Willenselement beim Verwaltungsakt*[483]

I. Nach § 35 VwVfG ist ein Verwaltungsakt eine Maßnahme, die auf unmittelbare Rechtswirkung nach außen »gerichtet« ist. In dieser Fassung kommt zum Ausdruck, daß es sich beim Verwaltungsakt um ein Rechtsgeschäft, nämlich um eine einseitig verbindliche Willenserklärung handelt. Dieses Tatbestandsmerkmal, das sich auch in den anderen Rechtsordnungen findet, hat vor allem zwei Rechtsfolgen: Auf der einen Seite macht es deutlich, daß der Verwaltungsakt tatsächlich Rechtswirkungen hat. Dieses Problem wird nicht im Rahmen des Begriffs des Verwaltungsakts, sondern nur bei dessen Nichtigkeit und Rechtswidrigkeit relevant. Auf der anderen Seite sollen durch dieses Willenselement in allen Rechtsordnungen die bloßen Wissenserklärungen, Mitteilungen, Warnungen, Informationen, Ankündigungen und Androhungen vom Verwaltungsakt abgegrenzt werden.

483 Vgl. *Py*, Le rôle de la volonté dans les actes administratifs unilatéraux, 1976.

II. Das Willenselement als Voraussetzung des Verwaltungsaktes kann aber nach der Rechtsprechung in allen europäischen Rechtsordnungen auch fingiert werden. Das ist nicht der Fall in den von der Literatur allein behandelten Konstellationen, in denen der Verwaltungsakt nicht fingiert wird, sondern nur die Rechtswirkungen eines Verwaltungsaktes angewendet werden. Gemeint ist vielmehr der den privatrechtlichen und den öffentlich-rechtlichen Vertrag zwecks Rechtsschutz des Adressaten oder eines Dritten vorgeschaltete Verwaltungsakt des deutschen[484] und des französischen[485] Rechts, ist die »decision implicte de rejet«, eine nach Ablauf einer angemessenen Frist fingierte Ablehnung eines Antrags.[486] Da nach französischem Recht jede Leistung auf einem vorangehenden Verwaltungsakt beruhen muß, kann dieser fingierte Verwaltungsakt auch den Rückgriff auf die Leistungsklage ersetzen.
Der zweite Fall der Fiktion ist der Verwaltungsakt, der dem Realakt bei einem Eingriff in existenzielle Rechte, vor allem in Grundrechte, fingiert vorgeschaltet wird. Im heutigen deutschen Verwaltungsrecht wird diese Fiktion wohl deshalb nur selten verwendet, weil in diesen Fällen in aller Regel die Allgemeine Leistungsklage in der Form der Unterlassungsklage zulässig ist. Im älteren Schrifttum, etwa bei *Otto Mayer*[487], *Walter Jellinek*[488] und *Ernst Forsthoff*[489] spielt diese Rechtsfigur aber noch eine wichtige Rolle.
So heißt es etwa bei *Walter Jellinek*:[490]

> »So bleiben nur noch die Verwaltungsakte tatsächlicher Art, d. h. körperliche Betätigungen, die einen Eingriff in die Rechtssphäre des Bürgers, oder wie bei der Übergabe der Rettungsmedaille, eine Vorteilsgewährung für ihn darstellen. Rechtlich bedeutsam vor allem die Eingriffe. Die Verbringung des Trunkenen oder der Dirne auf die Wache, des gefährlichen Massenführers in Schutzhaft, des lästigen Ausländers an die Grenze, die Zwangsimpfung, Zwangsheilung, Zwangsentlassung, das Eindringen in eine Wohnung, die Vornahme von Arbeiten auf einem Privatgrundstück, die Plombierung des Bierfasses sind offenbar solche Eingriffe tatsächlicher Art. Was sie zu Verwaltungsakten macht, die bei behaupteter Rechtswidrigkeit dem geordneten Anfechtungsverfahren vor den Verwaltungsgerichten unterliegen, ist der in ihnen steckende Duldungsbefehl der Verwaltungsbehörde, den tatsächlichen Eingriff über sich ergehen zu lassen. Aber auch Akte, die nicht so deutlich in die Sphäre des Einzelnen eingreifen wie die genannten, können bei

484 Hinzuweisen ist hierfür einerseits auf die Zweistufenlehre im Subventionsrecht. Vgl. *Bleckmann*, Subventionsrecht, 1978, S. 85 m. zahlr. w. N.; andererseits auf die Vorschaltung eines Verwaltungsaktes, wenn der Staat bei öffentlichen Aufgaben bestimmte Interessen Privater zu fordern hat: *Kopp*, a.a.O., § 35, VwVfG, Rdnr. 22.

485 Zur Theorie des »actes détachables« im französischen Recht vgl. *Pouyaud*, La nullité des contrats administratifs, 1991, S. 291 ff.; *Charles*, Actes attachables et actes détachabel en droit administratif français, 1967.

486 *Chapus*, a.a.O., Bd. 1, S. 333.

487 *Mayer*, a.a.O., Bd. 1.

488 *Jellinek*, a.a.O., S. 199.

489 *Forsthoff*, a.a.O., S. 158.

490 *Jellinek*, a.a.O., S. 258.

verfeinerter Anschauung über die Grenze der persönlichen Rechtssphäre als Eingriffe tatsächlicher Art angesehen werden, so die räumliche Nähe des Polizeibeamten, der eine Frau vor einer unsanften ehelichen Aussprache schützen oder der kraft Auftrags des Bürgermeisters einen Lehrer daraufhin überwachen soll, ob er nicht die Polizeistunde überschreite. Selbst kränkende Äußerungen der Polizeibehörde, wie Warnungen vor dem Geschäftsgebaren eines bestimmten Kaufmanns, können kraft des ihnen zugrunde liegenden Duldungsbefehls Verwaltungsakte sein, die der Betroffene vor den Verwaltungsgerichten anfechten kann.«

Walter Jellinek zählt für die einzelnen Beispiele Urteile des Preußischen Oberverwaltungsgerichts auf.
Der fingierte Verwaltungsakt soll im deutschen und französischen Verwaltungsrecht den Rechtsschutz des Bürgers und die objektive Kontrolle der Verwaltung gestatten und diesen Rechtsschutz optimieren. Da nach allen Rechtsordnungen der Verwaltungsakt dem Rechtsschutz des Bürgers dienen soll, kann aus dieser Pflicht zur Vorschaltung eines Verwaltungsaktes implizit auf einen entsprechenden Willen der Verwaltung geschlossen werden. Die Fiktion eines Verwaltungsaktes ist also mit dessen Willenselement durchaus vereinbar.

F. *Der Begriff der Entscheidung im EG-Vertrag*

Wie die Dissertation von *Carin Junker*[491] deutlich gezeigt hat, entspricht die »Entscheidung« des EG-Vertrages weitgehend dem Verwaltungsakt der nationalen Rechtsordnungen. Das zeigt sich nicht nur in der wenn auch noch spärlichen Rechtsprechung des EuGH, sondern ergibt sich auch aus einer Interpretation des Art. 189 EG-Vertrag, nach dem die Entscheidung in allen ihren Teilen verbindlich ist und in jedem Mitgliedstaat gilt. Daß es sich bei der Entscheidung im Gegensatz zu den Verordnungen und Richtlinien um einen individuellen auf Rechtswirkungen gerichteten Akt handelt, zeigt sich in der Tatsache, daß nach Art. 173 und 175 EG-Vertrag die Entscheidung an einen individuellen Adressaten gerichtet ist. Das aber bedeutet, daß es sich um eine Willenserklärung handeln muß, die auf eine Rechtswirkung nach außen gerichtet ist.
Im übrigen ist zu berücksichtigen, daß im Europäischen Gemeinschaftsrecht die Nichtigkeitsklage, also die Anfechtungsklage die einzige gegen Individualakte greifende Klageform darstellt. Das bedeutet, daß wie im französischen

491 *Junker*, Der Verwaltungsakt im deutschen und französischen Recht und die Entscheidung im Recht der Europäischen Gemeinschaften, 1990.

und deutschen Recht der Begriff des Verwaltungsaktes im Interesse des Rechtsschutzes der Kläger und der Durchsetzung des objektiven Rechts und der öffentlichen Interessen in einem äußerst weiten Sinne zu verstehen ist.

G. *Der Teilverwaltungsakt*

Die Rechtsprechung und die Lehre sind der Auffassung, daß der Verwaltungsakt nicht am Ende des Verfahrens über die Gesamtheit des Lebenssachverhalts entscheiden muß, die Verwaltung vielmehr in einem mehrstufigen Verfahren aufeinander aufbauende Teilverwaltungsakte erlassen darf, die jeweils nur einzelne Aspekte des Gesamtproblems regeln. Dieser Auffassung wird man grundsätzlich folgen müssen, weil die Rechtsordnung der Verwaltung einen breiten Gestaltungsspielraum für einen effektiven Ablauf des Verfahrens einräumen will und das Verwaltungsverfahrensgesetz in einer Reihe von Vorschriften selbst von der grundsätzlichen Teilbarkeit des Verwaltungsaktes ausgeht.

Relativ unzureichend sind dabei allerdings einerseits die Voraussetzungen, andererseits die Rechtsfolgen des Teilverwaltungsaktes erforscht worden. Als Voraussetzung wird man mit der Literatur die rechtliche Teilbarkeit des Lebenssachverhalts und eine relative Selbständigkeit dieser Teile fordern müssen. So dürfte es etwa gestattet sein, vor der endgültigen Baugenehmigung für das Gesamtgebäude den Bau einzelner Stockwerke oder zunächst die Anlage, dann den Betrieb eines Industrieunternehmens zu genehmigen. Ob es auch gestattet ist, im Vorgriff auf die endgültige Entscheidung das Vorliegen bestimmter *Tatbestandsvoraussetzungen* festzustellen, erscheint dagegen wohl als fraglich. Wegen der engen Verbindung zwischen dem Verwaltungsakt und einer Nebenbestimmung darf dagegen etwa eine Auflage nicht vor dem Verwaltungsakt, der Verwaltungsakt nicht vor der Nebenbestimmung erlassen werden.

Auf den Teilverwaltungsakt sind alle materiellen und prozessualen Regeln anzuwenden, die an den Verwaltungsakt anknüpfen. Fraglich kann nur sein, ob die an diese Teilgenehmigung geknüpfte Erwartung des Adressaten, dem Teilverwaltungsakt werde der umfassende endgültige Verwaltungsakt folgen, durch das Vertrauensschutzprinzip geschützt ist. Wir haben in der Tat gesehen, daß der Widerrufsvorbehalt und der Vorbehalt der Vorläufigkeit des Verwaltungsaktes keine rechtliche Wirkung entfalten können, weil das Vertrauensschutzprinzip verlangt, daß die Verwaltung durch ihren Verwaltungsakt einen rechtlichen Rahmen für die Ausübung der Grundrechte schafft, auf den der Adressat sich verlassen kann. Dieses Problem greift bei den Teilverwaltungsakten nicht. Denn im Gegensatz zum vorläufigen Verwaltungsakt und dem Verwaltungsakt mit Widerrufsvorbehalt entscheidet der Teilverwaltungsakt definitionsgemäß nur über einen Teil des Gesamtsachverhalts. Es läßt sich nur die Frage stellen, ob das Vertrauensschutzprinzip die Verwaltung verpflichtet, über den gesamten Sachverhalt eine Entscheidung zu fällen. Das wird man grundsätzlich annehmen müssen. Der Teilverwaltungsakt ist dann nur gestattet, wenn höherrangige verfassungsrechtlich geschützte Rechtsgüter eine Teilentscheidung verlangen. Bei den Teilgenehmigungen ist nun der Sachverhalt noch nicht so weit aufbereitet, daß eine endgültige Entscheidung ergehen kann. Will der Adressat seine Grundrechte möglichst frühzeitig ausüben, muß er sich auf die Risiken eines Teilverwaltungsaktes einlassen. Die Verfassung verlangt aber, daß die Freiheiten in einem möglichst frühen Zeitpunkt ausgeübt werden können.

Wir haben schon festgestellt, daß die Verwaltung in den romanischen Ländern einen wesentlich breiteren Gestaltungsspielraum als die deutsche Verwaltung hat. Das Gesetz und das Recht erscheinen dort noch weitgehend nur als Schranke und nicht als Ermächtigungsgrundlage für das Handeln der Verwaltung, das Verfassungsrecht und das Vertrauensschutzprinzip greifen grundsätzlich nur, soweit die Rechtsprechung dies in den vorangehenden Entscheidungen festgestellt hat. Wenn deshalb in der Literatur und in der Rechtsprechung dieser Staaten der vorläufige Verwaltungsakt und der Teilverwaltungsakt nicht ausdrücklich behandelt werden, liegt dies sicherlich an der Tatsache, daß nach der Auffassung der Lehre und der Praxis solche Verwaltungsakte keine Probleme aufwerfen; man wird nicht davon ausgehen dürfen, daß solche Rechtsakte der Praxis unbekannt sind, weil es sich dabei um notwendige Instrumente der öffentlichen Verwaltung handelt.

H. *Vorläufige Verwaltungsakte*[492]

Unter den vorläufigen Verwaltungsakten versteht man Verwaltungsakte, die unter dem Vorbehalt einer endgültigen, eventuell abweichenden Entscheidung stehen. Solche Verwaltungsakte werden in der Praxis in Fällen erlassen, in denen der Sachverhalt oder die Rechtslage noch nicht endgültig festgestellt werden können, eine Entscheidung aber erforderlich ist, um die Interessen des Adressaten etwa im Subventionsrecht oder die öffentlichen Interessen etwa im Polizei-, Atom- und Steuerrecht zu wahren: Vorläufige Verwaltungs-

492 *Lücke*, Vorläufige Verwaltungsakte, 1991, m.w.N.

akte gibt es folglich sowohl in der Eingriffs- als auch in der Leistungsverwaltung.

Diese vorläufigen Verwaltungsakte werfen zwei Grundprobleme auf: Soweit sie gesetzlich nicht ausdrücklich gestattet sind, können sie gegen den Vorbehalt und den Vorrang des Gesetzes verstoßen. Gegen den Vorrang des Gesetzes verstoßen sie insoweit, als nach den meisten Gesetzen der Verwaltungsakt erst nach einer endgültigen Feststellung der Sach- und Rechtslage gestattet ist. Soweit es sich um belastende Verwaltungsakte handelt, kann sich ihre Zulässigkeit aus einer alle Gesetze, die den vorläufigen Verwaltungsakt kennen, zusammenfassenden Rechtsanalogie ergeben, wenn – was angesichts der Rechtsprechung des Bundesverfassungsgerichts allerdings fraglich erscheint – eine solche Analogie dem Gesetzesvorbehalt bei Grundrechtseingriffen entspricht. Im Gegensatz zu einer in der Literatur weit verbreiteten Auffassung kann der vorläufige Verwaltungsakt auch nicht darauf gestützt werden, daß es sich um ein minus zum im Gesetz vorgesehenen endgültigen Verwaltungsakt handelt, weil dieser endgültige Verwaltungsakt erst ergehen kann, wenn die Sach- und Rechtslage eindeutig festgestellt worden ist. Der Rückgriff auf den Widerrufsvorbehalt ist ebenfalls nicht möglich, weil ein solcher Vorbehalt nach den späteren Darlegungen gegen die Verfassung verstößt.

Das zweite Problem, welches durch den vorläufigen Verwaltungsakt aufgeworfen wird, ist der eventuelle Verstoß gegen die verfassungsrechtlichen Grundsätze des Vertrauensschutzes und der Rechtssicherheit. Wir haben in der Tat gezeigt, daß der Widerrufsvorbehalt nicht mit dem Argument verteidigt werden kann, bei einem solchen Vorbehalt werde das Vertrauen in den Fortbestand des Verwaltungsaktes erst gar nicht begründet. In der Tat verlangen das Vertrauensschutzprinzip und der Grundsatz der Rechtssicherheit, daß die Verwaltung mit ihren Akten einen hinreichend bestimmten rechtlichen Rahmen für die Zukunft setzt, innerhalb dessen der Adressat seine Grundrechte voll ausüben kann. Diese Grundsätze stehen auch der freien Widerrufbarkeit des vorläufigen Verwaltungsaktes entgegen.

In der Literatur wird aber zurecht hervorgehoben, daß der Gesetzesvorbehalt und die Grundsätze der Rechtssicherheit und des Vertrauensschutzes durch andere Verfassungsprinzipien insbesondere dann zurückgedrängt werden, wenn die Verwaltung verpflichtet ist, diese höherrangigen Verfassungsprinzipien durchzusetzen. Im Polizeirecht geht es um den Schutz der öffentlichen Sicherheit, im Subventionsrecht, insbesondere bei der Gewährung des Existenzminimums um aus den Grundrechten fließende Teilhaberechte, bei den vorläufigen Genehmigungen etwa um die freie Berufsausübung. Besteht schon vor der endgültigen Entscheidung eine hinreichende Wahrscheinlichkeit, daß die für den endgültigen Verwaltungsakt durch das Recht geforderten Voraussetzungen vorliegen, verlangen diese durch das Verfassungsrecht geschützten Rechtsgüter eine vorläufige Entscheidung. Dem Gesetzesvorbehalt

wird genügt, weil das Gesetz in diesen Fällen den Verwaltungsakt zumindest partiell deckt und das übrig bleibende gesetzliche Defizit durch das Verfassungsrecht gedeckt wird. Eine solche Rechtskonstruktion finden wir auch beim Verhältnismäßigkeitsgrundsatz: Gestattet das Gesetz ausdrücklich nur besondere, in die Grundrechte besonders tief eingreifende Akte, verlangt das Verhältnismäßigkeitsprinzip aber den Erlaß milderer Maßnahmen, werden diese milderen Maßnahmen durch die Verbindung des Gesetzes mit dem verfassungsrechtlichen Verhältnismäßigkeitsprinzip gedeckt.
So wird also der Gesetzesvorbehalt durch die entgegenstehenden verfassungsrechtlichen Prinzipien aufgelockert. Fraglich erscheint dagegen, ob auch das Vertrauensschutzprinzip durch solche Verfassungsprinzipien zurückgedrängt wird. Wir haben in der Tat gesehen, daß auch bei einem Vorbehalt des Widerrufs die §§ 48 f. VwVfG in vollem Umfang eingehalten werden müssen. Diese Prinzipien wird man auch auf den vorläufigen Verwaltungsakt anwenden müssen. Die §§ 48 f. VwVfG behalten ausdrücklich das öffentliche Interesse in einer Art und Weise vor, die den Bedürfnissen der Verwaltung hinreichend entgegenkommt.
Der vorläufige Verwaltungsakt unterscheidet sich ganz erheblich von dem Verwaltungsakt mit Widerrufsvorbehalt. Im zweiten Fall ist die Behörde verpflichtet, durch einen endgültigen Verwaltungsakt Rechtssicherheit für die Zukunft zu schaffen. Der Widerrufsvorbehalt kann deshalb keine Wirkung entfalten. Beim vorläufigen Verwaltungsakt liegt dagegen der Sachverhalt noch nicht fest. Die Verwaltungsbehörde darf den Verwaltungsakt nur erlassen, soweit sie sich auf verfassungsrechtliche Rechtfertigungsgründe berufen kann. Auf keinen Fall kann sie unter diesen Umständen verpflichtet sein, Rechtssicherheit auch für den Zeitraum zu schaffen, der nach der endgültigen Feststellung des Sachverhalts liegt. Im Gegenteil dürfte eine solche Festlegung für die Zukunft der Verwaltung durch das betreffende Gesetz verboten werden. Das Vertrauensschutzprinzip kann deshalb bei dem Erlaß des endgültigen Verwaltungsakts nicht greifen, welcher den vorläufigen Verwaltungsakt ablöst.

I. *Der feststellende Verwaltungsakt*

Da die Literatur der Auffassung folgt, ein Verwaltungsakt liege nur vor, wenn das Handeln der Verwaltung auf die Begründung, Feststellung, Änderung oder Aufhebung eines Rechtsverhältnisses zwischen der Verwaltung und dem Bürger gerichtet ist, hat sie sich in der Regel damit begnügt, die denkbaren Verwaltungsakte aufzuzeigen, die rechtsgestaltende Wirkung haben. Dabei hat sie einerseits übersehen, daß es auch im deutschen Recht den in Frankreich diskutierten »bedingenden Verwaltungsakt« (acte-condition) gibt, der wie etwa die Einbürgerung, die Beamtenernennung und eine Genehmigung nur einen Status i.w.S., nicht aber die an diesen Status anknüpfenden Rechtsfolgen begründet, die nicht durch den Verwaltungsakt, sondern durch das Gesetz festgelegt werden: Hier werden aber durch die gesetzliche Verknüpfung von Status und Rechtsfolgen besondere Probleme aufgeworfen. Die Lehre hat sich bisher auch nicht bemüht, die besondere Problematik etwa derjenigen feststellenden Verwaltungsakte und der Verwaltungsakte zu analysieren, die einen Antrag ablehnen.

Fraglich ist zunächst, ob durch einen feststellenden Verwaltungsakt nur gesetzliche oder auch vertragliche Verwaltungsrechtsverhältnisse sowie die Existenz oder das Nichtvorliegen von Tatsachen festgestellt werden dürfen und ob eine solche verbindliche Feststellung der Verwaltung auch dann gestattet ist, wenn eine ausdrückliche gesetzliche Ermächtigung fehlt.

Die Verwaltungsaktqualität einer Tatsachen feststellenden Maßnahme kann dabei nicht schon deswegen geleugnet werden, weil hier Rechtswirkungen nicht eintreten: Werden Tatsachen durch die Verwaltungsakte festgestellt, ist diese Feststellung für die Verwaltung und für den Bürger verbindlich, wenn sie nicht aufgehoben wird. Fraglich kann also nur sein, ob der Verwaltung eine solche Tatsachenfeststellung gestattet ist. Damit geht dieses Problem in die allgemeinere Frage ein, ob die Verwaltung für feststellende Verwaltungsakte einer gesetzlichen Ermächtigung bedarf. Wäre dies der Fall, wären mangels ausdrücklicher Ermächtigung in der bisherigen Rechtsordnung feststellende Verwaltungsakte weitgehend ausgeschlossen. Unter Rückgriff auf die allgemeine Lehre zum Gesetzesvorbehalt wird man aber auf ein Gesetz dann verzichten können, wenn die Verwaltung nur eigene Pflichten – etwa die Verpflichtung zu einer späteren Leistung an den Bürger – feststellt oder dem einschlägigen Gesetz eine Ermächtigung, auch feststellende Verwaltungsakte zu erlassen, stillschweigend zugrunde liegt. Eine solche Feststellung müßte dann möglich sein, wenn der Bürger ein rechtlich relevantes Interesse an der Rechtssicherheit hat. Allerdings dürfte auch ein feststellender Verwaltungsakt hinter dem eine Verpflichtung begründenden Verwaltungsakt nur subsidiär sein: Wenn also im Zeitpunkt des Verwaltungsakts die Behörde sich schon verpflichten kann, weil alle Tatbestandsvoraussetzungen hierfür vorliegen, ist ein feststellender Verwaltungsakt ausgeschlossen. Ferner ist zu beachten, daß ein solcher verpflichtender Verwaltungsakt für die Zukunft rechtlich dann möglich ist, wenn alle Voraussetzungen für eine Verpflichtung bei Erlaß des Verwaltungsakts noch nicht vorliegen. Denn die Verwaltung kann dann in der Regel den Verwaltungsakt unter der aufschiebenden Bedingung erlassen, daß später alle notwendigen Voraussetzungen vorliegen. Ein Feststellungsakt muß also nur dann möglich sein, wenn etwa ein Bürger im 60. Lebensjahr die

Feststellung begehrt, daß die Voraussetzungen für die Gewährung einer Sozialversicherungsrente bei Erreichung des 65. Lebensjahres heute schon vorliegen.

Dieses Beispiel macht deutlich, daß der Erlaß eines feststellenden Verwaltungsakts jedenfalls dann gestattet ist, wenn ein Gesetz einen Gestaltungsakt vorsieht, die Voraussetzungen für einen solchen Gestaltungsakt aber noch nicht vorliegen und der Bürger an der Feststellung des heutigen Rechtsstandes ein hinreichendes rechtliches Interesse hat.

Besondere Probleme werden in diesem Rahmen durch die Beurkundung von Tatsachen und Ereignissen durch die Behörden aufgeworfen. Grundsätzlich wird man davon ausgehen müssen, daß alle Behörden auch ohne eine ausdrückliche gesetzliche Ermächtigung die Befugnis besitzen, in ihren Aufgabenkreis fallende Tatbestände zu beurkunden. Nur meine ich, daß es sich dabei grundsätzlich nicht um feststellende Verwaltungsakte handelt, weil die Rechtsfolge – eine Beweisvermutung – hier durch die Verfahrensgesetze, nicht durch die Beurkundung selbst festgelegt wurde. Der Bürger muß aber die Möglichkeit haben, diese Beweisvermutung zumindest dann anfechten zu können, wenn nach den Verfahrensgesetzen diese Beweisvermutung nicht oder nur äußerst schwer widerlegt werden kann. In diesen Fällen muß es sich um Verwaltungsakte auch dann handeln, wenn die Behörde das Vorliegen eines Sachverhalts beurkundet. Denn eine Feststellung von Sachverhalten ist im Rahmen der Feststellungsklage ausgeschlossen.

Auch der einen Antrag ablehnende Verwaltungsakt wirft erhebliche rechtliche Probleme auf. Üblicherweise wird auf die Formel zurückgegriffen, die Ablehnung eines Antrags stelle dann einen Verwaltungsakt dar, wenn der Akt, mit welchem die Behörde dem Antrag entspricht, als Verwaltungsakt qualifiziert werden muß. Man wird diese Formel dahin konkretisieren müssen, daß der Antrag auf Erlaß eines Verwaltungsakts (nicht eines Gesetzes, einer Rechts- oder Verwaltungsverordnung, eines Urteils oder auf ein tatsächliches Handeln der Verwaltung) gerichtet sein muß. Diese Präzisierung reicht noch nicht aus, weil die Ablehnung des Antrags des A auf Erlaß eines Verwaltungsakts gegenüber B nur dann als Verwaltungsakt qualifiziert werden kann, wenn der Verwaltungsakt gegen B auch das Rechtsverhältnis zwischen der Verwaltung und dem A gestaltet. Ein einen Antrag ablehnender Akt ist ein Verwaltungsakt also nur dann, wenn der Antrag auf die Gestaltung eines Rechtsverhältnisses zwischen der Verwaltung und dem Antragsteller durch einen Verwaltungsakt gerichtet ist.

Einer näheren Analyse bedarf schließlich auch der von mir wieder in die Debatte eingeführte Verwaltungsakt auf Duldung. Sicherlich liegt ein solcher Verwaltungsakt dann vor, wenn die Verwaltung mit ihrem Akt den Bürger ausdrücklich zur Duldung eines Eingriffs durch die Behörde oder durch einen

Dritten verpflichten will. Die ältere Literatur will aber über diesen Fall weit hinausgreifend auch dem rein tatsächlichen Verhalten der Verwaltung unter bestimmten Voraussetzungen einen impliziten Verwaltungsakt auf Duldung entnehmen. Unter dem Aspekt des optimalen Rechtsschutzes des Bürgers ist eine solche Fiktion eines auf Duldung gerichteten Verwaltungsakts dann erforderlich, wenn das tatsächliche Handeln der Verwaltung in subjektive Rechte, insbesondere in Grundrechte eingreift. In diesem Fall entsteht für den Bürger aus dem Eingriff in das Recht ein Abwehranspruch, der nach Art. 19 IV GG gerichtlich effektiv durchgesetzt werden muß. Versteht man diesen effektiven Rechtsschutz im Sinne eines optimalen Rechtsschutzes, muß eine Anfechtungsklage eröffnet werden. Um dem Bürger diese Möglichkeit zu eröffnen, ist die Verwaltung verpflichtet, vor oder gleichzeitig mit dem tatsächlichen Eingriff einen Verwaltungsakt auf Duldung zu erlassen. Dieser Verpflichtung der Behörde entsprechend muß der Wille der Behörde ausgelegt werden.

J. *Allgemeinverfügung und dinglicher Verwaltungsakt*

I. Nach § 35 S. 2 VwVfG ist eine Allgemeinverfügung ein Verwaltungsakt, »der sich an einen nach allgemeinen Merkmalen bestimmten oder bestimmbaren Personenkreis richtet oder die öffentliche Eigenschaft einer Sache oder ihre Benutzung durch die Allgemeinheit betrifft«. Die Literatur ist der Auffassung, nur im ersten Fall handle es sich um eine Allgemeinverfügung i.e.S.; der zweite Fall, insbesondere die Widmung einer öffentlichen Sache, stelle einen von der Allgemeinverfügung zu unterscheidenden »dinglichen« Verwaltungsakt dar, der, weil er die Rechtslage einer konkreten Sache regelt, dem in § 35 S. 1 VwVfG geregelten Einzelakt ähnelt. Angesichts des Wortlauts des § 35 S. 2 widerspricht diese Konzeption dem Gesetz; nach den einführenden Worten dieser Bestimmung handelt es sich etwa auch bei der Widmung um eine Allgemeinverfügung deswegen, weil sie sich an eine unbestimmte Vielzahl von Benutzern wendet. § 35 S. 2 VwVfG verwandelt auf diese Weise Rechtsakte, die nach der traditionellen Konzeption Rechtsverordnungen ähneln, in Verwaltungsakte.

II. Aus den Regeln des Verwaltungsverfahrensgesetzes ergibt sich eindeutig, daß die Anhörung (§ 28 Ziff. 4 VwVfG) und der Begründungszwang (§ 39 II Ziff. 5 VwVfG) bei den Allgemeinverfügungen nicht greifen und daß Allgemeinverfügungen öffentlich bekannt gemacht werden müssen. Ob diese Regeln den Voraussetzungen des Rechtsstaatsprinzips entsprechen, erscheint

allerdings insbesondere für den ersten in § 35 S. 2 VwVfG genannten Fall fraglich. Da sich die Allgemeinverfügung der Rechtsverordnung nähert, wäre diese Ausschaltung der rechtsstaatlichen Garantien nur gerechtfertigt, wenn diese Garantien generell für Rechtsverordnungen nicht greifen. Das ist, wie wir zeigen werden, aber nur in sehr beschränktem Umfang der Fall. Insbesondere im zweiten Fall des § 35 S. 2 VwVfG nähert sich die Sachlage dem Planfeststellungsverfahren, so daß an eine analoge Anwendung der §§ 73 ff. VwVfG zu denken ist.
Dem Wortlaut und der Systematik des Verwaltungsverfahrensgesetzes entspricht es dagegen, daß die §§ 48 f. VwVfG und die Vorschriften über die Ermessenfehler auch auf Allgemeinverfügungen anwendbar sind. Allerdings könnten auch diese rechtsstaatlichen Garantien zumindest partiell ausgeschlossen sein, weil die Allgemeinverfügungen sich den Rechtsverordnungen nähern.

III. Der »dingliche« Verwaltungsakt (zweite Alternative des § 35 S. 2 VwVfG) wirkt für und gegen einen Personenkreis, der erst in Zukunft bestimmbar wird. Nach der ausdrücklichen Regelung des Verwaltungsverfahrensgesetzes besitzt dieser später hinzutretende Personenkreis Mitwirkungs- und Einspruchsrechte nicht. Diese Rechtsfolge hat das Bundesverwaltungsgericht und die wohl herrschende Lehre veranlaßt, den »Begriff« und diese Rechtsfolgen des dinglichen Verwaltungsakts auch auf Verwaltungsakte zu beziehen, welche die Rechtslage an einem Grundstück bzw. einem Unternehmen regeln. Diese Verwaltungsakte sollen folglich auch die Rechtsnachfolger binden, ohne daß diesen die Möglichkeit einer Anfechtung eingeräumt wird. Ganz abgesehen davon, daß es sich hier um eine verbotene Begriffsjurisprudenz und um eine ebenso verbotene belastende Analogie handelt, sind die Voraussetzungen einer Analogie nicht gegeben, weil es sich hier eindeutig um Verwaltungsakte im Sinne des § 35 S. 2 VwVfG handelt. Die Lösung widerspricht auch dem Rechtsstaatsprinzip, weil die hieraus fließenden Mitwirkungs- und Abwehrrechte des Rechtsnachfolgers ausgeschlossen werden.

§ 4 Die materiellen Regeln des Verwaltungsaktes

A. *Der nichtige Verwaltungsakt*

Alle europäischen Rechtsordnungen unterscheiden zwischen dem »Nicht-Verwaltungsakt«, dem nichtigen und dem nur rechtswidrigen Verwaltungsakt. Diese Differenzierung zeigt Stufen der Verbindlichkeit von gegen Rechtsnormen verstoßenden Verwaltungsakten auf. Der Nicht-Verwaltungsakt ist eine einseitige, auf Rechtswirkungen gerichtete Entscheidung, die von einer Instanz getroffen wird, die nicht als Behörde qualifiziert werden kann. Sofern das Privatrecht solchen einseitigen Entscheidungen keine Wirkung verleiht, sind sie als »Nicht-Verwaltungsakte« rechtlich ohne jede Wirkung. Etwas anderes gilt für die nichtigen Verwaltungsakte. Es handelt sich dabei um Verwaltungsakte, die mit so schweren, offenkundigen Mängeln behaftet sind, daß sie für den Bürger, die Verwaltungsbehörden und für die ordentlichen Gerichte keinerlei Bindungswirkung erzeugen und deshalb außerhalb der für die Anfechtung geltenden Fristen von den Verwaltungsgerichten aufgehoben werden können.

Mit dem nichtigen Verwaltungsakt wird das Problem der Rechtssicherheit, insbesondere des Vertrauensschutzes des Bürgers angesprochen. Grundsätzlich muß der Bürger nämlich auf die Wirksamkeit eines an ihn adressierten begünstigenden Verwaltungsaktes vertrauen dürfen. Das ist nur dann nicht der Fall, wenn der Bürger die Rechtswidrigkeit des Verwaltungsaktes erkennen konnte. Greift man auf diese Grundsätze des Vertrauensschutzes zurück, muß auf den Durchschnittsbürger ohne jede Rechtskenntnis abgestellt werden, dem die Rechtswidrigkeit des Verwaltungsaktes in der Regel nicht deutlich wird. Die Nichtigkeit der begünstigenden Verwaltungsakte ist dann eine äußerst seltene Ausnahme. Etwas anderes dürfte für die belastendenen Verwaltungsakte gelten, an deren Aufhebung der Bürger in der Regel stark interessiert ist und auf dessen Vertrauen die Wirksamkeit eines belastendenen rechtswidrigen Aktes deshalb nicht gestützt werden kann. Aus diesen Gründen müßten belastende rechtswidrige Akte deshalb in aller Regel nichtig sein. Etwas anderes greift aber aus der Sicht der Verwaltung. Hinter dem rechtswidrigen Verwaltungsakt steht in aller Regel kein legitimes öffentliches Interesse, welches durch den Verwaltungsakt durchgesetzt werden soll. Allerdings steht den Verwaltungsakten ihre Rechtswidrigkeit nicht auf der Stirn geschrieben. Das ordnungsgemäße Funktionieren der Verwaltung verlangt als allgemeinen Rechtsgrundsatz, daß die Behörde, die den Verwaltungsakt erlassen hat, grundsätzlich von dessen Wirksamkeit ausgehen darf, wenn der Akt nicht fristgemäß angefochten worden ist. Wäre jeder rechtswidrige belastende Verwaltungsakt nichtig, würden überdies die Voraussetzungen der Anfechtungsklage, insbesondere die Notwendigkeit der Einhaltung einer Frist, umgangen. Auch die belastenden Verwaltungsakte können also nur nichtig sein, wenn es sich um einen schweren, offenkundigen Mangel handelt.

Diesen Grundsätzen folgt § 44 des deutschen Verwaltungsverfahrensgesetzes. Auch die anderen europäischen Rechtsordnungen kennen ähnliche Voraussetzungen, soweit sie überhaupt nichtige Verwaltungsakte anerkennen.[493]

Dabei ist allerdings äußerst schwierig, die »schweren« Mängel und deren »Offenkundigkeit« zu definieren. Die deutsche und die ausländischen Rechtsordnungen begnügen sich für den schweren Mangel meist mit der Aufzählung bestimmter Fehler, die in der Rechtsordnung als besonders schwer angesehen worden sind. Für die »Offenkundigkeit« wird dagegen auf einen rechtskundigen Durchschnittsbürger abgestellt.[494] Diese Rechtslage genügt dem Grundsatz der Rechtssicherheit nicht. Der Bürger ohne Rechtskenntnisse vermag selbst offenkundige Fehler durchwegs nicht zu erkennen. Er wird für die Beurteilung der Rechtswidrigkeit des Verwaltungsaktes auf seine Interessenlage und Prinzipien der Gerechtigkeit zurückgreifen, die eine eindeutige Entscheidung nicht gewährleisten.

In dieser Situation bleibt nur die Möglichkeit, auf eine Lösung zurückzugreifen, die allein praktikabel ist, aber dem Wortlaut des Verwaltungsverfahrensgesetzes wohl kaum ganz entspricht. Nach unserer Konzeption liegt in der Tat ein schwerer Fehler immer dann vor, wenn die von der Behörde gewählte Lösung rechtlich nicht mehr vertretbar erscheint, wenn diese Lösung also durch keine der herkömmlichen Methoden der Gesetzesinterpretation mehr gedeckt ist. Eine solche Aussage aber ist nur einem qualifizierten Juristen möglich. Der Begriff »bei verständiger Würdigung aller Umstände des Falles« in § 41 VwVfG kann also nicht auf den rechtskundigen Durchschnittsbürger, sondern nur auf einen qualifzierten Juristen abstellen.

Diese Interpretation des § 41 VwVfG entspricht besser als die in der Literatur vertretene Auffassung den Notwendigkeiten der Rechtssicherheit. Denn das öffentliche Interesse an der Durchsetzung des Verwaltungsrechts wird durch die Rechtsordnung nur gedeckt, soweit sich die Interpretation im Rahmen des Gesetzes hält.

493 Die Rechtslage in den anderen europäischen Staaten ist höchst unterschiedlich: Auf einen schweren, offenkundigen Fehler stellt die Schweiz ab; vgl. *Knapp*, Grundlagen des Verwaltungsrechts, Bd. I, 1992, S. 265. Für Österreich ist nur ein schwerer Fehler erforderlich, vgl. *Adamovich/Funk*, a.a.O., S. 269. In Italien, vgl. *Giannini*, a.a.O., S. 734, und in Frankreich, *de Laubadére/Venezia/Gaudemet*, a.a.O., S. 568 f., wird die Nichtigkeit nur sehr beschränkt anerkannt.

494 *Stelkens/Bonk/Sachs*, § 44 VwVfG, Rdnr. 60.

Das Gewaltenteilungsprinzip setzt grundsätzlich voraus, daß auch die Verwaltung über originäre, vom Parlament nicht abgeleitete Hoheitsrechte verfügt. Gestützt auf dieses Argument, könnte man die Auffassung vertreten, auch durch das Gesetz nicht gedeckte Verwaltungsakte müßten nicht unbedingt nichtig sein, sie könnten vielmehr bis zu ihrer Aufhebung beschränkte Bindungswirkungen entfalten. In dem Bereich, in welchem der Vorbehalt und der Vorrang des Gesetzes greifen, überzeugt diese Auffassung letztlich deshalb nicht, weil die Verwaltung hier nur über vom Parlament abgeleitete Hoheitsgewalt verfügt. Die Verwaltung wird dabei durch das Gesetz insoweit noch gedeckt, als sie sich auf eine noch vertretbare Interpretation des Gesetzes stützen kann. Denn der Grundsatz der »einzig richtigen Interpretation« stellt eine Fiktion dar, die nur im Interesse der Rechtseinheit und der Gleichheit erforderlich ist. In Wirklichkeit greifen die Verwaltungsgerichte bei ihrer Kontrolle der Verwaltung nur eine unter den zahlreichen denkbaren Interpretationen des Gesetzes heraus und machen diese zumindest für die Zukunft allein verbindlich.

Der Grundatz, daß auch rechtswidrige Verwaltungsakte solange Bindungswirkung entfalten, bis sie durch die zuständige Behörde oder durch ein Gericht aufgehoben werden, kann dabei entgegen der französischen Ansicht auf den allgemeinen Grundsatz nicht gestützt werden, nach welchem die staatlichen Akte die Vermutung der Rechtmäßigkeit in sich tragen und der Staat das Recht des ersten Zugriffs besitzt.[495] Denn nach der Rechtsprechung aller Mitgliedstaaten der EG und des EuGH sind verfassungswidrige Gesetze grundsätzlich nicht nur aufhebbar, sondern ex tunc nichtig. Der Unterschied zwischen den generellen und den individuellen Akten scheint dabei auf zwei Gesichtspunkten zu beruhen. Auf der einen Seite verbietet der Grundsatz der Gewaltenteilung den Gerichten die Aufhebung der Gesetze, weil dies einen Übergriff in die Gesetzgebungsgewalt darstellt. Wie stark der Gewaltenteilungsgrundsatz dabei insbesondere in Frankreich ist, zeigt die Tatsache sehr deutlich, daß auf der einen Seite den Fachgerichten die Überprüfung der Verfassungsmäßigkeit der Gesetze verboten ist, andererseits dieser Grundsatz auch die Aufhebung von Verwaltungsakten durch echte Gerichte verbietet: Das ist der entscheidende Grund, warum die Verwaltungsgerichte in Frankreich nicht der Gerichtsbarkeit, sondern der Verwaltung zugerechnet werden. In Deutschland wird die Gewaltenteilungsproblematik dagegen in einem anderen Sinne verstanden. Sie verbietet die Aufhebung der Verwaltungsakte durch die Gerichte heute nicht mehr. Möglicherweise geht auch das Gemeinschaftsrecht von der französischen Interpretation des Gewaltenteilungsprinzips aus. Das scheint in der Tat der Grund dafür zu sein, daß die Anfechtungs-

495 »privilège du préalable« (*Maurice Hauriou*) vgl. *Chapus*, a.a.O., Bd. 1, S. 329.

klage nach dem Wortlaut der Art. 173 f. EG-Vertrag als Klage auf Feststellung der Nichtigkeit ausgestaltet worden ist.
Der zweite Grund für die Unterscheidung zwischen den individuellen und den generellen Rechtsakten scheint die Tatsache zu sein, daß Verwaltungsakte in weit stärkerem Maße als nur generelle Akte die Rechtsverhältnisse zwischen dem Staat und dem Bürger konkretisieren, die Rechtssicherheit aber dort für den Staat und den Bürger eine wichtige Rolle spielt. Allerdings ist darauf hinzuweisen, daß, wie die Rechtsprechung des Bundesverfassungsgerichts deutlich zeigt, in neuerer Zeit vor allem aus Gründen der Rechtssicherheit die generellen Rechtsakte weitgehend den Verwaltungsakten angenähert werden: Die aufgrund nichtiger Gesetze durch Einzelakte gesetzten Rechtsfolgen werden durch die Erklärung der Nichtigkeit des Gesetzes nicht angetastet, und das Bundesverfassungsgericht geht zunehmend dazu über, auch gegen die Verfassung verstoßende Gesetze aus Gründen des Vertrauensschutzes und der Effektivität der öffentlichen Interessen bis zu einer Änderung innerhalb eines gewissen Zeitraums aufrechtzuerhalten.
Nur hingewiesen werden soll in diesem Rahmen auf die Tatsache, daß nach der Rechtsprechung des EuGH auch das Gemeinschaftsrecht nichtige Entscheidungen der Organe der EG kennt.[496] Da der EuGH dazu neigt, die öffentlichen Interessen der EG stärker zu betonen als die entgegenstehenden Privatinteressen, selbst wenn diese durch das »Verfassungsrecht« der EG, nämlich durch den rechtsstaatlichen Grundsatz des Vertrauensschutzes geschützt werden, dürfte der eigentliche Grund für diese Entscheidung die Tatsache sein, daß, wenn der Rechtsakt der EG-Organe gegen höheres Gemeinschaftsrecht verstößt, ein europäisches Interesse an der Aufrechterhaltung und Durchsetzung der Entscheidungen grundsätzlich fehlt. Wir haben gesehen, daß, da die Rechtswidrigkeit der Verwaltungsakte in der Regel schwer zu beurteilen ist und die Behörden grundsätzlich nach Ablauf der Anfechtungsfrist nicht gezwungen werden dürfen, ihre Entscheidungen stets neu zu überprüfen, der Grundsatz der Rechtssicherheit auch für die Verwaltungsbehörden greift. Es handelt sich dabei nämlich um einen Anwendungsfall des allgemeinen Rechtsgrundsatzes, der das ordnungsgemäße Funktionieren der Verwaltungsbehörden schützt.[497] Nur wenn ein offenkundiger, schwerer Fehler vorliegt, ist deshalb auch nach der Ansicht des EuGH diese Entscheidung mit der Folge nichtig, die wir oben für das Recht der Mitgliedstaaten dargelegt haben. Auch für das Europäische Gemeinschaftsrecht wird man diesen Grundsatz dahin konkretisieren müssen, daß ein schwerer, offenkundiger Fehler nur vorliegt,

496 *Bleckmann*, Europarecht, 6. Aufl. 1997, Rn. 847.
497 In der Tat ist dieser Grundsatz dem französischen Recht bekannt, vgl. für das französische Recht (continuité des services publics) *Chapus*, Droit administratif général, 4. Aufl. 1988, S. 60, Rdnr. 102; für das spanische Recht vgl. *Marin*, El buen funcionamiento de los servicios publicos, 1990.

wenn die Entscheidung nach Ansicht eines qualifizierten Juristen auf eine vertretbare Interpretation des Gemeinschaftsrechts nicht mehr zurückgreifen kann.

B. *Die Auflagen*

I. Im Gegensatz zum zu weit geratenen Wortlaut des § 36 VwVfG sind Auflagen nur beim begünstigenden Verwaltungsakt möglich. Werden dem Adressaten durch einen belastenden Verwaltungsakt neben der Hauptpflicht durch »Auflagen« weitere Nebenpflichten auferlegt, handelt es sich nicht um Nebenbestimmungen, sondern um einen Teil des Inhalts des Hauptverwaltungsaktes. Der Sinn des § 36 VwVfG, es der Verwaltung zu ermöglichen, den Adressaten auch gesetzlich nicht vorgesehene Pflichten aufzuerlegen, trifft beim belastenden Verwaltungsakt nicht zu, weil hier auch die »Nebenpflichten« unter den Gesetzesvorbehalt fallen und folglich einer ausdrücklichen gesetzlichen Ermächtigung bedürfen. Das ist nach der herrschenden Lehre und Rechtsprechung bei begünstigenden Verwaltungsakten nicht der Fall, weil hier die »Saldotheorie« greift.[498] Auf der einen Seite reichen die die Auflage beschränkenden Regeln des § 36 VwVfG für die Auflage von Nebenpflichten bei belastenden Verwaltungsakten also nicht aus, auf der anderen Seite müssen, wie wir sehen werden, diese Regeln auch für die Auflage bei den begünstigenden Verwaltungsakten ergänzt werden.

II. In der Literatur ist umstritten, ob – wie die wohl herrschende Lehre meint – die Nebenbestimmungen Teil des Hauptverwaltungsakts sind oder ob es sich um selbständige Verwaltungsakte handelt. Die herrschende Lehre greift für ihre Auffassung auf den Wortlaut der einzelnen Absätze und Ziffern des § 36 VwVfG zurück, nach welchem der Verwaltungsakt »mit einer Nebenbestimmung versehen« oder »verbunden« werden kann. Diese Ansicht verkennt, daß auch ein Verwaltungsakt mit einem anderen Verwaltungsakt verbunden werden kann; sie übersieht vor allem, daß das Gesetz für die Dogmatik nur insoweit verbindlich ist, als es bestimmte Tatbestandsmerkmale mit einer Rechtsfolge versieht; die dogmatische Konstruktion, die Theorienbildung kann durch das positive Recht nicht beschränkt werden.
So kommt es also entscheidend darauf an, ob die aus dem positiven Recht geschlossenen Rechtsfolgen für die eine oder die andere Theorie sprechen. In diesem Zusammenhang entsteht insbesondere die Frage, wie die enge Verbin-

498 Vgl. *Bleckmann*, Subventionsrecht, 1978, S. 100, 132 m.w.N.

dung zwischen der Nebenbestimmung und dem Hauptverwaltungsakt erklärt werden kann. Auszugehen ist dabei von der Tatsache, daß mit der Aufhebung des Hauptverwaltungsakts auch die Nebenbestimmung ihre Wirksamkeit verliert. Diese Rechtsfolge ist für die Befristung und die Bedingung zwar selbstverständlich, weil diese Bestimmungen mit dem Wegfall des Hauptverwaltungsakts ins Leere stoßen, bedarf aber für die Auflage einer näheren Begründung. Auszugehen ist dabei von der Tatsache, daß auch die Auflage nach unserer Konzeption nur der Ermöglichung des Erlasses des Hauptverwaltungsaktes dient. Auf der anderen Seite steht die Auflage, wie der Verweis auf § 36 VwVfG in § 56 VwVfG zeigt, in deutlicher Parallele zur Gegenleistung des Bürgers beim Austauschvertrag. Es handelt sich bei der Auflage – selbst wenn sie nicht freiwillig vom Adressaten des Hauptverwaltungsakts übernommen wird – um eine Art Gegenleistung des Bürgers für die Leistung der Verwaltung, die in dem begünstigenden Hauptverwaltungsakt besteht: Die Auflage wird verfügt, weil der Hauptverwaltungsakt dem Bürger eine Begünstigung zukommen läßt. Auf der anderen Seite kann trotz Aufhebung der Nebenbestimmung der Verwaltungsakt bestehen bleiben. Insoweit wird man §§ 44 IV und 59 III VwVfG analog anwenden müssen, weil es sich, wie § 139 BGB zeigt, um einen allgemeinen Rechtsgrundsatz handelt, der für alle ein- und zweiseitigen Rechtsgeschäfte greift: Der Hauptverwaltungsakt ist damit rechtswidrig, wenn er ohne die Nebenleistung nicht erlassen worden wäre. In diesen Fällen kann die Nebenbestimmung also nur zusammen mit dem Hauptverwaltungsakt aufgehoben werden. Die Klage ist deshalb auch gegen den Hauptverwaltungsakt zu richten. Wäre der Verwaltungsakt auch ohne die Nebenbestimmung erlassen worden, kann die Auflage selbständig angefochten und aufgehoben werden.

Diese Rechtsfolgen des positiven Rechts können durch beide in der Literatur vertretenen Theorien erklärt werden, wobei beide Theorien vor ähnlichen Problemen stehen:

Die Theorie, nach welcher es sich bei den Nebenbestimmungen um selbständige, neben den Hauptverwaltungsakt tretende Verwaltungsakte handelt, muß zur Erklärung der obigen Rechtsfolgen auf die engen Beziehungen zwischen den beiden Verwaltungsakten zurückgreifen. Dienen die Nebenbestimmungen dem Erlaß des Hauptverwaltungsakts, wird erklärbar, daß sie mit dem Hauptverwaltungsakt entfallen. Ist der Hauptverwaltungsakt nur ergangen, weil die Verwaltung ihm Nebenbestimmungen beigefügt hat, entfällt mit der Nebenbestimmung die Ratio, also die Geschäftsgrundlage des Hauptverwaltungsakts.

Die Theorie, nach welcher die Nebenbestimmungen nur Teil des Hauptverwaltungsakts sind, hat Schwierigkeiten, die isolierte Rechtswidrigkeit und damit Aufhebung der Nebenbestimmungen zu erklären. Sie muß deshalb annehmen, daß die Regeln des Verwaltungsakts sich auch auf selbständige Teile

des Verwaltungsakts beziehen. Sie kann zu diesem Zweck auf die allgemein anerkannte Lehre vom Teilverwaltungsakt zurückgreifen.
Auch daß die Verfahrensbestimmungen i.e.S. – also die Regeln etwa über die Anhörung und Begründung – sich auf die als Einheit verstandenen Verwaltungsakte einschließlich der Nebenbestimmungen beziehen, also nicht zwei Verfahren erforderlich werden, kann durch die beiden Theorien erklärt werden. Diese Konzeption ist selbstverständlich, wenn man der Theorie folgt, die Nebenbestimmungen stellten nur einen Teil des Hauptverwaltungsakts dar. Aber auch wenn man der Auffassung ist, die Nebenbestimmungen seien selbständige Verwaltungsakte, läßt sich dieses Ergebnis durch die engen Verbindungen zwischen den beiden Verwaltungsakten erklären. Ein Beispiel findet sich hierfür in § 78 VwVfG.
Wenn vor allem im romanischen und angelsächsischen Rechtskreis die Nebenbestimmungen zum Verwaltungsakt und vor allem die Auflage weder in der Rechtsprechung noch in der Literatur ausdrücklich behandelt werden, bedeutet dies sicherlich nicht, daß solche Auflagen grenzenlos gestattet oder in der Praxis unbekannt sind. Es läßt sich in der Tat kaum verstehen, daß die Verwaltung im Einzelfall ohne solche Nebenbestimmungen auskommen könnte. Ihre rechtliche Möglichkeit ergibt sich einerseits aus der Tatsache, daß der deutschrechtliche Gesetzesvorbehalt in diesen Rechtsordnungen unbekannt ist oder wenigstens weniger streng verstanden wird als in der Bundesrepublik Deutschland, auf der anderen Seite die Verwaltung bei der Ausgestaltung ihrer Akte vor allem in den romanischen Ländern einen breiteren Spielraum besitzt, der von den Verwaltungsgerichten nur am Rande beschränkt wird; so ist es auch zu erklären, daß ebenso wie etwa die Nebenbestimmungen auch der vorläufige und der Teilverwaltungsakt in der romanischen Literatur nicht behandelt werden.
Da sich das Rechtsstaatsprinzip in den romanischen Ländern und vor allem in Frankreich noch nicht so weit durchgesetzt hat, daß aus ihm konkrete Normen abgeleitet werden können, muß für die Festlegung der sicherlich auch dort zu beachtenden rechtlichen Schranken der Nebenbestimmungen auf die Regeln über die Zuständigkeit der Behörden und über den Ermessensmißbrauch zurückgegriffen werden. Nach beiden Rechtsinstituten darf die Verwaltung mit ihren Nebenbestimmungen nur die Ziele des Hauptverwaltungsakts verfolgen, die nach der Gesetzeslage in ihre Zuständigkeit fallen. Da die romanische Tradition im Rahmen der Ermessensfehlerlehre nur den détournement de pouvoir kennt, ist eine weitere Beschränkung der Auflage aufgrund der traditionellen Rechtsinstrumente nicht möglich.
Anders ist dagegen die Rechtslage im Europäischen Gemeinschaftsrecht und etwa in Großbritannien, deren Ermessensfehlerlehre sich dem deutschen Recht nähert. Insbesondere im Europarecht darf die Kommission etwa im Rahmen des Beihilfengenehmigungsverfahrens Auflagen nur dann festsetzen,

wenn das Gewicht der Wettbewerbsverzerrungen bei der Abwägung sonst größer wäre als das Gewicht der in den einzelnen Ziffern des Art. 92 III EGV aufgezählten Interessen: Natürlich dürfen diese Auflagen nur die Vermeidung einer Wettbewerbsverzerrung als Ziel des Beihilfeverbots anstreben und müssen die in der Auflage geforderten Leistungen sachlich mit diesem Ziel verbunden sein.

III. Die Auflage stellt eine Belastung des Adressaten dar, die an sich einer ausdrücklichen gesetzlichen Grundlage bedarf. Die Saldotheorie[499] vermag diese Lücke nur beschränkt zu schließen, weil Leistung und Gegenleistung meist verschiedene Gegenstände betreffen und deshalb eine Bestimmung des Rechtsvorteils eines begünstigenden Verwaltungsaktes nach Abzug der Nachteile fraglich wird. Das Rechtsstaatsprinzip verlangt in einer solchen Situation eine deutliche Beschränkung der sonst uferlosen Machtbefugnisse der Verwaltung. § 36 VwVfG hat sich deshalb bemüht, dieser Macht dadurch Grenzen zu ziehen, daß die Auflage dem Zweck des Verwaltungsaktes nicht widersprechen darf. Die Literatur hat richtig gesehen, daß diese Beschränkung nicht ausreicht: Sie schlägt deshalb vor, die Auflage müsse durch den Zweck des Verwaltungsaktes gefordert werden.[500] Auch diese Schranke erscheint im Licht des Rechtsstaatsprinzips noch als unzureichend. Gesucht werden müssen folglich allgemeine Schranken, welche der Allmacht des Staates bei begünstigenden Verwaltungsakten effektive Grenzen ziehen, dabei aber die notwendige Flexibilität des staatlichen Handelns nicht tangieren. Bei der Kommentierung des § 56 VwVfG werden wir nun zeigen, daß diese Vorschrift, obwohl die dort umschriebene Gegenleistung des Bürgers dem Gegenstand von Auflagen weitgehend entspricht, an sich den Handlungsspielraum der Verwaltung beim Abschluß von Verwaltungsverträgen gegenüber der Lage beim Verwaltungsakt ausweiten will, weil der Bürger in diesem Fall der Gegenleistung zugestimmt hat. Man wird hieraus schließen müssen, daß, wenn der Umfang der Gegenleistung durch § 56 VwVfG schon beim Verwaltungsvertrag beschränkt wird, dies verstärkt für die Auflagen beim Verwaltungsakt gelten muß. Die in § 56 VwVfG für die Gegenleistung des Bürgers greifenden Grenzen sind folglich mittelbar a maiore ad minus im Rahmen der Auflage anzuwenden.

Diese Übertragung der in § 56 VwVfG für die Gegenleistung des Bürgers bei einem Verwaltungsvertrag festgelegten Regeln auf die Auflagen des Verwaltungsakts wird auch durch das Verfassungsrecht gefordert: Auf der einen Seite handelt es sich bei den Regeln des § 56 VwVfG nur um eine Konkretisierung des subjektiven Rechtsstaatsprinzips, die auch bei einer Auflage An-

499 *Bleckmann*, Subventionsrecht, 1978, S. 100, 132.
500 *Erichsen*, in: Erichsen, a.a.O., S. 276 f.

wendung fordern. Auf der anderen Seite kann die verfassungsrechtliche Forderung nach einer bestimmten gesetzlichen Ermächtigungsgrundlage für Eingriffe in die Grundrechte nicht durch die Saldotheorie, also durch die Konstruktion umgangen werden, daß begünstigende Verwaltungsakte einer gesetzlichen Grundlage nicht bedürfen, die einem begünstigenden Verwaltungsakt beigefügte Auflage aber nur die Begünstigung beschränkt. Dem steht schon die Tatsache entgegen, daß zahlreiche Auflagen die Begünstigung nicht mindern, sondern ein aliud enthalten, welches mit der Begünstigung nicht aufgerechnet werden kann. Aber auch aus grundsätzlichen Erwägungen wird man die Saldotheorie ablehnen müssen. Nach der deutschen Konzeption stellt die Auflage (wenn es sich nicht um eine modifizierte Auflage handelt) eine selbständige Bestimmung dar, die eigenständig neben den Hauptverwaltungsakt tritt und möglicherweise sogar einen Verwaltungsakt darstellt. Die Auflage kann damit selbständig vollzogen werden. Eine so von der Begünstigung verselbständigte Pflicht des Bürgers kann nicht mit der Saldotheorie begründet werden.

Der Grundsatz des bestimmten Gesetzesvorbehalts verlangt also an sich für jede besondere Form der Auflage ein hinreichend bestimmtes Gesetz, das den Inhalt der Auflage umreißt. Nun hat das Bundesverfassungsgericht entschieden, daß trotz des Bestimmtheitsgrundsatzes der Gesetzgeber, wenn eine konkretere Regelung nicht möglich ist, auch unbestimmte Rechtsbegriffe und Generalklauseln verwenden kann: Das Defizit an Bestimmtheit der gesetzlichen Grundlage wird dann durch die volle Nachprüfung der unbestimmten Rechtsbegriffe durch die Verwaltungsgerichte ersetzt.[501] Da auch Auflagen in vom Gesetzgeber nicht voraussehbaren Fällen erforderlich werden, um die öffentlichen Interessen durchzusetzen, wird man diese Durchbrechung des Bestimmtheitsgebots auch auf die Auflagen übertragen müssen. Dabei gilt aber ein – übrigens auch für die Ermessensfehlerlehre und die unbestimmten Rechtsbegriffe geltender – Grundsatz, daß der Gesetzgeber die Auflage soweit an feste Regeln binden muß, wie dies irgendwie möglich ist und daß die Kontrolle der Einhaltung dieser Regeln durch die Verwaltungsgerichte erfolgen muß. Diesen Prinzipien entspricht nun der Wortlaut des § 36 VwVfG nur, wenn die Grundsätze des § 56 VwVfG auf die Auflagen übertragen werden.

Darüber hinaus bestimmt § 36 IV VwVfG, daß, wenn der Bürger auf die Leistung der Verwaltung einen Rechtsanspruch besitzt, die Auflage nur sicherstellen darf, daß die Voraussetzungen dieses Anspruches vorliegen. Diese Vorschrift wird man natürlich auch auf den Fall anwenden müssen, daß bei einer im Ermessen der Verwaltung stehenden Leistung das Ermessen auf Null schrumpft. Daraus wiederum ist abzuleiten, daß bei Ermessensleistungen die

501 Vgl. dazu *Bleckmann*, Ermessensfehlerlehre, 1997.

Verwaltung eine Gegenleistung nur dann fordern darf, wenn dies für eine positive Ermessensentscheidung erforderlich ist.
Im Interesse einer umfassenden Kontrolle des Ermessens der Verwaltung, die durch das Rechtsstaatsprinzip (Gesetzesvorbehalt) gefordert wird, muß man aber noch einen Schritt weiter gehen: Die Auflage darf nur die rechtlichen Voraussetzungen dafür schaffen, daß der Hauptverwaltungsakt erlassen werden kann. Denn nach § 36 IV VwVfG dürfen Auflagen nicht festgelegt werden, wenn der Adressat einen Rechtsanspruch auf den Erlaß des Hauptverwaltungsakts hat; steht der Verwaltungsakt im Ermessen der Verwaltung, besitzt der Adressat aber einen Anspruch auf fehlerfreie Ausübung des Ermessens. In entsprechender Anwendung des § 36 IV VwVfG muß also davon ausgegangen werden, daß Auflagen nicht festgelegt werden dürfen, wenn dies für eine fehlerfreie Ausübung des Ermessens beim Hauptverwaltungsakt nicht erforderlich ist. Das bedeutet auf der einen Seite, daß die Auflage nur die Voraussetzungen festlegen darf, die eine dem Adressaten günstige Ermessensentscheidung erlauben. Bedingungen, die auf die Ermessensausübung keinerlei Auswirkungen haben, dürfen also nicht gefordert werden. Auf der anderen Seite darf die Verwaltung mit der Auflage nicht mehr fordern, als in ihrer Sicht das Minimalerfordernis für eine dem Adressaten günstige Ermessensausübung ist. Schrumpft das Ermessen auf Null, dürfen weitere Voraussetzungen nicht gefordert werden. Denn in einem solchen Fall hat der Adressat einen Rechtsanspruch auf den Hauptverwaltungsakt, der weitere Auflagen ausschließt.
Im Gegensatz zur Auflage ist die Bedingung stets Bestandteil des Hauptverwaltungsakts, weil die Verwaltung den begünstigenden Verwaltungsakt nur unter dem Vorbehalt erlassen hat, daß die Bedingung vorliegt und später nicht entfallen ist. Im Gegensatz zur Auflage, bei welcher der Verwaltungsakt in Kraft tritt und in Kraft bleibt, auch wenn die durch die Auflage verlangten Leistungen vom Adressaten des Hauptverwaltungsaktes nicht erbracht werden, wird bei der Bedingung die Wirksamkeit des Verwaltungsaktes vom Eintritt oder Fortbestand gewisser Ereignisse abhängig gemacht. Die Bedingung unterscheidet sich in einem dritten Punkt von der Auflage: Während mit der Auflage nur eine Leistung des Adressaten des Hauptverwaltungsaktes verlangt werden kann, darf sich die Bedingung darüber hinaus auf alle denkbaren Ereignisse beziehen. Im übrigen zeigt die Tatsache, daß § 36 VwVfG die Bedingung in Parallele zur Auflage setzt, daß Schranken des Rechts der Verwaltung, eine Bedingung zu verfügen, ähnlich ausgestaltet sind wie die Schranken des Rechts, eine Auflage festzulegen. Sofern eine Leistung des Adressaten des Hauptverwaltungsaktes verlangt wird, kann also generell auf die rechtlichen Schranken der Auflage verwiesen werden. Hinsichtlich der anderen Bedingungen (Leistung eines Dritten, Eintreten oder Fortbestand objektiver Tatbestandsvoraussetzungen) sind diese rechtlichen Schranken der Auf-

lage analog anzuwenden. Insbesondere dürfen also nur solche Bedingungen festgelegt werden, die entweder eine gesetzliche Voraussetzung des Erlasses des Hauptverwaltungsaktes darstellen oder die erforderlich sind, um die eine für den Adressaten günstige Ermessensentscheidung erlassen zu können.
Die Befristung schließlich ist ähnlich zu behandeln wie die Bedingung. Es handelt sich auch hierbei stets um einen Bestandteil des Hauptverwaltungsaktes. Eine Befristung ist dabei nur gestattet, wenn davon auszugehen ist, daß nach Ablauf der Frist die gesetzlichen Voraussetzungen für den Erlaß des begünstigenden Verwaltungsaktes nicht mehr vorliegen oder wenn im Rahmen der Ausübung des Ermessens ein befristeter Verwaltungsakt die durch das Gesetz geschützten Rechtsgüter weniger stark tangiert als ein endgültiger Verwaltungsakt. Das Recht zur Befristung fließt in diesem Fall aus dem Verhältnismäßigkeitsprinzip. Wenn die Verwaltung den Erlaß des begünstigenden Verwaltungsakts ganz ablehnen darf, darf sie als weniger einschneidende Maßnahme den Verwaltungsakt befristen.
Nach § 36 II Ziff. 5 VwVfG darf die Verwaltung nach pflichtmäßigem Ermessen einen Verwaltungsakt mit einem Vorbehalt der nachträglichen Aufnahme, Änderung oder Ergänzung einer Auflage erlassen. Insoweit ist zunächst hervorzuheben, daß eine nachträgliche Auflage zu einem begünstigenden Verwaltungsakt, soweit sie in den Fachgesetzen wie etwa im Gaststättengesetz nicht ausdrücklich vorgesehen ist, durch das Vertrauensschutzprinzip grundsätzlich ausgeschlossen wird; nur soweit nach § 49 VwVfG der Widerruf des begünstigenden Verwaltungsaktes noch möglich ist, dürfte auch ohne den formalistischen Umweg über den Widerruf und den nachträglichen Erlaß eines neuen, mit einer Auflage versehenen Verwaltungsakts die Hinzufügung nachträglicher Auflagen gestattet sein.
Damit haben wir schon gezeigt, daß der Vorbehalt der nachträglichen Auflage mit dem durch § 36 II Ziff. 3 VwVfG ebenfalls gestatteten Vorbehalt des Widerrufs eng verwandt ist. Die Eingangsworte des § 36 II VwVfG (nach pflichtmäßigem Ermessen) zeigen dabei schon, daß die Möglichkeit, die beiden Vorbehalte zu erlassen, rechtlich beschränkt werden muß. In der Tat steht das verfassungsrechtlich verankerte Vertrauensschutzprinzip nicht nur dem Widerruf und der nachträglichen Auflage, sondern auch den entsprechenden Vorbehalten entgegen: Die Verwaltung kann nicht durch einen entsprechenden Vorbehalt die Wirkung des Vertrauensschutzprinzips in vollem Umfang ausschließen, weil der Begünstigte infolge des Vorbehalts auf den Bestand des Verwaltungsaktes nicht vertrauen darf. Das Vertrauensschutzprinzip verlangt nämlich nicht nur, daß ein begünstigender Verwaltungsakt nicht frei widerrufen werden darf; dem Bürger muß vielmehr, wie das Bestimmtheitsprinzip im Rahmen des Gesetzesvorbehalts deutlich zeigt, durch die Rechtsordnung, also auch durch die Verwaltungsakte, der rechtliche Rahmen für die zukünftige Ausübung seiner Grundrechte deutlich abgesteckt werden. Das

aber bedeutet, daß der Vorbehalt des Widerrufs und der nachträglichen Auflage nur greifen kann, wenn und soweit das Vertrauensschutzprinzip durch ein höherrangiges (Verhältnismäßigkeitsprinzip) öffentliches Interesse oder durch ein anderes Verfassungsprinzip zurückgedrängt wird.
Diese Prinzipien verlangen zunächst, daß der Vorbehalt in beiden Fällen hinreichend bestimmt sein muß. Es ist der Verwaltung verwehrt, das Vertrauensschutzprinzip durch einen völlig unbestimmten Vorbehalt des späteren Widerrufs oder einer nachträglichen Auflage zurückzudrängen. Der Vorbehalt muß also die Tatbestandsvoraussetzungen genau umreißen, unter denen der Widerruf oder die nachträgliche Auflage gestattet sind. Im zweiten Fall muß darüber hinaus der Inhalt oder zumindest das Ziel der nachträglichen Auflage hinreichend umrissen werden.
Ferner ist zu berücksichtigen, daß der Vorbehalt einer nachträglichen Auflage die Verwaltung bei dem späteren Erlaß der Auflage nicht von den Schranken befreit, die nach den obigen Darlegungen bei der ursprünglichen Auflage greifen. Zwar scheint der Wortlaut des § 49 II Ziff. 1 VwVfG dafür zu sprechen, daß, wenn die Verwaltung nach § 36 II Ziff. 3 VwVfG den Widerruf vorbehalten hat, der Widerruf selbst ohne weitere Beschränkungen zulässig ist. Dem steht aber die Tatsache entgegen, daß natürlich auch nach § 49 VwVfG der Widerruf, selbst wenn die dort unter Ziff. 2 – 5 aufgeführten Tatbestandsvoraussetzungen vorliegen, der Verwaltung nur »nach pflichtgemäßem Ermessen«, also nur dann gestattet ist, wenn das öffentliche Interesse, welches den Widerruf erfordert, ein größeres Gewicht als das Vertrauensschutzprinzip besitzt. Das aber bedeutet letztlich, daß ein Widerruf auch bei einem Vorbehalt nur gestattet ist, wenn die Voraussetzungen des § 49 II Ziff. 2 – 5 VwVfG vorliegen. Der § 49 II Ziff. 1 VwVfG verstößt deshalb gegen das Vertrauensschutzprinzip und ist nichtig.

Wenn dem Vertrauensschutzprinzip entsprechend die nachträglichen Auflagen und der Widerruf in der obigen Form selbst bei einem vorangehenden Vorbehalt beschränkt werden, erscheint es auf den ersten Blick nicht erforderlich, den Vorbehalt selbst weiteren Schranken zu unterwerfen. Das gilt zumindest für den Widerrufsvorbehalt, der nach den obigen Ausführungen keine rechtlichen Wirkungen entfalten kann. Anders könnte die Rechtslage dagegen für den Vorbehalt nachträglicher Auflagen sein, da ohne einen solchen Vorbehalt nachträgliche Auflagen nur im Rahmen der Voraussetzungen der Ziffern 2 – 5 des Art. 49 II VwVfG gestattet sind. Wenn die nachträglichen Auflagen denselben rechtlichen Schranken unterworfen werden, die an die ursprünglichen Auflagen gestellt werden müssen, könnte man in der Tat die Auffassung vertreten, das Vertrauen des Bürgers in den Bestand des Verwaltungsaktes werde durch den Vorbehalt zumindest partiell zurückgedrängt. Folgt man dieser Auffassung nicht, wird man den Vorbehalt der nachträglichen

Auflage nur in dem Umfang gestatten können, wie nach § 49 II Ziff. 2 – 5 VwVfG ein Widerruf gestattet ist. Dann ist auch der Vorbehalt der nachträglichen Auflage wirkungslos.

IV. Mit Ausnahme Österreichs[502] und der Schweiz[503], deren Rechtsordnungen dem § 36 VwVfG entsprechende Regeln für die Auflage bereitstellen, ist in den anderen Mitgliedstaaten der EG und im Europäischen Gemeinschaftsrecht die Auflage bisher nicht bekannt.[504] Sie wird weder in der Literatur benannt noch habe ich in der Rechtsprechung etwa der französischen, italienischen und belgischen Verwaltungsgerichte entsprechende Urteile gefunden. Natürlich ist davon auszugehen, daß die Auflage auch in diesen Staaten und in der EG im breiten Umfang verwendet wird, weil sonst etwa der öffentliche Zweck von Subventionsleistungen nicht erreicht werden kann. Wenn trotzdem in diesen Staaten und in der EG Regeln sich insoweit nicht gebildet haben, welche das sonst uferlose Ermessen der Verwaltung beschränken, liegt das wohl an der Tatsache, daß in der Regel etwa die Subventionsempfänger gegen Auflagen nicht vorgehen und im Gegensatz zur Lage in Deutschland die durchwegs sehr pragmatische Literatur Rechtsfragen nur dann diskutiert, wenn entsprechende Urteile vorliegen. Da in den anderen Staaten der Gesetzesvorbehalt des deutschen Rechts nicht bekannt ist, wird man annehmen müssen, daß die Auflage rechtlich als Bestandsteil des Hauptverwaltungsaktes gewertet wird. Da aber in der EG aufgrund der Rechtsprechung des EuGH das Rechtsstaatsprinzip heute schon umfassend verankert ist, in den anderen Mitgliedstaaten der EG und vor allem in Frankreich der deutschrechtliche Rechtstaatsbegriff allmählich übernommen wird, wird man die deutschen Regeln über die Auflage in den anderen Staaten und in der EG übertragen dürfen.

C. *Der Gesetzesvorbehalt*

In Deutschland wird die in der konstitutionellen Monarchie des 19. Jh. entwickelte Lehre vom Gesetzesvorbehalt auch heute noch anerkannt; das Bun-

502 *Adomovich/Funk*, a.a.O., S. 273.

503 *Knapp*, Grundlagen des Verwaltungsrechts, Bd. I, 1992, Rdnr. 983 ff.

504 Allerdings findet sich in Italien eine Lehre der »typicità« der Verwaltungsakte, nach welcher Auflagen (clausole particolare) dann zulässig sind, wenn sie in die Typik des vom Gesetz vorgeschriebenen Verwaltungsaktes passen, vgl. etwa *Giannini*, a.a.O., Bd. I, S. 677. Eine ähnliche Lehre scheint es im spanischen Recht zu geben, vgl. *Dromi*, El acto administrativo, 1985, S. 49 f.; die Lehre vom »objecto« des Verwaltungsaktes. Für das niederländische Recht, vgl. *de Haan/ Drupsteen/Fornhout*, a.a.O., Bd. 2, S. 33 ff.

desverfassungsgericht hat sogar den ursprünglich auf den Eingriff in ein Grundrecht der Verfassung beschränkten Vorbehalt des Gesetzes auf alle wesentlichen, d.h. grundrechtsrelevanten Sachverhalte erstreckt.[505] Der Gesetzesvorbehalt bezieht sich dabei nicht nur auf den Inhalt der materiellen Regeln, sondern auch auf den Verwaltungsakt als Form der verfahrensrechtlichen Durchsetzung der öffentlichen Interessen.[506]

Allerdings ist die Rechtsprechung insbesondere des Bundesverwaltungsgerichts nicht der Auffassung, in allen Fällen sei die Gestaltung der Verwendung des Verwaltungsaktes durch das Gesetz ausdrücklich erforderlich. So greift auf der einen Seite für begünstigende Verwaltungsakte der Gesetzesvorbehalt selbst dann nicht, wenn diese Akte mit belastenden Auflagen bewehrt werden: In diesen Fällen soll die Auflage dann gedeckt sein, wenn nach Abzug der Auflagen eine Vergünstigung durch den Verwaltungsakt übrig bleibt (Saldotheorie).[507] Auf der anderen Seite kann die Verwaltung, wenn sie eine Leistung durch einen Verwaltungsakt erbringen darf, diese Leistung im Rahmen des Erstattungsanspruchs durch einseitigen Verwaltungsakt auch wieder zurückverlangen (Kehrseitentheorie).[508] Und drittens darf die Verwaltung auch ohne ausdrückliche Ermächtigung durch ein Gesetz in den Materien Verwaltungsakte erlassen, in denen das Gesetz – etwa dadurch, daß es in anderen Bereichen dieser Materien Verwaltungsakte gestattet – deutlich zu erkennen gibt, daß der Bürger in dieser Materie in einem allgemeinen Unterordnungsverhältnis zur Verwaltung steht.[509] Aus der Tatsache, daß das öffentliche Interesse die einseitigen Maßnahmen der Verwaltung fordert, kann allerdings nach der herrschenden Lehre und nach der Rechtsprechung in Deutschland die Ermächtigung zum Erlaß eines Verwaltungsaktes nicht gefolgert werden.[510]

Allerdings bestehen erhebliche rechtliche Bedenken gegen eine solche Lösung. Auf der einen Seite sind die Voraussetzungen und Rechtsfolgen von Klagen der Verwaltungsbehörden vor den Verwaltungsgerichten und ihre Vollstreckung noch weitgehend unerforscht und muß das öffentliche Interesse unter Umständen sofort durchgesetzt werden. Auf der anderen Seite reicht eine Strafsanktion häufig nicht aus, den potentiellen Täter zur Einhaltung der Rechtsordnung anzuhalten. Und drittens ist wohl anzunehmen, daß – soweit das materielle Recht öffentliche Interessen schützt – Verwaltungsakte der Ordnungsbehörden aufgrund der polizeilichen Generalklauseln zulässig

505 Vgl. dazu *Bleckmann*, Staatsrecht I, 1993, S. 198 ff.
506 Vgl. etwa *Kopp*, VwVfG, § 35, Rdnr. 5; *Stelkens*, in: Stelkens/Bonk/Sachs, VwVfG, § 35, Rdnr. 14.
507 *Bleckmann*, Subventionsrecht, 1978, S. 100, 132.
508 *Bleckmann* (Anm. 507), S. 152.
509 Vgl. die Rspr. des BVerwG bei *Kopp*, a.a.O.
510 *Stelkens*, in: Stelkens/Bonk/Sachs, a.a.O. mit der Rspr. des BVerwG.

sind.[511] Verwaltungsakte sind in solchen Fällen also stets zugelassen. Der Bürger steht in diesem Bereich also immer in einem Unterordnungsverhältnis zum Staat. Der Rückgriff auf die Generalklausel des Polizeirechts hätte aber den Nachteil, daß eine sachlich an sich unzuständige Behörde kompetent wird. Aus der Gesamtheit dieser Faktoren möchte ich deshalb ableiten, daß in Anlehnung an § 89 ALR[512] Verwaltungsakte auch ohne ausdrückliche gesetzliche Ermächtigungsgrundlage dann zulässig sind, wenn das durch das Gesetz geschützte öffentliche Interesse in anderen Verfahren nicht hinreichend und insbesondere nicht rechtzeitig durchgesetzt werden kann.

Sieht man einmal von der Schweiz[513] und von Österreich[514] ab, die dem deutschen Modell weitgehend folgen, ist in den anderen europäischen Staaten der Gesetzesvorbehalt unbekannt. Daraus kann aber nicht ohne weiteres geschlossen werden, ein Eingriff der Verwaltung in ein Grundrecht setze eine gesetzliche Ermächtigung nicht voraus. In diesen Staaten scheint vielmehr die gesetzliche Regelung aller grundrechtsrelevanten Materien so dicht zu sein, daß sich das Problem des Gesetzesvorbehaltes in der Rechtsprechung und folglich auch in der Literatur bisher nicht gestellt hat. Bei Gesetzeslücken, so ist zu erwarten, greift das Souveränitätsprinzip ein, das inbesondere in Frankreich und in der Rechtsprechung des Conseil d'Etat sehr stark entwickelt worden ist. Insbesondere darf wohl angenommen werden, daß das von *Maurice Hauriou* entwickelte »privilège du préalable« der Verwaltung den Erlaß der Verwaltungsakte auch ohne gesetzliche Grundlage gestattet. Sollte sich das Problem aber einmal in diesen Staaten stellen, wäre vielleicht auch mit der Übernahme des deutschrechtlichen Modells vor allem deshalb zu rechnen, weil alle diese Staaten die EMRK ratifiziert haben, die den Gesetzesvorbehalt ausdrücklich nennt, und überdies in deutlicher Anlehnung an das deutsche Recht die starke Tendenz besteht, das Rechtsstaatsprinzip allgemein anzuerkennen. Allerdings ist wohl zu erwarten, daß in diesem Fall auf das preußische Vorbild zurückgegriffen wird und die gesetzliche Ermächtigung zum Erlaß eines Verwaltungsaktes dann vermutet wird, wenn das betreffende öffentliche Interesse nur durch den Erlaß von Verwaltungsakten durchgesetzt werden kann.

511 Vgl. *Drews/Wacke/Vogel/Martens*, Gefahrenabwehr, 9. Aufl. 1986, S. 236; *Lisken/Denninger*, Handbuch des Polizeirechts, 1992, S. 108, Rdnr. 7.

512 »Wenn die Gesetze ein Recht geben, dann bewilligen sie noch die Mittel, ohne welche dasselbe nicht ausgeführt werden kann.« Allgemeines Landrecht für die Preußischen Staaten von 1794, Alfred Heckner Verlag Frankfurt a.M., 1970, S. 54.

513 Vgl. etwa *Cottier*, Die Verfassung und das Erfordernis des gesetzlichen Grundlage, 2. Aufl. 1991.

514 Vgl. etwa *Adamovich/Funk*, a.a.O., S. 105 ff.

D. *Der Grundsatz der beschränkten Einzelermächtigung im Europäischen Gemeinschaftsrecht*

I. *Grundsatz der Einzelkompetenz*

Nach der einmütigen Auffassung der Lehre gilt für die Europäischen Gemeinschaften der Grundsatz der Einzelkompetenz (compétence d'attribution).[515] Nach diesem Prinzip kann die Europäische Gemeinschaft nur die Maßnahmen ergreifen, welche die Europäischen Gründungsverträge den jeweiligen Organen ausdrücklich oder stillschweigend gestatten. Die Maßnahmen sind dabei in die Form zu kleiden, die der Vertrag jeweils vorsieht; auch im übrigen ist das im Einzelfall vorgesehen Verfahren (Beteiligung der Kommission, Anhörung des Europäischen Parlaments usw.) einzuhalten.[516] Nach diesen Grundsätzen könnte die EG Beihilfen nur dann vergeben, wenn der Vertrag dies ausdrücklich vorsieht oder wenn sich aus der Auslegung des Vertrages die Kompetenz zur Vergabe von Beihilfen ergibt; möglicherweise könnte auch auf die Theorie von den »implied powers«[517] oder auf Art. 235 EGV[518] zurückgegriffen werden.

II. *Ausdrückliche Finanzierungskompetenz?*

Für Finanzierungsmaßnahmen verlangt ein Teil der Lehre[519] über diese allgemeinen Grundsätze hinaus eine besondere Finanzierungskompetenz, die offensichtlich *ausdrücklich* gewährt werden muß. Die EG wäre dann nur zur Vergabe von Beihilfen auf dem Agrarsektor zuständig.[520] Nach dieser Auffassung können die anderen Kompetenzbestimmungen offensichtlich deshalb nicht herangezogen werden, weil sie sich nur auf Gesetzgebungs- oder Verwaltungsbefugnisse beziehen, unter welche die Finanzierung von Vorhaben nicht fällt. Diese Trennung der Finanzierungsmaßnahmen insbesondere

515 *Stabenow*, in: Groeben/Boeckh/Thiesing, Kommentar zum EWGV, 2. Aufl. Bd. 1, 1974, Art. 4 III 1, S. 92; *Ipsen*, Europäisches Gemeinschaftsrecht, 1972, S. 425 ff. (Prinzip der begrenzten Ermächtigungen).
516 *Bleckmann*, Europarecht, 6. Aufl. 1997, S. 149 ff.
517 Vgl. *Becker*, Die Anwendbarkeit der Theorie von den »implied powers« im Recht der Europäischen Gemeinschaften, Münster 1976.
518 Vgl. *Everling/Schwartz/Tomuschat*, Die Rechtsetzungsbefugnisse der EWG in Generalermächtigungen, insb. in Art. 235 EWGV, EuR 1976, Sonderheft.
519 *Heck*, in: Groeben/Boeck/Thiesing, a.a.O., Bd. 2, 1974, S. 423 ff.
520 Dazu kommen die Vorschriften über die Europäische Investitionsbank (Art. 130 EGV), über den Europäischen Sozialfonds (Art. 123 ff. EGV), den Ausrichtungs- oder Garantiefonds für die Landwirtschaft (Art. 40 IV, 41 lit. a EGV), den Entwicklungsfonds für die überseeischen Länder (Art. 136 EGV) und neuerdings den Regionalfonds; vgl. im einzelnen *Heck*, a.a.O.

von Akten der Verwaltung erinnert an eine auch für die Zuständigkeit des Bundes für Subventionen in der Bundesrepublik Deutschland vertretene Theorie.[521]

Dieser Auffassung wird man nicht folgen können, weil ihre Ergebnisse nicht akzeptabel sind und hinter den von den Schöpfern des EGV gewollten europäischen Kompetenzen zurückbleiben. Nimmt man nämlich diese Auffassung beim Wort, könnten – wenn man nicht die einen ganz anderen Zweck verfolgende Bestimmung des Art. 210 EGV als Kompetenzgrundlage anerkennt – die Europäischen Gemeinschaften mangels Kompetenzgrundlage nicht einmal die einfachsten Hilfsgeschäfte der Verwaltung (Kauf von Büromaterialien, Miete der Räume etc.) tätigen. Selbst wenn man diese Hilfsgeschäfte aus der Theorie herausnimmt und sie nur auf die Tätigkeiten im Bereich der europäischen *öffentlichen* Interessen erstreckt, wäre etwa die Bezahlung von Gutachten für die verschiedenen Arbeitsbereiche der Europäischen Gemeinschaften ausgeschlossen.

Die Zuständigkeit der EG für Beihilfen müßte sich nach der Theorie der Einzelkompetenz also nach den Kompetenznormen in den einzelnen Bereichen richten. Selbst wenn man etwa Art. 77 EGV auf nationale und nicht auf Beihilfen der EG erstreckt, wären so etwa Beihilfen im Rahmen der Verkehrspolitik durch Art. 75 Abs. 2 EGV zugelassen. Art. 103 Abs. 2 EGV scheint auch die Kompetenz der EG zur Leistung von Subventionen festzulegen, welche die Konjunktur in den Mitgliedstaaten anheizen sollen. Ebenso scheint Art. 113 Abs. 1 EGV sich nicht nur auf staatliche, sondern auch auf europäische Ausfuhrsubventionen zu beziehen. Möglicherweise kann man aber über eine so enge Auslegung des EGV noch hinausgehen.

III. *Einzelkompetenz und Gesetzesvorbehalt*

Im nationalen Recht insbesondere der Bundesrepublik Deutschland, aber auch der anderen Mitgliedstaaten,[522] gilt der Grundsatz, daß nur dann das Verwaltungshandeln durch ein Gesetz gedeckt sein muß, wenn es in die Rechte der Bürger eingreift; für die Leistungsverwaltung wird trotz des Streits um den Totalvorbehalt gerade auch in bezug auf Subventionen[523] eine gesetzliche Grundlage vom Bundesverfassungsgericht grundsätzlich nicht verlangt;[524]

521 Vgl. zu diesen Problemen *Rietdorf*, Die Finanzverantwortung des Bundes gegenüber den Gemeinden, DÖV 1953, 225; *Klein*, Von der förderativen zur stärker unitarischen Gestaltung des Finanzwesens in der Bundesrepublik Deutschland, Festschrift für Giese, 1953, S. 68 ff.; *Köttgen*, Sachverantwortung als verfassungsrechtlicher Maßstab des Finanzausgleichs, DÖV 1953, S. 358; *v. d. Heide*, Zur Abgrenzung zwischen den Bundes-, den Länder- und den Kommunalfinanzen, DVBl. 1953, 289.

522 Für Frankreich vgl. *Soell*, Das Ermessen der Eingriffsverwaltung, 1973, S. 217 ff.

523 Zum Stand der Meinungen vgl. *Grabitz*, Freiheit und Verfassungsrecht, 1976, S. 52 ff.

das Bundesverwaltungsgericht fordert zwar eine gesetzliche Grundlage, begnügt sich aber mit den Richtlinien der Verwaltung zur Subventionsvergabe einerseits, mit dem Haushaltsgesetz andererseits.[525]
Nun ist der Grundsatz der Einzelkompetenz im Bereich der Europäischen Gemeinschaften mit dem Gesetzesvorbehalt verglichen worden.[526] Daran ist richtig, daß soweit der Gesetzesvorbehalt reicht, auch die deutsche Verwaltung nur aufgrund eines Gesetzes handeln kann. Umgekehrt kann man – auch nicht aufgrund eines durch Rechtsvergleichung zu ermittelnden allgemeinen Rechtsgrundsatzes des Europäischen Gemeinschaftsrechts[527] – aus den nationalen Rechtsordnungen nicht ohne weiteres folgern, die Verwaltung der EG bedürfe für Akte der Leistungsverwaltung keiner vertraglichen Grundlage. Denn nach einem im allgemeinen Völkerrecht beheimateten, außerdem aus dem Willen der Partner der Gründungsverträge fließenden Grundsatz kann die internationale Organisation nur dann und nur insoweit handeln, wie der Vertrag dies vorsieht.[528] Dennoch liegen im Vergleich mit den nationalen Rechtsordnungen wichtige Ansätze für eine Lösung des Problems auf der internationalen Ebene:
Ein Vergleich der Europäischen Gemeinschaften mit den anderen internationalen Organisationen, insbesondere mit der UNO und den Sonderorganisationen, mag dies verdeutlichen. Während den Europäischen Gemeinschaften nur ganz punktuelle, eng umschriebene Befugnisse zugeteilt worden sind, finden wir im Bereich der anderen internationalen Organisationen umfassende Generalklauseln für die Kompetenzen der Organisation und ihrer Organe. So wird etwa der Aufgabenbereich der UNO in dem die »Ziele« der Weltorganisation aufführenden Art. 1 der UNO-Charta mit der »Wahrung des Weltfriedens«, der »Entwicklung freundschaftlicher Beziehungen zwischen den Nationen« und der »Herbeiführung der internationalen Zusammenarbeit« umschrieben. Nach Art. 10 UNO-Charta kann die Generalversammlung alle Fragen und Angelegenheiten erörtern, die in den Rahmen der Charta – also auch des Art. 1[529] – fallen und zu diesem Zweck Empfehlungen aussprechen. Ähnlich weitgefaßt ist die Zuständigkeit des Europarats nach Art. 1 seiner Satzung.
Diese Satzungen konnten die Zuständigkeiten der internationalen Organisationen und ihrer Organe so weit fassen, weil die Organe in der Regel keine für die Mitgliedstaaten oder die Individuen verbindlichen Beschlüsse fassen kön-

524 BVerfGE 8, 167; 40, 249.
525 Vgl. *Bleckmann*, Subventionsrecht, 1978, S. 43 ff.
526 *Lecheler*, Der Europäische Gerichtshof und die allgemeinen Rechtsgrundsätze, 1972, S. 56 ff., 61; *Rengeling*, Rechtsgrundsätze beim Verwaltungsvollzug des Europäischen Gemeinschaftsrechts, 1977, S. 254 ff.
527 Vgl. die Literatur bei *Bleckmann*, Europarecht, 6. Aufl. 1997, S. 213 ff.
528 *Seidl-Hohenveldern/Loibl*, Das Recht der Internationalen Organisationen einschließlich der Supranationeln Gemeinschaften, 6. Aufl. 1996, S. 222 ff., 230 ff.
529 Vgl. *Dahm*, Lehrbuch des Völkerrechts, Bd. 2.

nen. Ganz anders war die Situation bei der Gründung der supranationalen Europäischen Gemeinschaften, welche die Staaten und die Individuen bindende Beschlüsse erlassen können. Insoweit verlangte die Souveränität der Staaten einerseits, das Rechtsstaatsprinzip andererseits eine klare Abgrenzung und Vereinzelung der entsprechenden Kompetenzen der Europäischen Gemeinschaften. Aber eben nur insoweit. Wenn es sich nicht um die Staaten oder die Individuen bindende Beschlüsse der Europäischen Gemeinschaften handelt, greift das Souveränitäts- und das Rechtsstaatsprinzip nicht mehr ein. Auf der anderen Seite ist nicht ersichtlich, daß die Europäischen Gemeinschaftsverträge die Europäischen Gemeinschaften schlechter stellen wollten als die anderen internationalen Organisationen. Man kann vielmehr davon ausgehen, daß die Verträge die Europäischen Gemeinschaften im Interesse ihrer Handlungsfähigkeit sogar besser stellen wollten als die anderen internationalen Organisationen.

Das ändert natürlich nichts daran, daß die Europäischen Gemeinschaften für jede Maßnahme, auch soweit sie die Staaten oder die Individuen nicht binden, einer vertraglichen Grundlage bedürfen. Nur braucht diese Grundlage dann nicht in einer punktuellen Einzelkompetenz zu bestehen, sondern kann, wenn das Souveränitätsprinzip und das Rechtsstaatsprinzip nicht eingreifen, auch in generellen Kompetenzzuweisungen zu finden sein. Diese generellen Kompetenzzuweisungen gilt es nun zu entwickeln:

IV. *Generelle Kompetenzzuweisungen*

Im deutschen Recht unterscheidet man zwischen den Aufgaben und den Befugnissen der staatlichen Organe. So hat die Polizei etwa die Aufgabe, die öffentliche Ordnung und Sicherheit aufrechtzuerhalten; die Polizeigesetze erteilen ihr die generelle Befugnis, zur Aufrechterhaltung der öffentlichen Sicherheit und Ordnung Maßnahmen zu ergreifen.[530] Nur soweit eine solche Eingriffsverwaltung vorliegt, ist aber eine gesetzliche Grundlage erforderlich. Im Rahmen der Aufgabenzuweisung kann die Polizei deshalb auch ohne gesetzliche Grundlage Maßnahmen der Leistungsverwaltung treffen; etwa eine Aufklärungskampagne durchführen, eine Person, mit deren Entführung gerechnet werden muß, beschützen usw.[531]

Diese Unterscheidung zwischen Aufgaben und Befugnissen ist auch für das Völkerrecht von Bedeutung. So hat etwa der Europarat nach Art. 1 a seiner Satzung zur »Aufgabe«, eine engere Verbindung zwischen seinen Mitgliedern

530 Vgl. etwa die §§ 15 und 20 des Polizeigesetzes von NRW.

531 *Erichsen/Knemeyer*, Der Schutz der Allgemeinheit und der individuellen Rechte durch die polizei- und ordnungsrechtlichen Handlungsvollmachten der Exekutive, VVDStRL 35, 1977.

zum Schutze und zur Förderung der Ideale und Grundsätze, die ihr gemeinsames Erbe bilden, herzustellen und ihren wirtschaftlichen und sozialen Fortschritt zu fördern. »Diese Aufgabe wird von den Organen des Rates erfüllt durch Beratung von Fragen von gemeinsamen Interesse, durch den Abschluß von Abkommen und durch gemeinschaftliches Vorgehen auf wirtschaftlichen, sozialen, kulturellen und wissenschaftlichen Gebieten und auf den Gebieten des Rechts und der Verwaltung sowie durch den Schutz und die Fortentwicklung der Menschenrechte und Grundfreiheiten.« Ganz abgesehen davon, daß in diesem Art. 1 b auch die Aufgaben noch näher umschrieben werden, legt diese Bestimmung die Befugnisse des Europarats fest.

Ähnlich kann man zwischen den Aufgaben und den Befugnissen der EG unterscheiden. Die Aufgaben der EG werden dann generell in der Präambel und in Art. 2 und 3 EGV, konkret durch die Bestimmungen der Einzelartikel des EGV festgesetzt, die Kompetenzen finden sich in Art. 3 EGV und in den Einzelbestimmungen des Vertrages.

Abweichend vom deutschen Polizeirecht bedarf nun die EG auch für Maßnahmen, die nicht in Rechte der Staaten oder Individuen eingreifen, einer vertraglichen Grundlage. Die Festlegung einer umfassenden Aufgabe allein genügt an sich hierfür nicht. Allerdings wird man im Interesse der Gleichstellung der Europäischen Gemeinschaften mit den anderen internationalen Organisationen die Auffassung vertreten müssen, daß die Festlegung der Aufgabe die Befugnis zum Erlaß aller erforderlichen Maßnahmen umfaßt. Hier kann also auf die Lehre von den »implied powers« zurückgegriffen werden. Die strengen Anforderungen der Theorie der begrenzten Einzelermächtigung greifen für den Bereich der Maßnahmen, die nicht in Rechte der Staaten und Individuen eingreifen, allerdings nicht ein, weil sie nur für rechtsbeschränkende Maßnahmen entwickelt worden sind.

Daß diese Auslegung des EGV richtig ist, ergibt sich aus vier Bestimmungen:

Einmal kann nach Art. 155 EGV die Kommission Empfehlungen oder Stellungnahmen »auf den in diesem Vertrag bezeichneten Gebieten« abgeben, soweit sie es für notwendig ansieht. Die Empfehlungen und Stellungnahmen, welche die Staaten und Individuen nicht binden, bedürfen also einer punktuellen Ermächtigung in den Einzelklauseln des Vertrages nicht. Auf der anderen Seite hat die Praxis des Europäischen Parlaments, das keine die Staaten und Individuen bindende Entscheidungsbefugnis besitzt, im gesamten Aufgabenbereich der EG – nicht nur im Rahmen des Art. 3 EGV, sondern im weiteren Rahmen des Art. 2 EGV und darüber hinaus der Präambel – zahlreiche Beschlüsse erlassen, die in den Einzelbestimmungen des EGV nicht vorgesehen sind. Ganz zu Recht; denn Art. 137 des EGV begrenzt die Zuständigkeit des Parlaments auf die »Beratungs- und Kontrollbefugnis, die ihm nach diesem Vertrag zustehen« nur insoweit, als es sich um die Mitwirkung bei Akten handelt, die in die Rechte der Staaten oder der Individuen eingreifen. Und darüber hinaus ist auch in solchen Fällen das Parlament angehört worden, selbst wenn der Vertrag dies in einzelnen Bestimmungen nicht ausdrücklich vorsieht, weil eben die Akte des Parlaments nicht binden.

Ferner läßt Art. 181 EGV öffentlich-rechtliche Verträge der EG zu, obwohl weder Art. 189 EGV noch die Einzelbestimmungen des EGV den Abschluß öffentlich-rechtlicher Verträge der EG vorsehen. Mit öffentlich-rechtlichen Verträgen sind dabei wohl Verträge gemeint, welche die EG im Bereich der Materien des EGV zur Verfolgung der öffentlichen Ziele des Vertrages abschließt. In welchem Umfang solche Verträge an die Stelle der in Art. 189 EGV aufgeführten Aktarten treten können und ob die EG zur Verfolgung öffentlicher Ziele im Bereich der Vertragsmaterien auch privatrechtliche Verträge abschließen kann, inwieweit hier also wie im deutschen Recht eine Wahlfreiheit der EG-Verwaltung besteht, kann wohl nur aus einem Vergleich der Zulässigkeit des Vertragsschlusses durch die Verwaltung nach dem Recht der Mitgliedstaaten beurteilt werden; dabei müßte von den Eigenheiten des nationalen Rechts abstrahiert und müßten die Strukturen und Ziele der EG berücksichtigt werden. Selbst wenn diese Frage hier dahingestellt bleiben kann, scheint Art. 181 EGV davon auszugehen, daß eine Einzelkompetenz zum Abschluß öffentlich-rechtlicher und privatrechtlicher Verträge nicht verlangt wird, weil hier wegen der Einwilligung der Vertragspartner (volenti non fit iniuria) weder die Souveränität noch das Rechtsstaatsprinzip eine präzise rechtliche Grundlage verlangen. Dabei ist zu beachten, daß gerade Subventionen aufgrund öffentlich-rechtlicher oder privatrechtlicher Verträge gewährt werden können.

Und schließlich setzt der EGV stillschweigend voraus, daß die EG Gebäude und bewegliche Sachen besitzt, die den öffentlichen Zielen der EG gewidmet sind und deshalb in der Terminologie der nationalen Rechte öffentliche Sachen sind. Voraussetzungen und Rechtsfolgen dieser Widmung müssen durch einen Vergleich des nationalen öffentlichen Sachenrechts entwickelt werden. Auf jeden Fall dürfte vor dieser Rechtsvergleichung schon feststehen, daß die EG durch einen Verwaltungsakt Sachen ihren öffentlichen Zwecken widmen kann, obwohl der Vertrag dies in Einzelbestimmungen nicht ausdrücklich feststellt. Auch diese Kompetenz braucht in keiner Einzelvorschrift des Vertrages enthalten zu sein, weil die Widmung der Sache weder die Staaten noch die Individuen rechtlich belastet.

Auch die Vergleichung des nationalen Verfassungsrechts führt zu ähnlichen Konsequenzen. Art. 24 Abs. 1 GG und die dieser Bestimmung in den anderen Verfassungen entsprechenden Vorschriften lassen nur die Übertragung bestimmter Hoheitsgewalten zu. Gerade diese Bestimmungen mögen bei der engen Kompetenzabgrenzung der Europäischen Gemeinschaft mitgewirkt haben. En passant gesagt, verstößt dabei die uferlose Fassung des Art. 100 EGV möglicherweise gegen den Bestimmtheitsgrundsatz des Art. 24 Abs. 1 GG. Aber die Verfassungsbestimmungen beziehen sich nur auf die Hoheitsbefugnisse der Europäischen Gemeinschaften, d. h. auf das Recht zur einseitigen Auferlegung von Geboten und Verboten. Sie stehen einer weiten Auslegung des EGV nicht entgegen, soweit die Europäischen Gemeinschaften nicht Ge- oder Verbote gegen die Staaten oder deren Angehörigen erlassen.

Auch Art. 189 Abs. 1 und Art. 4 Abs. 1 EGV, wonach der Rat und die Kommission zur Erfüllung ihrer Aufgaben und nach Maßgabe dieses Vertrages Verordnungen, Richtlinien und Entscheidungen erlassen, Empfehlungen aussprechen oder Stellungnahmen abgeben und jedes Organ nach Maßgabe der ihm in diesem Vertrag zugewiesenen Aufgaben und Befugnisse handelt, steht der Ablehnung der sich hierauf stützenden Theorie der Einzelkompetenz nicht entgegen. Denn daß diese Befugnisse den jeweiligen Organen durch den Vertrag nicht ausdrücklich zugewiesen sein müssen, ergibt sich schon aus der Tatsache, daß die Verwaltung der Europäischen Gemeinschaften ohne ausdrückliche Zuweisung von Befugnissen zahlreiche Verträge des privaten Rechts schließen können muß. Hier ergibt sich die implizite Befugniszuweisung aus den Aufgaben in Verbindung mit der Tatsache, daß internationale Organisationen allgemein diese Befugnisse wahrnehmen und der EGV die Europäischen Gemeinschaften nicht schlechter, sondern besser stellen wollte als die anderen internationalen Organisationen. Daneben hat die Theorie von den »implied powers« den Europäischen Gemeinschaften die notwendigen Befugnisse zur Erfüllung auch ihrer öffentlichen Aufgaben verliehen. Auch diese Befugnisse können, wie gezeigt, aus einem Vergleich mit dem Recht der internationalen Organisationen abgeleitet werden. Nur hingewiesen sei darauf, daß das allgemeine Recht der internationalen Organisationen den internationalen Organisationen ein umfassendes, nicht strikt an bestimmten Kompetenzen der Organisationen ausgerichtetes Recht zum Abschluß internationaler Verträge einräumt, während die Rechtsprechung und Lehre die Vertragsschlußkompetenz der Europäischen Gemeinschaften eng an diesen inneren Kompetenzen ausrichtet.

Nicht entscheidend kann es schließlich darauf ankommen, daß der EGV das zuständige Organ, das Verfahren und die Aktart bei Beihilferegelungen nicht festlegt. Die Zuständigkeit des Ministerrates zur Grundsatzentscheidung über Beihilfen und zur Festlegung der Verwaltungsverordnungen ergibt sich aus der grundsätzlichen Initiativkompetenz des Ministerrates, die Durchführungskompetenz der Kommission aus deren Exekutivqualität. Die geeigneten Aktarten sind generell die Verordnung und im Einzelfall die Entscheidung, u. U. neben und vor einem zivilrechtlichen oder öffentlich-rechtlichen Vertrag.

Die EG bedarf der punktuellen Einzelkompetenz also nur insoweit, als ihre Maßnahmen in die Rechte der Staaten und Individuen eingreifen. Im übrigen ergibt sich aus ihren Aufgaben eine umfassende Generalkompetenz zum Erlaß der für die Erfüllung der Aufgaben erforderlichen Maßnahmen.

V. *Generelle Kompetenz für Beihilfen?*

Dabei stellt sich konkret die Frage, ob für Beihilfen diese generelle Kompetenz ausreicht oder eine individuelle Kompetenz erforderlich ist. Die Vertreter des Totalvorbehalts werden hier wie im deutschen Recht die Auffassung vertreten, die Beihilfe greife in die Rechte der Staaten und der Individuen ein, weil sie einerseits die Staaten und im Ergebnis die individuellen Steuerzahler finanziell belaste und andererseits die Begünstigung eines Unternehmers stets eine Benachteiligung der mit diesem Unternehmer in Konkurrenz stehenden Unternehmen darstellt.[532] Aber einerseits gilt der Grundsatz der speziellen Kompetenzabgrenzung nur, wenn die Maßnahme die Staaten oder die Individuen rechtlich – und nicht tatsächlich, zumindest nicht unmittelbar tatsächlich – beschränkt. Zum anderen muß man davon ausgehen, daß den Mitgliedstaaten ja die Haushaltsfestlegung nicht benommen ist, sie also die Gewährung der Subventionen lenken können. Ein Eingriff in ihre Rechte liegt also nicht vor. Im Interesse dieser Rechtsgarantie wird man mit dem Bundesverwaltungsgericht als »gesetzliche« (vertragliche) Grundlage die allgemeine Kompetenz der EG in Verbindung mit dem Haushaltsplan genügen lassen und andererseits im Interesse der Gleichbehandlung der Individuen[533] verlangen müssen, daß die EG für die Gewährung von Beihilfen generelle Richtlinien aufstellt.

VI. *Vertragliche Präzisierung der Aufgaben*

Eine weitere Frage ist, wieweit für die Gewährung von Beihilfen durch die EG eine vertragliche Präzisierung der Aufgaben erforderlich ist. Wir haben gesehen, daß das Parlament etwa politische Resolutionen im Rahmen der Präambel des EGV erläßt. Für Stellungnahmen und Empfehlungen der Kommis-

532 Vgl. die Literatur bei *Grabitz*, a.a.O. Der EuGH (Slg. 1957, 118; 1965, 911 – dazu *Lecheler*, a.a.O., S. 61) hat festgestellt, daß eine Freistellung von der Schrottausgleichsumlage nur aufgrund einer ausdrücklichen vertraglichen Vorschrift möglich ist. *Lecheler* schließt daraus, daß Subventionen immer einer vertraglichen Einzelgrundlage bedürfen. Dem kann nicht zugestimmt werden. Die Freistellung von der Schrottausgleichsumlage stellt insofern einen Sonderfall dar, als eine solche Freistellung automatisch zur höheren Belastung der anderen Unternehmer führt, was für Subventionen im allgemeinen nicht der Fall ist.

533 Vgl. etwa *Feige*, Der Gleichheitssatz im Recht der EWG, 1973, und die dort zit. Lit.; fener *Bleckmann*, Considérations sur l'interprétation de l'article 7 du Traité CEE, Revue trim. de droit eur. 1976, S. 469.

sion ist dagegen erforderlich, daß diese Akte sich auf dem »Gebiet« des EGV bewegen. Das zeigt, daß der Grad der Präzisierung der Aufgaben für die verschiedenen Maßnahmen unterschiedlich ausfallen kann.
Bei den Beihilfen ist nun zu beachten, daß die Rechte der Staaten und Individuen zumindest mittelbar betroffen werden. Zudem handelt es sich bei den Beihilfen um einen unmittelbaren Eingriff in den durch den EGV geregelten Marktmechanismus. Auch stellen sich hier Fragen der Kompetenzabgrenzung zwischen EG und Mitgliedstaaten. Deshalb stellt sich bei Beihilfen auch stärker als bei politischen Resolutionen[534] die Notwendigkeit einer vertraglichen Präzisierung der Aufgaben. Man wird also die Aufgaben im Rahmen des Art. 3 und der konkreten Bestimmungen des EGV zu suchen haben. Im Endergebnis läuft meine Theorie also darauf hinaus, eine weite Auslegung der Einzelbestimmungen des EGV für Beihilfen zu fordern. Dabei muß man allerdings von dem Leitbild Abstand nehmen, daß die Aufgaben der EG auf die Errichtung eines rechtlichen Rahmens beschränkt sind, in welchem die Marktwirtschaft mehr oder weniger automatisch abläuft, wie die oberflächliche Lektüre mancher Bestimmungen des EGV nahelegen könnte. So scheint sich etwa nach dem Wortlaut der Art. 52 ff. EGV die Kompetenz der EG im Rahmen der Niederlassungsfreiheit nur auf den Abbau der rechtlichen Beschränkungen der Niederlassungsfreiheit in den Mitgliedstaaten zu beziehen. Daß die Aufgaben der EG hierdurch nicht beschränkt sind, ergibt sich einerseits aus den Vorschriften über die Konjunkturpolitik, welche als Endziel eine aktive Wirtschaftslenkung durch die EG anstreben und deshalb wirtschaftslenkende Global- und Einzelmaßnahmen gestatten. Auf der anderen Seite zeigen die Bestimmungen über den Europäischen Sozialfonds und die Europäische Investitionsbank, daß die EG auch die Aufgabe hat, die vom Vertrag im Interesse der in Art. 2 EGV aufgeführten Ziele als notwendig angesehene faktische Mobilität der Arbeitskräfte, Unternehmen, Waren, des Kapitals usw. zu fördern. Zu den in Art. 2 EGV umrissenen Aufgaben gehören also sowohl die Wirtschaftslenkung als auch die faktische Mitwirkung bei der Errichtung eines Gemeinsamen Marktes in den in Art. 3 EGV und den Einzelbestimmungen des Vertrages umrissenen Gebieten. Deshalb dürfte etwa Art. 2 in Verbindung mit Art. 3 lit. c und Art. 52 ff. EGV nach den oben dargelegten Prinzipien auch die Gewährung von Beihilfen an Unternehmer gestatten, um ihnen die Errichtung eines Betriebes in einem fremden Mitgliedstaat zu erleichtern. Denn allein durch den Abbau der *rechtlichen* Hindernisse, wie sie in Art. 52 EGV umschrieben werden, können die in Art. 3 lit. c EGV genannten *Hindernisse* der Niederlassung nicht abgebaut werden, weil hier eine Reihe psychologischer Schwellen zu überschreiten sind. Diese psychologischen Schwellen

534 Hinzuweisen ist darauf, daß das »politische Mandat« der internationalen Organisationen weniger bestritten ist als das politische Mandat der Gemeinden, Studentenvertretungen usw.

gegen eine Investition im Ausland verhindern, daß die Niederlassung sich allein nach den wirtschaftlichen Gelegenheiten des Marktes richtet, wie es auf einem innerstaatlichen Markt üblich ist, den der EGV auch auf europäischer Ebene errichten will.

VII. *Beihilfen außerhalb des Sozialfonds und der Investitionsbank*

Daß der EGV im Rahmen der Vorschriften über den Europäischen Sozialfonds und die Europäische Investitionsbank beschränkte Subventionsmöglichkeiten der EG ermöglicht hat, schließt die Gewährung von Beihilfen in anderen Bereichen nicht aus. Der Europäische Sozialfonds und die Europäische Investitionsbank sollten im wesentlichen die wirtschaftlichen Schwierigkeiten vermeiden helfen, die durch die Errichtung des Gemeinsamen Marktes entstanden. Nur diese in der Übergangsperiode erforderlichen Maßnahmen hatten die Schöpfer des EGV vor Augen. Daß damit andere Beihilfen nicht ausgeschlossen sein sollten, die ebenfalls nach Ablauf die Übergangsperiode erforderlich sind, zeigt schon die Tatsache, daß man etwa Art. 103 Abs. 2 EGV dahin interpretieren muß, daß er auch Konjunkturbeihilfen umfaßt. Andere Subventionen sieht der Vertrag auch deshalb nicht vor, weil – wie der Streit um den Regionalfonds zeigt – die Mitgliedstaaten Zahlungsverpflichtungen vermeiden wollten, die durch die ausdrückliche Erwähnung der Beihilfen im Vertrag hätten entstehen können. Die Verfasser des EGV scheinen also die Problematik der Beihilfekompetenz der EG nicht geschlossen durchdacht zu haben. Dann können die rechtlichen Bestimmungen des EGV über die europäischen Beihilfen also nicht dahin ausgelegt werden, daß sie andere Subventionen verbieten.

E. *Die rechtswidrigen Verwaltungsakte*

I. *Zur Rechtsquellenlehre in den Mitgliedstaaten der EG*

Nach dem Recht aller europäischen Staaten entfalten auch rechtswidrige Verwaltungsakte Bindungswirkung bis zu dem Zeitpunkt, in welchem sie von der Behörde oder einem Verwaltungsgericht aufgehoben werden. Rechtswidrig sind dabei alle Verwaltungsakte, die gegen eine Rechtsnorm verstoßen. Die Rechtsquellen des Europarechts sind dabei in allen Mitgliedstaaten verbindlich. Im übrigen sind die Rechtsquellen in den europäischen Mitgliedstaaten nicht einheitlich. Das gilt insbesondere für die Verteilung der Kompetenz zum

Erlaß von generellen Normen zwischen der Verwaltung und dem Parlament. Etwa die Verfassung der V. Französischen Republik verteilt die Gesetzgebungsbefugnisse zwischen dem Parlament und der Exekutive (Präsident und Regierung). In zahlreichen Mitgliedstaaten der EG besitzt die Regierung eine breite Kompetenz zum Erlaß von Durchführungsverordnungen auch ohne ausdrückliche Ermächtigung durch ein Parlamentsgesetz. Auch die Anwendung der verfassungsrechtlichen Grundrechte ist in den Mitgliedstaaten nicht einheitlich. Während in den meisten Staaten die Verwaltungsakte unmittelbar am Verfassungsrecht, vor allem an den Grundrechten gemessen werden, greift der französische Conseil d'Etat insoweit auf allgemeine Rechtsgrundsätze zurück, die im wesentlichen den Grundrechten gleichen, aber einen Rang unterhalb der Gesetze besitzen. Auch die Qualifizierung der Verwaltungsverordnungen ist unheitlich. Während in den meisten Mitgliedstaaten der EG die Verwaltungsverordnungen keinerlei Bindungswirkung entfalten, werden sie in Frankreich als geltendes Recht angesehen.

Vor allem ist auch die Funktion und der Inhalt der allgemeinen Rechtsgrundsätze in den Mitgliedstaaten der EG nicht einheitlich. In Frankreich ersetzen sie teilweise die Bindung an die Grundrechte der Verfassung. Daneben gibt es – wie übrigens auch in Spanien, Belgien und den Niederlanden – allgemeine Rechtsgrundsätze, die das öffentliche Interesse schützen. Das gilt insbesondere für den Rechtsgrundsatz des »ordnungsgemäßen Funktionierens der Verwaltungsbehörden«, der wohl im Wege der Rechtsanalogie auch in Deutschland aus der Gesamtheit der Organisationsnormen entwickelt werden und wichtige Dienste leisten könnte. In Deutschland werden dagegen die allgemeinen Rechtsgrundsätze heute weitgehend durch den Rückgriff auf eine Interpretation der Staatszielbestimmungen des Grundgesetzes und insbesondere des Rechtsstaatsprinzips ersetzt. Da in den romanischen Ländern und in Großbritannien heute noch insbesondere das Verwaltungsverfahren und das Verwaltungsgerichtsverfahren gesetzlich nicht geregelt sind, spielt dort im Gegensatz zu Deutschland das aus der Spruchpraxis der Gerichte sich entwikkelnde Gewohnheitsrecht ein wichtige Rolle.

Trotz all dieser Unterschiede in der Rechtsquellenlehre werden die Rechtswidrigkeitsgründe in allen Mitgliedstaaten der EG einheitlich bestimmt. Es handelt sich dabei um die Verletzung von Zuständigkeiten, von Form- und Verfahrensvorschriften, um eine Verletzung des materiellen Rechts und, soweit die Verwaltung im Rahmen eines Ermessensspielraums handelt, um die Lehre von den Ermessensfehlern. Im Rahmen dieser Rechtswidrigkeitsgründe werden die von der Verwaltung zugrunde gelegten Tatsachen von fast allen nationalen Gerichten überprüft. Eine solche Überprüfung der Tatsachen ist nur in Großbritannien ausgeschlossen.

II. *Die Verletzung von Zuständigkeitsnormen*

Um die Zuständigkeitsnormen richtig auslegen zu können, erscheint eine Untersuchung ihrer Funktionen erforderlich. Aus meiner Sicht haben die Zuständigkeitsnormen vor allem drei Funktionen: Sie sollen auf der einen Seite Widersprüche beim Vollzug der Gesetze verhindern. Insoweit dient die Zuständigkeitsordnung der Durchsetzung des Rechtsstaatsprinzips. Das Rechtsstaats- und Demokratieprinzip verlangen darüber hinaus, daß die Verfahrensvorschriften auch die Richtigkeit des staatlichen Verhaltens gewährleisten. Die Verteilung der Zuständigkeiten dient auch diesem Zweck: Die Arbeitsteilung gewährleistet nicht nur schnellere Entscheidungen, sondern auch eine bessere Rechts- und Sachkenntnis als umfassende Zuständigkeiten zentraler Behörden. Und schließlich soll die Zuständigkeitsordnung dem Gewaltenteilungsprinzip entsprechend gewährleisten, daß der Staat dem Bürger niemals als geschlossener Machtblock, sondern immer nur mit beschränkten Befugnissen und beschränkten Kenntnissen gegenübertritt.

Legt man diese Funktionen der Zuständigkeitsordnungen der Interpretation der einschlägigen Normen zugrunde, ergeben sich zwei generelle Auslegungsmaximen: Die Zuständigkeitsnormen sind in ihrem Zusammenspiel stets so zu interpretieren, daß auf der einen Seite immer überhaupt eine Behörde, auf der anderen Seite niemals zwei oder gar mehrere Behörden für dieselbe Verwaltungssache zuständig sind. Auf der anderen Seite dürfen entgegen der Literatur und der Rechtsprechung in Deutschland die Zuständigkeitsnormen nicht so interpretiert werden, daß der jeweilige Behördenleiter, also etwa der Regierungspräsident oder der Oberstadtdirektor, für alle Materien zuständig sind, welche die Gesetze ihnen zuordnen. Die Zuständigkeitsordnung wird vielmehr auch dann verletzt, wenn an der Stelle des Amtes, welchem der Regierungspräsident bestimmte Zuständigkeiten delegiert hat, der Regierungspräsident oder ein anderes Amt entscheidet.

III. *Die Verletzung der Form- und Verfahrensvorschriften*

Im Kapitel über das objektive und das subjektive Rechtsstaatsprinzip haben wir gesehen, daß Verfahrens- und Formvorschriften der Richtigkeit der staatlichen Entscheidung und damit der materiellen Gerechtigkeit sowie der Durchsetzung der Grundrechte, des objektiven Rechts und der öffentlichen Interessen dienen. Im Gegensatz zur herrschenden Lehre und zum Wortlaut einzelner Bestimmungen des Verwaltungsverfahrensrechts dienen damit auch in Deutschland diese Vorschriften nicht nur der Durchsetzung der subjektiven Interessen der Bürger, sondern auch der Realisierung der öffentlichen Interessen.

Diese Funktion der Form- und Verfahrensvorschriften muß bei der Auslegung auch der Verwaltungsverfahrensgesetze beachtet werden. Bei jeder Verfahrensnorm ist deshalb zu prüfen, wie diese Norm interpetiert werden muß, damit diese verschiedenen Funktionen optimal und effektiv erfüllt werden können. Da gerade diese Vorschriften der Verwaltungsverfahrensgesetze nur ein Minimum festlegen, können sie entsprechend ergänzt werden; der Wortlaut der Verwaltungsverfahrensgesetze tritt folglich hinter die Prinzipien der teleologischen Interpretation weit zurück.

In allen Rechtsordnungen gilt der Grundsatz, daß die Verletzung von Verfahrensnormen grundsätzlich nur dann zur Aufhebung des Verwaltungsakts führt, wenn diese Verletzung für die Entscheidung kausal geworden ist. Statt einer Prüfung im Einzelfall wird man in diesem Rahmen darauf abstellen müssen, ob es sich um eine Ermessensentscheidung oder um eine gebundene Entscheidung der Verwaltung handelt. Im ersten Fall ist immer anzunehmen, daß die Verletzung der Verfahrensvorschriften zu einer anderen Entscheidung geführt hätte, wenn die Verwaltung die Verfahrensvorschriften eingehalten hätte. Handelt es sich dagegen um eine gebundene Entscheidung, kommt es grundsätzlich nur darauf an, ob diese Entscheidung dem materiellen Recht entspricht. Diese Prinzipien stimmen mit der Verfahrensökonomie überein: Kommt das Gericht zu dem Ergebnis, die Entscheidung der Verwaltung entspreche dem materiellen Recht, wird Zeit und Geld gespart, wenn das Verwaltungsgericht die Entscheidung der Verwaltung nicht nur wegen eines Verfahrensfehlers aufhebt. So bedauerlich der Verlust einer »Instanz« für den Kläger ist, wird man dieses Ergebnis akzeptieren müssen.

Bei der Qualifizierung des Verwaltungsaktes nach § 35 VwVfG haben wir auf dessen Funktion im Anfechtungsprozeß vor den Verwaltungsgerichten abgestellt, weil dies die primäre Aufgabe dieses Zweckbegriffs ist. Dabei haben wir nicht übersehen, daß auch die Verfahrensvorschriften im engeren Sinne nach den Vorschriften des Verwaltungsverfahrensgesetzes an den Begriff des Verwaltungsaktes anknüpfen. Je weiter im Interesse des gerichtlichen Rechtsschutzes die Definition des Verwaltungsaktes ausgedehnt ist, um so mehr stellt sich die Frage, ob der Verwaltungsaktbegriff des § 9 VwVfG identisch mit dem des § 35 VwVfG ist. Das Problem, daß die Verfahrensvorschriften nicht immer eingreifen, wenn ein Verwaltungsakt nach § 35 VwVfG vorliegt, sollte allerdings meines Erachtens nicht durch eine unterschiedliche Definition des Verwaltungsaktes in beiden Bestimmungen, sondern durch eine Interpretation der einzelnen Verfahrensvorschriften gelöst werden. Dabei kann auf die teleologische Reduktion, andererseits auf die erweiternde und ergänzende Auslegung kraft Analogie zurückgegriffen werden.

In den anderen europäischen Rechtsordnungen stellt sich dieses typisch deutsche Problem dagegen nicht, weil die Verfahrensvorschriften im engeren

Sinne ihren Anwendungsbereich nicht festlegen und damit die Entscheidung der Kasuistik überlassen bleibt.
Für die Interpretation der Verfahrensvorschriften sollte dabei vor allem auf drei Gesichtspunkte zurückgegriffen werden. Einmal ist zu fragen, ob in dem betreffenden Bereich eine Richtigkeitsgewähr durch Verfahrensvorschriften erforderlich ist; dabei muß berücksichtigt werden, daß die Verfahrensregeln der Durchsetzung nicht nur privater, sondern auch der öffentlichen Interessen dienen. Zweitens muß untersucht werden, ob und wie die Richtigkeitsgarantie der betreffenden Verfahrensvorschrift im konkreten Fall greifen kann. Und drittens ist dabei die Praktikabilität, d. h. aber die Effizienz der staatlichen Entscheidung von Bedeutung.

IV. *Die Ermessensfehlerlehre des nationalen Verwaltungsrechts*[535]

1. Die Ermessensfehlerlehren des Allgemeinen Verwaltungsrechts der Mitgliedstaaten der EG weichen zum Teil in entscheidenden Punkten voneinander ab. Zwar gilt in allen Staaten der EG der im französischen Recht als »erreur de droit« bezeichnete Grundsatz, daß ein schwerer Ermessensfehler insbesondere bei der Ermessensunterschreitung, d. h. dann vorliegt, wenn die Verwaltung ihr Ermessen nicht ausgeübt hat, weil sie irrtümlich meinte, rechtlich gebunden zu sein. Auch der Ermessensfehlgebrauch, der détournement de pouvoir des französischen Rechts, ist allen Rechtsordnungen bekannt. Dabei handelt es sich darum, daß die Verwaltung eine Maßnahme an einem anderen Zweck ausgerichtet hat, als ihr durch die Rechtsordnung gestattet ist. Über diese Ansätze gehen das italienische, britische und deutsche Recht insoweit hinaus, als sie verlangen, daß die Verwaltung bei ihrer Ermessensausübung auf sachliche Gründe zurückgreift. Noch einen Schritt weiter geht das deutsche Recht, wenn es verlangt, daß die Verwaltung die schützenswerten Interessen, die durch die Entscheidung betroffen werden, unter Rückgriff auf sachliche Erwägungen miteinander abgewägt und dabei das rechtliche Gewicht der einzelnen Interessen richtig eingeschätzt hat.
Bei der Würdigung dieser verschiedenen Ansatzpunkte der nationalen Rechtsordnungen ist davon auszugehen, daß das Rechtsstaatsprinzip grundsätzlich einen Rückgriff auf alle vertretbaren Methoden verlangt, die eine richterliche Kontrolle des Verwaltungsermessens gestatten, ohne daß die Gerichte sich mit ihrer Entscheidung an die Stelle der Verwaltung setzen. Das aber bedeutet, daß in den anderen Rechtsordnungen und im Europäischen Gemeinschaftsrecht die im deutschen Modell zusammengefaßten Kontrollme-

535 Vgl. zum Folgenden neuerdings *Bleckmann*, Ermessensfehlerlehre, 1997; *Frowein*, Die Kontrolldichte bei der gerichtlichen Überprüfung von Handlungen der Verwaltung, 1993.

thoden kumuliert und um weitere Regeln ergänzt werden müssen, die sich etwa im Strafprozeßrecht und im Privatrecht finden lassen. Danach muß der Richter auch überprüfen, ob die Entscheidungen der Verwaltung schlüssig sind oder Denk- und Konstruktionsfehler aufweisen oder ob sie Widersprüche enthalten.

2. Besondere Probleme werfen insbesondere die sogenannten unbestimmten Rechtsbegriffe auf. Solche Begriffe gibt es in allen Rechtsordnungen einschließlich des Völker- und des Europarechts. Äußerst unterschiedlich ist dabei die Kontrolldichte der Gerichte in den einzelnen Mitgliedstaaten der EG und in der Rechtsprechung des EuGH. Während die italienischen Gerichte und der österreichische Verwaltungsgerichtshof solche unbestimmten Rechtsbegriffe mit Ausnahme der Fälle, in denen diese Beurteilungsspielräume öffnen, in vollem Umfang konkretisieren, neigen der belgische und französische Conseil d'Etat und der Europäische Gerichtshof dazu, in Anlehnung an entsprechende Vorschläge der deutschen Literatur die Konkretisierung der unbestimmten Rechtsbegriffe durch die Verwaltung auf ihre Vertretbarkeit (erreur manifeste d'appréciation) zu überprüfen. Der italienische Consiglio di Stato überprüft dagegen die Konkretisierung der unbestimmten Rechtsbegriffe durch die Verwaltung in vollem Umfang.

Bei der Beurteilung dieser unterschiedlichen Rechtsprechung sind mehrere Problemkreise auseinanderzuhalten. Zunächst ist darauf hinzuweisen, daß durch die Verwendung unbestimmter Rechtsbegriffe der Gesetzgeber intendiert, die Verwaltung stärker zu binden als bei der Eröffnung von Ermessensspielräumen. Das bedeutet, daß der Richter mit der Frage nach der Vertretbarkeit der Entscheidung der Verwaltung eine Mindestkontrolle übernehmen muß. In der Tat ist seit den Schriften von *Philipp Heck* allgemein anerkannt, daß die unbestimmten Rechtsbegriffe einen festen Begriffskern und einen unklaren Begriffshof besitzen. In der Regel läßt sich deshalb eindeutig feststellen, ob die Verwaltungsentscheidung in den Begriffskern fällt, also noch oder nicht mehr vertretbar ist. Zweitens ist zu berücksichtigen, daß die unbestimmten Rechtsbegriffe in aller Regel einen Argumentationsrahmen für die Ermessensbegründung durch die Verwaltung aufstellen. Wenn etwa die Zulassung neuer Taxen von einem öffentlichen Bedürfnis abhängig gemacht wird, ist darauf abzustellen, ob die Nachfrage nach Taxen zu den verschiedenen Tageszeiten innerhalb eines angemessenen Zeitraums durch die vorhandenen Taxen noch gedeckt werden kann. Auch soll diese Bedürfnisbeschränkung offensichtlich sicherstellen, daß die Taxenunternehmen einen hinreichenden Gewinn machen, um sicherzustellen, daß stets genügend Taxen zur Verfügung stehen. Ob den Taxenbenutzern eine Wartezeit von 5, 10, 15 oder 30 Minuten zuzumuten ist, kann durch Rückgriff auf diesen Argumentationsrahmen offensichtlich nicht mehr entschieden werden. Dasselbe gilt für die

Höhe des Gewinns, der sicherstellt, daß genügend Taxen zur Verfügung stehen.

Drittens verlangen gewisse unbestimmte Rechtsbegriffe, daß die Verwaltung ein zusammenhängendes Ordnungskonzept entwickelt. So hängt etwa die Nachfrage nach Taxen auch von den Gebühren für die Taxennutzung und von den Preisen und der Dichte der öffentlichen Verkehrsmittel ab. Auch diese Faktoren werden durch die Verkehrspolitik der Gemeinden bestimmt. Das »Bedürfnis für Taxen« verlangt also, daß die Gemeinde alle diese Bezugsgrößen in ein angemessenes Verhältnis zueinander bringt. Das ist meistens nur möglich, wenn die Gemeinden eine zusammenhängende Verkehrspolitik entwickeln.

Da der Gesetzgeber mit der Verwendung unbestimmter Rechtsbegriffe eine stärkere rechtliche Bindung als bei der Ermessensausübung intendiert, verlangt das Rechtsstaatsprinzip als Minimum der Kontrolldichte durch die Gerichte weiter den Rückgriff auf die allgemeine Ermessensfehlerlehre auch bei den unbestimmten Rechtsbegriffen. Grundsätzlich wird durch die Kumulation aller oben aufgezählten Methoden auch das Maximum an richterlicher Kontrolldichte umschrieben, weil das Gewaltenteilungsprinzip dem Richter eine politische Entscheidung verbietet, ein Urteil also nur dann gestattet, wenn er hierfür auf hinreichend bestimmte Rechtssätze zurückgreifen kann.

Dieser Grundsatz der Gewaltenteilung kann nur durch ranggleiche oder ranghöhere Verfassungsprinzipien zurückgedrängt werden. Ein solches Verfassungsprinzip stellt etwa der Grundsatz der Rechtssicherheit (Vertrauensschutz) dar.

Das Bundesverfassungsgericht hat mehrfach entschieden, daß der Gesetzesvorbehalt eine hinreichend bestimmte Ermächtigungsgrundlage für Eingriffe der Verwaltung in die Grundrechte der Individuen verlangt. Wenn allerdings insbesondere wegen der Unzahl der denkbaren Sachverhalte eine Präzisierung des Gesetzes nicht möglich erscheint, dürfe der Gesetzgeber auf unbestimmte Rechtsbegriffe und auf Generalklauseln zurückgreifen.[536] Bei der deutschen Konzeption der vollen Konkretisierung durch die Verwaltungsgerichte, wird also ein rechtsstaatliches durch ein anderes rechtsstaatliches Prinzip kompensiert. Auf diese Konzeption greift die Rechtsprechung der deutschen Verwaltungsgerichte zurück, wenn sie meint, eine solche Kontrolldichte sei erforderlich, weil der Gesetzgeber auch bei der Verwendung unbestimmter Rechtsbegriffe nur eine richtige Lösung im Auge hat. Diese Rechtsprechung ist sicherlich insoweit nicht zu halten, als die unbestimmten Rechtsbegriffe mehrere vertretbare Lösungen offenhalten, die Herausarbeitung einer einzig richtigen Lösung also nicht gestatten. Aber der Gesetzesvorbehalt, der die Rechtssicherheit und die Wahrung des Gleichheitssatzes sicherstellen soll, kann bei

536 Vgl. *Bleckmann*, Staatsrecht I, Staatsorganisationsrecht, 1993, S. 228 ff.

unbestimmten Rechtsbegriffen das Ziel verfolgen, im Laufe der Zeit infolge zahlreicher Gerichtsverfahren zu einer ständigen Rechtsprechung zu gelangen, die – wie etwa beim deutschrechtlichen Begriff der öffentlichen Sicherheit und Ordnung – die unbestimmten in völlig bestimmte Rechtsbegriffe verwandelt.

F. *Die Rücknahme und der Widerruf der Verwaltungsakte*

I. *Einführung*

Es ist hier nicht der Ort, die Problematik der Rücknahme und des Widerrufs der Verwaltungsakte umfassend darzustellen, also eine Kommentierung der §§ 48 ff. VwVfG zu versuchen. Hinzuweisen ist darauf, daß nur die deutsche Rechtsordnung zwischen dem Widerruf rechtmäßiger und der Rücknahme rechtswidriger Verwaltungsakte unterscheidet. In den anderen Rechtsordnungen wird diese Problematik geschlossen unter dem Begriff der »Rücknahme von Verwaltungsakten« (retrait des actes administratifs) abgehandelt.
Nach allen Rechtsordnungen können rechtswidrige und rechtmäßige belastende Verwaltungsakte von den Behörden frei zurückgenommen werden. Eine Einschränkung der Rücknahmemöglichkeit greift nur bei den begünstigenden Verwaltungsakten, also bei den Entscheidungen, die nach dem Wortlaut des § 48 I VwVfG subjektive Rechte oder rechtlich erhebliche Vorteile gewähren. Die deutsche Rechtsordnung unterscheidet sich dabei grundsätzlich von den anderen Rechtsordnungen dadurch, daß sie den Vertrauensschutz stark beschränkt, insbesondere bei einem überwiegenden öffentlichen Interesse letztlich stets die Rücknahme des Verwaltungsakts zuläßt. In Frankreich können Verwaltungsakte, die subjektive Rechte der Bürger begründen, nur innerhalb der Anfechtungsfrist zurückgenommen werden.[537]
Die entscheidende Frage in allen europäischen Rechtsordnungen ist deshalb, wann ein Verwaltungsakt subjektive Rechte begründet. Es ist dabei generell für alle Rechtsordnungen festzustellen, daß die Literatur und Rechtsprechung davor zurückschrecken, den Begriff des subjektiven Rechts in diesem Zusammenhang abstrakt zu umschreiben: Offensichtlich wollen sich alle Rechtsordnungen die Möglichkeit einer konkreten Abwägung der sich gegenübertretenden öffentlichen und privaten Interessen im Einzelfall vorbehalten. Insbesondere ist fraglich, ob die allgemeine Schutznormtheorie des deutschen Rechts, die für die Begründung subjektiver Rechte durch die Gesetze entwickelt wor-

537 *de Laubadère/Venezia/Gaudemet*, a.a.O., Rdnr. 9853.

den ist, ohne weiteres auf die subjektiven Rechte im Sinne des § 48 VwVfG angewendet werden kann.

Sieht man einmal von den Fällen ab, in denen der Verwaltungsakt subjektive öffentliche Rechte im engsten Sinne begründet, wird es für das Recht der Rücknahme eines Verwaltungsaktes stets auf eine Abwägung des öffentlichen mit dem privaten Vertrauensschutzinteresse ankommen müssen. Hierfür aber wird ein Umreißen des Sinns und Zwecks des Vertrauensschutzes erforderlich. Insoweit kann zunächst auf die allgemeine Defintion im Rahmen des obigen Kapitels über den Rechtsstaat zurückgegriffen werden. Es bleiben aber ergänzende Ausführungen erforderlich.

Für die Ableitung des Vertrauensschutzprinzips aus dem Rechtsstaatsprinzip und für die Ratio des Vertrauensschutzes kann weitgehend auf die vorangehenden Darlegungen verwiesen werden. Festgehalten werden soll hier nur noch einmal, daß der Vertrauensschutz auf einem »mikrojuristischen« und auf einem »makrojuristischen« Grund beruht. Auf der einen Seite kann das Individuum der Intention des Grundgesetzes entsprechend die Freiheiten nur dann voll ausüben, wenn die Individuen und vor allem die Unternehmer sich auf eine bestimmte Tatsachen- und Rechtslage verlassen können. Auf der anderen Seite können Staat und Gesellschaft nur dann funktionieren, wenn alle Teilnehmer am Gesellschaftsprozeß sich darauf verlassen können, daß alle anderen Teilnehmer sich in einem bestimmten Sinne verhalten.

Offensichtlich kann aus diesen Ansätzen kein vollständiges Modell des Vertrauensschutzes entwickelt werden. Man kann vielmehr nur feststellen, daß es stets zwei gegenläufige Interessen gibt: Einerseits das Interesse an der Verläßlichkeit des Verhaltens Dritter, andererseits das Eigeninteresse der Individuen und des Staates an einer möglichst breiten Handlungsfreiheit, die sicherlich auch das Recht umfaßt, sein Verhalten zu ändern. Diese beiden gegenläufigen Interessen sind also stets miteinander abzuwägen. Zu konkreten Aussagen gelangt man aber nur dann, wenn man berücksichtigt, daß dieser Abwägungsprozeß im Laufe von hunderten von Jahren in bestimmten Regeln des einfachen Rechts Ausdruck gefunden hat. Hier wie anderswo ist also die Wechselbezüglichkeit zwischen dem Verfassungsrecht und dem einfachen Gesetzesrecht zu beachten: Das Vertrauensschutzprinzip der Verfassung muß im Lichte der gesamten Rechtsordnung ausgelegt werden. Dabei sind auf der einen Seite die Ergebnisse der einfachen Rechtsordnung durch Rückgriff auf die »abstrakte« Interpretation des Vertrauensschutzprinzips zu korrigieren.

Wendet man diese Maßstäbe an, lassen sich drei Stufenleitern der Schutzwürdigkeit des Vertrauens bilden:

Auf der einen Seite wächst die Schutzbedürftigkeit des Vertrauens stufenweise mit dem Grad der beabsichtigten Bindungwirkung an. Ganz unten auf der Leiter steht das Verhalten Dritter im Einzelfall. Die Schutzbedürftigkeit des Vertrauens wächst mit der Dauer des Verhaltens und der Dichte der gegenseitigen Beziehungen (ständige Geschäftsbeziehungen, Beziehungen innerhalb von Gesellschaften). Gibt der Staat oder ein Dritter Absichtserklärungen ab, erstellt und veröffentlicht er Programme oder Pläne, nimmt die Bindungswirkung zu. Die Bindungswirkung wird noch stärker beim Erlaß genereller Normen. Am stärksten ist diese Bindungswirkung bei bilateralen Rechtsakten (Vertrag, Verwaltungsakt, Urteil) insbesondere dann, wenn die Rechtsordnung ausdrücklich die Rücknahme solcher Rechtsakte beschränkt.

Auf der anderen Seite wächst die Schutzbedürftigkeit mit der Stärke des Interesses der Individuen, die sich auf das Verhalten Dritter verlassen. »Einfache« sind dabei von »existentiellen« Interessen zu unterscheiden. Noch stärker wird der Vertrauensschutz, wenn es sich um gesetzliche, vor allem aber um Grundrechte handelt.

Auf der anderen Seite läßt sich eine solche Stufenleiter auch bei dem Interesse des Dritten an seiner Handlungsfreiheit feststellen. Auch hierbei kann es sich um »einfache« oder um »existentielle« Interessen, um gesetzliche Rechte oder um Grundrechte handeln. Das Interesse an einer Änderung der Rechtslage in der Vergangenheit ist dabei schwächer als das Interesse an einer Änderung des Verhaltens für die Zukunft.

Häufig wird man die beiden sich gegenüberstehenden Interessen am Vertrauen auf ein bestimmtes Verhalten und an der Handlungsfreiheit dadurch ausgleichen können, daß eine Änderung des Verhaltens gestattet wird, dabei aber eine Entschädigung gezahlt werden muß. Das ist aber nur dann der Fall, wenn und soweit der Vertrauensschutz auf Art. 14 GG beruht. Soweit die Grundlage des Vertrauensschutzes dagegen die Handlungsfreiheit ist, reicht eine Entschädigung zur Beseitigung des Schadens nicht aus.

II. *Rücknahme und Widerruf von Verwaltungsakten in den europäischen Rechtsordnungen*

1. *Frankreich*

Der Widerruf und die Rücknahme von Verwaltungsakten mit Wirkung für die Zukunft heißt in Frankreich Aufhebung (abrogation), die Rücknahme und der Widerruf für die Vergangenheit wird als »retrait« bezeichnet.

Die Aufhebung und der retrait von belastenden Verwaltungsakten sind unbeschränkt zulässig; insoweit besteht eine Pflicht der Verwaltung zur Aufhebung. Der retrait von Verwaltungsakten, die subjektive Rechte begründen, ist nur zulässig, wenn der Verwaltungsakt rechtswidrig ist, ein öffentliches Inter-

esse an der Aufhebung besteht und die Aufhebung innerhalb der Klagefrist bzw. nach Klageerhebung bis zum Erlaß des Endurteils erfolgt.
Es kommt also entscheidend darauf an, wann ein Verwaltungsakt ein subjektives Recht begründet. Dieser Begriff wird in Frankreich nicht definiert, vielmehr wird auf die Kasustik der Rechtsprechung abgestellt. Keine subjektiven Rechte werden begründet, wenn der Verwaltungsakt erschlichen worden ist,[538] wenn der Verwaltungsakt nichtig ist,[539] wenn es sich um polizeiliche Genehmigungen handelt,[540] wenn es sich um einen feststellenden Verwaltungsakt handelt.[541] Auch wenn eine Bedingung nicht eingetreten ist, kann der Verwaltungsakt zurückgenommen werden.[542] Frei rücknehmbar ist auch die Ablehnung eines Vertragsangebots.[543] Bei auf Geldleistungen gerichteten Verwaltungsakten wird unterschieden: Soweit diese Leistungen auf einem Gesetz beruhen, begründen die Verwaltungsakte keine subjektiven Rechte; hat die Behörde einen Entscheidungsspielraum, ist die Rücknahme und der Widerruf ausgeschlossen. Durch die Rücknahme und den Widerruf eines Verwaltungsakts kann ein subjektives Recht begründet werden.[544] Der Verwaltungsakt kann subjektive Rechte auch für Dritte begründen.[545]

2. *Spanien*

Nach *Parada*[546] gelten in Spanien ähnliche Regeln wie sie in den §§ 48 f. des deutschen Verwaltungsverfahrensgesetzes festgelegt werden. *Alvarez/Gendin*[547] wollen dagegen eher dem französischen System folgen. Das spanische Recht unterscheidet zwischen der Rücknahme (anulación) und dem Widerruf (revocacion).

3. *Portugal*

Das portugiesische entspricht dem französischen System.[548]

538 CE 17.3.1976, Todeschini, Rec. 157; 12.12.1986, Tshibango, Rec. 279.
539 CE 30.6.1950, Massonaud, Rec. 400.
540 4.7.1958, Graff, Rec. 414.
541 CE 10.3.1967, Cottore, Rec. 111.
542 CE 10.3.1967, Ministre de l'économie et des finaneces c. Sc. Samsat, Rec. 113; 30.3.1979, Sec. d'Etat aux Universités, Rec. 141; 8.7.1988, Premier Minister contre SADAEC, Rec. 280.
543 CE 11.10.1958, D CCCT, Rec. 282.
544 CE 25.7.1985, MMe Dagastini, Rec. 221.
545 CE 12.6.1959, Syndicat chrétien du ministère d'économie, Rec. 369.
546 *Parada*, Derecho administrativo, 3. Aufl., 1991, S. 205.
547 *Alvarez-Gendín*, Tratado general de derecho administativo, 1958, S. 252 ff.
548 Vgl. *Caetano*, Manual de Direito Administrativo, 1980, S. 536 ff.; *de Oliveira*, Direito administrativo, 1980, S. 599 ff.

4. *Griechenland*

Rechtmäßige Verwaltungsakte, die subjektive Rechte der Adressaten oder Dritter begründen, können grundsätzlich nicht widerrufen werden. Etwas anderes gilt nur dann, wenn das öffentliche Interesse den Widerruf verlangt, wenn der Adressat dem Widerruf zustimmt oder wenn er einer Auflage nicht nachgekommen ist.[549] Rechtswidrige Verwaltungsakte können dagegen innerhalb einer angemessenen Frist (grundsätzlich 5 Jahre) selbst dann zurückgenommen werden, wenn sie subjektive Rechte begründen.

5. *Italien*

Das italienische Recht unterscheidet zwischen der Rücknahme (remozione) und dem Widerruf (revoca). Belastende Ermessensakte können jederzeit zurückgenommen werden. Begünstigende Verwaltungsakte können weder widerrufen noch zurückgenommen werden. Allerdings ist die Rechtslage in Italien insoweit völlig unklar.[550]

6. *Schweiz*

Der Widerruf rechtmäßiger Verwaltungsakte ist in der Schweiz nur dann gestattet, wenn das Gesetz oder der Verwaltungsakt einen Widerrufsvorbehalt enthalten, wenn der Widerruf den Adressaten begünstigt, wenn der Adressat den Verwaltungsakt erschlichen hat oder wenn die Voraussetzungen des Verwaltungsakts entfallen sind. Für den Wegfall der tatsächlichen Voraussetzungen ist auf eine Interessenabwägung zurückzugreifen, bei der Änderung der Rechtslage ist der Widerruf nur ausnahmsweise zulässig.[551]
Eine Verfügung kann, selbst wenn sie dem öffentlichen Interesse und der richtigen Rechtsanwendung nicht oder nicht mehr entspricht, in der Regel nicht widerrufen werden,

- wenn der Bewilligungsempfänger durch die Bewilligung ein subjektives Recht erworben hat,
- wenn der frühere Entscheid in einem Verfahren ergangen ist, in dem die öffentlichen Interessen allseits zu prüfen und gegen die privaten Interessen abzuwägen waren,
- wenn der Empfänger von der Bewilligung bereits Gebrauch gemacht hat,
- wenn ein letztinstanzliches, nicht mehr anfechtbares Urteil eines Verwaltungsgerichts vorliegt.[552]

549 *Spiliotopoulos*, Droit administrat hellénique, 1991, S. 133 ff.
550 Vgl. zu allem *Vittá*, Diritto amministrativo, 4. Aufl., 1955.
551 Vgl. *Fleiner*, Grundzüge des allgemeinen und schweizerischen Verwaltungsrechts, 1977, S. 235 ff.
552 *Fleiner*, S. 235.

7. *Niederlande*

Nach *de Haan/Drupsteen/Fernhout*[553] kann ein rechtswidriger Verwaltungsakt zurückgenommen werden, wenn er den Bürger belastet. Bei der Rücknahme begünstigender Verwaltungsakte ist das Interesse des Bürgers am Vertrauensschutz mit dem öffentlichen Interesse abzuwägen.

III. *Die Rücknahme des Verwaltungsakts (§ 48 VwVfG)*

Literatur:

Baden, Zur Rückforderung von im Rahmen der EG-Agrarmarktordnung gewährten Subventionen; Anwendungsprobleme des § 48 VwVfG, ZFZ 1991, 310 ff.; *Becker*, Die Rücknahme fehlerhafter Verwaltungsakte in der Rechtsprechung des Bundesverwaltungsgerichts, DÖV 1963, 459; *ders.*, Zur Rücknahme fehlerhafter begünstigender Verwaltungsakte in der Rechtsprechung des Bundesverwaltungsgerichts, DÖV 1967, 729; *ders.*, Rücknahme fehlerhafter begünstigender Verwaltungsakte und Rückforderung ohne Rechtsgrund gewährter Leistungen, DÖV 1973, 379; *Bilsdorfer*, Die Korrekturvorschriften der Abgabenordnung, NJW 1982, 2408; *Borgs*, Sozialrechtsprechung-Anpassung, Gedächtnisschrift Martens, 1987, S. 297; *Brüning*, Die widerstreitende Steuerfestsetzung (§ 174 AO), 1989; *Burianek*, Rechtsfragen des § 48 Abs. 4 VwVfG, Jura 1985, 518; *Erichsen*, Rechtsfragen der Aufhebung von begünstigender Verwaltungsakte durch die Verwaltung nach Inkrafttreten der Verwaltungsverfahrensgesetze des Bundes und der Länder, VerwArch. 1978, 303; *ders.*, Die Aufhebung von Verwaltungsakten durch die Verwaltung, Jura 1981, 534, 590; *Fischer*, Zur Rückforderung von unter Verstoß gegen Art. 92, 93 EWGV gewährten nationalen Beihilfen, DVBl. 1990, 1089; *Frohn*, Das verwaltungsrechtliche Zeitverfahren; Rücknahme, Widerruf und Wiederaufgreifen (§§ 48 ff. VwVfG), Die Verwaltung 1987, 337; *Frotscher*, Vermögensschutz oder Bestandsschutz bei der Rücknahme von Verwaltungsakten?, DVBl. 1976, 281; *Gagel*, Die Aufhebung von Verwaltungsakten mit Dauerwirkung bei Änderung der Verhältnisse, SGb 1990, 252; *Göldner*, Die Rücknahme rechtswidriger begünstigender Verwaltungsakte nach dem neuen Verwaltungsverfahrensrecht, DÖV 1979, 805; *Grupp*, Aufhebung von Planfestellungsbeschlüssen durch die Verwaltung, DVBl. 1980, 81; *Haueisen*, Die Rücknahme fehlerhafter Verwaltungsakte, NJW 1954, 1425; *ders.*, Der Wandel in der Beurteilung fehlerhafter Verwaltungsakte, DVBl. 1960, 913; *ders.*, Erst- und Zweitbescheid im Verwaltungsrecht, NJW 1965, 561; *Hendler*, § 48 IV VwVfG zwischen Praxisbedürfnissen und Rechtsdogmatik – BVerwG, NJW 1985, 819, JuS 1985, 947; *Hofe*, Das System einer Bescheidkorrektur bei rechtswidrigen und begünstigenden Verwaltungsakten, SGb 1986, 11; *Johlen*, Ausgleichsansprüche bei der Rücknahme oder dem Widerruf begünstigender Verwaltungsakte, NJW 1976, 2155; *Kellermann*, Noch immer Probleme bei § 48 Abs. 4 S. 1 VwVfG?, VBlBW 1988, 46; Studie zur

553 *de Haan/Drupsteen/Fernhout*, Bestuursrecht in de Sociale rechtsstaat, 3. Aufl., 1986, S. 60 f.

Auslegung des § 48 Abs. 4 VwVfG, DÖV 1992, 247; *Kimminich*, Rücknahme und Widerruf begünstigender Verwaltungsakte, JuS 1965, 249; *Knoke*, Rechtsfragen der Rücknahme von Verwaltungsakten, 1989; *Kopp*, Widerruf oder Rücknahme nachträglich rechtswidrig gewordener Verwaltungsakte?, BayVBl. 1989, 652; *Kopp/Kremmer*, Nochmals: Widerruf oder Rücknahme rechtswidrig gewordener Verwaltungsakte?, BayVBl. 1990, 524, 525; *Korber*, Einteiliges Aufhebungs- und zweiteiliges Wiederaufgreifensverfahren, 1983; *ders.*, Die Beseitigung belastender Verwaltungsakte durch die Verwaltung im Aufhebungs- und Wiederaufgreifensverfahren, DVBl. 1984, 405; *ders.*, Der Aufbau des Verwaltungsverfahrens zur Aufhebung rechtswidriger Verwaltungsakte, DÖV 1985, 309; *Krützmann*, Zur einjährigen Rücknahmefrist des § 48 Abs. 4 S. 1 VwVfG, VBlBW 1983, 362; *J. Martens*, Der Anspruch auf Rücknahme eines belastenden Verwaltungsaktes, NJW 1963, 1856; *W. Martens*, Die Aufhebung belastender Verwaltungsakte durch die Verwaltung, Jura 1979, 83; *Maurer*, Die Rücknahme rechtswidriger belastender Verwaltungsakte, DÖV 1966, 477; *ders.*, Der Entwurf eines Sozialgesetzbuchs (SGB)-Verwaltungsverfahren, JuS 1979, 302; *Menger*, Zu den Handlungsformen bie der Vergabe von Subventionen, VerwArch. 1978, 93; *Oppermann*, Der Widerruf von Steuerverwaltungsakten nach der AO 1977, DStR 1978, 151; *Ossenbühl*, Die Rücknahme fehlerhafter begünstigender Verwaltungsakte, 2. Aufl., 1965; *Pikkel*, Die Rücknahme von Verwaltungsakten nach SGB X, NVwZ 1987, 454; *Pieroth*, Interpretationsproblem § 48 IV VwVfG, NVwZ 1984, 681; *Ramsauer*, Zur Entwicklung des Ausbildungsförderungsrechts, NVwZ 1990, 17, 25; *Richter*, Die Aufhebung von Verwaltungsakten auf Betreiben der Verwaltung und des Betroffenen, JuS 1990, 719; *ders.*, Klausurfälle zu Rücknahme und Widerruf von Verwaltungsakten, JuS 1990, 991; JuS 1991, 40; 121; 307; 385; 481; *Schenke*, Probleme der Bestandskraft von Verwaltungsakten, DÖV 1983, 320; *ders.*, Die verwaltungsbehördliche Aufhebung nachträglich rechtswidrig gewordener Verwaltungsakte, DVBl. 1989, 433; *ders.*, Widerruf oder Rücknahme rechtswidrig gewordener Verwaltungsakte?, BayVBl. 1990, 107; *Schoch*, Die Frist zur Rücknahme begünstigender Verwaltungsakte nach § 48 IV 1 VwVfG, NVwZ 1985, 880; *Schwabe*, Das Wiederaufgreifen unanfechtbarer Verwaltungsakte, JZ 1985, 545; *Selmer*, Wiederaufgreifen des Verwaltungsverfahrens – von Amts wegen und auf Antrag, JuS 1987, 363; *Siebert*, Rücknahme rechtswidriger Verwaltungsakte gem. §§ 44 und 35 SGB X, SGb 1990, 245; *Skouris*, Die Rücknahme form- und verfahrensfehlerhafter Verwaltungsakte, NJW 1980, 1721; *Söhn*, Steuerrechtliche Folgenbeseitigung durch Erstattung, 1973; *Stelkens*, Änderungen der Voraussetzungen für die Rücknahme und den Widerruf von Baugenehmigungen; BauR 1980, 7; *ders.*, Hindert Vertrauensschutz die Ersetzung eines belastenden Verwaltungsaktes durch einen neuen, stärker belastenden Verwaltungsakt? – VGH Kassel, NJW 1981, 596 und BVerwGE 67, 129, JuS 1984, 930; *ders.*, Die Jahresfrist des § 48 Abs. 4 VwVfG nach der Entscheidung des Großen Senats des BVerwG vom 19.12.1984, NuR 1986, 329; *Streinz*, Vertrauensschutz und Gemeinschaftsinteresse beim Vollzug von europäischem Gemeinschaftsrecht durch deutsche Behörden, Verwaltung 1990, 153; *Thiel*, Vertrauensschutz im Besteuerungsverfahren, DB 1988, 1343; *Uechtritz*, Korrektur fehlerhafter Erschließungsbeitragsbescheide, VBlBW 1989, 81; *Weides*, Zur Anwendbarkeit der Rücknahmefrist des § 48 Abs. 4 S. 1 VwVfG bei Rechtsanwendungsfehlern der Behörde, DÖV 1985, 91; *ders.*, Die Jahresfrist für Rücknahme und Widerruf von begünstigenden Verwaltungsakten, DÖV 1985, 431; *Wendt*, Rücknahme und Widerruf von Verwaltungsakten in Spezialgesetzen und im VwVfG, JA 1980, 85; *Zanker*, Rücknahme von Zustimmungsbescheiden nach §§ 12 ff. SchwoG, NVwZ 1984, 85.

Nach Art. 48 VwVfG kann ein rechtswidriger belastender Verwaltungsakt mit Wirkung für die Zukunft oder die Vergangenheit stets zurückgenommen werden; die Rücknahme eines begünstigenden Verwaltungsakts ist nur nach den Vorschriften der Absätze 2 bis 4 zulässig.

1. Diese Vorschrift wirft zunächst die Frage nach der Unterscheidung zwischen einem belastenden und einem begünstigenden Verwaltungsakt auf. Während § 49 VwVfG den belastenden Verwaltungsakt als »nicht begünstigenden« Verwaltungsakt definiert, versteht § 48 VwVfG den begünstigenden Verwaltungsakt als den Akt, der ein Recht oder einen rechtlich relevanten Vorteil begründet oder bestätigt hat. Sowohl die Begriffe des »Rechts« als auch des »rechtlichen Vorteils« bleiben unbestimmt. Da nach der allgemeinen Theorie der subjektiven öffentlichen Rechte ein subjektives Recht dann entsteht, wenn das Gesetz oder ein Verwaltungsakt das Interesse des Bürgers schützen will, kann unter dem »rechtlichen Vorteil« nur der Rechtsreflex, d. h. aber der Fall verstanden werden, in welchem ein belastender Verwaltungsakt die Interessen des Bürgers tatsächlich schützt, ohne diesen Schutz zu bezwecken. Nun wird man davon ausgehen müssen, daß, soweit ein Verwaltungsakt die Interessen des Adressaten tatsächlich schützt, dieser Schutz von der Behörde im Regelfall auch angestrebt worden ist. Das aber bedeutet, daß mit dem »rechtlich relevanten Vorteil« nur die tatsächliche Begünstigung eines Dritten gemeint sein kann, die durch die rechtliche Regelung des Verwaltungsakts eintritt. Zwar lassen sich Fälle denken, in denen die Verwaltungsbehörde mit ihrem Verwaltungsakt auch die Interessen eines Dritten schützen will. Doch ist fraglich, ob in diesem Fall ein subjektives Recht des Dritten entsteht, weil der Verwaltungsakt grundsätzlich nur das Rechtsverhältnis zwischen der Verwaltung und dem Adressaten rechtlich verbindlich regelt. Allerdings ist nicht auszuschließen, daß ein primär an den Adressaten gerichteter Verwaltungsakt auch das Rechtsverhältnis zum Dritten rechtlich regelt. Das ist etwa bei einer Duldungsverfügung der Fall. Diese Probleme sind in der Literatur bisher nicht eindeutig gelöst worden.
Die vorangehenden Ausführungen machen aber deutlich, daß ein begünstigender Verwaltungsakt auch dann vorliegt, wenn er den Adressaten belastet, aber einen Dritten begünstigt. Diese Regelung muß auf dem Hintergrund des verfassungsrechtlichen Vertrauensschutzprinzips gelesen werden. Das Bundesverfassungsgericht hat, soweit ersichtlich, die Frage nicht eindeutig geklärt, ob der Vertrauensschutz die Rückwirkung eines Gesetzes verbietet, das die Primäradressaten belastet und den Dritten begünstigt.[554] Auch in der Lite-

554 Vgl. die Rechtsprechung bei *Bleckmann*, Staatsrecht I, 1993, S. 225 ff.

ratur ist trotz der breiten Behandlung des mittelbaren Grundrechtseingriffs in neueren Werken unklar geblieben, ob die Rechtswirkungen (Gesetzesvorbehalt, Verhältnismäßigkeitsprinzip, Wesensgehaltsgarantie) des unmittelbaren Grundrechtseingriffs ohne weiteres auf den nur mittelbaren Grundrechtseingriff übertragen werden können; unbestritten ist dies bisher nur für die Begründung der Klagebefugnis. Deshalb wird man auch im Rahmen der §§ 48 f. VwVfG das Vertrauen des Dritten nur schützen dürfen, soweit dessen Grundrechte mittelbar tangiert werden. Deshalb können in einem solchen Fall einer nur mittelbaren Begünstigung die §§ 48 f. VwVfG nur entsprechende Anwendung finden.

Der zweite Fall einer Doppelwirkung von Verwaltungsakten liegt vor, wenn ein Verwaltungsakt den Adressaten sowohl begünstigt als auch belastet. Ist der Verwaltungsakt teilbar, wirkt also ein Teil begünstigend, der andere belastend, wird man den belastenden vom begünstigenden Teil trennen, den belastenden Teil nach § 48 I 1 VwVfG, den begünstigenden Teil nach § 48 Abs. 2 – 4 VwVfG behandeln müssen. Ist der Verwaltungsakt in diesem Sinne nicht teilbar, wird die Begünstigung den Vorrang vor der Belastung beanspruchen müssen.

Schließlich stellt sich das Problem, ob es für die Unterscheidung zwischen dem begünstigenden und dem belastenden Verwaltungsakt auf das durchschnittliche, also typische oder ob es auf das konkrete subjektive Interesse im Einzelfall ankommt. So stellt eine Enteignung typischerweise eine Belastung dar; um eine Begünstigung handelt es sich subjektiv dann, wenn der Eigentümer sein Grundstück sowieso verkaufen wollte, aber zu einem marktgerechten Preis keinen Käufer fand. Da der Gesetzgeber nur auf das typische Interesse, also auf den Durchschnitt aller Fälle abstellen kann, kommt es bei der Verfassungskontrolle der Gesetze auf das objektive Interesse an. Beim Einzelakt aber dürfte das subjektive Interesse letztlich ausschlaggebend sein.

Nun stellt § 48 VwVfG darauf ab, daß der ursprüngliche Verwaltungsakt Rechte begründet oder rechtlich relevante Interessen schützt. Die §§ 48 f. VwVfG greifen damit auf das objektive, durch die Rechtsordnung geschützte Interesse zurück. Es stellt sich aber die Frage, ob es für den Vertrauensschutz nicht auf das subjektive Interesse ankommt. Wenn in der Tat im obigen Fall der Eigentümer des Grundstücks sich im Vertrauen auf die Enteignung ein neues Haus gekauft hat, das er wegen der Doppelbelastung unter Zeitdruck wieder verkaufen muß, wenn die Enteignung widerrufen oder zurückgenommen wird, darf dies nicht ohne Rechtsfolgen bleiben.

Allerdings erscheint es denkbar, daß dieser in §§ 48 f. VwVfG verankerte Vorrang der Begünstigung vor der Belastung nicht so schematisch ist, daß sie dem Verfassungsrecht widerspricht. Wird der A durch einen Verwaltungsakt mit Doppelwirkung begünstigt, der B dagegen belastet, sind grundsätzlich die Interessen beider Individuen miteinander abzuwägen. Das würde bedeuten,

daß je nach dem Ergebnis der Abwägung bei einem Vorrang der Belastung die für belastende Verwaltungsakte greifenden Vorschriften anwendbar sind, während wenn die Begünstigung überwiegt, auf die Regeln für den Widerruf und die Rücknahme eines begünstigenden Verwaltungsakts zurückzugreifen wäre. Bei diesem Ergebnis darf man aber offensichtlich nicht stehen bleiben: Wegen des Vertrauensschutzes sind bei einem Überwiegen der Belastung die Interessen des Begünstigten durch eine Geldleistung auszugleichen, während bei einem Überwiegen der Begünstigung der Eingriff in die Grundrechte des Dritten durch eine Geldleistung zu kompensieren wäre.
Darüber hinaus ist anzumerken, daß die generelle Bevorzugung der Begünstigung bei einem Verwaltungsakt mit Doppelwirkung in einem Wertwiderspruch zur Lösung der Stellung des Dritten beim Abschluß eines Verwaltungsvertrages steht. Denn der Dritte kann dort wegen des Eingriffs in seine Grundrechte durch eine Verweigerung seiner Zustimmung die Wirksamkeit des Vertrages aussetzen: Hier wird im Gegensatz zu den §§ 48 f. VwVfG der Belastung ein größeres Gewicht als den Interessen des Vertragspartners der Verwaltung eingeräumt. Allerdings läßt sich dieser Wertwiderspruch dadurch auflösen, daß § 57 VwVfG dem Dritten eine Klagemöglichkeit offen halten will, während die §§ 48 f. VwVfG voraussetzen, daß der Dritte die ihm offenstehende Möglichkeit einer Klage nicht genutzt hat. Immerhin ist aber zu beachten, daß die Einspruchsmöglichkeit des Dritten gegen einen Vertrag unbefristet ist, während bei einem Verwaltungsakt die Klage nur innerhalb einer relativ kurzen Frist gestattet ist.

2. Fraglich ist auch, wann ein Verwaltungsakt im Sinne der §§ 48 f. VwVfG rechtswidrig oder rechtmäßig ist. Dieser Begriff kann in den §§ 48 f. VwVfG nicht in demselben Sinne verstanden werden wie in § 79 VwGO. Das gilt sowohl für eine Verletzung der Formvorschriften als auch für die Ermessensfehler: Zwar ist ein Verwaltungsakt im Sinne des § 79 VwGO nicht rechtswidrig, wenn die Verwaltungsbehörde keine andere Entscheidung hätte fällen dürfen. Doch ist wohl davon auszugehen, daß eine Verletzung der Formvorschriften für Ermessensakte in aller Regel kausal sind. Trotzdem dürfte es der Verwaltung verwehrt sein, sich auf ihre Formverletzung zu berufen, um – weil der Verwaltungsakt rechtswidrig ist – den Verwaltungsakt nach § 48 VwVfG aufzuheben. Die Verwaltung darf sich in der Tat auf ihre eigene Rechtsverletzung nicht berufen (Arglisteneinrede: nemo audiatur turpitudinem suam allegans). Etwas ähnliches muß für einen Ermessensfehler gelten, der ebenfalls in die Risikosphäre der Verwaltung fällt. In beiden Fällen muß der Verwaltungsakt im Sinne des § 49 VwVfG als rechtmäßig behandelt werden, wenn festgestellt werden kann, daß die Verwaltung auch bei Einhaltung der Formvorschriften und bei einer korrekten Ausübung ihres Ermessens den Verwaltungsakt hätte erlassen können.

3. Der § 48 II VwVfG dürfte dem deutschrechtlichen Vertrauensschutzprinzip in vollem Umfang gerecht werden. Dabei ist festzustellen, daß das deutsche Recht – wie auch in § 49 VwVfG – die öffentlichen Interessen wesentlich stärker begünstigt als die ausländischen Rechtsordnungen. Da der EuGH im BUG-Fall die Anwendbarkeit des § 48 VwVfG auf den Vollzug des europäischen Gemeinschaftsrechts durch die deutschen Behörden akzeptiert hat, dabei aber die besondere Bedeutung der Durchsetzung der europäischen öffentlichen Interessen besonders betont wird, ist wohl zu erwarten, daß er mit Ausnahme der besonderen Rechtslage beim Beihilfeverbot auch in Zukunft die Regelung des § 48 VwVfG akzeptieren wird.

4. Dagegen dürfte es für das verfassungsrechtliche Vertrauensschutzprinzip nicht ausreichen, wenn § 48 III VwVfG die Rücknahme von Verwaltungsakten, die keine Geld- oder Sachleistung gewähren, in vollem Umfang gestattet und nur den Ausgleich des Vermögensnachteils vorsieht. Diese Vorschrift geht davon aus, daß die Rücknahme des Verwaltungsaktes auch in diesen Fällen das Vertrauensschutzprinzip verletzt, diese Verletzung aber durch eine Geldzahlung kompensiert werden kann (Analogie zu Art. 14 III GG). Nun kann der Adressat im Vertrauen auf die Bestandskraft des Verwaltungsakts etwa ein Studium absolviert oder ein Unternehmen aufgebaut haben. In beiden Fällen hat er nicht nur Geld, sondern auch Zeit in einem solchen Ausmaß investiert, daß eine spätere Umstellung kaum noch möglich ist. In diesen Fällen wird der Vertrauensschaden durch den Ausgleich des Vermögensnachteils nicht kompensiert, muß also der Verwaltungsakt in Kraft bleiben. Trotzdem ist in diesen Fällen § 48 III VwVfG nicht verfassungswidrig, da er verfassungskonform interpretiert werden kann: Auch im Falle des § 48 III VwVfG kann nach § 48 I VwVfG die Verwaltungsbehörde den Verwaltungsakt aufheben. Das bedeutet aber, daß sie ihr Ermessen pflichtgemäß ausüben muß. Verbietet das Vertrauensschutzprinzip die Rücknahme, darf die Behörde den Verwaltungsakt nicht aufheben.

IV. *Der Widerruf des Verwaltungsakts (§ 49 VwVfG)*

Literatur:

Dommach, Neuregelung der Rückforderung von Zuwendungen des Bundes, DÖV 1981, 122; *Dorn*, Möglichkeiten der Veränderung bestandskräftiger Zuwendungsbescheide, DÖV 1988, 7; *Euchberger*, Die Ausübung des Widerrufsvorbehalts im Wirtschaftsverwaltungsrecht, GewArch. 1983, 105; *Götz*, Rückforderung von Subventionen, NVwZ 1984, 480; *Grawert*, Widerruf und Erstattung im Recht der Zuwendungen und die haushaltsrechtlichen Änderungen des Verwaltungsverfahrens, DVBl. 1981, 1029; *Gundisch*, Die Entwicklung des Subventionsrechts 1980 bis 1983, NVwZ 1984, 489, 493 ff.; *Henseler*, Staatliche Verhaltenslenkung durch Subventionen im Spannungsfeld zur Unternehmerfreiheit des Begünstigten, VerwArch 1986, 249, 271; *Ipsen*, Widerruf gültiger Verwaltungsakte, 1931; *Jannes*, Die Rückforderung zweckwidrig verwendeter Subventionen, DVBl. 1984, 855; *Johannes*, Die Regelung von Widerruf und Erstattung bei Zuwendungen in § 44 a BHO, RiA 1981, 5; *Lacher*, Die haushaltsrechtlichen Regelungen für staatliche Zuwendungen, DÖV 1990, 63; *Ligotzki*, Zuwendungen sowie deren Rücknahme und Widerruf, Deutsche Verwaltungspraxis 1984, 324; *Meinecke*, Rechtsfragen der Gewährung und Rückforderung von Zuwendungen gemäß § 23, 44 BHO, WissR 1979, 29; *Noll*, Fückforderung fehlgeschlagener Subventionen, 1987; *Selmer*, Zum Widerruf von Veraltungsakten, in: Lüneburger Symposion für Hans Peter Ipsen zur Feier des 80. Geburtstages, 1989, S. 23; *Stober*, Zur Problematik des § 44 a Abs. 1 BHO und des entsprechenden Länderrechts, DÖV 1984, 265; *Weides*, Widerruf und Rückforderung von Zuwendungen des Bundes und der Länder, NJW 1981, 841; *Weides*, Widerruf von Zuwendungsbescheiden, JuS 1985, 364.

1. Nach § 49 I VwVfG kann ein belastender Verwaltungsakt mit Wirkung für die Zukunft widerrufen werden. Diese Vorschrift entspricht dem Rechtsstaatsprinzip, muß aber verfassungskonform ausgelegt werden:

a) Es erstaunt zunächst, daß § 49 I VwVfG nicht von »belastenden«, sondern von »nicht begünstigenden« Verwaltungsakten spricht. Diese Wortwahl hat wohl nicht zum Zweck, neben den belastenden Verwaltungsakten weitere Verwaltungsakte frei widerrufbar zu machen, die nicht begünstigend wirken: Nach der deutschen Rechtstradition stellt die Alternative »belastende« und »begünstigende« Verwaltungsakte eine Disjunktion dar, welche die Gesamtheit aller denkbaren Verwaltungsakte umfaßt. Gerade deshalb erscheint es gefährlich, neben den begünstigenden auch die belastenden Verwaltungsakte etwa so zu definieren, daß Verwaltungsakte gemeint sind, die »Pflichten oder rechtliche Nachteile« begründen. Dann bestünde nämlich die Gefahr, daß bestimmte Kategorien von Verwaltungsakten weder unter die eine noch unter die andere Definition fallen. Da nach Auffassung des Gesetzgebers das Vertrauensschutzprinzip nur bei begünstigenden Verwaltungsakten greift, wird die Disjunktion in vollem Umfang gewahrt, wenn man die belastenden Verwaltungsakte als »nicht begünstigende Verwaltungsakte« definiert.

b) Nach § 49 I VwVfG kann ein rechtmäßiger, nicht begünstigender Verwaltungsakt nur »für die Zukunft« widerrufen werden. Dabei bleibt unklar, ob nur Verwaltungsakte gemeint sind, die im Zeitpunkt des Widerrufs noch Wirkungen für die Zukunft entfalten und was unter der »Wirkung für die Zukunft« zu verstehen ist. Sicherlich sind mit diesem Begriff nicht nur Dauerverwaltungsakte i.e.S. gemeint, ganz gleich wie man diese zu definieren hat: Auch Verwaltungsakte, die etwa den Einbau eines Filters in einen Rauchab-

zug vorschreiben, sind mit diesem Einbau nicht erledigt, sondern dahin zu deuten, daß sie auch eine spätere Entfernung des Filters verbieten und bei Unbrauchbarkeit des alten den Einbau eines neuen Filters vorschreiben. Nicht widerrufen werden können aber wohl Verwaltungsakte, die sich durch das Handeln der Verwaltung oder des Adressaten in der Vergangenheit erledigt haben, obwohl sie formell noch weiter gelten, da sie nicht aufgehoben worden sind.
Darüber hinaus läßt sich die Frage aufwerfen, ob die Beschränkung des Widerrufs auf die Zukunft mit der Verfassung übereinstimmt. Da der Widerruf nach § 49 I VwVfG ausgeschlossen ist, wenn die Verwaltung zum Erlaß des Verwaltungsakts rechtlich verpflichtet war, stellt sich dieses Problem nur für Ermessensentscheidungen, d. h. aber für die Fälle, in denen die Verwaltung ihre Ermessenspraxis geändert hat. Soweit die frühere Praxis in diesem konkreten Fall eingehalten worden ist, liegt nach der Rechtsprechung des Bundesverfassungsgerichts ein Verstoß gegen den Gleichheitssatz nicht vor, wenn die frühere und die neue Praxis unterschiedlich sind. Allerdings mag es in Ausnahmefällen gerechtfertigt sein, wegen der späteren Praxis den früheren rechtmäßigen Verwaltungsakt mit Wirkung für die Vergangenheit aufzuheben. Das Verfassungsrecht fordert eine solche Lösung aber wohl nicht, so daß der Gesetzgeber in diesem Punkt einen breiten Gestaltungsspielraum hat.

c) Erstaunlich ist auch, daß nach § 49 I VwVfG der Widerruf ausgeschlossen ist, wenn ein Verwaltungsakt gleichen Inhalts erlassen werden müßte. Offenbar ist primär gemeint, daß die Verwaltungsbehörde zum Erlaß des ursprünglichen Verwaltungsakts verpflichtet war. Die hiervon abweichende Wortwahl beruht auf der Tatsache, daß der Widerruf nach Erlaß des ursprünglichen Verwaltungsakts erfolgt und sich nur auf die Zukunft auswirkt: In der Tat könnte sich in der Zwischenzeit die Rechtslage geändert haben, so daß ein früher im Ermessen der Verwaltung stehender Verwaltungsakt im Zeitpunkt des Widerrufs erlassen werden müßte oder umgekehrt, sich ein früher gebundener in einen Ermessensakt verwandelt hat.

d) Erhebliche Probleme wirft auch die Formulierung auf, ein Widerruf sei ausgeschlossen, wenn er »aus anderen Gründen unzulässig« ist. Offensichtlich war sich der Gesetzgeber über die hierunter fallenden Tatbestände noch nicht im klaren. In der späteren Diskussion wurde deutlich, daß hiermit vor allem das Vertrauensschutzprinzip gemeint ist, das in der Tat dann greifen muß, wenn die Verwaltung einen belastenden Verwaltungsakt nur widerruft, um gleichzeitig einen Verwaltungsakt zu erlassen, der den Adressaten noch stärker belastet.

2. Nach § 49 II VwVfG kann die Behörde unter den in den fünf Ziffern aufgeführten Gründen nach ihrem pflichtgemäßen Ermessen auch einen rechtmäßigen belastenden Verwaltungsakt widerrufen. Wir haben im Rahmen der Kommentierung des § 36 VwVfG schon dargelegt, daß der Widerrufsvorbehalt nach § 49 II Ziff. 1 VwVfG verfassungsrechtlich nicht zu halten ist. Die Ziffer 2 wirft dagegen keinerlei verfassungsrechtliche Probleme auf.

Zunächst bedürfen die Ziffern 3 und 4 einer Interpretation:
a) Diese Ziffern betreffen vor allem zwei Fälle: Zunächst kann die Verwaltung nach der ursprünglichen Sach- und Rechtslage verpflichtet gewesen sein, den Verwaltungsakt zu erlassen, es hat sich in der Zwischenzeit die Lage aber dahin geändert, daß der Verwaltungsakt jetzt im Ermessen der Verwaltung steht. Im zweiten Fall handelte es sich ursprünglich und auch im Zeitpunkt des Widerrufs um eine Ermessensentscheidung, jedoch hat sich die Sach- und Rechtslage so verändert, daß eine andere Ermessensausübung denkbar wird. In beiden Fällen will der Gesetzgeber es der Verwaltung ermöglichen, mit Wirkung für die Zukunft eine (neue) Ermessensentscheidung zu fällen. Da es sich in aller Regel um Dauerverwaltungsakte handelt, liegt in diesen beiden Fällen eine unechte Rückwirkung vor, die nach der Rechtsprechung des Bundesverfassungsgerichts eine Abwägung des öffentlichen Interesses mit dem Vertrauen des Betroffenen voraussetzt.
b) War der Erlaß des ursprünglichen Verwaltungsakts gestattet, ist er aber im Zeitpunkt des Widerrufs verboten, sind zwei Lösungen denkbar: Einerseits wird der Verwaltungsakt wegen der Änderung der Sach- oder Rechtslage später rechtswidrig. Dann kann man § 49 VwVfG für die Zukunft analog anwenden. Man kann diesen Fall aber auch in die Ziffern 3 und 4 des § 49 II VwVfG übernehmen: Diese Vorschriften besagen ihrem Wortlaut nach zwar, daß die Verwaltung später »berechtigt« sein muß, den Verwaltungsakt nicht zu erlassen, und scheinen damit darauf abzustellen, daß die Verwaltung im Zeitpunkt des Widerrufs einen Ermessensspielraum für ihre Entscheidung besitzt. Es erscheint aber nicht ausgeschlossen, in diesem Fall dem Gesetzgeber zu unterstellen, er habe mit dieser Formulierung auch den schwereren Fall ansprechen wollen, in welchem der Verwaltung der Erlaß des Verwaltungsakts verboten ist. Sieht man einmal von § 48 III VwVfG ab, entsprechen beide Lösungen der Verfassung, da sie beide, wie wir sehen werden, eine Abwägung der privaten mit den öffentlichen Interessen voraussetzen.

3.a) Der unterschiedliche Grad des Vertrauensschutzes in den Ziffern 3 und 4 des § 49 II VwVfG ist sachlich kaum gerechtfertigt und verstößt damit sowohl gegen den allgemeinen Gleichheitssatz als auch gegen das Vertrauensschutzprinzip: Auch wenn die Tatsachen sich nachträglich ändern, muß der Vertrauensschutz der Ziff. 4 greifen. Dabei ist zu beachten, daß, wenn auf-

grund nachträglich eingetretener Tatsachen oder einer nachträglichen Rechtsänderung ein Dauerverwaltungsakt rechtswidrig wird, die Ziffern 3 und 4 des § 39 VwVfG nicht greifen, weil dann die Behörde nicht »berechtigt ist, den Verwaltungsakt nicht zu erlassen«, sondern weil sie dann hierzu verpflichtet wäre. Der Verwaltungsakt wird dann nachträglich rechtswidrig, so daß nicht § 49 VwVfG, sondern § 48 VwVfG analog anzuwenden ist.
Nach § 49 Ziff. 4 VwVfG ist der Widerruf ausgeschlossen, soweit der Begünstigte von der Begünstigung Gebrauch gemacht oder aufgrund des Verwaltungsakts Leistungen empfangen hat. Man kann diesen Halbsatz wegen des Wortes »soweit« dahin deuten, daß er nur den Gebrauch und die Leistungen meint, die sich in der Vergangenheit ereignet haben. Dagegen spricht die Tatsache, daß nach § 49 I VwVfG der Widerruf nur für die Zukunft zulässig ist. Wäre der letzte Halbsatz der Ziffer 4 im obigen Sinne zu deuten, wäre er also überflüssig. Für den Vertrauensschutz reicht es also aus, daß der Adressat des Verwaltungsakts in der Vergangenheit von dem Verwaltungsakt Gebrauch gemacht hat oder aufgrund des Verwaltungsakts Leistungen der Verwaltung erhalten hat, um auch den Widerruf für die Zukunft auszuschließen.

b) Im Gegensatz zum Wortlaut der Ziffern 3 bis 5 des Art. 49 II VwVfG reicht für den Widerruf der Rückgriff auf ein beliebiges öffentliches Interesse nicht aus. Der Widerruf ist nur zulässig, wenn, die neue Sach- und Rechtslage unterstellt, die Verwaltung berechtigt gewesen wäre, den ursprünglichen Verwaltungsakt nicht zu erlassen. Hierfür reicht es nicht aus, daß das Gesetz der Verwaltung für ihre Entscheidungen ein Ermessen eingeräumt hat. Vielmehr hätte die Verwaltung ihr Ermessen auch fehlerfrei ausüben müssen. In diesem Rahmen hätte die Verwaltung das öffentliche mit dem privaten Interesse abwiegen müssen. Dabei kann sie aber nicht auf beliebige, sondern nur auf die öffentlichen Interessen zurückgreifen, die das Gesetz, welche die Ermessensausübung gestattet, schützen will. Nur dieses Interesse darf folglich auch im Rahmen der Ziffern 3 bis 5 des § 49 II VwVfG berücksichtigt werden.

c) Die Ziffer 5 des § 49 II VwVfG wirft ein weiteres Problem auf. Sie kommt zunächst nur zur Anwendung, wenn der Verwaltungsakt nach der alten und der neuen Rechtslage im Ermessen der Verwaltung stand. War die Verwaltung zum Erlaß des ursprünglichen Verwaltungsakts verpflichtet, darf sie den Verwaltungsakt auch nach Ziffer 5 nur widerrufen, wenn der Verwaltungsakt später im Ermessen der Verwaltung steht. Ist sie auch im Zeitpunkt des Widerrufs zum Erlaß des Verwaltungsakts verpflichtet, darf sie den ursprünglichen Verwaltungsakt selbst dann nicht widerrufen, wenn schwere Nachteile für das Gemeinwohl drohen. Denn die Verwaltung darf das Gesetz auch nicht durch Rückgriff auf das Gemeinwohl korrigieren. Die Ziffern 1 bis

5 des § 49 II VwVfG sind also durch Rückgriff auf eine analoge Anwendung des § 49 I VwVfG zu ergänzen.

Da der Fall einer Rechtsänderung durch § 49 II Ziff. 4 VwVfG abschließend geregelt wird, betrifft Art. 49 II Ziff. 5 VwVfG also nur den Fall, daß der Verwaltungsakt ursprünglich und später im Ermessen der Verwaltung stand und sich die Sachlage inzwischen nicht geändert hat. Wir haben dabei schon gesehen, daß die Verwaltung auch im Rahmen des § 49 II Ziff. 5 VwVfG nur die öffentlichen Interessen berücksichtigen darf, die durch das Gesetz geschützt werden, welches den Erlaß des betreffenden Verwaltungsakts regelt.

d) Wir haben gesehen, daß die Ziffern 3 bis 5 des § 49 II VwVfG es der Verwaltung ermöglichen sollen, ihr Ermessen vor allem nach einer Änderung der Sach- und Rechtslage neu auszuüben. Das aber bedeutet, daß der Widerruf nur zulässig ist, wenn die Verwaltung nach einer erneuten Prüfung der Sach- und Rechtslage ermessensfehlerfrei zu dem Ergebnis gelangt, der Verwaltungsakt sei nicht zu erlassen. Nur in einem solchen Fall erscheint es in der Tat nach Abwägung der öffentlichen und privaten Interessen gerechtfertigt, den Vertrauensschutz zu durchbrechen. Man kann ein dem Vertrauensschutz entsprechendes Ergebnis nicht erreichen, wenn man der Verwaltung gestattet, zunächst den Verwaltungsakt zu widerrufen und später aufgrund einer neuen Ermessensausübung einen neuen Verwaltungsakt zu erlassen. Diese Lösung widerspricht aus zwei Gründen dem Vertrauensschutzprinzip. Zunächst tritt zwischen die Aufhebung und den Erlaß des neuen Verwaltungsakts eine Zeitspanne, während derer der Betroffene etwa seinen Beruf nicht ausüben kann. Auf der anderen Seite hat die Verwaltung bei ihrer neuen Entscheidung auch das Vertrauen des Betroffenen in die Abwägung der öffentlichen und privaten Interessen einzubeziehen. Das ist nicht möglich, wenn die beiden Verwaltungsakte zeitlich getrennt werden.

e) Wir haben gesehen, daß es sich in den Fällen der Ziffern 3 bis 5 des Art. 49 II VwVfG um eine unechte Rückwirkung handelt. Diese Vorschriften sind deshalb entgegen ihrem Wortlaut dahin auszulegen, daß das öffentliche Interesse mit dem Vertrauensschutzinteresse abgewogen werden muß. Rechtstechnisch läßt sich diese Lösung dadurch erreichen, daß man darauf zurückgreift, daß es sich beim Widerrufsakt um eine Ermessensentscheidung handelt, die natürlich pflichtgemäß ausgeübt werden muß.

f) Wie § 48 III VwVfG reicht auch § 49 VwVfG für den verfassungsrechtlichen Vertrauensschutz nicht aus, wenn der Schaden des Adressaten des Verwaltungsakts durch eine Geldzahlung nicht kompensiert werden kann. Diese Anmerkung greift insbesondere für § 49 II Ziff. 3 VwVfG. Hinsichtlich der

Ziff. 5 ist anzumerken, daß das Vertrauen in dieser Vorschrift hinreichend geschützt wird, so daß ein weiterer Ausgleich des Vermögensschadens nicht erforderlich wird. In der Tat muß davon ausgegangen werden, daß auch nach § 49 V VwVfG das Vertrauen nur schützenswert ist, wenn der Adressat dieses »ins Werk gesetzt«, hiervon also Gebrauch macht hat. In diesem Fall ist aber nach § 49 II Ziff. 4 VwVfG der Widerruf selbst ausgeschlossen.

g) Das Verhältnis des § 51 VwVfG zu den §§ 48 ff. VwVfG bleibt allerdings unklar. Sinn und Wortlaut dieser Bestimmungen lassen erkennen, daß die §§ 48 ff. VwVfG die Voraussetzungen festlegen, unter denen die Verwaltung den Verwaltungsakt aufheben kann, während die Frage, wann die Verwaltung den Verwaltungsakt aufheben muß, durch § 51 VwVfG geregelt wird. Allerdings stehen einer solchen Interpretation zwei entscheidende Erwägungen entgegen.
Auf der einen Seite stellen die §§ 48 ff. VwVfG die Aufhebung des Verwaltungsakts in das (pflichtgemäße) Ermessen der Verwaltung. Das bedeutet aber, daß unter Umständen auch eine Ermessensschrumpfung auf Null stattfinden kann. Das ist nach der h. L. dann der Fall, wenn der betreffende Verwaltungsakt rechtswidrig ist und einen Dritten nicht begünstigt.
Auf der anderen Seite muß nach § 51 VwVfG die Verwaltung in den dort festgelegten Fällen ein neues Verfahren eröffnen: Der Wortlaut dieser Bestimmung legt nämlich nicht fest, daß bei Vorliegen dieser Voraussetzungen die Verwaltung den Verwaltungsakt aufheben oder ändern muß. Auch bei diesem neuen Verfahren kann aber das Ermessen der Verwaltung auf Null schrumpfen. Das ist, um die Effektivität der Grundrechte zu sichern, nach den obigen Ansätzen dann der Fall, wenn sich eine neue Interpretation der Grundrechte durchgesetzt hat. So ausgelegt, wird die gegenseitige Zuordnung der §§ 48 f. und 51 VerwVerfG deutlich: Die §§ 48 f. VwVfG betreffen im Gegensatz zu § 51 VwVfG den Fall, in denen die Rechts- und Sachlage sich nach dem Erlaß des ursprünglichen Verwaltungsaktes geändert hat. Dabei kann in beiden Fällen das Ermessen der Verwaltung auf Null schrumpfen, die Verwaltung also zur Aufhebung des Verwaltungsakts verpflichtet sein.

V. *Erleichterte Formen des Widerrufs und der Rücknahme von Verwaltungsakten*

Das Verwaltungsverfahrensgesetz kennt zwei Formen eines Widerrufs und der Rücknahme, die über die Voraussetzungen der §§ 48 f. VwVfG hinauszugehen scheinen:

1. Wird der Verwaltungsakt von einem Dritten angegriffen, greifen nach § 50 VwVfG die in den Art. 48 f. VwVfG festgelegten Grundsätze des Vertrauensschutzes bis zum Ende des Verfahrens grundsätzlich nicht.
Nach dem französischen Verwaltungsrecht ist eine Rücknahme oder ein Widerruf nur bis zum Ablauf der Klagefrist, aber auch dann möglich, wenn der Verwaltungsakt innerhalb dieser Frist von einem Dritten nicht angegriffen worden ist. Diese Vorschrift stellt darauf ab, daß der Adressat des Verwaltungsaktes bis zum Ablauf der Klagefrist mit einer Anfechtung rechnen muß und deshalb auf den Bestand des Verwaltungsaktes nicht vertrauen darf. Wegen der Kürze der Klagefrist entspricht diese Regel dem Vertrauensschutzprinzip. Allerdings erscheint es fraglich, ob mit § 50 VwVfG das Vertrauensschutzprinzip über die Klagefrist hinaus auf das gesamte verwaltungsgerichtliche Verfahren ausgedehnt werden darf. Bei der Kommentierung des Widerrufsvorbehalts haben wir in der Tat gezeigt, daß das Vertrauensschutzprinzip die Verwaltung auch verpflichtet, durch ihren Verwaltungsakt den rechtlichen Rahmen für die zukünftige Ausübung der Freiheiten durch den Adressaten hinreichend bestimmt festzulegen. Eine Durchbrechung dieses Grundsatzes für die relativ kurze Klagefrist erscheint möglich, ob aber diese Unsicherheit während des unter Umständen mehrere Jahre andauernden Gerichtsverfahrens bestehen bleiben darf, erscheint fraglich. Dem läßt sich zwar entgegenhalten, daß eine solche Unsicherheit schon deswegen besteht, weil das letztinstanzliche Urteil den Verwaltungsakt als rechtswidrig ansehen und aufheben kann. Diese Rechtsunsicherheit wird aber erheblich verschärft, wenn die Verwaltung nach § 50 VwVfG den Verwaltungsakt auch dann aufheben kann, wenn er rechtmäßig ist. Die Tatsache allein, daß die Rücknahme oder der Widerruf in den Fällen des § 50 VwVfG dem Rechtsfrieden dienen, dürfte schon deshalb nicht ausreichen, weil durch die Rücknahme oder den Widerruf der Rechtsfrieden nur im Verhältnis zum Dritten, nicht aber im Verhältnis zum Adressaten hergestellt wird. Da § 50 VwVfG eine Kannbestimmung enthält, wird man diese Vorschrift deshalb dahin auslegen müssen, daß sie zumindest eine Abwägung des Rechtsfriedens mit den durch die §§ 48 f. VwVfG geschützten Rechtsgütern verlangt. § 50 VwVfG ist also verfassungskonform dahin zu lesen, daß die den Vertrauensschutz konkretisierenden Absätze der §§ 48 f. VwVfG nicht »ohne Einschränkungen« gelten.

2. Nach § 51 VwVfG ist die Verwaltung verpflichtet, das Verfahren wieder aufzugreifen und den Verwaltungsakt entweder aufzuheben oder zu ändern, wenn bestimmte Voraussetzungen vorliegen, sich insbesondere die Sach- oder Rechtslage zugunsten des Adressaten des ursprünglichen Verwaltungsaktes geändert hat. Diese Bestimmung setzt nur voraus, daß der Adressat des ursprünglichen Verwaltungsaktes eine ihm günstigere Entscheidung anstrebt. Sie greift folglich nicht nur bei belastenden Verwaltungsakten, sondern auch

dann, wenn der Adressat eine Entscheidung anstrebt, die ihm günstiger als der ursprünglich begünstigende Verwaltungsakt ist.
Im zweiten Fall stellt sich das Problem des Vertrauensschutzes. Die Tatsache, daß das Wiederaufgreifen des Verfahrens einen Antrag des Begünstigten voraussetzt, kann nicht als ein Verzicht gedeutet werden, welcher den Vertrauensschutz ausschließt. Auch die übrigen Tatbestandsvoraussetzungen des § 51 VwVfG können nicht dahin gedeutet werden, daß ein Widerruf in breiterem Umfang gestattet ist als nach § 49 VwVfG. Der demnach greifende Vertrauensschutz kann auf zweierlei Weise gewährt werden. Zunächst ließe sich annehmen, eine reformatio in peius sei ausgeschlossen. Dem steht die Tatsache entgegen, daß, wenn die Behörde über den Fall erneut entscheiden muß, sie auch den Verwaltungsakt widerrufen können muß. Das aber bedeutet, daß eine Rücknahme oder ein Widerruf im Verfahren nach § 51 VwVfG nur im Rahmen der §§ 48 f. VwVfG gestattet sein darf. § 51 VwVfG schränkt also die Rücknahme eines zugunsten des Adressaten erlassenen Verwaltungsaktes nach Bestandskraft des Verwaltungsaktes über die §§ 48 f. VwVfG hinaus ein.

VI. *Rücknahme und Widerruf von Verwaltungsakten nach Europäischem Gemeinschaftsrecht*

Wir haben gesehen, daß im Rahmen des Europäischen Gemeinschaftsrechts zwischen den Verfahrensregeln unterschieden werden muß, die einerseits für den Vollzug durch die EG, andererseits für den Vollzug des Gemeinschaftsrechts durch die nationalen Behörden und Gerichte greifen. Dabei haben wir schon gezeigt, daß wegen der Einheit des Gemeinschaftsrechts grundsätzlich eine Vermutung dafür besteht, daß die beiden Normenmassen letztlich miteinander identisch sein müssen. Die von der EG für den Vollzug des Gemeinschaftsrechts durch ihre Organe entwickelten Verfahrensregeln können also grundsätzlich auch auf den Vollzug durch die nationalen Behörden und umgekehrt die für den Vollzug durch die nationalen Behörden entwickelten Regeln auf den Vollzug durch die EG angewendet werden. Diese Grundsätze sind insbesondere im Rahmen der Rücknahme von Verwaltungsakten zu beachten:
Der EuGH hat in einer früheren Entscheidung zunächst die Ansicht vertreten, belastende Verwaltungsakte könnten nach dem Recht der Mitgliedstaaten unbeschränkt, begünstigende Verwaltungsakte dagegen wegen des notwendigen Vertrauensschutzes nur sehr beschränkt zurückgenommen werden. Diese Regeln müßten, so meinte er, als allgemeine Rechtsgrundsätze auch in das Europäische Gemeinschaftsrecht übernommen und auf Akte der EG angewendet werden. Für den Vollzug des Gemeinschaftsrechts durch die nationa-

len Instanzen hat der EuGH dagegen weitgehend auf die nationalen Verfahrensregeln verwiesen; diese nationalen Normen müßten nur dann durch das Gemeinschaftsrecht ersetzt werden, wenn ihre Anwendung den Vollzug des Gemeinschaftsrechts praktisch unmöglich machen würde. Im Interesse der Einheit und der Effektivität des Europäischen Gemeinschaftsrechts hat der EuGH in neuerer Zeit die nationalen durch europäische Verfahrensregeln ersetzt. Das gilt vor allem für die Rücknahme und den Widerruf begünstigender nationaler Verwaltungsakte. In den Urteilen Alcan und vor allem BUG meinte der EuGH, die nationalen Organe, welche eine gegen Art. 92 EG-Vertrag verstoßende Subvention gewährt haben, seien, wenn die Kommission nach Art. 93 II EG-Vertrag die Rücknahme der Subvention angeordnet hat, zur Rücknahme des Verwaltungsaktes auch dann verpflichtet, wenn dies gegen das nationale Recht, im konkreten Fall also gegen § 48 VwVfG verstößt; dies gilt, so meinte der EuGH implizit, auch dann, wenn die Kommission im Rahmen ihrer Rückforderungsentscheidung nach Art. 93 EG-Vertrag den Vertrauensschutzgrundsatz nicht beachtet habe, der als allgemeiner Rechtsgrundsatz auch im Europäischen Gemeinschaftsrecht gilt. Allerdings verwies der EuGH auch in diesen Urteilen auf § 48 VwVfG. Dabei hat er ausgeführt, grobfahrlässige Unkenntnis des Verstoßes gegen das Europäische Gemeinschaftsrecht im Sinne des § 48 VwVfG liege auch dann vor, wenn sich der Subventionsempfänger nicht bei der Kommission nach dem Genehmigungsverfahren erkundigt habe; außerdem sei dem europäischen Interesse an einer Vermeidung der Wettbewerbsverfälschung im Rahmen des § 48 VwVfG großes Gewicht beizumessen. Das zeigt, wie durch den Verlauf der mündlichen Verhandlung bestätigt wurde, sehr deutlich, daß nach Auffassung des EuGH im anschließenden Anfechtungsverfahren gegen die Rücknahme der Subventionsentscheidung vor den deutschen Verwaltungsgerichten § 48 VwVfG anzuwenden ist, dabei aber die oben dargestellten Hinweise des EuGH zur europarechtskonformen Interpretation dieser Vorschrift zu beachten sind.

Diese Entscheidung wirft für das deutsche Verwaltungsrecht schwierige Interpretationsprobleme auf. Die Begründetheit der Anfechtung der Rücknahme der Subventionsentscheidung setzt nämlich nach deutschem Verfahrensrecht voraus, daß die Rücknahme des begünstigenden Verwaltungsaktes gegen § 48 VwVfG verstößt und damit rechtswidrig ist. Das aber ist nach dem BUG-Urteil eindeutig nicht der Fall, weil das Europäische Gemeinschaftsrecht in solchen Fällen die deutschen Behörden zur Rücknahme der Subvention verpflichtet. In den Fällen, in denen sich § 48 VwVfG auf die Rücknahme einer europarechtlichen Subvention bezieht, wird man in Anpassung an das Gemeinschaftsrecht deshalb diese Norm dahin interpretieren müssen, daß sie auch die Aufhebung eines nach Gemeinschaftsrecht rechtmäßigen, aber nach § 48 VwVfG rechtswidrigen Verwaltungsaktes gestattet.

In einer neueren Entscheidung hat der EuGH seine bisherige Rechtsprechung aufgegeben. Er vertritt nunmehr die Auffassung, der Subventionsempfänger sei an die Rücknahmeentscheidung der Kommission gebunden, wenn er sie nicht innerhalb der Klagefrist vor dem EuGH angefochten hat. Nach dieser Entscheidung ist eine Anfechtung des Rücknahmebeschlusses der deutschen Behörde vor den deutschen Verwaltungsgerichten ausgeschlossen. § 48 VwVfG kann also auf die Gewährung von Beihilfen nicht mehr angewendet werden. Das bedeutet nicht, daß das Vertrauensprinzip jede Bedeutung verloren hat. In Zukunft wird sich vielmehr die Frage stellen, in welchem Umfang die Kommission diesen auch gemeinschaftsrechtlichen Grundsatz bei ihrer Aufforderung an die Mitgliedstaaten berücksichtigen muß, die Beihilfe zurückzunehmen.

G. *Die Zusicherung*

Literatur:

Bracher, Bauaufsichtliche Zusage der Duldung formell und materiell rechtswidriger baulicher Anlagen, ZfBR 1987, 127; *Fiedler*, Funktion und Bedeutung öffentlich-rechtlicher Zusagen im Verwaltungsrecht, 1977; *ders.*, Materiell-rechtliche Bestimmungen des VwVfG und die Systematik der verwaltungsrechtlichen Handlungsformen, AöR 1980, S. 79 ff.; *Günter*, Über Einstellungs- und Beförderungszusicherungen, ZBR 1982, 193; *Hailbronner*, Zusage auf Einhaltung des objektiven Rechts, DVBl. 1979, 767; *Jochum*, Auskunfts- und Hinweispflichten bei der Wahrnehmung hoheitlicher Aufgaben, NVwZ 1987, 460; *Krebs*, Zur Anwendbarkeit des VwVfG auf verwaltungsbehördliche Zusage, VerwArch. 1978, S. 85 ff.; *Lange*, Probleme des Vertrauensschutzes im Verwaltungsrecht, WiVerw. 1979, 15; *Maiwald*, Verwaltungsbehördliche Zusicherung, BayVBl. 1977, 449; *Martens*, Rechtsprechung zum Verwaltungsverfahrensrecht, Zusicherung und Zusage, NVwZ 1983, 717; *ders.*, Verweigerte Zusicherung, JuS 1988, 776; *Obermayer*, Rechtsprobleme der Zusicherung nach § 38 VwVfG, Maunz-Festschrift, 1981, S. 247 ff.; *Palauro*, Haftungsrelevante Probleme der allgemeinen verwaltungsrechtlichen Zusage, Diss. 1983, dazu Bespr. *Stelkens*, NVwZ 1985, 479; *Schick*, Zusage, Zusicherung, Verbindliche Zusage, Festschrift Obermayer, 1986; *Schmid*, Zur Rechtswirksamkeit von Auskünften, Bescheinigungen und Beiträgen im Kommunalabgabenrecht, KStZ 1984, 61; *Stelkens*, Probleme der Zusicherung, NVwZ 1987, 471.

I. In der Literatur ist nach wie vor umstritten, ob die Zusage, einen bestimmten Verwaltungsakt später zu erlassen oder zu unterlassen (Zusicherung), selbst einen Verwaltungsakt darstellt. Obwohl die Zusicherung alle in § 35 VwVfG festgelegten Anforderungen an einen Verwaltungsakt voll erfüllt, könnten Zweifel auftreten, weil nach § 38 II VwVfG nur ein Teil der an den Verwaltungsakt angeknüpften Bestimmungen und diese überdies nur »entsprechend« Anwendung finden und § 49 VwVfG durch § 38 III VwVfG partiell ersetzt wird. Wird die Zusicherung nicht als Verwaltungsakt qualifiziert, finden eine Reihe von Vorschriften des VwVfG, die an den Verwaltungsakt anknüpfen, insbesondere die §§ 36, 37, 39, 41 f., 46 f. keine Anwendung, obwohl sie aus rechtsstaatlichen Gründen erforderlich sind, um die Richtigkeit auch der Zusicherung zu gewährleisten. Außerdem würde die Anfechtung durch die Feststellungsklage ersetzt und könnte nach § 54 S. 2 VwVfG die Zusicherung nicht, wie die Literatur richtig meint, durch eine auf den Erlaß eines späteren Verwaltungsakts gerichtete vertragliche Verpflichtung ersetzt werden. Und schließlich zeigt der gesamte Inhalt des § 38 VwVfG sehr deutlich, daß auf die Zusicherung die Regeln über die Rechtswidrigkeit von Verwaltungsakten Anwendung finden. Man wird also mit der wohl herrschenden Lehre und Rechtsprechung davon ausgehen müssen, daß die Zusicherung einen Verwaltungsakt darstellt.

Vor dem Hintergrund des Rechtsstaatsprinzips gelesen, kann § 38 VwVfG also nicht so interpretiert werden, daß durch die Aufzählung der auf die Zusicherung anwendbaren Regeln die Anwendung der anderen Vorschriften ausgeschlossen werden soll, die an den Verwaltungsakt anknüpfen. Dann erscheint der Sinn dieser Aufzählung aber als fraglich. Sicherlich kann § 38 VwVfG nicht dahin interpretiert werden, daß nur die dort aufgezählten Normen auf die Zusicherung entsprechend, die anderen an den Verwaltungsakt anknüpfenden Normen als unverändert anzuwenden sind. Die Aufzählung kann dann nur dahin gedeutet werden, daß zumindest diese Normen auf die Zusicherung angewendet werden müssen, bei den anderen Bestimmungen ist zu prüfen, ob das Rechtsstaatsprinzip ihre Anwendung verlangt.

II. Die Zusicherung ist rechtswidrig, wenn bei ihrem Erlaß der ins Auge gefaßte spätere Verwaltungsakt nicht ergehen durfte. Das bedeutet nicht nur, daß im Bereich der gebundenen Verwaltung die Zusicherung nur gegeben werden darf, wenn das Gesetz den Erlaß des Verwaltungsaktes vorsieht. Vielmehr muß die Verwaltung schon im Zeitpunkt der Zusicherung in Bezug auf den späteren Verwaltungsakt ihr Ermessen fehlerfrei ausüben.

Nach dem zweiten und dem dritten Absatz des § 38 VwVfG finden auf die Zusicherung die §§ 48 f. VwVfG, der § 49 VwVfG allerdings in einer durch § 38 III VwVfG modifizierten Form, Anwendung. Das aber bedeutet, daß wenn die §§ 48 f. VwVfG die Rücknahme oder den Widerruf nicht gestatten, die Zusicherung die Verwaltung bindet. Diese Bindung wiederum kann nur beinhalten, daß der Adressat der Zusicherung auf den Erlaß eines rechtswidrigen Verwaltungsakts oder auf das rechtswidrige Unterlassen eines Verwaltungsaktes klagen kann.

Fraglich kann in diesem Rahmen nur sein, ob das Rechtsstaatsprinzip (Bindung an Recht und Gesetz) es der Verwaltung verbietet, sich zum Erlaß eines rechtswidrigen Verwaltungsakts zu verpflichten. Insoweit ist festzuhalten, daß der Gesetzgeber durch § 38 VwVfG die Wirksamkeit seiner Gesetze hinter den Vertrauensschutz zurücktreten läßt. Gegen eine solche Abwägung zwischen den beiden sich widersprechenden Unterprinzipien des Rechtsstaatsprinzips durch den Gesetzgeber bestehen Bedenken nur dann, wenn der Gesetzgeber zum Schutz öffentlicher oder durch Grundrechte geschützter privater Interessen durch die Verfassung verpflichtet ist. Dabei wiederum ist zu berücksichtigen, daß diese öffentlichen und privaten Interessen durch die §§ 48 f. VwVfG und durch die Tatsache hinreichend geschützt werden, daß der Dritte auch gegen die Zusicherung klagen kann. Macht der Dritte von dieser Klagemöglichkeit keinen Gebrauch, kann er gegen den später erlassenen Verwaltungsakt mit dem Ziel klagen, den Verwaltungsakt nach § 48 VwVfG zurückzunehmen, der mit den »öffentlichen Interessen« sicherlich auch die Grundrechte Dritter schützen will.
Es kann sich nur die Frage stellen, ob angesichts der Tatsache, daß der spätere rechtswidrige Verwaltungsakt in § 38 VwVfG eine Rechtsgrundlage findet, dieser Verwaltungsakt nur nach § 49 VwVfG widerrufen und nicht nach § 48 VwVfG zurückgenommen werden kann. Das ist wohl nicht anzunehmen. Der in § 48 VwVfG verwendete Begriff der »Rechtswidrigkeit« stellt nämlich auf die Verletzung des objektiven Rechts ab und darf auf den Vertrauensschutz nicht ausgeweitet werden. In der Tat kann die Verwaltung auch wenn die Voraussetzungen des § 48 VwVfG vorliegen, den Erlaß ablehnen. Es besteht kein Grund, den Vertrauensschutz des Adressaten der Zusicherung in Richtung auf § 49 VwVfG zu erweitern, wenn der spätere Verwaltungsakt zunächst erlassen, anschließend aber wieder zurückgenommen wird.
Angesichts der weitreichenden Rechtsfolgen darf die Zusicherung, die im pflichtgemäßen Ermessen der Verwaltung steht, nur ergehen, wenn die Verwaltung verpflichtet ist, gegen das im konkreten Fall auf die Rechtssicherheit in der Zukunft gerichtete Vertrauensschutzinteresse des Adressaten eine Zusicherung zu geben.
Die Literatur hebt zurecht hervor, daß die Zusicherung nur ein Unterfall der auf ein beliebiges Handeln oder Unterlassen der Verwaltung gerichteten Zusage ist. Nur bei der Zusicherung enstehen dabei besondere Probleme, weil es fraglich ist, ob das Souveränitätsprinzip eine rechtliche Bindung der zukünftigen Ausübung der Hoheitsgewalt gestattet. Wenn deshalb § 38 VwVfG auch die Zusicherung eines rechtswidrigen Verwaltungsakts gestattet, ist a maiore ad minus anzunehmen, daß die Verwaltung durch einen einseitigen Verwaltungsakt auch zu einem beliebigen anderen Handeln und Unterlassen selbst dann verpflichten kann, wenn dieses spätere Verhalten rechtswidrig ist. Allerdings wird man auch dann die §§ 48 f. VwVfG analog anwenden müssen.

Dritter Teil
Zur Dogmatik des Verwaltungsvertrages (Der Verwaltungsvertrag in Deutschland und Europa)

Literatur:

Willibald Apelt, Der verwaltungsrechtliche Vertrag, 1920; *Nikolaus-Zeno Bisek*, Der öffentlich-rechtliche Vertrag nach dem Musterentwurf eines Verwaltungsverfahrensgesetzes von 1963, in der »Münchener Fassung« von 1966 und dem schleswig-holsteinischen Landesverwaltungsgesetz, 1970; *Wolfgang Bosse*, Der subordinationsrechtliche Verwaltungsvertrag als Handlungsform öffentlicher Verwaltung, 1974; *Ilse Bramsche*, Rechtsfolgen verwaltungsvertraglicher Gesetzesverstöße, Diss. Münster, 1986; *Volker Büchner*, Die Bestandskraft verwaltungsrechtlicher Verträge, 1979; *Martin Bullinger*, Vertrag und Verwaltungsakt, 1962; *Pavlos-Michael Efstratiou*, Die Bestandskraft des öffentlich-rechtlichen Vertrages, 1988; *Jürgen Fluck*, Die Erfüllung des öffentlich-rechtlichen Verpflichtungsvertrages durch Verwaltungsakt, 1985; *Giacometti*, Der verwaltungsrechtliche Vertrag, 1958; *Wilhelm Henke*, Das Recht der Wirtschaftssubventionen als öffentliches Vertragsrecht, 1979; *Hermann Hill* (Hrsg.), Verwaltungshandeln durch Verträge und Absprachen, 1990; *Max Imboden*, Der verwaltungsrechtliche Vertrag, 1958; *Klaus-Dieter Kawalla*, Der Subordinationsrechtliche Verwaltungsvertrag und seine Abwicklung, Diss. Konstanz, 1984; *Joachim Kottke*, System des subordinationsrechtlichen Verwaltungsvertrages, Diss. Hamburg, 1966; *Jürgen Punke*, Verwaltungshandeln durch Vertrag, 1989; *Jürgen Salzwedel*, Die Grenzen der Zulässigkeit des öffentlich-rechtlichen Vertrages, 1958; *Christian Schimpf*, Der verwaltungsrechtliche Vertrag unter besonderer Berücksichtigung seiner Rechtswidrigkeit, 1982; *Ingo Tschaschnig*, Die Nichtigkeit subordinations-rechtlicher Verwaltungsverträge nach dem Verwaltungsverfahrensgesetzes, 1984; *Fritz Weiß*, Der öffentlich-rechtliche Vertrag im Musterentwurf eines Verwaltungsverfahrensgesetzes 1963, 1971.

Erster Abschnitt: Der Verwaltungsvertrag im deutschen Recht

§ 5 Verfassungsrechtliche Bedenken gegen den Subordinationsvertrag – Der Verwaltungsakt als primäres Handlungsmittel

Literatur:

Bleckmann, Subordinationsrechtlicher Verwaltungsvertrag und Gesetzmäßigkeit der Verwaltung, VerwArch 1972, 404; *ders.*, Verfassungsrechtliche Probleme des Verwaltungsvertrages, NVwZ 1990, 601; *Göldner*, Gesetzmäßigkeit und Vertragsfreiheit im Verwaltungsrecht, JZ 1976, S. 352 ff.; *Loomann*, »Ausverkauf von Hoheitsrechten« in Verträgen zwischen Bauherrn und Gebietskörperschaften, NJW 1996, 1439 ff.; *Thieme*, Der verfassungswidrige Verwaltungsvertrag, NJW 1974, 2201; *Tschaschnig*, Die Nichtigkeit subordinationsrechtlicher Verträge nach dem VwVfG – Die §§ 54 ff. VwVfG im Spannungsfeld von Vertragsfreiheit und Legalitätsprinzip, 1984.

I. Die verfassungsrechtlichen Bedenken gegen den Verwaltungsvertrag stützen sich heute überwiegend auf die Tatsache, daß im Gegensatz zum privatrechtlichen Vertrag im öffentlichen Recht eine gleiche Verhandlungsmacht von Verwaltungsbehörden und ihrem Vertragspartner nicht vorliegt und darüber hinaus auch bei gleicher Bargaining-Power ein der Rechtsordnung und einer gerechten Abwägung von öffentlichen und privaten Interessen entsprechender Vertragsschluß nicht gewährleistet ist.[555] Die Gedanken des »Ausverkaufs von Hoheitsrechten« und die vor allem in Großbritannien vertretenen Bedenken gegen eine auf den Erlaß oder das Unterlassen eines Verwaltungsakts gerichtete vertragliche Verpflichtung[556] dürften heute allgemein und durch die Fassung der Regeln zum Verwaltungsvertrag im Verwaltungsverfahrensgesetz insbesondere dann überwunden sein, wenn man diese Vorschriften unseren folgenden Vorschlägen entsprechend im Sinne des objektiven und subjektiven Rechtsstaatsprinzips[557] auslegt.

555 *Bleckmann*, Verfassungsrechtliche Probleme des Verwaltungsvertrages, NVwZ 1990, 601 ff.
556 *Bullinger*, Vertrag und Verwaltungsrecht, 1962, S. 114 ff.
557 Vgl. *Bleckmann*, Vom subjektiven zum objektiven Rechtsstaatsprinzip, JöR 1987, 1 ff.

Wegen der ungleichen Bargaining-Power werden Bedenken gegen den Verwaltungsvertrag vor allem auch in der Schweiz geäußert. So führt etwa *Thomas Fleiner*[558] aus:

> »Zulässigkeit des öffentlich-rechtlichen Vertrages
> Unzulässig sind öffentlich-rechtliche Verträge, die *gegen klare Vorschriften des Gesetzes gerichtet sind.* Dazu gehören Abmachungen auf dem Gebiete des Abgabenrechts, mit denen Vorschriften des Steuerrechts umgangen werden....
> *Zulässig* sind andererseits alle Verträge, *die in den Gesetzen ausdrücklich vorgesehen* sind, wie etwa der Enteignungs- oder Pflichtlagervertrag....
> Wie steht es mit Verträgen, *die nicht gegen gesetzliche Vorschriften verstoßen, aber im Gesetz nicht ausdrücklich vorgesehen sind?* Die Zulässigkeit dieser Verträge kann nicht generell bejaht werden, aber auch nicht allgemein verneint werden. Die Beurteilung der Zulässigkeit derartiger Verträge hängt von folgenden Kriterien ab: *Wenn durch derartige Verträge eine vernünftige, dem Sinn der Rechtsordnung entsprechende Regelung getroffen wird und sie grundsätzlich von gleichberechtigten Partnern abgeschlossen wurden, ist dagegen nichts einzuwenden. Sofern aber die Verwaltung versucht, rechtlichen Bindungen durch die Flucht ins Vertragsrecht zu entgehen oder ihre stärkere Position gegenüber dem schwächeren Bürger auszunutzen, müssen die Verträge als nichtige bezeichnet oder wie Verfügungen behandelt werden, die dann einer gesetzlichen Grundlage bedürfen. Soweit die Dynamik und Flexibilität der Verwaltung, die dem Bürger zugute kommt, vertragliche Vereinbarung erfordert, ist dagegen nichts einzuwenden.*«

Diese Bedenken richten sich dabei vor allem gegen den subordinationsrechtlichen Verwaltungsvertrag, der Ersetzung des Verwaltungsaktes durch einen Verwaltungsvertrag. Das ist wohl auch der eigentliche Grund für die Tatsache, daß man den deutschen Typus des Subordinationsvertrages nur noch in Österreich, nicht aber in den anderen Mitgliedstaaten der EG antrifft.
Diese Bedenken lassen sich folgendermaßen zusammenfassen: Da die Privatinteressen grundsätzlich das gleiche Gewicht besitzen, führt bei gleicher Bargaining-Power der Vertragspartner der Privatrechtsvertrag zu einem gerechten Ergebnis, weil dann alle Vor- und Nachteile des Vertrages zwischen den Vertragspartnern dem Gleichheitssatz entsprechend gleichmäßig auf alle Parteien verteilt werden. Daß auch beim privatrechtlichen Vertrag die Ungleichheit der Bargaining-Power dazu führen muß, daß die an sich nur dispositiven Regeln des bürgerlichen Rechts sich in zwingendes Recht verwandeln, zeigen auf der einen Seite die Regelungen im Gesetz über die Allgemeinen Geschäftsbedingungen, andererseits die Vorschriften über das Miet- und Arbeitsrecht sehr deutlich.
Im Verwaltungsrecht ist im Gegensatz zum Privatrecht nur in den seltensten Fällen von der Gleichheit der Verhandlungsmacht der Parteien auszugehen. Das gilt etwa für die Verhandlungen zwischen Gemeinden über die gemein-

558 *Fleiner*, Grundzüge des allgemeinen und schweizerischen Verwaltungsrechts, 1977, S. 136.

same Kooperation, nicht aber für den subordinationsrechtlichen Vertrag. Hier ist die Bargaining-Power der Vertragsparteien fast durchgängig der Verhandlungsmacht der Verwaltungsbehörde schon deshalb unterlegen, weil im Hintergrund der Verhandlungen stets die Tatsache steht, daß die Verwaltung die betreffende Materie auch einseitig-hoheitlich durch einen Verwaltungsakt regeln kann. Zwar darf die Verwaltung grundsätzlich nur rechtmäßige Verwaltungsakte erlassen, doch kennt auf der einen Seite der Vertragspartner die wahre Rechtslage häufig nicht, ist er überdies vielleicht gezwungen in jahrelangen Prozessen die falsche Rechtsauffassung der Behörde zu korrigieren. Die Verhandlungsmacht der Behörde ist noch umfassender, wenn der Vertragspartner durch den Abschluß eines Vertrages ein Strafverfahren abwenden kann. Schon aus diesen Gründen verlangt das Rechtsstaatsprinzip eine umfassende Sicherung der Interessen und Rechte des Vertragspartners der Behörde. Diesen Erwägungen steht auch die Tatsache nicht entgegen, daß, wenn die Verwaltung einseitig durch einen Verwaltungsakt entscheidet, sie der Zustimmung des Vertragspartners nicht bedarf und deshalb eine umfassende Verfügungsmacht besitzt. Denn in einem solchen Fall ist der Verwaltungsakt aufzuheben, wenn er gegen das Recht verstößt. Diese Sanktion entfaltet eine Vorwirkung, indem sie die Behörde zur Einhaltung der Rechtsordnung zwingt. Diese Vorwirkung ist um so größer, je stärker das Bedürfnis auch der Behörde nach Rechtssicherheit wiegt. Eine solche Sanktion fehlt dagegen beim Verwaltungsvertrag, der auch dann wirksam sein kann, wenn ein entsprechender Verwaltungsakt rechtswidrig wäre. Die Tatsache, daß die Behörde auch beim Abschluß eines Verwaltungsvertrages an das objektive Recht gebunden ist und daß sie der Aufsicht des Dienstvorgesetzten unterliegt, hält die Verwaltungsbehörde jedenfalls dann vom Abschluß eines rechtswidrigen Verwaltungsvertrages nicht ab, wenn auch der Dienstvorgesetzte am Abschluß des Vertrages interessiert ist. Das wird insbesondere bei den Gemeinden häufig der Fall sein, wenn der Verwaltungsvertrag der betreffenden juristischen Person des öffentlichen Rechts materielle Vorteile bringt. Wenn dagegen umgekehrt die Verhandlungsmacht etwa eines Unternehmens größer als die der Verwaltung ist, weil etwa die Gemeinde an der Niederlassung dieses Unternehmens auf ihrem Gebiet wegen der Beschäftigungsmöglichkeiten und der Gewerbesteuer stark interessiert ist, muß umgekehrt das öffentliche Interesse dem objektiven Rechtsstaatsprinzip entsprechend gegenüber dem Vertragspartner geschützt werden.

Darüber hinaus gewährleistet selbst die gleiche Bargaining-Power der Verhandlungspartner im öffentlichen Recht im Gegensatz zum Privatrecht eine der Gerechtigkeit, der objektiven Rechtsordnung und einer billigen Abwägung der öffentlichen und privaten Interessen entsprechende Lösung nicht. Denn das Privatinteresse und das öffentliche Interesse besitzen in unterschiedlichen Situationen ein verschiedenes Gewicht. Die Lösung ist im Lichte des

Grundsatzes der Verhältnismäßigkeit durch eine Interessenabwägung zu finden. In der einen Fallgruppe mag dabei das private, in anderen Fallgruppen dagegen das öffentliche Interesse überwiegen. Dabei ist nicht zu erwarten, daß die Bargaining-Power zwischen den Parteien so verteilt ist, daß in jedem Fall eine dem objektiven Recht und dem jeweiligen Gewicht der Interessen entsprechende Lösung gefunden wird.

Es ist also grundsätzlich davon auszugehen, daß bei Rückgriff auf die Vertragsform eine dem Recht entsprechende Lösung nicht gefunden werden kann. Diese Bedenken gegen den subordinationsrechtlichen Verwaltungsvertrag werden durch die Tatsache noch verstärkt, daß beim Abschluß eines Verwaltungsvertrages der Vertragspartner noch weniger als beim Erlaß eines Verwaltungsaktes geneigt sein wird, einen rechtswidrigen Verwaltungsvertrag mit einer gegen die Behörde gerichteten Klage anzugreifen.

Selbst bei einer »perfekten« Regelung des Verwaltungsvertrages durch den Gesetzgeber bestehen also gegen den Subordinationsvertrag erhebliche verfassungsrechtliche Bedenken. Diese Bedenken werden für die Bundesrepublik Deutschland durch die Tatsache noch verstärkt, daß das Verwaltungsverfahrensgesetz Regeln über den Verwaltungsvertrag aufstellt, die alles andere als perfekt sind. Zu bedenken ist hier insbesondere, daß aufgrund der Sonderregeln des § 59 II VwVfG selbst gegen das Gesetz verstoßende Verwaltungsverträge nur in den seltensten Fällen nichtig sind.

Grundsätzlich gewährleistet, so haben wir gesehen, die Vertragsform und insbesondere die Regelung des Verwaltungsvertrages im Verwaltungsverfahrensgesetz die Einhaltung des Rechts nicht in hinreichendem Umfang und verstößt damit insgesamt gegen den Grundsatz der Gesetzmäßigkeit der Verwaltung.[559] Dieses grundsätzliche Verbot des Verwaltungsvertrages kann nur durchbrochen werden, wenn entgegenstehende Prinzipien der Verfassung die Zulassung des Verwaltungsvertrages zwingend erfordern.

Im Gegegensatz zu einer in der Literatur weit verbreiteten Auffassung[560] kann der Gedanke des Rechtsfriedens und vor allem der Rückgriff auf die Menschenwürde und das Demokratieprinzip das Verbot des Verwaltungsvertrages nicht generell durchbrechen. Ganz abgesehen davon, daß diese Grundsätze, die eine effektive Mitwirkung des Vertragspartners beim Erlaß des Rechtsgeschäfts fordern, auch durch weitergehende Antragserfordernisse und durch das Anhörungsverfahren durchgesetzt werden können, beruht die Regelung des Verwaltungsvertrages im Verwaltungsverfahrensgesetz auf diesen Grundsätzen offensichtlich nicht. Denn, wie noch zu zeigen ist, die §§ 54 ff. VwVfG

559 Vgl. dazu auch *Maurer*, § 14, Rdnr. 25; *Erichsen*, in: Erichsen, § 26, Rdnr. 9 ff.; *Henneke*, in: Knack, § 54, Anm. 7.2.

560 Vgl. etwa *Obermayer*, VwVfG, § 54, Rdnr. 2, S. 813.

gestatten grundsätzlich nur den Austausch- und den Vergleichsvertrag, nicht aber den Abschluß anderer Verträge.[561]
Die verfassungsrechtlichen Bedenken gegen den Verwaltungsvertrag müssen dazu führen, daß entgegen dem Wortlaut des § 54 S. 2 VwVfG das primäre Handlungsmittel der Verwaltung auch in Zukunft der Verwaltungsakt sein muß. Soweit also, so läßt sich unser Problem konkretisieren, die Verwaltung durch den Erlaß eines Verwaltungsaktes, der eventuell dem § 36 VwVfG entsprechend mit einer Auflage zu versehen ist, den selben Effekt erzielen kann, ist der Rückgriff auf den Abschluß eines Verwaltungsvertrages ausgeschlossen.[562] Legitime verfassungsrechtliche Ziele strebt die Verwaltung dabei auch nach der Auffassung des Verwaltungsverfahrensgesetzes nur dann an, wenn sie die Vorteile eines Austausch- oder Vergleichsvertrages erreichen will. Ein weiterer verfassungsrechtlich legitimer Grund für den Abschluß eines Verwaltungsvertrages liegt dann vor, wenn die Verwaltung beim Abschluß eines Vertrages durch die Rechtsordnung freier gestellt wird als beim Erlaß eines Verwaltungsaktes.[563] Die Lehre pflegt die Primärfunktion des Verwaltungsaktes in der Regel dadurch zu umreißen, daß sie im Verwaltungsvertrag das Mittel zur Bewältigung atypischer Situationen sieht.
Selbst infolge der Vertragskonstruktion notwendige Abweichungen von den Regeln des Verwaltungsaktes rechtfertigen aber eine Verletzung des verfassungsrechtlichen Rechtsstaatsprinzips nicht. In seiner klassischen Form hat das Rechtsstaatsprinzip Ausdruck in den Regeln über den Verwaltungsakt gefunden. Das aber zwingt zu dem Schluß, daß die Normen über den Verwaltungsvertrag auf dem Hintergrund der Regeln über den Verwaltungsakt interpretiert und durch Rückgriff auf diese Regeln, soweit erforderlich, auch ergänzt werden müssen. Die Vorschriften über den Verwaltungsakt gehen dabei den privatrechtlichen Normen vor, die über § 62 S. 2 VwVfG auf den Verwaltungsvertrag anwendbar werden.[564] Auch die §§ 54 ff. VwVfG gehen deutlich von einer solchen Auffassung aus, wie der Verweis auf die Regeln des Verwaltungsaktes etwa in §§ 56 und 59 II VwVfG deutlich zeigt.
Diese Zusammenhänge sind auch bei der Interpretation der konkreten Verwaltungsverträge selbst zu beachten. Insbesondere die Willenserklärungen der Verwaltung können nicht allein vom Empfängerhorizont des Vertragspartners aus im Lichte der Verkehrsanschauung interpretiert werden. Die Verwaltung ist an die Rechtsordnung gebunden. Diese objektive Bindung geht auch bei der Interpretation der Willenserklärung dem subjektiven Willen der

561 Siehe unten, § 6 VI.
562 Zur Zulässigkeit *Kopp*, VwVfG, Vorbem. § 54, Rdnr. 7 ff. m.w.N.; a.A. *Bonk*, in: Stelkens/Bonk/Sachs, § 54, Rdnr. 1.3; zum Wahlrecht zwischen VA und Verwaltungsvertrag, ders., ebd., Rdnr. 4.
563 *Bleckmann*, Verfassungsrechtliche Probleme des Verwaltungsvertrages, NVwZ 1990, 601 ff.
564 *Maurer*, § 14, Rdnr. 2.

Verwaltung vor. Sicherlich muß der Vertragspartner der Verwaltung dabei durch den Rückgriff auf den Wortlaut vor einer Überspannung seiner Pflichten geschützt werden. Wenn die verfassungs- und gesetzeskonforme Interpretation für den Vertragspartner aber günstiger als der Wortlaut ist, muß dieser Auslegungsmodus bevorzugt werden.

§ 6 Begriff und Zulässigkeit des Verwaltungsvertrages (§ 54 VwVfG)

Literatur:

Achterberg, Der öffentlich-rechtliche Vertrag, JA 1979, 356; *Bleckmann*, Subordinationsrechtlicher Verwaltungsvertrag und Gesetzmäßigkeit der Verwaltung, VerwArch 1972, 404; *Braun*, Der öffentlich-rechtliche Vertrag im Spannungsfeld zwischen VA und verwaltungsprivatrechtlichem Rechtsgeschäft, JZ 1983, 841; *Bullinger*, Vertrag und Verwaltungsakt, 1962; *Erichsen*, Rechtsfragen des verwaltungsrechtlichen Vertrages, VerwArch 1977, 65; *Fluck*, Grundprobleme des ör Vertragsrechts, Die Verwaltung 1989, 185; *Gern*, Zur Möglichkeit öffentlich-rechtlicher Verträge zwischen Privaten, NJW 79, 694; *Götz*, Hauptprobleme des verwaltungsrechtlichen Vertrages, JuS 1970, 1; *Henke*, Allgemeine Fragen des öffentlichen Vertragsrechts, JZ 1984, 441; *Holznagel*, Konfliktlösung durch Verhandlungen, 1990; *Kluth*, Rechtsfragen der verwaltungsrechtlichen Willenserklärung – Auslegung, Bindung, Widerruf, Anfechtung –, NVwZ 1990, 608; *Kunig*, Verträge und Absprachen zwischen der Verwaltung und Privaten, DVBl. 1992, 1193; *Martens*, Einführung in die Praxis des Verwaltungsverfahrens, IV. Der öffentlich-rechtliche Vertrag, JuS 78, 607; *Maurer*, Der Verwaltungsvertrag – Probleme und Möglichkeiten, DVBl. 1989, 798; *Maurer/Hüther*, Die Praxis des Verwaltungsvertrages im Spiegel der Rspr., 1989; *Mayer*, Zur Lehre vom öffentlichen Vertrag, AöR 1888, 3; *Salzwedel*, Die Grenzen der Zulässigkeit des öffentlich-rechtlichen Vertrages, 1958; *Scherzberg*, Grundfragen des verwaltungsrechtlichen Vertrages, JuS 1992, 205; *Stern*, Zur Grundlegung einer Lehre des öffentlich-rechtlichen Vertrages, VerwArch 1958, 106.

A. *Die Begriffe des Verwaltungsvertrages und des Rechtsverhältnisses i.S.d. § 54 S. 1 VwVfG*

Die Interpretation des § 54 VwVfG ist deshalb so kompliziert, weil diese Vorschrift – was die Lehre übersieht – gleichzeitig eine ganze Kette von Problemen lösen will, die Voraussetzungen und Rechtsfolgen dieser Probleme aber sehr unterschiedlich sind. § 54 VwVfG versucht nämlich nicht nur, den Verwaltungsvertrag und insbesondere den subordinationsrechtlichen Verwaltungsvertrag zu definieren. Er bemüht sich vielmehr gleichzeitig, die Grenzen der Zulässigkeit solcher Verträge und in seinem zweiten Satz die Voraussetzungen für die Anwendbarkeit der folgenden Regeln festzulegen, die sich auf den subordinationsrechtlichen Vertrag beziehen. § 54 VwVfG bestimmt gleichzeitig, ob die Verwaltung im konkreten Fall einen privatrechtlichen oder einen Vertrag nach öffentlichem Recht abgeschlossen hat, wenn sie zwischen diesen Handlungsformen eine freie Wahlmöglichkeit besitzt. Ferner läßt sich nur aus § 54 VwVfG die Frage entscheiden, ob, wenn die Verwaltung früher die Freiheit einer Wahl zwischen dem Verwaltungsakt und dem privatrechtlichen Vertrag besessen hätte, durch die Zulassung des Verwaltungsvertrages die Möglichkeit ausgeschlossen wird, in diesem Bereich weiterhin privatrechtliche Verträge abzuschließen. Und schließlich läßt sich zumindest in Ansätzen nur durch Rückgriff auf eine Interpretation des § 54 S. 2 VwVfG die Frage entscheiden, ob die Verwaltung, wenn sie (wie dies durch § 54 S. 2 VwVfG vorausgesetzt wird), die Freiheit der Wahl zwischen einem Verwaltungsakt und einem Verwaltungsvertrag besitzt, im konkreten Fall einen Verwaltungsakt erlassen oder einen Verwaltungsvertrag abgeschlossen hat. In der Tat weisen etwa *Meyer/Borgs* zu Recht darauf hin, daß dieses Problem nicht gelöst werden kann, wenn man auf den Umfang der Mitwirkung des Vertragspartners bei den dem Rechtsgeschäft vorangehenden Verhandlungen abstellt, weil einerseits die Verwaltung wie im Privatrecht etwa aufgrund allgemeiner Geschäftsbedingungen den Vertrag auch »diktieren« kann, auf der anderen Seite aber die Mitwirkungsmöglichkeiten infolge des Anhörungsrechts und der Antragstellung auch bei mitwirkungsbedürftigen Verwaltungsakten sehr breit sein können. *Meyer/Borgs*, schlagen deshalb zu Recht den Rückgriff auf § 54 VwVfG vor. Da ein Verwaltungsvertrag nichtig ist, wenn er nicht in einer Urkunde verankert ist, die von beiden Vertragsparteien unterschrieben wurde, liegt, wenn diese Voraussetzungen gegeben sind, stets ein Verwaltungsvertrag vor. Fehlt die Schriftform, ist der Verwaltungsvertrag nichtig und es stellt sich die Frage nach einer Umdeutung in einen Verwaltungsakt.[565] Dann ist es erheblich einfacher, ohne diesen Umweg davon auszugehen, die Verwaltung habe einen Verwaltungsakt erlassen wollen, wenn die Voraussetzungen des § 57 VwVfG nicht vorliegen.[566]

I. Das Verwaltungsverfahrensgesetz greift in § 54 S. 1 auf den Vertrag und damit auf einen Begriff zurück, welcher als allgemeiner Rechtsgrundsatz der Unterscheidung zwischen dem öffentlichen und dem privaten Recht vorausliegt. Für den Vertragsbegriff des Verwaltungsverfahrensgesetzes kann deshalb grundsätzlich auch auf den Vertragsbegriff des bürgerlichen Rechts zurückgegriffen werden.[567] Danach beruht ein Vertrag auf dem Zusammenwirken von zwei oder mehr Willenserklärungen, d.h. von Erklärungen von

565 Zur Umdeutung in einen Verwaltungsakt *Achterberg*, § 21, Rdnr. 241 f.
566 *Meyer*, in: Meyer/Borgs, VwVfG, § 54, Rdnr. 35.
567 Dazu *Maurer*, § 14, Rdnr. 6.

zwei oder mehr Vertragspartnern, die auf dieselben Rechtsfolgen gerichtet sind.
Die Übernahme des privatrechtlichen Vertragsbegriffs in das öffentliche Recht hat insbesondere für den subordinationsrechtlichen Vertrag des § 54 S. 2 VwVfG eine Reihe von Abweichungen von den Regeln des Verwaltungsaktes zur Folge. Die Verwaltungsbehörde und ihr Vertragspartner treten sich beim Vertragsschluß als gleichgeordnete Partner gegenüber, so daß im Rahmen des Vertrages durch auf dem Souveränitätsprinzip beruhende einseitige Akte der Vertragsinhalt nicht geändert werden kann. Eine einseitige Vertragsänderung durch die eine oder andere Seite ist nur insoweit gestattet, als sie etwa bei der Anfechtung nach §§ 119 ff. BGB oder bei der Kündigung auch im Privatrecht möglich ist. Gestattet ist den Vertragspartnern eines privatrechtlichen Vertrages durch solche Akte nur die Auflösung, grundsätzlich aber nicht eine Änderung des Vertrages. Deshalb mußten die §§ 48 ff. VwVfG im Vertragsrecht durch die Nichtigkeitsregeln des § 59 II und durch die Kündigungsmöglichkeiten des § 60, insbesondere durch dessen zweiten Satz, ersetzt werden. Darüber hinaus gilt im deutschen im Gegensatz zum französischen Privatrecht die Regel, daß der Vertrag, wenn überhaupt, nur durch die Parteien, nicht aber durch den Richter geändert oder aufgehoben werden kann. Eine Regelung, nach welcher bei einem Verstoß gegen den Grundsatz der Gesetzmäßigkeit der Verwaltung analog zur Regelung für den Verwaltungsakt eine Aufhebung des Vertrages durch den Richter erfolgt, wäre zwar angesichts der umfassenden Befugnisse des Gesetzgebers technisch möglich gewesen, hätte aber das System des Vertrages durchbrochen. Dasselbe gilt für den unmittelbaren Vollzug der Verpflichtung des Vertragspartners durch die Behörde. Deshalb sieht § 61 insoweit grundsätzlich nur eine Klage auch der Verwaltung, nicht aber Verwaltungsakte vor.
Das bedeutet, daß die betreffenden Regeln für den Verwaltungsakt im Rahmen des Verwaltungsvertrages durch Rückgriff auf die Nichtigkeit ersetzt werden mußten. Da im Gegensatz zur Aufhebbarkeit der Verwaltungsakte die Geltendmachung von Nichtigkeitsgründen zeitlich nicht begrenzt ist, mußte das Vertrauen des Bürgers in den Bestand des Verwaltungsvertrages dadurch geschützt werden, daß nicht in jedem Fall der Rechtswidrigkeit eines entsprechenden Verwaltungsaktes die Nichtigkeit des Verwaltungsvertrages eintritt. Diese Regelung des Verwaltungsvertrages aber wirft, wie wir in der Kommentierung des § 59 II VwVfG sehen werden[568], ganz erhebliche verfassungsrechtliche Probleme auf.

II. Die Literatur ist einstimmig der Auffassung, daß der in § 54 S. 1 VwVfG verwendete Begriff des »öffentlich-rechtlichen Vertrages« zu weit gefaßt und

568 Siehe unten, § 11.

deshalb im Sinne des »Verwaltungsvertrages« zu lesen ist.[569] Durch das Völkerrecht, das Verfassungsrecht und das Staatskirchenrecht geregelte Verträge fallen deshalb nicht unter den Begriff des »öffentlich-rechtlichen Vertrages« i.S.d. § 54 S. 2 VwVfG.[570] Das ergibt sich aus der Tatsache, daß § 1 VwVfG den Anwendungsbereich des gesamten Gesetzes und damit auch der §§ 54 ff. auf die »öffentlich-rechtliche Verwaltungstätigkeit der Behörden« beschränkt. Wie die Begriffe der »Behörde« und der »Verwaltungstätigkeit« i.S.d. § 1 zu verstehen sind, bleibt allerdings, selbst wenn man die Verwaltungstätigkeit in einen Gegensatz zur Rechtsprechung und Gesetzgebung stellt, in den Randbereichen weitgehend unklar. Auch welche Staatsverträge zwischen den Ländern dem Verfassungsrecht und nicht dem Verwaltungsrecht unterliegen, ist trotz eines einschlägigen Urteils des BVerfG[571] alles andere als klar. So fragt sich etwa, ob Verträge, in welchen sich ein Minister oder eine Gemeinde zum Erlaß oder umgekehrt zur Unterlassung einer Rechtsverordnung, Verwaltungsverordnung oder einer Satzung verpflichtet, unter § 1 und damit unter § 54 S. 1 VwVfG fällt. Die Kommentare beantworten diese und andere Fragen in diesem Bereich nicht vollständig und vor allem nicht einheitlich; nach einer eingehenden Begründung wird man in der Literatur darüber hinaus vergeblich forschen. So läßt sich grundsätzlich wohl feststellen, daß der Versuch des Verwaltungsverfahrensgesetzes, in § 1 mit den Worten »öffentlich-rechtliche Tätigkeit einer Behörde« den Anwendungsbereich der folgenden Vorschriften des Gesetzes abzugrenzen, zumindest für die Randbereiche gescheitert ist. Ein Ausweg aus dieser Situation kann offensichtlich nur gefunden werden, wenn man aufgrund einer eingehenden Interpretation jeder Einzelbestimmung deren Anwendungsbereich und im Lichte dieser Lösungen den Inhalt des § 1 VwVfG bestimmt. Allerdings wird sich auf diesem Wege eine einheitliche Lösung kaum finden lassen. Darüber hinaus zeigt die Tatsache, daß das Verwaltungsverfahrensgesetz für Verwaltungsakte, Verwaltungsverträge und für die Planfeststellung unterschiedliche Regeln enthält, daß der Anwendungsbereich aller Bestimmungen des Verwaltungsverfahrensgesetzes einheitlich wohl kaum bestimmt werden kann.

Im Rahmen dieser Arbeit kann das Problem des Anwendungsbereiches des Verwaltungsverfahrensgesetzes deshalb nicht gelöst werden, weil diese Frage eine eingehende Interpretation aller Bestimmungen dieses Gesetzes verlangt. Wir müssen uns deshalb auf die Definition des Anwendungsbereichs des § 54 VwVfG beschränken. Insoweit ist nun zu beachten, daß die Vorschriften der §§ 54 ff., die sich auf den subordinationsrechtlichen Verwaltungsvertrag

569 Vgl. statt vieler *Meyer*, in: Meyer/Borgs, VwVfG, § 54, Rdnr. 13 ff.

570 *Erichsen*, in: Erichsen, § 23, Rdnr. 1; *Kopp*, VwVfG, Vorbem. § 54, Rdnr. 1; *Henneke*, in: Knack, § 54, Rdnr. 3; z.T. m.w.N.

571 BVerfGE 42, 103, 113 ff. (Staatsvertrag über die Vergabe von Studienplätzen); vgl. auch BVerwGE 124, 128 ff.

i.S.d. § 54 S. 2 VwVfG beziehen, durch Rückgriff auf die Definition des Verwaltungsaktes in § 35 VwVfG eindeutig begrenzt werden können. Fraglich ist nur der Anwendungsbereich der wenigen Vorschriften, die sich wie die §§ 59 I, 60 und 62 S. 2 VwVfG auch auf koordinationsrechtliche Vorschriften beziehen. Wir werden aber sehen, daß diese Vorschriften allgemeine Rechtsgedanken enthalten, die entsprechend auch auf Verträge anzuwenden sind, die keine Verwaltungsverträge darstellen. Ob diese Vorschriften außerhalb des Bereiches des Verwaltungsvertrages unmittelbar oder nur analog anzuwenden sind, stellt eine rein akademische Frage dar. Das bedeutet aber, daß das Problem, wie weit der Anwendungsbereich des § 54 zu ziehen ist, ob es sich also im konkreten Fall um einen Verwaltungsvertrag handelt, letztlich offen bleiben kann. Soweit ein Vertrag nicht in den Kernbereich des Begriffs »Verwaltungsvertrag« fällt, ist nämlich danach zu entscheiden, ob nach dem Sinn und Zweck der betreffenden Vorschrift des Verwaltungsverfahrensgesetzes diese Vorschrift direkt oder nur nach einer entsprechenden Anpassung anzuwenden ist.

III. Nach § 54 S. 1 VwVfG kann ein Verwaltungsvertrag »Rechtsverhältnisse« auf dem Gebiet des öffentlichen Rechts begründen, ändern und aufheben. Es könnte sein, daß schon durch den Begriff des »Rechtsverhältnisses« der Kreis der zulässigen Verwaltungsverträge begrenzt wird.
Unter einem Rechtsverhältnis versteht man ein Beziehungsgeflecht von subjektiven Rechten und Pflichten, die auf einer einheitlichen Rechtsgrundlage beruhen. Der Begriff des Rechtsverhältnisses setzt damit voraus, daß der Vertrag selbst eine Pflicht zumindest eines Vertragspartners begründet, der ein Recht des anderen Vertragspartners gegenübersteht. Damit aber stellt sich die Frage, ob und wann ein Verwaltungsakt durch einen Verwaltungsvertrag i.S.d. § 54 S. 2 VwVfG ersetzt werden kann. Etwa *Obermayer* ist der Auffassung, wie im Privatrecht müsse man, weil die gesamte Rechtsordnung auf dieser Unterscheidung aufbaue, zwischen dem Verpflichtungs- und dem Verfügungsgeschäft unterscheiden.[572] Folglich, so meint er, könne im Verwaltungsvertrag nur die Verpflichtung zum Erlaß eines Verwaltungsaktes enthalten sein; der Verwaltungsvertrag könne entgegen dem Wortlaut des § 54 S. 2 VwVfG den Verwaltungsakt niemals ersetzen. Der Erlaß des Verwaltungsaktes stehe vielmehr als Verfügungsgeschäft stets neben dem Verwaltungsvertrag. Diese Auffassung wird in der herrschenden Lehre abgelehnt,[573] obwohl auch sie zwischen dem Verpflichtungsgeschäft und dem Verwaltungsakt als Verfügungsgeschäft unterscheidet. Sie folgt aber der Auffassung, daß

572 *Obermayer*, VwVfG, § 54, Rdnr. 19.
573 *Maurer*, § 14, Rdnr. 12 ff.

auch der Verwaltungsakt durch den Vertrag als Verfügungsgeschäft ersetzt werden kann.

Bei einer näheren Analyse kann der Auffassung von *Obermayer* nicht gefolgt werden. Beim Verwaltungsvertrag übernehmen die Vertragspartner aufgrund einer Selbstbindung in der Regel nur Verpflichtungen, die sonst durch einen Verwaltungsakt begründet werden. Gegen die Ersetzung des Verwaltungsakts durch einen Verwaltungsvertrag bestehen insoweit sicherlich keine Bedenken, weil nicht anzunehmen ist, die entsprechenden Pflichten beider Seiten könnten nur durch einen Verwaltungsakt begründet werden. Das Verfügungsgeschäft besteht in diesen Fällen nicht im Erlaß eines Verwaltungsaktes, sondern in der Erfüllung der Verpflichtungen aus dem Verwaltungsvertrag, die etwa in der Übereignung eines Grundstücks bestehen können. In diesem Punkte entspricht die Lage im öffentlichen Recht völlig der Situation im Privatrecht.

Etwas anderes könnte nur für die »bedingten Verwaltungsakte« (im französischen Recht: »actes-condition«) gelten. Etwa die Beamtenernennung, und die Einbürgerung begründen unmittelbar nicht Rechte und Pflichten, sondern nur einen rechtlichen Status, an welchen das *Gesetz* die betreffenden Rechte und Pflichten anknüpft. Etwas ähnliches gilt auch für die meisten behördlichen Genehmigungen, etwa für die Bau- und die Betriebsgenehmigung. Hier begründet der Verwaltungsakt die entsprechenden Freiheiten nicht; er hebt nur eine Beschränkung der Freiheiten auf, die in dem Genehmigungsvorbehalt bestehen. Der Wegfall dieser Beschränkung hat zur Folge, daß die in den Grundrechten verankerten Freiheiten automatisch wieder greifen.

Aber auch bei den »actes-condition« wird man davon ausgehen müssen, daß der Verwaltungsakt durch einen Verwaltungsvertrag ersetzt werden kann. Man kann diese Rechtsfolge so konstruieren, daß es für die Anwendung des § 54 S. 2 VwVfG ausreicht, wenn die Willenserklärung der Behörde nur mittelbar darauf gerichtet ist, Rechtsfolgen zu erzeugen, die sich primär aus dem Gesetz ableiten. Etwas anderes würde nur dann greifen, wenn der Sinn und Zweck des »acte-condition« den Erlaß eines Verwaltungsaktes zwingend verlangt. Das ist aber insbesondere bei den Genehmigungen nicht der Fall. Die entsprechenden gesetzlichen Bestimmungen sehen ihrem Sinn und Zweck nach nur vor, daß die Behörde das Vorliegen der Tatbestandsvoraussetzungen im konkreten Fall prüft. Diese Voraussetzungen einer Genehmigung liegen auch vor, wenn die Erklärung der Behörde in einem Verwaltungsvertrag verankert ist. Daß bei einem solchen Vertrag neben die entsprechenden Willenserklärung der Behörde die Willenserklärung des Vertragspartners tritt, dürfte dabei unschädlich sei.

Etwas ähnliches wird man annehmen müssen, wenn der Vertrag die Existenz eines Rechtsverhältnisses nur feststellt. Die parallelen Probleme des Verwaltungsaktsbegriffs werden durch die Lehre dahin gelöst, daß der feststellende

Verwaltungsakt die durch Gesetz begründeten Rechtsverhältnisse konkretisiert und damit letztlich eine neue Rechtslage schafft, so daß auch der feststellende Verwaltungsakt Rechte und Pflichten i.S.d. § 35 VwVfG begründet.[574] Ähnlich wird man für § 54 S. 1 VwVfG annehmen müssen, ein Verwaltungsvertrag begründe oder ändere ein Rechtsverhältnis auch dann, wenn er nur den Inhalt eines vorherigen Rechtsverhältnisses feststellt.

B. *Der Vertrag »auf dem Gebiet des öffentlichen Rechts«*

Auch die Tatbestandsvoraussetzung »auf dem Gebiet des öffentlichen Rechts« wirft erhebliche Probleme auf, die in der bisherigen Lehre nur teilweise gesehen worden sind.

I. Nach der Lehre und Rechtsprechung muß es sich um einen Vertrag handeln, der öffentlich-rechtliche Rechtsfolgen »zum Gegenstand« hat.[575] Darunter ist wiederum zu verstehen, daß ohne Rücksicht auf den Inhalt des Vertrages die Materie, in welcher der Vertrag eine Regelung trifft, dem öffentlichen Recht zuzuordnen ist.[576]
Keine Probleme treten insoweit auf, als die betreffende Materie durch das öffentliche Recht durchnormiert worden ist. Etwas anderes gilt für die Bereiche, in denen wie etwa bei der Leistungsverwaltung (Subventionen) die Rechtsordnung nur die Zuständigkeit der Verwaltungsbehörde und eventuell das einzuhaltende Verfahren regelt. Die Lehre greift in diesen Fällen auf zwei Ansätze zurück. Auf der einen Seite fragt man danach, ob die betreffende Materie dem öffentlichen Recht zuzuordnen wäre, wenn der Gesetzgeber sie umfassend (dem Inhalt des Vertrages entsprechend) geregelt hätte.[577] Auf der anderen Seite wird mit der Interessentheorie danach gefragt, ob die Verwaltung bei Abschluß des Vertrages eine öffentliche Aufgabe wahrgenommen hat.[578] Gegen beide Ansätze werden etwa von *Erichsen*[579] Bedenken angemeldet. Der Rückgriff auf eine entsprechende gesetzliche Regelung führe deshalb nicht zu einem vertretbaren Ergebnis, weil, wenn man die Subjekttheorie an-

574 *Erichsen*, in: Erichsen, § 11 II 4, Rdnr. 29.
575 *Maurer*, § 14, Rdnr. 10 f.; *Bonk*, in: Stelkens/Bonk/Sachs, VwVfG, § 54, Rdnr. 35 m.w.N. f. Lit. und Rspr.
576 *Erichsen*, in: Erichsen, § 24 II, Rdnr. 2; *Henneke*, in: Knack, VwVfG, § 54, Anm. 2 m. zahlr. w. Nachw.
577 Vgl. *Erichsen*, in: Erichsen, § 24 II, Rdnr. 5 m. Nachw. aus Lit.
578 Vgl. zur Interessentheorie *Stelkens*, in Stelkens/Bonk/Sachs, VwVfG, § 1, Rdnr. 55 m. Nachw. aus Lit. und Rspr.; *Maurer*, § 3, Rdnr. 15.
579 *Erichsen*, in Erichsen, § 24 II, Rdnr. 5 ff.

wende, die Regelung der Rechte und Pflichten der Verwaltungsbehörde immer Sonderrecht darstelle. Hier übersieht *Erichsen*, daß eine Lösung durch Rückgriff auf den Gleichheitssatz möglich ist: Ist der Gesetzgeber bei der Regelung des Vertragsinhalts dem Gleichheitssatz entsprechend verpflichtet, die neuen Normen auch auf Privatpersonen zu erstrecken, liegt eine öffentlich-rechtliche Materie der Subjekttheorie entsprechend nicht vor. Implizit macht *Erichsen* allerdings der Subjekttheorie zurecht den Vorwurf, den Begriff des öffentlichen Rechts ohne Rückgriff auf dessen spezifischen Inhalt zu definieren. Das ist nicht nur aus theoretischen Gründen abzulehnen, weil die Definition des öffentlichen Rechts die typischen Strukturunterschiede dieser Materie im Vergleich zum Privatrecht aufdecken muß. Die Subjekttheorie hat vielmehr zur notwendigen Folge, daß, wenn der Gesetzgeber etwa die VOB in ein Gesetz übernimmt, die entsprechenden Verträge nicht mehr dem Privatrecht, sondern dem öffentlichen Recht zugeordnet werden müßten. Das ist aber doch offensichtlich absurd.

Gegenüber der Theorie, die zur Abgrenzung des Gebiets des öffentlichen Rechts auf die öffentlichen Aufgaben der Verwaltung abstellt, wendet *Erichsen*[580] ein, daß einerseits der Begriff zu unbestimmt sei, andererseits die Verwaltung aber auch bei der Erfüllung von öffentlichen Aufgaben (häufig) auf die Form des privatrechtlichen Vertrags zurückgreifen könne. Auch diese beiden Einwände tragen das von *Erichsen* angestrebte Ergebnis nicht. *Erichsen* verkennt, daß zwischen der Zulässigkeit des Verwaltungsvertrages und der Frage zu unterscheiden ist, ob die Verwaltung, wenn sie eine Wahlfreiheit zwischen dem öffentlich-rechtlichen und dem privatrechtlichen Vertrag besitzt, einen öffentlich-rechtlichen Vertrag abgeschlossen hat. Allerdings ist *Erichsen* zuzugeben, daß § 54 VwVfG beide Fragen zu lösen versucht und deshalb bei der Interpretation dieser Vorschrift schwierigste Probleme auftreten.

Gegen den Vorwurf der Unbestimmtheit dieses Begriffes wird man einwenden müssen, daß die Verwaltung immer dann öffentliche Aufgaben wahrnimmt, wenn sie nicht reine Hilfsgeschäfte der Verwaltung tätigt. Die Zulässigkeit des Verwaltungsvertrages für diesen Gesamtbereich dürfte außer Frage stehen. Umgekehrt kann vielmehr nur die Frage aufgeworfen werden, ob, soweit nach § 54 VwVfG der Abschluß eines verwaltungsrechtlichen Vertrages zulässig ist, die Wahlfreiheit der Verwaltung zwischen dem öffentlichen und dem privatrechtlichen Vertrag ausgeschaltet wird. Das ist in der Literatur insbesondere für den Subventionsvertrag bekanntlich äußerst umstritten.[581] Zur Beantwortung dieser Frage wird man darauf zurückgreifen

580 *Erichsen*, § 24 II, Rdnr. 5 f.

581 Vgl. dazu *D. Ehlers*, Verwaltung in Privatrechtsform, 1984, S. 64 ff, 350 ff.; *W. Rüfner*, Formen öffentlicher Verwaltung im Bereich der Wirtschaft, 1987, S. 352 ff.

müssen, daß die dem Schutz des Bürgers vor der Übermacht der Verwaltung dienenden § 55 ff. VwVfG zumindest analog im Rahmen privatrechtlicher Verträge angewendet werden müssen. Ob man schon in einem solchen Fall davon ausgeht, daß der privatrechtliche Vertrag sich in einen Verwaltungsvertrag verwandelt, kann fraglich sein und wird weiter unten beantwortet werden.

Ist man der Auffassung, die Verwaltung besitze neben der ursprünglichen Wahlfreiheit zwischen einem Verwaltungsakt und dem Abschluß eines privatrechtlichen Vertrages auch nach Zulassung des Verwaltungsvertrags diese Wahlfreiheit noch, erstreckt sich diese Freiheit heute auf den Verwaltungsakt, den Verwaltungsvertrag und den privatrechtlichen Vertrag. Dabei nimmt *Erichsen*[582] zu Recht an, daß eine Vermutung bestehe, daß die Verwaltung, wenn sie im Bereich der öffentlichen Aufgaben tätig wird, in der Regel öffentlich-rechtliche Handlungsformen benutzen wird. Diese Vermutung aber beruht auf dem objektiven und subjektiven Rechtsstaatsprinzip, da nur dann, wenn die Verwaltung öffentlich-rechtliche Handlungsformen benutzt, die durch diesen Grundsatz geschützten öffentlichen und privaten Interessen hinreichend durchgesetzt werden.

Die herrschende Lehre übersieht aber, daß das Problem der Zuordnung zum öffentlichen Recht weitgehend durch Rückgriff auf die Subordinationstheorie[583] gelöst werden kann. In der Tat ist der primäre Anwendungsbereich auch des § 54 S. 1 der subordinationsrechtliche Vertrag i.S.d. § 54 S. 2 VwVfG. Mit der Subordinationstheorie ist aber davon auszugehen, daß eine Materie dem öffentlichen Recht zuzuordnen ist, wenn in der betreffenden Materie eine einseitige Regelung durch einen Verwaltungsakt möglich ist. Insbesondere wenn es sich wie bei den meisten Subordinationsverträgen um Leistungen der Verwaltung i.e.S. handelt, greift der Gesetzesvorbehalt für die Form des Verwaltungsaktes nicht ein. Begünstigende Verwaltungsakte können dabei auch im Rahmen der Auflage Verpflichtungen des Bürgers ohne gesetzliche Grundlage begründen (Saldotheorie).[584]

Die obigen Darlegungen zeigen damit deutlich, daß das Problem der Zuordnung einer Materie zum öffentlichen Recht nicht durch die ausschließliche Anwendung einer der drei in der Literatur vertretenen Theorien gelöst werden kann, daß vielmehr neben der Subjekttheorie auch auf die Subordinationstheorie und die Interessentheorie zurückzugreifen ist. Alle drei Theorien haben dabei einen begrenzten Aussagewert.[585]

582 *Erichsen*, § 24 II, Rdnr. 5 ff.

583 Zur Subordinationstheorie *Maurer*, § 3, Rdnr. 16; *Ehlers*, in: Erichsen, § 2 III, Rdnr. 16 m.w.N.

584 Vgl. *Bleckmann*, Subventionsrecht, 1978, S. 100.

585 So auch allg. *Maurer*, § 3, Rdnr. 19; vgl. auch *Ehlers*, in: Erichsen, § 2 III, Rdnr. 30.

II. Die herrschende Lehre übersieht ferner, daß nach dem Wortlaut des § 54 S. 1 VwVfG ein Vertrag »auf dem Gebiet des öffentlichen Rechts« auch dann abgeschlossen wird, wenn zwar die Materie, in welcher der Abschluß erfolgt, an sich dem Privatrecht zugeordnet werden könnte, die rechtliche Regelung des Vertrages selbst aber dem öffentlichen Recht zuzuordnen ist. Das ist insbesondere dann der Fall, wenn auf diesen Vertrag die für den subordinationsrechtlichen Vertrag i.S.d. § 54 S. 2 im Verwaltungsverfahrensgesetz vorgesehenen besonderen Regeln der §§ 55 ff. greifen. Aber auch, wenn etwa bei einem koordinationsrechtlichen Vertrag zwischen der Behörde und ihrem Vertragspartner ein Unternehmen an der Erledigung öffentlicher Aufgaben mitwirkt, wird man annehmen müssen, daß die einschlägigen Normen etwa des bürgerlichen Werkvertragsrechts wegen des involvierten besonderen öffentlichen Interesses durch öffentlich-rechtliche Regeln überlagert werden. Das ist, wie wir sehen werden, insbesondere im französischen Recht der Fall.

III. Die obigen Ausführungen gestatten auch eine Lösung der Frage nach der einheitlichen Zuordnung von Rechtsverhältnissen zum öffentlichen oder zum privaten Recht. Ein Teil der Lehre hat angenommen, daß, wenn im Rahmen des § 56 VwVfG die Leistung der Verwaltungsbehörde dem öffentlichen Recht, die Leistung des Vertragspartners dagegen wegen ihrer Neutralität (Leistung einer Geldsumme, Übereignung eines Grundstücks) an sich dem Privatrecht zuzuordnen ist, ein »gemischter« Vertrag vorliegt, der teilweise nach den Regeln des öffentlichen Rechts, teilweise nach den Regeln des Privatrechts zu beurteilen ist. Die durchaus herrschende Lehre[586] geht dagegen von der notwendigen Einheit des Rechtsverhältnisses aus. Wenn ein Teil des Vertrages dem öffentlichen Recht zuzuordnen ist, zieht diese Regelung nach sich, daß auch die Gegenleistung des Bürgers dem öffentlichen Recht zuzuordnen ist. Dieser Ansatz ist an sich richtig, weil Leistung und Gegenleistung eng aufeinander bezogen sind, die Gegenleistung also nur bei Würdigung auch der Leistung der Verwaltungsbehörde beurteilt werden kann, bei unterschiedlichen Rechtswegen aber abweichende Entscheidungen und damit dem Rechtsstaatsprinzip widersprechende Lösungen zu erwarten sind. Die herrschende Lehre übersieht aber, daß in diesen Fällen die Gegenleistung des Bürgers durch § 56 VwVfG geregelt ist, also schon aus diesem Grunde voll dem öffentlichen Recht zugeordnet werden muß. Die herrschende Lehre hat sich dieser Erkenntnis deshalb versperrt, weil sie als im Gebiet des öffentlichen Rechts abgeschlossene Verträge nur solche Vereinbarungen ansieht, die eine Materie regeln, welche vor Anwendung der §§ 54 ff. VwVfG öffentlich-rechtlich geregelt sind.

586 Vgl. statt vieler *Erichsen*, in: Erichsen, § 25 II, Rdnr. 3.

Schließlich liegt ein öffentlich-rechtlicher Vertrag nicht schon dann vor, wenn das Gesetz den Abschluß eines bestimmten Vertrages gestattet und damit andere Verträge verbietet. In diesen Fällen liegt ein privatrechtlicher Vertrag vor, auf den § 134 BGB Anwendung findet. Ein öffentlich-rechtlicher Vertrag setzt damit voraus, daß das öffentliche Recht die aus dem Rechtsverhältnis fließenden Rechte und Pflichten zwischen den Vertragsparteien selbst regelt.

C. *Bereiche, in denen der Abschluß eines Verwaltungsvertrages durch Rechtsvorschriften ausgeschlossen ist*

Nach § 54 S. 1 VwVfG ist der Abschluß eines Verwaltungsvertrages unzulässig, wenn er durch Rechtsvorschriften verboten wird. Auch mit dieser Gesetzesklausel hat die Lehre die größten Schwierigkeiten. Nach der wohl überwiegenden Ansicht betrifft diese Klausel nur die äußerst seltenen Fälle, in denen nach dem Wortlaut, dem Sinn oder Zweck des Gesetzes der Erlaß eines Verwaltungsaktes zwingend vorgeschrieben ist.[587] Dies ist etwa bei der Beamtenernennung der Fall, die aufgrund der Gesetze nur durch Übergabe einer Urkunde erfolgen kann, in welche die übrigen Klauseln eines Verwaltungsvertrages nicht aufgenommen werden können.[588] Wohl in der richtigen Erkenntnis, daß durch eine solche Interpretation der Anwendungsbereich des § 54 S. 1 weitgehend ins Leere fiele, folgt *Erichsen* der Auffassung, der Rückgriff auf den Verwaltungsakt indiziere insbesondere bei den Gesetzen, die nach Erlaß des VwVfG veröffentlicht worden sind, die Auffassung des Gesetzgebers, in diesen Materien sei der Abschluß eines Verwaltungsvertrages ausgeschlossen.[589]

Die wohl herrschende Lehre lehnt die Meinung von *Erichsen* mit der wohl richtigen Begründung ab, bei dem Rückgriff nur auf den Verwaltungsakt handle es sich um das primäre, normale Handlungsmittel der Verwaltung; der Gesetzgeber habe sich darauf verlassen, daß das Problem, inwieweit der Verwaltungsakt durch einen Verwaltungsvertrag ersetzt werden könne, durch das Verwaltungsverfahrensgesetz geregelt werde, so daß es hierzu weiterer Überlegungen bei Erlaß jedes neuen Gesetzes nicht bedarf.[590]

Die herrschende Lehre übersieht aber, daß der Verwaltungsvertrag in der Regelung durch die §§ 54 ff. VwVfG in bestimmten Fallgruppen dem Rechtsstaatsprinzip widersprechend die Interessen der Bürger und insbesondere

587 Vgl. etwa *Meyer*, in: Meyer/Borgs, VwVfG, § 54, Rdnr. 70; *Kopp*, VwVfG, § 54, Rdnr. 28.
588 Weitere Beispiele bei *Maurer*, § 14, Rdnr. 26 f.
589 *Erichsen*, in: Erichsen, § 26 II, Rdnr. 4.
590 *Meyer*, in: Meyer/Borgs, VwVfG, § 54, Rdnr. 70.

auch die den Privatinteressen gegenübertretenden öffentlichen Interessen nicht hinreichend schützt. Wenn etwa meinen folgenden Darlegungen entsprechend die §§ 56 und 60 VwVfG nicht so interpretiert werden, daß sie wie die §§ 48 ff. VwVfG die Interessen des Bürgers dem Rechtsstaatsprinzip entsprechend hinreichend schützen, dürfte in bestimmten Fallgruppen der Abschluß eines Verwaltungsvertrages nicht gestattet sein. Auf der anderen Seite wird auch das öffentliche Interesse nicht hinreichend geschützt, wenn nicht dem § 61 VwVfG entsprechend in den Vertrag die Möglichkeit einer unmittelbaren Vollstreckung aufgenommen wird. Das gilt insbesondere in den Fällen, in denen eine Polizeiverfügung i.w.S. durch einen Verwaltungsvertrag ersetzt wird. Hier verlangt das öffentliche Interesse zwingend die Möglichkeit eines unmittelbaren Vollzugs durch Verwaltungsakte und Zwangsmaßnahmen.

Es läßt sich aber die Frage stellen, ob die zitierte Klausel nicht noch weiter erstreckt werden muß und alle Fälle umfaßt, in denen die Verwaltung die gewünschten Effekte durch den Erlaß eines Verwaltungsaktes erreichen kann. Wir haben in der Tat oben gesehen, daß auch nach Erlaß des Verwaltungsverfahrensgesetzes der Verwaltung der Abschluß eines Verwaltungsvertrages nicht gestattet ist, wenn sie die Materie effektiv und hinreichend auch durch Verwaltungsakt regeln kann. Das beruht auf der Tatsache, daß der Verwaltungsakt auch heute noch das primäre Handlungsmittel der Verwaltung ist, weil gegen den Verwaltungsvertrag insbesondere wegen der ungleichen Bargaining-Power der Vertragspartner erhebliche verfassungrechtliche Bedenken bestehen, der Verwaltungsvertrag also nur dann zulässig sein kann, wenn er durch legitime der Verfassung entsprechende Gründe gedeckt ist.[591]

Will man diese Regel nicht im Rahmen der Ausschlußklausel berücksichtigen, wird man annehmen müssen, daß die Verwaltung ihr Ermessen bei der Wahl zwischen dem Verwaltungsakt und dem Verwaltungsvertrag dann fehlerhaft ausübt, wenn sie einen Vertrag schließt, obwohl der Erlaß eines Verwaltungsaktes ausreicht.[592]

Die herrschende Lehre bezieht die Ausschlußklausel des § 54 S. 1 VwVfG nur auf die Zulässigkeit der Form des Verwaltungsvertrages. Nach einer von *Ule/Laubinger*[593] entwickelten, von einer Reihe anderer Autoren[594] übernommenen zweiten Theorie muß die Ausschlußklausel dagegen auch auf den Grundsatz der Gesetzmäßigkeit der Verwaltung bezogen werden. I.S.d. § 54 S. 1 VwVfG ist der Vertrag nur dann zulässig, wenn die Leistungen und Gegenleistungen sich im Rahmen der Gesetze halten.

591 Siehe auch oben § 5.
592 Dazu näher unten E.
593 *Ule/Laubinger*, § 70 I, Rdnr. 3 ff.
594 Vgl. dazu die Nachw. bei *Meyer*, in: Meyer/Borgs, VwVfG, § 54, Rdnr. 66.

Bei der Beurteilung dieser Theorie ist davon auszugehen, daß, wie wir in unseren Darlegungen zu § 59 II Ziff. 2 VwVfG zeigen werden,[595] die Verwaltung natürlich an sich auch beim Abschluß eines Verwaltungsvertrages in vollem Umfang an das Gesetz gebunden ist. Die von der Literatur nicht behandelte Frage ist nur, ob diese Problematik im Rahmen der Ausschlußklausel des § 54 S. 1, im Rahmen der Tatbestandsvoraussetzungen der §§ 55 und 56 oder im Rahmen des § 59 II VwVfG relevant wird. Diese Frage muß sich nach den unterschiedlichen Rechtsfolgen einer solchen Zuordnung richten.
Versucht man die Problematik in der Ausschlußklausel des § 54 S. 1 VwVfG zu verorten, stehen zwei Möglichkeiten zur Wahl. Entweder folgt man der Auffassung, auch auf die Ausschlußklausel des § 54 S. 1 sei § 59 II Ziff. 2 VwVfG anwendbar. Dann wird zwar die »materielle« Zulässigkeit des Verwaltungsvertrages dem Sinn und Zweck des Gesetzes entsprechend nach § 59 II Ziff. 2 VwVfG beurteilt. Eine solche Zuordnung hat aber den Nachteil, daß auch die »formelle« Zulässigkeit des Verwaltungsvertrages nur die Rechtsfolge des § 59 II Ziff. 2 VwVfG nach sich zöge: Der Vertrag würde deshalb auch dann wirksam, wenn er an sich formell unzulässig ist, diese Unzulässigkeit den Parteien aber bei Vertragsschluß nicht bekannt war. Eine solche Lösung ist dem Problem der formellen Zulässigkeit nicht adäquat. Nach der herrschenden Lehre[596] müssen deshalb die Nichtigkeitsgründe des § 59 VwVfG um die formelle Zulässigkeit des Verwaltungsvertrages ergänzt werden.
Lehnt man diese Lösung ab, könnte die Problematik der materiellen Zulässigkeit gleichzeitig mit der formellen Zulässigkeit im obigen Sinne so geregelt sein, daß ein unzulässiger Vertrag nach den obigen Ausführungen stets nichtig wäre. Diese Lösung entspricht zwar dem Problem der formellen, nicht aber der Problematik der nur materiellen Unzulässigkeit. Eine solche Interpretation hätte nämlich zur Folge, daß die in § 59 II Ziff. 2 VwVfG festgelegten Nichtigkeitsfolgen völlig leerlaufen würden. Auch wenn ein entsprechender Verwaltungsakt wegen des Verstoßes gegen ein Gesetz rechtswidrig wäre, wäre der Verwaltungsakt ohne Rücksicht auf die Kenntnis der Parteien stets nichtig.
In diesem Rahmen muß vorweg darauf hingewiesen werden, daß die Problematik der Gesetzmäßigkeit des entsprechenden Verwaltungsaktes auch nicht in §§ 55 und 56 VwVfG verortet werden kann, weil dann die Ziffern 3 und 4 anwendbar, § 59 II Ziff. 2 VwVfG aber völlig leerlaufen würden. Wir kommen damit zu dem Ergebnis, daß diese Problematik ausschließlich dem § 59 II Ziff. 2 VwVfG zuzuordnen ist.
Fraglich ist, nach welchen Regeln die Unzulässigkeit eines Verwaltungsvertrages sanktioniert werden soll. Denkbar sind insoweit zwei Möglichkeiten:

595 Dazu näher unten, § 11.
596 Vgl. *Meyer*, in: Meyer/Borgs, VwVfG, § 54, Rdnr. 71 m. Nachw.

Zunächst einmal ist, bevor das Verwaltungsverfahrensgesetz erlassen wurde, das Problem der Zulässigkeit verwaltungsrechtlicher Verträge breit und heftig diskutiert worden.[597] Ein Teil der Lehre forderte damals eine gesetzliche Ermächtigung. Nach der damals wohl überwiegenden Auffassung sollte ein Verwaltungsvertrag dagegen stets auch ohne eine solche Ermächtigung stets zulässig sein, wenn das Gesetz diese Verträge nicht ausdrücklich ausschließt. Dieses Problem ist von § 54 S. 1 VwVfG dahin gelöst worden, daß er einerseits die von der Mindermeinung geforderte gesetzliche Ermächtigung generell zur Verfügung stellt, auf der anderen Seite aber mit der herrschenden Lehre einen Verwaltungsvertrag ausschließt, wenn das Gesetz dies bestimmt. Die heutige Lehre übersieht dabei, daß dieses Problem auch heute noch eine entscheidende Rolle für die Art der Sanktion eines unzulässigen Verwaltungsvertrages spielen kann. In der Debatte vor 1967 stand im Mittelpunkt die Frage, wann ein Verwaltungsakt durch einen Verwaltungsvertrag ersetzt werden könne. Gleichzeitig aber schwang der Gedanke mit, daß die Bindungswirkung eines Verwaltungsvertrages einer ausdrücklichen Anordnung durch die Rechtsordnung bedarf.

Diese zweite Frage spielt nun offensichtlich für die Sanktion der Verletzung der Regeln über die Zulässigkeit des Verwaltungsvertrages auch heute noch eine entscheidende Rolle. Man kann in der Tat die Auffassung vertreten, ein unzulässiger Vertrag könne seine Bindungswirkung auf § 54 VwVfG nicht stützen und sei schon aus diesem Grunde wirkungslos. Bei der Beurteilung dieser Frage wird man darauf zurückgreifen müssen, daß, da die Verwaltung sich auf Grundrechte nicht stützen kann und deshalb die vom BGB für die Bindungswirkung der Verträge von Privatleuten stets vorauszusetzende Privatautonomie nicht gilt, Verträge der Verwaltung nicht auf das BGB, sondern nur auf eine Annexkompetenz der Verwaltung gestützt werden können: Nach dieser auf die Lehre von den implied powers zurückgreifenden Theorie muß auch die Verwaltung privatrechtliche Verträge schließen können, wenn dies zur Erfüllung ihrer Aufgaben zwingend erforderlich ist. Diese implied powers-Theorie nun begründet offensichtlich die Bindungswirkung nicht nur der privatrechtlichen, sondern auch der öffentlich-rechtlichen Verträge. Hier liegt überdies eine weitere Wurzel auch des Grundsatzes, daß die Verwaltung Verwaltungsverträge dann nicht schließen darf, wenn sie den verfolgten legitimen Zweck auch durch Erlaß eines Verwaltungsaktes erreichen kann. Es ist wohl davon auszugehen, daß auch § 54 VwVfG bei der generellen Zulassung des Verwaltungsvertrages die Theorie der Annexkompetenzen der Verwaltung zugrunde gelegt hat. Dabei hat diese Bestimmung aber gleichzeitig auch den Inhalt der Annexkompetenz auf die nach dieser Bestimmung zulässigen Verträge bindend begrenzt. Das aber bedeutet, daß unzulässige Verträge

597 Siehe zur Entwicklung bei *Maurer*, § 14, Rdnr. 21 ff. m. Nachw.

schon mangels Kompetenz der Verwaltung eine Bindungswirkung nicht entfalten können. Man kann dies, da die Nichtigkeit mit der fehlenden Bindungswirkung übereinstimmt, auch dahin ausdrücken, daß die Unzulässigkeit des Vertrages als weiterer Nichtigkeitsgrund neben § 59 VwVfG tritt.

D. *Der subordinationsrechtliche Vertrag*

Nach § 54 S. 2 VwVfG kann ein Verwaltungsakt dem Wortlaut nach stets durch einen Verwaltungsvertrag ersetzt werden. Nach der einmütigen Auffassung der Lehre[598] ist diese Vorschrift, wie die Begründung des Gesetzesentwurfs durch die Bundesregierung zeigt, zu eng geraten. Einerseits werde durch diese Regelung etwa auch ein Vertrag erfaßt, in welchem sich die Behörde zum Erlaß oder zum Unterlassen eines Verwaltungsaktes verpflichtet. Auf der anderen Seite kann der Vertrag etwa auch mit dem Dritten (Konkurrent bei Subventionen, Nachbar bei einer Baugenehmigung) geschlossen werden, also nicht nur mit dem Adressaten des Verwaltungsaktes.[599]

Die Lehre erbringt dabei den Nachweis für eine so weite Auslegung des § 54 S. 2 VwVfG nicht. Nur *Erichsen*[600] greift insoweit darauf zurück, daß in all diesen Fällen der Vertragspartner des Schutzes der §§ 55 ff. VwVfG bedarf. *Erichsen* ist dabei der Auffassung, als Subordinationsverträge seien alle Abkommen zwischen einer Behörde und einer Privatperson zu verstehen. Dieser an sich richtige Ansatz greift dabei wiederum zu weit.

Der durch die §§ 55 ff. VwVfG versuchte Schutz des Bürgers ist, wenn man auf den Wortlaut des § 54 S. 2 VwVfG zurückgreift, nur dann erforderlich, wenn die Verwaltung über eine dem Bürger überlegene Verhandlungsmacht verfügt, weil sie die betreffende Materie auch durch Verwaltungsakt einseitig regeln könnte. Der Anwendungsbereich des § 54 S. 2 VwVfG wird so durch den Rückgriff auf den Sinn und Zweck der §§ 55 f., insbesondere des § 56 VwVfG, bestimmt. Zu bedenken bleibt aber, ob auch eine zumindest analoge Anwendung des § 56 VwVfG dann erforderlich wird, weil die erhöhte Bargaining-Power der Verwaltung etwa auf der Tatsache beruht, daß die Verwaltung für diese Leistungen ein Monopol besitzt. Ob man in solchen Fällen den Vertrag als Verwaltungsvertrag i.S.d. § 54 S. 2 VwVfG begreift oder ob man vom privatrechtlichen Charakter dieses Vertrages ausgeht und § 56 VwVfG nur

598 Vgl. etwa *Meyer*, in: Meyer/Borgs, VwVfG, § 54, Rdnr. 46 ff.
599 Ebenso *Bonk*, in: Stelkens/Bonk/Sachs, VwVfG, § 54, Rdnr. 28.
600 *Erichsen*, in: Erichsen, § 24, Rdnr. 2.

analog anwendet, kann durch Rückgriff auf die Interpretation der §§ 54 ff. VwVfG offensichtlich allein nicht entschieden werden.

Da auch in den Fällen, in denen die Verwaltung einen Verwaltungsvertrag mit einem Dritten (Konkurrent, Nachbar) über den Erlaß eines Verwaltungsaktes gegenüber dem Adressaten abschließt, wegen der Möglichkeit einer einseitigen Regelung durch Verwaltungsakt die Verwaltung eine dem Bürger überlegene Verhandlungsmacht besitzt, handelt es sich um einen subordinationsrechtlichen Vertrag i.S.d. § 54 S. 2 VwVfG. Allerdings ist darauf hinzuweisen, daß bei diesen Verträgen der § 59 II Ziff. 2 VwVfG der geänderten Interessenlage angepaßt werden muß. Dieses Problem werden wir im Rahmen unserer Kommentierung des § 58 (Zustimmung des Dritten zum Verwaltungsvertrag)[601] abhandeln.

Auch eine Verpflichtung zum Erlaß eines adressatenlosen Verwaltungsaktes muß möglich sein. Das ist etwa der Fall, wenn die Behörde mit den Anliegern einer Straße einen Vertrag über eine Widmungsänderung abschließt, nach welchem in Zukunft der Schwerverkehr diese Straße nicht mehr benutzen darf.

Die herrschende Lehre übersieht schließlich, daß im Gegensatz zum Wortlaut des § 54 S. 2 VwVfG das Verhältnis zwischen dem Verwaltungsvertrag und dem Verwaltungsakt durchaus verschiedene Formen annehmen kann.

Von der Lehre gesehen werden dabei die drei Fälle, in denen der Verwaltungsakt durch den Verwaltungsvertrag ersetzt wird, die Verwaltung die Verpflichtung zum Erlaß oder Unterlassen eines Verwaltungsaktes übernimmt und in welchem der Verwaltungsakt als »Verfügungsgeschäft«, wie etwa bei der Beamtenernennung, neben den Verwaltungsvertrag tritt. Wir werden später sehen, daß § 54 S. 2 VwVfG grundsätzlich nicht ausschließt, daß etwa zum Schutz des Dritten dem Verwaltungsvertrag ein (fingierter) Verwaltungsakt vorgeschaltet wird. Auch das Problem, wie ein dem Vertrag folgender Verwaltungsakt beurteilt werden muß, der versucht, eine dem Vertrag widersprechende Regelung durchzusetzen, wird in der Literatur nur selten behandelt. Im deutschen Recht, das die Normen des Verwaltungsrechts stark »subjektiviert« hat, macht der Verstoß auch gegen aus einem Vertrag fließende subjektive Rechte den Verwaltungsakt rechtswidrig und damit aufhebbar. Dieses Problem wird unter der »Bestandskraft« des Verwaltungsvertrages abzuhandeln sein.

601 Siehe unten § 10 II.

E. *Ermessensfehler der Verwaltung bei der Wahl zwischen dem Verwaltungsakt und dem Verwaltungsvertrag*

I. Nach den allgemeinen Regeln des Verwaltungsrechts muß die Verwaltung auch bei der ihr durch § 54 S. 2 VwVfG eröffneten Wahlfreiheit zwischen dem Verwaltungsakt und dem Verwaltungsvertrag ihr Ermessen pflichtgemäß ausüben.[602] Danach hat sie die Vor- und Nachteile der einen oder anderen Handlungsform für die Interessen sowohl der Verwaltung als auch des Vertragspartners unter Rückgriff auf sachliche Gründe miteinander abzuwägen. Daß das Verwaltungsverfahrensgesetz von dieser Theorie ausgeht, zeigt etwa der Hinweis auf das pflichtgemäße Ermessen im Rahmen des § 55 VwVfG als pars pro toto sehr deutlich.
Dieses Ermessen kann die Verwaltung insbesondere in zwei Fällen fehlerhaft ausüben. Wir haben uns in der Tat oben für die Lösung ausgesprochen, daß die Verwaltung einen Verwaltungsvertrag nur dann abschließen darf, wenn der Erlaß eines Verwaltungsaktes für die Durchsetzung der öffentlichen und privaten Interessen nicht ausreicht, und daß dieses Problem im Rahmen der Ausschlußklausel des § 54 S. 1 VwVfG verortet ist. Folgt man zwar dem ersten, nicht aber dem zweiten dieser beiden Ansätze, muß dieses Problem bei der Frage nach der richtigen Ermessensausübung verankert werden. Dabei ist zu berücksichtigen, daß nicht nur die Interessen des Adressaten eines eventuellen Verwaltungsaktes, sondern auch die Interessen eines Dritten zu berücksichtigen sind, in welche der begünstigende Verwaltungsakt eingreift. Den zweiten Fall im Rahmen dieses Problems stellt der Rückgriff auf den Gleichheitssatz des Art. 3 I GG dar. Dabei ist zu berücksichtigen, daß der Abschluß von Verwaltungsverträgen und der Erlaß eines Verwaltungsaktes unterschiedliche Rechtsfolgen haben, welche die betroffenen Privatpersonen begünstigen, aber auch benachteiligen können. Hat die Verwaltung in bestimmten Fallgruppen stets Verwaltungsverträge abgeschlossen, so ist also wegen der durch den Gleichheitssatz bewirkten Selbstbindung davon auszugehen, daß auch mit einem eventuellen Dritten ein Verwaltungsvertrag abzuschließen ist.

II. In diesen beiden Fällen entsteht nun das Problem, welche Rechtsfolgen die verfehlte Ermessensausübung beim Abschluß eines Verwaltungsvertrages nach sich ziehen muß. Denkbar sind insoweit zwei Lösungen: Auf der einen Seite kann man zum Schutz des Bürgers oder eines Dritten dem Verwaltungsvertrag einen fingierten Verwaltungsakt vorschieben, der wegen des Ermessensmißbrauchs rechtswidrig wäre und deshalb im Anfechtungsverfahren aufzuheben wäre. Da dieser Verwaltungsakt die notwendige Voraussetzung des

602 Vgl. auch *Maurer*, § 14, Rdnr. 25.

folgenden Verwaltungsvertrages ist, wäre der Verwaltungsvertrag bei einer fehlerhaften Ermessensausübung bei der Wahlfreiheit zwischen Verwaltungsvertrag und Verwaltungsakt nichtig. Im Gegensatz zum Sinn und Zweck des § 59 II Ziff. 2 VwVfG würde der Verstoß gegen die Ermessensregeln also schwerer sanktioniert als der Verstoß gegen ein Gesetz. Das dürfte dem Sinn und Zweck des Verwaltungsverfahrensgesetzes wohl kaum entsprechen. Dasselbe würde gelten, wenn man dieses Problem den Zulässigkeitsvoraussetzungen für einen Verwaltungsvertrag zuordnete. Der Verwaltungsvertrag wäre auch dann bei falscher Ermessensausübung stets nichtig. Man wird deshalb die Problematik in § 59 II Ziff. 2 VwVfG verankern müssen.

F. *Ausschließliche Zulässigkeit von Austausch- und Vergleichsverträgen?*

Unter Rückgriff auf den Wortlaut des § 54 S. 2 VwVfG folgt die herrschende Lehre[603] der Auffassung, die §§ 55 und 56 VwVfG umschrieben die zulässigen Vertragstypen nicht abschließend. Dieser Auffassung vermag ich aus einem doppelten Grunde nicht zu folgen. Wie ich in den vorangehenden Ausführungen schon dargelegt habe, ist der Wortlaut des § 54 S. 2 VwVfG auf der einen Seite zu eng, auf der anderen Seite zu weit ausgefallen. Wegen der Primärfunktion des Verwaltungsaktes ist der Abschluß eines Verwaltungsvertrages nur zulässig, wenn die verfassungsrechtlichen Bedenken gegen einen Verwaltungsvertrag durch legitime Interessen durchbrochen werden. Grundsätzlich liegen solche legitimen, der Verfassung entsprechenden privaten und öffentlichen Interessen aber nur beim Austausch- und beim Vergleichsvertrag vor. Daneben ist ein Verwaltungsvertrag nur dann zulässig, wenn die Vertragsform die Verwaltung von der Einhaltung der Rechtsordnung in einem weiteren Umfang befreit als beim Abschluß eines Verwaltungsaktes.

Diese Regeln fließen auch aus der Systematik der §§ 54 ff. VwVfG selbst. Wir werden in der Tat sehen, daß ein Vergleichsvertrag nach § 55 VwVfG auch dann zulässig ist, wenn ein gegenseitiges Nachgeben der Vertragspartner vorliegt, ohne daß dieses gegenseitige Nachgeben die Form eines Austauschvertrages i.S.d. § 56 VwVfG annimmt. Das ist insbesondere dann der Fall, wenn die Gegenleistung des Bürgers durch einen Vergleichsvertrag festgelegt wird. Für diesen Fall weicht die Regelung des § 59 II Ziff. 3 von der des § 59 II Ziff. 2 VwVfG ab. Wenn aber schon bei Vorliegen einer Ungewißheit nur die Nichtigkeitsfolgen des § 59 II Ziff. 3 VwVfG greifen, kann ein Verwal-

603 Vgl. etwa *Meyer*, in: Meyer/Borgs, VwVfG, § 54, Rdnr. 49 ff.; *Maurer*, § 14, Rdnr. 15; *Achterberg*, § 21, Rdnr. 256 ff.

Bleckmann, DÖV 03, 155

tungsvertrag, der ohne Gegenleistung des Bürgers nur die Leistung der Verwaltungsbehörde regelt, nicht in weiterem Umfang Wirkung beanspruchen als ein entsprechender Vergleichsvertrag.
Von dieser Lösung greift allerdings eine Ausnahme dann, wenn die Verwaltung im Rahmen eines Verwaltungsvertrages vom Gesetz stärker abweichen kann als beim Erlaß eines Verwaltungsaktes. Diesen Fall werden wir im Rahmen unserer Kommentierung des § 59 II Ziff. 2 VwVfG näher behandeln.[604] In diesen Fällen ist der Verwaltungsvertrag entgegen der allgemeinen Regel des § 59 II Ziff. 2 VwVfG selbst dann nicht nichtig, wenn den Vertragsparteien die Rechtslage bekannt war. Auf der anderen Seite muß der Abschluß eines solchen Verwaltungsvertrages zulässig sein, weil die Verwaltung und der Bürger das angestrebte Ergebnis nicht durch einen Verwaltungsakt, sondern nur durch den Abschluß eines Verwaltungsvertrages erreichen können.

G. *Einzelne Vertragstypen*

I. *Die Verpflichtung zum Erlaß oder zum Unterlassen eines Verwaltungsaktes*

Wie wir oben gezeigt haben, ist der Wortlaut des § 54 S. 2 VwVfG zu eng geraten: Diese Vorschrift und die §§ 55 ff. VwVfG sind deshalb auch nach Ansicht der Lehre auch auf die Verträge der Behörden anzuwenden, die eine Verpflichtung zum Erlaß oder Unterlassen eines Verwaltungsaktes begründen. Obwohl gerade in diesem Fall die von *Bullinger*[605] im Anschluß an das britische Verwaltungsrecht vertretenen Bedenken greifen, die souveräne Hoheitsgewalt des Staates könne vertraglich nicht gebunden werden, wird man der Auffassung der herrschenden Lehre[606] folgen müssen, die solche Verträge für zulässig und wirksam ansieht. Der Grund hierfür ist in der Tatsache zu sehen, daß bei der Übernahme der Pflicht zum Erlaß oder Unterlassen eines Verwaltungsaktes die Behörde alle Erwägungen prüfen muß, die beim Erlaß des Verwaltungsaktes selbst greifen, so daß die Richtigkeit der staatlichen Entscheidung auch bei Eingehung einer entsprechenden Verpflichtung grundsätzlich gewährleistet ist.
In Übereinstimmung mit der herrschenden Lehre wird man auch annehmen müssen, daß auf diese Verpflichtung der Behörde die Vorschriften des § 59 II

604 Siehe unten § 11.
605 *Bullinger*, Vertrag und Verwaltungsakt, 1962.
606 Vgl. etwa *Meyer*, in: Meyer/Borgs, VwVfG, § 54, Rdnr. 52; *Erichsen*, in: Erichsen, § 26, Rdnr. 2; *Bonk*, in: Stelkens/Bonk/Sachs, VwVfG, § 54, Rdnr. 62 ff. alle m.w.N.

VwVfG anwendbar sind: In der Tat muß das Vertrauen des Bürgers in den Bestand einer solchen Verpflichtung ebenso geschützt werden, wie wenn der Verwaltungsvertrag selbst den Verwaltungsakt ersetzt. Grundsätzlich ist die Übernahme einer Verpflichtung zum Erlaß oder zum Unterlassen eines Verwaltungsaktes also nur nichtig, wenn der entsprechende Verwaltungsakt rechtswidrig wäre und dies den Parteien bei Vertragsschluß bekannt war.

Eine hiervon zu unterscheidende Frage ist, ob der spätere Verwaltungsakt selbst rechtswidrig und damit aufhebbar ist, wenn er zwar dem Recht entspricht, aber gegen die Verpflichtung der Verwaltung aus dem Verwaltungsvertrag verstößt. Im Gegensatz zum französischen Recht, nach welchem ein Verwaltungsakt nur dann rechtswidrig sein kann, wenn er gegen das objektive Recht verstößt, kann im stärker subjektivierten deutschen Verwaltungsrecht auch der Verstoß gegen einen Vertrag den Verwaltungsakt rechtswidrig machen. Das folgt aus der Tatsache, daß nach § 113 VwGO der Verwaltungsakt aufgehoben werden muß, wenn er subjektive Rechte des Klägers verletzt. Dieser Fall dürfte aber auch dann vorliegen, wenn das subjektive Recht durch einen Verwaltungsvertrag begründet worden ist.[607]

Bei einer näheren Analyse ist der spätere Verwaltungsakt aber nicht nur an den Vertrag, sondern auch an das objektive Recht gebunden. Wie man eine solche Kollision zu lösen hat, ist in der Literatur umstritten. Manchmal wird für dieses Problem auf eine Parallele zur Zusicherung des § 38 VwVfG abgehoben: Wenn schon die Zusicherung zum Erlaß eines objektiv rechtswidrigen Verwaltungsaktes verpflichtet, müsse dies verstärkt für die vertragliche Zusicherung gelten, weil hier das Vertrauen des Bürgers stärker zu schützen ist als bei einer einseitigen Zusicherung. Häufig wird diese Rechtsfolge dabei dahin umschrieben, daß der Verwaltungsvertrag zwischen den Parteien das objektive Recht konkretisiert und folglich für den Verwaltungsakt eine selbständige, neue Rechtsgrundlage schafft, welche das objektive Recht verdrängt.[608]

Dabei ist allerdings zu berücksichtigen, daß auch die Rechtslage bei § 38 VwVfG alles andere als klar ist.[609] Sicherlich läßt sich die Auffassung vertreten, daß der Vertrauensschutz bei Verwaltungsverträgen zumindest soweit reichen muß wie bei der Zusicherung. Das bedeutet, daß der § 59 II Ziff. 2 VwVfG auf die Zusicherung analog angewendet werden muß.[610]

Das Problem läßt sich nur lösen, wenn man den gegenseitigen Rang der beiden einschlägigen Normen berücksichtigt. Dabei meine ich, daß infolge des verfassungsrechtlichen Grundsatzes der Gesetzmäßigkeit der Verwaltung die

607 Vgl. *Meyer*, in: Meyer/Borgs, VwVfG, § 54, Rdnr. 53.
608 *Meyer*, in: Meyer/Borgs, VwVfG, § 54, Rdnr. 53 m.w.N.
609 Vgl. dazu *Kopp*, VwVfG, § 38, Rdnr. 20 f.
610 Zur Verbindung von Zusicherung und Verwaltungsvertrag *Stelkens*, in: Stelkens/Bonk/Sachs, § 38, Rdnr. 18.

Verwaltung an die Einhaltung des objektiven Rechts stärker gebunden ist als an die Einhaltung eines Vertrages. Verstößt der spätere Verwaltungsakt also gegen das objektive Recht, ist er rechtswidrig selbst dann, wenn er durch den vorherigen Verwaltungsvertrag gedeckt ist.

Natürlich bleibt die Verletzung des Verwaltungsvertrages auch in diesen Fällen nicht ohne Sanktion. Der Bürger kann aufgrund des § 62 S. 2 VwVfG in Verbindung mit den einschlägigen Regeln des BGB von der Verwaltung Schadensersatz fordern.[611]

Allerdings läßt sich auch die gegenteilige Auffassung gut vertreten. Das gilt insbesondere dann, wenn der Verwaltungsakt gleichzeitig mit dem Abschluß des Verwaltungsvertrages nur deswegen ergehen mußte, weil etwa eine Beamtenernennung nicht in der Form eines Verwaltungsvertrages erfolgen kann. Diese Formvorschriften rechtfertigen eine unterschiedliche Bewertung der gleichen Interessenlage nicht. Die Interessenlage ist in diesem Fall dieselbe, wie wenn der Verwaltungsakt durch den Verwaltungsvertrag ersetzt worden ist.

Konstruktiv gesehen, kann man insoweit auf die Gedanken zurückgreifen, die ich im Rahmen der Kommentierung des § 59 II Ziff. 2 VwVfG entwickeln werde:[612] Durch diese Vorschrift hat der Gesetzgeber zwar nicht die Bindung der Verwaltung an das Gesetz beim Abschluß eines Verwaltungsvertrages aufgehoben; er hat aber die Sanktion eines solchen Gesetzesverstoßes teilweise zurückgenommen. Das rechtfertigt nicht nur weitgehend den Inhalt des § 59 II Ziff. 2 VwVfG. Man wird vielmehr annehmen müssen, daß, wenn aufgrund des § 59 II Ziff. 2 VwVfG die Verpflichtung zum Erlaß eines rechtswidrigen Verwaltungsaktes wirksam ist, die logische Konsequenz aus § 59 II Ziff. 2 VwVfG gezogen werden muß und folglich auch der spätere rechtswidrige Verwaltungsakt, der mit der Verpflichtung der Behörde übereinstimmt, wirksam ist.

II. *Normsetzungsverträge*[613]

Verträge, in denen die Verwaltung sich verpflichtet, eine Norm zu erlassen oder umgekehrt, eine Norm nicht zu erlassen, sind in der Literatur außerordentlich umstritten. Meist wird der Verwaltung schon die Zuständigkeit für die Übernahme einer solchen Verpflichtung fehlen, die nicht in der Hand der Verwaltung, sondern des Gesetzgebers liegt. Selbst wenn es sich aber um die vertragliche Verpflichtung eines Ministers handelt, eine Rechts- oder Verwaltungsverordnung zu erlassen, oder aber wenn etwa der für den Erlaß von Sat-

611 Vgl. *Bonk*, in: Stelkens/Bonk/Sachs, § 62, Rdnr. 19 ff.
612 Ausführlich unten § 11.
613 Vgl. dazu *Meyer*, in: Meyer/Borgs, VwVfG, § 54, Rdnr. 57 m.w.N.

zungen zuständige Gemeinderat zugestimmt hat,[614] kann diese Frage nicht einfach danach beurteilt werden, ob es sich bei der Normsetzung in diesen Fällen um eine »öffentlich-rechtliche Verwaltungstätigkeit der Behörden« i.S.d. § 1 VwVfG handelt. Vielmehr muß auf die äußerst verwickelte verfassungsrechtliche Lage zurückgegriffen werden.

Ob der Begriff der »öffentlich-rechtlichen Verwaltungstätigkeit einer Behörde« in § 1 I VwVfG sich auch auf die Setzung genereller Regeln durch eine Verwaltungsbehörde, also etwa durch einen Minister oder eine Gemeinde, bezieht, läßt sich weder aus dem Wortlaut noch aus dem Sinn und Zweck dieser Vorschrift ableiten. Auch der Gedanke, daß diese in § 1 I VwVfG enthaltenen Begriffe so interpretiert werden müssen, daß der Anwendungsbereich aller folgenden Einzelbestimmungen des VwVfG erfaßt wird, führt nicht viel weiter. Zwar bezieht sich nämlich das Gesetz primär auf Verwaltungsakte, also auf die Regelung eines Einzelfalls. Umfaßt wird aber auch der Abschluß von Verwaltungsverträgen, deren Anwendungsbereich unklar ist, und das Planfeststellungsverfahren, das sowohl konkrete wie generelle Elemente enthält. Daraus zu schließen, auch generelle Akte einer Vertragspartei würden durch das VwVfG umfaßt, würde wohl zu weit gehen.

Greift man dagegen auf den Wortlaut der beiden Sätze des § 54 VwVfG selbst zurück, erscheint die Einbeziehung des Normsetzungsvertrages schon als sehr fraglich. In der Tat sieht § 54 S. 1 VwVfG nur Verträge vor, die Rechtsverhältnisse begründen, ändern oder aufheben. Damit sind sicherlich konkrete, individuelle Rechtsverhältnisse gemeint. Ob ein Normsetzungsvertrag solche Rechtsverhältnisse begründet, ändert oder aufhebt, erscheint aber sehr fraglich. Man kann das mit dem Hinweis darauf akzeptieren, daß eine individuelle Pflicht der Verwaltung zum Erlaß einer generellen Norm begründet wird.

Man kann aber auch der umgekehrten Meinung folgen, letztlich ziele der Normsetzungsvertrag nicht auf die Begründung eines individuellen Rechtsverhältnisses, sondern auf den Erlaß genereller Normen.[615]

Einen etwas sichereren Ausgangspunkt gewinnt man dagegen, wenn man auf den Sinn und Zweck des § 54 S. 2 VwVfG abhebt. Wir haben festgestellt, daß die §§ 55 ff. VwVfG, die über § 54 S. 2 VwVfG anwendbar werden, den Bürger vor der Übermacht der Verwaltung schützen sollen, die durch das Recht der Verwaltung begründet wird, einen Verwaltungsakt zu erlassen. Diese Situation liegt aber auch in den Fällen vor, in denen die betreffende Materie durch eine Rechtsverordnung oder Satzung geregelt werden kann. Bezöge sich § 54 S. 1 VwVfG also auch auf Normsetzungsverträge, hätte es nahe ge-

614 Zu der Änderung eines Bebauungsplanes *Maurer*, § 14, Rdnr. 35 und *Bonk*, in: Stelkens/Bonk/Sachs, § 54, Rdnr. 72 m.w.N.

615 So *Bonk*, in: Stelkens/Bonk/Sachs, VwVfG, § 54, Rdnr. 41.

legen, die §§ 55 ff. VwVfG auch auf den Normsetzungsvertrag zu erstrecken. Wenn § 54 S. 2 VwVfG statt dessen nur von dem Verwaltungsakt spricht, hat der Gesetzgeber implizit den Abschluß von Normsetzungsverträgen ausgeschlossen. Allerdings erscheint es umgekehrt auch möglich, aus dem Sinn und Zweck des § 54 heraus den § 54 S. 2 VwVfG so weit zu interpretieren, daß er auch Normsetzungsverträge umfaßt. Jedoch ist auch dieser Schluß nicht zwingend, weil § 54 S. 2 VwVfG zwei unterschiedliche Funktionen hat. Einerseits begründet er die Anwendbarkeit der folgenden Vorschriften, die nur für die subordinationsrechtlichen Verträge greifen. Zweitens soll er aber auch die Zulässigkeit des öffentlich-rechtlichen Vertrages verankern und dabei gleichzeitig begrenzen. Durch Rückgriff auf den Anwendungsbereich der §§ 55 ff. VwVfG kann nur die erste, nicht aber auch die Zulässigkeitsfrage entschieden werden. Deshalb muß auch die Zulässigkeit von Verwaltungsverträgen besonders begründet werden, die etwa die Pflicht zum Erlaß eines bestimmten Verwaltungsaktes begründen. Auch insoweit läßt sich aus §§ 55 ff. VwVfG nur schließen, daß § 54 S. 1 VwVfG so weit interpretiert werden muß, daß die §§ 55 ff. VwVfG Anwendung finden.

Auf den ersten Blick sieht es dabei so aus, als ob die Pflicht zum Erlaß einer Norm dieselben Probleme aufwirft wie die Verpflichtung der Verwaltung zum Erlaß eines Verwaltungsaktes. Denn in beiden Fällen geht es um die Zulässigkeit der Bindung der Hoheitsgewalt des Staates, und einer solchen Bindung steht natürlich grundsätzlich das Souveränitätsprinzip (Art. 20 II GG) entgegen. Aus der Tatsache, daß das Verwaltungsverfahrensgesetz in § 54 S. 1 eine Bindung zum Erlaß eines Verwaltungsaktes zugelassen hat, kann aber nicht ohne weiteres gefolgert werden, dann müsse auch die Verpflichtung zum Erlaß einer Norm zulässig sein. Das folgt aus der Tatsache, daß gerade in der Normsetzung die Souveränität des Staates sehr viel stärker zum Ausdruck gelangt als beim Erlaß eines Verwaltungsaktes.

Der »Ermessensspielraum« des souveränen Gesetzgebers muß demnach sehr viel weiter sein als der der Verwaltung. Dementsprechend spricht das BVerfG trefflich von dem »Gestaltungsspielraum« des Gesetzgebers, um ihn von dem engeren Ermessensspielraum der Verwaltung abzugrenzen. Daraus folgt etwa, daß die Ermessensfehlerlehre des Verwaltungsrechts auf die Gesetzgebung nur beschränkt übertragen werden kann, daß der Gleichheitssatz nicht verbietet, zukünftige Sachverhalte anders zu behandeln als in der Vergangenheit und daß der Grundsatz des Vertrauensschutzes den Bürger vor einer Änderung der Gesetzeslage selbst dann nicht schützt, wenn er darauf vertrauen durfte, daß die alte Gesetzeslage weiter bestehen würde.

Diesen Prinzipien liegt der Gedanke zugrunde, daß der Gesetzgeber als Ausdruck der Souveränität frei sein muß, für die Zukunft über den Fortbestand der alten Rechtsregeln frei zu entscheiden, die für die Durchsetzung des Gemeinwohls erforderlich sind.

Diese Grundsätze schließen die Zulässigkeit von Normsetzungsverträgen, nicht aber die Zulässigkeit von Selbstbeschränkungsabkommen aus. Ein solches Selbstbeschränkungsabkommen muß dann wirksam sein, wenn der Verpflichtung der Unternehmen eine Pflicht des Staates gegenübersteht, ein Gesetz nicht zu erlassen. Eine solche Selbstverpflichtung verfolgt einen legitimen Zweck: Die Unternehmer versuchen, durch Übernahme einer unter Umständen weniger weitreichenden Verpflichtung den Erlaß eines Gesetzes überflüssig zu machen. Wird die Selbstverpflichtung eingehalten oder kann sie zwangsweise durchgesetzt werden, entfällt die Notwendigkeit, ein Gesetz zu erlassen. Ergeht das Gesetz trotzdem, ist es unter Umständen wegen eines Verstoßes gegen das Verhältnismäßigkeitsprinzip nichtig.

Probleme entstehen hier vor allem deswegen, weil die Voraussetzungen des § 56 VwVfG bei solchen Selbstverpflichtungen in der Regel nicht vorliegen. Es fehlt schon an einer Leistung des Staates, welche die Gegenleistung des Bürgers erst rechtfertigt. Daneben entfällt der Sachzusammenhang zwischen Leistung und Gegenleistung.

Insoweit ist nun zu berücksichtigen, daß nach seinem Wortlaut § 56 VwVfG primär den Fall betrifft, in welchem der Vertragspartner die Pflicht zu einer »selbständigen« Gegenleistung übernimmt. Gedacht ist etwa an die Zahlung einer Geldsumme oder die Übereignung eines Grundstücks. Verpflichtet sich der Vertragspartner dagegen nur, eine Leistung zu erbringen, welche ihm auch durch einen entsprechenden Verwaltungsakt auferlegt werden kann, wird § 56 VwVfG unanwendbar. Trotzdem muß natürlich die Übernahme einer solchen Verpflichtung zulässig sein. Hinter dem § 56 VwVfG steht nun das Rechtsstaatsprinzip. Gelingt es, für die Übernahme einer Selbstbeschränkung eine dem Rechtsstaatsprinzip entsprechende Lösung zu finden, bestehen Bedenken gegen eine solche Leistung nicht.

Beim Selbstbeschränkungsabkommen werden die Unternehmen nun grundsätzlich nur solche Verpflichtungen übernehmen, die ihnen durch ein geplantes Gesetz auferlegt werden könnten. Schon die Notwendigkeit einer Zustimmung der Unternehmer zu dem Vertrag stellt also eine hinreichende Sicherung dar, daß die Vertragspartner der Behörde dem Rechtsstaatsprinzip widersprechende, unzumutbare Verpflichtungen nicht übernehmen. Diese Gedanken begründen die Zulässigkeit auch einer einseitigen Selbstbeschränkung durch Verwaltungsverträge.

III. *Verwaltungsverträge zwischen Individuen*

Auch der Abschluß von Verwaltungsverträgen zwischen Privaten wird in der Literatur dann für zulässig angesehen, wenn es sich um die Verschiebung

öffentlich-rechtlicher Pflichten handelt und der Vertrag mit Zustimmung der zuständigen Behörde vom Gesetz ausdrücklich zugelassen ist.[616]
Diesem Ansatz wird man folgen können. Allerdings meine ich, daß ein entsprechender Vertrag zwischen Privatpersonen auch dann zulässig ist, wenn es der Behörde letztlich gleichgültig sein muß, welcher der beiden Vertragspartner die öffentlich-rechtliche Verpflichtung übernimmt. Insbesondere wenn die zuständige Verwaltungsbehörde dem Vertrag zwischen den Individuen zugestimmt hat, ist die Rechts- und Interessenlage der Situation vergleichbar, in der die Verwaltung die entsprechenden öffentlich-rechtlichen Pflichten durch den Abschluß von zwei Verträgen mit beiden Individuen festlegt.
Insbesondere die §§ 55 ff. VwVfG wird man auf solche Verträge grundsätzlich analog anwenden müssen. Ob dies auch für § 56 VwVfG gilt, könnte deshalb fraglich sein, weil diese Vorschrift dem Rechtsstaatsprinzip entsprechend die größere Bargaining-Power der Verwaltung ausgleichen will, die auf der Tatsache beruht, daß die Behörde in der betreffenden Materie auch einen einseitigen Verwaltungsakt erlassen kann. Im Verhältnis zwischen zwei Privatleuten kann dieser Gedanke deshalb nicht greifen, weil der A natürlich Hoheitsgewalt gegenüber dem B nicht besitzt. Die Rechtslage dürfte nur dann anders sein, wenn die Verwaltungsbehörde durch einen Verwaltungsakt feststellen könnte, welchen beiden Individuen die Erfüllung einer öffentlich-rechtlichen Pflicht obliegt. In diesen Fällen wird die Bargaining-Power des Individuums, zugunsten dessen der Verwaltungsakt ergehen könnte, so umfassend gestärkt, daß eine analoge Anwendung des § 56 VwVfG erforderlich wird.

616 *Erichsen*, in: Erichsen, § 24 III, Rdnr. 9; *Kopp*, VwVfG, § 54, Rdnr. 10; je m.w.N.

§ 7 Der Vergleichsvertrag (§§ 55 und 59 II Ziff. 3 VwVfG)

Literatur:

Dawin, Verfahren beim Widerruf eines Prozeßvergleichs, NVwZ 1983, 143; *Degenhart*, Der öffentlich-rechtliche Abfindungsvergleich, NVwZ 1982, 71; *Haueisen*, Die Bestandskraft verwaltungsgerichtlicher Vergleiche, DÖV 1968, 285; *Löwer*, Der verwaltungsgerichtliche Prozeßvergleich als materielles Rechtsgeschäft, VerwArch 1965, 142, 236; *Michel*, Der Prozeßvergleich in der Praxis, JuS 1986, 41.

I. Nach § 55 VwVfG kann ein öffentlich-rechtlicher Vertrag i.S.d. § 54 S. 2 VwVfG, durch den eine bei verständiger Würdigung des Sachverhalts oder der Rechtslage bestehende Ungewißheit beseitigt wird, geschlossen werden, wenn die Behörde den Abschluß des Vergleichs zur Beseitigung der Ungewißheit nach pflichtgemäßem Ermessen für zweckmäßig hält.[617] Nach § 59 II Ziff. 3 VwVfG ist ein solcher Vertrag nichtig, wenn die Voraussetzungen des § 55 VwVfG nicht vorgelegen haben und ein entsprechender Verwaltungsakt nicht nur wegen der Verletzung einer Form- oder Verfahrensvorschrift i.S.d. § 46 VwVfG rechtswidrig wäre.

Die Lehre, insbesondere die Kommentarliteratur, auf die hier verwiesen werden kann, hat versucht, die Voraussetzungen des Vergleichsvertrages unter Rückgriff auf den Wortlaut und den Sinn des § 55 VwVfG umfassend zu konkretisieren.[618] Sie ist der Auffassung, daß die dort aufgestellten Voraussetzungen notwendige Tatbestandsmerkmale eines öffentlich-rechtlichen Vergleichs sind und akzeptiert dabei die Verfassungsmäßigkeit auch des § 59 II Ziff. 3 VwVfG in vollem Umfang. Für die Einzelheiten sei hier grundsätzlich auf diese Literatur verwiesen. Bei einer Analyse des Verwaltungsverfahrensgesetzes aus systematischer und verfassungsrechtlicher Sicht sind insoweit allerdings eine Reihe von Bedenken anzumelden:

§ 55 VwVfG verfolgt zwei Ziele: Er dient auf der einen Seite dem Rechtsfrieden, auf der anderen Seite der Rechtssicherheit. Dem Rechtsfrieden dient diese Bestimmung, wenn der Vertrag abgeschlossen wird, um ein Gerichtsverfahren zu vermeiden oder zu beenden. Das aber bedeutet, daß § 106 VwGO über den Prozeßvergleich im Sinne des VwVfG gedeutet werden muß. Der Rechtssicherheit dient diese Bestimmung, wenn die Behörde oder ihr

617 Vgl. *Maurer*, § 14, Rdnr. 16 m.w.N.

618 Siehe z.B. *Kopp*, VwVfG, § 55, Rdnr. 5; *Bonk*, in: Stelkens/Bonk/Sachs, § 55, Rdnr. 14 ff.

Vertragspartner ein umfangreiches Werk beginnen wollen, daß wegen der hohen Investitionskosten die notwendige Rechtsklarheit voraussetzt. Die Literatur hat diese beiden Zwecke und damit die Tatsache übersehen,[619] daß diese beiden Ziele unterschiedliche Tatbestandsmerkmale und damit eine unterschiedliche Interpretation der Voraussetzungen des Vergleichsvertrages nach § 55 VwVfG voraussetzen:

Der Rechtsfriede und die Rechtssicherheit stellen durch die Verfassung geschützte Rechtsgüter dar, welche es rechtfertigen, die Sanktion einer Verletzung des öffentlichen Rechts zurückzunehmen. Aus dieser Sicht heraus müssen die Voraussetzungen eines Vergleichs festgelegt werden. Das hat der Gesetzgeber übersehen, als er nur die auf eine ganz andere Rechtsfolge gerichteten Voraussetzungen eines Vergleichs nach § 779 BGB einfach in § 55 VwVfG übernommen hat. So kann es für die Herstellung der notwendigen Rechtssicherheit nicht darauf ankommen, daß die beiden Parteien von ihren ursprünglichen Auffassungen und Forderungen abgewichen sind und sich »in der Mitte« getroffen haben. Wenn überhaupt, stellt also das »gegenseitige Nachgeben« nur eine notwendige Voraussetzung des Vergleichs dar, welcher dem Rechtsfrieden dienen soll. Dabei ist zunächst zu beachten, daß der Rechtsfrieden auch hergestellt wird, wenn die Verwaltung die Forderung ihres Vertragspartners voll erfüllt, dieser aber auf seine Klagemöglichkeit verzichtet hat. Die Lehre ist deshalb der Auffassung, auch in diesem Fall liege ein gegenseitiges Nachgeben im Sinne des § 55 VwVfG vor.[620] Dem ist entgegenzuhalten, daß, wenn das gegenseitige Nachgeben eine wesentliche Voraussetzung für die Zurückdrängung der Nichtigkeitssanktion ist, ein substantielles gegenseitiges Nachgeben hinsichtlich der Forderung selbst verlangt werden muß. Dabei kann es sich nicht um ein Abrücken von beliebigen ursprünglichen Anforderungen handeln, vielmehr ist zu fordern, daß beide Leistungen angesichts der Sach- und Rechtslage vertretbar erscheinen.

Es kommt also entscheidend darauf an, ob von der Verfassung her gesehen nur das gegenseitige Nachgeben in diesem Sinne die Rücknahme der Nichtigkeitssanktion rechtfertigt. Soweit es sich um die Durchsetzung des Rechtsfriedens handelt, wird man dies in der Tat annehmen müssen. Denn der Verwaltung kann es nicht gestattet sein, den Rechtsfrieden aus Bequemlichkeit dadurch zu erkaufen, daß sie den Forderungen des Vertragspartners voll nachgibt. Auch hier handelt es sich um eine Ausübung des Ermessens, bei welcher der Rechtsfrieden und die beiderseitigen Interessen miteinander abgewogen werden müssen. Das bedeutet aber, daß es nicht ausreicht, daß der Vertragspartner der Verwaltung entgegengekommen ist; vielmehr muß dieses Ent-

619 *Bonk*, in: Stelkens/Bonk/Sachs, § 55, Rdnr. 1 und *Kopp*, VwVfG, § 55, Rdnr. 2 nennen als Ziele die Verfahrensökonomie und die Wahrung des Verhältnismäßigkeitsprinzips.

620 *Bonk*, in: Stelkens/Bonk/Sachs, § 55, Rdnr. 20; *Henneke*, in: Knack, § 55, Anm. 6.

gegenkommen das öffentliche Interesse – auch das Finanzinteresse – des Staates fördern, müssen die öffentlichen Interessen also besser durchgesetzt werden können, als wenn die Verwaltung im Rechtsstreit unterliegt.

II. Die verfassungsrechtliche Legitimation eines Vergleichsvertrages auch im öffentlichen Recht, die nach den Ausführungen in § 1 dieses Werkes erforderlich erscheint, beruht im wesentlichen auf den folgenden Gedankengängen:
Stellt sich nach einer eingehenden Untersuchung der Literatur und Rechtsprechung zur betreffenden Rechtsmaterie heraus, daß diese Probleme einerseits durch höchstrichterliche Entscheidungen nicht gelöst worden sind, auf der anderen Seite bei Anwendung der hergebrachten Auslegungsmethoden mehrere Lösungen als vertretbar erscheinen, kann der Verwaltungsbehörde und ihrem Vertragspartner insbesondere dann, wenn trotz der unsicheren Rechtslage hohe Investitionen sofort getätigt werden müssen, nicht zugemutet werden, daß die Rechtslage erst nach einem unter Umständen Jahre dauernden Gerichtsverfahren geklärt wird. In einer solchen Situation erscheint es vertretbar, daß die Verwaltungsbehörde und ihr Vertragspartner sich auf eine vertretbare Auslegung einigen. Ein Verstoß gegen das materielle Recht liegt dann deshalb nicht vor, weil angesichts der verschiedenen vertretbaren Lösungen nicht davon ausgegangen werden kann, daß der Gesetzgeber nur eine dieser Lösungen verbindlich vorgeschrieben hat. Wenn das über die Nichtigkeit des Vergleichs entscheidende Verwaltungsgericht, letztlich also das Bundesverwaltungsgericht, einer anderen vertretbaren Lösung als der folgt, welche die Parteien zugrunde gelegt haben, liegt hierin eine Gewähr für eine richtige Interpretation des Gesetzes nicht. Nur aus Gründen der Rechtssicherheit und der einheitlichen Anwendung des Rechts (Gleichheitssatz) wird in diesen Fällen letztlich fingiert, daß der Gesetzgeber nur die vom Richter akzeptierte Lösung verbindlich vorgeschrieben hat.
Greift man auf diese Legitimation des Vergleichsvertrages im öffentlichen Recht zurück, wird man den Wortlaut des Verwaltungsverfahrensgesetzes anhand des Rechtsstaatsprinzips der Verfassung in einer Reihe von Punkte entscheidend korrigieren müssen:

1. Die herrschende Lehre[621] geht davon aus, daß bei einer »verständigen Würdigung« der Sach- und Rechtslage eine Ungewißheit nicht nur dann besteht, wenn nach einer eingehenden Analyse der Sach- und Rechtslage objektive Zweifel bestehen. Vielmehr soll es nach dieser Auffassung auf die Sicht eines »Durchschnittsjuristen« ankommen.

621 *Bonk*, in: Stelkens/Bonk/Sachs, § 55, Rdnr. 17; *Henneke*, in: Knack, § 55, Anm. 4; *Obermayer*, VwVfG, § 55, Rdnr. 14; alle m.w.N.

Dieser Auffassung vermag ich nicht zu folgen, weil die verfassungsrechtliche Legitimation eines Vergleichs im öffentlichen Recht nur dann vorliegt, wenn nach Einsatz aller Erkenntnismittel eine Ungewißheit noch besteht. Der Wortlaut des § 55 VwVfG läßt eine solche enge Interpretation durchaus zu. Auch ist der Verwaltungsbehörde zuzumuten, die Sach- und Rechtslage eingehend zu erforschen, bevor sie einen Vergleichsvertrag abschließt. Insbesondere die höchstrichterliche Rechtsprechung kann durch Rückgriff auf die amtlichen Sammlungen, auf die Kommentare und die einschlägigen Zeitschriften leicht erschlossen werden.

2. Mit dem Wortlaut des § 55 VwVfG und der üblichen auf § 776 BGB zurückgehenden Definition ist die Lehre der Auffassung, das gegenseitige Nachgeben sei auch bei den öffentlich-rechtlichen Vergleichsverträgen ein notwendiges Tatbestandsmerkmal.[622] Nimmt man mit einem Teil der Lehre auch den § 59 II Ziff. 3 VwVfG wörtlich, wäre bei einer Ungewißheit der Rechts- und Sachlage überdies ein Vergleich auch dann wirksam, wenn sich die durch das gegenseitige Nachgeben angesprochenen Leistungen und Gegenleistungen der Parteien nicht an die Rechtsordnung hielten. Entgegen dem § 59 II Ziff. 2 VwVfG wäre das selbst dann der Fall, wenn den Vertragsparteien die Rechtswidrigkeit eines entsprechenden Verwaltungsakts bekannt gewesen wäre.

Dieser Auffassung vermag ich aus einer Reihe von Gründen nicht zu folgen. Zunächst ist darauf hinzuweisen, daß § 55 VwVfG die Tatbestandsvoraussetzungen des § 779 BGB für das öffentliche Recht einfach übernommen hat, ohne die unterschiedliche Ausgangslage beim öffentlich-rechtlichen und privatrechtlichen Vergleichsvertrag zu beachten.

Einerseits erfolgt im Gegensatz zum öffentlichen Recht im Privatrecht der Vergleich im Bereich des dispositiven Rechts, so daß die Gesetzmäßigkeit von Leistung und Gegenleistung keine Rolle spielt. Auf der anderen Seite aber beziehen sich die Vergleichsvoraussetzungen des § 779 BGB auf die Rechtsfolge eines gemeinsamen Irrtums der Parteien, während dies beim öffentlich-rechtlichen Vergleich nur eine untergeordnete Rolle spielt. Dann erscheint es billig, die durch das »gegenseitige Nachgeben« angesprochenen Leistungen und Gegenleistungen der Vertragspartner aufzuheben, wenn diese Vereinbarung auf einem gemeinsamen Irrtum beruht und bei der wahren Kenntnis der Lage eine Ungewißheit nicht eingetreten wäre.

Das gegenseitige Nachgeben als Voraussetzung der Rechtswirksamkeit eines Vergleichs ist Tatbestandsvoraussetzung der in § 776 BGB festgelegten Rechtsfolge. Nur im Falle eines Vergleichs in diesem Sinne erscheint es in der

622 *Kopp*, VwVfG, § 56, Rdnr. 15; *Bonk*, in: Stelkens/Bonk/Sachs, § 55, Rdnr. 20; *Maurer*, § 14, Rdnr. 16.

Tat gerechtfertigt, den Vergleich als nichtig zu behandeln, wenn der dem Vergleich zugrunde liegende Sachverhalt der Wirklichkeit nicht entspricht und der Streit bei Kenntnis der Sachlage nicht entstanden sein würde. Die Tatsache, daß die Parteien eines öffentlich-rechtlichen Vergleichs von den ursprünglichen Forderungen abgewichen sind und sich in der Mitte getroffen haben, rechtfertigt aber an sich eine Abweichung von objektivem Recht insbesondere dann nicht, wenn beide Parteien die wahre Rechtslage gekannt hatten (Kollusion). Nicht das gegenseitige Nachgeben, sondern die Beilegung einer Ungewißheit der Sach- und Rechtslage ist vielmehr dann entscheidend, wenn es sich um Entscheidungen der Verwaltung oder des Bürgers handelt, welche eine wesentliche Festlegung für die Zukunft beinhalten. Das gegenseitige Nachgeben trifft also nur den Vergleichsvertrag i.e.S. als Unterfall des Gesamtproblems. Außerdem besteht eine Ungewißheit nur im äußersten Rahmen der Vertretbarkeit der von beiden Parteien angenommenen Rechtslage. Wird diese Grenze von den Parteien überschritten, liegt ein Vergleich im Sinne des § 55 VwVfG nicht vor, der Vertrag ist folglich nach § 59 II Ziff. 3 VwVfG nichtig.

Die Situation des § 779 BGB kann sicherlich auch beim öffentlich-rechtlichen Vergleich bei einem Irrtum über die Sachlage bestehen. Deshalb wird man mit der herrschenden Lehre annehmen müssen, daß § 779 BGB über § 59 I VwVfG auch auf öffentlich-rechtliche Verträge anzuwenden ist. Da es sich beim BGB meist aber um dispositives Recht handelt, sind »Vergleichsverträge« auch dann zugelassen, wenn die Voraussetzungen des § 779 BGB nicht vorliegen. Nur die dort angesprochene Rechtsfolge tritt in solchen Fällen nicht ein. § 55 VwVfG regelt dagegen in Verbindung mit § 59 II Ziff. 3 VwVfG angesichts der Tatsache, daß das öffentliche Recht zwingende Regeln enthält, einerseits die Zulässigkeit eines öffentlich-rechtlichen Vergleichsvertrages, andererseits die Rechtsfolgen eines Gesetzesverstoßes. Für beide Problemkreise kommt es aber auf die Vergleichsvoraussetzungen des § 776 BGB nicht an.

Wir haben bereits hervorgehoben, daß ein öffentlich-rechtlicher Vertrag nach der verfassungsrechtlichen Legitimation auch dann erforderlich ist, wenn die Parteien sich im Laufe längerer Verhandlungen und damit durch gegenseitiges Nachgeben auf eine bestimmte vertretbare Interpretation des Gesetzes einigen. Aus dieser Sicht erscheint das gegenseitige Nachgeben in § 55 VwVfG nicht als notwendiges Tatbestandsmerkmal des öffentlich-rechtlichen Vergleichs, auch wenn häufig natürlich ein derartiges gegenseitiges Nachgeben vorliegen wird. Die Lehre erkennt dies implizit dadurch an, daß sie auch ein »geringfügiges« Nachgeben, etwa einen Verzicht auf eine Klage, als für § 55 VwVfG ausreichend ansieht.[623]

Auf der anderen Seite stellt das gegenseitige Nachgeben, wenn es sich dabei nicht um Leistung und Gegenleistung i.S.d. § 56 VwVfG handelt, auch keine legitime Grundlage für die Rechtfertigung eines Vergleichs dar, der die Rechtsordnung verletzende Leistungen und Gegenleistungen festlegt. Auch besteht keinerlei Garantie dafür, daß, wenn die Parteien von entgegengesetzten Rechtspositionen ausgegangen sind, die möglicherweise sogar nicht mehr als vertretbar erscheinen, die Einigung auf eine Mittellösung auf der Linie der Vertretbarkeit erfolgt.

Auf der anderen Seite kann die dem Wortlaut des § 59 II Ziff. 3 VwVfG entsprechende Auffassung nicht akzeptiert werden, ein Vergleich sei dann wirksam, wenn im Rahmen des gegenseitigen Nachgebens Leistungen der Vertragspartner festgelegt werden, die der Rechtsordnung nicht entsprechen. Die wohl herrschende Lehre[624] und die Rechtsprechung[625] sehen diese Problematik durchaus. Sie versuchen das Problem dadurch zu lösen, daß ein Vergleichsvertrag nur im Rahmen der Verfügungsgewalt der Behörde wirksam sei. Das bedeutet, daß ein Vergleichsvertrag entgegen dem Wortlaut des § 59 II Ziff. 3 VwVfG auch dann nichtig ist, wenn insbesondere die Behörde eine dem Gesetz widersprechende Leistung übernimmt. Diese Interpretation des § 55 VwVfG widerspricht nicht nur dem Wortlaut und dem Sinn und Zweck des § 59 II Ziff. 3 VwVfG, sondern auch der oben aufgezeigten verfassungsrechtlichen Legitimation des öffentlich-rechtlichen Vergleichsvertrages. Ein Vergleich darf nur dann nichtig sein, wenn die Rechtslage eindeutig ist oder die Parteien sich auf eine Lösung geeinigt haben, die nicht mehr vertretbar ist. § 59 II Ziff. 3 VwVfG ist diesen Prinzipien entsprechend zu interpretieren.

Dabei ist hervorzuheben, daß eine Ungewißheit objektiv nur hinsichtlich der im konkreten Fall noch vertretbaren Rechtsauffassungen besteht. Nur wenn überdies die Vertragspartner zwischen diesen Auffassungen wählen, wird diese Ungewißheit i.S.d. § 55 VwVfG beseitigt. Wählen die Vertragspartner eine nicht vertretbare Lösung, bewegen sie sich außerhalb des Bereichs der Ungewißheit. Wenn also die Vertragspartner ihrem Vergleich eine nicht vertretbare Rechtsauffassung zugrunde legen, bewegen sie sich außerhalb des Bereichs der Ungewißheit i.S.d. § 59 II Ziff. 3 VwVfG, liegen die Voraussetzungen zum Abschluß eines Vergleichsvertrages nicht vor; der Vertrag ist nichtig, wenn die dem Vertrag zugrundeliegende Rechtsauffassung rechtswidrig ist, wenn also auch das über die Wirksamkeit des Vergleichsvertrages letztlich entscheidende Gericht der Rechtsauffassung der Vertragsparteien nicht folgt.

623 *Bonk*, in: Stelkens/Bonk/Sachs, § 55, Rdnr. 20; *Obermayer*, VwVfG, § 55, Rdnr. 17; jeweils m. Nachw.

624 Statt vieler *Erichsen*, in: Erichsen, § 26 IV, Rdnr. 21; *Kopp*, VwVfG, § 59, Rdnr. 22 f.

625 BVerwGE 49, 359 (LS 1); BSGE 4, 31 (34); 16, 61 (62 f.).

III. Die herrschende Lehre übersieht ferner, daß die Voraussetzungen des Vergleichsvertrages nach § 55 VwVfG sich in weitem Umfang mit den Voraussetzungen des Austauschvertrages nach § 56 VwVfG überschneiden, der § 59 II Ziff. 2 und 3 VwVfG aber für die beiden Vertragstypen unterschiedliche Nichtigkeitsfolgen festlegt. Eine Überschneidung liegt in all den Fällen vor, in welchen das gegenseitige Nachgeben in einer Verbindung von Leistung und Gegenleistung i.S.d. § 56 VwVfG besteht. Das wird meistens, wenn auch nicht notwendig der Fall sein, weil erstens die Möglichkeit besteht, daß ein gegenseitiges Nachgeben nicht vorliegt, zweitens das gegenseitige Nachgeben auch darin bestehen kann, daß die Parteien ursprünglich davon ausgingen, die Verwaltung habe an ihren Vertragspartner eine Geldsumme in verschiedener Höhe zu zahlen und sich die Parteien schließlich auf eine mittlere Summe geeinigt haben.

Nun kann auch in solchen Fällen einer Überschneidung der Tatbestandsvoraussetzungen und nicht nur dann, wenn die eine Regel infolge zusätzlicher Tatbestandsvoraussetzungen enger ist als eine zweite Regel, der lex posterior-Grundsatz greifen. Es erscheint bei einer solchen Überschneidung denkbar, daß sowohl § 55 VwVfG lex specialis zu § 56 VwVfG als auch umgekehrt § 56 lex specialis zu § 55 VwVfG ist. Bei einer näheren Analyse erscheinen aber beide Lösungen als nicht gangbar, weil wegen der Gleichheit der Interessenlage kein sachlicher Grund besteht, bei Gegenseitigkeit von Leistung und Gegenleistung i.S.d. § 55 VwVfG die Lösung des § 59 II Ziff. 2 VwVfG nur deshalb auszuschließen, weil zusätzlich eine Ungewißheit über die Sach- oder Rechtslage besteht. In solchen Fällen erscheint es geboten, die Rechtsfolgen der §§ 55 und 56 VwVfG, also die Ziff. 2 und 3 des § 59 II VwVfG zu kumulieren. Angesichts des Sinns und Zwecks des § 59 II VwVfG kann diese Kumulation nicht darin bestehen, daß der Vertrag nichtig ist, wenn diese Nichtigkeit sich aus Ziff. 2 *oder* 3 des § 59 II VwVfG ergibt. Da der Austauschvertrag einerseits, der Vergleichsvertrages andererseits auf einer bestimmten verfassungsrechtlichen Legitimation des Verwaltungsvertrages beruhen, wird man vielmehr darauf abstellen müssen, daß die Nichtigkeit eines Vertrages, der gleichzeitig einen Austausch- und einen Vergleichsvertrag darstellt, nur dann eintritt, wenn der betreffende Vertrag nach beiden Ziffern des § 59 II VwVfG, also sowohl nach Ziff. 2 als auch nach Ziff. 3 nichtig ist.

IV. Die herrschende Lehre ist ferner der Auffassung, ein Vergleichsvertrag könne auch auf die Einhaltung der Form- und Verfahrensvorschriften des Verwaltungsverfahrensgesetzes dann verzichten, wenn der zeitliche, personelle oder finanzielle Aufwand für eine eingehende Erforschung der Rechts- und Sachlage im Verhältnis zum Gegenstandswert unverhältnismäßig ist.[626]

626 *Bonk*, in: Stelkens/Bonk/Sachs, § 55, Rdnr. 18 f.

So wünschenswert eine solche Auslegung auch sein mag, läßt sie sich doch nur schwer mit der Systematik des Verwaltungsverfahrensgesetzes einerseits und mit den Prinzipien des Rechtsstaates andererseits vereinbaren. Zwar ist selbst wenn der Vergleichsvertrag einen entsprechenden Verwaltungsakt ersetzt, der Vergleichsvertrag beim Vorliegen einer Ungewißheit wirksam. Das muß grundsätzlich auch dann gelten, wenn die Rechtswidrigkeit des Verwaltungsaktes wie § 59 II Ziff. 3 VwVfG deutlich macht, auf einem Verfahrensverstoß beruht, der für die Vergleichslösung kausal geworden ist. Die verfassungsrechtliche Legitimation des öffentlich-rechtlichen Vergleichsvertrages gestattet einen Vergleich dagegen nur, wenn objektiv und nicht nur aus der Sicht eines Durchschnittsjuristen über die Rechts- oder Sachlage Ungewißheit bestand und die Parteien im Vergleich eine vertretbare Auslegung des Gesetzes zugrunde gelegt haben. Eine Ungewißheit über die Sachlage besteht in diesem Sinne aber nur, wenn die Verwaltungsbehörde alle Erkenntnismittel voll ausgeschöpft hat. Auch kann eine Ungewißheit über die Rechtslage durch eingehende Erkundung der Rechtslage verhindert werden. § 59 II Ziff. 3 VwVfG geht deshalb richtig davon aus, daß die Parteien grundsätzlich auch beim Abschluß eines Vergleichsvertrages an die Verfahrensvorschriften des Verwaltungsverfahrensgesetzes rechtlich gebunden sind. Im Gegensatz zum Wortlaut des § 59 II Ziff. 3 VwVfG wird man deshalb annehmen müssen, daß, wenn bei einer vollen Sach- und Rechtsaufklärung die Ungewißheit beseitigt worden wäre, der Vergleichsvertrag bei einem Verfahrensverstoß nichtig ist.

V. Nach dem § 55 VwVfG ist der Abschluß eines Vergleichsvertrages nur dann gestattet, »wenn die Behörde den Abschluß des Vergleichs zur Beseitigung der Ungewißheit nach pflichtgemäßem Ermessen für zweckmäßig hält«. Die herrschende Lehre ist der Auffassung, daß ein Vergleichsvertrag nur dann zweckmäßig ist, wenn der finanzielle, sachliche, personelle oder zeitliche Aufwand für unter Umständen mehr als 15 Jahre dauernde Gerichtsverfahren außer Verhältnis zum Gegenstandswert des Vergleichs steht.[627] Dieser Auffassung wird man grundsätzlich folgen können, sie umfaßt aber den wesentlichsten Fall einer Vergleichssituation nicht. In der Tat können sowohl die Verwaltungsbehörde als auch ihr Vertragspartner hohe Investitionen ins Auge fassen, die nur vertretbar erscheinen, wenn die zugrundeliegende Rechtslage eindeutig ist. Gerade in diesem Fall kann ein Vergleichsvertrag auch bei Nichtbeachtung der üblichen Kriterien zur notwendigen Rechtssicherheit führen.

627 *Bonk*, in: Stelkens/Bonk/Sachs, § 55, Rdnr. 23; *Achterberg*, § 21, Rdnr. 253.

§ 8 Der Austauschvertrag (§ 56 VwVfG)

Literatur:

Bleckmann, Verfassungsrechtliche Probleme des Verwaltungsvertrages, NVwZ 1990, 606; *v. Campenhausen*, Die Koppelung von Verwaltungsakten mit Gegenleistungen im Vertragswege im Bau- und Bauordnungsrecht, DÖV 1967, 662; *Menger*, Zum Koppelungsverbot bei öffentlich-rechtlichen Verträgen, VerwArch 1973, 207; *Weyreuther*, Ablösungsverträge, entgegenstehende Rechtsvorschriften und gesetzliche Verbote, in: Reimers-FS 1979, 379.

I. Nach § 56 VwVfG kann ein öffentlich-rechtlicher Vertrag i.S.d. § 54 S. 1 VwVfG, in dem sich die Vertragspartei der Behörde gegenüber zu einer Gegenleistung verpflichtet, geschlossen werden, wenn die Gegenleistung für einen bestimmten Zweck im Vertrag vereinbart ist und der Behörde zur Erfüllung ihrer öffentlichen Aufgaben dient; die Gegenleistung muß den gesamten Umständen nach angemessen sein und im sachlichen Zusammenhang mit der vertraglichen Leistung der Behörde stehen.

1. Die in § 56 VwVfG für die Gegenleistung des Vertragspartners der Behörde aufgestellten Voraussetzungen entsprechen nach Ansicht der Lehre[628] dem auch bei öffentlich-rechtlichen Verträgen anwendbaren Gesetzesvorbehalt der Verfassung. Diese Voraussetzungen werden in den Kommentaren umfassend und grundsätzlich richtig konkretisiert,[629] so daß im Rahmen dieses Werkes auf die dort angegebene Rechtsprechung und Literatur verwiesen werden kann. Nicht zu folgen vermag ich der herrschenden Lehre dagegen in folgenden Punkten:
Wir haben im ersten Paragraphen dieses Teils dargelegt,[630] daß die Verwaltung einen Verwaltungsvertrag nur dann schließen darf, wenn ein entsprechender Verwaltungsakt nicht zu dem von der Verwaltung angestrebten Ziel führt, das durch Abschluß eines Verwaltungsvertrages erreicht werden kann. Nun verweist § 56 VwVfG für den Fall, daß der Vertragspartner einen Anspruch auf die Leistung der Verwaltung besitzt, auf die Regelung in § 36 VwVfG, der die Voraussetzungen einer Auflage regelt. Aus unserer obigen Regel fließen drei Rechtsfolgen. Zunächst einmal wird man annehmen müssen, daß die Gegenleistung des Vertragspartners der Behörde in allen Leistun-

628 *Erichsen*, in: Erichsen, § 26 III, Rdnr. 11, 15.
629 Siehe z.B. *Kopp*, VwVfG, § 56, Rdnr. 3 ff.; *Obermayer*, § 56, Rdnr. 5 ff.
630 Siehe oben § 5.

gen bestehen kann, die im Rahmen einer Auflage gefordert werden dürfen. Nach § 36 VwVfG ist dies in einem äußerst weiten Sinne alles »Tun, Dulden und Unterlassen« des Vertragspartners.[631] Zweitens folgt aus dem obigen Ansatz, daß ein Austauschvertrag nur gestattet ist, wenn im Rahmen der Voraussetzungen des § 56 VwVfG vom Bürger umfassendere Leistungen gefordert werden, als dies bei einer Auflage möglich ist. Das bedeutet aber auf der einen Seite, daß alle durch § 56 VwVfG für die Gegenleistung des Bürgers festgelegten Voraussetzungen auch bei der Auflage gefordert werden müssen. Nur durch eine solche Ergänzung des § 36 VwVfG durch die Voraussetzungen des § 56 VwVfG wird die Auflage dem Gesetzesvorbehalt entsprechend durch das Gesetz hinreichend sicher bestimmt. Auf der anderen Seite muß eine Gegenleistung im Rahmen eines Austauschvertrages verlangt werden können, wenn sie dem Bürger durch eine Auflage nicht abverlangt werden kann. Das aber bedeutet, daß die Voraussetzungen für die Gegenleistung i.S.d. § 56 VwVfG niedriger gesteckt sein müssen als die Voraussetzungen, die nach § 36 VwVfG bei einer Auflage greifen. Paradoxerweise aber stellt § 56 VwVfG umfassendere Voraussetzungen als § 36 VwVfG für die Auflage auf.[632]

Dieses Problem kann nur gelöst werden, wenn man auf der einen Seite, wie gezeigt, die Voraussetzungen des § 36 VwVfG um die Voraussetzungen des § 56 VwVfG ergänzt und auf der anderen Seite die Voraussetzungen, die in § 36 VwVfG für die Auflage verlangt werden, bei der Gegenleistung nach § 56 VwVfG absenkt. So wird man annehmen müssen, daß die Gegenleistung dem § 36 VwVfG widersprechend auch dann gestattet ist, wenn sie dem Zweck der Leistung der Verwaltungsbehörde widerspricht. Diese Absenkung der Voraussetzungen der Gegenleistung im Vergleich zur Auflage ist durch den Wortlaut des § 56 VwVfG und durch den Sinn und Zweck dieser Vorschrift gedeckt. Denn § 56 VwVfG verlangt nur, daß die Gegenleistung des Vertragspartners einem bestimmten Zweck der Behörde dient. Er verzichtet damit auf die Voraussetzung, daß die Gegenleistung nicht in Widerspruch zum Zweck der Leistung der Behörde treten darf. In der Tat muß es möglich sein, bei einer der Bekämpfung der Arbeitslosigkeit dienenden Subvention dem Unternehmer als Gegenleistung i.S.d. § 56 VwVfG Maßnahmen zum Schutz der Umwelt selbst dann aufzuerlegen, wenn durch diese Maßnahmen die Möglichkeit zur Einstellung weiterer Arbeitskräfte gesenkt wird. Das gilt insbesondere dann, wenn etwa die durch die Subventionen geförderten Investitionen umweltschutzrechtliche Bedenken erregen. Aus diesen Ansätzen folgt gleichzeitig auch, daß es bei der Gegenleistung im Gegensatz zu einer

631 Vgl. § 36 II Ziff. 4 VwVfG; dazu *Obermayer*, § 56, Rdnr. 33.
632 Zur faktischen Gemeinsamkeit zwischen Austauschvertrag und VA mit Nebenbestimmung *Maurer*, § 14, Rdnr. 20.

etwa von *Erichsen*[633] für die Auflage geforderten weiteren Voraussetzung nicht darauf ankommen darf, daß die Auflage zur Durchsetzung des Zwecks der Hauptmaßnahme erforderlich ist.
Dazu kommt, daß im Rahmen des § 56 VwVfG wohl noch eine weitere implizite Voraussetzung einer Auflage entfallen muß: Nach § 36 II VwVfG darf die Verwaltung, wenn der Bürger einen Rechtsanspruch auf die Leistung der Behörde hat, als Auflage nur auf der Erfüllung der Tatbestandsvoraussetzungen dieses subjektiven Rechts bestehen. Es besteht kein sachlicher Grund, diese Problematik anders zu entscheiden, wenn die Verwaltung zwar einen Ermessensspielraum für ihre Leistung besitzt, im konkreten Fall dieses Ermessen aber auf Null geschrumpft ist: Die Verwaltung darf auch in solchen Fällen nur die Erfüllung derjenigen Tatbestandsmerkmale durch den Vertragspartner verlangen, die dazu führen, daß das Ermessen auf Null schrumpft. Diese Schrumpfung nun hat wohl die weitere Konsequenz, daß im Rahmen eines Ermessensspielraums für eine bestimmte Leistung die Verwaltung ihrem Vertragspartner nur solche Pflichten auferlegen darf, die notwendig sind, damit die Ermessensentscheidung für den Bürger positiv ausfallen kann. Natürlich ist der Ermessensspielraum der Verwaltung hinsichtlich der Leistung des Bürgers auch dann noch relativ breit. Denn auch bei der Beurteilung der Tatsachen, die für eine positive Entscheidung sprechen, besteht ein breiter Ermessensspielraum der Verwaltung, der nur dann auf Null schrumpft, wenn bei Vorliegen bestimmter weiterer Tatbestandsmerkmale nur noch eine positive Entscheidung gestattet ist. Die Auflage ist damit nicht nur auf die Leistungen beschränkt, die vorliegen müssen, damit eine positive Entscheidung ermöglicht wird.
Dieses Ergebnis wird neben § 36 VwVfG auch durch die allgemeine Ermessensfehlerlehre des Verwaltungsrechts gefordert. Die Lehre hat in der Tat bisher nicht hinreichend erkannt, daß auch wenn das Verwaltungsverfahrensgesetz der Verwaltung bei allen ihren durch das Gesetz eingeräumten Befugnissen einen Ermessensspielraum einräumt, die Verwaltung dieses Ermessen pflichtgemäß ausüben muß. Dadurch kann infolge einer Ermessensreduzierung auf Null eine Kann- in eine Mußvorschrift verwandelt werden. So hat die Verwaltung etwa einen belastenden rechtswidrigen Verwaltungsakt auch nach Ablauf der Anfechtungsfrist aufzuheben, wenn für seine Aufrechterhaltung öffentliche oder private Interessen eines Dritten nicht sprechen.
Auch bei der Beifügung der Auflage zu einem begünstigenden Verwaltungsakt hat die Verwaltung das ihr hierbei zustehende Ermessen pflichtgemäß auszuüben.[634] Sachliche Gründe sprechen aber letztlich nur dann für eine be-

633 *Erichsen*, in: Erichsen, § 14 I, Rdnr. 7.
634 Vgl. *Kopp*, VwVfG, § 36, Rdnr. 40.

stimmte Auflage, wenn die Leistung des Bürgers Hindernisse für eine positive Entscheidung in der Hauptsache beiseite räumen kann.

Da es sich nach dem Wortlaut des Verwaltungsverfahrensgesetzes bei der Auflage um eine Nebenbestimmung zum Hauptverwaltungsakt und nicht um einen selbständigen Verwaltungsakt handelt, müssen sich die auf die Auflage beziehenden Erwägungen auf das Ermessen beziehen, welche die Verwaltung bei Erlaß des Hauptaktes berücksichtigen darf. Die Auflage muß also in einer solchen Deutung nicht nur in einem sachlichen Verhältnis zum Hauptakt, sondern auch zu den sachlichen Erwägungen stehen, die im Rahmen des Ermessens beim Erlaß des Hauptaktes anzustellen sind.

In der Literatur wird die damit verbundene Voraussetzung meist dahin umschrieben, daß die Auflage über den Wortlaut des § 36 VwVfG hinaus dem Zweck des Ermächtigungsgesetzes nicht nur nicht widersprechen darf, sondern durch diesen Zweck gefordert werden muß.[635] Ist dies der Fall, werden wesentliche Hindernisse für eine positive Entscheidung der Verwaltung ausgeräumt.

Eine solche den § 36 VwVfG ergänzende Forderung ist erforderlich, weil diese Bestimmung nicht so hinreichend bestimmt ist, daß sie dem Gesetzesvorbehalt genügt. Daß bei einem den Bürger begünstigenden Verwaltungsakt die Auflagen auch ohne gesetzliche Grundlage allein auf die Saldotheorie gestützt werden können, entspricht dem heutigen Verständnis des Gesetzesvorbehalts wohl nicht mehr. Das bedeutet aber, daß § 36 VwVfG dem Gesetzesvorbehalt nur dann entspricht, wenn er so ausgelegt wird, daß er der Auflage bestimmbare Grenzen zieht.

Nun verweist auch § 56 VwVfG auf die Voraussetzungen der Auflage insbesondere in seinem zweiten Absatz. Auch wird man der Auffassung folgen müssen, daß der Gesetzesvorbehalt auch hinsichtlich der in § 56 VwVfG festgelegten Gegenleistung des Bürgers greift. Wegen der Zustimmung des Bürgers können aber dessen Voraussetzungen im Vergleich zur Auflage beim Verwaltungsvertrag gemildert werden. Die in § 56 VwVfG aufgestellten Voraussetzungen für die Gegenleistungen entsprechen dem Gesetzesvorbehalt in diesem Sinne. Ist dies aber der Fall, greift der Gedanke ein, daß der Abschluß eines Verwaltungsvertrages nur gestattet ist, wenn das angezielte Ergebnis durch einen mit einer Auflage versehenen Verwaltungsakt nicht erreicht werden kann. Das aber bedeutet, wie wir oben schon gezeigt haben, daß die Voraussetzungen des § 56 VwVfG milder als die der Auflage sein müssen. Da die obige für die Auflage entwickelte Ermessenstheorie eine sehr weitgehende Bindung der Verwaltung enthält, die im Rahmen des § 56 VwVfG nicht als erforderlich erscheint, entfallen im Rahmen des § 56 VwVfG diese weiteren Voraussetzungen der Auflage.

635 Vgl. *Erichsen*, in: Erichsen, § 14 II, Rdnr. 11.

Die herrschende Lehre übersieht schließlich auch, daß im Rahmen des § 56 VwVfG auch das Verhältnismäßigkeitsprinzip greift und der Wesensgehalt der Grundrechte des Vertragspartners nicht tangiert werden darf. Für die Behandlung dieses Problems kommt es letztlich auf die Entscheidung über die in der Literatur umstrittene Frage nicht an, ob die Grundrechte den Staat immer dann binden, wenn er in den Formen des öffentlichen Rechts handelt.

Entscheidend dürfte vielmehr sein, daß, wenn der Staat einen Verwaltungsakt erlassen könnte, die Bargaining-Power der Verwaltung die Verhandlungsmacht des Bürgers weit übersteigt. Auch daß der Bürger durch den Abschluß des Verwaltungsvertrages auf die Ausübung seiner Grundrechte verzichtet habe (volenti non fit iniuria), wird man angesichts dieser Zwangslage des Bürgers nicht ohne weiteres annehmen können. Die äußerst umstrittene Frage, ob und in welchem Umfang auf die Grundrechte überhaupt verzichtet werden kann und welche Rechtsfolgen ein solcher Verzicht hat, kann hier also dahingestellt bleiben.

Damit steht aber gleichzeitig auch schon fest, daß hinsichtlich der Leistungen des Bürgers nach § 56 VwVfG auch der Gesetzesvorbehalt greift. Diesem Grundsatz soll § 56 VwVfG dadurch gerecht werden, daß er die Tatbestandsmerkmale für eine Gegenleistung des Bürgers festlegt. Natürlich sind diese Voraussetzungen im Sinne des Gesetzesvorbehalts nicht hinreichend bestimmt. Das Bundesverfassungsgericht hat aber mehrfach entschieden, daß der Bestimmtheitsgrundsatz die Verwendung unbestimmter Rechtsbegriffe und von Generalklauseln dann gestattet, wenn dem Gesetzgeber angesichts der Vielzahl der durch das Gesetz betroffenen Sachverhalte eine bestimmtere Formulierung nicht möglich ist. Diese Rechtsprechung wird man auch auf die Voraussetzungen des § 56 VwVfG – überdies auch auf die Tatbestandsvoraussetzungen der Auflage nach § 36 VwVfG – beziehen müssen.

2. In § 56 VwVfG wird nicht gefordert, daß die Gegenleistung des Bürgers dem Gesetz entsprechen muß, daß also die Behörde eine Leistung nicht verlangen darf, wenn dieser ein gesetzliches Verbot entgegensteht, und daß die Verwaltung die Gegenleistung dann nicht ändern darf, wenn diese durch das Gesetz umfassend festgelegt wird. Die noch herrschende Lehre will diesen Fall durch Rückgriff auf § 59 II Ziff. 2 VwVfG lösen.

Das entspricht dem Gesamtzusammenhang des VwVfG wenig. Legt das Gesetz die Gegenleistung des Bürgers bis ins Detail fest, will es den Bürger stärker schützen, als dies nach den in § 56 VwVfG festgelegten Voraussetzungen der Gegenleistung der Fall ist. Der Rückgriff auf § 59 II Ziff. 2 VwVfG muß aber dazu führen, daß der Intention des Gesetzgebers widersprechend der Bürger weniger stark geschützt wird als hinsichtlich der in § 56 VwVfG festgelegten Tatbestandsvoraussetzungen für die Gegenleistung. Deshalb wird man

annehmen müssen, daß die Gesetzmäßigkeit der Leistung des Bürgers eine Voraussetzung darstellt, die in § 56 VwVfG implizit gefordert wird. Der Vertrag ist also sonst stets nach § 59 II Ziff. 4 VwVfG nichtig.
Allerdings wird man in allen Fällen durch Auslegung ermitteln müssen, ob das betreffende Gesetz mit der Festlegung der Gegenleistung des Bürgers eine absolute Obergrenze festlegen wollte oder aber gestattet, den Bürger durch weitergreifende Auflagen zu binden. Insbesondere muß es möglich sein, im Rahmen eines Subventionsvertrages den Unternehmern weiterreichende Umweltschutzmaßnahmen aufzuerlegen, als die Gesetze dies bisher vorsehen.
Allerdings wird man in diesem Rahmen differenzieren müssen. Wir werden im folgenden zeigen, daß die Gegenleistung der Verwaltung auch darin bestehen kann, daß diese bei einem belastenden Verwaltungsakt vom Bürger weniger verlangt als das Gesetz dies vorsieht. In diesem Fall muß das Vertrauen des Bürgers in die Wirksamkeit des Vertrages geschützt werden, wird also § 59 II Ziff. 2 VwVfG anwendbar. Nur wenn die Verwaltung also vom Bürger mehr verlangt als das Gesetz dies gestattet, wird man § 59 II Ziff. 4 VwVfG anwenden müssen.

3. Die Leistung des Bürgers steht zur Leistung der Behörde in einem synallagmatischen Verhältnis des »do ut des«. Das bedeutet, wie wir sehen werden, daß einerseits die Gegenleistung nur erbracht werden muß, weil die Behörde sich zu einer Leistung verpflichtet hat. Auf der anderen Seite sind die §§ 323 ff. BGB zugunsten des Vertragspartners auf den Wegfall der Leistung der Behörde voll anzuwenden.[636]

II. Voraussetzung des § 56 VwVfG ist ferner, daß auch die Behörde sich zu einer »Leistung« verpflichtet. Der Verweis auf § 54 S. 2 VwVfG macht dabei deutlich, daß es sich um alle Leistungen handeln kann, zu denen die Behörde sich in einem Verwaltungsakt verpflichten kann oder die durch einen Verwaltungsakt erbracht werden können.[637] Da die Leistung der Verwaltungsbehörde der Gegenleistung des Vertragspartners entsprechen muß, § 56 VwVfG insoweit aber auf § 36 VwVfG verweist, ist in Übereinstimmung mit diesem Ansatz anzunehmen, daß auch die Behörde sich zu einem beliebigen Tun, Dulden und Unterlassen verpflichten kann.
Eine »Leistung« der Behörde liegt ferner nur vor, wenn es sich um eine Leistung gerade an den Vertragspartner handelt. Folglich verlangt § 56 VwVfG, daß die Leistung der Verwaltung die Interessenlage des Bürgers verbessert.

636 Siehe *Bonk*, in: Stelkens/Bonk/Sachs, § 62, Rdnr. 19.
637 Vgl. *Kopp*, VwVfG, § 56, Rdnr. 6 f.

Dabei wird es sich in aller Regel um einen begünstigenden Verwaltungsakt (Genehmigung, Erbringung einer Geld- oder Sachleistung) handeln. Um eine Leistung der Verwaltung kann es sich aber auch dann handeln, wenn der Verwaltungsakt an sich den Bürger belastet. Das ist dann der Fall, wenn die Behörde im Rahmen ihres Ermessensspielraums vom Bürger weniger verlangt als sie dies nach dem einschlägigen Gesetz an sich verlangen könnte oder wenn sie dem Bürger eine niedrigere Belastung auferlegt als das Gesetz dies an sich gestattet. Im letzten Fall ist die Leistung der Behörde zwar rechtswidrig. Da in einem solchen Fall aber nach § 59 II Ziff. 2 VwVfG der Verwaltungsvertrag wirksam sein kann, darf man im Rahmen des § 56 VwVfG keine Voraussetzungen festlegen, die dieses Ergebnis umgehen würden.

In der Tat regelt § 56 VwVfG ebensowenig wie für die Gegenleistung des Bürgers den Fall, daß die Leistungen der Verwaltungsbehörde an den Vertragspartner dem Gesetz widersprechen. Obwohl mit dem Wegfall der Leistung der Behörde auch die Pflicht des Vertragspartners zur Gegenleistung entfällt, wird man nicht annehmen dürfen, daß dieses Problem durch § 56 VwVfG geregelt wird und für die Nichtigkeit § 59 II Ziff. 4 VwVfG greift. Da, wie wir gesehen haben, § 59 II Ziff. 2 VwVfG im Kern, wenn nicht sogar ausschließlich, die Rechtswidrigkeit der Leistung der Verwaltungsbehörde bei einem Austauschvertrag betrifft, würde diese Vorschrift völlig leerlaufen, wenn auch die Rechtswidrigkeit der Leistung der Verwaltungsbehörde durch § 59 II Ziff. 4 VwVfG geregelt wäre.

§ 56 VwVfG geht zwar davon aus, daß die Leistung der Behörde und die Gegenleistung ihres Vertragspartners in einem Gegenseitigkeitsverhältnis stehen, spricht aber ausdrücklich von einer »Verpflichtung« nur hinsichtlich der Gegenleistung des Vertragspartners. Hieraus wird man schließen müssen, daß die Verpflichtung auch der Behörde zu einer bestimmten Leistung nicht wesentlicher Bestandteil eines Austauschvertrages ist: Denkbar ist also auch, daß die Gegenleistung des Vertragspartners für den Fall (Bedingungen) versprochen wird, daß die Behörde eine bestimmte Leistung erbringt, ohne daß die Behörde sich zu dieser Leistung auch verpflichtet hat.

III. Weil der Bürger beim Abschluß eines Verwaltungsvertrages die Gegenleistung freiwillig gewährt, ist die Frage umstritten, ob die Behörde bei einem Eingriff in die Grundrechte ihres Vertragspartners an das Verhältnismäßigkeitsprinzip gebunden ist. Ich habe an anderer Stelle gezeigt,[638] daß das Verhältnismäßigkeitsprinzip nicht nur bei einem Eingriff in Grundrechte anzuwenden ist. Da die Behörde immer nur zwecks Erfüllung einer öffentlichen

638 *Bleckmann*, Begründung und Anwendungsbereich des Verhältnismäßigkeitsprinzips, JuS 1994, 177 ff.

Aufgabe handeln darf, endet ihre Zuständigkeit dort, wo ein Handeln zur Durchsetzung eines öffentlichen Interesses nicht erforderlich ist. Die Zustimmung des Bürgers aber kann diese Zuständigkeit der Behörde nicht erweitern.

§ 9 Die Schriftform des Verwaltungsvertrages (§ 57 VwVfG)

Habermehl, Die Vertretung der Kommune, DÖV 1987, 144; *Weihrauch*, Verwaltungsrechtlicher Vertrag und Urkundeneinheit – Zur Anwendbarkeit des § 126 Abs. 2 Satz 1 BGB auf den verwaltungsrechtlichen Vertrag, VerwArch 1991, 543.

Die Lehre ist einmütig der Auffassung, daß über § 59 I VwVfG die Bestimmungen der §§ 125 und 126 BGB voll anzuwenden sind.[639] Diese Voraussetzung liegt aber nur vor, wenn der Sinn und Zweck des § 57 VwVfG diese Anwendung in vollem Umfang erfordert. Denn nach § 59 I VwVfG sind die Vorschriften des BGB auf das Verwaltungsrecht nur »entsprechend«, d. h. nur bei gleicher Interessenlage, anzuwenden.
Der Rückgriff auf Sinn und Zweck des § 57 VwVfG deckt aber, wie wir sehen werden, die Auffassung der herrschenden Lehre. Nur ist es der Literatur bisher nicht gelungen, den Zweck der Schriftform in § 57 VwVfG voll aufzudekken. In der Tat reicht hierfür der Hinweis auf die mangelnde Kontinuität der Verwaltungsbehörde bei einem Wechsel der Beamten[640] nicht aus.
Bei einer näheren Analyse erscheint es schon fraglich, ob jeder Verwaltungsakt, wie die Lehre[641] meint, auch mündlich, vor allem nur konkludent erlassen werden kann. Die Vorschriften des Verwaltungsverfahrensgesetzes über die Begründung des Verwaltungsaktes, die Rechtsmittelbelehrung und die Zustellung der Verwaltungsakte weisen doch deutlich darauf hin, daß mindestens als Sollvorschrift die Regel greift, daß auch Verwaltungsakte schriftlich zu erlassen sind, wenn nicht besondere Umstände, insbesondere die Eilbedürftigkeit, dies zwingend erfordern.
Die Notwendigkeit eines schriftlichen Verwaltungsaktes beruht dabei, wie dies durch den Zwang zur Begründung der Verwaltungsakte und der Beifügung einer Rechtsmittelbelehrung deutlich wird, auf dem Rechtsstaatsprinzip. Dieser Grundsatz beinhaltet aber auch das Prinzip der Bestimmtheit von Verwaltungsakten. Durch die Schriftlichkeit wird die Verwaltungsbehörde zu einer genauen Formulierung der Anforderungen an den Bürger und damit auch dazu gezwungen, die Begründung ihres Verwaltungsaktes genau zu durch-

639 *Kopp*, VwVfG, § 59, Rdnr. 9; *Henneke*, in: Knack, § 59, Anm. 3; *Bonk*, in: Stelkens/Bonk/Sachs, § 59, Rdnr. 27; z.T. m.w.N.
640 *Meyer*, in: Meyer/Borgs, VwVfG, § 57, Rdnr. 2.
641 Vgl. *Maurer*, § 10, Rdnr. 12.

denken. Auch die Schriftlichkeit des Verwaltungsaktes dient damit letztlich der Richtigkeit der staatlichen Entscheidung.
Diese rechtsstaatlichen Prinzipien greifen nun auch beim Verwaltungsvertrag ein. Insbesondere die mit dem Rechtsstaatsprinzip verknüpfte Richtigkeitsgewähr wird bei Verwaltungsverträgen in besonders starkem Maße erforderlich, da die Verwaltungsbehörde im Gegensatz zur Lage beim Erlaß von Verwaltungsakten ihre Verwaltungsverträge nicht begründen muß. Die Richtigkeit der staatlichen Entscheidung in einem Verwaltungsvertrag wird also ganz erheblich gefördert, wenn der Verwaltungsvertrag schriftlich abzufassen ist.
Für den Vergleichsvertrag kommt eine weitere Voraussetzung hinzu. In der Tat ist der Vergleichsvertrag verfassungsrechtlich nur dann legitimiert, wenn sichergestellt werden kann, daß die angestrebte Rechtssicherheit tatsächlich gewährleistet wird. Das aber ist beim Vergleich nur dann der Fall, wenn die Vergleichsbedingungen schriftlich fixiert werden, weil sonst unter Umständen erhebliche Beweisschwierigkeiten auftreten können.

§ 10 Die Zustimmung anderer Behörden oder Dritter zum Verwaltungsvertrag (§ 58 VwVfG)

Literatur:

Bullinger, Leistungsstörungen beim öffentlich-rechtlichen Vertrag – Zur Rechtslage nach den VwVfGen –, DÖV 1977, 812; *Fiedler*, Zum Wirkungsbereich der clausula rebus sic stantibus im Verwaltungsrecht, VerwArch 1976, 125; *Friehe*, Die Konkurrentenklage gegen einen öffentlich-rechtlichen Subventionsvertrag, DÖV 1980, 673; *Horn*, Das Anhörungsrecht des mit Drittwirkung Betroffenen nach § 28 VwVfG, DÖV 1987, 20; *Meyer*, Das neue öffentliche Vertragsrecht und die Leistungsstörungen, NJW 1977, 1705; *Raeschke-Kessler/Eilers*, Die grundrechtliche Dimension des Beteiligungsgebots in § 13 Abs. 2 VwVfG – Zur Verfahrensbeteiligung als Grundrechtssicherung, NVwZ 1988, 37; *Redeker*, Grundgesetzliche Rechte auf Verfahrensteilhabe, NJW 1980, 1593.

Nach § 58 I VwVfG wird ein öffentlich-rechtlicher Vertrag, der in Rechte eines Dritten eingreift, erst wirksam, wenn der Dritte schriftlich zustimmt. Wird anstatt eines Verwaltungsaktes, bei dessen Erlaß nach einer Rechtsvorschrift die Genehmigung, die Zustimmung oder das Einvernehmen einer anderen Behörde erforderlich ist, ein Vertrag geschlossen, so wird dieser erst wirksam, nachdem die andere Behörde in der vorgeschriebenen Form mitgewirkt hat (§ 58 II VwVfG).

§ 58 VwVfG will sicherstellen, daß die bei Erlaß eines Verwaltungsaktes greifenden Voraussetzungen und Rechtsfolgen für Dritte nicht verändert werden, wenn ein Verwaltungsakt durch einen Verwaltungsvertrag ersetzt wird.

A. *Die Zustimmung der Behörde*

Das Zustimmungsbedürfnis nach § 58 II VwVfG soll sicherstellen, daß beim Verwaltungsvertrag die Zustimmung anderer Behörden in demselben Umfang und mit denselben Rechtsfolgen erforderlich wird, wie wenn eine Zustimmung zu einem entsprechenden Verwaltungsakt erforderlich ist.[642] Diese Be-

642 *Maurer*, § 14, Rdnr. 30.

stimmung will also die den anderen Behörden beim Erlaß eines Verwaltungsaktes zukommende Rechtsposition in vollem Umfang wahren. Das hat einerseits zur Folge, daß diese Zustimmung auch zu einem Verwaltungsvertrag nicht als Verwaltungsakt qualifiziert werden kann, der selbständig anfechtbar wäre.[643] Auf der anderen Seite ist nach § 58 VwVfG die Zustimmung der anderen Behörden notwendige Voraussetzung der Bindungswirkung eines Verwaltungsvertrages. Auch die Frage, ob eine Zustimmung überhaupt erforderlich ist und ob sie angesichts des Sachverhalts erteilt werden müßte, wird also auch beim Verwaltungsvertrag in dem Verfahren entschieden, dessen Gegenstand die Beurteilung der Nichtigkeit des Verwaltungsvertrages ist.

B. *Die Zustimmung Dritter zum Verwaltungsvertrag*

1. § 58 I VwVfG will den Dritten im Verhältnis zum Verwaltungsvertrag genau so stellen, als ob anstelle des Abschlusses eines Vertrages ein Verwaltungsakt erlassen worden wäre.[644] Da nach den Regeln des Verwaltungsrechts aber eine Klage des Dritten gegen einen Verwaltungsakt nur dann zulässig und begründet ist, wenn der Verwaltungsakt gegen die seinen Erlaß regelnden Normen verstößt oder bei einem Eingriff in die Grundrechte des Dritten die dann geforderten rechtsstaatlichen Voraussetzungen, insbesondere das Verhältnismäßigkeitsprinzip und die Wesensgehaltstheorie verletzt, wird man annehmen müssen, daß die Zustimmung des Dritten nicht schon bei einem Eingriff in den Schutzbereich eines Grundrechts, sondern erst dann erforderlich wird, wenn ein entsprechender Verwaltungsakt gegenüber dem Dritten rechtswidrig wäre.[645] Sonst stünden dem Dritten bei einem Verwaltungsrechtsvertrag umfassendere Rechte als bei einem Verwaltungsakt zu. Da überdies bei einem Verwaltungsvertrag gesetzliche Fristen nicht greifen, der Kreis der Betroffenen aber häufig sehr groß ist, würde, wenn man die Rechtsposition des Dritten im Vergleich zum Verwaltungsakt erweiterte, die Rechtssicherheit erheblich tangiert.

Da § 58 I VwVfG den Dritten beim Abschluß eines Verwaltungsvertrages ebenso stellen will wie beim Erlaß eines Verwaltungsaktes, ist die notwendige Folge, daß bei einem Vertrag mit dem Adressaten die Regelung des § 59 II Ziff. 2 VwVfG dem Dritten gegenüber nicht wirkt. Ohne Zustimmung des Dritten ist der Verwaltungsvertrag auch dann nichtig, wenn er gegen das ob-

643 *Kopp*, VwVfG, § 58, Rdnr. 21.
644 *Henneke*, in: Knack, VwVfG, § 58, Anm. 3.
645 Dazu *Bonk*, in: Stelkens/Bonk/Sachs, VwVfG, § 58, Rdnr. 11.

Bleckmann, DVBl 04, 333

jektive Recht verstößt, ohne daß den Vertragsparteien dies bekannt war.[646] Diese Regel wird durch zwei weitere Ansätze bestätigt. Auf der einen Seite entfalten Verträge grundsätzlich Wirkung gegenüber Dritten nicht. Auf der anderen Seite kann der im Verhältnis zum Adressaten erforderliche Vertrauensschutz die Rechtsposition des Dritten, insbesondere wenn diese aus den Grundrechten der Verfassung fließt, nicht beeinträchtigen.

Folgt man der obigen Interpretation des § 58 I VwVfG, ist entgegen einer in der Lehre weit verbreiteten Auffassung, die auch ich in meinem Lehrbuch des Subventionsrechts vertreten habe,[647] die Vorschaltung eines Verwaltungsaktes (Zweistufentheorie) vor einen Verwaltungsvertrag zum Schutze des Dritten nicht erforderlich. Wir haben in der Tat gesehen, daß durch das Zustimmungsbedürfnis die materiell-rechtliche Rechtsposition des Dritten voll gewahrt wird. Auf der anderen Seite ist die Vorschaltung eines Verwaltungsaktes auch nicht erforderlich, um dem Dritten einen hinreichenden Gerichtsschutz zu verschaffen. Denn nach der herrschenden Lehre gestattet die Verwaltungsgerichtsordnung dem Dritten, eine Klage auf Feststellung der Nichtigkeit eines Vertrages zu erheben, welcher zwischen der Verwaltungsbehörde und dem Adressaten eines entsprechenden Verwaltungsaktes abgeschlossen worden ist.

646 Allg. *Bonk*, in: Stelkens/Bonk/Sachs, VwVfG, § 58, Rdnr. 17.
647 *Bleckmann*, Subventionsrecht, 1978, S. 146 ff.

§ 11 Die Nichtigkeit des Verwaltungsvertrages (§ 59 II Ziff. 2 VwVfG)

Literatur:

Bublitz, Die Bestandskraft fehlerhafter subordinationsrechtlicher Verwaltungsverträge, 1975; *Blankenagel*, Folgenlose Rechtswidrigkeit öffentlich-rechtlichen Verträge?, VerwArch 1985, 276; *Bramsche*, Rechtsfolgen verwaltungsvertraglicher Gesetzesvorstöße, insbes. Nichtigkeitsfolge durch entsprechende Anwendung des § 134 BGB im Rahmen des § 59 Abs. 1 VwVfG, sowie Vereinbarkeit des § 59 VwVfG mit dem Verfassungsrecht, 1986; *Büchner*, Die Bestandskraft verwaltungsrechtlicher Verträge, 1979; *Efstratiou*, Die Bestandskraft des öffentlich-rechtlichen Vertrags: eine vergleichende Untersuchung zum griechischen, französischen und insbes. deutschen Verwaltungsvertragsrecht, Berlin 1988; *Erichsen*, Die Nichtigkeit und Unwirksamkeit verwaltungsrechtlicher Verträge, Jura 1994, 47; *Fluck*, Grundprobleme des öffentlich-rechtlichen Vertragsrechts, Die Verwaltung 1989, 185; *Frank*, Nichtigkeit des substituierenden Verwaltungsvertrages nach dem VwVfG, DVBl. 1977, 682; *Krebs*, Verträge und Absprachen zwischen der Verwaltung und Privaten; VVDStRL, Bd. 52 (1993), 248; *Maurer*, Der Verwaltungsvertrag – Probleme und Möglichkeiten, DVBl. 1989, 798; *Obermayer*, Der nichtige öffentlich-rechtliche Vertrag nach § 59 VwVfG, in: BayVGH-FS 1979, 275; *Punke*, Verwaltungshandeln durch Vertrag, Kiel 1989; *Schenke*, Der rechtswidrige Verwaltungsvertrag nach dem VwVfG, JuS 1977, 281; *Schuster*, Wirksame rechtswidrige öffentlich-rechtliche Verträge, Diss. Tübingen 1990; *Tschaschnig*, Die Nichtigkeit subordinationsrechtlicher Verträge nach dem VwVfG, 1984.

Da wir die in § 59 II Ziff. 3 und 4 VwVfG geregelten Nichtigkeitsfolgen schon im Rahmen des Vergleichs-[648] und des Austauschvertrages[649] behandelt haben, die Nichtigkeit eines Verwaltungsvertrages bei Nichtigkeit eines entsprechenden Verwaltungsaktes (§ 59 II Ziff. 1 VwVfG) aber keine größeren Probleme aufwirft, wollen wir uns im folgenden auf § 59 II Ziff. 2 VwVfG konzentrieren. Daneben müssen wir noch das Verhältnis dieser Vorschrift zu den §§ 119 ff. BGB untersuchen, die über § 59 I VwVfG auch auf Verwaltungsverträge anwendbar werden.

Im obigen Kapitel zu § 56 VwVfG haben wir schon nachgewiesen, daß § 59 II Ziff. 2 VwVfG sich nur auf den Austauschvertrag und auch insoweit nur auf die Leistung der Behörde bezieht. Dabei wird es sich wie bei den Subventio-

648 Siehe oben § 7.
649 Siehe oben § 8.

nen meist um die Zahlung einer Geldsumme handeln, so daß bei Überschreitung des Gesetzes nur das öffentliche Finanzinteresse tangiert wird. Eine schwerwiegende Verletzung der öffentlichen Sicherheit und Ordnung liegt nur dann vor, wenn die Leistung der Behörde etwa in einer vom Gesetz abweichenden Genehmigung einer gefährlichen Tätigkeit besteht. Auch dieses Problem wird entschärft, wenn man § 60 I S. 2 VwVfG dahin interpretiert, daß die Behörde den Vertrag auch dann kündigen darf, wenn eine schwerwiegende Beeinträchtigung des öffentlichen Interesses schon beim Vertragsschluß vorgelegen hat.

I. Der § 59 II Ziff. 2 VwVfG wirft, wie die Lehre richtig erkannt hat, im wesentlichen zwei Probleme auf. Zunächst ist das Verhältnis dieser Vorschrift zu § 134 BGB zu klären, der über § 59 I VwVfG vielleicht auch auf Verwaltungsverträge anzuwenden ist. In einem zweiten Schritt muß das Problem angegangen werden, ob § 59 II Ziff. 2 VwVfG gegen den Grundsatz der Gesetzmäßigkeit der Verwaltung verstößt mit der Folge, daß diese Vorschrift nichtig ist.

Die Lehre stimmt dabei in der Ausgangslage durchaus überein: Wenn § 134 BGB in vollem Umfang über § 59 I VwVfG auch auf Verwaltungsverträge anwendbar wird, läuft die Regel des § 59 II Ziff. 2 VwVfG leer, weil in allen Fällen, in denen ein entsprechender Verwaltungsakt gegen das Gesetz verstößt, solche Verträge nach § 134 BGB selbst dann nichtig wären, wenn den Parteien der Rechtsverstoß nicht bekannt war.[650]

Die Lehre versucht durch vielfältige Konstruktionen und Argumente diesen Widerspruch zwischen § 59 I und II Ziff. 2 VwVfG aufzuheben. Auf der einen Seite soll durch § 59 I VwVfG i.V.m. § 134 BGB nur der Fall erfaßt werden, in dem nach dem Wortlaut des § 134 BGB der Inhalt des Verwaltungsvertrages durch das Gesetz ausdrücklich verboten wird.[651] Nur dieser Fall wird dabei dem § 59 I VwVfG zugeordnet; im übrigen bleibt § 59 II Ziff. 2 VwVfG in vollem Umfang anwendbar. Dieser Argumentation wird meist entgegengehalten, daß § 134 BGB bezogen auf Verwaltungsverträge in einem weiteren Umfang als im Privatrecht greift, weil im öffentlichen Recht immer dann, wenn ein entsprechender Verwaltungsvertrag rechtswidrig wäre, der Verwaltung der Erlaß des Verwaltungsaktes und damit eventuell auch der Abschluß eines Verwaltungsvertrages durch die Rechtsordnung verboten wird.

Deshalb ist die wohl herrschende Lehre der Auffassung, § 59 II Ziff. 2 VwVfG gehe als lex specialis in vollem Umfang dem § 59 I VwVfG i.V.m.

650 Vgl. *Bonk*, in: Stelkens/Bonk/Sachs, VwVfG, § 59, Rdnr. 29.
651 Vgl. *Bonk*, in: Stelkens/Bonk/Sachs, VwVfG, § 59, Rdnr. 31 m.w.N.

§ 134 BGB vor.[652] Meist wird dabei angenommen, § 59 II Ziff. 2 VwVfG entspreche in vollem Umfang der Verfassung.
Ein Teil der Lehre ist dagegen der Auffassung, § 59 II Ziff. 2 VwVfG sei nichtig, weil er gegen den Grundsatz der Gesetzmäßigkeit der Verwaltung und damit gegen die Verfassung verstoße. Für diese äußerst umfangreiche Diskussion sei hier auf die Zusammenfassung von *Bramsche*[653] verwiesen.

II. Auf diese Diskussion hier im Detail einzugehen, erübrigt sich schon deshalb, weil meines Erachtens die Lehre bisher wesentliche Probleme sowohl des § 134 BGB als auch die verfassungsrechtliche Problematik des § 59 II Ziff. 2 VwVfG nicht hinreichend analysiert und erkannt hat.

1. § 134 BGB enthält nach der herrschenden Lehre nur eine Blankettnorm. Die Nichtigkeit der Verträge des Privatrechts folgt nicht eigentlich aus § 134 BGB, sondern aus der Auslegung der Gesetze, auf welche diese Vorschrift verweist. Diese Gesetze müssen ihrem Sinn und Zweck nach den Inhalt des Privatrechtsvertrages selbst verbieten; sie müssen dahin auszulegen sein, daß sie nach ihrem Sinn und Zweck die Sanktion der Nichtigkeit des Vertrages anstreben. § 134 BGB betrifft also letztlich nur die Sanktion eines gegen ein materielles Gesetz verstoßenden privatrechtlichen Vertrages. Die öffentlichrechtlichen Sanktionen eines Gesetzesverstoßes werden aber entgegen der herrschenden Lehre nicht durch die verletzten materiellen Gesetze, sondern für Verwaltungsakte durch § 44 VwVfG, für Verwaltungsverträge durch § 59 VwVfG festgelegt. § 134 BGB kann also über § 59 I VwVfG auf Verwaltungsverträge keine Anwendung finden.

2. Es kann sich angesichts fehlender Kollision zwischen den beiden Ansätzen des § 59 VwVfG also nur die Frage stellen, ob § 59 II Ziff. 2 VwVfG deshalb gegen die Verfassung verstößt, weil er entgegen dem Grundsatz der Gesetzmäßigkeit der Verwaltung bei Verwaltungsverträgen auf eine Sanktion der Verletzung des materiellen Rechts teilweise verzichtet. Insoweit muß also gefragt werden, ob der Grundsatz der Gesetzmäßigkeit der Verwaltung stets eine entsprechende Sanktion eines Gesetzesverstoßes verlangt und ob dieser Grundsatz letztlich nur die Verwaltung, nicht jedenfalls in vollem Umfang den Gesetzgeber bindet.
Für die Klärung dieser verfassungsrechtlichen Problematik ist zunächst der genaue Inhalt des § 59 II Ziff. 2 VwVfG zu bestimmen. Insoweit ist zunächst festzuhalten, daß diese Bestimmung die Verwaltung nicht von der Einhaltung

652 *Meyer*, in: Meyer/Borgs, VwVfG, § 59, Rdnr. 11; ähnlich *Erichsen*, in: Erichsen, § 26 IV, Rdnr. 23 ff.
653 *Bramsche*, Rechtsfolgen verwaltungsvertraglicher Gesetzesverstöße, 1986, S. 53 ff.

der Gesetze befreit, die bei einem entsprechenden Verwaltungsakt zu beachten sind. Sonst könnte nämlich nicht erklärt werden, warum ein Vertrag dann nichtig ist, wenn die Vertragspartner die Rechtswidrigkeit eines entsprechenden Verwaltungsakts kannten. Der Wegfall der Sanktion »Nichtigkeit« des Vertrages unter Beibehaltung einer Bindung der Verwaltung an das Recht hat insoweit einen Sinn, als Maßnahmen der Dienstaufsicht möglich bleiben. Trotz dieser vollen Bindung der Verwaltung an das Gesetz verzichtet § 59 II Ziff. 2 VwVfG vielmehr nur darauf, den Verstoß gegen das materielle Recht in vollem Umfang mit der Nichtigkeit als Sanktion zu ahnden. Damit stellt sich also das Problem, ob der Gesetzgeber aufgrund des Prinzips der Gesetzmäßigkeit verpflichtet ist, bei einem Verstoß gegen das materielle Recht einen Verwaltungsvertrag stets für nichtig zu erklären. Dies aber ist meines Erachtens aus einer Reihe von Gründen eindeutig nicht der Fall.

a) Zunächst ist darauf hinzuweisen, daß die Verwaltung beim Abschluß eines Verwaltungsvertrages durch das Gesetz unter gewissen Voraussetzungen freier gestellt ist als beim Erlaß eines Verwaltungsaktes. Diese Freistellung greift vor allem in zwei Fällen ein. Erstens kann der Gesetzgeber seinen Rechtsakten meist nur Durchschnittswerte zugrunde legen. Es ist aber möglich, daß das Verhältnismäßigkeitsprinzip im konkreten Einzelfall eine andere Regelung erfordert, weil die Sachlage von den Durchschnittswerten abweicht. Ob in solchen Fällen die Verwaltung bei Erlaß eines Verwaltungsaktes einen »Dispens« erteilen darf, mag fraglich erscheinen. Zumindest beim Abschluß eines Verwaltungsvertrages muß dies in atypischen Fällen möglich sein. Zweitens kann es sein, daß aufgrund der Gegenleistung des Bürgers im Rahmen des § 56 VwVfG die öffentlichen Interessen, deren Durchsetzung der Gesetzgeber mit dem Erlaß des Gesetzes im Auge hat, auf andere Weise durchgesetzt werden können, als das Gesetz dies vorsieht.

b) Bei der Frage, ob der Grundsatz der Gesetzmäßigkeit der Verwaltung den Gesetzgeber auch verpflichtet, für die Durchsetzung seiner Regeln als Sanktion die Nichtigkeit von Verwaltungsverträgen vorzusehen, ist davon auszugehen, daß der Gesetzgeber, ohne gegen die Verfassung zu verstoßen, zwar dem Verwaltungsvertrag nicht entgegen der Verfassung einen Vorrang vor dem Gesetz einräumen darf, daß er aber auch durch eine generelle Regelung, wie sie in § 59 II Ziff. 2 VwVfG enthalten ist, bestimmen darf, daß das Gesetz hinter dem Inhalt eines konkreten Verwaltungsaktes zurücktritt.[654] Aus dieser verfassungsrechtlichen Vorgabe ist nun zu schließen, daß der Gesetzgeber, statt die Bindung der Verwaltung an das Gesetz aufzuheben, auch die Sank-

654 BVerfGE 8, 155.

tion der Nichtigkeit eines Verwaltungsaktes aufheben darf. Nur in drei Fällen, in denen dann über § 59 I VwVfG § 134 BGB greifen dürfte, ist der Gesetzgeber zur Sanktionierung des Gesetzes verpflichtet: Einmal darf der Gesetzgeber ein Gesetz dann nicht sanktionslos stellen, wenn aus den Grundrechten mit der Rechtsprechung des BVerfG eine Schutzpflicht zugunsten Dritter fließt, die durch eine entsprechende Sanktion zu bewehren ist. Zweitens, wenn das öffentliche Interesse eine einheitliche Durchsetzung des Gesetzes erfordert, die durch den Abschluß zahlreicher, voneinander unter Umständen erheblich abweichender Verwaltungsverträge nicht gewährleistet ist. Als Beispiel sei darauf hingewiesen, daß die Verwaltung im Straßenverkehr dem A sicherlich nicht den Rechtsverkehr, dem B aber den Linksverkehr vorschreiben darf. Und drittens kann auch der Grundsatz der Rechtssicherheit verlangen, daß der Bürger auch hinsichtlich seiner zukünftigen Handlungen eine eindeutige Rechtslage vorfindet.

3. Zumindest wird man aber annehmen müssen, daß, wie die Vorschriften der §§ 48 ff. VwVfG zur Bestandskraft von Verwaltungsakten deutlich zeigen, die Sanktion der Nichtigkeit von Verwaltungsakten dann zurückgenommen werden darf, wenn ein anderer Grundsatz des Verfassungsrechts wie etwa das Vertrauensschutzprinzip dies zwingend verlangt. Das ist bei § 59 II Ziff. 2 VwVfG aber weitgehend der Fall. Da beim Verwaltungsvertrag diejenigen Klagefristen nicht greifen, welche die Anfechtbarkeit der Verwaltungsakte zeitlich beschränken, mußte das Vertrauen der Bürger in diese Bestimmung durch Zurückdrängung der Nichtigkeit geschützt werden. Allerdings ist zu berücksichtigen, daß die Verwaltung sich in der Regel auf den Grundsatz des Vertrauensschutzes nicht berufen kann, da sie i.S.d. Art. 19 III GG nicht Grundrechtsträger ist. Die Bestimmung, daß die Rechtswidrigkeit eines entsprechenden Verwaltungsakts beiden Parteien bekannt gewesen sein muß, geht also über die Prinzipien der Verfassung weit hinaus. Man wird § 59 II Ziff. 2 VwVfG also der Verfassung entsprechend korrigieren müssen.
Es ist aber darauf hinzuweisen, daß der Rücktritt der Nichtigkeitssanktion in § 59 II Ziff. 2 VwVfG durch die Notwendigkeit bedingt wird, das Vertrauen des Bürgers beim Abschluß eines Verwaltungsvertrages stärker zu schützen als beim Erlaß eines Verwaltungsaktes. Das ist insbesondere von den auch verfassungsrechtlich relevanten Prinzipien von Treu und Glauben (§ 242 BGB) gefordert, die auch im öffentlichen Recht berücksichtigt werden müssen. Daß § 59 II Ziff. 2 VwVfG nicht dazu führt, daß auch rechtlich bedenkliche Vertragspflichten des Bürgers wirksam bleiben, folgt aus der oben schon dargelegten Tatsache, daß § 59 II Ziff. 2 VwVfG nur die Leistungen der Verwaltung, nicht aber die Leistungen des Bürgers an die Verwaltung erfaßt, die nur durch die §§ 56 und 59 II Ziff. 4 VwVfG geregelt werden.

Selbst wenn man also der oben vertretenen Auffassung nicht folgt, der Gesetzgeber selbst sei an den Grundsatz der Gesetzmäßigkeit der Verwaltung in dem Sinne nicht gebunden, daß er rechtswidriges Handeln der Verwaltung effektiv etwa durch die Nichtigkeit eines entsprechenden Verwaltungsvertrages sanktionieren muß, wird dieser Verfassungsgrundsatz doch durch das gleiche Gewicht anderer Verfassungsprinzipien, insbesondere des Grundsatzes des Vertrauensschutzes zurückgedrängt.

4. Da in § 59 II Ziff. 2 VwVfG in mehrdeutiger Weise auf § 46 VwVfG verwiesen wird, ist die Auslegung dieser Vorschrift in der Lehre nicht einheitlich.[655] Zum Teil wird angenommen, daß eine Verletzung von Verfahrens- und Formvorschriften den Vertrag selbst dann nicht nichtig macht, wenn den Vertragsparteien dieser Verstoß bekannt war.[656]

Die entgegengesetzte Ansicht meint, der Verweis auf § 46 habe zum Inhalt, daß der Verstoß gegen Verfahrensvorschriften nur dann relevant ist, wenn dieser Verstoß dem Inhalt des § 46 entsprechend für die Willenserklärung der Verwaltung beim Abschluß eines Verwaltungsvertrages kausal geworden ist.[657]
In der Tat kann der in Ziffern 2 und 3 des § 59 II VwVfG enthaltene Verweis auf § 46 VwVfG in einem doppelten Sinne verstanden werden. Im ersten Fall bezieht sich diese Klausel auf den »Form- und Verfahrensfehler«. Eine solche Interpretation ist deshalb nicht möglich, weil einerseits § 46 VwVfG auch auf die nur bei einem Verwaltungsakt greifenden Form- und Verfahrensvorschriften abstellt und zweitens so nicht erklärt werden kann, warum die Ziff. 2 und 3 des § 59 II VwVfG auf § 46 VwVfG verweisen: Der Hinweis auf einen »Form- und Verfahrensfehler« hätte wie in § 46 VwVfG selbst ausgereicht.
Die Klausel »im Sinne des § 46« muß sich also auf den Begriff »rechtswidrig« beziehen. Darunter nun kann wiederum zweierlei verstanden werden. Auch i.S.d. § 46 VwVfG ist ein Verwaltungsakt zunächst *rechtswidrig,* wenn er gegen Form- und Verfahrensvorschriften verstößt, selbst wenn er für den Inhalt der Entscheidung der Verwaltung nicht kausal geworden ist. Nach § 46 führt diese Rechtswidrigkeit aber zur *Aufhebbarkeit* des Verwaltungsaktes nur dann, wenn der Verfahrensverstoß sich auf den Inhalt des Verwaltungsakts ausgewirkt hat.[658] Bezöge sich der Begriff »rechtswidrig« in § 59 II Ziff. 2 und 3 VwVfG *auf den Verstoß gegen die Verfahrensvorschriften,* würde eine solche Interpretation dazu führen, daß ein solcher Verstoß selbst dann

655 Vgl. dazu *Ule/Laubinger*, § 70 II, Rdnr. 38.
656 *Obermayer*, VwVfG, § 59, Rdnr. 90.
657 *Meyer*, in: Meyer/Borgs, VwVfG, § 59, Rdnr. 37.
658 Vgl. *Sachs*, in: Stelkens/Bonk/Sachs, VwVfG, § 46, Rdnr. 1.

nicht zur Nichtigkeit des Verwaltungsvertrages führt, wenn er für den Inhalt dieses Vertrages kausal geworden ist und den Parteien dieser Verfahrensverstoß bekannt war. Ist dagegen mit dem Begriff »rechtswidrig« i.S.d. § 36 VwVfG die Aufhebbarkeit gemeint, sehen die Ziff. 3 und 4 des § 59 II VwVfG nur vor, daß auch beim Abschluß eines Verwaltungsvertrages ein Verstoß gegen Verfahrensvorschriften den Vertrag nur dann nichtig macht, wenn dieser Verfahrensverstoß für den Inhalt der Willenserklärung der Verwaltung kausal geworden ist und den Parteien dieser Verfahrensverstoß bekannt war. Ganz abgesehen davon, daß nur eine solche Auslegung dem Rechtsstaatsprinzip entspricht, weil die Verfahrensvorschriften die Richtigkeit der staatlichen Entscheidung gewährleisten sollen, die auch beim Abschluß eines Verwaltungsvertrages gefordert wird, wird nur bei einer solchen Interpretation der Hinweis auf § 46 VwVfG verständlich.

5. Die Literatur hat auch die Frage bisher kaum untersucht, wie im Rahmen des § 59 II Ziff. 2 VwVfG der Ermessensmißbrauch der Verwaltung zu beurteilen ist. Meist geht die Literatur zumindest stillschweigend davon aus, daß, da die Verwaltung im Rahmen ihres Ermessens an das Recht nicht gebunden ist, der Verwaltungsvertrag gegen das Recht nicht verstoßen kann. Dieser Auffassung vermag ich nicht ganz zu folgen. Sicherlich ist der Ermessensmißbrauch beim Verwaltungsvertrag anders als beim Verwaltungsakt zu beurteilen. Das zeigt schon die Tatsache deutlich, daß die Verwaltungsgerichte den Ermessensmißbrauch hier nur schwer feststellen können, weil für den Abschluß eines Verwaltungsvertrages der Begründungszwang fehlt. Auf der anderen Seite kann der Vertrag nicht schon dann nichtig sein, wenn die Verwaltung sich auf unsachliche Gründe gestützt oder die durch die Entscheidung betroffenen Interessen nicht sachlich miteinander abgewogen hat, weil es durchaus denkbar bleibt, daß die Entscheidung mit anderen Erwägungen zu halten ist. All dies aber darf die Nichtigkeit eines Vertrages dann nicht ausschließen, wenn der Verwaltung ein Ermessensmißbrauch vorzuwerfen ist. Um ein Minimum an Kontrolle auch unter diesem Gesichtspunkt zu gewährleisten, muß das Verwaltungsgericht – ähnlich wie das BVerfG bei der Überprüfung eines Gesetzes anhand des allgemeinen Gleichheitssatzes des Art. 3 I GG – selbst untersuchen, ob es überhaupt sachliche Gründe gibt, welche die Entscheidung der Verwaltung rechtfertigen. Der Vertrag ist folglich nichtig, wenn die Entscheidung der Verwaltung unter keinem sachlichen Gesichtspunkt zu halten ist. Diesen Fall möchte ich als »negative Ermessensreduzierung auf Null« bezeichnen. Dabei stellt sich natürlich auch die Frage, ob im Interesse der Verfahrensökonomie dieser Gedanke nicht auch bei den Verwaltungsakten greifen muß. Wenn die Entscheidung der Verwaltung durch keine sachlichen Erwägungen gerechtfertigt werden kann, erscheint es in der Tat als überflüssig, die Entscheidung an die Verwaltung zurückzugeben.

6. Hinzuweisen ist schließlich darauf, daß die Lehre auch mit ihrer Auffassung, im Rahmen des § 62 S. 2 VwVfG seien auch die §§ 119 ff. BGB in vollem Umfang auf Verwaltungsverträge anwendbar,[659] einen Widerspruch zu § 59 II Ziff. 2 VwVfG übersieht. Wenn in der Tat für die Willenserklärung der Vertragspartner der Behörde in vollem Umfang die Möglichkeit einer Anfechtung nach §§ 119 ff. BGB erhalten bleiben muß, gilt dies jedenfalls in vollem Umfang für eine Anfechtung der Willenserklärung durch die Behörde nicht. Wenn auch der Verwaltungsakt eine Willenserklärung im Sinne des bürgerlichen Rechts darstellen könnte, werden doch im öffentlichen Recht beim Erlaß eines Verwaltungsaktes die privatrechtlichen Regeln in vollem Umfang durch die Vorschriften über die Rechtswidrigkeit von Verwaltungsakten ersetzt. Nach diesen Bestimmungen kommt es nur darauf an, ob der Verwaltungsakt von der tatsächlichen Sach- und Rechtslage abweicht. Ein Irrtum der Behörde ist irrelevant, die Täuschung der Verwaltung spielt nur im Rahmen des § 49 VwVfG insofern eine Rolle, als in diesem Falle der Vertrauensschutz des Bürgers zurückgenommen wird. In § 59 II Ziff. 3 und 4 VwVfG werden diese für Verwaltungsakte greifenden Regeln auf die Verwaltungsverträge übertragen. Der Rückgriff auf die §§ 119 ff. BGB ist also nicht möglich.

Die für den Verwaltungsvertrag greifenden Verfahrensvorschriften enthalten dem Rechtsstaatsprinzip entsprechend eine hinreichende Garantie für die Richtigkeit der staatlichen Entscheidung nicht. Insbesondere ist die Verwaltungsbehörde beim Abschluß eines Verwaltungsvertrages an den Begründungszwang nicht gebunden. Eine solche Begründung würde in der Tat das Vertragssystem sprengen. Das bedeutet aber nicht, daß dem Rechtsstaatsprinzip entsprechend die Ziele des Begründungszwangs für den Verwaltungsakt nicht auch bei den Verwaltungsverträgen zu beachten sind. Der Begründungszwang setzt sich zum Ziele, die Verwaltung im Wege einer Selbstkontrolle zu einer richtigen Entscheidung zu veranlassen, den Bürgern Anhaltspunkte für seine Entscheidung zu liefern, eine Klage zu erheben, und dem Gericht eine umfassende Kontrolle des Verwaltungsaktes insbesondere dann zu gestatten, wenn die Verwaltungsbehörde über einen breiten Ermessensspielraum verfügt. In Analogie zu diesen Regeln wird man deshalb insbesondere annehmen müssen, daß die Behörde beim Abschluß eines Verwaltungsvertrages dem Bürger gegenüber eine umfassende Fürsorgepflicht hat: Durch eine umfassende Darlegung der Sach- und Rechtslage muß es dem rechtsunerfahrenen Bürger ermöglicht werden, eine aufgeklärte Entscheidung darüber zu fällen, ob er den Verwaltungsvertrag abschließen will (vgl. §§ 25, 28 VwVfG).

659 So *Kopp*, VwVfG, § 62, Rdnr. 5; *Bonk*, in: Stelkens/Bonk/Sachs, VwVfG, § 62, Rdnr. 15; je m.w.N.

Schließlich ist darauf hinzuweisen, daß, wenn die Kommission der EG die Bundesrepublik Deutschland im Rahmen des Art. 93 II EG-Vertrag aufgefordert hat, eine europarechtswidrige Beihilfe zurückzunehmen, § 59 VwVfG dieser Rückforderung auch dann nicht entgegengehalten werden kann, wenn die Beihilfe auf Grund eines öffentlich-rechtlichen oder auch eines privatrechtlichen Vertrages gewährt worden ist. Der dogmatisch zwingende Schluß ist dann, daß der Verwaltungsvertrag auch in diesem Fall nichtig ist. Da, wie wir gezeigt haben, die privatrechtlichen Nichtigkeitsgründe nicht greifen, muß angenommen werden, daß diese Nichtigkeit auf einer Norm des Gemeinschaftsrechts beruht (Effektivitätsprinzip).

§ 12 Der Wegfall der Geschäftsgrundlage (§ 60 VwVfG)

Literatur:

Bauer, Anpassungsflexibilität im öffentlichrechtlichen Vertrag, in: Hoffmann-Riem/Schmidt-Aßmann (Hrsg.), Innovation und Flexibilität des Verwaltungshandelns, 1994, 245; *Bullinger*, Leistungsstörungen beim öffentlich-rechtlichen Vertrag, DÖV 1977, 812; *Fiedler*, Zum Wirkungsbereich der clausula rebus sic stantibus im Verwaltungsrecht, VerwArch 1976, 125; *Kokott*, Entschädigungsfragen bei der Ausübung des einseitigen Kündigungsrechts der Behörde beim öffentlich-rechtlichen Vertrag (§ 60 Abs. 1 S. 2 VwVfG), VerwArch 1992, 503; *Littbarski*, Der Wegfall der Geschäftsgrundlage im öffentlichen Recht, 1982; *Meyer*, Das neue öffentliche Vertragsrecht und die Leistungsstörungen, NJW 1977, 1705; *Prölss/Armbrüster*, Wegfall der Geschäftsgrundlagen und deutsche Einheit, DtZ 1992, 203; *Stern*, Die clausula rebus sic stantibus im Verwaltungsrecht, in: Mikat-FS 1989, 775.

I. § 60 I S. 1 VwVfG bestimmt:

»Haben die Verhältnisse, die für die Festsetzung des Vertragsinhalts maßgebend gewesen sind, sich seit Abschluß des Vertrages so wesentlich geändert, daß einer Vertragspartei das Festhalten an der ursprünglichen vertraglichen Regelung nicht zuzumuten ist, so kann diese Vertragspartei eine Anpassung des Vertragsinhalts an die geänderten Verhältnisse verlangen oder, sofern eine Anpassung nicht möglich oder einer Vertragspartei nicht zuzumuten ist, den Vertrag kündigen.«

1. Die Lehre verweist zurecht auf die Tatsache, daß diese Bestimmung für den Verwaltungsvertrag die Regeln über den Wegfall der Geschäftsgrundlage bei privatrechtlichen Verträgen voll übernimmt.[660]
Zur Konkretisierung der Voraussetzungen und Rechtsfolgen dieser Bestimmung kann also auf die Literatur zum bürgerlichen Recht und zu § 60 VwVfG verwiesen werden. Probleme insbesondere verfassungsrechtlicher Art werden durch diese Bestimmung nur beschränkt aufgeworfen.

2. Die Lehre übersieht bei der Würdigung des § 60 I S. 1 VwVfG allerdings, daß diese Vorschriften die »Rücknahme« und den »Widerruf« von Verwaltungakten in einem für die Verwaltungsverträge von §§ 48 ff. VwVfG stark

660 So *Henneke*, in: Knack, VwVfG, § 60, Rdnr. 1; *Bonk*, in: Stelkens/Bonk/Sachs, § 60, Rdnr. 1.

abweichenden Sinne übernimmt. Dadurch wird der im Rechtsstaatsprinzip enthaltene Grundsatz des Vertrauensschutzes des Bürgers sehr stark beschränkt. Diesen Grundsätzen entsprechend wird man § 60 I S. 1 VwVfG hinsichtlich der Kündigung und des Anpassungsverlangens der Verwaltung dahin ergänzen müssen, daß der Verwaltung solche Akte nur bei Vorliegen der Voraussetzungen der §§ 48 ff. VwVfG gestattet ist. Das ist in der Weise möglich, daß man als weitere Voraussetzung einer Kündigung und des Anpassungsverlangens durch die Verwaltung die Tatbestandsvoraussetzungen der §§ 48 ff. VwVfG heranzieht. Denkbar ist auch, das Ermessen, welches die Verwaltung auch bei der Ausübung der ihr nach § 60 I S. 1 VwVfG zustehenden Rechte pflichtgemäß auszuüben hat, entsprechend zu beschränken.

II. § 60 I S. 2 VwVfG wirft erhebliche Auslegungsprobleme auf. Die Nähe dieser Vorschrift zu § 60 I S. 1 VwVfG läßt an sich vermuten, daß auch im Falle des § 60 I S. 2 VwVfG die Tatbestandsvoraussetzungen des ersten Satzes vorliegen müssen. Da, wie wir gesehen haben, bei einer solchen Interpretation § 60 I S. 2 VwVfG die Funktion übernehmen muß, das durch die §§ 48 ff. VwVfG geschützte öffentliche Interesse schon bei Vertragsschluß durchzusetzen, muß § 60 I S. 1 VwVfG der Verfassung entsprechend entgegen der Systematik des § 60 I VwVfG dahin ausgelegt werden, daß das öffentliche Interesse eine Kündigung auch dann gestattet, wenn es schon bei Abschluß des Verwaltungsvertrages verletzt ist. Diese Interpretation des § 60 I S. 2 VwVfG wird durch die Tatsache bestätigt, daß § 60 I S. 2 VwVfG dann sinnlos wäre, wenn der Tatbestand des § 60 I S. 1 VwVfG auch bei Anwendung dieser Bestimmung vorausgesetzt würde, weil schon im Fall des § 60 I S. 1 VwVfG für den Fall der Änderung wesentlicher Umstände das öffentliche Interesse hinreichend geschützt wird. Allerdings behält auch in diesem Fall § 60 I S. 2 VwVfG einen beschränkten Sinn. In der Tat könnte man diese Bestimmung dahin interpretieren, daß auch, wenn nach § 60 I S. 1 VwVfG an sich nur eine Anpassung des Vertrages an die geänderten Verhältnisse gefordert werden könnte, der Verwaltung eine Kündigung des Vertrages dann möglich ist, wenn das öffentliche Interesse dies zwingend verlangt.

§ 13 Die entsprechende Anwendung des BGB auf die Verwaltungsverträge (§ 62 S. 2 VwVfG)

Literatur:

Ehlers, Die Rechtsnatur der Aufrechnung im öffentlichen Recht, NVwZ 1983, 466; *ders.*, Die Aufrechnung im öffentlichen Recht, JuS 1990, 777; *Gagel*, Das Verhältnis von zivilrechtlichem Schadensersatzanspruch und ör Erstattungsanspruch, NJW 1985, 1872; *Heinegg*, Verzugszinsen für öffentlich-rechtliche Geldforderungen, NVwZ 1992, 522; *Kluth*, Rechtsfragen der verwaltungsrechtlichen Willenserklärung, NVwZ 1990, 608; *Krause*, Willensmängel bei mitwirkungsbedürftigen Verwaltungsakten und öffentlich-rechtlichen Verträgen, JuS 1972, 429; *Littbarski*, Die Haftung aus culpa in contrahendo im öffentlichen Recht, JuS 1979, 537; *Scherer*, Rechtsweg bei öffentlichrechtlicher »Culpa in contrahendo«, NVwZ 1986, 540; *Schmidt-De Caluwe*, Zur Anfechtung privater Willenserklärungen im öffentlichen Recht, insb. im Sozialrecht, Jura 1993, 399; *Sendler*, Anwendung allgemeiner Vorschriften im Verwaltungsverfahren, NJW 1964, 2137; *Stichelberger*, Anfechtung öffentlichrechtlicher Willenserklärungen durch Private, BayVBl. 1980, 393.

Das Verwaltungsverfahrensgesetz enthält eine Regelung der bei privatrechtlichen Verträgen üblicherweise eingreifenden einseitigen Kündigung nicht. Nach den Regeln des BGB, die im Wege der Rechtsanalogie aus den Vorschriften abgeleitet werden, die für spezielle Dauerschuldverhältnisse greifen, ist bei solchen Dauerschuldverhältnissen ein Kündigung unter Einhaltung einer angemessenen Frist und ohne eine solche Frist aus einem wichtigen Grunde gestattet. Es ist denkbar, daß trotz des Verweises auf die Regeln des BGB in § 62 S. 2 VwVfG die Norm des § 60 VwVfG implizit die Anwendung dieser Vorschriften auf den Verwaltungsvertrag aussschließt. Denn auf der einen Seite werden durch den Rückgriff auf diese Kündigungsgründe die auch auf den Verwaltungsvertrag anwendbaren Vorschriften der §§ 48 ff. VwVfG umgangen, auf der anderen Seite wird auch das öffentliche Interesse erheblich beeinträchtigt, das eventuell auf die Aufrechterhaltung der Vertragsbindungen des Partners gerichtet ist. Denkbar wäre allerdings auch, dieses Kündigungsrecht der Verwaltung und ihres Vertragspartners durch Rückgriff auf die §§ 48 ff. VwVfG zu beschränken.

I. Neben § 59 I VwVfG, der für die Nichtigkeit des Verwaltungsvertrages auch auf die Vorschriften des BGB verweist, tritt nach § 62 S. 2 VwVfG eine umfassende Anwendung des BGB. Die Lehre sieht auch in diesem Punkt die

Problematik nur unvollständig, weil sie grundsätzlich davon ausgeht, daß etwa bei Leistungsstörungen die Vorschriften des BGB voll anwendbar werden, wie überhaupt auf den Verwaltungsvertrag die Vorschriften des BGB in weitem Umfang anwendbar sein sollen. Als Beispiel hierfür sei auf die umfassende Darstellung bei *Obermayer*[661] verwiesen.
Damit übersieht die Lehre, daß die Regeln des BGB insbesondere dann durch die für den Verwaltungsakt und die Verwaltungsverträge geltenden Regeln überlagert werden, wenn das Rechtsstaatsprinzip und die Durchsetzung der öffentlichen Interessen dies verlangen. In der Tat muß diesen Grundsätzen entsprechend auch § 62 S. 2 VwVfG entgegen der herrschenden Lehre dahin ausgelegt werden, daß er auch auf die für Verwaltungsakte geltenden Vorschriften des Verwaltungsverfahrensgesetzes verweist.

II. Die damit aufgeworfenen Probleme können an dieser Stelle nicht umfassend abgehandelt werden. Als Beispiele für die Anwendung der obigen Grundsätze soll auf das Schadensersatzrecht, die Vertragsstrafe und auf die Anwendbarkeit der §§ 812 ff. BGB eingegangen werden.

1. Die Lehre ist überwiegend wohl der richtigen Auffassung, daß nicht nur bei der Rücknahme oder dem Widerruf eines begünstigenden Verwaltungsaktes, sondern auch bei der Nichtigkeit von Verwaltungsverträgen entgegen dem Wortlaut des § 62 S. 2 VwVfG nicht auf die Regeln der § 812 ff. BGB, sondern auf die Normen über den öffentlich-rechtlichen Erstattungsanspruch zurückzugreifen ist, der den Wegfall der Bereicherung in wesentlich geringerem Umfang berücksichtigt als die Regeln des privaten Rechts.[662]

2. Liegt der Grund einer Leistungsstörung bei der Verwaltung, greifen aufgrund der §§ 323 ff. BGB an sich die Vorschriften über den Schadensersatz ein. Dabei ist zweierlei zu beachten. Auf der einen Seite besteht eine Gegenseitigkeitsbeziehung grundsätzlich nur für die Leistung des Vertragspartners, die von der Leistung der Verwaltung abhängig ist. Wenn dagegen auch die Leistung der Verwaltung im Rahmen des § 56 VwVfG grundsätzlich von der Gegenleistung des Bürgers abhängig wäre, griffen für den Austauschvertrag die Regeln des § 59 III VwVfG niemals ein, weil die Teilnichtigkeit durchweg zur Nichtigkeit des gesamten Vertrages führt.
Auf der anderen Seite werden durch den Rückgriff auf die Regeln des bürgerlichen Rechts über den Schadensersatzanspruch in diesem Falle die Voraussetzungen der Amtshaftungsansprüche gegen den Staat umgangen. Dabei ist

661 *Obermayer*, VwVfG, § 62, Rdnr. 38 ff., insbes. Rdnr. 101 ff.
662 So *Henneke*, in: Knack, VwVfG, § 62, Anm. 3 a.E. m.zahlr.Nachw.; a.A. *Bonk*, in: Stelkens/Bonk/Sachs, VwVfG, § 62, Rdnr. 19.

allerdings zu beachten, daß nach Auffassung der Lehre und der Rechtsprechung die Vorschriften, insbesondere der § 839 BGB, Art. 34 GG zu eng geraten sind und durch weitere Anspruchsgrundlagen erweitert werden müssen. Deshalb haben Lehre und Rechtsprechung auf die Prinzipien des Aufopferungsanspruchs,[663] des enteignungsgleichen Eingriffs[664] und des Folgenbeseitigungsanspruchs[665] zurückgegriffen. Ferner entstand die Lehre vom verwaltungsrechtlichen Schuldverhältnis, das auch vor allem deshalb entwickelt wurde, um im Falle einer Leistungsstörung die zu engen Regeln des bürgerlichen und öffentlichen Rechts durch eine analoge Anwendung der Schadensersatzregeln des BGB zu erweitern. Wenn ein entsprechender Schadensersatzanspruch dem Bürger aber schon bei einem Verwaltungsakt zusteht, muß dies a maiore ad minus auch beim Verwaltungsvertrag gelten.

3. Etwas anderes dürfte dagegen greifen, wenn die Leistungsstörung auf Seiten des Vertragspartners der Verwaltungsbehörde auftritt. Der Rückgriff auf die Schadensersatzregeln des BGB bedeutet, daß in diesem Falle der Bürger eine dem § 56 VwVfG nicht entsprechende Gegenleistung in Geld schuldet. Nur wenn die Voraussetzungen dieser Vorschrift auch für den im Rahmen eines Schadensersatzanspruchs an die Stelle der Gegenleistung des Bürgers tretenden Gegenstand vorliegen, wird man also der Verwaltung einen Schadensersatzanspruch zubilligen dürfen. Dasselbe gilt mutatis mutandis für die Vereinbarung einer Vertragsstrafe.

663 Vgl. *Maurer*, § 27, Rdnr. 1 ff.
664 Vgl. *Maurer*, § 26, Rdnr. 20 ff.
665 Vgl. *Maurer*, § 29, Rdnr. 1 ff.

§ 14 Die Vollstreckung der Vertragspflichten

Literatur:

App, Verwaltungsvollstreckungsrecht, 2. Aufl., 1991; *Erichsen*, Rechtsfragen des verwaltungsrechtlichen Vertrages, VerwArch 1977, 69; *Fluck*, Die Erfüllung des öffentlich-rechtlichen Vertrags durch VA, 1985; *Kowalski*, Zur Unterwerfung des Bürgers unter die sofortige Vollstreckung eines öffentlich-rechtlichen Vertrages, § 61 I VwVfG, NVwZ 1992, 351; *Kunig*, Verträge und Absprachen zwischen Verwaltung und Privaten, DVBl. 1992, 1193: *Wettlaufer*, Die Vollstreckung aus verwaltungs-, sozial- und finanzgerichtlichen Titeln zugunsten der öffentlichen Hand, 1989.

Nach § 61 I VwVfG kann sich jeder Vertragspartner der sofortigen Vollstreckung aus einem öffentlich-rechtlichen Vertrag i. S. des § 54 S. 2 VwVfG unterwerfen. Diese Vorschrift wird von der herrschenden Lehre dahin interpretiert, daß sie auch die Behörde zwingt, ihre Vertragsrechte im Wege einer Leistungsklage vor den Verwaltungsgerichten durchzusetzen.[666] Es erscheint aber fraglich, ob dieser Umkehrschluß aus § 61 I VwVfG durch die Verfassung gedeckt ist. Das Souveränitätsprinzip verlangt die Durchsetzung öffentlich-rechtlicher Befugnisse durch einen einseitigen Verwaltungsakt. Da diese Befugnis der Verwaltung, die durch die Verfahrensgesetze konkretisiert wird, der Durchsetzung öffentlicher Aufgaben und nicht von Privatinteressen dient, handelt es sich nicht um ein subjektives öffentliches Recht, sondern um eine Kompetenz, auf welche die Verwaltung auch durch den Abschluß eines Vertrages nicht verzichten kann. Die Konstruktion des Verwaltungsvertrages als Gleichordnungsverhältnis scheint zwar die einseitige Durchsetzung der Vertragsrechte durch die Verwaltung zu verbieten, doch rechtfertigt eine solche nur formelle Konstruktion nicht eine Durchbrechung des Souveranitätsprinzips. Ganz abgesehen davon muß die Leistungsklage vor den Verwaltungsgerichten an die Durchsetzung von Vertragspflichten durch die Verwaltung erst noch angepaßt werden, wird man § 61 I S. 1 VwVfG also dahin interpretieren müssen, daß er der Unterwerfungsklausel des Bürgers nur eine deklaratorische Bedeutung zumißt. Zumindest wird man annehmen müssen, daß die Behörde verpflichtet ist, beim Abschluß eines Verwaltungsvertrages die Unterwerfung des Bürgers unter die sofortige Vollstreckung zu veranlassen. Im Zweifel ist dann der Vertrag dieser Pflicht entsprechend zu interpretieren.

666 *Henneke*, in: Knack, VwVfG, § 61, Rdnr. 2; *Kopp*, VwVfG, § 61, Rdnr. 1.

Folgt man dieser Auffassung nicht, muß die Verwaltung zumindest bei einer schweren Verletzung wesentlicher öffentlicher Interessen den Vertrag einseitig kündigen und gleichzeitig einen Verwaltungsakt erlassen können, der eine entsprechende Pflicht des Bürgers begründet und gleichzeitig deren sofortige Vollstreckung vorsieht.

Die obige Interpretation des § 61 I VwVfG wird durch den Wortlaut des § 61 II VwVfG bestätigt, wonach auf öffentlich-rechtliche Verträge im Sinne des Abs. 1 S. 1 das Verwaltungsvollstreckungsgesetz (des betreffenden Landes bzw. des Bundes) anwendbar ist. Nach diesem Wortlaut ist die Vollstreckung nämlich nicht auf die Durchsetzung der Ansprüche beschränkt, zu denen das Verwaltungsgericht den Bürger verurteilt hat. Eine solche Interpretation des § 61 II VwVfG ergibt sich vielmehr nur, wenn man § 61 I S. 1 VwVfG dahin auslegt, daß er für die Durchsetzung der vertraglichen Ansprüche der Verwaltung nur auf die Leistungsklage vor den Verwaltungsgerichten verweist. Wie wir gesehen haben, ist eine solche Interpretation des § 61 I VwVfG aber fraglich.

Schwierig zu interpretieren sind dabei die Sätze 2 – 4 des Art. 61 I VwVfG. Dem Wortlaut des Satzes 2 und 3 entsprechend ist davon auszugehen, daß die dort festgelegten besonderen Voraussetzungen für den Vertragsschluß (Vertretung durch einen Angehörigen des öffentlichen Dienstes, der das Zweite Staatsexamen bestanden hat; Genehmigung durch die Aufsichtsbehörde), sich nur auf den Fall beziehen, in welchem sich die Behörde der sofortigen Vollstreckung unterwerfen will. Denn die Unterwerfung des Bürgers unter die sofortige Vollstreckung bestätigt in der Regel nur die Lage vor dem Vertragsschluß und die geforderten besonderen Voraussetzungen stellen keine Garantie für den Bürger dar. Dann bleibt aber ungeklärt, warum der vierte Satz des § 61 I VwVfG die Genehmigung durch die Aufsichtsbehörde für nicht erforderlich hält, »wenn dieser Vertrag von oder gegenüber einer obersten Landesbehörde erklärt wird«. Diese Bestimmung scheint die sofortige Unterwerfung und die Vollstreckung durch beide Parteien im Auge zu haben und die besonderen Voraussetzungen der Sätze 2 – 3 auch auf den Fall zu erstrecken, in welchem die Unterwerfungserklärung gegenüber einer Behörde abgegeben wird, es sich also um die Unterwerfungserklärung des Bürgers handelt. Ist diese Interpretation richtig, kann die Unterwerfungserklärung der Behörde und die sofortige Vollstreckung nicht als rein deklaratorischer Akt angesehen werden.

2. Abschnitt: Der Verwaltungsvertrag in den anderen Mitgliedstaaten der Europäischen Gemeinschaft und im Gemeinschaftsrecht

§ 15 Rechtsvergleichender Überblick

I. Sieht man einmal von Österreich ab, wo die Gesetze subordinationsrechtliche Verträge in Einzelmaterien ausdrücklich vorsehen und die Einführung des subordinationsrechtlichen Vertrages als Handlungsmittel der Verwaltung allgemein diskutiert wird, findet sich das deutsche Modell in keinem der anderen europäischen Staaten wieder. Selbst in Österreich zieht das Rechtsstaatsprinzip dem subordinationsrechtlichen Vertrag erheblich engere Schranken als in der Bundesrepublik Deutschland. Das wird in den folgenden Ausführungen von *Adamovich/Funk*[667] überaus deutlich:

> »In einer Reihe von abgabenrechtlichen Vorschriften ist das Rechtsinstitut des Vertrages zwischen der Abgabenbehörde und dem Abgabenpflichtigen über Gegenstände des Abgabenrechtsverhältnisses vorgesehen. Derartige Verträge beziehen sich auf die Höhe der zu entrichtenden Abgaben sowie auf Modalitäten der Abgabenentrichtung (Zahlungstermine, Pauschalierungen usw.). Für den Streitfall ist vorgesehen, daß die Festsetzung der Abgabe durch Bescheid zu erfolgen hat.
> Ähnlicher Art sind die in § 34 Abs. 2 ASVG vorgesehenen Vereinbarungen zwischen Dienstgebern und Trägern der Sozialversicherung über Änderungsmeldungen betr. den Bestand der Dienstnehmer. Bei diesen Vereinbarungen handelt es sich um öffentlich-rechtliche Verträge zwischen der Verwaltung und dem Einzelnen über einen Gegenstand der Hoheitsverwaltung (subordinationsrechtlicher Verwaltungsvertrag). Eine »Umdeutung« in einen antragsbedürftigen Bescheid ist angesichts der eindeutigen gesetzlichen Konstruktion als Vertrag nicht möglich. Damit stellt sich die Frage, ob eine derartige Form der (autonomen) Rechtsgestaltung über Angelegenheiten einer hoheitsrechtlichen Beziehung, die ja grundsätzlich durch heteronome Rechtsetzung gekennzeichnet ist, verfassungsrechtlich zulässig ist.
> Der VfGH hat diese Frage bejaht und zugleich auch die Voraussetzungen und Grenzen solcher Konstruktionen aufgezeigt. . . .: Sie sind zulässig, soweit der Vorrang des Gesetzes gewahrt bleibt. Dies setzt eine dem Legalitätsprinzip (Art. 18 Abs. 1 B-VG) entsprechende inhaltliche Determinierung des Vertragsinhalts voraus. Gewahrt bleiben muß weiter die behördliche Entscheidungsbefugnis in Form einer Zuständigkeit zur bescheidmäßigen Gestaltung des Rechtsverhältnisses im

667 Allgemeines Verwaltungsrecht, 3. Aufl. 1987, S. 292.

Streitfall. ... Die Vereinbarung entfaltet nur insoweit Bindungswirkung, als sie sich innerhalb des gesetzlich vorgezeichneten Rahmens bewegt. Unter diesen Bedingungen sind nach Auffassung des VfGH die Grundsätze des Rechtsstaates und das System des individuellen Rechtsschutzes im Hoheitsbereich nicht beeinträchtigt.«

II. Wie *Bullinger* in seiner Habilitationsschrift[668] eingehend dargelegt hat, lehnt die britische Lehre und Rechtsprechung den subordinationsrechtlichen Verwaltungsvertrag, genauer: die Verpflichtung der Behörde zum Erlaß eines Verwaltungsaktes aufgrund eines Verwaltungsvertrages sogar eindeutig ab. Diese Rechtsprechung begann mit einem Urteil im Falle Amphitrite v. R aus dem Jahre 1921. Der Richter Rowlatt war der Auffassung, eine vertragliche Verpflichtung zu einem bestimmten öffentlich-rechtlichen Handeln in der Zukunft könne durch Vertrag nicht übernommen werden. Er führte aus:

»No doubt the government can bind itself through its officers by a commercial contract and if it does so it must perform it like anybody else or pay damages for the breach. But it was not a commercial contract: it was an arrangement whereby the government purported to give an assurance as to what its executive action would be in future. And that to my mind is not a contract for the breach of which damages can be sued for in a court of law. It was merely an expression of intention to act in a particular way in a certain event.«

Der Grund hierfür ist, daß

»it is not competent for the government to fetter its future executive action which must necessarily be determined by the needs of the community when the question arises. It cannot by contract hamper its freedom of action in matters which concern the welfare of the state.«

Diese Rechtsprechung wurde im Urteil Ayr Harbour Trusties v. Oswald vom House of Lords auch auf die Ausübung der Verordnungsgewalt bezogen. Es hieß dort:

»Where the legislation confers ... on anybody to take land compulsory for a particular purpose, it is on the ground that the using of that land for that purpose will be for the public good. Whether the body be one which is seeking to make a profit for shareholders, or, as in the present case, a body of trustees acting solely for the public good ... a contract purporting to bind them and their successors not to use those powers, is void.«

Für diese Entwicklung der Rechtsprechung und der Lehre sei auf die eingehende Darstellung bei *Foulkes*[669] hingewiesen.

668 Vertrag und Verwaltungsakt, 1962.
669 Administrative Law, 7. Aufl. 1990, S. 418 ff.

III. In zahlreichen europäischen Staaten ist der Verwaltungsvertrag nur für bestimmte Materien zugelassen. Das gilt etwa für Italien, die Niederlande und Dänemark. Für Italien ist soweit auf die Konzessionsverträge für die Wassernutzung, auf die Berg- und Eisenbahnkonzession hinzuweisen. Allgemeine Regeln des öffentlichen Rechts sind für diese Vertragsarten bisher nicht entwickelt worden. In den Niederlanden gibt es spezielle Verwaltungsverträge, welche die Zusammenarbeit zwischen dem Staat und einem Bürger bei der Erledigung einer öffentlichen Aufgabe regeln. Diese Verträge lassen sich mit den einschlägigen Verträgen des französischen Rechts vergleichen.

IV. Die meisten europäischen Staaten, etwa Belgien, Griechenland, Portugal und Spanien, teilweise aber auch die Schweiz, folgen mit gewissen Abweichungen im Detail dem französischen System. In Spanien ist das französische System durch das Gesetz über die Verträge des Staates von 1965[670] eingeführt worden.
Wir werden im folgenden sehen, daß das französische System des Verwaltungsvertrages sich vom deutschen subordinationsrechtlichen Vertrag ganz erheblich unterscheidet. Während der deutsche Verwaltungsvertrag »auf dem Gebiet des öffentlichen Rechts« abgeschlossen wird, handelt es sich beim französischen Vertrag um Abkommen auf dem Gebiet des Privatrechts, die dem öffentlichen Recht nur deshalb zugeordnet werden, weil auf diese Verträge besondere Regeln des Verwaltungsrechts anwendbar werden. Die Ersetzung eines Verwaltungsaktes durch einen Verwaltungsvertrag ist im französischen Recht grundsätzlich nur in Materien zugelassen, die, wie etwa das Subventionsrecht, durch den Gesetzgeber nicht umfassend in der Weise normiert worden sind, daß zu ihrer Durchführung Verwaltungsakte ausdrücklich vorgesehen werden. Die Folge dieser Unterschiede ist, daß in Frankreich den §§ 54 ff. VwVfG entsprechende Regeln weitgehend fehlen, und daß das Problem sich kaum stellt, ob Verwaltungsverträge, die gegen das Recht verstoßen, trotzdem wirksam sind.

V. Aufgrund der vorangehenden vergleichenden Darstellung kommen wir zu dem Ergebnis, daß es in Europa grundsätzlich zwei Systeme des Verwaltungsvertrages, nämlich das deutsche und das französiche Modell gibt. Wir werden uns, nachdem wir im ersten Teil dieses Buches das deutsche System schon dargestellt haben, deshalb im folgenden auf das französische Recht konzentrieren können.

670 Abgedruckt bei *Garcia de Enterria*, Codigo de las Leyes administrativas, 1991, S. 267 ff.

§ 16 Der Verwaltungsvertrag im französischen Recht

Literatur:

René Chapus, Droit administratif général, 2 Bde., 4. Aufl. 1988; *Georges Vedal/ Pierre Delvalvé*, Droit administratif, 10. Aufl. 1988; *J. M. Auby/R. Drago*, Traité de contentieux administratif, 2 Bde., 2. Aufl. 1975; *André de Laubadère/Franck Moderne/Pierre Delvolvé*, Traité des contrats administratifs, 2. Aufl. 1983; *André de Laubadère*, Traité de droit administratif, Bd. 1, hrsg. von Jean-Claude Venezia/ Yves Gaudemet, 11. Aufl. 1990; *Efstratiou*, Die Bestandskraft des öffentlich-rechtlichen Vertrags: eine vergleichende Untersuchung zum griechischen, französischen und insbes. deutschen Verwaltungsvertragsrecht, Berlin 1988; *Charles Eisenmann*, Cours de droit administratif, 1982; *Edouard Laferrière*, Traité de la juridiction administrative et des recours contentieux, 2. Bde., 1989; *Francis-Paul Bónuit*, Le droit administratif français, 1968; *M. Waline*, Droit administratif, 7. Aufl. 1957; zum Vergleich der Terminologie: *Ernst Forsthoff*, Traité de droit administratif allemand, Traduit de l'allemand par Michel Fromont, 1969; *Max-Planck-Institut für ausländisches öffentliches Recht und Völkerrecht*, Gerichtsschutz gegen die Exekutive, 3. Bde., 1971; *Gert Beinhardt*, Der öffentlich-rechtliche Vertrag im deutschen und französischen Recht, VerwArch 55 (1964), 154, 210.

Wir haben schon dargelegt, daß der französische Verwaltungsvertrag sich in entscheidenden Punkten von dem deutschen Modell unterscheidet. Im Gegensatz zum deutschen Recht wird der Verwaltungsvertrag in Frankreich nämlich nicht »auf dem Gebiet des öffentlichen Rechts« abgeschlossen. Es handelt sich vielmehr durchwegs um Verträge, die wie der Kauf-, Werk- oder Dienstvertrag an sich dem bürgerlichen Recht zuzuordnen sind und in öffentlich-rechtliche Verträge nur dann verwandelt werden, wenn infolge eines starken öffentlichen Interesses Regeln des öffentlichen Rechts auf sie anwendbar werden. Angesichts der Tatsache, daß das Privatrecht überwiegend dispositive Regeln enthält, stellt sich im französischen Recht die im deutschen Recht wesentlichste Frage also nicht, inwieweit der Inhalt des Vertrages vom zwingenden öffentlichen Recht abweichen darf. Verstößt in Frankreich ein Vertrag gegen das öffentliche Recht, ist er wie im Privatrecht ohne weiteres nichtig.

A. *Die Kriterien des Verwaltungsvertrages*

Da die Verwaltungsbehörden auch in Frankreich neben den Verwaltungsverträgen privatrechtliche Verträge abschließen können, erscheint es zunächst erforderlich, die Kriterien zu bestimmen, bei deren Vorliegen sich die privatrechtlichen Verträge in Verwaltungsverträge verwandeln.

Insoweit ist zunächst darauf hinzuweisen, daß eine Reihe von Verträgen schon kraft gesetzlicher Bestimmung stets den Charakter von Verwaltungsverträgen besitzen. Dabei handelt es sich im wesentlichen um drei Vertragstypen: Verträge über öffentliche Bauten (marchés de travaux public), Verträge über den Verkauf von Grundstücken durch den Staat sowie Verträge, welche die Benutzung öffentlicher Grundstücke zum Inhalt haben (contrats comportant occupation du domaine public). Äußerst umstritten ist dabei die Frage, ob auch Verträge über öffentliche Anleihen unter diesen Bereich fallen.

Im übrigen wird das Vorliegen eines Verwaltungsvertrages dann angenommen, wenn eines der beiden folgenden Kriterien erfüllt ist.[671] Zunächst einmal besitzt die Verwaltung die Freiheit der Wahl zwischen dem Verwaltungsvertrag und dem Abschluß eines privatrechtlichen Vertrages. Dafür, daß sie sich im konkreten Fall für einen Verwaltungsvertrag entschlossen hat, spricht allerdings nur die Tatsache, daß der Vertrag eine oder mehrere Klauseln enthält, die über den Bereich des Privatrechts hinausgreifen, folglich eindeutig dem öffentlichen Recht zuzuordnen sind. Eine solche »clause exorbitante«[672] liegt zunächst einmal vor bei Klauseln, deren Verwendung im Privatrecht zur Nichtigkeit des Vertrages führen würde.[673] Eine »clause exorbitante« in diesem Sinne liegt aber auch dann vor, wenn es sich um die Einräumung bestimmter Privilegien an die Verwaltung oder ihren Vertragspartner wie etwa um eine umfassende Kontrolle der Vertragsausführung durch die Verwaltung[674] oder darum handelt, daß die Verwaltung dem Vertragspartner die Befugnis einräumt, Gebühren oder Steuern zu erheben.[675] Dasselbe gilt, wenn

671 Vgl. *Weil*, Le critère du contrat administratif en crise, Mel. Waline, S. 831; *de Laubadère*, Les criteres du contrat administratif sont-ils hierarchisés, AJDA 1981, S. 40; *Amselek*, La qualification des contrats de l'administration, AJDA 1983, S. 3.

672 Vgl. CE 31.7.1912; Ste des granits prophyroides des Vosges, S. 912; 23.12.1921, Soc. Generale d'armement, RDP 192, 390; *Vedel*, Remarques sur la notion de clause exorbitante, Mel. Mestre, S. 580.

673 Vgl. CE 15.2.1935, Ste fr. de Centralisation, p. 201; 29.6.1951, Ste minière de Cap corse, S. 383; TC 20.4.1959, Ste nouvelle d'exploitation des plages, S. 866; CE 30.7.1949, Gluckberg, S. 387.

674 C.E. 3.7.1925, De Mestral, D 1926.3.1917; 27.7.1950, Peudabeuf, S. 668; 19.6.1952, Ste des comustibles 10.5.1963, Ste »La propriété fermiere«, RDP 1963, S. 584; 16.1.1967, Sote du velodrome du parc des princes, D 1967, S. 416; 30.1.1980, ville de Paris, ARDP 1984, S. 518.

675 26.2.1965, Ste du vélodrome du parc des Princes, RDP 1965, 506.

der Vertrag die öffentlichen Interessen in einer Weise berücksichtigt, wie dies beim Privatrecht an sich nicht üblich ist.[676] Bestimmte Verträge der Verwaltung sind dagegen wegen ihres Gegenstandes stets dem Verwaltungsrecht zuzuordnen. Dabei handelt es sich vor allem um Verträge, in denen eine Privatperson mit der Verwaltung bei der Erledigung öffentlicher Aufgaben zusammenarbeitet (coopération à un service public).
Im Falle CE 20.4.1956, Époux Berin, D 1956, S. 133 handelte es sich um die Unterbringung sowjetischer Flüchtlinge. Im übrigen handelt es sich vor allem um Verträge, durch welche Personal für die Verwaltung rekrutiert wird, das keinen Beamtenstatus besitzt.[677] Diese französische Rechtsprechung kann nun zumindest teilweise auch in die deutsche Rechtsordnung übernommen werden. Zwar widerspricht es der deutschen Tradition, Hilfsgeschäfte der Verwaltung dann dem öffentlichen Recht zuzuordnen, wenn sie »clauses exorbitantes du droit commun« enthalten. Doch gibt es auch im deutschen Recht eine breite Möglichkeit der Wahl der Verwaltung zwischen dem öffentlichrechtlichen und dem privatrechtlichen Vertrag. Es erscheint also nicht ausgeschlossen, einen solchen Vertrag dann dem öffentlichen Recht zuzuordnen, wenn er öffentlich-rechtliche Klauseln enthält. Vor allem aber Verträge, in denen der Vertragspartner sich verpflichtet, an der Erledigung einer öffentlichen Aufgabe der Verwaltung mitzuwirken, müssen auch im deutschen Recht dem Verwaltungsrecht zugeordnet werden. Das ist, um moderne Beispiele aufzugreifen, etwa der Fall beim Betrieb einer Buslinie oder bei der Übernahme der Müllabfuhr durch einen Unternehmer. Diese Verträge wird man im deutschen Recht als koordinationsrechtliche Verträge zwischen der Verwaltung und dem Bürger i.S.d. § 54 S. 1 VwVfG qualifizieren müssen. Nicht dem öffentlichen Recht können dagegen im deutschen Recht die Verträge über die Einstellung von Angestellten zugeordnet werden.

B. *Die Ausführung der Verwaltungsverträge in Frankreich*

Für den Abschluß öffentlich-rechtlicher Verträge greifen wie in Deutschland auch in Frankreich eine Reihe von Formvorschriften ein. Das gilt insbesondere für die öffentliche Ausschreibung und den Zuschlag öffentlicher Aufträge, die heute weitgehend schon durch das Europäische Gemeinschaftsrecht geregelt werden. Für das französische Verwaltungsrecht sei insoweit vor

676 CE 18.1.1924, Ville de Paris, S. 58; 23.12.1953, Dame VWe Lillo, S. 573.
677 CE 20.3.1959, Lauthier, RDP 1959, S. 770; TC 23.11.1959, Dlle Santelle, D 1960, S. 280; 25.11.1963, Dame Mazerand, S. 792.

allem auf das Lehrbuch des Allgemeinen Verwaltungsrechts von *de Laubadère*[678] verwiesen.

Regeln des öffentlichen Rechts überlagern den privatrechtlichen Vertrag in Frankreich, insbesondere hinsichtlich der Ausführung der Verträge.[679] Der Grund hierfür ist vor allem in der Tatsache zu suchen, daß die Verwaltungsverträge sich zum Ziel setzen, die Erledigung einer öffentlichen Aufgabe (service public) zu ermöglichen oder zu erleichtern. Deshalb verfügt die Verwaltung insofern über sehr weitgehende Möglichkeiten, die von einer intensiven Kontrolle bis zur einseitigen Vertragsänderung reichen.

Allgemein gilt insofern die Regel, daß der Vertragspartner der Behörde den Vertrag persönlich zu erfüllen hat. Die Einschaltung von Subunternehmen oder eine Vertragszession ist nur in sehr beschränktem Umfang gestattet. Die Verwaltung verfügt insbesondere bei den Verträgen über öffentliche Bauten über sehr weitgehende Kontroll- und Weisungsrechte.[680] Um die ordnungsgemäße Erledigung der öffentlichen Aufgaben sicherzustellen, verfügt die Verwaltung gegenüber ihrem Vertragspartner darüber hinaus über sehr breite und tiefgreifende Sanktionsmöglichkeiten bei verspäteter oder schlechter Vertragserfüllung, die von Geldbußen bis zur einseitigen Auflösung des Vertrages reichen. Die Literatur hebt dabei hervor, daß es sich hier um Fälle handelt, in denen die souveräne Hoheitsgewalt (droit du préalable) des Staates auf die Vertragskonstruktion durchschlägt. Allerdings ist der Vertragspartner der Behörde nicht völlig schutzlos, weil diese Sanktionsmöglichkeiten auf der einen Seite rechtlich begrenzt sind, die Sanktionen andererseits aber auch vom Richter überprüft werden können.

Einen Eingriff der einseitigen Hoheitsgewalt des Staates in die Vertragsstruktur stellt dabei auch das Recht der Verwaltung dar, den Vertragsinhalt einseitig zu ändern.[681] Diese Befugnis der Verwaltung ist allerdings in der Lehre äußerst umstritten.[682]

Soweit die Lehre dieser Theorie folgt, begründet sie diese Norm durch den Rückgriff auf die Bedürfnisse des öffentlichen Interesses, das sich im Lauf der Zeit ändern kann. Nach Auffassung der Lehre kann die Verwaltung im Vertrag auf die Anwendung dieser Befugnis nicht verzichten. Nach der Rechtsprechung des Conseil d'Etat greift dieses Recht der Verwaltung bei allen

678 Bd. 1, S. 306 – 406.

679 Vgl. *Baraduc-Benabent*, L'exécution en matière des contrats des personnes publiques, Th. Paris 1979.

680 CE 22.2.1952, Ste pour l'exploitation des procédés Ingrand, S. 1300.

681 Vgl. dazu *de Laubadère*, Du pouvoir de l'administration d'imposer unilatéralement des changements aux disposition des contrats administratifs, RDP 1954, S. 36.

682 Vgl. etwa *L'Huillier*, Les contrats administratifs D 1953 chron. p. 87; *Benoit*, De l'inexistence d'un pouvoir de modification unilatérale dans les contrats administratif, J COP. 1963, 1, 755.

Verwaltungsverträgen ein.[683] Diese Möglichkeit einer einseitigen Änderung greift allerdings nur bei den Klauseln, die das Funktionieren der Verwaltung betreffen. So darf die Verwaltung umgekehrt die Leistungen des Vertragspartners an die Behörde ändern, nicht aber die Vorschriften über die finanzielle Gegenleistung der Verwaltung.[684] Eine Grenze findet dieses Änderungsrecht der Verwaltung dann, wenn es sich um die Auferlegung neuer Leistungen handelt.[685] Dasselbe gilt, wenn die Erweiterung der alten Leistungen eine gewisse Zumutbarkeitsgrenze überschreitet.[686]

In allen den Fällen, in denen eine Änderung des Vertrages im obigen Sinne unzulässig ist, kann der Vertragspartner der Behörde gegenüber den Vertrag kündigen. Auf der anderen Seite hat eine Änderung des Vertragsgegenstandes zur Folge, daß die finanziellen Gegenleistungen der Verwaltungsbehörde an ihren Vertragspartner angepaßt werden müssen. Die französische Lehre und Rechtsprechung sprechen insoweit davon, daß das finanzielle Gleichgewicht (équilibre financier) des Vertrages stets gewahrt bleiben muß.

Schließlich kann die Verwaltung den Vertrag stets kündigen. Auch dabei handelt es sich um eine allgemeine Regel, die auf alle Verwaltungsverträge anzuwenden ist und auf deren Anwendung die Verwaltung durch den Vertrag nicht verzichten kann.[687] Die Kündigung steht dabei im freien Ermessen der Verwaltung selbst dann, wenn dies vertraglich nicht vorgesehen ist. Zum Ausgleich für dieses Privileg der Behörde besitzt der Vertragspartner einen Anspruch auf Schadensersatz.[688]

Auch im übrigen werden auf den Verwaltungsvertrag Regeln des öffentlichen Rechts anwendbar, die im Privatrecht wenn überhaupt, so doch nur sehr beschränkt greifen. Das ist einmal der Fall beim Vorliegen einer »höheren Gewalt« (force majeure), die den Vertragspartner von der Einhaltung des Vertrages befreit. Im Verwaltungsrecht greift der Conseil d'Etat ferner auf die »théorie de l'imprévision« zurück; aufgrund dieser Theorie besitzt der Vertragspartner bei einer anormalen, nicht voraussehbaren und nicht auf sein Verhalten zurückgehenden Änderung der Umstände, die das finanzielle Gleichgewicht des Vertrages stören, einen Anspruch auf finanziellen Ausgleich. Das Eingreifen auch dieser Regel kann vertraglich nicht ausgeschlossen werden.[689] Auch ist diese Klausel auf alle Verwaltungsverträge anzuwenden.[690]

683 CE 11.3.1910, Cie gen. fr. des tramways, RDP 1910, S. 270; 10.1.1902, Cie gaz de Deville – lès-Rouen, C.A. p. 34; 14.4.1948, Min. des Armées, S. 159; 14.11.1902, Olmemyer, p. 665.

684 7.8.1891, Morelli D 1893.3.18.

685 CE 8.2.1889, Corre, S. 181; 16.1.1928, Ravier, S. 1193.

686 CE 23.6.1920, Brancon, S. 666; 1.3.1932, Mourier, S. 340.

687 CSE 13.2.1930, Min. de la Guerre, S. 180; 6.2.1925, Memouchy, S. 121; 9.12.1927, Gargiuils, S. 1199; 2.5.1948, Distilleries de Magnac-Laval, D. 1958, S. 730.

688 CE 10.11.1927, Guinard, S. 949.

689 CE 10.3.1948, Hospice de Henne, S. 124.

690 CE 8.2.1918, Ste éclairage de Poissy, S. 120; 3.2.1924, Granchamp, S. 176.

Diese Regeln stehen in eindeutigem Widerspruch zu den für die Allgemeinen Geschäftsbedingungen der Verwaltung greifenden Grundsätze. Nach der Rechtsprechung des Conseil d'Etat ist der private Vertragspartner an diese »cahiers de charges« nur gebunden, wenn der Vertrag auf sie verweist. Damit kaum vereinbar ist, daß diese cahiers Rechtsverordnungen darstellen sollen. Auch steht damit in Widerspruch, daß diese Rechtsvorschriften den Inhalt vorher abgeschlossener Verträge nicht ändern können.

C. *Übertragung auf deutsches Recht*

Diese Regeln des französischen Verwaltungsrechts wird man zum größten Teil auch im deutschen Recht auf Verträge zwischen der Verwaltung und dem Bürger anwenden müssen, weil es sich um einen vernünftigen Ausgleich der beiderseitigen Interessen handelt und das öffentliche Interesse weitgehend Abweichungen vom Privatrecht verlangt. Allerdings findet das Recht der Verwaltung auf eine einseitige Vertragsänderung in Deutschland seine Grenze an der Vertragskonstruktion, die einseitige Änderungen durch Vertragspartner grundsätzlich nicht zuläßt. Insoweit wird man auf § 60 VwVfG, also auf die clausula rebus sic stantibus zurückgreifen müssen. Danach besteht bei einer wesentlichen Änderung der Umstände, auf denen der Vertragsschluß basiert, ein Anspruch auf Vertragsänderung. Dieser Anspruch wird in der Regel durch den Abschluß eines Änderungsvertrages zwischen den Vertragspartnern, im Streitfalle durch ein Urteil des Verwaltungsgerichts durchgesetzt.

Nach französischem Recht dient die Verwaltungsgerichtsbarkeit nicht wie im deutschen Recht der Durchsetzung subjektiver öffentlicher Rechte, sondern der Verwirklichung des objektiven Rechts und damit des öffentlichen Interesses, das allerdings auch auf die Realisierung eines privaten Interesses gerichtet sein kann. Diese Konzeption hat wichtige Konsequenzen etwa für die Klagebefugnis, die der Popularklage entsprechend ausgestaltet worden ist; auch reicht für die Begründetheit der Klage eine objektive Rechtsverletzung aus.[691]

Im vorliegenden Kontext nun ist zu beachten, daß die aus dem Verwaltungsvertrag fließenden subjektiven Rechte im Wege der allgemeinen Leistungsklage durchgesetzt werden müssen. In diesem Rahmen bestehen Unterschiede zur Rechtslage in Deutschland kaum. Aber einerseits führt im Gegensatz zum deutschen Recht die Verletzung eines Vertrages zur Rechtswidrigkeit eines Verwaltungsaktes nicht, diese Verletzung zieht als Rechtsfolge also nur Scha-

691 *Chapus*, Droit administratif général, Bd. 1, 4. Aufl. 1988, S. 503.

densersatzansprüche nach sich. Auf der anderen Seite gibt es im französischen Recht eine Feststellungsklage vor den Verwaltungsgerichten nicht; und auch die Zustimmung Dritter zum Abschluß eines Verwaltungsvertrages in Analogie zu § 58 VwVfG gibt es in Frankreich nicht. Zum Schutz der Rechte des Dritten wird deshalb in Frankreich dem Verwaltungsvertrag ein (fingierter) Verwaltungsakt vorgeschaltet (acte détachable), dessen Aufhebung im Wege der Anfechtungsklage zur Nichtigkeit des Verwaltungsvertrages führt.

Während das deutsche Recht davon ausgeht, daß die Verwaltung sich durch den Abschluß eines Verwaltungsvertrages auf die Ebene der Gleichordnung begibt, die neben den im Vertragsrecht vorgesehenen einseitigen Vertragsakten ein einseitiges Handeln der Behörden ausschließt, behandelt das französische Verwaltungsrecht den Vertrag nur als partielle Gleichordnung, die an der grundsätzlichen, durch das Souveränitätsprinzip begründeten Unterordnung des Bürgers unter die Verwaltung nichts ändert. Dabei muß hier schon die Frage aufgeworfen werden, ob das im Grundgesetz mit dem Demokratieprinzip gekoppelte Souveränitätsprinzip eine solche völlige Gleichordnung der Verwaltung mit dem Bürger überhaupt gestattet. Das Souveränitätsprinzip begründet mit der Vorhand der Verwaltung kein subjektives Recht, sondern eine Kompetenz der Behörde, die nur zur Durchsetzung öffentlicher Aufgaben eingesetzt werden darf. Auf diese Vorrangstellung kann und darf die Verwaltung auch durch den Abschluß eines Verwaltungsvertrages nicht verzichten. Die Vertragskonstruktion ist rein formell und rechtfertigt eine Durchbrechung des Souveränitätsprinzips nicht. Es muß deshalb die Auffassung vertreten werden, daß auch die deutschen Behörden wie die Behörden nach französischem Recht im Rahmen des § 55 VwVfG durch einen einseitigen Akt den Verwaltungsvertrag ändern oder aufheben kann. Zumindest bei Verträgen über die Zusammenarbeit der Bürger mit der Behörde bei der Erfüllung einer öffentlichen Aufgabe (coopération à un service public) wird man annehmen müssen, daß die Behörde verpflichtet ist, in den Vertrag eine Klausel aufzunehmen, die in gewissen äußersten Grenzen eine einseitige Änderung des Vertrages durch die Behörde ermöglicht.

§ 17 Der Verwaltungsvertrag im Gemeinschaftsrecht

A. *Vorfragen*

Im vergleichenden Teil dieser Arbeit haben wir auf der einen Seite die Methoden dargestellt, welche der EuGH anwendet, um auf den Vollzug des Europäischen Gemeinschaftsrechts durch die EG und ihre Mitgliedstaaten anwendbare allgemeine Rechtsgrundsätze des Verfahrensrechts zu entwickeln. Auf der anderen Seite haben wir nachgewiesen, daß die EG Verwaltungsverträge abschließen kann und muß, wenn sie ihren Aufgaben gerecht werden will. Im folgenden Kapitel haben wir folglich noch zwei Fragen zu beantworten: Auf der einen Seite muß untersucht werden, ob und in welchem Umfang für den Vollzug der Regeln des Gemeinschaftsrechts durch die EG durch Verwaltungsverträge auf das französische oder auf das deutsche System zurückgegriffen werden kann. Auf der anderen Seite müssen wir klären, ob der Europäische Gerichtshof der Auffassung folgen wird, daß beim Vollzug des Europäischen Gemeinschaftsrechts durch die deutsche Verwaltung die §§ 54 ff. VwVfG in vollem Umfang dem Europäischen Gemeinschaftsrecht entsprechen.

I. Bevor wir uns diesen Fragen zuwenden, ist die Vorfrage zu klären, ob und in welchem Umfang die französische Rechtsordnung dem Modell des deutschen Verwaltungsvertrages und umgekehrt das deutsche Recht den französischen Normen über den Verwaltungsvertrag folgen können.

1. Wir haben oben schon ausgeführt, daß das französische Recht die Ersetzung des Verwaltungsaktes durch einen Verwaltungsvertrag in den Materien zuläßt, die wie das Subventionsrecht vom Gesetzgeber nicht durchnormiert worden sind. Für die Bereiche, in denen der Verwaltungsakt als Handlungsmittel der Verwaltung durch das Gesetz ausdrücklich vorgeschrieben wird, haben wir in der französischen Literatur und Rechtsprechung Beispiele für eine Ersetzung des Verwaltungsaktes durch den Verwaltungsvertrag nicht gefunden.
Insoweit stellt sich zunächst das Problem, ob in diesen Fällen das Gesetz nur den Erlaß eines Verwaltungsaktes gestattet. Den Rückgriff auf die deutsche Diskussion vor Erlaß des Verwaltungsverfahrensgesetzes wird man nun auch für das französische Recht fruchtbar machen können. Man wird also davon

ausgehen dürfen, daß in diesen Fällen der Abschluß auch eines Verwaltungsvertrages gestattet ist. Wie wir für das deutsche Recht nachgewiesen haben, läßt sich diese Befugnis der Verwaltung zum Abschluß von Verwaltungsverträgen wie für Privatrechtsverträge aus einer Annexkompetenz der Verwaltung ableiten. Wenn und soweit die Verwaltung für die Erfüllung ihrer Aufgaben des Rückgriffs auf einen Verwaltungsvertrag bedarf, muß der Abschluß solcher Verträge gestattet sein und müssen solche Verträge Bindungswirkung erzeugen.
Eine Bestätigung findet diese Gedankenreihe in einem zweiten Faktor. In der Tat ist nicht einzusehen, warum der Bürger aufgrund einer vertraglichen Willenserklärung nicht Pflichten übernehmen können soll, die ihm sonst durch einen Verwaltungsakt auferlegt werden können. Dasselbe gilt mutatis mutandis für die Übernahme von Pflichten durch die Verwaltung. Nur wenn es sich um die Erteilung einer Genehmigung handelt, die durch das Gesetz vorgesehen worden ist, erscheint eine solche Lösung fraglich.
Bestehen aber grundsätzlich Bedenken gegen die Einführung des deutschen Subordinationsvertrages in das französische Rechtssystem nicht, wird man doch nicht übersehen können, daß die §§ 54 ff. VwVfG ohne gesetzliche Grundlage von der französischen Rechtsprechung wohl kaum übernommen werden und übernommen werden können. Wir haben in der Tat gesehen, daß es die dem Schutz des Bürgers dienende Vorschrift des § 56 VwVfG im französischen Recht des Verwaltungsvertrages nicht gibt. Die Vergleichsregelung des § 55 VwVfG kann dagegen in das französische Recht ohne weiteres zumindest dann übernommen werden, wenn man meinem Ansatz folgt, daß dem Vergleich nur eine vertretbare Interpretation des Gesetzes zugrunde gelegt werden kann. Dagegen weichen die vier Ziffern des § 59 II VwVfG so stark von dem in Frankreich strikt verstandenen Legalitätsprinzip ab, daß ihre Übernahme in das französische Recht unwahrscheinlich ist.

2. Auf der anderen Seite können, wie wir dies bei der Kommentierung der einzelnen Regeln schon dargelegt haben, die Normen des französischen Verwaltungsvertrages weitgehend in das deutsche Rechtssystem übernommen werden. Das gilt insbesondere, soweit es sich um Verträge handelt, welche die Kooperation zwischen dem Staat und einem Unternehmen bei der Erledigung öffentlicher Aufgaben regeln sollen. Es handelt sich dann um einen koordinationsrechtlichen Vertrag zwischen der Behörde und dem Bürger i.S.d. § 54 S. 1 VwVfG, auf den die §§ 60, 61 und 62 VwVfG ohne weiteres angewendet werden können.

II. Diese Überlegungen können fast ohne Abweichungen in das Europäische Gemeinschaftsrecht übernommen werden. In dem Umfang, in welchem dies auch im französischen Recht gestattet ist, wird man im Europäischen Gemeinschaftsrecht für den Verwaltungsvertrag der EG neben den Regeln des französischen Verwaltungsrechts auch auf die deutsch-rechtlichen Normen des subordinationsrechtlichen Vertrages zurückgreifen können. Dabei ist zu beachten, daß im Europäischen Gemeinschaftsrecht wie im französischen Recht insbesondere das Legalitätsprinzip so strikt verstanden wird, daß eine Übernahme des § 59 II VwVfG für die Verträge der EG wohl nicht möglich ist.

III. Ganz erhebliche Bedenken bestehen dagegen, ob der EuGH die §§ 54 ff. VwVfG als dem Europäischen Gemeinschaftrecht entsprechend akzeptieren wird, wenn die deutsche Verwaltung zwecks Vollzugs des Europäischen Gemeinschaftsrechts auf den Verwaltungsvertrag, insbesondere auf einen Subordinationsvertrag zurückgreift. In der Tat hat sich in den vom Europäischen Gerichtshof entschiedenen Fällen Alcan[692] und BUG[693] gezeigt, daß der EuGH nicht einmal die weniger weitreichenden Regeln der §§ 48 ff. VwVfG akzeptiert, um dem Vertrauen des Bürgers gerecht zu werden. Dies gilt verstärkt für die Regeln des § 59 II VwVfG. Man wird also annehmen müssen, daß bei einer Verletzung des Europäischen Gemeinschaftsrechts nicht diese Vorschrift, sondern § 59 I VwVfG i.V.m. § 134 BGB greift. Das folgt an sich auch schon aus einer Interpretation des deutschen Rechts. Denn § 59 II VwVfG geht davon aus, daß der Gesetzgeber die Sanktion »Nichtigkeit« bei der Verletzung eines Gesetzes zurücknehmen darf. Diese Zuständigkeit steht dem deutschen Gesetzgeber aber nur für das deutsche Recht, nicht aber für das Europäische Gemeinschaftsrecht zu.
Die übrigen Vorschriften der §§ 54 ff. VwVfG dürften dagegen aus dem Blickwinkel des Gemeinschaftsrechts Bedenken nicht erwecken. Angesichts dieser Rechtslage ist wohl kaum anzunehmen, daß der EuGH es generell für unzulässig halten wird, daß die deutschen Behörden für den Vollzug des Europäischen Gemeinschaftsrechts auf den Verwaltungsvertrag, insbesondere auf einen subordinationsrechtlichen Verwaltungsvertrag zurückgreifen. Man wird deshalb annehmen müssen, daß nur die Regeln des § 59 II VwVfG durch das Europäische Gemeinschaftsrecht überlagert werden.
Diese optimistische Aussage gilt allerdings nur, wenn man der von mir im ersten Teil dieser Arbeit entwickelten Auslegung des Verwaltungsverfahrensgesetzes folgt. In der Tat bestehen angesichts des Wortlauts der §§ 54 ff. VwVfG sonst erhebliche europarechtliche Bedenken gegen den subordinationsrechtlichen Verwaltungsvertrag, weil das öffentliche Interesse sonst

692 EuGH, Urteil vom 2.2.1989 – Kommission/BR Deutschland, Rs 94/87, Slg. 1989, 175 (Alcan).
693 EuGH, Urteil vom 20.9.1990 – Kommission/BR Deutschland, Rs C-5/89, Slg. 1990, 3437 (BUG).

nicht hinreichend durchgesetzt wird, der EuGH nach den obigen Ausführungen aber gerade die Effektivität des Verwaltungsvollzugs im Auge hat. Insbesondere dürfte der EuGH es wohl kaum akzeptieren, daß Verträge ohne die in § 61 VwVfG vorgesehene Vollstreckungsklausel durch einseitige Akte der Verwaltung nicht durchgesetzt werden können, hierfür vielmehr eine unter Umständen Jahre währende Klage vor dem VG erforderlich ist.
Allerdings erscheint es angesichts der Zusammensetzung des Gerichtshofs und der Tatsache, daß die anderen Mitgliedstaaten der EG den subordinationsrechtlichen Vertrag nicht kennen, durchaus auch möglich, daß der EuGH den Verwaltungsvertrag deutschen Musters generell als Handlungsmittel zur Durchsetzung des Gemeinschaftrechts ablehnt. Das Rechtsinstitut des subordinationsrechtlichen Vertrages dürfte vor dem EuGH auf ähnliche Bedenken stoßen, die wir aus der Diskussion vor Erlaß des Verwaltungsverfahrensgesetzes in Deutschland kennen.

B. *Der Verwaltungsvertrag als Handlungsmittel der EG*[694]

I. *Überblick über mögliche Vertragsarten*

Unter einem »Verwaltungsvertrag«[695] oder »contrat administratif«[696] verstehen wir einen Vertrag, den eine Verwaltungsbehörde mit einer anderen Verwaltungsbehörde oder einem Individuum über einen Gegenstand des öffentlichen Rechts schließt. Die Verwaltungsverträge sind damit einerseits von den Privatrechtsverträgen der Verwaltung, andererseits von den staatsrechtlichen Verträgen zwischen dem Bund und den Ländern oder zwischen den Ländern eines Bundesstaats und von den völkerrechtlichen Verträgen zwischen zwei unabhängigen Staaten abzugrenzen.
Im Europarecht ist ein Verwaltungsvertrag ein Vertrag, den die EG mit einer Behörde oder einer unterstaatlichen juristischen Person des öffentlichen Rechts der Mitgliedstaaten oder mit Verbänden oder Individuen auf dem Gebiet des öffentlichen Rechts abschließt. Diese Verträge sind damit einerseits von den Völkerrechtsverträgen der EG mit Drittstaaten und Mitgliedstaaten, andererseits von den Abmachungen zwischen den Organen der EG etwa über

694 Zuerst veröffentlicht in: DVBl. 1981, 889 ff. Abdruck erfolgt mit freundlicher Genehmigung des Carl Heymanns Verlages. Vgl. auch *Bleckmann*, Die öffentlich-rechtlichen Verträge der EWG, NJW 1978, 464 ff.
695 § 54 Satz 1 VwVfG; vgl. *Maurer*, § 14, Rdnr. 1 ff.
696 Vgl. *de Laubadère*, Traité de droit administratif, 7. Aufl., Bd. 1, 1976, S. 343 ff.

die Beteiligung des Europäischen Parlaments am Willensbildungsprozeß des Ministerrates[697] zu unterscheiden.
Die Kommission der EG scheint mehrfach versucht zu haben, solche Verwaltungsverträge zur Durchführung des EG-Vertrages und seines Sekundärrechts abzuschließen.[698] Über diese Vorfälle kann und darf der Verfasser hier nicht berichten, teils weil sie in den Einzelheiten nicht bekannt, teils weil sie vertraulich sind. Immerhin macht dieser Vorstoß der Kommission in – wie sich zeigen wird – für die Entwicklung des Europäischen Gemeinschaftsrechts wichtiges Neuland es notwendig, diese bisher kaum behandelte Materie einmal etwas umfassender zu untersuchen. Dabei wollen wir uns zunächst einen Überblick über die denkbaren Vertragsgestaltungen verschaffen:

1. *Gegenstand der Verträge der EG*

a) Zunächst ist es denkbar, daß die EG mit den europäischen oder nationalen Spitzenverbänden aller oder einzelner Branchen Kooperationsverträge über die *Beteiligung* der Verbände im europäischen Willensbildungsprozeß, über den gegenseitigen Erfahrungs- und Informationsaustausch, über die Lieferung von Statistiken usw. abschließt. Solche Kooperationsverträge können auch einzelne oder alle Firmen einer bestimmten Branche umfassen. Auch eine Beteiligung der Mitgliedstaaten an solchen Verträgen wäre denkbar.
Für die EG wären solche Verträge selbst dann vorteilhaft, wenn sie über die Verpflichtungen des EG-Vertrages und des Sekundärrechts nicht hinausgingen, weil durch die freiwillige Selbstverpflichtung eine striktere Beachtung des Gemeinschaftsrechts gesichert werden könnte. Darüber hinaus besteht die Möglichkeit, über die Pflichten des Europäischen Gemeinschaftsrechts hinausgehende Kooperationspflichten der Verbände und ihrer Mitglieder zu begründen, etwa um in breiterem Umfang statistisches Material zu erhalten. Die Verbände und die Einzelfirmen könnten sich dabei auch einer Kontrolle der EG unterwerfen.

697 Vgl. die Zusammenstellung der die Position des Europäischen Parlaments verbessernden Interorganvereinbarungen bei *Grabitz/Läufer*, Das Europäische Parlament, 1980, S. 635 ff.

698 So hat die Kommission den nationalen Chemieverbänden und den betreffenden Industrieunternehmen einen Vertrag angeboten, in dem sich die Unternehmen – einer noch nicht transformierten Richtlinie entsprechend – zur Einstellung der Produktion bestimmter umweltschädigender Produkte verpflichten sollten; dabei scheint die Kommission davon ausgegangen zu sein, daß es sich um privatrechtliche Verträge handle, weil der Vertragsentwurf die Anwendung des belgischen Rechts vorsah. Die VO (CEE) Nr. 1271/78 über die Hebung der Milchqualität sah den Abschluß von Durchführungsverträgen der Kommission mit den Unternehmen und Erzeugerverbänden vor, die eine Note des Juristischen Dienstes an die Generaldirektion Landwirtschaft der Kommission vom 4.7.1980 ausdrücklich als »contrat administratif« bezeichnete. Die in Art. 56 II b des EGKS-Vertrages vorgesehenen Beihilfen für die Arbeitnehmer wurden aufgrund von (verwaltungsrechtlichen) Verträgen zwischen der EG und den Mitgliedstaaten gewährt.

Für die Verbände und ihre Mitglieder hätten solche Verträge den Vorteil, die bisher rechtlich kaum geregelten Verfahrensbedingungen in präzise rechtliche Bahnen zu lenken und ihnen eine echte Mitsprache zu verschaffen.

b) Ebenso wichtig könnten eines Tages Verträge mit den zuständigen Verbänden und mit den einzelnen betroffenen Firmen werden, die auf die *Durchführung des materiellen Gemeinschaftsrechts* gerichtet sind.
So wäre es etwa denkbar, in Vorgriff oder in Durchführung oder schließlich anstelle einer Richtlinie nach Art. 100 f. EG-Vertrag bestimmte Ziele im Bereich des Umweltschutzes, der Energieplanung, der Produktbeschaffenheit usw. durch Verträge der EG mit den betroffenen Firmen und Verbänden zu regeln. So könnten sich etwa die ein bestimmtes umweltschädigendes Produkt herstellenden Firmen verpflichten, die Produktion dieses Erzeugnisses im Rahmen eines bestimmten Programms allmählich einzustellen. Oder aber die Autofirmen verpflichten sich, bestimmte Sicherheitsfaktoren bei der Herstellung der Wagen zu berücksichtigen. Oder aber die Industrieunternehmer verpflichten sich, bestimmte Arbeitsschutzprogramme einzuführen. Auch könnten sich die Elektrizitätswerke verpflichten, ihre Investitionen um einen bestimmten Satz zu erhöhen. Während einer Stahlkrise könnten sich die Stahlunternehmer der EG gegenüber verpflichten, jeweils nur bestimmte Mengen und bestimmte Qualitäten herzustellen. Zur Förderung des Niederlassungsrechts und der Freizügigkeit könnten sich die Unternehmer verpflichten, an ihre Gastarbeiter bestimmte Leistungen (Wohnungsbau) zu erbringen, oder aber in einem anderen Mitgliedstaat der EG zu investieren. Diese Beispiele können beliebig vermehrt werden.
Besonders wenn solche Verträge von der Kommission ausgehandelt und abgeschlossen werden und der EuGH zu ihrer Durchführung zuständig ist, könnte die EG mit solchen Verträgen u. U. Ergebnisse erreichen, die über dem im Ministerrat zu erreichenden kleinsten gemeinsamen Nenner der Interessen der Mitgliedstaaten liegt. Die EG könnte auf der anderen Seite durch die Übernahme des Vollzugs des Europäischen Gemeinschaftsrechts Schwierigkeiten überwinden, welche bei der Transformation und Durchführung der Richtlinien zögernde Mitgliedstaaten aufwerfen. Selbst wenn diese Verträge keine weiteren Zugeständnisse machen sollten, hätten solche Verträge für die betroffenen Verbände und Firmen den Vorteil, daß sie einerseits eine echte Beteiligungsmöglichkeit bei der Aushandlung der Vertragspflichten erhalten und andererseits zumindest faktisch eine Barriere dagegen errichtet wird, daß die EG in absehbarer Zeit durch einseitige Akte die Verpflichtungen der Unternehmer erhöht. Dazu treten noch weitere mögliche Zugeständnisse der EG, die wir im folgenden untersuchen wollen.

c) Denkbar wären schließlich auch Verträge der EG mit den Behörden der Mitgliedstaaten, mit den Ländern, Gemeinden oder anderen unterstaatlichen juristischen Personen des öffentlichen Rechts über die gemeinsame Kooperation (Mitwirkungsrechte, Informationsaustausch, Lieferung von Statistiken), über die Einzelheiten der Durchführung des Europäischen Gemeinschaftsrechts, über die Durchführung gemeinsamer Programme, über gemeinsame Infrastrukturverfahren usw.[699]

2. *Vertragsarten*

a) Neben diesen verschiedenen Vertragspartnern und Vertragsmaterien müssen die einzelnen Vertragsarten voneinander unterschieden werden. Hierfür kann weitgehend auf die deutsche Literatur zum Verwaltungsvertrag verwiesen werden: Zunächst sind mit den obigen Ausführungen von den Kooperationsabkommen die Verträge zu unterscheiden, die sich auf die Durchführung des materiellen EG-Rechts beziehen. In diesem Rahmen wiederum müssen einseitige Verträge, die nur eine Leistung der Verwaltung oder der Individuen festlegen, von den Austauschverträgen unterschieden werden, in denen sich beide Partner synallagmatisch zu Gegenleistungen verpflichten. Daneben treten die prozessualen und außerprozessualen Vergleichsverträge.[700]

b) Etwas länger müssen wir uns hier mit den Austauschverträgen befassen:
aa) Hier sind folgende Leistungen der Verwaltung denkbar:
(1) Die Verwaltung kann sich zunächst zur Leistung von Geld (Subventionen) oder zur Leistung von Naturalien (Beihilfe i.w.S.) verpflichten.
(2) Die Verwaltung könnte – ohne hier schon zu prüfen, inwieweit dies zulässig ist – die aus dem Vertrag oder dem Sekundärrecht fließenden Verpflichtungen der Verbände und Unternehmen ändern. Diese Änderung kann von einer Präzisierung oder Konkretisierung über die Anpassung des Europäischen Gemeinschaftsrechts an den spezifischen Einzelfall, über die punktuelle Änderung i.e.S. bis zur völligen Aufhebung der Verpflichtung (Dispens oder Änderung des Europäischen Gemeinschaftsrechts) reichen.
(3) Die Verwaltung könnte ferner die Rechte der Verbände oder Individuen über den EG-Vertrag und das Sekundärrecht hinaus erweitern. Dabei kann es sich um die Gewährung eines Dispenses oder um die Ausweitung der Rechtsposition gegenüber der EG oder den Mitgliedstaaten handeln. Auf die recht-

699 Solche Abkommen könnten die Zuständigkeit der EG für an die nationalen Verwaltungen gerichtete Verwaltungsverordnungen und Einzelweisungen zur Auslegung des Gemeinschaftsrechts ausgleichen. Allerdings besteht auch hier die Frage, ob die EG mit den nationalen Behörden so unmittelbar in Kontakt treten darf.

700 Vgl. *Maurer*, § 14, Rdnr. 16.

liche Wirksamkeit solcher Verträge braucht hier noch nicht eingegangen zu werden.

(4) Das Versprechen der Verwaltung kann sich ferner auf die Art und Weise, auf den Inhalt von zukünftigen einseitigen Hoheitsakten der Gemeinschaft (Verordnung, Richtlinie, Entscheidung) richten. Dabei kann es sich um den Versuch handeln, den Inhalt dieser Akte vorweg zu bestimmen. Diese Akte können sich dabei auf die Vertragspartner der EG (etwa: Erhöhung der Agrarpreise) oder auf Dritte (Erhöhung des Außenzolls zum Schutz der europäischen Industrie) beziehen. Hinsichtlich der Art und Weise kann eine bestimmte Beteiligung der Vertragspartner an der Gesetzgebung (Ausschüsse) vorgesehen werden.

(5) Die EG könnte sich den Individuen gegenüber verpflichten, auf die Mitgliedstaaten positiv oder negativ einzuwirken. Diese Möglichkeiten reichen von der Verpflichtung der Kommission, dem Ministerrat einen bestimmten Vorschlag zu unterbreiten oder nicht zu unterbreiten, über eine Zusage, eine Vertragsverletzung eines Mitgliedstaates zu verfolgen oder nicht zu verfolgen, bis zu einer rein faktischen Beeinflussung der Mitgliedstaaten.

(6) Die Kommission könnte vertraglich darauf verzichten, gegen den Vertragspartner ein Verfahren nach Art. 85 ff. EG-Vertrag durchzuführen.

(7) Die Verwaltung könnte schließlich einen bestimmten Schadensersatz versprechen oder die Folgen einer rechtswidrigen Handlung der EG auf eine andere Weise ausgleichen.

bb) Den Leistungen der Verwaltung könnten folgende Leistungen der Bürger gegenüberstehen:

(1) Die Individuen könnten sich zunächst zu einer bestimmten Vertragsdurchführung verpflichten. Dabei könnte auf der einen Seite nur der Verpflichtungsgrund verdoppelt werden: Hier wird die aufgrund des Europäischen Gemeinschaftsrechts geforderte Leistung nur noch einmal vertraglich bestätigt. Die Leistung könnte aber auch über das Gemeinschaftsrecht weit hinausreichen, indem die Verpflichtungen des Gemeinschaftsrechts präzisiert, konkretisiert, angepaßt, ergänzt oder verändert werden. Denkbar sind auch Leistungen, die im Europäischen Gemeinschaftsrecht überhaupt nicht vorgesehen sind, aber entweder aufgrund der umfassenden Rechtssetzungskompetenzen des Ministerrats generell eingeführt werden könnten oder die auf der anderen Seite nicht einmal durch solche generellen Akte festgelegt werden können, aber der Verwirklichung der Ziele des EG-Vertrages dienen, insbesondere die materiellen Voraussetzungen für die Erreichung dieser Ziele schaffen.

(2) Davon zu unterscheiden sind Leistungen, die den allgemeinen Funktionen der Organe der EG (Verkauf eines Bürogrundstücks), aber nicht der Durchführung des materiellen Gemeinschaftsrechts dienen.

(3) Bei den Leistungen der Individuen sind solche Leistungen zu unterscheiden, die nur im Allgemeininteresse der EG liegen und den Interessen der Individuen vielleicht sogar widersprechen, und Leistungen, die im Interesse der Gemeinschaft und im Interesse des Vertragspartners liegen.
(4) Ferner sind Leistungen zu unterscheiden, die auf eine Regelung der Produktion und des Vertriebs zielen (Kartellrecht) und andere Leistungen der Individuen.

3. *Verhältnis der Verträge zum EG-Recht*

Die Verträge mit den Unternehmen können schließlich in einem unterschiedlichen Verhältnis zu den einseitigen Hoheitsakten der EG stehen:

a) Zunächst könnte es Verträge geben, die *anstelle* einer Verordnung, einer Richtlinie oder einer Entscheidung abgeschlossen werden und dieselben Wirkungen wie diese einseitigen Hoheitsakte erzielen wollen.

b) Daneben könnte es Verträge geben, die zur *Durchführung* und *Sicherung* der einseitigen Hoheitsakte abgeschlossen werden. Dabei ist insbesondere der Fall ins Auge zu fassen, daß die EG die zögernde Transformation einer Richtlinie durch den Abschluß von Verträgen mit den Unternehmen ausgleichen will, also in die Transformation und den Vollzug einer Richtlinie eingreift.

4. *Nationale Verträge zur Durchführung des EG-Rechts*

Von den durch die Organe der EG selbst abgeschlossenen Verwaltungsverträgen sind die Verwaltungsverträge, die von den nationalen Behörden zur Durchführung des Europäischen Gemeinschaftsrechts abgeschlossen werden, zu unterscheiden. Solche Verwaltungsverträge sind häufig schon im Europäischen Gemeinschaftsrecht vorgesehen; wenn dies nicht der Fall ist, können sie nach der Rechtsprechung des EuGH aufgrund des nationalen Verwaltungsverfahrensrechts abgeschlossen werden. Bei diesen Verträgen handelt es sich um Probleme des nationalen Rechts, die entsprechend der Rechtsprechung des EuGH zu den auf die Durchführung des Europäischen Gemeinschaftsrechts durch nationale Behörden anwendbaren Prinzipien durch das nationale Recht geregelt werden. Das nationale Recht kann aber u. U. durch die Prinzipien des Gemeinschaftsrechts überlagert werden. So kann z. B. die Frage, ob ein Verstoß gegen das Europäische Gemeinschaftsrecht die Nichtigkeit des nationalen Verwaltungsvertrages zur Folge hat, nur unter Rückgriff auf das Gemeinschaftsrecht selbst gelöst werden. Dabei ist zu prüfen, inwiefern das auch im Gemeinschaftsrecht anerkannte Vertrauensschutzprinzip die Grundsätze der einheitlichen Anwendung des Gemeinschaftsrechts zurückdrängt.

II. *Die Zulässigkeit von Verwaltungsverträgen der EG*

1. *Theorie der begrenzten Einzelermächtigung*

Nach der Theorie der begrenzten Einzelermächtigung[701] besitzt die EG nur die Befugnis, die Akte zur Erreichung der Vertragsziele in den Verfahren zu erlassen, die in den konkreten Einzelbestimmungen über die verschiedenen Freiheiten und Politiken der EG vorgesehen sind: Keine einzige Bestimmung des materiellen Rechts der drei Gründungsverträge aber läßt ausdrücklich öffentlich-rechtliche (oder privatrechtliche) Verträge über die Materien des Europäischen Gemeinschaftsrechts zu. Müßte man die Theorie der begrenzten Einzelermächtigung wörtlich verstehen, wären also öffentlich-rechtliche oder aber privatrechtliche Verträge über die Materien des Gemeinschaftsrechts unzulässig. Wie wir sehen werden, kann diese Theorie aber in diesem engen Sinne nicht verstanden werden. Um dies nachzuweisen, muß man die dreifache Wurzel dieser Theorie offenlegen:

a) Die herrschende Lehre führt diese Theorie auf Art. 4 des EG-Vertrages zurück, nach dem jedes Organ nach Maßgabe der ihm in diesem Vertrag zugewiesenen Befugnisse handelt. Diese Bestimmung stelle klar, daß es aus dem Aufgabenkatalog des Art. 2, aus den Zielen der Präambel und aus der Aufzählung der Materien des Art. 3 EG-Vertrag keine Kompetenzen der EG-Organe abgeleitet werden könnten.
Bei näherer Betrachtung aber bezieht sich Art. 4 EG-Vertrag nur auf die in Art. 189 EG-Vertrag aufgeführten rechtlich bindenden Hoheitsakte der EG. Daß unverbindliche Empfehlungen, rein finanzielle oder rein faktische Tätigkeiten der EG nicht unter die Theorie der begrenzten Einzelermächtigung fallen, ist in der Praxis der EG unbestritten: Insoweit wird man davon ausgehen können, daß diese Befugnisse der EG, diese beschränkende Auslegung des Art. 4 EG-Vertrag, gewohnheitsrechtlich[702] bestätigt worden sind.

701 Diese Theorie wird von der herrschenden Lehre ohne jede Begrenzung vertreten, vgl. etwa *Ipsen*, Europäisches Gemeinschaftsrecht, 1972, S. 425; vgl. aber *Constantinesco*, Das Recht der Europäischen Gemeinschaften, Bd. 1, 1977, S. 261 ff.; *Bleckmann*, Europarecht, 6. Aufl., 1997, Rdnr. 380 ff.; *ders.*, Die Beihilfenkompetenz der Europäischen Gemeinschaften. Ein Beitrag zum Prinzip der begrenzten Ermächtigung, DÖV 1977, 615 ff.

702 Vgl. *Bleckmann*, Europarecht, Rdnr. 380 ff.

b) Die zweite Wurzel der Theorie der begrenzten Einzelermächtigung liegt im allgemeinen Recht der internationalen Organisationen. Nach diesem Recht können die Organe der internationalen Organisationen nur die im Vertrag vorgesehenen Aufgaben wahrnehmen.[703] Je nach der Satzung der betreffenden Organisation führt dieses Prinzip zu breiten Ermächtigungsgrundlagen wie etwa im Recht der UNO und des Europarats oder zu engeren Ermächtigungen wie im Recht der Europäischen Gemeinschaften.

c) Die dritte Wurzel der Theorie der begrenzten Einzelermächtigung bildet die Übertragung der Regeln über den Gesetzesvorbehalt des nationalen Verfassungsrechts in das Europäische Gemeinschaftsrecht.[704] Nur diese dritte Wurzel erklärt den Vorbehalt des Art. 4 EG-Vertrag und die begrenzten Ermächtigungen der supranationalen Organisationen theoretisch: Im Gegensatz zu den internationalen Organisationen mit ihren breiten Ermächtigungsgrundlagen sind detaillierte Ermächtigungsgrundlagen im Recht der supranationalen Organisationen erforderlich, weil diese Organisationen Hoheitsgewalt ausüben und deshalb in die Rechte der Individuen und der Mitgliedstaaten eingreifen dürfen.[705]

d) Bei einer zusammenfassenden Sicht dieser drei Wurzeln der Theorie der begrenzten Einzelermächtigung gelangt man zu folgenden Ergebnissen:
Die Väter der Gemeinschaftsverträge wollten die EG hinsichtlich ihrer Kompetenzen nicht schlechter, sondern besser ausrüsten als die anderen internationalen Organisationen.[706] Das bedeutet aber, daß man von breiten Ermächtigungsgrundlagen auch der EG ausgehen muß, soweit nicht der »Gesetzesvorbehalt« reicht. Wie die Tatsache zeigt, daß die Vertragswerke selbst punktuell von breiten Befugnissen der EG zu einer selbständigen Finanzpolitik und zu einem faktischen oder politischen Handeln ausgehen, ist dabei der »Vertragsvorbehalt« nicht im Sinne des klassischen Eingriffsvorbehalts zu verstehen. Nur für das einseitig-hoheitliche Handeln der EG, nicht aber für das rein faktische, finanzielle, politische Handeln und für privatrechtliche und öffentlich-rechtliche Verträge ist damit eine spezielle Ermächtigungsgrundlage erforderlich.[707]
Das bedeutet aber nicht, daß privatrechtliche und öffentlich-rechtliche Verträge der EG ohne eine entsprechende Norm im Europarecht zulässig wären.

703 Vgl. *Seidl-Hohenveldern/Loibl*, Das Recht der internationalen Organisationen einschließlich der supranationalen Gemeinschaften, 6. Aufl. 1996.
704 Vgl. *Lecheler*, Der Europäische Gerichtshof und die allgemeinen Rechtsgrundsätze, 1971.
705 Vgl. *Bleckmann*, Europarecht, Rdnr. 380 ff.
706 Vgl. *Bleckmann*, Europarecht, Rdnr. 380 ff.
707 Vgl. *Bleckmann*, The Competence of the EEC, in: Europa Institute, University of Amsterdam (Hrsg.), Division of Powers between the European Communities and their Member States in the field of external relations, Kluwer, Deventer, The Netherlands, 1981, S. 3 ff.

Zum einen muß die *Verbindlichkeit* dieser Verträge aus einer speziellen Norm des Europäischen Gemeinschaftsrechts abgeleitet werden. Auf der anderen Seite muß überprüft werden, ob der EG-Vertrag es etwa auch zuläßt, daß anstelle der einseitigen Hoheitsakte Verträge geschlossen werden.

2. *Auslegung des Art. 211 EG-Vertrag*

Nach Art. 211 des EG-Vertrages und den einschlägigen Bestimmungen der beiden anderen Verträge besitzt die EG in jedem Mitgliedstaat die weitestgehende Rechts- und Geschäftsfähigkeit, die juristischen Personen nach deren Rechtsvorschriften zuerkannt wird. Da diese Bestimmung dem Wortlaut nach allgemein auf juristische Personen verweist und allgemein von der Rechts- und Geschäftsfähigkeit spricht, ohne das Privatrecht ausdrücklich zu erwähnen, könnte man der Auffassung sein, diese Vorschrift gewähre der EG in den Staaten, die den Verwaltungsvertrag kennen, auch die Rechts- und Geschäftsfähigkeit der juristischen Personen des öffentlichen Rechts, das heißt die Fähigkeit zum Abschluß öffentlich-rechtlicher Verträge. Diese Auffassung könnte durch eine systematische Auslegung verstärkt werden: Art. 181 EG-Vertrag und die entsprechenden Bestimmungen der anderen Verträge gehen von der Zulässigkeit öffentlich-rechtlicher Verträge aus, die in Art. 211 EG-Vertrag begründet wird.
Dennoch ist diese Auffassung aus einem doppelten Grund abzulehnen. Einmal beziehen sich Klauseln wie der Art. 211 EG-Vertrag in internationalen Verträgen grundsätzlich nur auf privatrechtliches Handeln.[708] Zum anderen aber würde eine solche Auslegung des Art. 211 EG-Vertrag die Verwaltungsverträge wie die Privatverträge dem Recht des jeweiligen Mitgliedstaates unterwerfen; wir werden aber später sehen, daß eine solche Auffassung dem Gemeinschaftsrecht widerspricht.

3. *Auslegung des Art. 181 EG-Vertrag*

Sedes materiae ist also nur der Art. 181 EG-Vertrag und Art. 153 Euratom-Vertrag.[709] Beide Vorschriften sprechen in der deutschen Fassung von der Zulässigkeit »privatrechtlicher und öffentlich-rechtlicher Verträge«, in der französischen Fassung von der Existenz von »contrats de droit privé et de droit public«, in der englischen Fassung von Verträgen, die »governed by public or private law« sind.
Dabei fällt auf, daß dieser Wortlaut nicht in der rechtstechnischen französischen und deutschen Terminologie von »contrats administratif« oder von

708 Vgl. *Schlüter*, Die innerstaatliche Rechtsstellung der internationalen Organisationen, 1972.
709 Vgl. *Bleckmann*, Die öffentlich-rechtlichen Verträge der EWG, NJW 1978, 464 ff.

»Verwaltungsverträgen« spricht und damit scheinbar die Verwaltungsverträge im engeren Sinne nicht meint. Dieser breite Wortlaut wurde offensichtlich gewählt, um alle denkbaren Vertragsarten – Verträge der EG mit dritten Staaten und mit den Mitgliedstaaten, Verträge der Organe der EG miteinander und öffentlich-rechtliche Verträge der EG mit Individuen und juristischen Personen des öffentlichen Rechts – anzusprechen, um so eine breite Zuständigkeit des EuGH begründen zu können. Daß diese Begriffe gerade auch den Verwaltungsvertrag betreffen, ergibt sich aus der *Nebeneinanderstellung* von öffentlich-rechtlichen und privatrechtlichen Verträgen, die ganz offenbar in erster Linie mit Individuen geschlossen werden.

Allerdings könnte die Rechtsvergleichung des nationalen Verwaltungsrechts zu einer engeren, den Verwaltungsvertrag ausschließenden Auslegung dieser Bestimmung führen, weil nur das französische und das deutsche Recht solche Verwaltungsverträge kennen und das britische Recht[710] solche Verträge sogar ausdrücklich ablehnt. Dabei ist allerdings zu betonen, daß eine breitere Rechtsvergleichung zu einem anderen Ergebnis führen könnte, weil unter Umständen in allen Staaten der EG teilweise auch Privatrechtsverträge öffentlich-rechtliche Materien regeln können. Auch ist darauf hinzuweisen, daß das Völkerrecht öffentlich-rechtliche Verträge zwischen Staaten und großen Wirtschaftsunternehmen (quasi-völkerrechtliche) Verträge[711], Verträge zur Anstellung von Beamten in internationalen Organisationen[712], also Verwaltungsverträge kennt und kein Grund besteht, solche Verträge nicht in das Gemeinschaftsrecht zu übernehmen.

Für die Zulässigkeit von Verwaltungsverträgen im Gemeinschaftsrecht spricht neben dem englischen Wortlaut (public law – und nicht public international law) auch die Tatsache, daß bei der starken Ausweitung des hoheitlichen Sektors und der damit verbundenen starken Abhängigkeit des Bürgers vom Staat rechtsstaatliche und demokratische Prinzipien verlangen, daß der Staat von seinem hoheitlichen Podest herabsteigen kann, sich auf die Ebene der Gleichordnung zum Bürger begibt und dem Bürger durch die Verwendung der Vertragsform ein stärkeres Mitspracherecht verleiht. Gerade diese rechtsstaatlich-demokratische Komponente ist aber im Europäischen Gemeinschaftsrecht wie im deutschen Recht besonders stark.

710 Vgl. *Bullinger*, Vertrag und Verwaltungsakt, 1962, S. 114 ff.

711 Vgl. *Böckstiegel*, Der Staat als Vertragspartner ausländischer Privatunternehmen, 1971; *Rengeling*, Privatvölkerrechtliche Verträge, 1971.

712 Vgl. *Bleckmann*, Internationale Beamtenstreitigkeiten vor nationalen Gerichten, 1981, S. 76 ff.

4. *Vollzug des Gemeinschaftsrechts durch die Gemeinschaft*

Einer solchen Auslegung des Art. 181 EG-Vertrag könnte entgegenstehen, daß sie zu einer umfassenden Zuständigkeit der EG zum Vollzug des Gemeinschaftsrechts zumindest durch Verwaltungsverträge führt, während der EG-Vertrag die EG grundsätzlich nur mit Gesetzgebungsbefugnissen betraut und die Vollzugskompetenz bei den Verwaltungen der Mitgliedstaaten beläßt. Bleibt man bei einer solchen systematischen Auslegung der Verträge stehen, ist aber offensichtlich angesichts des Inhalts des Art. 181 EG-Vertrag auch der Gegenschluß zulässig, daß die EG eben zum Vollzug der Verträge mit Hilfe des Verwaltungsvertrages berechtigt sei. Eine Vertiefung erfährt diese Argumentation nur dann, wenn man die Zuständigkeitsabgrenzung zwischen EG und Mitgliedstaaten vor dem Hintergrund der völkerrechtlichen Lehre vom domaine réservé der Staaten für den innerstaatlichen Vollzug des Völkerrechts und von der Mediatisierung der Individuen liest, die eine unmittelbare Beziehung der völkerrechtlichen Rechtssubjekte und insbesondere der internationalen Organisationen zu den Individuen ausschließt.
Wenn nun – und insoweit ist der Verweis des Gemeinschaftsrechts auf die Lehre vom domaine réservé der Staaten sicher richtig – auch die EG unzuständig ist, die Kompetenz und das Zusammenspiel der innerstaatlichen Behörden beim Vollzug des Gemeinschaftsrechts zu regeln oder die nationalen Behörden durch Verwaltungsverordnungen oder Einzelweisungen zur Auslegung des Gemeinschaftsrechts zu leiten, ist es doch bei den supranationalen Organisationen gerade fraglich, wie weit angesichts des unmittelbaren Durchgriffs des Gemeinschaftsrechts auf den Marktbürger dieser domaine réservé der Staaten heute noch reicht. Daß das Gemeinschaftsrecht weit in die nationalen Rechtsbeziehungen eingreift, zeigt gerade auch die Zuständigkeit der EG zur Regelung des nationalen Verwaltungsverfahrens beim Vollzug des Europäischen Gemeinschaftsrechts. Angesichts der Unsicherheit über die verbleibende ausschließliche Zuständigkeit der Mitgliedstaaten kann die Theorie des domaine réservé der Staaten im Völkerrecht einer so klaren Bestimmung wie Art. 181 EG-Vertrag nicht entgegengehalten werden.

III. *Zur Unterscheidung zwischen öffentlich-rechtlichen und privatrechtlichen Gemeinschaftsverträgen*

1. *Funktion der Unterscheidung*

Da das Gemeinschaftsrecht nicht wie das deutsche und französische Recht einen unterschiedlichen Rechtsweg für öffentlich-rechtliche und privatrechtliche Verträge vorsieht, könnte man auf den ersten Blick meinen, diese Unterscheidung sei für das Gemeinschaftsrecht nicht relevant. Diese Ansicht ist aber aus einem doppelten Grund verfehlt. Auf der einen Seite unterstehen nämlich die privatrechtlichen Verträge nach Art. 211 EG-Vertrag dem jeweils zuständigen innerstaatlichen Recht und den nationalen Gerichten, die Verwaltungsverträge, wie wir später sehen werden, dem Europäischen Gemeinschaftsrecht. Auf der anderen Seite stellen sich bei den öffentlich-rechtlichen Verträgen im Gegensatz zu den privatrechtlichen Verträgen eine ganze Reihe spezifisch öffentlich-rechtlicher Fragen, die wir später untersuchen werden. Die Unterscheidung zwischen öffentlich-rechtlichen Verträgen und privatrechtlichen Verträgen der EG hat also einen doppelten Sinn.

2. *Rückgriff auf die Rechtsvergleichung*

Die Unterscheidung zwischen öffentlich-rechtlichen und privatrechtlichen Verträgen des Gemeinschaftsrechts muß zunächst auf die Rechtsvergleichung zurückgreifen. Dabei kann es keine Rolle spielen, daß bestimmte Rechtsordnungen der Mitgliedstaaten wie etwa das britische Recht die Unterscheidung zwischen dem öffentlichen und dem privaten Recht scheinbar nicht kennen. Da die Unterscheidung zwischen öffentlichem und privaten Recht durch Art. 181 EG-Vertrag gefordert wird, muß für die nähere Inhaltsbestimmung vielmehr auf die Rechtsordnungen zurückgegriffen werden, welche diese Unterscheidung kennen. Wenn nun die einzelnen Mitgliedstaaten diese Begriffe auch im Detail höchst unterschiedlich definieren, können als große Leitlinien die Interessen-, die Subjektions- und die Subjekttheorie im deutschen Recht herangezogen werden. Da es hier nicht auf die abstrakte Unterscheidung zwischen dem öffentlichen und dem privaten Recht, sondern auf die konkrete Unterscheidung zwischen öffentlich-rechtlichen und privatrechtlichen Verträgen ankommt, müssen die französischen und deutschen Definitionen des Verwaltungsvertrages herangezogen werden, weil nur diese Rechtsordnungen diese Unterscheidung kennen. Dabei stellt die französische Rechtsordnung für den Begriff des Verwaltungsvertrages darauf ab, ob eine enge Verbindung zu einem service public (Kooperationsvertrag) vorliegt oder ob der Vertrag eine »clause exorbitante«, d.h. eine von Privatrechtsverträgen abweichende Vertragsbestimmung enthält. Die deutsche Definition verlangt dagegen, daß der Vertrag auf dem Gebiet des öffentlichen Rechts geschlossen worden ist.
Die französische Definition geht dabei – je nachdem, ob der Vertrag clauses exorbitantes enthält oder nicht – von einer gewissen Wahlfreiheit der Verwaltung zwischen dem öffentlich-rechtlichen und dem privatrechtlichen Vertrag aus. Diese Wahlfreiheit ist auch dem deutschen Recht etwa im Bereich des Subventionsrechts nicht fremd.[713] Eine solche Wahlfreiheit besteht dagegen

713 Vgl. *Bleckmann*, Subventionsrecht, 1978, S. 85 ff.

nach deutschem Recht nicht, wenn abweichend von der Lage im Subventionsrecht die zu regelnde Materie allein in das öffentliche Recht fällt. Daß dem französischen Recht diese letzte Regel fremd ist, beruht auf der Tatsache, daß in der französischen Gerichtspraxis Verträge in Materien, die allein durch das öffentliche Recht geregelt sind, unbekannt geblieben sind. Dabei bleibt mangels Rechtsprechung und Literatur unklar, ob solche Verträge im französischen Recht zulässig sind. Gehen wir von dem anfangs entwickelten breiten Bereich der denkbaren Vertragsfälle im Gemeinschaftsrecht aus, müssen wir also für die Definition der Verwaltungsverträge im Gemeinschaftsrecht die deutschen Regeln zugrunde legen.

Wenn nun zahlreiche Privatrechtslehrer auch das Gemeinschaftsrecht als in ihre Zuständigkeit fallende Materie behandeln, meine ich, daß in Anwendung aller drei Theorien der Abgrenzung des öffentlichen vom privaten Recht der EG-Vertrag eindeutig dem öffentlichen Recht zuzuordnen ist, weil er öffentliche Interessen mit hoheitlichen Mitteln verfolgt, so daß auch die typischen rechtsstaatlichen Kautelen eingreifen. Damit kommen wir zu dem Ergebnis, daß alle Verträge, welche die Materien der Gemeinschaftsverträge regeln, Verwaltungsverträge und damit Verträge des öffentlichen Rechts sind.

IV. *Unterliegen die Verwaltungsverträge der EG dem nationalen oder dem europäischen öffentlichen Recht?*

Wenn Art. 211 EG-Vertrag sich auf die öffentlich-rechtliche Rechts- und Geschäftsfähigkeit der juristischen Personen des öffentlichen Rechts bezöge, wären die Verwaltungsverträge der EG wie ihre privatrechtlichen Verträge dem jeweiligen nationalen öffentlichen Recht unterworfen. Gegen diese Konsequenzen läßt sich eine ganze Reihe von Argumenten anführen:

1. *Verwaltungsvertrag im nationalen Recht*

Zunächst ist zu berücksichtigen, daß von den Mitgliedstaaten nur das deutsche und das romanische Recht Verwaltungsverträge kennen. Nur wenn das deutsche oder das französische Recht anzuwenden wären, könnte die EG also Verwaltungsverträge abschließen. Dabei wäre auch die Schwierigkeit zu berücksichtigen, daß es mangels hinreichender Entwicklung des internationalen Verwaltungsrechts sichere Kriterien für die Anknüpfung eines Vertrages an eine bestimmte Verwaltungsrechtsordnung nicht gibt, die Probleme also unlösbar würden.

Auf der anderen Seite geht Art. 181 EG-Vertrag eindeutig von der generellen Zulässigkeit von Verwaltungsverträgen der EG in bezug auf alle Mitgliedstaaten aus. Wenn man nicht annimmt, daß diese Bestimmung etwa das britische

Recht um Verwaltungsverträge der EG erweitert – und welche Regeln wären dann auf solche britischen Verwaltungsverträge anzuwenden? –, muß man darauf schließen, daß die Verwaltungsverträge der EG durch das öffentliche Recht der EG selbst geregelt werden.

2. *Einheitlichkeit der Vertragsauslegung*

In zweiter Linie muß darauf verwiesen werden, daß – wenn die EG Verwaltungsverträge mit Individuen aus einzelnen Mitgliedstaaten abschließt – die Auslegung und die auf einen solchen Vertrag anwendbaren Regeln einheitlich sein müssen; das fordert der vom EuGH sehr häufig zitierte Grundsatz der einheitlichen Auslegung und Anwendung des Europäischen Gemeinschaftsrechts. Angesichts des starken Unterschiedes zwischen dem französischen und dem deutschen Verwaltungsrecht im Bereich der Verwaltungsverträge[714] würde die Anwendung des nationalen Rechts zur Aufhebung der Vertragseinheit führen.

3. *Art. 181 EG-Vertrag*

Nach Art. 181 EG-Vertrag kann der EuGH für die Auslegung und Anwendung dieser Verträge durch eine »Schiedsklausel« für zuständig erklärt werden. Nach seiner ständigen Rechtsprechung ist der EuGH aber zur Anwendung des nationalen öffentlichen Rechts nicht berechtigt.

4. *Internationale Zuständigkeit der Staaten*

Generell bestehen angesichts der Zuständigkeitsverteilung zwischen dem Völkerrecht und dem nationalen Recht Bedenken hinsichtlich der internationalen Zuständigkeit der Mitgliedstaaten für die Regelung öffentlich-rechtlicher Probleme der internationalen und supranationalen Organisationen. In der Tat gibt es »rein völkerrechtliche« Materien, die wie etwa das Satzungsrecht der internationalen Organisationen durch die nationalen Gesetze und durch die nationale Rechtsprechung nicht geregelt werden können.

5. *Immunität der EG*

Darüber hinaus ist zu beachten, daß die EG zumindest hinsichtlich ihrer öffentlich-rechtlichen Tätigkeit (acta iure imperii) Immunität von der staatlichen Gesetzgebung und Gerichtsbarkeit genießt.

714 Vgl. *Beinhardt*, Der öffentlich-rechtliche Vertrag im deutschen und französischen Recht, VerwArch. 55 (1964), 151 ff.

6. *Eignung des nationalen Verwaltungsrechts für EG-Verträge*

Ferner ist generell festzustellen, daß das nationale Verwaltungsrecht für die Verwaltungsverträge der EG einfach nicht paßt. Nach der Natur der Sache müssen Verwaltungsverträge der EG vom europäischen Recht geregelt werden:

a) So muß sich die Zulässigkeit von Verwaltungsverträgen der EG, wie wir das schon gezeigt haben, nach europäischem Recht richten. Das gilt insbesondere auch für die Frage, ob die EG statt der Hoheitsakte des Art. 189 EG-Vertrag Verwaltungsverträge schließen kann.

b) Allgemein muß sich die Konkretisierung des Gemeinschaftsrechts und seine Durchführung nach Gemeinschaftsrecht richten. Das nationale Recht kann solche Regeln a priori nicht enthalten.

c) Die EG ist nach der Rechtsprechung des EuGH nicht an nationale Grundrechte, sondern nur an europäische Grundrechte gebunden. Die nationalen Verwaltungsverfahrensgesetze, welche den Verwaltungsvertrag regeln, sind aber Ausfluß des jeweiligen nationalen Rechtsstaatsprinzips. Eine Bindung der Verwaltungsverträge der EG an diese Verwaltungsverfahrensgesetze würde den Grundsatz aufgeben, daß die EG an die nationalen Rechtsstaatsprinzipien nicht gebunden ist.

d) Die Frage, inwieweit die EG an das Gemeinschaftsrecht gebunden ist und inwieweit sie hierüber bei Verwaltungsverträgen verfügen kann, d.h. die Frage nach der Nichtigkeit der Verwaltungsverträge, kann offensichtlich nur durch das Gemeinschaftsrecht und nicht durch das nationale Recht gelöst werden.

e) Die Verwaltungsverträge des Gemeinschaftsrechts passen ferner nicht in das nationale Rechtsschutzsystem, das nur auf nationales Handeln, nur auf nationale Verwaltungsverträge und Verwaltungsakte ausgerichtet ist.

V. *Die Kompetenz der EG zum Abschluß von Verwaltungsverträgen*

1. *Zuständigkeit für Verwaltungsverträge*

Ebenso wie der Bund in einem Bundesstaat kann auch die EG Verträge nur schließen, auch eine rein finanzielle, politische oder faktische Tätigkeit nur entfalten, wenn und soweit sie hierfür zuständig ist. Die Begrenzung der

Tätigkeit der EG auf ihre Befugnisse und Aufgaben beschränkt sich also nicht auf rein rechtliche Akte. Bei Verwaltungsverträgen muß sich dabei wie bei Völkerrechtsverträgen die Zuständigkeit der EG nicht nur auf die Leistung der Verwaltung, sondern auch auf die Leistungen des jeweiligen Vertragspartners erstrecken (Stipulationskompetenz).

2. *Auslegung des Kompetenzbegriffs in der Lehre*

In der Lehre werden häufig die Einzelvorschriften des EG-Vertrages in vollem Umfang als Teile einer umfassenden Kompetenzbestimmung aufgefaßt. Die Bestimmungen über die Niederlassungsfreiheit begründen so die Kompetenz, in einem bestimmten Verfahren durch Verordnungen die rechtlichen Hindernisse für die Niederlassungsfreiheit abzubauen. Für rein finanzielle, faktische oder politische Akte der EG, welche die Barrieren abbauen oder umgekehrt die Niederlassungsfreiheit positiv fördern, bleibt ebensowenig Raum wie für Verwaltungsverträge mit demselben Zweck. Angesichts der Tatsache, daß Art. 181 EG-Vertrag die Zulässigkeit von Verwaltungsverträgen voraussetzt, muß hierfür generell auch eine Kompetenz der EG bestehen. Umgekehrt kann die Kompetenz zum Abschluß von Verwaltungsverträgen nicht uferlos sein; sie muß irgendwie durch die Kompetenzbestimmungen begrenzt werden. Hierfür sind mehrere Wege gangbar:

a) Denkbar wäre zunächst, auf den Aufgabenkatalog des Art. 2 oder auf die Kompetenzaufzählung in Art. 3 EG-Vertrag zurückzugreifen: Diese Vorschriften begründen Aufgaben und damit Kompetenzen der EG.
Diese generellen Kompetenzbestimmungen greifen immer dann ein, wenn der Vertrag nichts anderes bestimmt. Nun heißt es zwar in Art. 4 EG-Vertrag, daß die Organe der EG die (in Art. 2 und 3 EG-Vertrag) festgelegten Aufgaben nach Maßgabe des Vertrages ausüben. Das bedeutet, daß man für die genaue Umreißung der Kompetenzen der EG grundsätzlich auf die Einzelbestimmungen über die Freiheiten und Politiken der EG zurückgreifen muß. Wie wir gesehen haben, bezieht sich der in Art. 4 EG-Vertrag verankerte Grundsatz der begrenzten Einzelermächtigung aber nur auf die in Art. 189 EG-Vertrag aufgezählten bindenden Hoheitsakte, nicht auf die rein finanzielle, politische oder faktische Tätigkeit oder auf privatrechtliche und öffentlich-rechtliche Verträge. Für diese Bereiche griffe Art. 4 EG-Vertrag nicht ein; es bliebe also für diese Materien bei der Kompetenzaufzählung in Art. 2 und 3 des EG-Vertrages.

b) Diese erste Methode der Zuständigkeitsbestimmung für rein faktische, politische, finanzielle Akte und für Verträge hat den offensichtlichen Nachteil, daß die Zuständigkeitsbestimmungen der Art. 2 und 3 EG-Vertrag zu

weit sind. Das mag dem Willen der Vertragsschöpfer, die Zuständigkeit der EG generell enger zu ziehen als bei internationalen Organisationen, widersprechen. Um diesem Willen gerecht zu werden, bietet sich eine zweite Methode der Zuständigkeitsumreißung für solche Nichtrechtsakte an:
Wie wir gesehen haben, versteht die Lehre alle Einzelbestimmungen des EG-Vertrages als Umgrenzung nur der Zuständigkeit. Daß die EG Verordnungen erlassen kann, um die nationalen rechtlichen Barrieren der Niederlassungsfreiheit abzubauen, stellt also eine umfassende Kompetenzbestimmung dar. In dieser Sicht bestehen alle Einzelbestimmungen des EG-Vertrages nur in einer Umgrenzung der Kompetenz der EG. Eine solche Sicht verstößt aber gegen Art. 173 EG-Vertrag, der zwischen Kompetenz, dem Verfahren und dem materiellen Recht unterscheidet. Das bedeutet aber, daß man alle Einzelbestimmungen des EG-Vertrages in einen materiellen und verfahrensrechtlichen Teil zerlegen muß. So könnten die Vorschriften über das Niederlassungsrecht eine umfassende Zuständigkeit für die Regelung der Niederlassung oder für die Regelung der Niederlassung im zwischengemeinschaftlichen Verkehr begründen; alle übrigen Bestandteile dieser Vorschriften fielen unter den materiellrechtlichen oder verfahrensrechtlichen Teil dieser Bestimmungen. So gewänne man je nach der Materie umfassendere Kompetenzen für die rein finanzielle, faktische, politische Tätigkeit der EG und für privatrechtliche und öffentlich-rechtliche Verträge.

VI. *Sonderprobleme einzelner Vertragsarten*

Einzelne Verwaltungsverträge der EG werfen Sonderprobleme auf:

1. *Erstmalige Regelung einer Materie durch Verwaltungsverträge*

Das gilt zunächst für Verwaltungsverträge, die ohne vorhergehende Einschaltung des in den Verträgen vorgesehenen generellen Hoheitsaktes bestimmte Materien erstmalig regeln. Dabei kann es sich um Verträge mit einzelnen Individuen, Verbänden oder Behörden oder um »Normverträge« mit allen Beteiligten handeln, die in vollem Umfang an die Stelle der im Vertrag vorgesehenen generellen Hoheitsakte treten sollen.

a) Wie die Bestimmungen des EG-Vertrages, welche Einzelentscheidungen der Organe der EG vorsehen, zeigen, gibt es im EG-Recht den Gesetzesvorbehalt in der Form, daß einem Einzelakt stets eine generelle Norm vorgehen muß, nicht. Unter diesem Gesichtspunkt kann der Abschluß von Einzel- oder Normverträgen ohne vorherige Einschaltung eines generellen Aktes also Probleme nicht aufwerfen.

b) Dagegen ist es fraglich, ob der EG-Vertrag es den Organen der EG gestattet, *anstelle* der im Vertrag vorgesehenen generellen oder individuellen Akte einen Einzel- oder Normvertrag abzuschließen.

aa) Dagegen bestehen zunächst insoweit Bedenken, als die Einzel- oder Normverträge möglicherweise nicht an die Verfahrensvorschriften gebunden sind, die für den Erlaß der generellen oder individuellen Hoheitsakte im Vertrag vorgesehen sind. Diese Verfahrensvorschriften – Einschaltung der Kommission, des Parlaments usw. – haben nicht nur den Sinn, den Betroffenen angesichts des hoheitlichen Charakters der Akte eine besondere Form des Rechtsschutzes zu gewähren. Sie verfolgen vielmehr in erster Linie das Ziel, bei bestimmten Materien eine Mitwirkung der Kommission und des Parlaments zu erwirken, um einen »richtigen« Inhalt des Aktes zu sichern. Dieser Zweck greift nicht nur bei Hoheitsakten, sondern auch bei Verwaltungsverträgen ein. Es stellte also eine Umgehung der Verfahrensvorschriften dar, wenn Verwaltungsverträge ohne Einhaltung dieses Verfahrens abgeschlossen werden könnten. Das bedeutet aber, daß entweder solche Verwaltungsverträge unzulässig sind oder daß auch beim Abschluß solcher Verträge die Verfahrensvorschriften eingehalten werden müssen.

bb) Ein zweites Bedenken besteht in der Tatsache, daß die rechtsstaatlichen gerichtlichen Rechtsschutzmittel des EG-Vertrages auf die Anfechtung hoheitlicher Akte beschränkt sind; für Verwaltungsverträge besteht die Möglichkeit einer Anfechtung durch die Mitgliedstaaten, durch andere Organe der EG, durch die Vertragspartner und Dritte nicht. Solche Verwaltungsverträge können aber ebenso stark in Rechte all dieser Rechtssubjekte eingreifen wie Hoheitsakte. Bestünde bei anstelle von Hoheitsakten abgeschlossenen Verwaltungsverträgen ein hinreichender gerichtlicher Rechtsschutz nicht, könnte das Rechtsstaatsprinzip den Abschluß solcher Verträge verbieten.

Auch hier scheint mir aber der richtigere Weg zu sein, die Rechtsschutzmöglichkeiten gegen Verwaltungsverträge weiterzuentwickeln. Ebenso wie bei der deutschen Zweistufenlehre und nach französischem Verwaltungsrecht könnte man in der Tat jedem Verwaltungsvertrag einen Verwaltungsakt vorschalten, so daß eine Anfechtungsklage möglich erscheint. Allerdings ist dabei zu beachten, daß der EG-Vertrag solche Einzelentscheidungen ausdrücklich nur in sehr beschränktem Umfang zuläßt. Beschränkte man die gedankliche Vorschaltung eines Verwaltungsaktes auf die Fälle, in denen der EG-Vertrag eine Entscheidung zuläßt, wäre der Rechtsschutz Dritter nicht hinreichend gesichert. Dem kann man dadurch ausweichen, daß man annimmt, Art. 181 EG-Vertrag gestatte generell den Abschluß von Verwaltungsverträgen; dann verlangt das Rechtsstaatsprinzip im Interesse der Anfechtungsmöglichkeit die gedankliche Vorschaltung eines Verwaltungsaktes, der keine eigene Regelungssubstanz enthält.

cc) Die entscheidende Frage ist aber, ob der EG-Vertrag den Austausch von

Hoheitsakten mit Verwaltungsverträgen gestattet. Hier liefert die Rechtsvergleichung allein keine hinreichenden Ergebnisse. Während im deutschen Recht ein solcher Austausch den Kernbereich der Verwaltungsverträge ausmacht, kennt die französische Verwaltungspraxis solche Fälle offensichtlich nicht; es ist unklar, ob dort ein solcher Austausch zulässig ist. Auch die Frage, ob der EG-Vertrag für bestimmte Materien ausschließlich Hoheitsakte vorgesehen hat, führt angesichts des Fehlens hinreichender Auslegungsregeln nicht viel weiter. Dasselbe gilt für die Meinung, es sei gerade die Eigenart supranationaler Organisationen, die einschlägigen Rechtsverhältnisse durch Hoheitsakte zu regeln.
Entscheidend muß vielmehr sein, ob bei einem Austausch der Formen die Ziele des Vertrages erreicht werden können und rechtsstaatlich-demokratische Kautelen der Verträge nicht vernachlässigt werden. Daß die rechtsstaatlich-demokratischen Kautelen des EG-Vertrages durch einen solche Austausch nicht umgangen werden, haben wir oben im einzelnen gezeigt. Umgekehrt werden die Ziele des EG-Vertrages vielleicht besser erreicht, wenn die EG sich der jeweiligen Mitarbeit der betroffenen Individuen und Verbände vergewissert; der demokratisch-rechtsstaatlichen Komponente des EG-Vertrages wird besser gerecht, daß der Hoheitsverband von seinem Podest herabsteigt und den Individuen und Verbänden im Rahmen eines Vertragsschlusses breitere Mitwirkungsbefugnisse einräumt.

2. *Sekundärverträge*

Die rechtsstaatlich-demokratischen Nachteile der obigen »Initiativverträge« werden bei den »Sekundärverträgen« stärker vermieden. Dabei wird den Verträgen der EG der in den jeweiligen Vertragsbestimmungen vorgesehene Hoheitsakt vorgeschaltet. Die Sekundärverträge ergehen also zur Durchführung und Sicherung von Verordnungen, Richtlinien und Entscheidungen. Dabei sind zwei Gestaltungen denkbar. Einmal kann die Verordnung, Richtlinie oder Entscheidung ausdrücklich solche Durchführungsverträge vorsehen. Denkbar ist aber auch, daß die vorgeschalteten Hoheitsakte solche Durchführungsverträge nicht ausdrücklich vorsehen, diese Verträge also auf eigene Initiative des zuständigen Organs abgeschlossen werden.

a) Soweit sich solche Verträge im Rahmen derjenigen Hoheitsakte halten, die sie durchführen, weil ihr Inhalt bei der Verabschiedung des Hoheitsaktes von der Kommission und vom Parlament gebilligt wurde, besteht ein Bedürfnis nach einer erneuten Einschaltung des Europäischen Parlaments und der Kommission nicht. Verfahrensvorschriften werden nur dann verletzt, wenn der Durchführungsvertrag in einzelnen Punkten von dem durchgeführten Hoheitsakt abweicht. Dann ist wohl erneut eine Einschaltung der ursprünglich beteiligten Organe erforderlich, wenn der Verwaltungsvertrag nicht schon wegen des Abweichens vom Grundakt rechtswidrig ist.

b) Rechtsschutz gegen solche Durchführungsakte ist nur dann erforderlich, wenn der Durchführungsakt von dem Grundakt abweicht oder wenn der Verwaltungsvertrag trotz Aufhebung des Grundaktes bestehen bleibt. Wegen des auf die Durchführung gerichteten Zwecks des Durchführungsvertrages ist aber anzunehmen, daß der Vertrag mit der Aufhebung des Grundaktes wegfällt.

c) Auf die Durchführung von Richtlinien gerichtete Verwaltungsverträge dürften dagegen generell unzulässig sein, weil im Gegensatz zur generellen Problematik Art. 189 EG-Vertrag die Transformation und Durchführung von Richtlinien eindeutig und ausdrücklich den Mitgliedstaaten vorbehält.

3. *Vergleichsverträge*

Wenn auch gegen das Gemeinschaftsrecht verstoßende Initial- und Durchführungsverträge in der Regel nichtig sind, dürfte das bei den außerprozessualen und prozessualen Vergleichsverträgen nicht der Fall sein. Der EG und dem Vertragspartner muß es in der Regel möglich sein, bei unterschiedlichen Rechtsauffassungen den Inhalt des Gemeinschaftsrecht in einem Vergleich zu bestimmen, wenn es sich dabei nur um eine noch vertretbare Auslegung des Gemeinschaftsrechts handelt.

4. *Verpflichtung des Gesetzgebers*

Sehr fraglich ist schließlich die Beurteilung von Verträgen, in denen die Verwaltung sich auf den Erlaß oder den Nichterlaß von Hoheitsakten, insbesondere von Gesetzen verpflichtet. Wenn angesichts der Zulässigkeit und Verbindlichkeit der Zusage von einseitigen Hoheitsakten im Gemeinschaftsrecht die vertragliche Verpflichtung zum Erlaß oder Nichterlaß einer Entscheidung zulässig und verbindlich sein dürfte, bestehen bei den auf die Gesetzgebung gerichteten Verpflichtungen doch erhebliche Bedenken. In der Tat muß der Gesetzgeber bei Erlaß eines Gesetzes vor allem die Allgemeininteressen der EG und der Mitgliedstaaten im Auge haben. Von dieser Verpflichtung würde der Gesetzgeber abgelenkt, wenn er durch einen Verwaltungsvertrag gebunden wäre, in dem Individualinteressen im Vordergrund stehen. Eine solche vertragliche Verpflichtung des Gesetzgebers könnte also zu einem Ermessensmißbrauch bei Verabschiedung des Gesetzes führen.
Allerdings könnten Normverträge, an denen die Gesamtheit der betroffenen Individuen und Verbände beteiligt sind, solche Gesetzgebungspflichten ent-

halten, wenn die Verwaltung beim Abschluß solcher Verträge die Allgemeininteressen der EG und der Mitgliedstaaten hinreichend beachtet hat.
Die Bindung der Hoheitsakte an eine entsprechende Vertragspflicht wird aber insoweit in Frage gestellt, als der EuGH die Rechtmäßigkeit der später ergehenden Hoheitsakte nur anhand bestimmter Normen des Europäischen Gemeinschaftsrechts überprüfen kann. Wenn man nun auch der Auffassung folgen könnte, daß ein genereller »Normvertrag« eine solche Norm des Gemeinschaftsrechts enthält, gilt dies für individuelle Verträge sicherlich nicht. Der Verstoß eines Hoheitsaktes gegen einen Vertrag führt also wie im deutschen und französischen[715] Verwaltungsrecht nicht zur Rechtswidrigkeit des Hoheitsaktes. Es bleibt nur ein Anspruch auf Schadensersatz, der allerdings mangels Verletzung einer Norm wiederum nicht aus Art. 215 EG-Vertrag, sondern höchstens aus noch zu entwickelnden Regeln des europäischen Vertragsrechts fließen könnte.

VII. *Europarechtliche Regeln über den Verwaltungsvertrag*

Es kann nicht die Aufgabe dieser Arbeit sein, die auf Verwaltungsverträge der EG anwendbaren Regeln des Gemeinschaftsrechts geschlossen zu entwickeln. Ganz abgesehen davon, daß ein allgemeiner Überblick über diese Problematik a priori vor der Entwicklung einer entsprechenden Praxis gar nicht möglich erscheint, bleibt die heutige Rechtsprechung des EuGH zu lückenhaft, um diese Probleme allgemein zu lösen. Im folgenden soll deshalb nur versucht werden, die Regeln für Austauschverträge und für die Nichtigkeit von Verwaltungsverträgen zu entwickeln.

1. *Ermessensmißbrauch*

Für in der Regel im Rahmen eines breiten Ermessensspielraums geschlossene Verwaltungsverträge der EG greifen die vom EuGH entwickelten Regeln über den Ermessensmißbrauch[716] ein. Das bedeutet, daß die Leistung und Gegenleistung der Vertragspartner nicht nur unter den Kompetenzbereich der EG fallen müssen, sondern daß ein echter Zusammenhang zwischen Leistung und Gegenleistung bestehen muß. Denn die Verwaltung muß ihre Entscheidung über ihre Leistung ermessensfehlerfrei treffen. Dazu gehört, daß sie die Ziele des EG-Vertrages anstrebt (détournement de pouvoir) und zum anderen ihre Entscheidung auf sachliche Erwägungen stützt (Willkürfreiheit). Unsachlich ist eine Entscheidung über die Leistung der Verwaltung aber auch dann, wenn

715 Vgl. *de Laubadère*, Traité de droit administratif, Nr. 925, S. 550.
716 Vgl. *Bleckmann*, Ermessensfehlerlehre, 1997, S. 59 ff.

sie die Leistung von Gegenleistungen abhängig macht, die in keinem sachlichen Zusammenhang zur Leistung steht.

2. *Nichtigkeit*

Für die Nichtigkeit der Verwaltungsverträge müssen folgende Regeln beachtet werden:

a) Mit dem deutschen und französischen Verwaltungsrecht dürfte ein Verwaltungsvertrag der EG zunächst dann nichtig sein, wenn ein entsprechender Hoheitsakt der EG nichtig wäre. Nach der Rechtsprechung des EuGH ist eine solche Nichtigkeit in Anlehnung an das nationale Verwaltungsrecht dann anzunehmen, wenn der Akt mit besonders schweren Fehlern behaftet ist.[717]

b) Ein Verwaltungsvertrag ist ferner dann nichtig, wenn die Verwaltung bei dem Abschluß des Vertrages einen Ermessensfehler begangen hat. Das ist insbesondere dann der Fall, wenn sie die Leistung von einer Gegenleistung abhängig gemacht hat, die mit der Leistung in keinem inneren sachlichen Zusammenhang steht.

c) Bei einer einfachen Rechtswidrigkeit eines entsprechenden Hoheitsaktes ist zu unterscheiden:
aa) Eine solche Rechtswidrigkeit ist zunächst abzulehnen, wenn die Verwaltung mit dem Partner in Fällen, die einer solchen Regelung bedürfen, einen Vergleich über die Rechtslage geschlossen hat, wenn die fixierte Rechtsauffassung nur noch einigermaßen vertretbar erscheint.
bb) Auch im übrigen muß der Verwaltung in einem bestimmten Rahmen die Möglichkeit zur Präzisierung und Konkretisierung der Rechtslage, zu einer Anpassung des Gemeinschaftsrechts an die konkreten Verhältnisse des Einzelfalls durch einen Vertrag besitzen.
cc) Im übrigen wird man mit dem deutschen und französischen Verwaltungsrecht davon ausgehen müssen, daß ein Vertrag nichtig ist, wenn ein entsprechender Hoheitsakt rechtswidrig wäre.
Dabei ist allerdings zu berücksichtigen, daß das im Gemeinschaftsrecht allgemein anerkannte Vertrauensschutzprinzip die Nichtigkeit auch eines Verwaltungsvertrages ausschließt, wenn der Vertragspartner auf die Rechtmäßigkeit des Vertrages vertrauen durfte. Dabei ist zu berücksichtigen, daß nach der Rechtsprechung des EuGH wegen des Vertrauensschutzprinzips auch ein rechtswidriger begünstigender Verwaltungsakt nicht ohne weiteres wieder zurückgenommen werden kann; dieser Grundsatz muß beim Verwaltungsvertrag dazu führen, den Vertrag als gültig anzusehen.

717 Vgl. *Bleckmann*, Europarecht, 6. Aufl., 1997, Rdnr. 847.

dd) Allerdings könnte im einzelnen fraglich erscheinen, wann die Verwaltungsverträge im obigen Sinne rechtswidrig sind. Das ist sicherlich der Fall, wenn der Verwaltungsvertrag nur gegen das Sekundärrecht verstößt. Es könnte nämlich sein, daß wie nachfolgende Hoheitsakte auch der Verwaltungsvertrag das Sekundärrecht ändern könnte. Insoweit enthält der EG-Vertrag offensichtlich eine Lücke. Es ist nämlich schon nicht sicher, ob ein individueller Hoheitsakt der EG an einen vorangehenden generellen Hoheitsakt der EG gebunden ist. Für die Lösung dieses Problems wird man auf das nationale Verfassungsprinzip des Vorrangs auch des formellen Gesetzes zurückgreifen müssen: Die Verwaltung ist beim Erlaß von Verwaltungsakten auch an ihre eigenen Verordnungen gebunden. Dieses Prinzip sichert nämlich nicht nur den Vorrang des Parlaments, sondern auch die Einhaltung des Gleichheitssatzes; auch das Prinzip der Selbstbindung der Verwaltung durch generelle Akte gilt im Gemeinschaftsrecht wie im nationalen Recht. Dann muß dieser Grundsatz aber auch bei individuellen Verwaltungsverträgen eingreifen; für »Normverträge« gilt dagegen möglicherweise dieser Grundsatz nicht.

3. *Aufhebungsrecht der Verwaltung*

In Übereinstimmung mit dem deutschen und französischen Verwaltungsrecht wird man, wenn die öffentlichen Interessen der EG dies zwingend erfordern, ein Aufhebungsrecht der Verwaltung annehmen müssen, das nach französischem Verwaltungsrecht unter Umständen durch eine Entschädigung ausgeglichen werden muß.

VIII. *Die Organzuständigkeit*

Generell wird man in analoger Anwendung des Art. 211 S. 2 EG-Vertrag davon ausgehen müssen, daß auch die Verwaltungsverträge der EG von der Kommission im Namen der EG abgeschlossen werden. Diese Vorschrift regelt aber nicht die dem Vertragsschluß vorangehende innergemeinschaftliche Willensbildung. Insoweit wird man unterscheiden müssen: Die Regel des Gemeinschaftrechts geht, wie zahlreiche Einzelbestimmungen zeigen, davon aus, daß die »Initiativkompetenz« beim Ministerrat, die »Durchführungskompetenz« bei der Kommission liegt. Soweit also die Verwaltungsverträge an die Stelle der Hoheitsrechte der EG treten sollen, ist innergemeinschaftlich zunächst der Ministerrat zuständig, der die Kommission mit dem Abschluß des Vertrages beauftragen muß. Soweit es sich dagegen um Durchführungsverträge handelt, liegt die innergemeinschaftliche Kompetenz ausschließlich bei der Kommission.

Vierter Teil
Sonstige Handlungsmittel der Verwaltung

§ 18 Das schlichte Verwaltungshandeln[718]

Das Verwaltungsverfahrensgesetz enthält Regeln über das schlichte Verwaltungshandeln, insbesondere über die rein faktische Tätigkeit der Verwaltung nicht.[719] Trotzdem kann nicht davon ausgegangen werden, daß die Verwaltung in diesem Bereich völlig frei ist, wenn die Gesetze insofern keine Regeln aufstellen. Grundsätzlich wird man zunächst davon ausgehen müssen, daß aus rechtsstaatlichen Gründen auch in diesem Bereich die Vorschriften über den Schadensersatz greifen.[720] Auf der anderen Seite haben wir gesehen, daß, wenn die Verwaltung durch ihr rein faktisches Verhalten in subjektive Rechte und insbesondere in Grundrechte der Individuen eingreift, dem faktischen Verwaltungshandeln aus Gründen des Rechtsschutzes ein fiktiver Verwaltungsakt auf Duldung vorauszuschicken ist. Wenn diese Konstruktion vielleicht angesichts der Tatsache, daß die Verwaltungsgerichtsordnung auch eine allgemeine Leistungsklage zur Verfügung stellt, nicht erforderlich erscheinen mag, um die Klagemöglichkeit zu eröffnen, muß aus rechtsstaatlichen Gründen auf diese Konstruktion abgestellt werden, um die anderen Vorschriften des Verwaltungsverfahrensgesetzes, die an den Verwaltungsakt anknüpfen, anwendbar zu machen. In der Tat ist in der historischen Entwicklung aus diesen rechtstaatlichen Gründen dem faktischen Eingriff in subjektive Rechte der Verwaltungsakt vorgeschaltet worden. Darüber hinaus ist wohl anzunehmen, daß die Ermessensfehlerlehre auf das faktische Handeln der Verwaltung auch dann anzuwenden ist, wenn subjektive Individualrechte nicht betroffen werden. Das objektive Rechtsstaatsprinzip verlangt, daß die Verwaltung auch in diesem Bereich die öffentlichen Interessen sachlich miteinander abwägt.

718 *Schulte*, Schlichtes Verwaltungshandeln, 1995.
719 *Achterberg*, § 21 III, Rdnr. 298.
720 *Maurer*, § 15, Rdnr. 6.

§ 19 Gedanken zu den koordinationsrechtlichen Verwaltungsverträgen

I. Während § 54 S. 2 VwVfG sich nur auf subordinationsrechtliche Verträge bezieht, gestattet § 54 S. 1 VwVfG der Verwaltung auch den Abschluß koordinationsrechtlicher Verträge. Solche Abkommen sind nicht nur zwischen juristischen Personen des öffentlichen Rechts, sondern auch zwischen einer juristischen Person des öffentlichen Rechts und einer Privatperson möglich.[721] Das ist der Fall, wenn der Vertrag auf dem Gebiet des öffentlichen Rechts geschlossen wird, das betreffende Gesetz aber den Erlaß von Verwaltungsakten nicht vorsieht. Denn nach deutschem Recht greift auch für die Verwendung eines belastenden Verwaltungsakts der Gesetzesvorbehalt und kann aus den öffentlichen Aufgaben allein auf entsprechende Befugnisse nicht geschlossen werden. Darüber hinaus läßt sich die Frage stellen, ob man über § 54 S. 2 VwVfG hinaus einen öffentlich-rechtlichen Vertrag nicht auch dann annehmen muß, wenn es sich zwar nicht um eine Materie des öffentlichen Rechts handelt, der Vertrag aber wie etwa bei der Privatisierung die Erfüllung öffentlicher Aufgaben durch Private zum Ziele hat.

II. Der koordinationsrechtliche Verwaltungsvertrag wird durch das Verwaltungsverfahrensgesetz nur ganz punktuell geregelt. Die §§ 55, 56, 59 und 61 VwVfG beziehen sich nach ihrem Wortlaut nur auf subordinationsrechtliche Verträge.[722] Auf den koordinationsrechtlichen Vertrag sind nach dem Wortlaut des Gesetzes nur die §§ 57, 58 und 60 VwVfG anwendbar. Trotzdem kann nicht ohne weiteres mit dem Wortlaut des § 62 S. 2 VwVfG davon ausgegangen werden, daß alle übrigen Rechtsprobleme durch Rückgriff auf die Regeln des bürgerlichen Rechts zu lösen sind.
Dem stehen vor allem zwei Erwägungen entgegen. Auch koordinationsrechtliche Verträge werden auf der einen Seite in Materien des öffentlichen Rechts abgeschlossen. Definitionsgemäß wird der Inhalt solcher Verträge deshalb in erheblich größerem Umfang als der privatrechtlicher Verträge durch zwingende Normen des öffentlichen Rechts bestimmt. Wie die §§ 55 und 59 II VwVfG deutlich zeigen, können auch in solchen Fällen nicht ohne weiteres die Nichtigkeitsregeln des BGB Anwendung finden. Ich meine deshalb, daß man die §§ 55 und 59 II VwVfG in vorsichtiger Anpassung an die

721 A.A. *Erichsen*, in: Erichsen, § 23, Rdnr. 2 a.E. m. Nachw.; vgl. ausführlich *Henneke*, in: Knack, VwVfG, § 54, Anm. 4.
722 *Maurer*, § 14, Rdnr. 13.

Koordinationsbeziehungen analog anwenden muß. Auch § 56 VwVfG wird dann bei ungleicher Bargaining-Power zwischen den Vertragspartnern analog anwendbar.

Auf der anderen Seite ist – wie auch bei den subordinationsrechtlichen Verträgen – zu beachten, daß es sich beim koordinationsrechtlichen Verwaltungsvertrag um die Erfüllung öffentlicher Aufgaben, um die Durchsetzung öffentlicher Interessen handelt. Das bedeutet auf der einen Seite, daß ein Vertrag, der aus der Zuständigkeit der Vertragspartner herausfällt, wie ein entsprechender privatrechtlicher Vertrag nichtig ist. Auf der anderen Seite müssen die Vorschriften des BGB wie nach französischem Verwaltungsrecht an die Notwendigkeit einer effektiven Durchsetzung der öffentlichen Interessen angepaßt werden.

So wird man etwa nach französischem Vorbild der Verwaltung auch ohne entsprechende Vertragsklausel die Befugnis einräumen müssen, einen Vertrag über den Anschluß einer Buslinie des öffentlichen Nahverkehrs an die Pläne der Nachbargemeinde anzupassen; die Interessen des Unternehmers werden hinreichend gewahrt, wenn ihm für diese Vertragsänderung eine Entschädigung gezahlt wird, so daß das »finanzielle Gleichgewicht« aufrechterhalten wird.

Man kann diese Rechtsfolgen damit begründen, daß öffentliche Interessen aufgrund des verfassungsrechtlichen Souveränitätsprinzips letztlich immer durch einseitige Hoheitsakte durchgesetzt werden können müssen: Das Koordinationsverhältnis des Vertrags überlagert somit das Subordinationsverhältnis; sofern dies im öffentlichen Interesse liegt, wird es aber durch das Souveränitätsprinzip durchbrochen.

§ 20 Bemerkungen zum Verwaltungsprivatrecht[723]

I. Den juristischen Personen des öffentlichen Rechts ist nach allen europäischen Rechtsordnungen der Abschluß privatrechtlicher Verträge insbesondere im Rahmen der Hilfsgeschäfte der Verwaltung gestattet, wenn auch nach dem romanischen Recht solche Hilfsverträge zum überwiegenden Teil als Verwaltungsverträge qualifiziert werden. Insbesondere das französische Recht macht dadurch deutlich, daß auch privatrechtliche Verträge der Verwaltung durch Prinzipien des öffentlichen Rechts überlagert werden. Im deutschen Recht wird eine solche Überlagerung im Rahmen des sogenannten Verwaltungsprivatrechts inzwischen allgemein anerkannt.[724]
Für die privatrechtlichen Verträge kann generell auf die vorzüglichen Arbeiten von *Ehlers* und *Rüfner* verwiesen werden. Ergänzend erscheinen aber einige Anmerkungen angebracht, denen die Lehre näher nachgehen sollte.

II. Die deutsche Literatur und Rechtsprechung ist der Auffassung, das Recht der Verwaltung zum Abschluß privatrechtlicher Verträge folge mit den Regeln des BGB aus der Tatsache, daß die juristischen Personen des öffentlichen Rechts Rechtspersönlichkeit besitzen. Dieser Auffassung vermag ich nicht ohne weiteres zu folgen. Das Vertragsschlußrecht der Individuen fließt aus Art. 2 I GG bzw. aus ihrer Privatautonomie, die ihrerseits auf den Freiheiten des Grundgesetzes bzw. auf der Menschenwürde (Art. 1 I GG) beruht. Nach der Rechtsprechung des Bundesverfassungsgerichts, die von der herrschenden Lehre weitgehend akzeptiert wird, sind die juristischen Personen des öffentlichen Rechts Träger von Grundrechten dagegen nicht.[725] Das Recht zum Abschluß privatrechtlicher Verträge stellt vielmehr für die juristischen Personen des öffentlichen Rechts eine Annexkompetenz zu ihren Zuständigkeiten und Aufgaben dar.
Sofern die juristischen Personen des öffentlichen Rechts ihre Aufgaben nur erfüllen können, wenn sie privatrechtliche Verträge abschließen dürfen, stellt diese Befugnis das notwendige Mittel zum Zweck dar. Hieraus fließen zwei Rechtsfolgen. Auf der einen Seite dürfen die juristischen Personen des öffentlichen Rechts privatrechtliche Verträge nur im Rahmen ihres Auftrags, d.h. ihrer Zuständigkeit abschließen. Fällt der Vertrag aus dieser Zuständigkeit

723 *Ehlers*, Verwaltung in Privatrechtsform, 1984; *Rüfner*, Formen öffentlicher Verwaltung im Bereich der Wirtschaft, 1968.
724 Vgl. *Maurer*, § 3, Rdnr. 9 ff.; *Ehlers*, in: Erichsen, § 2 IV, Rdnr. 75 ff.
725 Vgl. die Rechtsprechung bei *Bleckmann*, Staatsrecht II, Die Grundrechte, § 9 III, Rdnr. 26 ff.

heraus, ist der Vertrag nichtig. Auf der anderen Seite dürfen die juristischen Personen des öffentlichen Rechts auf den Abschluß privatrechtlicher Verträge nur zurückgreifen, soweit ihnen die Rechtsordnung nicht andere Gestaltungsmittel (Verwaltungsakt oder Verwaltungsverträge) zur Verfügung stellt. Durch diesen Grundsatz wird die in der Literatur umstrittene Wahlfreiheit der Verwaltung[726] zwischen dem Verwaltungsvertrag und dem privatrechtlichen Vertrag deutlich beschränkt.

III. Die von der Rechtsprechung behauptete Wahlfreiheit zwischen dem Verwaltungsakt, dem Verwaltungsvertrag und dem privatrechtlichen Vertrag insbesondere im Bereich des Subventionsrechts[727] wird aber noch durch andere Prinzipien beschränkt. Wir haben gezeigt, daß, wenn die Verwaltung ein bestimmtes Ergebnis durch den Erlaß eines Verwaltungsaktes erreichen kann, der Abschluß eines Verwaltungsvertrages grundsätzlich ausgeschlossen ist. Da jedenfalls nach seinem Wortlaut § 36 VwVfG der Verwaltung beim Erlaß eines Verwaltungsaktes mit einer Auflage einen wesentlichen breiteren Gesaltungsspielraum eröffnet als § 56 VwVfG, kann dabei insbesondere der Auffassung von *Henke* nicht gefolgt werden, mit der Auflage ließen sich die komplizierten Probleme der Subventionierung nicht lösen.[728] Auf der anderen Seite haben wir gezeigt, daß man der Auffassung von *Bosse*[729] folgen muß, öffentliche Aufgaben seien grundsätzlich durch den Rückgriff auf öffentlich-rechtliche Rechtsinstrumente zu erledigen. Steht der Verwaltung die Gestaltungsmöglichkeit durch einen Verwaltungsakt oder durch einen Verwaltungsvertrag offen, ist der Abschluß privatrechtlicher Verträge ausgeschlossen.
Hinsichtlich der Wahlfreiheit zwischen dem öffentlich-rechtlichen und dem privatrechtlichen Vertrag ist dabei ein weiterer Grundsatz des Verwaltungsverfahrensgesetzes zu beachten. Nach § 35 und § 54 VwVfG stellen einseitige und zweiseitige Rechtsakte auf dem Gebiet des öffentlichen Rechts entweder Verwaltungsakte oder Verwaltungsverträge dar. Wenn dies in den zitierten Vorschriften auch nicht ganz deutlich zum Ausdruck gelangt, dürfen im Umkehrschluß aus diesen Vorschriften privatrechtliche Verträge nur auf dem Gebiet des privaten Rechts abgeschlossen werden. Beim Subventionsrecht besteht nun das Problem, daß soweit die Subventionen gesetzlich nicht geregelt sind, nur Rechtsvorschriften wie etwa die Zuständigkeitsregeln, der Gesetzesvorbehalt und die Grundrechte greifen, die sowohl auf privatrechtliche als auch auf öffentlich-rechtliche Verträge anwendbar sind, also die Entscheidung nicht begründen, es handle sich um eine Materie des öffentlichen

726 Vgl. dazu *Kemper*, Die Formenwahlfreiheit der Verwaltung, 1989.
727 Vgl. *Bleckmann*, Subventionsrecht, 1978, 85 ff.
728 *Henke*, Das Recht der Wirtschaftssubventionen als öffentliches Vertragsrecht, 1979, S. 20 f.
729 *Bosse*, Der subventionsrechtliche Vertrag als Handlungsform der Verwaltung, 1974, S. 24 f.

Rechts. Bei der Kommentierung des § 54 S. 2 VwVfG haben wir nun die unterschiedlichen Hilfskonstruktionen aufgezeigt, die ein solches Ergebnis tragen könnten.
Diese Konstruktionen legen die Lösung aber nicht zwingend fest. In einer solchen Situation kann man auf zwei Lösungen zurückgreifen. Entweder gestattet man der Verwaltung die Wahl zwischen den Gestaltungsmitteln des öffentlichen und des privaten Rechts, weil die Zuordnung der Verträge zum einen oder anderen Rechtsgebiet nicht eindeutig ist. Oder man beachtet die Auffassung des Gesetzgebers, je nach der Materie sei nur der Abschluß entweder öffentlich-rechtlicher oder privatrechtlicher Verträge zulässig. In beiden Fällen kommt es also letztlich darauf an, die auf den Vertrag anzuwendenden Regeln so anzupassen, daß sie eine effektive Erledigung der öffentlichen Aufgabe gestatten.

IV. Die Literatur ist der Auffassung, daß die Verwaltung auch beim Abschluß privatrechtlicher Verträge an die Grundrechte gebunden ist.[730] Da der Vertrag stets die Handlungsfreiheit der Individuen beschränkt oder ihnen rechtliche Nachteile auferlegt, stellt die Begründung vertraglicher Pflichten für die Individuen stets einen Eingriff in Art. 2 I GG dar. Da die verfassungsrechtlichen Freiheiten voll nur ausgeübt werden können, wenn die Individuen sich vertraglich verpflichten können, führt dieser Eingriff in die Handlungsfreiheit nicht automatisch zur Rechtswidrigkeit des Vertrages. Hinzu kommt, daß im konkreten Fall überprüft werden muß, wie weit die an den Grundrechtseingriff anknüpfenden verfassungsrechtlichen Garantien (Gesetzesvorbehalt, Verhältnismäßigkeitsprinzip, Wesensgehaltsgarantie, Gerichtskontrolle) bei einer »Einwilligung« in die Grundrechte greifen.[731]

1. Trotz der Einwilligung in die Grundrechtseingriffe hat die Verwaltung auch beim Abschluß privatrechtlicher Verträge das Verhältnismäßigkeitsprinzips und die Wesensgehaltsgarantie zu beachten. Insbesondere das Verhältnismäßigkeitsprinzip greift auch deswegen, weil es nicht nur mit dem Grundrechtseingriff verbunden ist, sondern eine rechtliche Schranke der Zuständigkeit der Verwaltung begründet,[732] auf welche die Individuen nicht verzichten können. Die Verwaltung ist nur für die Erledigung öffentlicher Aufgaben zuständig, und ein Privatrechtsvertrag, der für die Durchsetzung öffentlicher Interessen nicht geeignet oder erforderlich ist, wird nichtig.
Probleme bestehen allerdings, weil sich beim Abschluß privatrechtlicher Verträge auch durch die Verwaltung nicht wie vom Verhältnismäßigkeitsprinzip

730 Vgl. die Literatur bei *Bleckmann*, Staatsrecht II, § 30 II, Rdnr. 38 ff.
731 *Bleckmann*, Zur Konstruktion des Grundrechtsverzichts, JZ 1988, 57.
732 Vgl. *Bleckmann*, Begründung und Anwendungsbereich des Verhältnismäßigkeitsprinzips, JuS 1994, 177.

an sich vorausgesetzt, öffentliche und private Interessen gegenüberstehen, sondern auch die Verwaltung eine Art von Privatinteressen vertritt. Insoweit wird man auf die Tatsache zurückgreifen dürfen, daß für die Gegenleistung des Bürgers das Verhältnismäßigkeitsprinzip weitgehend durch § 56 VwVfG konkretisiert worden ist. Diese Vorschrift wird man deshalb vom öffentlichrechtlichen auf den privatrechtlichen Vertrag übertragen müssen, weil die Verwaltung auch beim Abschluß privatrechtlicher Verträge eine erheblich größere Bargaining-Power als der private Vertragspartner besitzt.

2. Der Gesetzesvorbehalt wird durch den »Verzicht« oder durch die »Einwilligung« des Bürgers nicht ausgeschlossen. Der auf dem Demokratieprinzip beruhende Gesetzesvorbehalt soll eine sachlich-gerechte Abwägung der Interessen durch das Parlament gewährleisten. Diese richtige Abwägung wird bei gleicher Bargaining-Power der Vertragspartner aber besser durch den Abschluß eines Vertrages erreicht. Nur deshalb treten die Regeln des BGB zum überwiegenden Teil hinter die Regeln des Vertrages zurück. Ist die Bargaining-Power der Vertragspartner ungleich, wird die Vertragsgerechtigkeit nur durch die Einhaltung der Regeln des BGB gewährleistet. Das hat der Gesetzgeber im Gesetz über die Allgemeinen Geschäftsbedingungen deutlich gesehen. Ist die Verhandlungsmacht der Vertragspartner also wie im Verhältnis zwischen der Verwaltung und dem Bürger ungleich, verwandeln sich die grundsätzlich dispositiven Regeln des BGB in zwingendes Recht. Die Verwaltung darf dann zwar vom BGB nur abweichen, wenn der Vertrag eine ähnlich gerechte Interessenabwägung enthält. Ob die beiden Verdingungsordnungen diesen Prinzipien entsprechen, bedürfte einer näheren Prüfung, die hier nicht geleistet werden kann.

§ 21 Generelle Handlungsmittel der Verwaltung

A. *Bemerkungen zur Rechtsverordnung*[733]

I. Die Rechtsverordnung ist bisher in der Literatur stark vernachlässigt worden. Nach französischem Recht stellt auch die Rechtsverordnung einen Verwaltungsakt dar. Insbesondere der Begründungszwang und die Ermessensfehlerlehre greifen deshalb notwendig auch bei diesen generellen Akten ein. Für eine solche Lösung hat sich auch das europäische Gemeinschaftsrecht entschieden, obwohl hier die generellen Akte (Richtlinien und Verordnungen) nicht Verwaltungsakte (Entscheidungen) darstellen. Diese Beispiele machen hinreichend deutlich, daß sich rechtsstaatliche Probleme auch bei den Rechtsverordnungen stellen.

Unter Rechtsverordnungen versteht man generelle Akte der Verwaltung, die Rechtswirkungen nicht nur gegenüber den untergeordneten Behörden entfalten sollen.[734] Nach dem Recht aller europäischen Staaten bedürfen die Rechtsverordnungen einer Ermächtigung durch die Verfassung oder durch das Gesetz, weil grundsätzlich der Gesetzgeber ein Monopol für den Erlaß genereller Regeln besitzt.[735] Nach deutschem Verfassungsrecht muß die generelle gesetzliche Ermächtigungsgrundlage dabei den Inhalt, den Zweck und das Ausmaß der Ermächtigung bestimmen.[736] Diese Voraussetzungen werden allerdings vom Bundesverfassungsgericht sehr weit ausgelegt, so daß ein erheblicher Gestaltungsspielraum des Verordnungsgebers erhalten bleibt.

Die generelle Ermächtigung zum Erlaß von Rechtsverordnungen hing ursprünglich mit dem Gesetzesvorbehalt eng zusammen. In der konstitutionellen Monarchie war der Gesetzgeber für den Erlaß genereller Akte zuständig, welche die Rechtssphäre des Staates von der der Bürger abgrenzten oder in anderer Weise in die Grundrechte der Individuen eingriffen. Die generellen Rechtsakte, die diesen Voraussetzungen nicht entsprachen, bedurften folglich einer parlamentarischen Ermächtigung nicht. Diese Voraussetzungen haben sich in den republikanischen Verfassungen verschoben. Der Gesetzgeber kann heute auch den »Innenbereich« des Staates gesetzlich regeln. Insoweit besteht grundsätzlich ein Gesetzgebungsmonopol des Parlaments. Die Folge

733 Vgl. *Ossenbühl*, in: Erichsen, § 6 IV, Rdnr. 12 ff.
734 *Maurer*, § 4, Rdnr. 10 und § 13, Rdnr. 2; *Ossenbühl*, in: Erichsen, § 6 IV, Rdnr. 12.
735 Zum deutschen Recht *Maurer*, § 13, Rdnr. 6 ff.
736 Vgl. Art. 80 I S. 2 GG.

ist, daß die Verwaltung für Rechtsverordnungen heute auch dann einer Ermächtigung bedarf, wenn diese generellen Akte die Rechtssphäre des Bürgers nicht berühren. Allerdings ist insoweit eine Abgrenzung von der Verwaltungsverordnung erforderlich. Diese Verordnung soll dem Willen der Verwaltung entsprechend Rechtswirkungen nur für die untergeordneten Behörden entfalten. Eine gesetzliche Ermächtigung für den Erlaß genereller Akte ist also nur dann erforderlich, wenn die Rechtswirkungen über die einer Verwaltungsverordnung hinausgreifen sollen. Das ist nicht nur dann der Fall, wenn die Rechtssphäre des Bürgers tangiert werden soll, sondern auch, wenn der generelle Akt durch die Gerichte angewendet werden soll. Es kommt also entscheidend auf die Willensrichtung der Verwaltung an. Ein wichtiges Indiz für diese Willensrichtung ist die Verwendung der Überschrift »Rechtsverordnung«.

Heute hat sich die Ermächtigung zum Erlaß von Rechtsverordnungen also vom ursprünglichen Gesetzesvorbehalt gelöst. Damit stellt sich die Frage, ob sich die durch Art. 80 GG für die Ermächtigung zu Rechtsverordnungen festgelegten Bedingungen dadurch verengt haben, daß das Bundesverfassungsgericht den Eingriffsvorbehalt auf alle wesentlichen, d.h. aber grundrechtsrelevanten Fragen erstreckt hat. Die Literatur bezeichnet diesen erweiterten Gesetzesvorbehalt als »Parlamentsvorbehalt«[737] und deutet damit an, daß auch die Ermächtigung zu Rechtsverordnungen heute alle grundrechtsrelevanten Fragen regeln muß. Dieser Auffassung vermag ich nicht zu folgen. Zwar griff der Gesetzesvorbehalt in seiner ursprünglichen Form auch bei der Ermächtigung zum Erlaß von Rechtsverordnungen und nicht nur beim Erlaß von Verwaltungsakten. Der für Rechtsverordnungen greifende Gesetzesvorbehalt wurde aber nie wie beim Verwaltungsakt mit dem Bestimmtheitsgrundsatz gekoppelt. Daran hat die Rechtsprechung des Bundesverfassungsgerichts zum erweiterten Gesetzesvorbehalt nichts geändert, weil sich diese Rechtsprechung nicht auf Ermächtigungsgesetze bezieht. Die Verbindung des Gesetzesvorbehalts mit dem Bestimmtheitsgrundsatz würde für Rechtsverordnungen auch zu unhaltbaren Ergebnissen führen, weil entgegen dem Wortlaut des Art. 80 GG fast die gesamte Problematik gesetzlich geregelt werden müßte, der Verwaltung also für den Erlaß von Rechtsverordnungen kein Gestaltungsspielraum mehr verbliebe.

II. Für das Problem der rechtsstaatlichen Garantie beim Erlaß von Rechtsverordnungen ist auszugehen von der Tatsache, daß die an den Verwaltungsakt anknüpfenden Garantien für die Richtigkeit des Handelns der Verwaltung (Anfechtungsmöglichkeit, Begründungs- und Anhörungszwang, Ermessensfehlerlehre) das Rechtsstaatsprinzip konkretisieren. Diese rechtsstaatlichen

737 Siehe z.B. *Maurer*, § 13, Rdnr. 8.

Garantien müssen deshalb grundsätzlich auch bei Rechtsverordnungen greifen. Ihr Ausschluß ist nur dann gerechtfertigt, wenn bei den generellen Akten andere Verfahrensgarantien greifen, die den Rückgriff auf die Regeln des Verwaltungsaktes überflüssig machen. Das ist meines Erachtens aber nur sehr partiell der Fall.

1. Das Gesetz im formellen Sinne enthält grundsätzlich hinreichende rechtsstaatliche Garantien für die Richtigkeit der staatlichen Entscheidung. Wenn nämlich die im Parlament vertretenen Volksparteien mit der Mehrheit der Wählerstimmen die Macht im Staate erringen wollen, sind sie gezwungen, einen Kompromiß zu finden, der von allen Wählerschichten akzeptiert werden kann. Sie sind damit gezwungen, die durch das Gesetz betroffenen Interessen sachlich im Lichte der Wertauffassung der Wähler miteinander abzuwägen.
Das Demokratieprinzip begründet allerdings eine solche Garantie für die sachlich-gerechte Abwägung aller Interessen nicht immer. Selbst wenn im Parlament nur Volksparteien, d.h. aber Parteien vertreten sind, die Wert darauf legen, von allen Bürgerschichten gewählt zu werden, besteht keine hinreichende Garantie für die Berücksichtigung der Interessen der Bürger, die eine so kleine Minderheit darstellen, daß ihre Stimmen bei der Wahl kaum ins Gewicht fallen. Sind im Parlament dagegen Interessenparteien vertreten, die wegen ihrer Ausrichtung die Mehrheit der Stimmen nicht auf sich vereinigen können, werden durch die dann notwendigen Koalitionen nur die Interessen der Bürger berücksichtigt, welche durch die Parteien der Koalition repräsentiert werden. In der unmittelbaren Demokratie fehlt dagegen jede rechtsstaatliche Garantie dafür, daß die Mehrheit auch die Interessen der Minderheit berücksichtigt.
Diese Garantien des Demokratieprinzips greifen bei den Rechtsverordnungen nur beschränkt, nämlich nur dann, wenn wie in Art. 80 GG vorgesehen die Rechtsverordnungen von der Regierung oder einem Minister erlassen werden. Im parlamentarischen Regierungssystem sind die Minister die Repräsentanten der Mehrheit des Parlaments. Auch für sie greift folglich der Zwang zu einer sachlich-gerechten Abwägung aller durch die Entscheidung betroffenen Interessen.

2. Allerdings werden in der Praxis die rechtsstaatlichen Garantien des Demokratieprinzips für eine richtige Entscheidung des Parlaments und der Regierung zunehmend als unzureichend angesehen, weil das parlamentarische Regime nicht effektiv funktioniert. Auf der einen Seite versieht die Regierung ihre Gesetzesentwürfe deshalb mit einer Begründung, die, wenn das Parlament den Entwurf akzeptiert, dem Parlament zugerechnet wird und sich folglich nicht nur an die Abgeordneten, sondern auch an die Bürger richtet. Es

erscheint nicht ausgeschlossen, daß das Rechtsstaatsprinzip eine solche Begründung auch des Gesetzes zwingend verlangt. Dasselbe könnte für die sich allmählich auf alle neuartigen Gesetze erstreckenden Anhörungsverfahren der parlamentarischen Ausschüsse gelten. Auf der anderen Seite hat das Bundesverfassungsgericht es zwar wohl zu Recht abgelehnt, die Ermessensfehlerlehre des Verwaltungsrechts in vollem Umfang auf die Gesetzeskontrolle zu übertragen. Doch greift es im Rahmen der Gesetzeskontrolle auf das Verhältnismäßigkeitsprinzip zurück, das ähnliche Regeln wie die Ermessensfehlerlehre verankert, insbesondere eine Abwägung der Interessen verlangt. Auch hat das Bundesverfassungsgericht dem Gesetzgeber bei der Konkretisierung unbestimmter Verfassungsbegriffe eine Darlegungslast auferlegt, welche bestimmte Verfahrensgarantien fordert. Schließlich läßt sich auch die Frage stellen, ob die Einhaltung der Geschäftsordnung durch das Parlament nicht eine wesentliche rechtsstaatliche Forderung ist.

3. Wenn also bei Rechtsverordnungen der Regierung oder der Minister hinreichende Richtigkeitsgarantien vorliegen könnten, gilt das nicht für die Rechtsverordnungen untergeordneter Verwaltungsbehörden und für die Satzungen aller Selbstverwaltungskörperschaften. Wenn bei den Gemeinden und Gemeindeverbänden die Grundsätze der mittelbaren Demokratie greifen und in den Räten Volksparteien vertreten sind, dürften hinreichende Richtigkeitsgarantien vorliegen. Anders ist dies bei den Kammern. Etwa in den Industrie- und Handelskammern wird die Mehrheit von den kleinen und mittleren Betrieben gestellt. Weil in diesem Rahmen auf die Prinzipien der unmittelbaren Demokratie zurückgegriffen wird, besteht keine Garantie, daß die Mehrheit die Interessen etwa der Großbetriebe berücksichtigt. Dasselbe gilt für die Rechtsanwaltskammern, in denen die Mehrheit von nicht spezialisierten Anwälten gestellt wird, die unter Umständen die Interessen der Fachanwälte nicht hinreichend berücksichtigen. Daß in diesen Fällen der Parlamentsvorbehalt greift, dürfte eine hinreichende Garantie für die Richtigkeit der Entscheidungen nicht darstellen, so daß an eine analoge Anwendung der Regeln über den Verwaltungsakt zu denken ist.

Daß, wenn die Rechtsverordnungen von untergeordneten Verwaltungsbehörden erlassen werden, weitere Verfahrensgarantien erforderlich werden, ergibt sich auch aus einem weiteren Gesichtspunkt. Die Minister unterliegen der parlamentarischen Kontrolle, die Rechtsverodnungen werden im Gesetzesblatt veröffentlicht und sind deshalb dem Parlament bekannt. Da die im Parlament vertretenen Volksparteien unter dem Zwang zur sachlich-gerechten Abwägung aller Interessen stehen, werden sie ihre Kontrollrechte auch ausüben, wenn die Rechtsverordnungen ihrer Auffassung nicht entsprechen. Je weiter die Verwaltung vom Parlament entfernt ist, umso stärker nimmt die parlamentarische Kontrolle ab, umso stärker muß die parlamentarische Demokratie also durch rechtsstaatliche Garantien ersetzt werden.

4. Die Tatsache schließlich, daß Rechtsverordnungen generelle Rechtsakte darstellen, bietet nur sehr beschränkt eine Garantie für die Richtigkeit der staatlichen Entscheidung. Zwar ist die Verwaltung beim Erlaß von Rechtsverordnungen stärker als beim Erlaß von Verwaltungsakten gezwungen, ein zusammenhängendes Ordnungskonzept zu entwerfen und beschränkt die Allgemeinheit der Norm die Möglichkeit einer Verletzung des Gleichheitssatzes. Die Willkür der Verwaltung wird also durch die Formenwahl teilweise zurückgedrängt. Eine hinreichende Garantie für die Richtigkeit der staatlichen Entscheidung besteht aber nicht, weil natürlich im Rahmen des Ordnungskonzepts die Interessen nicht notwendig sachlich-gerecht miteinander abgewogen werden.

5. Eine hinreichende Garantie für die Richtigkeit der Rechtsverordnung besteht dagegen dann, wenn die in Art. 80 I S. 2 GG enthaltenen Bestimmtheitsanforderungen an die gesetzliche Ermächtigung so eng verstanden werden, daß der Verwaltung nur noch ein geringer Gestaltungsspielraum offensteht, weil sie eigentlich nur noch in Form einer Durchführungsverordnung die gesetzlichen Vorgaben logisch weiter entwickeln darf.

B. *Gedanken zur Verwaltungsverordnung*[738]

I. Nach der obigen Definition liegt eine Rechtsverordnung vor, wenn die generelle Norm nach dem Willen der die Verordnung erlassenden Behörde Rechtswirkungen nicht nur gegenüber den untergeordneten Beamten entfalten soll; für diesen Willen kommt es entscheidend darauf an, ob die generelle Regel von der Verwaltung als »Rechtsverordnung« bezeichnet worden ist. Auch diese, durch die Ausweitung des Rechtssatzbegriffs über die unter den Gesetzesvorbehalt fallenden Materien hinaus erforderlich gewordene Erweiterung des Begriffs der Rechtsverordnung wird zunehmend dadurch in Frage gestellt, daß, wie wir sehen werden, die Wirkungen der Verwaltungsverordnung durch die Rechtsprechung zunehmend an die der Rechtsverodnung angeglichen werden.

Nach der traditionellen Auffassung der deutschen Literatur und Rechtsprechung wirkt, wenn man gewisse Sonderverordnungen einmal ausnimmt, die

738 *Ossenbühl*, in: Erichsen, § 6 V, Rdnr. 30 ff.

Verwaltungsverordnung grundsätzlich nur gegenüber den untergeordneten Beamten;[739] über die auf den allgemeinen Gleichheitssatz gestützte Selbstbindung der Verwaltung wirken gegenüber dem Bürger – und auch dies nur mittelbar – die durch die Verwaltungsverordnungen begründeten Rechte.[740] Auch die Grundsätze der Selbstbindung der Verwaltung greifen nur dann, wenn die Verwaltungsverordnung einen durch das Gesetz eröffneten Ermessensspielraum der Verwaltung regelt. Verwaltungsverordnungen, die das Gesetz interpretieren, haben nur – wie die Rechtsprechung und die Literatur – Indizwirkung.

Ganz anders ist die Lage im französischen Recht. Danach haben Verwaltungsverordnungen, wenn sie der objektiven Rechtsordnung neue Elemente hinzufügen, die Qualität von Verwaltungsakten. Sie können folglich im Rahmen der Anfechtungsklage angefochten werden und binden die Verwaltung auch mit Wirkung für den Bürger. Als Verwaltungsakt ist ihr Erlaß an den rechtlichen Garantien zu messen, die an den Begriff des Verwaltungsaktes anknüpfen.

In der neueren Rechtsprechung des Bundesverwaltungsgerichts wird den Verwaltungsverordnungen insbesondere im Bereich des Umweltschutzes und des Subventionsrechts wie in Frankreich neuerdings dieselbe Rechtswirkung zugeschrieben wie den Rechtsverordnungen.[741] Es liegt deshalb nahe, auch auf Verwaltungsverordnungen die rechtsstaatlichen Garantien anzuwenden, die nach den obigen Ausführungen bei den Rechtsverordnungen greifen.

II. *Gründe für eine Annäherung der Verwaltungsverordnungen an die Rechtsverordnungen*

1. Die Verwaltungsverordnungen enthalten wie die Rechtsverordnungen generelle Regeln. Das bedeutet aber, daß auch beim Erlaß von Verwaltungsverordnungen die Verwaltung im Gegensatz zu den Verwaltungsakten gezwungen wird, eine Ordnungskonzeption zu entwickeln. Dadurch und durch die Tatsache, daß infolge der Abstraktheit der Verordnung der Gleichheitssatz stärker berücksichtigt wird, worauf das Bundesverwaltungsgericht für das Subventionsrecht ausdrücklich hinweist, sind der Willkür der Verwaltung Schranken gezogen und eine einheitliche Rechtsanwendung gewährleistet.

Diese Vorteile greifen nicht nur ein, wenn die Verwaltung einen Ermessensspielraum besitzt, sondern auch dann, wenn die Verwaltungsverordnung das

739 *Maurer*, § 24, Rdnr. 16; *Ossenbühl*, in: Erichsen, § 6 V, Rdnr. 43.
740 Vgl. *Ossenbühl*, in: Erichsen, § 6 V, Rdnr. 48 ff.
741 *Young-Woon Ko*, Verwaltungsvorschriften als Außenrecht, 1991.

Gesetz interpretiert. Im zweiten Fall kommt hinzu, daß die Verwaltung besser in der Lage ist, für die Anwendung des Gesetzes ein Ordnungskonzept zu entwickeln als der Richter, der immer nur über den Einzelfall entscheidet und nicht in enger Osmose zur Mehrheit des Parlaments steht. Allerdings muß in diesem Fall die Bindung des Richters und der Verwaltung an das Gesetz beachtet werden, die Möglichkeit offengehalten werden, die Übereinstimmung der Verwaltungsverordnung mit dem Gesetz zu überprüfen. Man wird also der Verwaltung einen Gestaltungsspielraum nur insoweit einräumen können, als ihre Auslegung des Gesetzes noch vertretbar erscheint. Die Bindungswirkung der Verwaltungsverordnung in diesem Rahmen hat insbesondere auch den Vorteil, daß für den Bürger vor der letztinstanzlichen Entscheidung der Gerichte die Rechtssicherheit gewährleistet ist.

2. Gegen die Annäherung der Verwaltungsverordnung an die Rechtsverordnung spricht neben dem Gesetzesvorbehalt vor allem die Tatsache, daß nach Art. 80 GG für die Rechtsverordnung eine hinreichend bestimmte Gesetzesermächtigung erforderlich ist. Dem Gesetzesvorbehalt entsprechend ist grundsätzlich anzunehmen, daß, soweit dieser Vorbehalt greift, das Gesetz nur durch eine Rechtsverordnung, nicht aber durch eine Verwaltungsverordnung ersetzt werden kann.

Daß für den Erlaß von Rechtsverordnungen nach der Verfassung aller europäischen Staaten eine gesetzliche Ermächtigung erforderlich ist, beruht auf dem mit dem Demokratieprinzip gekoppelten Souveränitätsprinzip, nach welchem sich die gesamte Rechtsordnung aus dem Willen des Volkes als Souverän ableiten lassen muß. Eine Durchbrechung dieses Grundsatzes ist möglich, wenn sich die Verwaltung für den Erlaß von Verwaltungsverordnungen auf eine Ermächtigung durch die Verfassung stützen kann, die ja ebenfalls auf dem Willen des Volkes beruht. Die Anforderungen des Art. 80 GG an die Bestimmtheit der gesetzlichen Ermächtigung beruhen dagegen auf dem Rechtsstaatsprinzip. Grundsätzlich gewährleistet nur das Gesetz eine sachlich-gerechte Abwägung der durch den staatlichen Akt betroffenen Interessen. Eine Durchbrechung auch des Rechtsstaatsprinzips erscheint möglich, wenn auf der einen Seite die Verwaltungsverordnung selbst Richtigkeitsgarantien enthält, auf der anderen Seite eine generelle Regelung im konkreten Fall verfassungsrechtlich geboten ist und das Parlament ein Gesetz nicht erlassen hat.

Die verfassungsrechtliche Ermächtigung zum Erlaß von Verwaltungsverordnungen beruht auf der Verantwortlichkeit der Minister auch für die ihnen unterstellten Verwaltungsbehörden vor dem Parlament. Die Minister können diese Verantwortung nur tragen, wenn sie befugt sind, die ihnen untergeordneten Beamten durch generelle Akte rechtlich zu binden. Diese Grundsätze der parlamentarischen Demokratie fordern Rechtswirkungen der Verwal-

tungsverordnung nur gegenüber den Beamten. Auch die Notwendigkeit einer rechtlichen Sanktion dieser Bindung der untergeordneten Beamten fordert die Bindungswirkung der Verwaltungsverordnungen gegenüber dem Bürger nicht, da Disziplinarverfahren gegenüber den Beamten effektiver sind als die Anfechtbarkeit ihrer Rechtsakte aufgrund eines Verfahrens der Bürger.
Die Annäherung der Wirkungen der Verwaltungsverordnung an die der Rechtsverordnung wird aber durch die oben hervorgehobene Tatsache gefordert, daß insbesondere bei Ermessensakten die Willkür der Verwaltung zurückgedrängt und der Gleichheitssatz stärker verwirklicht wird. Die Rechtswirkung der Verwaltungsordnung auch gegenüber dem Bürger beruht damit auf dem Rechtsstaatsprinzip. Dieser Grundsatz dürfte dabei auch im französischen Rechtsraum gegen die Verwaltungsverordnung erhobene Bedenken zurückdrängen: Daß nämlich der Gesetzgeber, wenn er der Verwaltung Ermessen einräumt, grundsätzlich eine Abwägung der Interessen in jedem Fall fordert.
Natürlich müssen die für Verwaltungsakte greifenden rechtsstaatlichen Garantien für eine richtige staatliche Entscheidung, wie der EuGH dies für den Begründungszwang schon dargelegt hat, bei ihrer Übertragung auf generelle Akte an deren Besonderheiten angepaßt werden. Das gilt insbesondere auch für das Anhörungsverfahren. Soweit wegen der Anzahl der Beteiligten auch eine analoge Anwendung der Regeln des Planfeststellungsverfahrens unmöglich ist, sind die Verbände anzuhören, welche die verschiedenen Interessen repräsentieren. Eventuell kann auf die Anhörung von Sachverständigen zurückgegriffen werden. Dabei sind jedoch Sachverständige unterschiedlicher gesellschaftlicher Verankerung zu hören, um zu vermeiden, daß nur bestimmte Interessen zum Ausdruck gelangen.

C. *Anmerkungen zum Plan*[742]

I. In allen europäischen Staaten greift seit dem Ende des Zweiten Weltkriegs die Planung um sich. Das gilt auch für die Bundesrepublik Deutschland, wo die Prinzipien der sozialen Marktwirtschaft zur Ablehnung nur der Wirtschaftsplanung geführt haben. Überall gibt es Bau- und Raumordnungspläne; in Frankreich wurde 1947 eine abgeschwächte Form der Wirtschaftsplanung eingeführt. Eine solche Wirtschaftsplanung ist auch in den Verfassungen von Spanien und Portugal vorgesehen.

742 *Badura*, in: Erichsen, § 39, Rdnr. 1 ff.; *Hoppe*, Planung, in: Isensee/Kirchhof, Handbuch des Staatsrechts, Bd. 3, 1988, S. 683 ff.

Die Gründe für diese Planungseuphorie sind vielfältig. Zum Teil handelt es sich darum, die knappen wirtschaftlichen Ressourcen so einzusetzen, daß bestimmte Ziele optimal erreicht werden. Zum Teil wird wegen der Ballung der Bevölkerung und der wachsenden Interdependenzen wie etwa im Straßenverkehr die Festlegung eines Ordnungskonzepts erforderlich. Etwa wie bei Bauplänen soll durch die Planung eine größere Homogenität der Bebauung erreicht werden. In allen Bereichen wird dabei davon ausgegangen, daß die »unsichtbare Hand« etwa des Marktes eine hinreichende Ordnung nicht gewährleistet, welche die Interessen der Bürger befriedigen könnte.

II. In der Literatur zeigen sich zwei gegensätzliche Tendenzen, um der neuen Problematik Herr zu werden. Teilweise wird auf die traditionelle Zweiteilung zwischen generellen und individuellen Rechtsakten, also zwischen Verordnungen und Verwaltungsakten zurückgegriffen und werden je nach der Qualifizierung des Plans die Regeln des Verwaltungsaktes oder der Rechtsverordnung angewendet.[743] Teilweise wird die Ansicht vertreten, der Plan weiche von den hergebrachten Rechtsformen des Verwaltungshandelns so weit ab, daß aus dem Rechtsstaatsprinzip neue Regeln für den Plan entwickelt werden müssen, die dessen Besonderheit Rechnung tragen.
Damit stellt sich die Frage, ob bei Plänen generell besondere Sachverhalte vorliegen, die neue Regeln verlangen. Insoweit ist zunächst hervorzuheben, daß die Gesetze aller europäischen Staaten, welche die Aufstellung eines Plans vorschreiben, eine Anhörung der Betroffenen oder ihrer Repräsentanten vorsehen, und das ohne Rücksicht darauf, ob der betreffende Plan als Verwaltungsakt oder als Rechtsverordnung zu qualifizieren ist. Diese Tatsache weist schon darauf hin, daß nach der Auffassung der Praxis für Pläne bestimmte rechtsstaatliche Garantien zu fordern sind, die nach der deutschen Konzeption etwa für Rechtsverordnungen nicht greifen.
Die Pläne weichen in ihrer Gesamtheit zumindest in vier Punkten von den hergebrachten Rechtsinstrumenten der Verwaltung ab.

1. Zunächst verbinden fast alle Pläne konkrete mit abstrakten Regeln, wobei bei manchen Plänen die abstrakten, bei anderen Plänen die konkreten Elemente überwiegen. Das gilt nicht nur für die Wirtschafts- und Raumordnungspläne, sondern etwa auch für die Baupläne. Diese beziehen sich zwar auf konkrete Grundstücke, binden aber auch die zukünftigen, bei Erlaß des Plans also noch nicht bestimmbaren Eigentümer.
In einer solchen Situation erscheint es willkürlich, je nachdem, ob die abstrakten oder die konkreten Elemente überwiegen, den Plan als Verwaltungsakt oder als Rechtsverordnung zu qualifizieren. Wegen der Mischung beider Ele-

743 Dazu *Maurer*, § 16, Rdnr. 18.

mente angemessener wäre es, wegen des Eingriffs auch konkreter Elemente den Plan im Interesse des Bürgers durchweg als Verwaltungsakt zu qualifizieren, um die damit verbundenen rechtlichen Garantien anwenden zu können. In diesem Rahmen ist insbesondere auch zu beachten, daß infolge der Qualifizierung der Allgemeinverfügung als Verwaltungsakt (§ 35 I 2 VwVfG) sich die traditionelle Abgrenzung zwischen dem Verwaltungsakt und der Rechtsverordnung in Richtung auf den Verwaltungsakt verschoben hat. Auch eine Rechtsverordnung, die in abstrakter Form einen bestimmbaren Personenkreis berechtigt oder verpflichtet, stellt danach einen Verwaltungsakt dar. Der Unterschied zwischen dem Verwaltungsakt und der Verordnung hängt damit nicht mehr vor der Abstraktheit oder Individualität des Aktes, sondern davon ab, ob der Akt einen heute festliegenden Personenkreis oder einen erst in Zukunft bestimmbaren Personenkreis betrifft.

2. Der Plan regelt die heutige Rechtslage, um ein bestimmtes, konkretes Ziel in der Zukunft zu erreichen.[744] Bei den Wirtschaftsplänen handelt es sich dabei um eine Optimierung der Ziele des magischen Vierecks, bei den Bauplänen um die zukünftige Bebauung, bei den Raumordnungsplänen um den Ausbau der Regionen. Die einzelnen Rechtssätze des Plans stellen deshalb nicht wie bei den meisten Gesetzen Bedingungssätze (wenn – dann) auf, sondern legen bestimmte rechtliche Bindungen konkret fest. Wenn in diesem Rahmen die Grundrechte der Bürger hinreichend geschützt werden sollen, reichen die in Art. 80 GG festgelegten Anforderungen an die gesetzliche Ermächtigung zu einer Rechtsverordnung nicht aus. Der Grundrechtsschutz fordert in diesen Fällen vielmehr, daß der Gesetzgeber konkrete Ziele in Leitlinien für den Plan festlegt.

3. Der Plan setzt ein wesentlich konkreteres Ordnungskonzept als das normale Gesetz voraus. Dieser Unterschied zeigt sich sehr deutlich, wenn man die Straßenverkehrsordnung auf der einen Seite, den Verkehrsplan einer Stadt auf der anderen Seite ins Auge nimmt. Deshalb muß die allgemein für Verwaltungsakte greifende Ermessensfehlerlehre erweitert werden. Der Plan muß ein den gesetzlichen Leitlinien entsprechendes, konkretes, einheitliches und konsistentes Ordnungskonzept entwickeln, das bis in die Details beachtet werden muß.

4. Bei den Normen spielt der Sachverhalt eine andere, von der Literatur bisher nur wenig beachtete Rolle als beim Verwaltungsakt. Beim Verwaltungsakt ist der Sachverhalt festzustellen, an den das Gesetz eine bestimmte Rechtsfolge knüpft. Es handelt sich folglich um einen Vorgang der reinen

744 Vgl. *Maurer*, § 16, Rdnr. 26.

Subsumtion. Deshalb ist ein Verwaltungsakt rechtswidrig, wenn der relevante Sachverhalt nicht richtig festgestellt worden ist. Beim Gesetz hat der Sachverhalt dagegen unterschiedliche Funktionen. Es kann sich zunächst nur um ein Motiv für den Erlaß bestimmter Normen handeln. So kann etwa das Anwachsen der organisierten Kriminalität zur Einfügung neuer Straftatbestände in das Strafgesetz führen. Der Sachverhalt spielt zweitens für die Prüfung der Einhaltung der Grundrechte durch das Gesetz eine wichtige Rolle. Zu diesem Zweck müssen die durch das Gesetz betroffenen öffentlichen und privaten Interessen richtig festgestellt und unter die Verfassungsbestimmungen subsumiert werden; dabei sind häufig Prognosen erforderlich, die in den Beurteilungsspielraum des Gesetzgebers fallen müssen.

Der Sachverhalt hat beim Gesetz noch eine dritte Funktion. Der Gesetzgeber muß den Tatbestand der einzelnen Rechtsfolgen nicht nur hinreichend bestimmt, sondern auch so festlegen, daß alle denkbaren Sachverhalte, die in Zukunft auftreten können, berücksichtigt werden. Geschieht dies nicht und können die hierdurch auftretenden Zweifelsfälle durch Rückgriff auf die hergebrachten Interpretationsregeln nicht mit hinreichender Wahrscheinlichkeit gelöst werden, ist das Gesetz mangels Bestimmtheit nichtig. Auch kann, wenn der Gesetzgeber die künftigen Sachverhalte nicht hinreichend miteinander verglichen hat, ein Verstoß gegen den allgemeinen Gleichheitssatz (Art. 3 I GG) vorliegen.

Bei den Plänen nun spielt der Sachverhalt noch eine vierte, vom Gesetz abweichende Rolle, die den Plan in die Nähe zum Verwaltungsakt rückt. Wirtschaftspläne können ihr Ziel nur erreichen, wenn die jeweilige Wirtschaftslage und ihre zukünftige Entwicklung richtig festgestellt bzw. prognostiziert wird. Bau- und Raumordnungspläne setzen eine richtige Feststellung der zur Zeit der Planung bestehenden Sachlage voraus. Wegen der gesteigerten Bedeutung des »Gesetzesvorbehalts« bei den Plänen wird man annehmen müssen, daß der Plan nichtig ist, wenn die tatsächliche Ausgangslage verkannt worden ist oder eine nicht vertretbare Prognose aufgestellt worden ist.

5. Da Pläne die Erreichung eines konkreten Ziels in der Zukunft anstreben, die bei der Aufstellung des Plans gestellten Prognosen sich aber als falsch erweisen können, müssen Pläne nach ihrer Abfassung den Tatsachen angepaßt, also verändert werden. Die Behörde dürfte verpflichtet sein, die Entwicklung eingehend zu beobachten und bei einer Änderung der Tatsachen den Plan anzupassen. Das bedeutet aber, daß das Vertrauensschutzprinzip beim Plan im Gegensatz zum Verwaltungsakt die Aufrechterhaltung des Plans nicht fordern kann.[745] Das Vertrauenschutzprinzip kann bei seiner Planänderung höchstens

745 Vgl. *Maurer*, § 16, Rdnr. 28 ff.

zum Ausgleich des Vermögensschadens führen (Plangewährleistungsanspruch).[746]

6. Da der Plan eine äußerst detaillierte, umfassende Regelung verlangt, kann er in den meisten Fällen nicht vom Gesetzgeber, sondern nur von der Verwaltung festgelegt werden. Wie die Rechtsverordnung, bedarf dabei auch der verbindliche Plan einer Ermächtigung durch den Gesetzgeber. Wegen der zahlreichen, vom Gesetzgeber nicht übersehbaren Details bedarf die Verwaltung dabei eines breiten Gestaltungsspielraums. Wir haben dabei oben schon dargelegt, daß insoweit die Voraussetzungen des Art. 80 GG ergänzt werden müssen. Diese Prinzipien müssen auch dann greifen, wenn der Plan als Verwaltungsakt zu qualifizieren ist. Der übliche Gesetzesvorbehalt bei Verwaltungsakten kann also beim Plan nicht greifen. Das zeigt die Tatsache sehr deutlich, daß auch bei der Planfeststellung nach §§ 72 ff. VwVfG die Verwaltung einen breiten Ermessensspielraum besitzt.[747]

746 Dazu *Maurer*, § 16, Rdnr. 35 und *Achterberg*, § 22, Rdnr. 182.
747 Zum Planungsermessen *Bonk*, in: Stelkens/Bonk/Sachs, VwVfG, § 74, Rdnr. 19 ff.

Fünfter Teil
Das Verwaltungsverfahren im engeren Sinne

§ 22 Das subjektive öffentliche Recht[748]

I. Das subjektive öffentliche Recht spielt in den Rechtsordnungen eine entscheidende Rolle, in denen wie im deutschen öffentlichen Recht das Verfahrensrecht der effektiven Durchsetzung der subjektiven Rechte dient. In diesen Rechtsordnungen spielt das subjektive öffentliche Recht nur auf den ersten Blick nur für die Klagebefugnis eine wesentliche Rolle. Sicherlich ist dieser Begriff etwa im deutschen Recht in erster Linie von der Literatur und Rechtsprechung entwickelt worden, um die Klagebefugnis zu umreißen. Da das Ziel des Rechtsschutzes hier aber die Durchsetzung der subjektiven öffentlichen Rechte ist, wird dieses Recht im Rahmen der teleologischen Interpretation aller Verfahrensbestimmungen wichtig. Umgekehrt ist die Bedeutung des subjektiven öffentlichen Rechts in denjenigen Rechtsordnungen gering, deren Verfahren wie in Frankreich auf die effektive Durchsetzung des objektiven Rechts ausgerichtet ist. Neben der verkümmerten Leistungsklage (recours de pleine juridiction) wird in diesen Rechtsordnungen auf das subjektive öffentliche Recht nur zurückgegriffen, um den begünstigenden Verwaltungsakt zu definieren, dessen Rücknahme wegen des Vertrauensschutzprinzips beschränkt ist. Es nimmt deshalb nicht wunder, wenn man eine detaillierte Definition des subjektiven öffentlichen Rechts nur in der deutschen Rechtsordnung findet.

II. Traditionell wird das subjektive öffentliche Recht in Deutschland durch zwei unterschiedliche Definitionen umrissen. Einerseits handelt es sich um eine von der Rechtsordnung verliehene Willensmacht, andererseits liegt ein subjektives öffentliches Recht nur dann vor, wenn ein privates Interesse durch die Rechtsordnung geschützt wird.[749] Da die erste Definition die Rechtsfolgen, nur die zweite Theorie aber die Voraussetzungen des subjektiven öffentlichen Rechts umreißt, hat sich in der Rechtsprechung und Literatur im Anschluß an *Otmar Bühler* die zweite Definition durchgesetzt. Da eine andere Definition des subjektiven Rechts kaum denkbar erscheint, wird man diese Interessentheorie auch etwa in Frankreich dann anwenden müssen, wenn diese Rechtsordnung auf den Begriff des subjektiven öffentlichen Rechts verweist.

748 Vgl. die Kommentare zu § 42 I VwGO und die dort angegebene Literatur; sowie *Maurer*, § 8, Rdnr. 1 ff.

749 Ähnlich *Maurer*, § 8, Rdnr. 2.

Otmar Bühler hat als Voraussetzungen des subjektiven öffentlichen Rechts auf drei Elemente zurückgegriffen. Es muß sich um eine Norm des öffentlichen Rechts handeln, die im Interesse des Bürgers eine rechtliche Verbindlichkeit des Staates begründet. Die Rechtsordnung muß dem Bürger dabei eine verwaltungsgerichtliche Durchsetzungsmöglichkeit eröffnen. Diese letzte Voraussetzung spielte nur solange eine Rolle, wie die Verwaltungsgerichtsordnung auf das Enumerationsprinzip zurückgriff. Da nach dem Erlaß des Grundgesetzes Art. 19 IV GG bei jeder Verletzung eines subjektiven Rechts den Rechtsweg eröffnet, ist die Notwendigkeit dieses dritten Tatbestandselements entfallen. Auch die beiden anderen Voraussetzungen des subjektiven öffentlichen Rechts haben sich im Laufe der Entwicklung verändert.
Das gilt zunächst für die Voraussetzung, daß die Norm eine Verbindlichkeit der Verwaltung begründen muß. Da nach Art. 19 IV GG alle rechtlich geschützten Interessen durchgesetzt werden müssen, muß eine Klagemöglichkeit des Bürgers auch dann bestehen, wenn das Gesetz der Verwaltung ein Ermessen einräumt. Die Literatur hat diesen Fall als »Anspruch auf fehlerfreie Ermessensausübung« umrissen. Natürlich steht dieser Anspruch nicht jedermann, sondern nur den Individuen zu, deren Interessen das betreffende Gesetz schützt. Das aber bedeutet, daß nur die Individuen klagen dürfen, deren Interessen bei der nach der Ermessensfehlerlehre erforderlichen Abwägung zu berücksichtigen sind. Dabei kann es sich nicht um alle denkbaren Interessen handeln, die durch den Verwaltungsakt tatsächlich betroffen werden; die Interessen müssen vielmehr durch das Recht geschützt sein. Das ist auf der einen Seite der Fall, wenn ein Grundrecht tangiert wird. Auf der anderen Seite sind auch die Interessen zu berücksichtigen, die das betreffende Gesetz schützen will. Im einzelnen kann auf die sogleich zu behandelnde Schutznormtheorie verwiesen werden.
Hinsichtlich des Schutzes der Interessen durch die Rechtsordnung unterscheiden Literatur und Rechtsprechung im Rahmen der Schutznormtheorie in einem weiteren Sinne zwei Fälle. Einerseits kann es sich um Interessen handeln, die durch das Gesetz, genauer, durch die Voraussetzungen geschützt werden, die vorliegen müssen, damit der Verwaltungsakt ergehen kann. Auf der anderen Seite können die Interessen des Klägers durch ein Grundrecht gegen unmittelbare (Adressat) und mittelbare (Drittbetroffener) Eingriffe geschützt sein. Im zweiten Fall steht das geschützte Interesse fest; fraglich ist folglich nur, ob auch der mittelbare (faktische) Eingriff in das Grundrecht die an den unmittelbaren Grundrechtseingriff anknüpfenden rechtsstaatlichen Garantien (Klagemöglichkeit, Gesetzesvorbehalt, Verhältnismäßigkeitsprinzip, Wesensgehaltsgarantien, Verfahrensgarantien) anwendbar macht. Denn der nur mittelbare Eingriff in ein Grundrecht kann nicht automatisch zur Anwendung der an den unmittelbaren Eingriff anknüpfenden Normen führen, weil

die Besonderheiten des mittelbaren Eingriffs zu berücksichtigen sind. Weitgehend akzeptiert wird in der Rechtsprechung und Literatur bisher nur, daß der mittelbare Eingriff in ein Grundrecht, wenn auch möglicherweise nur unter weiteren Voraussetzungen die Klagemöglichkeit auslöst. Die Probleme der Anwendbarkeit der anderen rechtsstaatlichen Garantien auf den mittelbaren Eingriff sind dagegen noch weitgehend unerforscht. Das gilt insbesondere auch für die Verfahrensgarantien des Verwaltungsverfahrensgesetzes.

In den Fällen, in denen das Interesse des Klägers durch die Voraussetzungen des Verwaltungsakts geschützt wird, liegt zwar der Eingriff fest, bleibt aber weitgehend ungeklärt, welche Interessen das Gesetz schützen will. Ergibt sich dies nicht aus der Zielrichtung und aus der Systematik des Gesetzes, soll nach der herrschenden Lehre dem Gesetzgeber der Wille unterstellt werden, er habe die Interessen auch rechtlich schützen wollen, die durch den Verwaltungsakt tatsächlich betroffen werden. Dieser Auffassung wird man folgen können, wenn man diese Vermutung dahin ergänzt, daß es sich um schützenswerte Interessen handeln muß. Das ist zumindest immer dann der Fall, wenn das betreffende Interesse durch andere Normen der Rechtsordnung geschützt wird. Auslegungshinweise für die Schutzrichtung des Gesetzes können sich dabei auch aus dem Verfahren ergeben. Die Interessen derjenigen Individuen, die in einem dem Verwaltungsakt vorangehenden Verfahren angehört werden müssen, will der Gesetzgeber grundsätzlich schützen.

Die damit festliegenden Voraussetzungen des subjektiven öffentlichen Rechts reichen aber für eine vollständige Definition nicht aus. Sollen etwa Baunormen die Sicherheit eines Gebäudes sicherstellen, werden zwar die Interessen des Eigentümers und des Mieters geschützt, die bei einem Einsturz gefährdet werden. Handelt es sich dagegen um einen Käufer, der ein Warenhaus nur gelegentlich besucht, ist ein späterer Eingriff in die Interessen dieses Käufers unwahrscheinlich. Nur diejenigen Interessen der Kläger werden also durch das Gesetz geschützt, die bei einer Verletzung der Norm mit hinreichender Wahrscheinlichkeit gefährdet werden.

In beiden Fällen des Interessenschutzes entsteht die Frage, ob sich der Kläger, der durch die Grundrechte oder durch die materiellen Regeln eines Gesetzes geschützt wird, auf die Verletzung der Zuständigkeits- und der Form- und Verfahrensvorschriften stützen kann. Im Anschluß an das Lüth-Urteil des Bundesverfassungsgerichts wird man dies bei einer Grundrechtsverletzung grundsätzlich bejahen müssen, weil jede Verletzung einer objektiven Norm den Grundrechtseingriff rechtswidrig macht. Fraglich erscheint dies nur, wenn es sich um den Schutz der Interessen durch das den Erlaß des Verwaltungsaktes regelnde Gesetz handelt und dieses Gesetz nicht bestimmt, daß etwa auch der Kläger anzuhören ist. Wir haben nun bei der Kommentierung der Zuständigkeits- und der Formvorschriften gezeigt, daß auch diese Normen die sachlich gerechte Abwägung der durch das materielle Recht geschützten Interessen sicherstellen sollen. Das aber heißt, daß diese Vorschriften mittelbar auch die Interessen der Person schützen, die durch die materiellrechtlichen Normen geschützt werden.

§ 23 Das Verwaltungsverfahren i.e.S.: Anhörungs- und Begründungszwang

A. *Die Beteiligung am Verwaltungsverfahren*

Der Kreis der am Verwaltungsverfahren Beteiligten wird durch § 13 VwVfG festgelegt.[750] Aus den Vorschriften des Verwaltungsverfahrensgesetzes, welche für den Träger der Verfahrensrechte auf die »Beteiligten« verweisen (§§ 14, 16, 20, 28 f., 38, 66-68, 71, 73, 84 VwVfG), ergibt sich, daß die Personen gemeint sind, die zur Verwaltung in einem materiellrechtlichen Verwaltungsrechtsverhältnis stehen.[751] Dieses Rechtsverhältnis kann schon vor Erlaß des Verwaltungsaktes bestehen; es kann aber auch durch den geplanten Verwaltungsakt erst begründet werden. Geht man von dieser Voraussetzung aus, wird man § 13 VwVfG folgendermaßen interpretieren müssen:
Der Antragsteller ist Beteiligter nur, wenn die Verwaltungsbehörde verpflichtet ist, den Antrag durch einen Verwaltungsakt zu bescheiden.[752] Das ist wohl nicht der Fall, wenn der Antrag auf die Gestaltung eines Rechtsverhältnisses zwischen der Verwaltung und einem Dritten gerichtet ist und der Antragsteller evident in keiner Rechtsbeziehung zu diesem Rechtsverhältnis steht. In einem solchen Fall dürfte die Verwaltung zwar verpflichtet sein, auf den Antrag zu antworten; dies braucht aber nicht in der Form eines Verwaltungsakts zu erfolgen. Im übrigen ist es nicht erforderlich, daß schon vor dem Verwaltungsakt ein Rechtsverhältnis zwischen dem Adressaten und der Behörde bestand. Das ist etwa bei einem Antrag auf Gewährung einer Subvention regelmäßig nicht der Fall. Wird die Subvention in Form eines Verwaltungsakts oder eines Vertraltungsvertrages gewährt oder in Form eines Verwaltungsakts abgelehnt, wird ein Rechtsverhältnis zum Antragsteller begründet. Da dieses Rechtsverhältnis die Rechtspositionen des Adressaten berührt, muß er an dem vorangehenden Verfahren beteiligt werden. Auch wenn die Verwaltung an den Adressaten einen Verwaltungsakt richten will oder gerichtet hat, oder, wenn sie mit dem Adressaten einen Verwaltungsvertrag abschließen will oder abgeschlossen hat, kann es nicht darauf ankommen, daß ein entsprechendes Rechtsverhältnis vorher schon bestand. Auch wenn der Verwaltungsakt gegen den Adressaten nicht ergehen durfte und folglich auch der Abschluß eines

750 Vgl. *Maurer*, § 19, Rdnr. 11.
751 *Badura*, in: Erichsen, § 35 III, Rdnr. 8.
752 A.A. *Bonk*, in: Stelkens/Bonk/Sachs, VwVfG, § 13, Rdnr. 10.

Verwaltungsvertrages mit diesem Partner ausgeschlossen ist, entsteht durch den rechtswidrigen Verwaltungsakt ein Rechtsverhältnis, das die Beteiligung am vorangehenden Verfahren erfordert.

Fraglich ist nur der Inhalt des § 13 I Ziff. 4 i.V.m. § 13 II VwVfG.[753] Wenn der Ausgang des Verfahrens nur die rechtlichen Interessen einer dritten Person berührt, wird diese Person Beteiligter erst dann, wenn die Behörde sie zu dem Verfahren hinzugezogen hat; hat der Ausgang des Verfahrens dagegen rechtsgestaltende Wirkung für den Dritten, so muß dieser auf Antrag am Verfahren beteiligt werden. Entscheidend ist also auf den ersten Blick der Unterschied zwischen der »Berührung des rechtlichen Interesses« und der »Gestaltung eines Rechts« des Dritten.

Nach der Kommentarliteratur[754] ist unter dem Begriff »rechtliche Interessen« das rechtliche, also durch eine Rechtsnorm geschützte Interesse und damit das subjektive öffentliche Recht zu verstehen; »rechtsgestaltend« soll ein Verwaltungsakt dagegen sein, wenn er unmittelbare Rechte eines Dritten begründet, ändert oder aufhebt.[755] Festzuhalten ist, daß, wenn ein Verwaltungsakt in subjektive Rechte und vor allem Grundrechte eines Dritten eingreift, er nur faktische und nicht rechtsgestaltende Wirkung hat. Denn der Verwaltungsakt ist in diesem Fall auf die Gestaltung nur des Rechtsverhältnisses zwischen der Verwaltung und dem Adressaten gerichtet. Daß der Dritte, wenn er diesen Verwaltungsakt nicht anficht, rechtlich zur Duldung des faktischen Eingriffs in seine Rechte verpflichtet ist, wird nicht durch den Verwaltungsakt, sondern durch die objektive Rechtsordnung bewirkt.

In der Terminologie des § 13 VwVfG wird der Dritte durch den Verwaltungsakt also stets nur in seinen »rechtlichen Interessen berührt«. Die Folge ist, daß die Verwaltung ihn auf seinen Antrag hin am Verfahren beteiligen kann, aber nicht muß.

Diese Regelung widerspricht der Menschenwürde des Art. 1 I GG, nach welchem niemand nur Objekt des staatlichen Handelns sein darf. Diese Rechtsfolge wird für das Gerichtsverfahren durch Art. 19 IV GG bestätigt, fließt aber für das Verwaltungsverfahren unmittelbar aus Art. 1 I GG in Verbindung mit der analogen Anwendung des Art. 19 IV GG. § 13 VwVfG widerspricht insoweit auch dem Gedanken der Prozeßökonomie, weil, wenn der Dritte nicht am Verwaltungsverfahren beteiligt wird, der Streit in das Gerichtsverfahren verlagert wird. Daß am Verfahren auf diese Weise eventuell sehr zahlreiche Dritte zu beteiligen sind und das Handeln der Verwaltung hierdurch erschwert werden könnte, dürfte die Beschränkung der Verfahrensrechte des Dritten

753 Dazu *Kopp*, VwVfG § 13, Rdnr. 23 ff.

754 Vgl. *Bonk*, in: Stelkens/Bonk/Sachs, VwVfG, § 13, Rdnr. 25 und 30.

755 *Clausen*, in: Knack, VwVfG, § 13, Anm. 4.2.

verfassungsrechtlich nicht rechtfertigen. Eventuell können die Vorschriften über das Planfeststellungsverfahren analog angewendet werden.
Verwaltungsakte, die auch das Rechtsverhältnis zu einem Dritten gestalten, dürften recht selten sein. Zu denken wäre etwa an privatrechtsgestaltende Verwaltungsakte. Insofern stellt sich aber ein weiteres Problem, das von der Lehre bisher nicht analysiert worden ist. In der Tat muß der Verwaltungsakt allen Personen zugestellt werden, deren Rechtsverhältnis zur Verwaltung er gestalten soll. Die Verwaltung ist also bei der Bestimmung des Adressaten nicht, wie dies § 13 I Ziff. 2 VwVfG andeutet, völlig frei. Das bedeutet aber, daß, wenn der Verwaltungsakt das Rechtsverhältnis zum Dritten gestaltet, dieser als Adressat des Aktes stets »geborener Beteiligter« des § 13 I Ziff. 2 und 3 VwVfG ist. § 13 II S. 2 VwVfG stößt also ins Leere.

B. *Anhörungs- und Begründungszwang in den Mitgliedstaaten der EG*

I. *Anhörungszwang*

In Frankreich erstreckt sich der Anhörungszwang kraft gesetzlicher Bestimmung auf alle Verwaltungsakte, die einer Begründung bedürfen. Wie wir zeigen werden, greift der Begründungszwang nur für belastende Verwaltungsakte ein. Darüber hinaus hat der Conseil d'Etat für bestimmte Fälle ein allgemeines Rechtsprinzip entwickelt, das die »droits de defense« regelt. Dieses Prinzip verleiht das Recht, zu den geplanten Verwaltungsakten schriftlich und mündlich u.U. vertreten durch einen Anwalt, die Gegenargumente vorzutragen. Diese Anhörungspflicht greift für Verwaltungsakte, die dem Bürger eine schwere Sanktion auferlegen.[756]
Nach Art. 20 II der griechischen Verfassung ist der Betroffene vor dem Erlaß eines Verwaltungsaktes anzuhören. Der Staatsrat hat diese Bestimmung dahin ausgelegt, daß sie nur für individuelle, belastende Verwaltungsakte greift. Eine vorherige Anhörung ist nicht erforderlich, wenn der Verwaltungsakt auf Antrag des Adressaten ergeht oder wenn er einen Antrag auf Anerkennung eines Rechts ablehnt.[757]

756 CE 8.1.1960, *Rohmer*, RDP 1960, S. 333; zu allem vgl. *Vedel/Delvolvé*, S. 611 ff.
757 *Spilitoupoulos*, S. 12 ff.

II. *Der Begründungszwang*

1. *Frankreich*

In Frankreich dient der Begründungszwang wie im europäischen Recht drei Zwecken. *Vedel/Delvolvé* führen insoweit aus:[758] »la motivation est favorable aux administrés, qui connaissent, dès l'adoption de la décision, les raisons qui ont provoquées et peuvent plus facilement les contester; elle facilite la tâche du juge qui n'a pas à provoquer la communication des motifs de l'administration elle n'est pas inutile à l'administration qui, en formulant ses motifs, est amenée à préciser sa propre position.«
Lange Zeit war eine Begründung gesetzlich nur für bestimmte Verwaltungsakte vorgeschrieben. Durch zwei Gesetze von 1976 und 1986 ist der Begründungszwang auf alle Einzelakte erstreckt worden, die den Bürger belasten.[759]

2. *Spanien*

Die spanische Rechtsordnung folgt weitgehend dem italienischen Recht. Nach Art. 43 des Verwaltungsverfahrensgesetzes müssen die folgenden Verwaltungsakte begründet werden:
- Akte, die subjektive Rechte einschränken, aufheben
- Akte, die auf eine Beschwerde ergehen
- Akte, die von vorherigen Entscheidungen oder von Stellungnahmen anderer Organe abweichen

Außerdem sind Verwaltungsakte zu begründen, wenn das Gesetz dies ausdrücklich vorsieht.[760]

3. *Griechenland*

Nach einer allgemeinen Regel des Verwaltungsrechts müssen individuelle belastende Verwaltungsakte begründet werden; das gilt auch, wenn der Verwaltungsakt Dritte belastet. Allerdings muß die Begründung in den meisten Fällen nicht im Verwaltungsakt verankert werden; es reicht aus, wenn sie sich in den Akten findet.[761]

758 S. 291.
759 Vgl. *Vedel/Delvolvé*, S. 290 ff.
760 Vgl. zu allem *Parrada*, S.
761 Vgl. zu allem *Spiliotopoulos*, S. 125 ff.

4. *Italien*

Der Begründung bedürfen die Ablehnung eines Antrags, die Begründung von Rechten, Ermessensakte, die Ablehnung einer Genehmigung, die Rücknahme eines Verwaltungsaktes.[762]

C. *Die Anhörung*

Nach § 28 I VwVfG ist, bevor ein Verwaltungsakt erlassen wird, der in Rechte eines Beteiligten eingreift, diesem Beteiligten Gelegenheit zu geben, sich zu den für die Entscheidung erheblichen Tatsachen zu äußern.

I. Die Anhörung hat eine doppelte Ratio: formal gesehen, verlangt die Menschenwürde (Art. 1 I, 19 IV GG), daß die Person, deren Interessen durch den Verwaltungsakt betroffen werden, nicht nur Objekt des staatlichen Verfahrens ist, sondern ihre Interessen in dem dem Verwaltungsakt vorangehenden Verfahren aktiv vertreten kann.[763] Materiell gesehen, wird die Anhörung erforderlich, um die Sach- und Rechtslage zu klären und so die Möglichkeit zu einer sachlich-gerechten Abwägung aller Interessen zu finden.[764] § 28 VwVfG steht damit in einer engen Beziehung zum Untersuchungsgrundsatz (§ 24 VwVfG). Beide Aspekte der Anhörung werden durch das Grundgesetz gefordert.[765] Wie wir gezeigt haben, verlangt das Rechtsstaatsprinzip, daß die betroffenen Interessen sachlich-gerecht miteinander abgewogen werden und daß die Grundrechte und das objektive Recht sich in der Verfassungswirklichkeit durchsetzen. Auch das Europarecht verlangt dabei eine Ausgestaltung des Verfahrens, welche die effektive Durchsetzung des Europarechts gewährleistet. Diesen beiden Aspekten genügt § 28 VwVfG nur bedingt.

II. Nach § 28 I VwVfG ist eine Anhörung nur erforderlich, wenn der Verwaltungsakt in »Rechte eines Beteiligten« eingreift. Nach § 13 VwVfG ist Beteiligter nicht nur der Adressat des Verwaltungsakts, sondern auch ein Dritter, in dessen Rechte der Verwaltungsakt mittelbar eingreift. Auch Verwaltungsakten mit Doppelwirkung muß also eine Anhörung vorangehen. Nach

762 *Vittà*, Diritto amministrativo, 4. Aufl., 1955, S. 416 f.
763 Vgl. *Bonk*, in: Stelkens/Bonk/Sachs, VwVfG, § 28, Rdnr. 1.
764 *Clausen*, in: Knack, VwVfG, § 28, Anm. 2.2.
765 Vgl. *Maurer*, § 19, Rdnr. 20.

§ 28 VwVfG nicht erforderlich ist dagegen eine Anhörung, wenn es sich um einen nur begünstigenden Verwaltungsakt handelt.[766]
Diese Beschränkung der Anhörungspflicht widerspricht den oben umrissenen Postulaten des Rechtsstaatsprinzips. Durch einen begünstigenden Verwaltungsakt werden in aller Regel erhebliche öffentliche Interessen, bei Subventionen vor allem das verfassungsrechtlich geschützte Finanzinteresse des Staates tangiert. Das objektive Rechtsstaatsprinzip verlangt auch in einem solchen Fall die vollständige Aufklärung der Sach- und Rechtslage. Das wird durch § 24 VwVfG bestätigt, der auch bei begünstigenden Verwaltungsakten greift. Eine solche Aufklärung ist in den meisten Fällen aber nur möglich, wenn die Beteiligten angehört werden. Auch die effektive Durchsetzung des objektiven Rechts, die durch den Untersuchungsgrundsatz angesprochen und zumindest vom Europarecht gefordert wird, verlangt eine solche Aufklärung der Sach- und Rechtslage.
Völlig unhaltbar ist es dabei, daß nach § 28 II Ziff. 3 VwVfG von einer Anhörung abgesehen werden kann, wenn von den tatsächlichen Angaben eines Beteiligten nicht zu seinen Ungunsten abgewichen werden soll. Bei einem Verwaltungsakt mit Doppelwirkung sind mindestens zwei Personen beteiligt. Soll wirklich von der Anhörung abgesehen werden können, wenn die Verwaltung den Angaben eines Beteiligten folgt, diese Angaben aber in Widerspruch zu den Angaben eines anderen Beteiligten stehen? Darüber hinaus verlangt das Rechtsstaatsprinzip eine Anhörung auch, wenn die Erklärungen der Beteiligten übereinstimmen. Denn ob diese Erklärungen glaubhaft sind, läßt sich meist erst in einer mündlichen Anhörung klären.

III. Nach § 28 I VwVfG bezieht sich die Anhörung nur auf die Tatsachen, nicht aber auf die Rechtslage.[767] Auch diese Beschränkung widerspricht den Postulaten des Rechtsstaatsprinzips. Auf der einen Seite verlangt die Menschenwürde eine solche umfassende Beteiligung der Personen, die in ihrem Interesse betroffen werden. Auf der anderen Seite kann auch die Rechtslage häufig vollständig nur geklärt werden, wenn die Verwaltung die Rechtsansicht der Betroffenen in ihre Erwägungen einbezieht.

IV. Nach § 28 I VwVfG wird nur verlangt, daß die Beteiligten sich zu den Tatfragen »äußern«; dabei soll auch eine schriftliche Erklärung ausreichen, die auch im Antrag enthalten sein kann. Diese Beschränkung des Anhörungsrechts reicht sicherlich für einfache Sach- und Rechtsfragen aus. Wenn es sich dagegen um komplexe Tat- und Rechtsfragen handelt, kann eine richtige Ent-

766 *Obermayer*, VwVfG, § 28, Rdnr. 15.
767 Vgl. hierzu *Bonk*, in: Stelkens/Bonk/Sachs, VwVfG, § 28, Rdnr. 23 f.

scheidung, wie das Prozeßrecht deutlich zeigt, nur in einer mündlichen Verhandlung gefunden werden.

V. Probleme bestehen auch hinsichtlich der vierten Ziffer des § 28 II VwVfG. Wie das Planfeststellungsverfahren deutlich zeigt, geht auch der Gesetzgeber davon aus, daß bei einer großen Zahl von Beteiligten auf die Anhörung grundsätzlich nicht verzichtet werden kann. § 28 II Ziff. 4 VwVfG ist folglich verfassungskonform auf den Fall zu beschränken, in dem die Rechts- und Tatlage einfach gelagert ist.[768] Insoweit wird man auf die Parallele zum letzten Halbsatz des § 39 II Ziff. 3 VwVfG zurückgreifen können.
Bedenklich erscheint auch die Beschränkung der Anhörungspflicht (wie der Begründungspflicht) auf Verfahren, die auf den Erlaß eines Verwaltungsaktes gerichtet sind. Für den Abschluß von Verwaltungsverträgen greifen diese beiden Vorschriften ihrer systematischen Stellung nach nicht. Wir haben gesehen, daß die Anhörung für die Wahrheitsfindung (Untersuchungsgrundsätze) bei komplexen Sach- und Rechtsfragen unbedingt erforderlich ist. Dasselbe gilt für den Begründungszwang, der unter anderem die Selbstkontrolle der Verwaltung und damit die Richtigkeit der staatlichen Entscheidung zum Ziel hat. Der Verzicht auf Anhörung und Begründung beim Abschluß von Verwaltungsverträgen ist dabei gefährlicher als beim Verwaltungsakt, weil nach § 59 II VwVfG ein gegen das Gesetz verstoßender Verwaltungsvertrag nicht ohne weiteres nichtig ist. Gerade beim Abschluß von Verträgen muß also auf die Einhaltung der Formvorschriften größtes Gewicht gelegt werden. Der Verzicht auf die Anhörung und auf die Begründung ist dabei nicht deswegen gerechtfertigt, weil dem Vertragsschluß in der Regel Verhandlungen vorausgehen und den Beteiligten deshalb die Tatsachen bekannt sind, welche die Verwaltung ihrer Entscheidung zugrunde legt. Denn die Verwaltung darf nach §§ 54 ff. VwVfG den Beteiligten den Verwaltungsvertrag auch ohne vorherige Verhandlung »diktieren«. Zumindest in diesen Fällen wird die Anhörung und Begründung erforderlich. Dieses rechtsstaatlich geforderte Ergebnis läßt sich rechtstechnisch dadurch erreichen, daß man § 63 I S. 1 VwVfG dahin auslegt, daß er auch auf die Vorschriften über den Verwaltungsakt verweist.

768 Ähnlich *Obermayer*, VwVfG, § 28, Rdnr. 85.

D. *Die Begründungspflicht*

Nach § 39 VwVfG ist ein belastender Verwaltungsakt (§ 39 II Ziff. 1 VwVfG) schriftlich zu begründen.

Die Begründungspflicht verfolgt drei Ziele: Zunächst soll sie in Form der Selbstkontrolle sicherstellen, daß die Verwaltung eine richtige Entscheidung fällt.[769] In dieser Form enthält der Begründungszwang eine wesentliche Garantie für eine sachlich-gerechte Abwägung aller betroffenen Interessen und für eine effektive Durchsetzung der Rechte der Individuen und des objektiven Rechts. Zweitens soll die Begründung den Betroffenen die Sach- und Rechtslage so vor Augen führen, daß ihm die Entscheidung ermöglicht wird, ob er den Verwaltungsakt anfechten will.[770] Und drittens soll die Begründung des Verwaltungsaktes die Verwaltungsgerichte insbesondere bei Ermessensentscheidungen in die Lage versetzen, den Verwaltungsakt effektiv zu kontrollieren.[771] In dieser letzten Zweckrichtung verwirklicht die Begründung die Effektivität des Rechtsschutzes (§ 19 IV GG). Hervorzuheben ist, daß alle diese drei Ziele auch der europäischen Begründungspflicht zugrunde liegen. Diesen verfassungsrechtlichen und europarechtlichen Aspekten entspricht § 39 VwVfG nur beschränkt.

I. Die Selbstkontrolle soll dem Rechtsstaatsprinzip entsprechend die Richtigkeit der staatlichen Entscheidung gewährleisten. Es handelt sich um eine der Anhörungspflicht parallele Garantie. Da durch begünstigende Verwaltungsakte erhebliche öffentliche Interessen betroffen werden, erscheint eine Beschränkung des Begründungszwangs auf belastende Verwaltungsakte als unzulässig. Insoweit kann auf die obigen Darlegungen zur Anhörungspflicht verwiesen werden.

II. Auf die Begründung kann nicht ohne weiteres verzichtet werden, wenn der Verwaltungsakt dem Antrag entspricht, dem Betroffenen die Auffassung der Behörde über die Sach- und Rechtslage bereits bekannt oder zugänglich ist.[772] In diesen beiden Fällen verlangt zwar der Zweck der Begründungspflicht, dem Betroffenen die Entscheidung über eine Anfechtung zu ermöglichen, keine Begründung. Die beiden anderen Ziele der Begründungspflicht verlangen aber auch in diesen Fällen eine Begründung. Das gilt insbesondere für die Selbstkontrolle der Verwaltung.

769 *Maurer*, § 10, Rdnr. 13.
770 *Stelkens*, in: Stelkens/Bonk/Sachs, VwVfG, § 39, Rdnr. 5.
771 *Kopp*, VwVfG, § 39, Rdnr. 3 m.w.N.
772 So § 39 II Ziff. 1 und 2 VwVfG.

III. Alle drei Ziele der Begründungspflicht verlangen schließlich, daß die Behörde entgegen dem Wortlaut des § 39 VwVfG nicht nur die tatsächlichen und rechtlichen Aspekte darlegt, die sie zu ihrer Entscheidung bewogen haben. Erforderlich ist vielmehr auch – wenn angesichts der Überbelastung der Behörden auch in der gebotenen Kürze – der Hinweis auf abweichende Meinungen in Rechtsprechung und Literatur und eine entsprechende Stellungnahme. Nur dann ist vor allem der Betroffene in der Lage, seine Rechtsposition beurteilen zu können.

IV. Die vom Gesetz mit der Begründungspflicht angestrebte Selbstkontrolle der Verwaltung kann nur erreicht werden, wenn die Verwaltung die endgültige Entscheidung erst bei der Abfassung der Begründung fällt. Ist die Entscheidung vorher gefallen, wird die nachfolgende Begründung versuchen, diesen Verwaltungsakt nicht zu korrigieren, sondern zu bestätigen und dabei auf Gesichtspunkte zurückzugreifen, die bei der Entscheidung keine Rolle gespielt haben. Um eine auf die Begründung gestützte Entscheidung handelt es sich dann nicht mehr. Etwas anderes gilt nur, wenn die ursprüngliche Entscheidung auf einem schriftlich ausgearbeiteten, alle Gesichtspunkte berücksichtigenden Exposé beruht und die Begründung dieses Exposé nur verkürzt wiedergibt, wenn es sich um einen rechtlich und tatsächlich einfach gelagerten oder um einen Routinefall handelt, über den die Verwaltung vorher schon mehrfach entschieden hat. Eine Ausnahme greift schließlich auch dann, wenn die Entscheidung auf dem klaren Wortlaut einer Verwaltungsverordnung beruht, die ihrerseits ein konkretes, konsequent durchgehaltenes Ordnungskonzept enthält.

V. Die Begründung des Verwaltungsakts kann vom Verwaltungsgericht nur herangezogen werden, um festzustellen, daß die Behörde ihr Ermessen nicht richtig ausgeübt hat. Die Begründung kann insofern nicht widerlegt werden. Die Behörde kann folglich nicht durch Rückgriff auf die Akten oder auf Zeugenaussagen nachweisen, daß sie etwa auch einen Gesichtspunkt berücksichtigt hat, den sie bei einer fehlerfreien Ausübung des Ermessens berücksichtigen mußte, in der Begründung aber nicht erwähnt hat.[773] Hätte die Begründung diese Ausschlußwirkung anderer Beweismittel nicht, könnte die Behörde also auch durch andere Beweismittel für eine fehlerfreie Ausübung ihres Ermessens zurückgreifen, verlöre der Begründungszwang seinen Sinn. Ist es das Ziel des Begründungszwangs, dem Kläger die Entscheidung über die Erfolgsaussicht seiner Anfechtungsklage zu ermöglichen, wird dieses Ziel nicht erreicht, wenn die Behörde auch auf andere Beweismittel zurückgreifen kann. Auf der anderen Seite soll der Begründungszwang dem Richter die

773 Vgl. *Badura*, in: Erichsen, § 38 II, Rdnr. 12.

Kontrolle gerade der Ermessensausübung erleichtern. Auch dieses Ziel wird nicht erreicht, wenn die Begründung keine Ausschlußwirkung hat. Und drittens dient die Begründung der Selbstkontrolle der Verwaltung. Dieses Ziel wird verfehlt, wenn die Verwaltung nicht schon bei der Begründung alle Argumente berücksichtigt hat. Wenn die Verwaltung nicht alle zu beachtenden Gesichtspunkte in die schriftliche Begründung aufgenommen hat, kann auch nicht davon ausgegangen werden, daß es sich bei der Ermessensentscheidung um einen logisch gegliederten, alle Gesichtspunkte berücksichtigenden Abwägungsvorgang gehandelt hat.

Selbst wenn sich dagegen aus der Begründung ergeben sollte, daß die Verwaltung ihr Ermessen richtig ausgeübt hat, kann der Kläger unter Rückgriff auf weitere Beweismittel nachweisen, daß die Ermessensausübung fehlerhaft war. Wenn z.B. die persönlichen Beziehungen zum Kläger der ausschlaggebende Gesichtspunkt für die Entscheidung war oder sogar Bestechung im Spiel war, wird diese Tatsache natürlich in die Begründung nicht aufgenommen werden. Trotzdem muß es dem Kläger möglich sein, sich auf solche Tatsachen zu berufen.

VI. Außerordentlich schwierig wird die Abgrenzung einer Verletzung der Begründungspflicht von einer fehlerhaften Ermessensausübung.[774] Wichtig ist dies deshalb, weil ein Formfehler im Gegensatz zu einem Ermessensfehler für die Entscheidung kausal gewesen sein muß. Grundsätzlich wird man davon ausgehen müssen, daß ein Formfehler dann vorliegt, wenn die Begründung entweder ganz fehlt oder wenn sie unvollständig ist, wenn sie also den Anforderungen der drei Ziele des Begründungszwangs nicht entspricht. Ein Ermessensfehler liegt dagegen dann vor, wenn die Begründung nicht schlüssig oder wenn sie widersprüchlich ist.

Diese Unterscheidung wäre dann nicht erforderlich, wenn in beiden Fällen die Verwaltung die Begründung nachschieben könnte. Es erscheint aber fraglich, ob die Verwaltung im Gerichtsverfahren ihre ursprüngliche ermessensfehlerhafte Entscheidung durch eine fehlerfreie Ermessensentscheidung ersetzen darf. Soweit geht die Möglichkeit eines Nachschiebens von Gründen wohl nicht. Es liegt zwar im Interesse der Prozeßökonomie, den Verwaltungsakt dann nicht aufzuheben, wenn die Verwaltung durch eine Änderung ihrer Begründung einen neuen Verwaltungsakt rechtmäßig setzen kann. Zu berücksichtigen ist aber, daß das Gericht den Verwaltungsakt rückwirkend aufheben muß. Der Bürger kann also in der Zeitspanne zwischen dem Erlaß des ursprünglichen Verwaltungsakts und dem Erlaß des neuen Verwaltungsakts nach Aufhebung des alten Akts seine Grundrechte frei ausüben. Diese rückwirkende Rechtmäßigkeit des Bürgerhandelns wird wohl angesprochen, wenn

774 Vgl. *Stelkens*, in: Stelkens/Bonk/Sachs, VwVfG, § 39, Rdnr. 22, 31.

der Verwaltungsakt mit den nachgeschobenen Gründen das Wesen des Verwaltungsakts ändert.
Angesichts der Erstreckung des europarechtlichen Begründungszwangs auch auf begünstigende Verwaltungsakte ist wohl davon auszugehen, daß der EuGH es als einen Verstoß gegen das Gemeinschaftsrecht werten wird, wenn die nationale Verwaltung aus Mitteln der EG Subventionen durch Akte ohne eine Begründung gewährt hat. Allerdings ist nicht ausgeschlossen, daß in einem solchen Fall den Regeln des nationalen Rechts entsprechend der Verwaltungsakt zwar rechtmäßig ist, die Subvention dann aber aus nationalen und nicht aus den Mitteln der EG zu gewähren ist.

E. *Zur nachträglichen Heilung von Verfahrensfehlern (§ 45 VwVfG)*[775]

I. Vor allem die Ziffern 2 und 3 des § 45 I VwVfG sind verfassungsrechtlich nicht unbedenklich. Es ist davon auszugehen, daß die Behörde dazu neigen wird, ihren ursprünglichen Verwaltungsakt aufrechtzuerhalten, wenn dies irgendwie möglich erscheint. Die Behörde ist auch in diesem Fall infolge ihrer früheren Befassung mit dem Sachverhalt befangen. Es kann deshalb nicht davon ausgegangen werden, daß die nach der nachträglichen Anhörung eventuell erforderliche neue Ermessensentscheidung neutral gefällt wird. Auch das Ziel des Begründungszwangs, die Verwaltung gerade bei Ermessensentscheidungen zu einer strikten Selbstkontrolle zu veranlassen, wird beim ursprünglichen Verwaltungsakt mangels Begründung nicht erreicht. Die Verwaltung wird bei der nachträglichen Begründung dazu neigen, diese so abzufassen, daß der Verwaltungsakt aufrechterhalten werden kann; eine echte Selbstkontrolle findet dann nicht mehr statt. Wenn überdies nach dem Wortlaut des § 45 II VwVfG die Begründung grundsätzlich bis zum Abschluß des verwaltungsgerichtlichen Verfahrens nachgeschoben werden kann, wird auch das zweite Ziel des Begründungszwangs nicht erreicht, den Betroffenen die Entscheidung über die Einlegung von Rechtsmitteln (auch des Widerspruchs) zu erleichtern.

II. Merkwürdigerweise wird nach dem Wortlaut des § 45 VwVfG ein Verfahrensfehler auch dann geheilt, wenn sich in der nachträglichen Anhörung und bei der nachträglichen Begründung zeigt, daß die Behörde bei ihrem ursprünglichen Verwaltungsakt von einer falschen Sach- oder Rechtslage ausgegangen ist; eine neue Ermessensentscheidung wird nach seinem Wortlaut

775 *Sachs*, in: Stelkens/Bonk/Sachs, VwVfG, § 45, Rdnr. 1 ff.

durch § 45 VwVfG nicht verlangt. In diesem Fall stehen zwei Lösungen zur Wahl. Entweder hat der Richter davon auszugehen, daß ein Ermessensfehler vorliegt und den Verwaltungsakt deswegen aufzuheben. Diese dem Wortlaut des § 45 VwVfG am besten entsprechende Lösung hat den Nachteil, daß über den von der herrschenden Lehre vertretenen Inhalt des § 45 VwVfG hinaus die Verletzung von Verfahrensvorschriften der Sanktion beraubt wird. Die andere Lösung würde über den Wortlaut des § 45 VwVfG hinaus für die Heilung des Formfehlers eine neue Ermessensentscheidung der Verwaltung verlangen. Auch diese Lösung erscheint verfassungsrechtlich bedenklich.
Während diese Lösung für die nachträgliche Anhörung vertretbar erscheint, gilt dies sicherlich nicht für die nachträgliche Begründung. Der Zweck einer Selbstkontrolle der Verwaltung wird in diesem Fall nicht erreicht, wenn eine neue Ermessensausübung nicht stattfindet, sondern nur die ursprünglich rein geistig entwickelten Gedankengänge schriftlich fixiert werden. Die Erfahrung lehrt, daß in der schriftlichen Fixierung die Gedanken an Logik und Präzision erheblich gewinnen. Da die Verwaltung bei einer nachträglichen Begründung auch nicht geneigt sein wird, ihren Verwaltungsakt dann zu ändern, wenn bei der Begründung Probleme auftreten, ist diese Bestimmung verfassungswidrig.
Allerdings kann § 45 VwVfG in einer solchen Auslegung von der Lehre herangezogen werden, um ihre Auffassung zu stützen, § 46 VwVfG müsse bei Ermessensentscheidungen um die weitere Voraussetzung der Kausalität ergänzt werden. Denn nach dieser Konzeption reicht die nachträgliche Einhaltung der Verfahrensvorschriften dann aus, wenn eine andere Ermessensentscheidung nicht zu erwarten wäre, weil sich etwa bei der nachträglichen Anhörung der von der Behörde dem ursprünglichen Verwaltungsakt zugrunde gelegte Sachverhalt bestätigt hat. § 45 VwVfG stellt dann eigentlich nur einen Sonderfall des § 46 VwVfG dar.

III. Die Ziffern 4 und 5 des § 45 I VwVfG werfen nur dann keine Probleme auf, wenn die Mitwirkung der anderen Behörden oder der Ausschüsse in der Form eines selbstständigen Verwaltungsakts erfolgt, der über Teilaspekte des Gesamtproblems endgültig entscheidet. Sind die Stellungnahmen der Behörden und Ausschüsse im Rahmen einer Ermessensentscheidung von der Behörde, die den durch § 45 VwVfG angesprochenen Verwaltungsakt erläßt, zu berücksichtigen, bestehen dieselben verfassungsrechtlichen Probleme wie bei den anderen Ziffern dieser Vorschrift.

IV. Die Ziffer 1 des § 45 I VwVfG schließlich ist dann problematisch, wenn der nachträglich gestellte Antrag mehr verlangt als der Verwaltungsakt gewährt. In diesem Fall könnte man davon ausgehen, daß der Antrag dem Verwaltungsakt nicht entspricht und deshalb eine Heilung der Verfahrensfehler

ausgeschlossen ist. Man kann aber auch der Auffassung folgen, das im Antrag enthaltene Mehr umfasse das durch den Verwaltungsakt gewährte Weniger. Entscheidend dürfte sein, daß dem Antragsteller die gewährte Leistung erhalten bleiben muß. Der nachträgliche Antrag deckt den ergangenen Verwaltungsakt, wenn die Leistung teilbar ist. Die Verwaltung muß dann über das Mehr neu entscheiden.
Die Begründung soll die Richtigkeit der Ermessensentscheidung gewährleisten. Kann schon die Begründung nach Klageerhebung nicht mehr nachgeschoben werden, muß dies erst recht für die Ermessensentscheidung selbst gelten. Würde nämlich die Begründung nach Klageerhebung zugelassen, hätte dies nur dann einen Sinn, wenn die durch die Begründung angezielte Selbstkontrolle im Rahmen einer neuen Ermessensausübung nachgeholt würde. Die nachträgliche Begründung wird also deshalb ausgeschlossen, weil nach Ansicht des Gesetzgebers auch die Ermessensausübung selbst nicht nachgeholt werden darf. Auch die Tatsache, daß durch das Nachschieben der Begründung ein gebundener Verwaltungsakt nicht in einen Ermessensakt verwandelt werden darf, zeigt deutlich, daß die Rechtsprechung und Literatur das Nacholen einer Ermessensentscheidung nicht gestatten.

F. *Die Sanktion der Verfahrensfehler (§ 46 VwVfG)*[776]

I. Selbst bei einer Beschränkung des § 46 VwVfG auf die gebundene Verwaltung könnte diese Bestimmung verfassungsrechtliche Probleme aufwerfen. Das Verwaltungsverfahren hat dem Rechtsstaatsprinzip entsprechend zum Ziel, eine richtige Entscheidung zu gewährleisten.[777] Nur wenn schon die Verwaltungsentscheidung richtig ist, kann der Betroffene seine Grundrechte, wie von der Verfassung verlangt, möglichst frühzeitig voll ausüben. Führt eine Verletzung der Verfahrensvorschriften nicht zu einer Aufhebung des Verwaltungsaktes, entfällt die mit der Aufhebung des Verwaltungsakts verbundene Präventionswirkung. Die Verwaltung könnte folglich geneigt sein, im Rahmen ihrer gebundenen Tätigkeit die Verfahrensvorschriften nicht hinreichend zu beachten. Dem steht aber die Tatsache entgegen, daß, wenn die Verwaltung die Verfahrensvorschriften nicht beachtet, sie unter Umständen bei ihrer Entscheidung von einer falschen Sach- und Rechtslage ausgeht. In diesem Fall wird der Verwaltungsakt aufgehoben. Das aber bedeutet, daß auch im Rahmen der gebundenen Verwaltung die Behörde zur Einhaltung der

776 *Sachs*, in: Stelkens/Bonk/Sachs, VwVfG, § 46, Rdnr. 1 ff.
777 Vgl. *Badura*, in: Erichsen, § 37, Rdnr. 1 ff.

Verfahrensvorschriften veranlaßt wird. Dazu kommt, daß der Inhalt des § 46 VwVfG durch den Gedanken der Verfahrensökonomie gefordert wird, der auch dem Betroffenen Vorteile bringt.

II. Der Gedanke der Verfahrensökonomie trägt allein die Beschränkung der Wirkung von Verfahrensverletzungen nicht. Auf der anderen Seite kann sich die herrschende Lehre auch nicht darauf stützen, die Gerichtsverfahrensgesetze zeigten, daß es sich bei der Forderung nach einer Kausalität um einen allgemeinen Rechtsgrundsatz handelt. Denn wenn auch die Verwaltungsgerichte ähnlich wie die Revisionsgerichte nur eine Rechtsverletzung überprüfen dürfen, handelt es sich im einen Fall um die Kontrolle der Verwaltung, im anderen Fall um die Kontrolle von Gerichten, die das Recht stärker beachten als die Behörden. Daß aus diesem Grund die Kontrolle der Verwaltungsgerichte weiter reicht als die der Revisionsgerichte, zeigt die Tatsache sehr deutlich, daß die Verwaltungsgerichte auch die Tatsachen überprüfen. Die Gefahr einer Anfechtung der Verwaltungsakte bewirkt aber eine starke Präventionswirkung, die entfällt, wenn die Verletzung der Formvorschriften unbeachtlich ist. Daß aber die Einhaltung der Form insbesondere bei Ermessensakten äußerst wichtig ist, haben wir oben schon ausgeführt. Eigentlich gestattet das Rechtsstaatsprinzip die Einräumung von Ermessen nur, wenn einerseits hinreichende Verfahrensgarantien für die Richtigkeit der Entscheidung der Verwaltung vorliegen, andererseits die Ermessenslehre die Ermessensausübung in die richtigen Bahnen lenkt.

III. Darüber hinaus stellt sich die Frage, ob bei Nachholung des Ermessens infolge eines Verfahrensfehlers nicht stets der Verwaltungsakt aufgehoben werden muß. In diese Richtung zielt § 46 VwVfG, nach welchem ein Verwaltungsakt bei einer Verletzung von Verfahrensfehlern nur dann nicht aufgehoben werden muß, wenn »keine andere Entscheidung in der Sache hätte getroffen werden können«. Mit dem Wortlaut dieser Bestimmung geht die Literatur und Rechtsprechung davon aus, daß diese Vorschrift die Erheblichkeit eines Verfahrensfehlers nur im Rahmen der gebundenen Verwaltung, bei Ermessensakten dagegen nur im Falle der Ermessensschrumpfung auf Null ausschließt.[778] Die Entscheidung des Gesetzgebers ist also klar. Entweder wollte er bei Ermessensakten auf die Kausalität verzichten, auf welche die Gerichtsordnungen bei der Revision in aller Regel abstellen, oder er war der Auffassung, bei Ermessensakten sei die Kausalität stets zu bejahen (»absoluter Revisionsgrund«). Denkbar ist auch, daß der Gesetzgeber sicherstellen wollte, daß die Verwaltung bei Ermessensakten Verfahrensvorschriften besonders stark beachtet, wie dies vom Rechtsstaatsprinzip gefordert wird. Wie bei diesem

778 Vgl. *Klappstein*, in: Knack, VwVfG, § 46, Anm. 4.2 bis 4.4 mit zahlr. Nachw.

klaren Wortlaut einer gesetzlichen Bestimmung, die durchaus einen Sinn hat, die Rechtsprechung und Literatur als weiteres Erfordernis insbesondere auch bei Ermessensakten die Kausalität einführen konnten,[779] bleibt unerfindlich. Durch das Rechtsstaatsprinzip jedenfalls wird diese Gesetzeskorrektur nicht verlangt. Allerdings wird dieses Abweichen vom Gesetz durch die Rechtsprechung und Lehre teilweise wieder korrigiert. In der Regel wird nur gefordert, daß bei Einhaltung der Verfahrensvorschriften eine andere Ermessensentscheidung »möglich« (nicht sicher oder wahrscheinlich) sein muß. Man wird diese Voraussetzung verfassungskonform dahin auslegen müssen, daß wenn nicht sichere Anhaltspunkte für das Gegenteil bestehen, die Verletzung von Verfahrensvorschriften für Ermessensakte stets kausal ist.

G. *Zum Recht auf Akteneinsicht (§ 29 VwVfG)*[780]

I. Nach § 29 VwVfG hat die Behörde den Beteiligten Einsicht in die das Verfahren betreffenden Akten zu gestatten, soweit deren Kenntnis zur Geltendmachung oder Verteidigung ihrer rechtlichen Interessen erforderlich ist. Diese Bestimmung wirft zunächst eine Auslegungsfrage auf. Nach § 13 I Ziff. 4 VwVfG sind Beteiligte auch diejenigen, die nach Abs. 2 von der Behörde zu dem Verfahren hinzugezogen worden sind. Bei diesen Personen wird es sich meist um Dritte handeln, die durch den Verwaltungsakt oder den Verwaltungsvertrag betroffen sind. Nun kann der Dritte den Antrag auf Hinzuziehung nach § 13 II 2 VwVfG in der Regel erst stellen, wenn er von den Akten Kenntnis genommen hat. Da es sich hierbei um eine durch das Rechtsstaatsprinzip geforderte Durchsetzungsmöglichkeit subjektiver öffentlicher Rechte einschließlich der Grundrechte handelt, wird man § 29 VwVfG abweichend vom Wortlaut dahin interpretieren müssen, daß die Akteneinsicht zu gewähren ist, wenn die Behörde nach § 13 II VwVfG den Betroffenen zu dem Verfahren hinzuziehen kann oder zumindest, wenn sie dies muß.[781]

II. § 29 VwVfG wirft aber auch verfassungsrechtliche und europarechtliche Probleme deshalb auf, weil er schon seinem Wortlaut nach nur eine effektive Durchsetzung der subjektiven öffentlichen Rechte gewährleisten will, das objektive Rechtsstaatsprinzip aber auch Verfahrensvorschriften verlangen dürfte, welche der effektiven Durchsetzung der objektiven Rechtsordnung

779 *Sachs*, in: Stelkens/Bonk/Sachs, VwVfG, § 46, Rdnr. 35 ff.
780 *Bonk*, in: Stelkens/Bonk/Sachs, VwVfG, § 29, Rdnr. 1 ff.
781 Ähnlich *Clausen*, in: Knack, VwVfG, § 29, Anm. 4.

dienen. Die Öffentlichkeit der Parlaments- und Gerichtsverhandlungen dient seit der französischen Revolution der Kontrolle des staatlichen Handelns durch den Aktivbürger. Daß das Rechtsstaatsprinzip im deutschen Recht auch diesen Aspekt deckt, zeigt die Tatsache sehr deutlich, daß nach Art. 42 I 1 GG der Bundestag öffentlich verhandelt und alle Verfahrensgesetze für die Gerichtsverhandlungen – wohl weil es sich auch insoweit um ein Verfassungsgebot handelt – die Öffentlichkeit des Verfahrens vorsehen. Wenn also die Literatur der Auffassung folgt, das Verwaltungshandeln müsse das Licht der Öffentlichkeit scheuen, beruht dies auf Ansätzen, die noch dem vorrevolutionären Regime verhaftet sind.[782]

Darüber hinaus würde durch eine solche Beteiligung des Bürgers am Verwaltungshandeln die in der Literatur zunehmend geforderte Transparenz des staatlichen Handelns gefördert. Es sollte versucht werden, in Anlehnung an das französische Verwaltungsrecht die Funktion des Aktivbürgers dem Sinn der Verfassung entsprechend auf die aktive Kontrolle der Verwaltung zu erstrecken. Eine Art »Popularklage« hat das Bundesverfassungsgericht im Maastricht-Urteil ausdrücklich zugelassen.[783]

Die Öffentlichkeit der Akteneinsicht ist ein überaus wirksames Mittel zur Gewährleistung der Sachlichkeit, der Gerechtigkeit und der Richtigkeit der staatlichen Entscheidungen. Schon die Möglichkeit der Akteneinsicht durch jedermann und vor allem durch die Presse zwingt die Behörden zu einer korrekten Pflichterfüllung. Deshalb sieht das Recht der skandinavischen Staaten, neuerdings auch einiger kontinentaleuropäischer Staaten, wie etwa in Frankreich, die Öffentlichkeit der Akteneinsicht vor. Überdies fordert neuerdings auch das Europäische Gemeinschaftsrecht wie etwa in der Umweltinformationsrichtlinie[784] die öffentliche Akteneinsicht. Es ist deshalb wohl zu erwarten, daß auch der Europäische Gerichtshof in Anwendung des Effektivitätsprinzips die öffentliche Akteneinsicht zu einem allgemeinen Rechtsgrundsatz erhebt.

782 Vgl. *Schlachter*, Mehr Öffentlichkeit wagen, 1993.
783 BVerGE 89, 115.
784 Vgl. *Röger*, Umweltinformationsgesetz, 1995; *Meyer-Rutz*, Das neue Umweltinformationsgesetz, 1995.

§ 24 Besondere Verfahrensarten

I. Das Verwaltungsverfahren kennt als besondere Verfahrensart das förmliche Verfahren[785] und das Planfeststellungsverfahren.[786] Das förmliche Verfahren[787] soll der Intention des Gesetzgebers nach bei einem besonders starken Eingriff in wesentliche Grundrechte des Betroffenen eingesetzt werden.[788] Da im förmlichen Verfahren die Mitwirkungsrechte der Beteiligten erheblich verstärkt worden sind, entspricht diese Abstufung der Rechtsprechung des Bundesverfassungsgerichts, nach welcher bei einem besonders starken Grundrechtseingriff besondere Schutzgarantien erforderlich werden. Das Planfeststellungsverfahren hat das weitere Ziel, Mittel zur Bewältigung von Massenverfahren zur Verfügung zu stellen, an denen vor allem auch andere Behörden beteiligt sind.

Der Gesetzgeber hat beide Verfahrensarten als Modelle entwickelt, auf welche die späteren Gesetze nach freier Entscheidung zurückgreifen können. Dem Wortlaut nach greifen beide Verfahrensarten deshalb nur ein, wenn der Gesetzgeber dies in einem anderen Gesetz ausdrücklich verfügt hat. Die Literatur ist deshalb der Auffassung, auf die Verfahren dürfe die Verwaltung zwar auch ohne eine solche ausdrückliche gesetzliche Verweisung zurückgreifen, eine Pflicht bestehe hierzu aber nicht. Dieser Auffassung vermag ich insbesondere für das förmliche Verfahren nicht zu folgen, weil hier eine Verpflichtung durch den Gesetzgeber dann vorliegt, wenn der Verwaltungsakt schwer in besonders schützenswerte Grundrechte eingreift. Darüber hinaus ist eine Analogie zum Planfeststellungsverfahren dann geboten, wenn dessen Ratio zutrifft, es sich also um ein Massenverfahren handelt.

Umgekehrt ist wohl anzunehmen, daß die Verwaltung trotz der Verweisung des Gesetzgebers auf das aufwendige Planfeststellungsverfahren dann verzichten darf, wenn die Ratio dieses Gesetzes entfällt, an dem Verfahren also nur sehr wenige Personen beteiligt sind. (Analogie zu den Vorschriften über die Planänderung).

II. Insbesondere das Planfeststellungsverfahren[789] wirft eine Reihe verfassungsrechtlicher Probleme auf.

785 §§ 63 ff. VwVfG.
786 §§ 72 ff. VwVfG.
787 Zum förmlichen Verwaltungsverfahren *Achterberg*, § 22, Rdnr. 103 ff.
788 Vgl. *Sachs*, in: Stelkens/Bonk/Sachs, VwVfG, § 63, Rdnr. 3; *Achterberg*, § 22, Rdnr. 104.
789 Zum Planfeststellungsverfahren *Achterberg*, § 22, Rdnr. 131 ff.

Nach Auffassung der Literatur sind die §§ 73 ff. VwVfG auch dann anzuwenden, wenn das Gesetz, welches die Planfeststellung festlegen soll, auf die §§ 73 ff. VwVfG nicht verweist und den Begriff »Planfeststellungsverfahren« nicht verwendet. Im Gegensatz zur Auffassung der Literatur kann in einem solchen Fall dem Gesetz eine Verweisung auf die §§ 73 ff. VwVfG nur dann entnommen werden, wenn die Ratio dieser Vorschriften greift.
Nach *Meyer*[790] ist für die Anwendbarkeit der §§ 73 ff. VwVfG weder ein Verweis auf diese Vorschriften noch die Verwendung des Begriffs »Planfeststellung« erforderlich; es reiche aus, wenn nach dem betreffenden Gesetz über die Zulässigkeit eines raumbezogenen Vorhabens durch Verwaltungsakt zu entscheiden ist. Diese Auffassung übersieht auf der einen Seite, daß die Rechtswirkungen des § 75 VwVfG nur eintreten können, wenn das Gesetz dies ausdrücklich durch eine Verweisung entweder auf § 75 VwVfG oder auf das Planfeststellungsverfahren anordnet, weil sonst die für den Eingriff erforderliche gesetzliche Ermächtigungsgrundlage fehlt. Eine Analogie reicht aber nach der Rechtsprechung des Bundesverfassungsgerichtes für Grundrechtseingriffe nicht aus.[791] Auf der anderen Seite müssen die anderen Vorschriften der §§ 73 ff. VwVfG aus rechtlichen Gründen analog dann angewendet werden, wenn es sich um ein Massenverfahren handelt.

1. Die Planfeststellung wird in Lehre und Rechtsprechung als Verwaltungsakt angesehen. Damit stellt sich das Problem, ob neben der Anfechtungsklage auf die Planfeststellung alle Vorschriften anzuwenden sind, die nach dem Verwaltungsverfahrensgesetz an den Verwaltungsakt anknüpfen. Ausgeschlossen ist dies nach dem Wortlaut des Verwaltungsverfahrensgetzes eindeutig nur, soweit die Vorschriften über das Planfeststellungsverfahren von den Vorschriften über den Verwaltungsakt abweichen. Da die Regeln des Verwaltungsakts Ausdruck des Rechtsstaatsprinzips sind, müssen sie auch auf das Planfeststellungsprinzip angewendet werden.
Diese Grundsatzentscheidung hat insbesondere die folgenden Auswirkungen:

a) Die Anhörung im Planfeststellungsverfahren muß mindestens den Anforderungen des § 28 VwVfG entsprechen. Auf die Kommentierung dieser Bestimmung kann hier hingewiesen werden. Dasselbe gilt für den Begründungszwang: § 74 VwVfG ist entsprechend zu interpretieren.

b) Im Rahmen des § 76 VwVfG hat die Behörde auch bei Planfeststellungen den Vertrauensschutzgrundsatz zu beachten: die §§ 48 ff. VwVfG sind folglich zumindest analog anzuwenden.

790 In: Meyer/Borgs, VwVfG, § 72, Rdnr. 1 f.
791 *Bleckmann*, Staatsrecht I, Rdnr. 454 ff.

c) Soweit der Plan nur hinsichtlich eines Teils des Gesamtsachverhalts rechtswidrig ist, darf der Betroffene nur diesen Teil anfechten, weil er sonst verfassungswidrig die Interessen anderer Personen wahrnehmen würde.

2. Daß das Planfeststellungsverfahren alle sonst noch erforderlichen Genehmigungen für das betroffene Vorhaben ersetzt,[792] widerspricht an sich der Verfassung nicht. Problematisch erscheint aber, daß die Behörden, welche für diese anderen Genehmigungen zuständig sind, von der Planfeststellungsbehörde nur wie andere Beteiligte angehört werden, obwohl sie außerhalb des Planfeststellungsverfahrens für den Erlaß der betreffenden Verwaltungsakte zuständig sind. Grundsätzlich ist zwar davon auszugehen, daß der Gesetzgeber bei der Bestimmung der Zuständigkeit der Behörden einen breiten Gestaltungsspielraum besitzt. Wie wir oben aber gezeigt haben, soll die Zuständigkeitsordnung die Richtigkeit der staatlichen Entscheidung gewährleisten, indem sie auf sachkundige Beamte zurückgreift, die aufgrund langer Erfahrung die Gesamtproblematik der betreffenden Materie detailliert kennen und durchdacht haben. Die Zuständigkeitsordnung wird also durch das Rechtsstaatsprinzip bestimmt, welches solche Garantien für eine sachlich-gerechte Abwägung aller Interessen verlangt. Diese Garantien werden aufgehoben, wenn die an sich für die anderen Genehmigungen zuständigen Behörden nicht mehr verbindlich entscheiden dürfen. § 74 VwVfG wäre dann dahin auszulegen, daß die Planfeststellungsbehörde an die Einwendungen der anderen Behörden gebunden ist.

3. Nach ihrer Unanfechtbarkeit schließt die Planfeststellung auch Unterlassungsklagen Dritter gegen das Vorhaben aus. Diese Rechtsfolge geht über die bei den »einfachen« Verwaltungsakten eintretenden Rechtsfolgen weit hinaus und stellt einen schweren Eingriff in die Grundrechte Dritter dar. Ein solcher Eingriff ist an sich nur gestattet, soweit er für die Durchsetzung höherwertiger öffentlicher Interessen erforderlich ist. Hieran fehlt es zumindest bei den privaten Vorhaben häufig. Dennoch dürfte diese Rechtsfolge durch die Verfassung gedeckt sein, weil ebenfalls abweichend von den normalen Verfahren die Planfeststellungsbehörde im Planfeststellungsbeschluß auch über privatrechtliche Einwendungen entscheidet[793] und diese deshalb Gegenstand auch der nachfolgenden verwaltungsgerichtlichen Verfahren werden. Ein Verstoß gegen das aus dem Rechtsstaatsprinzip fließende Recht auf ein gerichtliches Verfahren auch für privatrechtliche Ansprüche liegt also nicht vor.
Allerdings wird aus den Vorschriften des Verwaltungsverfahrensgesetzes über das Planfeststellungsverfahren nicht hinreichend deutlich, inwieweit der

792 *Maurer*, § 19, Rdnr. 5.
793 Vgl. *Badura*, in: Erichsen, § 39 III, Rdnr. 42.

Planfeststellungsbeschluß und damit auch das folgende verwaltungsgerichtliche Verfahren auch über privatrechtliche Einwendungen entscheidet.

Die Kommentare vertreten insoweit widersprüchliche Auffassungen. Auf der einen Seite soll der Planfeststellungsbeschluß über privatrechtliche Ansprüche nicht entscheiden,[794] auf der anderen Seite sollen nach der Unanfechtbarkeit des Planfeststellungsbeschlusses auch privatrechltiche Unterlassungsansprüche ausgeschlossen sein.[795]

Nach § 75 I S. 1 VwVfG wird durch die Planfeststellung die Zulässigkeit des Vorhabens im Hinblick auf alle von ihm berührten öffentliche Belange festgestellt; folglich werden nach dem Wortlaut des § 75 I S. 2 VwVfG durch die Planfeststellung alle öffentlich-rechtlichen Beziehungen zwischen dem Träger des Vorhabens und den durch den Plan Betroffenen rechtsgestaltend festgelegt.[796] Versteht man den ersten im Sinne dieses zweiten Satzes, regelt der Planfeststellungsbeschluß privatrechtliche Rechtsverhältnisse nicht. Auch die Tatsache, daß die Planfeststellungsbehörde in ihrer Entscheidung über die Einwendungen aller Individuen entscheiden muß, deren Belange durch das Vorhaben berührt werden, enthält insoweit eine eindeutige Entscheidung unserer Frage nicht. Zwar erstreckt sich der Begriff der »Belange« auch auf privatrechtliche Rechtspositionen, doch wird dieser Begriff auf öffentlich-rechtliche Rechtssituationen der Individuen beschränkt, wenn man § 73 IV VwVfG im Lichte des § 75 I VwVfG auslegt. Auch § 75 II VwVfG, der alle Unterlassungsansprüche ausschließt, ist insoweit nicht eindeutig. Das Rechtsstaatsprinzip verlangt, wie wir gesehen haben, daß auch privatrechtliche Ansprüche gerichtlich durchgesetzt werden können. Ist § 75 I VwVfG dahin zu verstehen, daß der Planfeststellungsbeschluß nur über öffentlich-rechtliche Ansprüche entscheidet, können auch im nachfolgenden Gerichtsverfahren nur öffentlich-rechtliche Ansprüche durchgesetzt werden. Verfassungskonform ausgelegt, müßte dann § 75 II VwVfG auf öffentlich-rechtliche Unterlassungsansprüche beschränkt werden.

Die Lösung des Problems kann nur den Gesetzen entnommen werden, die auf das Planfeststellungsverfahren verweisen. Nach diesen Gesetzen soll das Vorhaben zulässig sein, wenn bei der Abwägung zwischen den öffentlichen und den privaten Interessen das öffentliche Interesse an der Durchführung des Vorhabens überwiegt. Da die Vorhaben durchwegs im öffentlichen Interesse liegen, müssen nach der Unanfechtbarkeit des Planfeststellungsbeschlusses auch privatrechtliche Ansprüche ausgeschlossen sein, welche die Durchfüh-

794 Vgl. etwa *Meyer*, in: Meyer/Borgs, VwVfG, § 75, Rdnr. 7; anders *Bonk*, in: Stelkens/Bonk/Sachs, VwVfG, § 74, Rdnr. 27.

795 Vgl. *Meyer*, in: Meyer/Borgs, VwVfG, § 75, Rdnr. 9; *Bonk*, in: Stelkens/Bonk/Sachs, VwVfG, § 74, Rdnr. 27.

796 Dazu *Bonk*, in: Stelkens/Bonk/Sachs, VwVfG, § 75, Rdnr. 15 ff.; *Badura*, in: Erichsen, § 39 III, Rdnr. 39 f.

rung des Vorhabens gefährden könnten. In diesem Sinne ist § 75 II VwVfG zu deuten. Ist dies aber der Fall, verlangt das Rechtsstaatsprinzip, daß die Betroffenen auch ihre privatrechtlichen Ansprüche im Rahmen des Planfeststellungsverfahrens durchsetzen können. In diesem Sinne sind die Vorschriften über die Einwendungen dahin zu deuten, daß sie sich auch auf privatrechtliche Ansprüche beziehen. Die Behörde entscheidet im Planfeststellungsbeschluß also auch über privatrechtliche Rechtsbeziehungen. Der § 75 I VwVfG ist folglich entsprechend zu ergänzen.
Die Dogmatik steht beim Ausschluß auch der privatrechtlichen Unterlassungsansprüche vor zwei Problemen: Zunächst handelt es sich um einen so starken Eingriff in das Eigentum, daß das Verwaltungsverfahrensgesetz eine ausdrückliche Grundlage enthalten müßte. Das ist wohl der eigentliche Grund, warum die herrschende Lehre annimmt, der Planfeststellungsanspruch entscheide über privatrechtliche Unterlassungsansprüche nicht. Zweitens ist die Literatur der Auffassung, beim Ausschluß privatrechtlicher Unterlassungsansprüche reiche ein nachfolgendes formelles Enteignungsverfahren aus. Daran ist sicherlich richtig, daß eine solche nachfolgende Vollenteignung absolute Bedingung für den endgültigen Ausschluß privatrechtlicher Unterlassungsansprüche ist. Denn in den meisten Fällen bleibt dem Eigentümer nach dem Ausschluß der Unterlassungsklage nur ein nudum ius, mit dem er in der Regel nichts mehr anfangen kann. Die Lehre übersieht aber, daß schon in dem Ausschluß privatrechtlicher Unterlassungsansprüche eine Enteignung liegt, die nach Art. 14 III GG entschädigt werden muß.

4. Nach § 74 II VwVfG hat die Planfeststellungsbehörde bei einer Planfeststellung dem Träger des Vorhabens Vorkehrungen oder die Einrichtung und Instandhaltung von Anlagen aufzuerlegen, die zum Wohl der Allgemeinheit oder zur Vermeidung nachteiliger Wirkungen auf Rechte Dritter erforderlich sind.[797] Da die nachteiligen Wirkungen auf Rechte Dritter in der Regel rechtswidrig sein dürften, sind die insoweit vorgesehenen Auflagen durch die Verfassung gedeckt. Fraglich ist dagegen, ob die Auflagen zum Wohl der Allgemeinheit nur zulässig sind, wenn die durch § 36 VwVfG und das Rechtsstaatsprinzip konkretisierten Voraussetzungen einer Auflage gegeben sind.

5. Die Ermessensgrundlage für die Genehmigung des Vorhabens ergibt sich nach der herrschenden Lehre aus der Verweisung des Fachgesetzes auf die Regeln über die Planfeststellung. Selbst wenn mit der Rechtsprechung die Voraussetzungen dieser Genehmigung durch Rückgriff auf das Rechtsstaatsprinzip (Erforderlichkeit des Vorhabens für die Durchsetzung öffentlicher Interessen, Abwägung der betroffenen öffentlichen und privaten Interessen) er-

797 Vgl. *Obermayer*, VwVfG, § 74, Rdnr. 12.

gänzt werden, erscheint es fraglich, ob das auf das Planfeststellungsverfahren verweisende Gesetz und die Regeln des Verwaltungsverfahrensgesetzes über das Planfeststellungsverfahren hinreichend konkret sind, um dem Gesetzesvorbehalt zu genügen; das gilt selbst dann, wenn mit der Rechtsprechung des Bundesverwaltungsgerichtes anzunehmen ist, daß bei privatnützigen Vorhaben die Genehmigung erteilt werden muß, wenn ihre Voraussetzungen vorliegen. Da auf der anderen Seite die Planvorhaben im öffentlichen Interesse liegen, ihre Voraussetzungen angesichts der Variationsbreite der Vorhaben aber nicht generell bestimmt werden können, ähnelt die Rechtslage beim Planfeststellungsverfahren der bei den Auflagen. Es muß versucht werden, dem Rechtsstaatsprinzip weitere Voraussetzungen zu entnehmen, welche die Voraussetzungen der Genehmigung näher konkretisieren. Die Voraussetzungen des Verwaltungsverfahrensgesetzes für die Genehmigung sind, wie die Literatur und Rechtsprechung richtig erkannt haben, entsprechend zu ergänzen. Dieses Problem wird dabei durch die Tatsache noch verschärft, daß, wie die Literatur richtig erkannt hat, die Gesetze, welche ein Planfeststellungsverfahren nach dem Verwaltungsverfahrensgesetz vorsehen, implizit die Fachgesetze, welche die anderen Genehmigungen regeln, zumindest partiell verdrängen. Deren Genehmigungsvoraussetzungen könnten hinreichend bestimmt Voraussetzungen für die Planfeststellung zumindest partiell enthalten. Daß das Verwaltungsverfahrensgesetz davon ausgeht, daß die Fachgesetze »grundsätzlich« oder im Kern auch bei einem Planfeststellungsverfahren zu beachten sind, konkretisiert die Voraussetzungen der Planfeststellung nur am Rande.

6. Die Auslegung des § 75 VwVfG ist in der Literatur äußerst umstritten. Einig ist man sich nur darüber, daß die in den Fachgesetzen enthaltenen reinen Verfahrensbestimmungen durch die §§ 73 ff. VwVfG verdrängt werden.[798] Ob die Planfeststellung die in den Fachgesetzen erforderlichen Genehmigungen ersetzt oder überflüssig macht, ist dagegen äußerst umstritten. Damit eng verbunden ist der Streit, ob und in welchem Umfang die Planfeststellungsbehörde an die materiellrechtlichen Bestimmungen der Fachgesetze gebunden ist. Nach der Rechtsprechung des Bundesverwaltungsgerichts greift diese Bindung nur für die zwingenden Normen (Verbote) der Fachgesetze, sind nach den Fachgesetzen die betreffenden öffentlichen Interessen nur bei einer Abwägung zu berücksichtigen, sind diese Interessen in die nach § 75 VwVfG notwendige Abwägung aller öffentlichen und privaten Interessen mit einzubeziehen.[799] Nach wohl übereinstimmender Auffassung soll dagegen die Pla-

798 Vgl. *Busch*, in: Knack, VwVfG, § 75, Rdnr. 3.1.3.
799 Vgl. zu diesen Fragen *Obermayer*, VwVfG, § 75, Rdnr. 1 ff.; *Bonk*, in: Stelkens/Bonk/Sachs, VwVfG, § 75, Rdnr. 1 ff.

nungsbehörde an die Stellungnahmen der anderen Behörden nicht gebunden sein.[800]

Das Verhältnis der Vorschriften über die Planfeststellung zu den Fachgesetzen ist allerdings unklar, wenn man nur den Wortlaut der Gesetze, die ein Planfeststellungsverfahren anordnen, und der §§ 73 ff. VwVfG zugrunde legt. Nach § 75 I S. 1, 2. Halbs. VwVfG sind neben der Planfeststellung andere behördliche Entscheidungen, insbesondere öffentlich-rechtliche Genehmigungen nicht erforderlich. Diese Vorschrift kann dahin gedeutet werden, daß die Fachgesetze, die solche Genehmigungen vorsehen, bei Vorhaben nicht anzuwenden sind, für die Planfeststellungsverfahren greifen. Diese Bestimmung kann aber auch dahin gelesen werden, daß mit der Planfeststellung gleichzeitig auch die anderen Genehmigungen erteilt werden, die nach den Fachgesetzen an sich erforderlich wären. Auch § 74 II S. 1 VwVfG i.V.m. § 73 II und VI S. 1 VwVfG gestattet eine klare Entscheidung dieser Frage nicht. Nach diesen Vorschriften entscheidet die Planfeststellungsbehörde bei der Planfeststellung auch über die Einwendungen und Stellungnahmen der Behörden, deren Aufgabenbereich durch das Vorhaben berührt wird. Diese Vorschriften machen deutlich, daß diejenigen Behörden am Planfeststellungsverfahren zu beteiligen sind, die an sich die anderen Genehmigungen zu erteilen hätten, welche die Fachgesetze vorsehen. Diese Vorschriften machen gleichzeitig auch deutlich, daß die durch diese Fachgesetze geschützten öffentlichen Interessen bei der im Rahmen der Planfeststellung geforderten Abwägung zu berücksichtigen sind; aus ihnen geht dabei allerdings nicht hervor, ob und in welchem Umfang die Fachgesetze hierbei Anwendung verlangen. Diese Bestimmungen legen die Entscheidung über diese Interessen in die Hand der Planfeststellungsbehörde und machen damit deutlich, daß die in den Fachgesetzen vorgesehenen Verwaltungsakte der anderen Behörden entfallen. Aus der Gesamtheit dieser Vorschriften folgt aber nicht zwingend, daß die Fachgesetze im Planfeststellungsverfahren nicht oder nur in ihrem Kern anzuwenden sind. Auch die Gesetze, welche auf das Planfeststellungsverfahren verweisen, enthalten insoweit eine eindeutige Vorstellung nicht. In der Regel ordnen sie nur an, daß bestimmte Vorhaben nur nach einer Planfeststellung gestattet sind, und daß bei der Planfeststellung die betroffenen Interessen miteinander abzuwägen sind. Diesen Vorschriften kann zwar entnommen werden, daß die Fachgesetze eine Gestattung des Vorhabens nicht ausschließen dürfen, weil die in ihnen vorgesehene Abwägung überflüssig würde, wenn das Vorhaben abgelehnt werden müßte, soweit die in den Fachgesetzen vorgesehene Genehmigung zu verweigern wäre. Aus der Gesamtheit dieser Vorschriften wird aber nicht hinreichend deutlich, in welchem Umfang die Fach-

800 Vgl. *Meyer*, in: Meyer/Borgs, VwVfG, § 73, Rdnr. 18; vgl. aber auch *Bonk*, in: Stelkens/Bonk/Sachs, VwVfG, § 73, Rdnr. 16.

gesetze hinter den Vorschriften über die Planfeststellung zurücktreten. Es erscheint deshalb nicht ausgeschlossen, daß die Gesamtheit der Vorschriften über die Planfeststellung wegen mangelnder Bestimmtheit verfassungswidrig sind.

In der Literatur wird schließlich die Auffassung vertreten, die Fachgesetze seien bei der Planfeststellung »grundsätzlich« oder »im Kern« zu beachten.[801] Diese recht unklaren Ausführungen wird man, um rechtsstaatlichen Prinzipien zu genügen, folgendermaßen konkretisieren müssen: Daß die in den Fachgesetzen vorgesehenen Genehmigungen nach den Vorschriften dieser Gesetze nicht erteilt werden dürfen, steht einer Gestattung des Planvorhabens nicht entgegen. Allerdings sind die öffentlichen Interessen, die durch diese Fachgesetze geschützt werden sollen, bei der dem Planfeststellungsbeschluß vorangehenden Abwägung zu berücksichtigen. Die Fachgesetze stellen insoweit ein Maximum dar, über welches die Planfeststellung nicht hinausgehen darf. Sind die Voraussetzungen der Fachgesetze erfüllt, dürfen insbesondere nicht nach § 36 I VwVfG weitere Auflagen vorgesehen werden, um die durch die Fachgesetze geschützten öffentlichen Interessen durchzusetzen.

Ob und in welchem Umfang die auf das Vorhaben an sich anwendbaren Fachgesetze auch im Rahmen eines Planfeststellungsverfahrens zu beachten sind, ob insbesondere, wenn diese Gesetze das Vorhaben an sich verbieten, das Vorhaben genehmigt werden darf, richtet sich primär nach dem Wortlaut der Gesetze, welche ein Planfeststellungsverfahren vorsehen. Äußern sich diese Gesetze zu dieser Frage nicht ausdrücklich, ist für die Beantwortung dieser Frage auf die §§ 73 ff. VwVfG zurückgreifen. Aus der Tatsache allein, daß nach § 75 I S. 1, 2. Halbs. VwVfG weitere, d.h. die in den Fachgesetzen vorgesehenen Genehmigungen nicht erforderlich sind, kann zwar nicht geschlossen werden, daß ein Vorhaben auch dann genehmigt werden darf, wenn nach den Fachgesetzen die Genehmigung zu verweigern ist; diese Vorschrift kann auch dahin interpretiert werden, daß eine in den Fachgesetzen vorgesehene Genehmigung in der Genehmigung des Vorhabens enthalten sind. Auch die Tatsache, daß nach § 74 II VwVfG der Planfeststellungsbeschluß über die »Einwendungen« entscheidet, gestattet diesen Schluß nicht; denn die Behörden, deren durch die Fachgesetze festgelegter Aufgabenbereich durch das Vorhaben berührt wird, geben nach § 73 II und VI S. 1 VwVfG »Stellungnahmen« ab und legen keine »Einwendungen« ein. Allerdings werden die Einwendungen der Privatpersonen meist behaupten, das Vorhaben sei nach den Fachgesetzen unzulässig. Dann muß die Planfeststellungsbehörde über solche Einwendungen auch entscheiden können, wenn sie von den anderen Behörden ausgehen; das Gesetz spricht dann nur deshalb von den »Stellungnahmen« der Behörden, weil diese Stellungnahmen sich auch für das Vorhaben ausspre-

801 Vgl. *Busch*, in: Knack, VwVfG, § 75, Anm. 3.1.2. m. zahlr. Nachw. für die Lit.

chen können. Bei einer solchen Interpretation wäre die Planfeststellungsbehörde an die Stellungnahmen der anderen Behörden nicht gebunden.
Daß die Planfeststellungsbehörde darüber entscheidet, ob die durch die Fachgesetze geschützten öffentlichen Interessen dem Vorhaben entgegenstehen, ergibt sich auch aus § 75 I S. 1 VwVfG. Aus dieser Bestimmung ergibt sich auch, daß die anderen Behörden über die Zulässigkeit hinsichtlich der öffentlichen Interessen nicht entscheiden, die durch die Fachgesetze geschützt werden. Das legt die Interpretation nahe, die Stellungnahmen der anderen Behörden seien für die Planfeststellungsbehörde nicht verbindlich.[802] Allerdings legt auch § 75 I S. 1 VwVfG den Maßstab nicht fest, nach welchem die Planfeststellungsbehörde über die Zulässigkeit hinsichtlich der verschiedenen öffentlichen Interessen entscheiden muß. Es kann also sein, daß sie sich in vollem Umfang an die Fachgesetze zu halten hat.
Wortlaut und Systematik der Bestimmungen des Verwaltungsverfahrensgesetzes lassen also keinen sicheren Schluß zu, ob die Planfeststellungsbehörde an die Fachgesetze und an die Stellungnahmen der anderen Behörden gebunden ist. In einer solchen Lage wird man auf die Tatsache zurückgreifen müssen, daß die Fachgesetze die öffentlichen Interessen noch nicht berücksichtigt haben, welche die Durchführung des Vorhabens verlangen. Das legt den Schluß nahe, daß die Verwaltung im Rahmen eines Ermessensspielraums zwischen den verschiedenen öffentlichen und privaten Interessen abwägen muß.
Zwar darf, wie wir sehen werden, die Tatsache, daß die in den Fachgesetzen vorgesehene Genehmigung verweigert werden müßte, der Gestattung des Vorhabens durch die Planfeststellungsbehörde nicht entgegenstehen. Doch muß gewährleistet werden, daß die Planfeststellungsbehörde bei der notwendigen Abwägung aller öffentlichen und privaten Interessen auch die öffentlichen Interessen hinreichend berücksichtigt, die durch die Fachgesetze geschützt werden. Das wird durch die Tatsache allein nicht gewährleistet, daß die Planungsbehörde bei ihrer Entscheidung die öffentlichen Interessen und die sich hierauf beziehenden Einwendungen der anderen Behörden berücksichtigen muß, die durch die Fachgesetze geschützt werden. Denn angesichts der Ausrichtung der Planfeststellungsbehörde an den öffentlichen Interessen, welche die Gestattung des Vorhabens verlangen, wird diese geneigt sein, diese öffentlichen Interessen überzubewerten. Eine hinreichende Beachtung auch der durch die Fachgesetze geschützten öffentlichen Interessen durch die Planungsbehörde wird nur dann gewährleistet, wenn die Planungsbehörde und die Behörden, welche die anderen öffentlichen Interessen repräsentieren, sich einigen. Diese verfassungsrechtliche Forderung wird nach dem Wortlaut der §§ 73 ff. VwVfG nicht erfüllt, weil danach die Planfeststellungsbehörde

802 Vgl. *Busch*, in: Knack, VwVfG, § 75, Anm. 3.1.1.

über die Einwendungen auch dann zu entscheiden hat, wenn eine Einigung mit den anderen Behörden nicht gefunden werden konnte. Diese Bestimmungen des VwVfG sind verfassungskonform einschränkend dahin zu lesen, daß eine Einigung nur dann nicht erforderlich ist, wenn es sich um Einwendungen von Privatpersonen handelt. Allerdings muß auch die Behörde, die für den Erlaß des Verwaltungsaktes nach den Fachgesetzen zuständig ist, sich nicht strikt an diese Fachgesetze halten; auch diese Fachbehörden werden vielmehr durch das auf die §§ 73 ff. VwVfG verweisende Gesetz verpflichtet, die durch die Fachgesetze geschützten öffentlichen Interessen mit dem öffentlichen Interesse an dem Vorhaben abzuwägen. Dabei wird unter Umständen eine Einigung unter Auflagen erforderlich, welche die Durchsetzung der durch die Fachgesetze geschützten öffentlichen Interessen sicherstellen sollen.

§ 25 Internationales Verwaltungsrecht in der Europäischen Gemeinschaft

A. *Das universelle Internationale Verwaltungsrecht*[803]

I. *Einführung in die Problematik*

Unter dem Internationalen Verwaltungsrecht ist die Gesamtheit der Regeln des öffentlichen Rechts zu verstehen, welche die Zuständigkeit eines bestimmten Staates für die verwaltungsrechtliche Regelung von Sachverhalten mit Auslandsbezug und damit die auf diese Sachverhalte anwendbaren Regeln des nationalen Verwaltungsrechts festlegen. In diesem weiten Sinne verstanden muß es Regeln des Internationalen Verwaltungsrechts von dem Zeitpunkt an in allen Staaten der Welt geben, in dem sich das Verwaltungsrecht entwickelt und die Gesellschaft Außenkontakte aufnimmt. Trotz dieses universellen Ansatzes gibt es eine Wissenschaft vom Internationalen Verwaltungsrecht, wenn man wenige Ausnahmen ausnimmt, eigentlich nur in Deutschland. In anderen Staaten werden die hiermit verbundenen Probleme systematisch nicht abgehandelt, sondern allenfalls für die einzelnen Materien des Verwaltungsrechts – etwa für das Kartell-, das Sozial- und das Steuerrecht – entwickelt.

Auch in Deutschland hat sich die Wissenschaft des Internationalen Verwaltungsrechts erst im 20. Jh. entwickelt. Wenn es auch einzelne Ansätze in den vor diesem Zeitpunkt veröffentlichten Lehrbüchern des Internationalen Privatrechts und des Allgemeinen Verwaltungsrechts gibt, wurde diese Wissenschaft systematisch doch erst durch *Karl Neumeyer* 1910[804] begründet. Dieses umfassende Werk zum Internationalen Verwaltungsrecht, das heute noch

803 *Akehurst*, BYIL 46 (1972/73), 145; *Autenvieth*, Die grenzüberschreitende Fusionskontrolle in Theorie und Praxis, 1982; *Bär*, Kartellrecht und IPR, 1965; *von Bar*, IPR, Bd. 1, 1987; *Beck*, Die extraterritoriale Anwendung nationalen Wettbewerbsrechts, 1986; *Bisocottini*, RdL 104 (1961 III), 635; *Castel*, RdL, 79 (1983), 9; *Deville*, Die Konkretisierung des Abwägungsgebots im internationalen Kartellrecht, 1990; *Georgeieff*, Kollisionen durch extraterritoriale staatliche Regelungen im internationalen Wirtschaftsrecht, 1989; *Happe*, Die grenzüberschreitende Wirkung von nationalen Verwaltungsakten, 1987; *Heiz*, Das fremde öffentliche Recht im internationalen Kollisionsrecht, 1959; *Herrmanns*, Völkerrechtliche Grenzen für die Anwendung kartellrechtlicher Verbotsnormen, 1969; *Kegel*, Internationales Privatrecht, 1987; *König*, Die Anerkennung ausländischer Verwaltungsakte, 1965; *Mann*, RdL III (1964 I), 7; *Meessen*, Völkerrechtliche Grundsätze des internationalen Kartellrechts, 1975.

804 *Neumeyer*, Internationales Verwaltungsrecht, 4. Bd. 1910 – 1936.

weitgehend aktuelle Geltung beansprucht, hat bisher keinen Nachfolger gefunden. Erst die 1965 von *Klaus Vogel* veröffentlichte Habilitationsschrift[805] griff das Thema wieder systematisch auf. In neuerer Zeit findet das Internationale Verwaltungsrecht vor allem wegen der wachsenden internationalen und europäischen Interdependenz erhöhte Beachtung. 1994 hat *Werner Meng* seine Habilitationsschrift über die extraterritoriale Wirkung des nationalen Verwaltungsrechts veröffentlicht.[806]

Es liegt nicht in der Absicht dieses kurzen Beitrages, den zahlreichen partiellen Äußerungen der Literatur und Rechtsprechung zur Gesamtheit des Internationalen Verwaltungsrechts nachzugehen oder in Fortsetzung der Arbeit von *Neumeyer* Regeln des Internationalen Verwaltungsrechts für die einzelnen Materien des besonderen Verwaltungsrechts aufzuzeigen. Insoweit kann auf die Arbeiten von *Neumeyer* und *Vogel* verwiesen werden. Es soll vielmehr versucht werden, die Grundlagen des Internationalen Verwaltungsrechts herauszuarbeiten und darzustellen, in welchen Bereichen sich in der neueren Zeit zweiseitige Regeln des Internationalen Verwaltungsrechts gebildet haben.

II. *Zum Entwicklungsstand des Internationalen Verwaltungsrechts*

1. Wie in der Einführung hervorgehoben wurde, ist das Internationale Verwaltungsrecht systematisch erst von *Karl Neumeyer* entwickelt worden. In den ersten drei Büchern seines umfassenden Werkes behandelt er die einzelnen Materien des besonderen Internationalen Verwaltungsrechts. Im vierten Band bietet *Neumeyer* dann abschließend – sozusagen als Summe der vorangehenden Arbeiten – eine geschlossene Abhandlung über das allgemeine System des Internationalen Verwaltungsrechts. Vorweg muß festgestellt werden, daß nach *Neumeyer* das Internationale Verwaltungsrecht grundsätzlich nur einseitige Kollisionsnormen kennt, also nur Regeln, die den räumlichen Anwendungsbereich des nationalen Verwaltungsrechts abgrenzen. Nur wenn das innerstaatliche Recht dies mehr oder weniger ausdrücklich bestimmt, komme ausländisches Verwaltungsrecht zur Anwendung. Nehme man einmal das Staatsvertragsrecht aus, das allerdings nur in wenigen Fällen Kollisionsregeln für das öffentliche Recht enthalte, gebe es gewohnheitsrechtliche, ungeschriebene zweiseitige Regeln des internationalen Verwaltungsrechts nicht. Wenn das fremde Verwaltungsrecht zum Zuge komme, handle es sich überdies meist nur um Vorfragen der Anwendung des innerstaatlichen Rechts.

805 *Vogel*, Der räumliche Anwendungsbereich der Verwaltungsrechtsnorm, 1965.
806 *Meng*, Extraterritoriale Jurisdiktion im öffentlichen Wirtschaftsrecht, 1994; vgl. auch *Schwarze*, Die Jurisdiktionsabgrenzung im Völkerrecht, 1994; *Ziegenhain*, Extraterritoriale Rechtsanwendung und die Bedeutung des Genuine-Link-Erfordernisses, 1992.

Schon der Inhalt der ersten drei Bände der Arbeit von *Neumeyer* muß an dieser generellen Behauptung Zweifel aufkommen lassen. So behandelt der Autor im ersten Band nicht nur Vorfragen des Privatrechts wie etwa die Verehelichungsbeschränkungen (S. 25 ff.) und die Rechtsfähigkeit juristischer Personen, insbesondere von ausländischen Vereinen und Stiftungen (S. 106 ff.), sondern auch das Paßwesen (S. 26 ff.) und die Anerkennung etwa von ausländischen Adelsprädikaten (S. 297 ff.). Auch hebt *Neumeyer* hervor, daß zahlreiche ausländische Verwaltungsakte im Inland Feststellungswirkung entfalten können.

2. In seiner brillianten Habilitationsschrift über den räumlichen Anwendungsbereich der Verwaltungsrechtsnormen hat *Klaus Vogel* die von *Neumeyer* entwickelte Theorie einer Kritik unterzogen. Nach *Vogel* ist ein umfassendes, dem Internationalen Privatrecht vergleichbares System des Internationalen Verwaltungsrechts nicht denkbar, weil die jeweils greifenden einseitigen Kollisionsnormen mit Hilfe einer weiten Auslegungsmethode aus den einzelnen Rechtssätzen des materiellen Verwaltungsrechts entwickelt werden müssen. Vor allem aus diesem Grund habe *Neumeyer* die in seinen drei ersten Bänden für die einzelnen Materien des Verwaltungsrechts entworfenen Regeln im vierten Band in ein echtes System nicht verwandeln können. Wenn es auch ein System des Internationalen Verwaltungsrechts nicht geben könne, dürfe man doch auf der einen Seite auf aus dem Völkerrecht und der Staatstheorie entwickelte Topoi zurückgreifen, die zur Interpretation der Rechtssätze des besonderen Verwaltungsrechts herangezogen werden können; auch sei es auf der anderen Seite möglich, gewisse Grundprobleme des Internationalen Verwaltungsrechts generalisierend zu untersuchen. Im übrigen weist *Vogel* darauf hin, die von *Neumeyer* entwickelte Theorie der Einseitigkeit der Regeln des Internationalen Verwaltungsrechts sei ein nicht bewiesenes Axiom, das man nur durch den Hinweis auf die Tatsache erklären könne, daß die »Neutralität« des Staates gegenüber seinem Privatrecht auch dort am ordre public-Vorbehalt seine Grenze finde, weil der Staat sich notwendig mit seinen öffentlichen Aufgaben und Interessen, nicht aber mit den Allgemeininteressen fremder Staaten identifiziere; die öffentlichen Interessen fremder Staaten zu unterstützen, gehöre nicht zu den Aufgaben des Staates.

3. Die profunde, ein ungeheures Material verarbeitende Habilitationsschrift von *Werner Meng*[807] befaßt sich im wesentlichen mit der Entwicklung der einseitigen Rechtsnormen im internationalen Wirtschaftsrecht. Die zweiseitigen Kollisionsnormen des Internationalen Verwaltungsrechts, die unter den Kernbereich der folgenden Regelungen fallen, werden dagegen von *Meng* nur am

807 *Meng*, Extraterritoriale Jurisdiktion im öffentlichen Wirtschaftsrecht, 1994.

Rande gestreift. Es fehlt damit auch eine eingehende Behandlung der Problematik zweiseitiger Kollisionsnormen des Internationalen Verwaltungsrechts, die wir etwa schon bei *Neumeyer* in vorbildlicher Weise finden.

III. *Zu den einseitigen Kollisionsnormen des Internationalen Verwaltungsrechts*

Im Gegensatz zu *Vogel* meine ich, in meiner Arbeit über »Die völkerrechtlichen Grundlagen des internationalen Kollisionsrechts«[808] gezeigt zu haben, daß die Abgrenzung des Anwendungsbereichs der Regeln des materiellen Verwaltungsrechts nicht aus einer Auslegung der einzelnen Normen des besonderen Verwaltungsrechts, sondern aus Grundprinzipien des Völkerrechts abzuleiten ist. Damit habe ich nur Ansätze generalisiert, die sich in den Bereichen des besonderen Internationalen Verwaltungsrechts, etwa im Rahmen des Internationalen Kartell-, Sozial- und Steuerrechts in der Spezialliteratur finden lassen. In der Tat knüpft diese Literatur entweder an die Gebietshoheit an oder stellt auf die von *F. Mann* im Anschluß an den Nottebohm-Fall des IGH entwickelte genuine-link-Theorie ab; vereinzelt wird auch auf die Personalhoheit oder auf weitere Gesichtspunkte zurückgegriffen.
Verdeutlichen wir diese Theorie noch einmal: Die aus dem Völkerrecht fließende Gebietshoheit gestattet es den Staaten, auf ihrem Gebiet belegene Sachverhalte einseitig verbindlich zu regeln. Die Personalhoheit erlaubt es den Staaten, die Rechtsverhältnisse ihrer Staatsangehörigen im Ausland zu ordnen. Die Organisationshoheit gestattet die Regelung der Beziehungen von im Ausland belegenen Behörden, Missionen und Truppen. Nach der genuine-link-Theorie darf der Staat die Sachverhalte regeln, zu denen er in enger Beziehung steht. Da der Staat nach der Dreielementenlehre des Völkerrechts durch das Gebiet, das Staatsvolk und die Staatsorganisation definiert wird, läuft auch die genuine-link-Theorie letztlich auf die Hoheitsgewalten des Völkerrechts hinaus.
Diese drei Hoheitsgewalten überschneiden sich in doppelter Weise. Auf der einen Seite treffen bei grenzüberschreitenden Sachverhalten die Gebietshoheit und in den Fällen der mehrfachen Staatsangehörigkeit die Personalhoheit mehrerer Staaten aufeinander. Auf der anderen Seite tritt die Personal- und die Organisationshoheit des Heimatstaates notwendig in Konkurrenz zu der Gebietshoheit des Aufenthaltsstaates. Auf denselben Sachverhalt können aber die sich unter Umständen widersprechenden Normen von zwei oder mehr Staaten nicht gleichzeitig angewendet werden. Wenn das Völkerrecht – wie dies weitgehend der Fall ist – nicht bestimmt, welche Rechtsordnung im Ein-

808 *Bleckmann*, Die völkerrechtlichen Grundlagen des internationalen Kollisionsrechts, 1992.

zelfall zuständig ist, muß dieses Problem durch das nationale Recht gelöst werden. Hierauf beruhen die Regeln des internationalen Kollisionsrechts, das im wesentlichen die Funktion hat, zwischen den konkurrierenden Zuständigkeiten der Staaten eine sachgerechte Auswahl zu treffen.

Soweit dagegen die Zuständigkeit nach den Regeln des Völkerrechts eindeutig ist – das ist etwa im Staatsangehörigkeitsrecht und bei der Enteignung von auf dem Staatsgebiet belegenen Sachen der Fall – ordnet das Völkerrecht die unmittelbare Anwendbarkeit des Rechts des zuständigen Staates an.

Versuchen wir nun, diese Regeln des Völkerrechts auf das Internationale Verwaltungsrecht zu übertragen:

Das Verwaltungsrecht der Staaten beruht ausschließlich auf ihrer Gebietshoheit. In der Tat besteht im internationalen Kooperationsrecht ein Allgemeininteresse aller Staaten an einer umfassenden und effektiven Erfüllung aller staatlichen Aufgaben. Das ist in fast allen Bereichen des Verwaltungsrechts aber nur aufgrund der umfassenden Gebietshoheit der Staaten möglich. Etwa das Baurecht, das Umweltschutzrecht und das Wasserrecht setzen eine einheitliche Regelung aller gleichgelagerten Sachverhalte in einem bestimmten Raum voraus. Beruhte das Bau- oder Wasserrecht auf der Personalhoheit, richtete es sich also nach der Staatsangehörigkeit der betreffenden Personen, wäre eine effektive Regelung dieser Materien nicht möglich. Darüber hinaus – und das ist für die Zuständigkeitsordnung des Völkerrechts wichtig – besitzen die Staaten in der Regel ein durch das Völkerrecht generell geschütztes Interesse etwa an der Ausführung eines Bauwerks in einem fremden Staat nicht.

Die oben hervorgehobenen Überschneidungen der Hoheitsgewalt mehrerer Staaten treten im Internationalen Verwaltungsrecht also nur dann auf, wenn wie bei fast allen grenzüberschreitenden Sachverhalten die Gebietshoheit mehrerer Staaten aufeinandertrifft. Insoweit gilt die Regel, daß in solchen Fällen jeder Staat den auf seinem Gebiet liegenden Teil des grenzüberschreitenden Sachverhalts autonom regeln darf. Das aber bedeutet, daß die Kollisionsregeln des Internationalen Verwaltungsrechts grundsätzlich nur einseitig sein können, und daß eine Verweisung auf ausländisches Verwaltungsrecht nur durch Auslegung der Rechtssätze des Aufenthaltsstaates begründet werden kann.

B. *Die Entwicklung zweiseitiger Kollisionsnormen im Europäischen Gemeinschaftsrecht*

I. *Die Anerkennung ausländischer Verwaltungsakte nach der Rechtsprechung des Europäischen Gerichtshofs*[809]

In einem Aufsatz für die Neue Zeitschrift für Verwaltungsrecht[810] habe ich unter Rückgriff auf die Entwicklung im Europäischen Gemeinschaftsrecht und auf die Strukturprinzipien des Bundesstaates nachzuweisen versucht, daß im Bundesstaat die Länder grundsätzlich zur Anerkennung der Hoheitsakte anderer Länder verpflichtet sind. Da bei diesen Ausführungen die Problematik des Europäischen Gemeinschaftsrechts und insbesondere die Entwicklung der Rechtsprechung des EuGH nur ganz knapp beleuchtet werden konnten, möchte ich diese Seite der Fragestellung hier nachholen. Ich weiß mich dabei in guter Gesellschaft, da der ständige Beauftragte für die Vertretung der Bundesregierung vor dem EuGH, *Dr. Martin Seidel*, dieses Problem für einen Vortrag auf dem Fortbildungskurs der Verwaltungshochschule in Speyer ausgewählt hatte. Meine Ausführungen sind damit nicht überflüssig, weil sie versuchen, die europarechtliche Problematik in die des allgemeinen Völkerrechts und des Bundesstaatsrechts einzubetten.

1. *Einführung in die Problematik*

Für das allgemeine Völkerrecht kann zunächst festgehalten werden, daß Hoheitsakte fremder Staaten, und zwar Gesetze, Gerichtsurteile und Verwaltungsakte, grundsätzlich nicht automatisch in anderen Staaten gelten und mit wenigen Ausnahmen, die sich vor allem auf privatrechtliche Gerichtsurteile und die Enteignung von auf dem Gebiet des fremden Staates belegenen Sachen beziehen, das allgemeine und das Vertragsvölkerrecht auch keine Pflicht zur Anerkennung fremder Hoheitsakte begründen.[811] Rechtstechnisch gesehen, beruht dieser Ausschluß der automatischen Anerkennung auf der Tatsache, daß nach der sich auf die Souveränität der Staaten stützenden dualistischen oder besser pluralistischen Theorie nicht nur das Völkerrecht, sondern auch das fremde Recht vom nationalen Recht unterschiedene Rechtsordnungen darstellen, die Rechtsordnung jedes Staates aufgrund seiner Gebietshoheit aber nur auf dem eigenen Gebiet oder besser für die eigenen Staatsorgane gilt. Soweit also ein fremder Hoheitsakt anerkannt werden soll, muß sein Inhalt in

809 Der folgende Teil stellt die überarbeitete Fassung eines Aufsatzes dar, den ich in der JZ 1986, 1072, veröffentlicht habe.
810 Vgl. *Bleckmann*, NVwZ 1986, 1.
811 Vgl. *Geck*, in: Strupp/Schlochauer, Wörterbuch des Völkerrechts, Bd. I, 1960.

einen entsprechenden Rechtsakt der eigenen Rechtsordnung aufgenommen und so für die eigene Rechtsordnung verbindlich gemacht werden.[812] Ob man dabei auch für das Verhältnis zwischen zwei staatlichen Rechtsordnungen wie für das Verhältnis zwischen dem Völkerrecht und dem nationalen Recht von einer Transformation des fremden Hoheitsaktes in eigenes Recht – im Mittelalter treffend als Nostrifikation bezeichnet – oder mit der neueren deutschen Theorie[813] von einem Anwendungsbefehl des nationalen Rechts ausgeht, bei dem der fremde Hoheitsakt auch im nationalen Recht als fremder Rechtsakt angewendet wird, kann hier dahingestellt bleiben; die Vollzugstheorie hätte aber den Vorteil, daß alle Wirkungen des fremden Hoheitsaktes sich nach fremdem Recht bestimmen würden.

Diese rechtstheoretisch-formellen Erwägungen stützen sich auf die Tatsache, daß das für das Verhältnis zwischen dem Völkerrecht und dem nationalen Recht entwickelte pluralistische Weltbild notwendig auch auf das Verhältnis zwischen den nationalen Rechtsordnungen angewendet werden muß, wenn in der Sicht der Weltrechtsordnung keine Widersprüche auftreten sollen. Dabei ist darauf hinzuweisen, daß mit Ausnahme weniger italienischer Autoren die nationale Lehre des IPR und des Internationalen Verwaltungsrechts die Funktion etwa des deutschen IPR nicht eigentlich in der Transformation oder in einem Vollzugsbefehl sieht, sondern in der Kollisionsregelung, d. h. der Auswahlfunktion des internationalen Rechts in einer Situation, in der mehrere fremde Rechtsordnungen gleichzeitig auf einen einzigen Sachverhalt angewendet werden wollen. Dagegen hat die Lehre die oben entwickelte pluralistische Theorie bewußt auf die Anerkennung von Gerichtsurteilen und Verwaltungsakten übertragen.[814]

Dem steht als einzige Gegenthese die Meinung von *Folz*[815] gegenüber, der unter Rückgriff auf die ältere Tradition insbesondere des amerikanischen Rechts der Auffassung folgt, fremde Hoheitsakte seien automatisch im nationalen Recht anwendbar. Dieser Theorie wird man unter Rückgriff auf die Lehre von *Hans Kelsen*[816] von der Einheit der Weltrechtsordnung den Vorzug geben müssen. Dabei muß zunächst hervorgehoben werden, daß die Übertreibung des Souveränitätsgedankens, die in dem Ende des 19. Jh. von *Hermann Triepel* entwickelten pluralistischen Weltbild ihren Höhepunkt fand, und die vorherige Konzeption der Einheit der Weltrechtsordnung, für das Kooperationsrecht des 20. Jh. nicht mehr paßt. Im Kooperationsrecht schaffen die nationa-

812 Diese Theorie geht auf *Triepel*, Völkerrecht und Landesrecht, 1899, zurück.
813 Die sogenannte Vollzugslehre wurde von *Kaufmann* und *Mosler* entwickelt. Ihre Konsequenzen wurden von *Boehmer*, Der völkerrechtliche Vertrag im deutschen Recht, 1965, entwickelt.
814 Vgl. *Geck*, a.a.O. (Anm. 811).
815 Vgl. *Folz*, Die Geltungskraft fremder Hoheitsäußerungen, 1975.
816 Vgl. *Kelsen*, Reine Rechtslehre, 1928, Nachdruck 1967, S. 321 ff.; dazu *Bleckmann*, ÖZöRV 1978, 173.

len Verfassungen und Gesetze nicht nur zwischen dem Völkerrecht und dem nationalen Recht, sondern auch zwischen den verschiedenen nationalen Rechtsordnungen zahlreiche Wechselbeziehungen, um die notwendige Basis für die Rechtssicherheit des internationalen Verkehrs zu begründen, und sich so auf die einheitliche Weltrechtsordnung zurückzubesinnen. Selbst die pluralistische Doktrin verschließt sich dieser Einsicht nicht, weil sie im Rahmen der pluralistischen Konzeption von einer mehr oder weniger umfassenden, fast automatischen Transformation des Völkerrechts und von einer automatischen Anerkennung, vor allem der fremden Rechtssätze ausgeht. Damit stellt sich aber die Frage, ob das Interesse an der Rechtssicherheit des internationalen Verkehrs sich heute noch mit einer solchen nachträglichen Korrektur der dualistischen Lehre begnügt, oder erneut die Einheit der Weltrechtsordnung auch formell fordert.

Wenn aber mit *Hans Kelsen* die nationalen Rechtsordnungen sämtlich vom Völkerrecht und letztlich von der Grundnorm des Völkerrechts abgeleitet sind, entspricht die Rechtslage in der Weltrechtsordnung der in einem Einheitsstaat, in welchem alle Staatsorgane die von einem der Organe im Rahmen seiner Zuständigkeit erlassenen Verwaltungsakte anerkennen müssen. Gegen eine solche Übertragung der einheitsstaatlichen Konstruktion auf die Weltrechtsordnung könnten aber zumindest insoweit Bedenken bestehen, als die automatische Anerkennung der Rechtsakte der anderen Staatsorgane die Folge der besonderen Interessenlage im Einheitsstaat ist, die in der Völkerrechtsordnung bisher noch nicht verwirklicht worden ist. In der Tat hat die Zuständigkeitsordnung des Einheitsstaates zum Zweck, sicherzustellen, daß die Allgemeininteressen der betreffenden Gemeinschaft auch dann durchgesetzt werden, wenn das einzelne Organ für diese Durchsetzung keine umfassende Zuständigkeit besitzt. Wenn nun auch im Völkerrechtsraum sich Allgemeininteressen der übergeordneten Gemeinschaft zu entwickeln beginnen[817] und diese Staaten deshalb zunehmend bereit sind, die fremden Interessen anzuerkennen, besteht im heutigen Völkerrecht doch aufgrund des Rechtsmißbrauchsprinzips höchstens die Pflicht, fremde Interessen nicht zu verletzen;[818] eine darüber hinausgehende, der Lage etwa auch im Bundesstaat[819] entspre-

817 Vgl. dazu *Klein*, Statusverträge im Völkerrecht, 1980, S. 39 ff., 58 ff.; sowie *Frowein*, in: Völkerrecht als Rechtsordnung – Internationale Gerichtsbarkeit – Menschenrechte, FS für H. Mosler, 1983, S. 241.

818 Vgl. *Bleckmann*, Grundprobleme und Methoden des Völkerrechts, 1982, S. 251. Die Existenz und der Inhalt des Rechtsmißbrauchs sind im Völkerrecht aber immer noch äußerst umstritten: Vgl. dazu *Neuhaus*, Das Rechtsmißbrauchsverbot im heutigen Völkerrecht, 1984.

819 Vgl. dazu einerseits *Bleckmann*, NVwZ 1986, 1, andererseits die Rechtsprechung des BVerfG, nach welcher auch die Bundestreue nur die Verletzung fremder Interessen verbietet: BVerfGE 21, 312 (326).

chende Pflicht zur positiven Förderung fremder Interessen hat sich mangels hinreichender Integration noch nicht entwickeln können.

Darüber hinaus sind mit dieser Entwicklung der rechtstheoretischen Grundlagen aus einem weiteren Grund nicht alle Probleme der Anerkennung fremder Staatsakte gelöst. Denn da die nationalen Interessen der Mitgliedstaaten und damit auch die Rechtsordnungen und vor allem der Grad ihrer ordnungsgemäßen Durchsetzung unterschiedlich, die Regierungen gegenüber ihrem Volk aber zur Durchsetzung der nationalen Interessen verpflichtet sind, kann eine automatische Anerkennung fremder Hoheitsakte nur in Ausnahmefällen in Betracht kommen. So wird man auch bei einer solchen einheitlichen Sicht der Weltrechtsordnung fremde Hoheitsakte nur dann automatisch in fremden Staaten vollstrecken können, wenn sie dem nationalen ordre public nicht widersprechen und wenn der fremde Staat seinen Akt im Rahmen seiner internationalen Zuständigkeit gesetzt hat.

Gerade aber die internationale Zuständigkeit wirft angesichts der lückenhaften Entwicklung des Völkerrechts Probleme auf. Dabei ist noch nicht einmal geklärt, ob sich die völkerrechtliche Zuständigkeit des Staates auf die Gebiets-, Personal- und Organisationshoheit beschränkt oder ob die Staaten beliebige Akte erlassen dürfen, wenn sie dabei nur nicht in die alleinige Zuständigkeit eines anderen Staates eingreifen.[820] Selbst wenn man aber die internationale Zuständigkeit der Staaten auf die Gebiets-, Personal- und Organisationshoheit beschränkt, sind häufig für denselben Sachverhalt mehrere Staaten zuständig. So kann etwa die Rechtslage eines Deutschen in Frankreich von der Bundesrepublik Deutschland aufgrund der Personalhoheit, von Frankreich aufgrund der Gebietshoheit geregelt werden, wobei das Völkerrecht noch nicht einmal sichere Regeln über das Verhältnis dieser beiden Hoheitsgewalten zueinander entwickelt hat. Darüber hinaus kann auch die Gebietshoheit mehrere Zuständigkeiten begründen, weil – wie etwa beim berühmten Schuß über die Grenze – die Handlung im Staat A, der Erfolg im Staate B liegt, die Gebietshoheit also sowohl von A als auch von B berührt wird.

Soweit nun die Anerkennung der fremden Verwaltungsakte in Frage kommt, wird es sich regelmäßig um den Fall handeln, daß sowohl der Staat A als auch der Staat B für die Regelung international zuständig ist. Das gilt etwa für eine Betriebserlaubnis von Kraftfahrzeugen: Frankreich als das Herstellerland kann hier eine Genehmigung aufgrund seiner Gebietshoheit ebenso vorsehen wie das Einfuhrland, die Bundesrepublik Deutschland. Dabei werden die Voraussetzungen der Genehmigung in den beiden Rechtsordnungen in der Regel unterschiedlich sein, so daß eine Anerkennung schon aus diesem Grunde nicht in Frage kommt.

820 Vgl. dazu *Bleckmann*, ÖZöRV 1978, 173.

Durch die unterschiedlichen nationalen Voraussetzungen dieser Verwaltungsakte entstehen nun bei Exportgütern erhebliche Hindernisse für den internationalen Warenverkehr. Dasselbe gilt für den freien Personenverkehr, wenn und soweit etwa die Voraussetzungen der Berufsausübung in den Staaten unterschiedlich geregelt sind. Damit werden nun Gegenkräfte ausgelöst, die auf die Vereinheitlichung der Voraussetzungen der Verwaltungsakte auf der internationalen und der europäischen Ebene gerichtet sind. So wird die Mobilität der Waren und der Personen auch dann gefördert, wenn die entsprechenden Verwaltungsakte wechselseitig nicht anerkannt werden, weil wegen der Gleichheit der Voraussetzungen der Genehmigung grundsätzlich gesichert ist, daß etwa ein dieser Norm entsprechendes Kraftfahrzeug sowohl im Staate A als auch im Staate B zugelassen werden wird. Das gilt insbesondere dann, wenn das internationale Recht durch einen internationalen Gerichtshof ausgelegt wird und so verhindert werden kann, daß infolge der Unterschiede in der nationalen Anwendung die einheitliche Norm wieder in mehrere Regelungen zerfällt. Immerhin berührt aber auch dieses Erfordernis der Doppelgenehmigung wegen des damit verbundenen Zeit- und Mittelaufwands und eines unvermeidbaren Unsicherheitsfaktors bei der Genehmigung im zweiten Staat den internationalen Waren- und Personenverkehr ganz erheblich.

Nun hat das BVerfG, das für das Verhältnis zwischen den Rechtsordnungen der Länder grundsätzlich dazu neigt, der im Völkerrecht entwickelten pluralistischen Sicht zu folgen, angenommen, der Verwaltungsakt eines Landes sei von den anderen Ländern anzuerkennen, wenn seine Voraussetzungen auch durch ein Bundesgesetz bundeseinheitlich geregelt sind.[821] Läßt man einmal die Rechtskonstruktion, welche dieses Ergebnis tragen könnte,[822] beiseite, könnte man daran denken, dieses Ergebnis ohne weiteres auf die völker- und auf die europarechtliche Ebene zu übertragen, weil materiell gesehen der eigentliche Grund für die Nichtanerkennung der fremden Hoheitsakte die Tatsache ist, daß die fremden Hoheitsakte wegen ihrer unterschiedlichen Voraussetzungen die jeweiligen nationalen Interessen nicht voll durchsetzen. Das könnte auch dann gelten, wenn aufgrund der Rechtsvergleichung sichergestellt wird, daß die Voraussetzungen der Verwaltungsakte im Staat A und B im wesentlichen gleich sind.

Denn in beiden Fällen würden die nationalen Interessen, die Staat B zum Erlaß seiner Regelung veranlaßt haben, schon durch die Tatsachen voll geschützt, daß Staat A diese Interessen durch seine der Regelung im Staat B voll entsprechenden Normen hinreichend schützt.

Allerdings greifen auf der internationalen und auf der europäischen Ebene auch dann noch zwei Gegenargumente ein, die im Bundesstaat entfallen. Auf

821 BVerfGE 11, 6 (19).
822 Vgl. *Bleckmann*, NVwZ 1986, 1.

der einen Seite fehlt hier noch das Vertrauen, daß das einheitliche Recht von den fremden Behörden ebenso verantwortungsbewußt in die Realität umgesetzt wird wie im eigenen Land. Zweitens setzt aber auch die auf der Einheit der Weltrechtsordnung beruhende automatische Anerkennung fremder Verwaltungsakte grundsätzlich voraus, daß nach den Regeln des Völkerrechts nur der fremde Staat zum Erlaß des betreffenden Verwaltungsaktes berechtigt ist. Wenn nach den Prinzipien des Völkerrechts sowohl der Ausfuhr- als auch der Einfuhrstaat zum Erlaß von Hoheitsakten befugt ist, kann der Verwaltungsakt im fremden Staat grundsätzlich automatische Wirkungen nicht entfalten.

Das bedeutet aber, daß nach Völker- und Europarecht die Verwaltungsakte fremder Staaten bisher nur dann automatisch anzuerkennen sind, wenn hierfür ein besonderer Grund besteht.

Diese Prinzipien werden so etwa zurückgedrängt, wenn nach Völker- oder Europarecht eine Pflicht besteht, die Freiheit des Waren- oder Personenverkehrs zu fördern und Hindernisse für diesen freien Verkehr abzubauen. So ist nicht nur die Rechtslage im Europäischen Gemeinschaftsrecht, sondern nach den Regeln des GATT auch für den Warenverkehr im Völkerrecht: Soweit die Voraussetzungen für die Verwaltungsakte in beiden Staaten gleich sind, werden die nationalen Interessen des Einfuhrstaates, die allein eine Abweichung von den Freiheiten gestatten könnten, durch die Kontrollen des Ausfuhrstaates hinreichend geschützt, so daß eine zweite Kontrolle im Einfuhrstaat grundsätzlich nicht mehr erforderlich ist.

Darüber hinaus kann es aus einem doppelten Grunde auch nach nationalem Recht eine Pflicht zur Anerkennung ausländischer Staatsakte geben. Denn auf der einen Seite begründet etwa eine Berufserlaubnis eine Rechtsposition, die im Rahmen der Art. 2, 12 oder 14 GG anzuerkennen ist.[823] Auf der anderen Seite gestattet etwa Art. 12 GG eine Beschränkung der Berufswahl nur aus übergeordneten Interessen der Gemeinschaft. Wenn sich herausstellt, daß das auf die Gewährung der Erlaubnis im fremden Staat ausgerichtete Verfahren auch diese nationalen Allgemeininteressen hinreichend schützt, verbietet es Art. 12 GG, zum Schutz dieser Allgemeininteressen ein zweites Verfahren durchzuführen.

2. *Die Entwicklung der Rechtsprechung des EuGH*

Der EuGH hat die oben entwickelte automatische Wirkung der fremden Hoheitsakte im Rahmen der Freiheiten in seiner Rechtsprechung konsequent entwickelt. Ihren Ausgangspunkt findet diese Rechtsprechung im Urteil de

823 BVerfGE 38, 61 (79).

Peijper[824]. Hier hatte der EuGH festgestellt, daß nach Art. 36 EG-Vertrag zwar die Festlegung der für den Schutz der menschlichen Gesundheit notwendigen Anforderungen an die Arzneimittel in die Zuständigkeit der Mitgliedstaaten fällt, daß aber dem Verhältnismäßigkeitsprinzip entsprechend solche Kontrollen nur gestattet sind, soweit sie für den Schutz der Gesundheit tatsächlich erforderlich sind. Es stelle deshalb eine nach Art. 30 EGV verbotene Maßnahme dar, wenn der Einfuhrstaat für die Genehmigung der Arzneimittel die Vorlage von Unterlagen verlange, die ihm aufgrund der Genehmigung desselben Arzneimittels für einen anderen Unternehmer schon vorgelegt worden sind.

Dieses Urteil betraf also noch nicht die Anerkennung ausländischer Hoheitsakte, bereitete diese Entwicklung aber vor, indem es anerkannte, daß das Verhältnismäßigkeitsprinzip unter Umständen auch zum Schutz der öffentlichen Interessen eine zweite Kontrolle verbietet.

Auf die Anerkennung ausländischer Verwaltungsakte stellt dagegen das Urteil Simmenthal vom 15.12.1976[825] ab. In diesem Fall handelte es sich um die gesundheitspolitische Untersuchung bei der Einfuhr von Fleisch, die durch zwei Richtlinien vereinheitlicht worden ist. Hier hat der EuGH festgestellt, daß systematische gesundheitspolitische Untersuchungen an der Grenze in solchen Fällen nicht mehr notwendig und damit im Sinne des Art. 36 EGV nicht gerechtfertigt sind; daß die Waren den Anforderungen der Richtlinie entsprächen, ergäbe sich grundsätzlich vielmehr schon aus den die Waren begleitenden Dokumenten (Gesundheitsbestätigung). Offensichtlich vor allem, um sicherzustellen, daß die fremde Verwaltung diese Richtlinien richtig anwendet, können vereinzelt aber gesundheitspolitische Untersuchungen vorgenommen werden, wenn sie sich nicht so sehr häufen, daß sie eine nach Art. 36 EGV verbotene mittelbare Beschränkung des Handels zwischen den Mitgliedstaaten darstellen.[826]

Diese Rechtsprechung deckt sich teilweise mit der Ansicht des BVerfG, bei einer einheitlichen bundesstaatlichen Regelung der Voraussetzungen eines bestimmten Verwaltungsaktes hätten die Länder die Verwaltungsakte der anderen Länder automatisch anzuerkennen.[827] Dabei bestehen aber im Vergleich mit der Lage im Bundesstaat im Europäischen Gemeinschaftsrecht insoweit Besonderheiten, als nicht nur das Verwaltungs- und das Verwaltungsgerichtsverfahren, sondern auch die Ausbildung und die Kontrolle der Verwaltungsbeamten in den verschiedenen Staaten noch nicht vereinheitlicht worden ist und deshalb nicht dieselben rechtlichen Garantien bestehen, daß diese formell einheitliche Regelung der übergeordneten Rechtsordnung auch einheitlich

824 EuGH, Urt. v. 20.5.1976, Rs. 104/75, Slg. 1976, 613.
825 EuGH, Urt. v. 15.12.1975, Rs. 35/76, Slg. 1976, 1871.
826 Vgl. auch EuGH, Urt. v. 6.10.1983, Rs. 2 – 4/82, Slg. 1983, 2973.
827 Vgl. BVerfGE 11, 6 (19).

und richtig angewendet und ausgeführt wird. Wohl aus diesem Grunde hielt der EuGH in den zitierten Urteilen sporadische Kontrollen für zulässig, die sicherstellen sollten, daß die Richtlinie richtig angewendet worden ist.

Diese sich auf die europarechtlich vereinheitlichten Materien beziehenden Urteile finden eine Ergänzung in der ständigen Rechtsprechung des EuGH zum Verhältnis zwischen den Art. 36 und 100 EG-Vertrag. In der Tat kann nach Ansicht des EuGH Art. 36 EG-Vertrag die Existenz nationaler Regeln nicht mehr rechtfertigen, wenn und soweit die betreffenden öffentlichen Interessen durch europäische Richtlinien hinreichend geschützt sind.[828]

Wir haben nun oben schon gezeigt, daß dieselben Grundsätze greifen müssen, wenn die öffentlichen nationalen Interessen, welche die Warenverkehrsfreiheit einschränken könnten, zwar nicht durch eine einheitliche europäische Richtlinie, aber durch zwei grundsätzlich gleiche nationale Regelungen geschützt werden.

Der EuGH hat diese Prinzipien in der Entscheidung Denkavit vom 8.11. 1979[829] auf den Fall übertragen, in welchem die Kontrolle von Futtermitteln zwar nicht in einer europäischen Richtlinie vereinheitlicht worden ist, aber parallele nationale Regeln in Frankreich und Großbritannien bestanden. Offensichtlich weil gerade in diesem Falle sichergestellt werden muß, daß die Kontrollen in beiden Staaten in ihren Voraussetzungen und Mitteln weitgehend übereinstimmen, hat der EuGH festgestellt, daß – soweit durch eine Zusammenarbeit zwischen den Behörden der Mitgliedstaaten die aufgrund der Ausnahmen des Art. 36 EGV weiterhin zulässigen Kontrollen an der Grenze weniger einschneidend ausgestaltet werden können – die Gesundheitsbehörden zu prüfen hätten, ob die im Rahmen einer solchen Zusammenarbeit ausgestellten Nachweise nicht eine Vermutung dafür begründen, daß die eingeführten Waren den Erfordernissen der einzelstaatlichen gesundheitspolitischen Voraussetzungen entsprechen; systematische Grenzkontrollen seien dann durch Art. 30 EGV verboten.

Stärker auf die Anerkennung solcher Hoheitsakte selbst ausgerichtet ist das Urteil United Foods vom 7.4.1981[830]. Es heißt in dieser Entscheidung:

> »Solange keine gemeinsamen oder harmonisierten Vorschriften auf dem Gebiet der gesundheitspolitischen Kontrolle eines Erzeugnisses bestehen, können die von den Mitgliedstaaten angewandten Kontrollmaßnahmen nicht grundsätzlich als eine durch den EWG-Vertrag verbotene Beschränkung angesehen werden. Als Maßnahmen gleicher Wirkung wie mengenmäßige Beschränkungen sind jedoch gemäß den Artikeln 30 und 36 EWG-Vertrag alle Anwendungsmodalitäten zu betrachten,

828 Vgl. EuGH, Urt. v. 6.10.1977, Rs. 5/77, Slg. 1977, 1555 und EuGH, Urt. v. 8.11.1979, Rs. 251/78, Slg. 1979, 3369.

829 EuGH, Urt. v. 8.11.1979, Rs. 251/78, Slg. 1979, 3369; vgl. auch EuGH, Urt. v. 8.2.1983, Rs. 124/81, Slg. 1983, 203.

830 EuGH, Urt. v. 7.4.1981, Rs. 132/80, Slg. 1981, 995.

die über das für die Kontrolle Erforderliche hinaus gehen und als solche den innergemeinschaftlichen Verkehr hemmen oder beschränken können. Das Erfordernis einer doppelten Kontrolle im ausführenden und im einführenden Land kann je nach den Umständen über das nach Art. 36 EWG-Vertrag zulässige hinausgehen, wenn den gesundheitspolizeilichen Belangen genauso wirksam durch Maßnahmen Rechnung getragen werden kann, die den innergemeinschaftlichen Verkehr weniger beschränken.«

Einen Rückschritt auf diesem Wege bildet das Urteil Frans Nederlandse Maatschalpij voor biologische Producten BV vom 17.12.1981[831], das wieder an das Urteil de Peijper anknüpft. Es heißt in diesem Urteil:

»Nach Art. 30 und 36 EWG-Vertrag ist es einem Mitgliedstaat nicht untersagt, für Schädlingsbekämpfungsmittel eine vorherige Zulassung vorzuschreiben, selbst wenn diese Erzeugnisse bereits in einem anderen Mitgliedstaat zugelassen worden sind. Die Behörden des Einfuhrstaates dürfen allerdings nicht ohne Not technische oder chemische Analysen oder Laborversuche verlangen, wenn die gleichen Analysen und Versuche bereits in einem anderen Mitgliedstaat durchgeführt worden sind und ihre Ergebnisse diesen Behörden zur Verfügung stehen oder auf Anfrage zur Verfügung gestellt werden können.«

Aus den Ausführungen der Generalanwältin *Rozès* geht hervor, daß diese Beschränkung der Voraussetzungen der Anerkennung der fremden Verwaltungsakte dadurch gerechtfertigt war, daß nicht sicher erschien, daß die Kontrollen gleichwertig sind.
Noch weiter als die bisher besprochenen Urteile geht die Entscheidung van Wesemarl vom 18.1.1979[832], welches die für die Warenverkehrsfreiheit entwickelten Prinzipien auf die Personenverkehrsfreiheit übertrug. Hier handelte es sich um die Frage, ob die belgische Regierung nach ihren allgemeinen Gesetzen die Tätigkeit eines aus einem anderen Mitgliedstaat ansässigen Vermittlungsbüros für Bühnenkünstler wie die nationalen Büros einer Genehmigung unterwerfen durfte. Der EuGH hat hier zunächst einmal implizit festgestellt, daß die Dienstleistungsfreiheit als Teil der Personenverkehrsfreiheit sich nicht nur auf die Inländergleichheit bezieht, sondern wie Art. 30 EGV für die Warenverkehrsfreiheit auch den Abbau der rechtlichen und faktischen Hindernisse der Berufsausübung verlangt. Die Personenverkehrsfreiheit enthält damit eine unserem Art. 12 GG entsprechende Berufsfreiheit. Obwohl es im Recht der Personenverkehrsfreiheit keine dem Art. 36 EGV für den Warenverkehr entsprechende Vorschrift gibt, welche zur Durchsetzung bestimmter nationaler Allgemeininteressen eine Ausnahme von der Dienstleistungsfreiheit begründet, hat der EuGH implizit ferner angenommen, daß auch hier

831 EuGH, Urt. v. 17.12.1981, Rs. 272/80, Slg. 1981, 3277.
832 EuGH, Urt. v. 18.1.1979, Rs. 110/78, Slg. 1979, 35.

schützenswerte öffentliche Interessen eine solche Ausnahme gestatten. Auch dabei ist – wie bei einer Beschränkung aller Freiheiten des Gemeinsamen Marktes – das Verhältnismäßigkeitsprinzip zu beachten. Das ist nach der Rechtsprechung des EuGH der Fall, wenn das Stellenvermittlungsbüro »in dem Mitgliedstaat, in dem es ansässig ist, eine Genehmigung besitzt, die unter Voraussetzungen erteilt worden ist, welche mit denen des Staates, in dem die Leistung erbracht wird, vergleichbar sind, in jedem Staat die gesamte Vermittlungstätigkeit des Büros ohne Rücksicht darauf, in welchem Mitgliedstaat die Leistung erbrachten werden soll, einer angemessenen Beaufsichtigung unterstellt ist.«

Diese Grundsätze hat der EuGH im Urteil Alfred John Webb vom 17.12.1981[833] bestätigt und konkretisiert. Wenn dies aus diesem Urteil auch nicht ganz deutlich wird, hat der EuGH hier zum erstenmal bestätigt, daß Art. 59 EG-Vertrag sich mit der Inländergleichbehandlung nicht zufriedengibt, sondern auch den Abbau der rechtlichen und faktischen Hindernisse der Berufsausübung verlangt; dementsprechend hat der EuGH ausdrücklich festgestellt, daß bestimmte, wenn auch im Vertrag nicht ausdrücklich aufgeführte Allgemeininteressen eine Beschränkung der Berufstätigkeit gestatten. Für die hier interessierende Frage der Anerkennung von Hoheitsakten führte der EuGH aus:

> »Im einzelnen folgt hieraus, daß es den Mitgliedstaaten frei steht und für sie eine legitime, im Allgemeininteresse getroffene politische Entscheidung darstellt, für die Überlassung von Arbeitnehmern in ihrem Arbeitsgebiet eine Genehmigungsregelung einzuführen, um die Genehmigung versagen zu können, wenn die begründete Befürchtung besteht, daß diese Tätigkeit gedeihliche Verhältnisse auf dem Arbeitsmarkt beeinträchtigen würde oder daß dabei die Interessen der betroffenen Arbeitnehmer unzulänglich gewahrt würden. In Anbetracht der Unterschiede, die zwischen den Arbeitsmarktverhältnissen der verschiedenen Mitgliedstaaten bestehen können, sowie angesichts der Verschiedenheit der Beurteilungsmaßstäbe, die an diese Art von Tätigkeit angelegt werden, kann dem Mitgliedstaat, in dem die Leistung erbracht werden soll, nicht das Recht abgesprochen werden, eine Genehmigung zu verlangen, die unter denselben Voraussetzungen wie für seine eigenen Staatsangehörigen erteilt wird.
>
> Dies ginge jedoch dann über das angestrebte Ziel hinaus, wenn die Anforderungen, von denen die Erteilung einer Genehmigung abhängt, zu einer bloßen Wiederholung der Nachweise und Sicherheiten führen würde, die im Staat der Niederlassung verlangt werden. Die Beachtung des Grundsatzes des freien Dienstleistungsverkehrs verlangt zum einen, daß der Mitgliedstaat, in dem die Leistung erbracht werden soll, bei der Prüfung der Anträge auf Genehmigung und bei der Genehmigungserteilung in keiner Weise nach der Staatsangehörigkeit oder dem Niederlassungsort des Leistungserbringers unterscheidet, und zum anderen, daß er die Nach-

833 EuGH, Urt. v. 17.12.1981, Rs. 279/80, Slg. 1981, 3305.

weise und Sicherheiten berücksichtigt, die der Leistungserbringer bereits für die Ausübung seiner Tätigkeit im Mitgliedstaat der Niederlassung beigebracht hat.«

Mit diesen Entscheidungen hat der EuGH nur das Urteil in der Rechtssache Choquet[834] bestätigt. Hier hatte der EuGH ausgeführt, daß die Mitgliedstaaten bei der ständigen Niederlassung eines EG-Ausländers auf ihrem Gebiet zwar eine neue Führerscheinprüfung, sie aber nicht einfach die Wiederholung von Teilen der Prüfung verlangen dürfen.
Insgesamt gesehen versucht der EuGH also durch ein flexibles System den Freiheiten des Gemeinsamen Marktes einerseits einen breiten Anwendungsbereich zu sichern, andererseits die nationalen Interessen der Mitgliedstaaten zu schützen. Soweit die nationalen Schutzmaßnahmen in einer Richtlinie vereinheitlicht worden sind oder durch die Rechtsvergleichung festgestellt werden kann, daß die Kontrollen im Ausfuhr- und im Einfuhrstaat einander gleichwertig sind, haben die Mitgliedstaaten im Bereich des Waren- und des Personenverkehrs grundsätzlich die Verwaltungsakte der anderen Mitgliedstaaten anzuerkennen und dürfen sich nur auf einzelne Stichproben beschränken, um eine Garantie für die Gleichwertigkeit der Prüfung zu erhalten. Soweit nicht klar ist, ob die Voraussetzungen in den betreffenden Mitgliedstaaten gleichartig sind, haben die Staaten zu versuchen, die Gleichwertigkeit durch ihre Zusammenarbeit herzustellen. Selbst wenn aber die Voraussetzungen der Verwaltungsakte nicht völlig gleichwertig sind, müssen schließlich die bei der ersten Kontrolle vorgelegten Untersuchungsberichte und Analysen auch bei der zweiten Kontrolle berücksichtigt werden.

3. *Ausblick auf die spätere Entwicklung*

Wie in zahlreichen anderen Bereichen des Europäischen Gemeinschaftsrechts hat der EuGH im Interesse der rechtlichen Integration der Gemeinschaften auch mit der automatischen Anerkennung fremder Hoheitsakte die noch relativ traditionelle Auffassung der Vertragsväter überholt. In der Tat kommt die ursprüngliche Auffassung, wie etwa in dem die Niederlassungsfreiheit betreffenden Art. 57 EG-Vertrag, deutlich zum Ausdruck. Die Vertragsschöpfer hatten mit dieser Bestimmung zwar gesehen, daß die Freiheiten auch dann beschränkt werden, wenn sich Probleme der Anerkennung fremder Hoheitsakte stellen. Sie meinten aber eindeutig, diese Fragen könnten nicht durch eine Ausweitung der Freiheiten durch den EuGH, sondern nur durch eine Vereinheitlichung der Voraussetzungen dieser Verwaltungsakte durch die politischen Organe der EG gelöst werden.

834 EuGH, Urt. v. 8.11.1978, Rs. 16/78, Slg. 1978, 2293.

Da die Freiheiten nun den gesamten zwischengemeinschaftlichen Verkehr betreffen und die Rechtsprechung des EuGH sie überdies über die rein wirtschaftlichen auch auf private Fragen wie etwa den Führerscheinerwerb erstreckt hat, könnte das vom EuGH aus den Freiheiten entwickelte System grundsätzlich zur Anerkennung aller Staatsakte der Mitgliedstaaten führen; soweit hierbei Lücken auftreten, greift nämlich das Gerichtsstandsübereinkommen der EG ein.
Nicht ganz klar ist bei der Rechtsprechung des EuGH auf der einen Seite nur noch, ob der europäische oder der nationale Richter die Gleichwertigkeit der Diplome, Genehmigungen, Erlaubnisse usw. immer selbst überprüfen darf oder ob hier nicht bei besonders schwierigen Beweislagen es bei der Zuständigkeit der politischen Organe bleibt. Auf der anderen Seite bezieht sich die Rechtsprechung des EuGH bisher nur auf Fälle, in denen die fremden Verwaltungsakte die eigenen Allgemeininteressen der anderen Staaten hinreichend schützten.
Bisher nicht im Europäischen Gemeinschaftsrecht gelöst ist damit der Fall, in dem es um die Durchsetzung der eigenen Allgemeininteressen der fremden Staaten und damit um die Rechts- und die Amtshilfe im Bereich des öffentlichen Rechts geht. Insoweit scheint die Rechtslage im Europäischen Gemeinschaftsrecht mit der im Völkerrecht noch weitgehend übereinzustimmen: Art. 5 II EG-Vertrag und die Grundsätze der Gemeinschaftstreue verbieten nämlich grundsätzlich nur eine Verletzung der fremden Staatsinteressen und verlangen nicht, daß die Mitgliedstaaten darüber hinaus die fremden Interessen der andern Mitgliedstaaten auch positiv fördern. Es ist aber durchaus möglich, daß auch ohne eine positivrechtliche Regelung im Europäischen Gemeinschaftsrecht sich diese Rechtslage wie im Bundesstaat in dem Augenblick automatisch ändert, in welchem wegen der wachsenden Integration die Mitgliedstaaten die fremden Staatsinteressen ihren eigenen Interessen gleichzustellen beginnen.

II. *Zur Entwicklung zweiseitiger Kollisionsnormen aus den Freiheiten des Gemeinsamen Marktes*

1. *Die Warenverkehrsfreiheit*

a) *Die Cassis de Dijon-Rechtsprechung*

Der freie Warenverkehr zwischen den Mitgliedstaaten der EG wurde ursprünglich durch die Tatsache stark behindert, daß die Mitgliedstaaten unterschiedliche technische Regeln über die Anforderungen besaßen, die an die Waren gestellt wurden. Die EG hat zunächst versucht, diese mengenmäßigen

Beschränkungen durch eine Vereinheitlichung der Sicherheitsregeln abzubauen. Dieser Weg hätte angesichts der Vielzahl von Produkten unzählige Richtlinien gefordert, die überdies wegen der schnellen technischen Entwicklung kurz nach ihrem Erlaß schon wieder überholt waren. Um die Warenverkehrsfreiheit voll durchzusetzen, hat der EuGH deshalb in seiner Cassis de Dijon-Rechtsprechung[835] festgestellt, daß, wenn die Waren im Herkunftsland frei zirkulieren dürfen, sie auch frei in den anderen Mitgliedstaaten verkauft werden dürfen. Diese Rechtsprechung setzt die Anwendung des Rechts des Herkunftslandes voraus. Eine Grenze findet die Warenverkehrsfreiheit in den nationalen Vorschriften des Empfangsstaates, die wichtige nationale Allgemeininteressen (Leben, Gesundheit, Lauterkeit des Geschäftsverkehrs, Umweltschutz) durchsetzen sollen. Nur in diesen Bereichen war also noch eine Rechtsvereinheitlichung erforderlich. Nach der »Neuen Konzeption«[836] greift die EG dabei in aller Regel auf die technischen Normen zurück, die von den europäischen Normierungsinstituten festgelegt werden: Stimmen die Produkte mit diesen technischen Normen überein, wird vermutet, daß sie auch mit den Richtlinien übereinstimmen, welche die Sicherheitsanforderungen vereinheitlichen. Wenn die Produkte von diesen technischen Regeln abweichen, wird in einem besonderen nationalen Zulassungsverfahren festgestellt, ob sie den Sicherheitsanforderungen der betreffenden Richtlinie genügen. Diese Zulassung ist von den anderen Mitgliedstaaten anzuerkennen.

b) *Die Umsatzsteuer*

Zweiseitige Kollisionsnormen gibt es heute auch im Europäischen Umsatzsteuerrecht:
Ursprünglich wurde beim Export einer Ware vom Staat A in den Staat B die Umsatzsteuer vom Staat A zurückerstattet und vom Staat B in Form einer Umsatzausgleichssteuer nach den dort geltenden Steuersätzen neu erhoben. Dieses System verlangte eine Grenzkontrolle. Da diese Grenzkontrollen fortfallen sollten, wurde das System durch die Sechste Umsatzsteuer-Richtlinie vom 17.5.1977 geändert:[837]
Bei einem innergemeinschaftlichen Gütertransport wurde grundsätzlich daran festgehalten, daß die Umsatzsteuer im Bestimmungsland B nach dessen Steuersätzen zu erheben ist. Dieses System war nunmehr aber nur anwendbar,

835 Vgl. *Bleckmann*, GRuR int. 1986, 172; *Müller-Graff*, Art. 30, in: von der Groeben/Thiesing/Ehlermann, Kommentar zum EWG-Vertrag, Bd. 1, 4. Aufl. 1991.

836 Vgl. etwa bei folgenden Richtlinien: RL 88/378(EWG (Spielzeug) v. 3.5.1988, ABl. Nr. L 187/1; RL 89/106/EWG (Bauprodukte) v. 21.12.1988, ABl. Nr. L 40/12; RL 89/336/EWG (elektromagnetische Verträglichkeit) v. 3.5.1989, ABl. Nr. L 139/19; RL 89/392/EWG (Maschinen) v. 14.6.1989, ABl. Nr. L 183/9; RL 89/686/EWG (persönliche Schutzausrüstungen) v. 21.12.1989, ABl. Nr. L 399/18.

837 Vgl. dazu *Birkenfeld/Forst*, Das Umsatzsteuerrecht im Europäischen Binnenmarkt, 1992.

wenn der Empfänger der Ware eine Umsatzsteuer-Nummer besitzt. War dies nicht der Fall, wurde die Steuer vom Entsendestaat A nach dessen Steuersätzen erhoben. Dieses System hatte den Nachteil, daß einerseits die Steuer nicht dem Bestimmungsland zufloß, die Steuer einem anderen Land zukam als dem Staat des Vorabzugs, auf der anderen Seite aber auch der unter Umständen erheblich höhere Steuersatz des Entsendestaates zu einer Wettbewerbsverzerrung auf dem Markt des Empfängerstaates führte. Nach verschiedenen Entwürfen einigte man sich schließlich in der Richtlinie vom 16.12.1991 auf das folgende System:[838] Besitzt der die Lieferung empfangende Unternehmer eine europäische Steuernummer, wird die Steuer im Bestimmungsland B nach dessen Steuersatz erhoben; der Staat B wird vom Staat A über die Lieferung informiert. Besitzt der Empfänger der Ware im Staat B keine Steuernummer, wird die Steuer vom Entsendestaat A nach den Steuersätzen des Bestimmungslandes B erhoben; die Steuer wird in einem komplizierten Clearing-System an den Staat A weitergeleitet.
Zwar sind die Grundlagen der Mehrwertsteuer heute weitgehend durch die Richtlinien der EG vereinheitlicht worden. Diese Richtlinien belassen den Mitgliedstaaten aber auch hinsichtlich einzelner Elemente der Steuergrundlagen, vor allem aber hinsichtlich der Höhe der Steuersätze, noch einen gewissen Spielraum. Wird die Steuer etwa in Großbritannien erhoben, müssen die britischen Finanzbehörden durch eine Auslegung des deutschen Steuerrechts feststellen, ob in Deutschland ein Steuersatz von 7 oder 15 % zu erheben ist.

2. *Die Personenverkehrsfreiheit*

a) *Die Fernsehurteile*

Seit den Urteilen Debauve und Coditel hat der EuGH in ständiger Rechtsprechung festgehalten, auch die von A nach B ausgestrahlten Rundfunk- und Fernsehsendungen fielen unter die Dienstleistungsfreiheit; ist die Sendung im Herkunftsland A erlaubt, darf sie auch im Empfangsstaat B ausgestrahlt werden. Hiervon greifen zwei Ausnahmen: Einerseits darf der Staat B die Sendungen aus dem Staat A beschränken, wenn wichtige nationale Allgemeininteressen dies zwingend erfordern.[839] Auf der anderen Seite sind die Schranken des Empfangsstaates B zu beachten, wenn die Fernsehanstalt von B nach A nur deswegen verlegt worden ist, um die Schranken des nationalen Rechts des Staates B zu umgehen.[840]

838 RL 91/680/EWG v. 16.12.1991, ABl. Nr. L 376/1.
839 Vgl. dazu *Bleckmann*, Europarecht, 5. Aufl. 1990, Rn. 1168; *Petersen*, Rundfunkfreiheit und EG-Vertrag, 1994. Diese Regeln hat der EuGH auch auf den Verkauf von Lotterielosen in anderen Mitgliedstaaten angewendet: vgl. *Schroeder*, EuGRZ 1994, 373.
840 EuGH, Urt. v. 5.10.1994, EuGRZ 1994, 565.

b) *Annexrechte zur Dienstleistungsfreiheit*

In einer neueren Entscheidung hat der EuGH festgestellt, daß ein Arbeitnehmer aus einem Drittstaat, der im Staat A eine Arbeitserlaubnis besitzt, im Empfangsstaat B ohne weitere Arbeitserlaubnis frei arbeiten darf, wenn er von einem Unternehmen aus dem Staat A im Staat B im Rahmen der Dienstleistungsfreiheit beschäftigt wird und nach der Beendigung der Tätigkeit im Staat B in den Staat A zurückkehrt.[841]

c) *Anerkennung von Diplomen*[842]

Nach dem Recht der Mitgliedstaaten ist die Ausübung bestimmter Berufe vom Erwerb bestimmter Diplome oder vom Bestehen bestimmter Prüfungen abhängig. Da die EG-Ausländer in aller Regel eine Prüfung nur in ihrem Heimatstaat abgelegt haben, setzt die Personenverkehrsfreiheit die Anerkennung der im Staat A erworbenen Diplome im Aufenthaltsstaat B voraus. Die EG hat sich zunächst bemüht, dieses Problem für jeden Berufszweig gesondert zu lösen. Für den Bereich der akademischen Berufe, etwa für die Berufsausübung der Ärzte und Zahnärzte, hat sie versucht, die Berufsausbildung zu koordinieren, um die Vergleichbarkeit der anzuerkennenden Diplome zu gewährleisten. Für andere Berufe bestand das Problem, daß nur im Aufenthaltsstaat, nicht aber im Heimatstaat, eine entsprechende Prüfung vorgesehen ist. So war die Rechtslage etwa für die Meisterprüfung im Handwerk. Die Richtlinien haben in diesen Fällen vorgesehen, daß, wenn der Ausreisende den betreffenden Beruf im Heimatstaat selbständig mehrere Jahre ausüben durfte, er diese Tätigkeit auch im Aufenthaltsstaat B ausüben darf.[843] In beiden Fällen ist im Staat B das Recht des Staates A anzuwenden, um festzustellen, ob die betreffende Person im Heimatstaat ein Recht auf Ausübung des Berufs besitzt.

Dieses Verfahren hätte unzählige Richtlinien gefordert. Die EG ist deshalb dazu übergegangen, in einer Richtlinie die Anerkennung der Hochschuldiplome vorzusehen, die in den Mitgliedstaaten in einem dreijährigen Studium erworben worden sind. Darüber hinaus hat der EuGH entschieden, daß Diplome auch ohne Rückgriff auf diese Richtlinie dann anzuerkennen sind, wenn sie die Kenntnisse und Fähigkeiten bestätigen, die für die Ausübung des Berufs im Aufenthaltstaat gefordert werden. Da ein französisches Diplom in der Rechtswissenschaft nicht die Kenntnisse im deutschen Recht bestätigt, war für Rechtsanwälte eine Zusatzprüfung erforderlich. In einer neueren Entscheidung hat der EuGH diese liberale Rechtsprechung aufgegeben: Für nicht

841 EuGH, Urt. v. 9.8.1994, Rs. C-43/93, Slg. 1994 I, 3818.
842 Zum folgenden vgl. *Niedobitek*, Kultur und Europäisches Gemeinschaftsrecht, 1992.
843 EuGH, Urt. v. 9.8.1994, Rs. C-447/93, Slg. 1994 I, 4087.

in der Richtlinie 85/384 (Architekten) aufgezählte Bereiche braucht ein fremdes Diplom nicht anerkannt zu werden.[844]

d) *Das europäische Sozialversicherungsrecht*

Nach Art. 51 EG-Vertrag mußte die EG ein System einführen, welches aus- und einwandernden Arbeitnehmern und ihren Angehörigen die Zusammenrechnung aller nach den verschiedenen innerstaatlichen Rechtsvorschriften berücksichtigten Zeiten für den Erwerb und die Aufrechterhaltung des Leistungsanspruchs sowie für die Berechnung der Leistungen sichert. Diese Vorschrift ist durch die VO (EWG) Nr. 1408/71 des Rates vom 14.6.1971 ausgeführt worden. Dessen Art. 45 Abs. 1 lautet:

> »Der zuständige Träger eines Mitgliedstaats, nach dessen Rechtsvorschriften der Erwerb, die Aufrechterhaltung oder das Wiederaufleben des Leistungsanspruchs von der Zurücklegung von Versicherungszeiten abhängig ist, berücksichtigt, soweit erforderlich, die Versicherungszeiten, die nach den Rechtsvorschriften eines anderen Mitgliedstaats zurückgelegt wurden, als handelte es sich um Zeiten, die nach den für diesen Träger geltenden Rechtsvorschriften zurückgelegt worden sind.«

Welche Zeiten als Versicherungszeiten gelten, richtet sich also nach dem Recht des jeweils zuständigen Staates. Das Bundessozialgericht[845] hat entschieden, daß der hiernach zuständige Staat für die anderen Staaten verbindlich entscheidet, welche Zeiten zu berücksichtigen sind. Diese Verwaltungsakte könnten in den anderen Mitgliedstaaten nicht überprüft werden.[846]

e) *Banken- und Versicherungsaufsicht*[847]

Eine Reihe von Unternehmen unterliegen einer besonderen Staatsaufsicht. Soweit diese Unternehmen auf dem Gebiet eines anderen Mitgliedstaates tätig wurden, unterlagen sie ursprünglich der Staatsaufsicht des Empfangslandes. Dieser Staat konnte seine Kontrollbefugnisse nur wahrnehmen, wenn das betreffende Unternehmen auf seinem Staatsgebiet eine Niederlassung begründete, weil nur dann die Geschäftsunterlagen zugänglich waren. Wegen der Notwendigkeit einer solchen Kontrollmöglichkeit mußte der EuGH akzeptie-

844 EuGH, Urt. v. 9.8.1994, Rs. C-447/93, Slg. 1994 I, 4087.
845 Urt. v. 27.6.1990, VdKMitt 1990, Nr. 10, 27 – 28 (T).
846 Zu den schwierigen Fragen der Anwendung fremden Rechts vgl. *Fuchs* (Hrsg.), Kommentar zum Europäischen Sozialrecht, 1994; *Lyon-Caen*, Droit social international et européen, 3. Aufl. 1991; *Ribas/Jonczy/ Séché*, Droit social européen, 1973.
847 Vgl. *Hellenthal*, Das Bankenaufsichtsrecht in der EG, 1992. Für die Versicherungsaufsicht vgl. die RL 92/96/EWG (Dritte RL Lebenversicherung) v. 10.11.1992, ABl. 1992, Nr. L 360/1; RL 92/49/EWG (3. RL Schadensvers.) v. 18.6.1992, ABl. 92, Nr. L 228/3.

ren, daß eine Reihe von Mitgliedstaaten für die Ausübung bestimmter Berufstätigkeiten eine Niederlassung im Inland forderten.[848] Dadurch wurde aber die Dienstleistungsfreiheit aufgehoben. Die EG hat sich deshalb bemüht, das System selbst zu ändern. Auf der einen Seite wurden etwa hinsichtlich der Banken und Versicherungsunternehmen die Zulassungsbedingungen vereinheitlicht. Auf der anderen Seite sehen die Richtlinien vor, daß die Kontrolle auch über die Tätigkeit in den anderen Mitgliedstaaten allein beim Herkunftsstaat, d. h. bei dem Staat liegt, in welchem sich der Sitz des Unternehmens befindet: Die Verwaltungsakte, nach welchen diese Tätigkeiten zugelassen werden, sind von den anderen Mitgliedstaaten anzuerkennen.

Die Zulassungsvoraussetzungen sind dabei durch die Richtlinien weitgehend vereinheitlicht worden. Allerdings belassen die Richtlinien den Mitgliedstaaten hinsichtlich einzelner Zulassungsvoraussetzungen den Mitgliedstaaten einen gewissen Spielraum. Deshalb können die nationalen Gesetze, welche die Richtlinien transformieren, voneinander abweichen. Wenn die Richtlinien dies auch nicht ausdrücklich festlegen, ergibt sich doch aus ihrem Gesamtzusammenhang, daß das Herkunftsland die Unternehmen auch für die Tätigkeiten in den Mitgliedstaaten allein nach den Voraussetzungen zuläßt, die in ihrem nationalen Transformationsgesetz vorgesehen sind. Etwas anderes gilt dagegen für die Ausübung der Tätigkeiten der Versicherungsunternehmen in den anderen Mitgliedstaaten. Insoweit enthalten die Richtlinien durchweg nur partielle Regeln. Es muß insoweit also auf das nationale Recht zurückgegriffen werden. Nach der Rechtsprechung des EuGH können dabei nur die nationalen Vorschriften des Empfangslandes auf die Tätigkeit von Versicherungsunternehmen aus anderen Mitgliedstaaten angewendet werden, die wichtige nationale Allgemeininteressen schützen. Die Versicherungsrichtlinien greifen insoweit auf die folgende Regelung zurück:

Stellt das Empfangsland fest, daß die ausländischen Unternehmen sich nicht an diese nationalen Rechtsvorschriften halten, unterrichtet er die Versicherungsaufsichtsbehörde des Herkunftslandes. Diese ist verpflichtet, in Anwendung des nationalen Rechts des Empfangsstaats die Abweichungen zu beseitigen. Geschieht dies nicht, darf der Empfangsstaat die Tätigkeit der ausländischen Versicherungsunternehmen auf seinem Gebiet untersagen.

Auch der Widerruf (Rücknahme) der Zulassung eines Versicherungsunternehmens wird durch die Richtlinien abschließend geregelt. So heißt es etwa in Art. 26 der Richtlinie 892/96/EWG vom 10.11.1992:

> »Die zuständige Behörde des Herkunftsmitgliedstaates kann die von ihr einem Versicherungsunternehmen erteilte Zulassung widerrufen, wenn dieses

848 Vgl. dazu *Bleckmann*, EuR 1987, 28.

a) von der Zulassung nicht binnen zwölf Monaten Gebrauch macht, ausdrücklich auf sie verzichtet oder seit mehr als sechs Monaten seine Tätigkeit eingestellt hat, es sei denn, daß der betreffende Mitgliedstaat in diesen Fällen das Erlöschen der Zulassung vorsieht;
b) die Zulassungsbedingungen nicht mehr erfüllt;
c) sich außerstande erweist, innerhalb der gesetzten Frist die Maßnahmen durchzuführen, die der Sanierungsplan oder der Finanzierungsplan im Sinne von Art. 24 vorsieht;
d) in schwerwiegender Weise die Verpflichtungen verletzt, die ihm nach dem für das Unternehmen geltende Recht obliegen.
Bei Widerruf oder Erlöschen der Zulassung unterrichtet die zuständige Behörde des Herkunftsmitgliedstaates die zuständigen Behörden aller übrigen Mitgliedstaaten; diese müssen durch geeignete Maßnahmen verhindern, daß das betroffene Unternehmen in ihrem Staatsgebiet neue Rechtsgeschäfte tätigt, sei es im Rahmen der Niederlassungsfreiheit, sei es im Rahmen der Dienstleistungsfreiheit. Ferner trifft sie im Benehmen mit diesen Behörden alle Maßnahmen, die geeignet sind, die Interessen der Versicherten zu wahren, unbeschränkt insbesondere die freie Verfügung über die Vermögenswerte des Unternehmens gemäß Art. 24 Abs. 1 a, Abs. 2 Unterabsatz 2 und Abs. 3 Unterabsatz 2.
(2) Jede Entscheidung über einen Widerruf der Zulassung ist hinreichend zu begründen und dem betreffenden Unternehmen bekanntzugeben.«

Diese Vorschrift wirft eine Reihe von Auslegungsproblemen auf. Aus ihrem Wortlaut ergibt sich, daß auch der Widerruf der Zulassung die anderen Mitgliedstaaten bindet. In Analogie zu dieser Bestimmung wird man ferner annehmen müssen, daß die Zulassung auch zu widerrufen ist, wenn die Zulassungsvoraussetzungen von Anfang an nicht vorgelegen haben, weil etwa der Herkunftsmitgliedstaat das Gemeinschaftsrecht falsch interpretiert hat. Allerdings erscheint es nicht unmöglich, daß insoweit die Richtlinien durch das nationale allgemeine Verwaltungsrecht (Vertrauensschutz bei Rücknahme) überlagert werden, vor allem deshalb, weil auch im Gemeinschaftsrecht der Vertrauensschutz bekannt ist. Ferner wird man Art. 26 Abs. 1 Buchst. d) dahin interpretieren müssen, daß auch eine schwere Verletzung der Verpflichtungen gemeint ist, die den Unternehmen nach dem Recht des Empfangsstaates obliegen. In Analogie zu den Vorschriften über die Ausübung der Tätigkeiten in einem anderen Mitgliedstaat wird man ferner annehmen müssen, daß, wenn der Empfangsstaat der Auffassung ist, die Zulassungsvoraussetzungen hätten nicht vorgelegen oder seien später entfallen, er die Behörden des Herkunftsstaats unterrichten muß, die verpflichtet sind, die Zulassung zurückzunehmen. Geschieht dies nicht, dürfte der Empfangsstaat das Recht besitzen, die Tätigkeit der ausländischen Versicherungsunternehmen auf seinem Gebiet zu untersagen.

III. *Zu den Regeln des »europäischen« internationalen Verwaltungsrechts*

1. Nach dem bei allen Freiheiten des Gemeinsamen Marktes greifenden Grundsatz der Inländergleichheit ist zunächst zu prüfen, ob nach dem Recht des fremden Staates die Ware auf dem Gebiet dieses Staates frei zirkulieren darf und ob eine bestimmte Berufsausübung durch das Recht dieses Staates gestattet ist. Läßt sich diese Frage bejahen, wird eine Prüfung des betreffenden ausländischen Rechts überflüssig.

2. Bevor das fremde Verwaltungsrecht zum Zuge kommt, ist zweitens zu prüfen, ob die durch die Regeln des besonderen Verwaltungsrechts geschützten nationalen Allgemeininteressen durch die Anwendung der fremden Norm hinreichend durchgesetzt werden. Ist dies nicht der Fall, ist auf den Sachverhalt das deutsche Recht anzuwenden.

3. Darf dagegen nach dem Recht des fremden Staates die Ware nicht frei zirkulieren und eine bestimmte Berufstätigkeit nicht frei ausgeübt werden, wird die Anwendung des fremden Verwaltungsrechts erforderlich. Fordert die zuständige ausländische Rechtsordnung die Zulassung durch einen Verwaltungsakt, ist zu prüfen, ob ein entsprechender Verwaltungsakt ergangen ist, ob dieser Verwaltungsakt nach dem Recht des fremden Staates Wirkungen entfaltet und ob er nach den ausländischen Regeln des Allgemeinen Verwaltungsrechts wirksam wieder zurückgenommen worden ist.

4. Zweifelsfragen treten nach diesen Prinzipien nur auf, wenn der fremde Verwaltungsakt gegen das ausländische materielle oder Verfahrensrecht verstößt und damit nach dem Recht der fremden Rechtsordnung rechtswidrig ist. Zwar ist davon auszugehen, daß der Staat B den Verwaltungsakt des Staates A nicht aufheben darf, weil er dann in den Zuständigkeitsbereich des Staates B eingreifen würde. Durch die Anerkennung des fremden Verwaltungsaktes wird aber die Wirkung des fremden Verwaltungsakts in das nationale Recht erstreckt. Diese Wirkungserstreckung kann auch von den Behörden des Staates B aufgehoben werden. Es entsteht hier das Problem, ob auf die Rücknahme und den Widerruf fremder Verwaltungsakte das Recht des Staates A oder B anzuwenden ist. Wichtig ist diese Frage vor allem deswegen, weil die entsprechenden Regeln des allgemeinen Verwaltungsrechts von Staat zu Staat sehr unterschiedlich sind, der Vertrauensschutz also in verschiedenem Umfang realisiert wird. Insoweit ist nun zu berücksichtigen, daß nach der Rechtsprechung des EuGH in allen Fällen der Anwendung ausländischen Verwaltungsrechts der ordre public-Vorbehalt die Anwendung der Regeln des nationalen Rechts gestattet, die wesentliche Allgemeininteressen schützen. Wenn also infolge der Verletzung des fremden Verwaltungs- oder Verfahrensrechts

nicht mehr hinreichend gesichert erscheint, daß der Verwaltungsakt die durch das nationale Recht seines Staates geschützten Allgemeininteressen des Staates B schützt, darf der Staat B die Wirkungserstreckung des fremden Verwaltungsaktes auf das eigene Gebiet aufheben. Dabei ist davon auszugehen, daß die nationalen Regeln über die Rücknahme und den Widerruf des Staates B Anwendung finden. Denn dieser Staat muß selbst darüber entscheiden dürfen, wie weit er dem Vertrauensschutz gestattet, die durch das besondere Verwaltungsrecht geschützten nationalen Allgemeininteressen zurückzudrängen.

IV. *Die Entwicklung der Prinzipien des europäischen internationalen Verwaltungsrechts*

1. Die oben dargestellten Beispielsfälle für europäische und internationale zweiseitige Kollisionsnormen des Internationalen Verwaltungsrechts verdeutlichen, daß nur bei Anwendung der Rechtsordnung des Staates A durch den Staat B die Freiheiten voll und effektiv durchgesetzt werden können. Ziel dieser zweiseitigen Kollisionsnormen ist nur mittelbar die Förderung der Allgemeininteressen der fremden Staaten; das fremde Recht wird nicht um seiner selbst willen, sondern nur deshalb angewendet, weil die eigenen, durch die nationale Rechtsordnung geschützten Allgemeininteressen nur dann durchgesetzt werden können, wenn die fremde Rechtsordnung, welche diese Interessen in ähnlicher Weise schützt, in vollem Umfang effektiv gemacht wird. Gleichzeitig schwingt allerdings der Gedanke der wohl erworbenen Rechte mit, wenn dieser Grundsatz hier auch nur einen Reflex des Primärrechts, der Verwirklichung der Verkehrsfreiheiten, darstellt. In der Tat wird im Ergebnis durch die Anwendung der Normen der fremden Rechtsordnung eine nach dieser Rechtsordnung erworbene, eigentumsähnliche Position geschützt.

2. Bei der aus der Gemeinschaftstreue fließenden Pflicht zur Amtshilfe bei der Durchsetzung des Europäischen Gemeinschaftsrechts handelt es sich dagegen um Prinzipien, welche das Gemeinschaftsrecht und damit die europäischen Allgemeininteressen unmittelbar durch positives Handeln fördern sollen. Der Grund für diese Entwicklung ist die Tatsache, daß aufgrund des europäischen Primärrechts die Mitgliedstaaten sich mit den europäischen Allgemeininteressen identifizieren; die Allgemeininteressen und die Aufgaben der EG müssen deshalb in derselben Weise durchgesetzt werden wie die nationalen Aufgaben und Interessen.

3. Die Pflicht zur Anerkennung der Devisengesetze fremder Staaten nach der Satzung des IWF und die Tatsache, daß auch gegen fremdes Recht verstoßende privatrechtliche Verträge unter bestimmten Voraussetzungen nich-

tig sind, beruht dagegen auf der grundsätzlichen Identifizierung mit den Allgemeininteressen anderer Staaten. Allerdings führt diese Pflicht zur Anerkennung und Durchsetzung fremder Allgemeininteressen nicht zu einer Pflicht zum positiven Handeln der anderen Staaten. Vielmehr fließt aus dem Verbot des Rechtsmißbrauchs im Völkerrecht nur die Pflicht, die fremden Allgemeininteressen nicht negativ zu schädigen.

4. Damit stellt sich aber die allgemeine Frage, ob infolge der im Vergleich zur Völkerrechtsgemeinschaft wesentlich engeren Integration in der EG die europäische Gemeinschaftstreue nicht auch schon die Pflicht umfaßt, die Allgemeininteressen der anderen Mitgliedstaaten durch ein Handeln auch positiv zu fördern. Wir haben gesehen, daß diese Pflicht im Bundesstaat dazu führt, daß das Land A die Rechtsakte des Landes B durchführen und anerkennen muß, soweit diese Rechtssätze im Rahmen der Zuständigkeitsordnung des Bundesstaates erlassen worden sind. Der im Völkerrecht bestehende Pluralismus der Rechtsordnungen wird dann durch den Monismus abgelöst, wenn es auch innerhalb der einheitlichen, das Europarecht und das Recht der Mitgliedstaaten umfassenden Gesamtrechtsordnung ebenso viele Teilrechtsordnungen gibt. Die in Art. 35 GG für das Verhältnis zwischen den Ländern greifende Pflicht zur Amtshilfe greift dann aufgrund des europäischen Grundsatzes der Gemeinschaftstreue auch im Verhältnis zwischen den Mitgliedstaaten der EG. Eine solche Konstruktion hätte zur Folge, daß die heute noch weithin bestehende, aber allmählich immer undeutlicher werdende Grenze zwischen den durch das Völkerrecht und den durch das Gemeinschaftsrecht geregelten zwischenstaatlichen Beziehungen weitgehend aufgehoben wird, das Europarecht also in den allgemeinen Völkerrechtsraum der Mitgliedstaaten hineinwirkt.

Zur Begründung einer solchen Theorie kann darauf hingewiesen werden, daß auch heute schon die Art. 5 und 6 EG-Vertrag über das Gemeinschaftsrecht hinaus den völkerrechtlichen Raum zwischen den Mitgliedstaaten zu durchdringen beginnen. Zwar ist der Anwendungsbereich des Grundsatzes der Inländergleichheit und wohl auch der Gemeinschaftstreue nach dem Wortlaut des Art. 6 auf den »Anwendungsbereich« des EG-Vertrages beschränkt und bemüht sich der EuGH noch, durch den Rückgriff auf eine dynamische Auslegung den Anwendungsbereich nach der Dichte des Sekundärrechts zu bestimmen, davon ausgehend, daß das Gemeinschaftsrecht eine hinreichende Regelungsdichte schon erreicht hat. Eine solche Auslegung des Art. 6 aber widerspricht eindeutig dessen Wortlaut und seinem Sinn. Das Primärrecht hat sich, begünstigt durch eine rasche Entwicklung des Sekundärrechts und der Rechtsprechung des EuGH, in fast alle Bereiche der staatlichen Rechtsordnung und damit der zwischenstaatlichen Beziehungen einschließlich der Kultur etabliert. Der Anwendungsbereich des Gemeinschaftsrechts hebt damit die

Grenze zwischen dem europarechtlich und dem völkerrechtlich geregelten zwischenstaatlichen Bereich der Mitgliedstaaten allmählich auf.
Auf der anderen Seite wird die Identifikation der Allgemeininteressen der anderen Mitgliedstaaten mit den eigenen Allgemeininteressen durch zwei Faktoren deutlich gefördert: Einerseits hat in fast allen Bereichen des staatlichen Lebens die Politik des Staates A infolge der wachsenden Interdependenz erhebliche Rückwirkungen auf die eigenen Allgemeininteressen. Will der Staat A seiner Verfassung entsprechend die eigenen Aufgaben effektiv erfüllen, ist er gezwungen, die Allgemeininteressen der anderen Mitgliedstaaten auch durch ein positives Handeln zu fördern. Auf der anderen Seite stellen sich die europäischen Allgemeininteressen nur als die Summe der nationalen Allgemeininteressen der Mitgliedstaaten dar. Die Förderung der europäischen Allgemeininteressen beinhaltet damit gleichzeitig auch die Förderung nicht nur der eigenen, sondern auch der Allgemeininteressen der anderen Mitgliedstaaten der EG.
Probleme können allerdings noch entstehen, wenn man der obigen Interpretation der Gemeinschaftstreue folgt. Denn wie im Bundesstaat muß die fremde Rechtsordnung nur insoweit durchgesetzt werden, als sie innerhalb der europäischen Zuständigkeitsordnung ergangen ist, die sich heute noch weitgehend mit der Zuständigkeitsordnung des Völkerrechts deckt. Dabei wird häufig der Fall auftreten, daß nach den Regeln des Völkerrechts zwei oder mehrere Staaten für die Regelung eines bestimmten Sachverhalts zuständig sind. In diesen Fällen darf der Staat, soweit das Europarecht nicht zweiseitige Kollisionsnormen enthält, die auf das fremde Recht verweisen, die eigene Rechtsordnung anwenden, wenn er sich dabei nur bemüht, die fremden Allgemeininteressen nicht negativ zu schädigen.
Wir haben allerdings gesehen, daß mit Ausnahme der grenzüberschreitenden Sachverhalte im Internationalen Verwaltungsrecht die Gebietshoheit eine ausschließliche Zuständigkeit des Gebietsstaates begründet. Die Zuständigkeit liegt also mit der Folge fest, daß das Recht des zuständigen Staates von den anderen Mitgliedstaaten durchgesetzt werden muß. Eine Ausnahme greift nur für grenzüberschreitende Sachverhalte. Insoweit aber bestehen heute schon sehr weitgehende zweiseitige Kollisionsnormen des Gemeinschaftsrechts.

5. In der neueren Zeit sind vor allem zwei Entwicklungen zu beobachten: Die Literatur und die Rechtsprechung sind heute der Auffassung, der räumliche Anwendungsbereich des Verwaltungsrechts fließe aus den Kompetenzen, die das Völkerrecht den Staaten verleiht. Dabei soll es sich nicht nur um die Gebiets-, sondern auch um die Personalhoheit handeln. Das nationale Wirtschaftsverwaltungsrecht, insbesondere das Kartellrecht, finde also Anwendung auf Tätigkeiten auf dem betreffenden Staatsgebiet, auf Tätigkeiten im Ausland, dessen Wirkungen auf dem betreffenden Staatsgebiet eintreten und

– allerdings doch wohl nur in Ausnahmefällen – auf die Tätigkeit der eigenen Staatsangehörigen im Ausland. Insoweit sei auf die neueren Werke von *Werner Meng*[849], *Jürgen Schwarze*[850] und *Hans-Jörg Ziegenhain*[851] verwiesen. Mit einer Ausnahme wird man dieser Ansicht der Literatur und Rechtsprechung folgen müssen: Das nationale Verwaltungsrecht kann grundsätzlich auf die Tätigkeit der eigenen Staatsangehörigen auf dem Staatsgebiet fremder Staaten nicht angewendet werden, weil in diesem Fall die Gebietshoheit des fremden Staates die Personalhoheit des Heimatstaates verdrängt.[852]

Wesentlich wichtiger und interessanter ist die zweite Entwicklungslinie, die sich heute im Europäischen Gemeinschaftsrecht deutlich zeigt, aber in absehbarer Zeit auch im Völkerrecht vordringen wird: Die Begründung zweiseitiger Kollisionsnormen des Internationalen Verwaltungsrechts, die vor allem im Bereich der Verkehrsfreiheiten des Gemeinsamen Marktes zur Anwendung fremden Verwaltungsrechts führen. Diese Entwicklung in der Literatur ist jedoch bisher kaum registriert worden.

Ein dritter Problemkreis beansprucht die Aufmerksamkeit des Juristen: Die Praxis scheint in der Tat der Auffassung zu folgen, die Normen des nationalen Wirtschaftsverwaltungsrechts, die im Interesse des Verbraucher- oder Umweltschutzes den Vertrieb bestimmter, gefährlicher Güter verbieten, seien auf den Vertrieb der Waren im Inland, nicht aber auch auf ihren Vertrieb im Ausland anzuwenden. Wenn es auch richtig sein mag, daß es primär die Aufgabe der fremden Staaten ist, ihre Staatsangehörigen zu schützen, und wenn auch durch die Anwendung dieser unter Umständen schärferen Schutzbestimmungen die Wettbewerbslage der deutschen Produkte im Ausland verschlechtert wird, kann ich diese Auffassung nur als zynisch bezeichnen: Sie verkennt vor allem, daß die Bundesrepublik Deutschland nach den Regeln des internationalen Umweltschutzrechts[853] verpflichtet ist, auch die Einwohner anderer Staaten vor Gefahren zu schützen, die vom deutschen Staatsgebiet ausgehen.

Ein neueres Urteil des Bundesverwaltungsgerichts schließlich hat die Aufmerksamkeit auf ein weiteres Problem gelenkt, das seitdem in der Literatur[854]

849 *Meng*, Extraterritoriale Jurisdiktion im öffentlichen Wirtschaftsrecht, 1993.

850 *Schwarze*, Die Jurisdiktionsabgrenzung im Völkerrecht, 1994.

851 *Ziegenhain*, Extraterritoriale Rechtsanwendung und die Bedeutungen des Genuine-Link-Erfordernisses, 1992.

852 Vgl. *Bleckmann*, Die völkerrechtlichen Grundlagen des internationalen Kollisionsrechts, 1992.

853 Vgl. dazu *Birnie/Boyle*, International Law and the Environment, 1992; *Hohmann*, Präventive Rechtspflichten und -prinzipien des modernen Umweltvölkerrechts, 1992; *Klein*, Umweltschutz im völkerrechtlichen Nachbarrecht, 1978; *Kiss*, Droit international de l'environnement, 1989.

854 *Bothe*, in: FS für Rechtsanwaltsverein Hannover, 1981, S. 42 ff.; *Graf*, NuR 1987, 262; *Ress* (Hrsg.), Grenzüberschreitende Verfahrensbeteiligung im Umweltrecht der Mitgliedstaaten der EG, 1985.

diskutiert wird. Nach deutschem Recht setzt die Klagebefugnis vor den Verwaltungsgerichten die Verletzung eines subjektiven öffentlichen Rechts voraus. Dabei kann es sich um den mittelbaren Eingriff in ein Grundrecht oder um die Verletzung einer Norm des Verwaltungsrechts handeln, welche die Interessen gerade des Klägers schützen soll. In diesem Rahmen nun stellt sich das Problem, ob auch im Ausland ansässige fremde Staatsangehörige vor den deutschen Verwaltungsgerichten klagen können, wenn der Verwaltungsakt ihre Interessen verletzt. Eine solche Klagemöglichkeit wird man mit dem Bundesverwaltungsgericht bejahen müssen. Soweit es sich um durch ein Gesetz begründetes subjektives Recht handelt, ist weder diesem Gesetz noch einem anderen Rechtsprinzip zu entnehmen, daß es nur Inländer schützen will. Im Rahmen des Umweltrechts besteht sogar, wie wir gesehen haben, eine Schutzpflicht der Bundesrepublik Deutschland, welche die Klagebefugnis zusätzlich begründet. Werden Grundrechte verletzt, ist zu unterscheiden: Handelt es sich um Menschenrechte, die jedermann zustehen, kann sich auch der im Ausland ansässige fremde Staatsbürger auf diese Grundrechte berufen, soweit sich aus der Auslegung des betreffenden Grundrechts nicht ergibt, daß eine Beziehung zum deutschen Staatsgebiet erforderlich ist. Handelt es sich dagegen um Deutschengrundrechte (Art. 8, 9, 11, 12 GG), greift für Ausländer unter Umständen Art. 2 GG als Auffanggrundrecht ein; da EG-Ausländer nach den Regeln des Europarechts wie Inländer behandelt werden müssen, die Inländergleichheit sich aber wohl auch auf prozessuale Rechte erstreckt, können sich die EG-Ausländer über das Gemeinschaftsrecht auch auf die Deutschengrundrechte berufen.

V. *Probleme des internationalen Verwaltungsrechts*

1. Insbesondere das Europäische Gemeinschaftsrecht hat zur Entwicklung zahlreicher Kollisionsnormen des Internationalen Verwaltungsrechts geführt. Diese Entwicklung zeigt sich insbesondere im Bereich der Freiheiten des Gemeinsamen Marktes.

So darf nach der Cassis de Dijon-Rechtsprechung des EuGH eine Ware, die im Mitgliedstaat A frei zirkulieren darf, in den anderen Mitgliedstaaten ebenso frei vertrieben werden, wenn dem nicht wesentliche Allgemeininteressen des Staates B entgegenstehen. Das aber bedeutet, daß im Mitgliedstaat B überprüft werden muß, ob nach der Rechtsordnung des Staates A die Ware dort frei zirkulieren darf. Ist nach dieser Rechtsordnung ein zulassender Verwaltungsakt erforderlich, muß überprüft werden, ob der Staat A einen entsprechenden Verwaltungsakt erlassen und wieder zurückgenommen hat: Der Verwaltungsakt des Staates A muß nach Gemeinschaftsrecht vom Staat B anerkannt werden. Eine Grenze findet diese Regel nur dann, wenn im Staat B All-

gemeininteressen am Umwelt- oder Verbraucherschutz die Anwendung des nationalen Rechts erfordern (ordre public-Vorbehalt).
In diesem Rahmen entstehen schwierige Probleme. In den vom EuGH entschiedenen Fällen handelte es sich um Waren, die im Staat A produziert und von dort in den Staat B exportiert worden sind. Es stellt sich damit die Frage, ob die Rechtsordnung des Staates A anwendbar wird, wenn die Ware aus dem Staat B in den Staat A exportiert wird und von dort in den Staat B zurückexportiert wird. Wäre dies der Fall, erschiene es wenig plausibel, einen Umweg der nationalen Ware über den Staat zu fordern. Das hätte zur Folge, daß in allen Mitgliedstaaten der EG die Regeln des Mitgliedstaates anwendbar würden, welche die geringsten Anforderungen an die Ware stellten. Dies nun widerspräche eindeutig den Zielen des EG-Vertrages, die auf ein hohes Schutzniveau abstellen. Die Fälle, in denen die Ware vom Staat B mit dem einzigen Zweck exportiert wird, bei der Rückimportierung die Sicherheitsvorschriften des Staates B zu umgehen, müssen also aus dem Anwendungsbereich der Cassis de Dijon-Rechtsprechung ausgeschlossen werden.[855] Der Rückgriff auf die Voraussetzung, daß die Ware in einem anderen Mitgliedstaat der EG produziert worden ist, erscheint als nicht gangbar, weil in einer Zollunion auch Ware aus Drittländern, die aus dem Mitgliedstaat A in den Mitgliedstaat B exportiert wird, unter die Warenverkehrsfreiheit fällt. So bleibt dann nur der Rückgriff auf das in der Rechtsprechung des EuGH zur Rundfunkfreiheit entwickelte Umgehungsverbot. Wird die Ware aus dem Staat A in den Staat B mit dem einzigen Zweck der Reimportation exportiert, sind auf die Ware im Staat B nur die Regeln des Staates B anzuwenden.
Ähnlich ist die Rechtslage im Bereich der Dienstleistungsfreiheit in den Fällen, in denen wie etwa bei den Rundfunk- und Fernsehsendern die Dienstleistung selbst von Staat A in den Staat B »exportiert« wird.
Im Staat A ausgestrahlte Sendungen, die nach dem Recht dieses Staates erlaubt sind, dürfen auch in den anderen Mitgliedstaaten frei ausgestrahlt werden, wenn dem wesentliche Allgemeininteressen dieser Staaten nicht entgegenstehen.
Nach dem europäischen Banken- und Versicherungsaufsichtsrecht dürfen Unternehmen, die im Staat A zugelassen sind, in den anderen Mitgliedstaaten der EG ihre Dienstleistungen frei erbringen. Der Staat A hat bei seiner Aufsicht dabei unter Umständen das Recht der anderen Mitgliedstaaten bei der Zulassung der Unternehmen zu beachten. Geschieht dies nicht, hat der Staat B das Recht, die Dienstleistung auf seinem Gebiet zu unterbinden.
Im Recht der Personenverkehrsfreiheit sind Diplome des Staates A im Staat B grundsätzlich anzuerkennen. Soweit der Staat B für eine bestimmte Tätigkeit Diplome voraussetzt, die es im Staat A nicht gibt, reicht in aller Regel eine

855 So zum Problem der Dienstleistungsfreiheit: EuGH, Urt. v. 5.10.1994, EuGRZ 1994, 565.

mehrjährige selbständige Berufstätigkeit im Staat A aus. Auch hier muß der Staat B prüfen, ob die betreffende Tätigkeit nach dem Recht des Staates A erlaubt ist.

2. Eine entsprechende Entwicklung läßt sich zumindest in Ansätzen auch im universellen Völkerrecht feststellen. Zwar können die der Warenverkehrsfreiheit des EG-Vertrages parallelen Regeln des GATT nicht ohne weiteres im Sinne der Rechtsprechung des EuGH ausgelegt werden. Soll das fremde Verwaltungsrecht bestimmen, ob die betreffende wirtschaftliche Tätigkeit auch im Inland frei ist, muß sichergestellt sein, daß das ausländische Verwaltungsrecht die nationalen Allgemeininteressen ebenso effektiv schützt wie das nationale Recht. Angesichts der schwindenden Homogenität der Völkerrechtsgemeinschaft ist diese Voraussetzung nur im europäischen Raum, generell auf der Völkerrechtsebene aber nicht gegeben.
Dennoch läßt sich in gewissen Grenzen eine Annäherung des Völkerrechts an das Europarecht feststellen. Auf der einen Seite werden fremde Universitätsdiplome in aller Regel von den anderen Mitgliedstaaten der Völkerrechtsgemeinschaft anerkannt. Dasselbe gilt für die internationalen Führerscheine und für die Zulassung der Kraftfahrzeuge, die in internationalen Kraftfahrzeugverkehr in der Tat kaum individuell überprüft werden können. Möglicherweise steht hinter dieser allgemeinen Praxis schon eine entsprechende Rechtsüberzeugung der Mitgliedstaaten der Völkerrechtsgemeinschaft, so daß von der Existenz entsprechender Rechtssätze des Völkergewohnheitsrechts auszugehen ist. Darüber hinaus gibt es internationale Regeln wie etwa Art. VIII Abs. 2 der Satzung des Internationalen Währungsfonds, nach welchem die Devisenkontrollgesetze der anderen Mitgliedstaaten von allen anderen Staaten respektiert werden müssen.[856]

856 *Kern*, Der internationale Währungsfonds und das ausländische Devisenrecht, 1968.

Anhang

A. Subordinationsrechtlicher Verwaltungsvertrag und Gesetzmäßigkeit der Verwaltung[1] *

Von Privatdozent Dr. Dr. Albert Bleckmann Wissenschaftlicher Referent am Max-Planck-Institut für ausländisches öffentliches Recht und Völkerrecht, Heidelberg

Die Bundesregierung hat dem Bundestag am 21. September 1970 den Entwurf eines Verwaltungsverfahrensgesetzes zugeleitet[2], dessen mit den entsprechenden Bestimmungen des Musterentwurfs eines Verwaltungsverfahrensgesetzes in der Münchener Fassung von 1966[3] im wesentlichen übereinstimmender vierter Teil nun auch auf Bundesebene[4] den Verwaltungsvertrag zumindest in einzelnen Punkten einer gesetzlichen Regelung zuführen soll. Trotz der zahlreichen Veröffentlichungen über den Verwaltungsvertrag und die Regelung dieses Instituts im Musterentwurf erscheint es vor Verabschiedung des Entwurfs durch den Bundestag angezeigt, den verfassungsrechtlichen Bedenken nachzugehen, die gegen diese Regelung bestehen könnten. Dies gilt um so mehr, als die Lehre vor der Verabschiedung des Musterentwurfs sich auf diese Bedenken konzentriert hatte, den Entwurf selbst aber daraufhin nicht mehr überprüft hat. Dabei handelt es sich im wesentlichen um die beiden zwar getrennten, aber doch eng miteinander verbundenen Fragen, welche Schranken der Grundsatz der Gesetzmäßigkeit der Verwaltung in seinen beiden Konkretisierungen des Vorbehalts und des Vorrangs des Gesetzes der Zulässigkeit (A) und dem Inhalt (B) insbesondere des subordinationsrechtlichen Verwaltungsvertrages zieht.

* VerwArch 63 (1972), 404. Abdruck erfolgt mit freundlicher Genehmigung des Carl Heymanns Verlags.

1 Diesem Aufsatz liegt der Probevortrag zugrunde, den der Verf. am 12.12.1970 im Rahmen seines Habilitationsverfahrens vor der Juristischen Fakultät der Ruprecht-Karl-Universität Heidelberg gehalten hat.

2 BT-Drs. VI/1173. Zum ersten Durchlauf im Bundesrat vgl. BR-Drs. 269/70, 269 1/70, 269/2/70, 269/3/70, 354. Sitzung 26.6.1970, 151 C und 164 C.

3 Musterentwurf eines Verwaltungsverfahrensgesetzes (EVwVerfG 1963), 2. Aufl, mit Anhang »Münchener Fassung Köln und Berlin 1968.

4 Auf der Landesebene: Landesverwaltungsgesetz Schleswig-Holstein vom 18.4.1967, GS Schl.-H. Nr. 20. Kommentare. G. *Foerster,* Allgemeines Verwaltungsgesetz für das Land Schleswig-Holstein *von der Groeben/Knack,* Allgemeines Verwaltungsgesetz für das Land Schleswig-Holstein.

A. *Die Zulässigkeit des subordinationsrechtlichen Verwaltungsvertrages*

I. *Die Stellungnahme des Entwurfs zu den bisherigen Schrankentheorien*

1. *Begriff und Funktion der Zulässigkeit*

Obwohl die neuere deutsche Literatur um die »Zulässigkeitsschranken« des Verwaltungsvertrages kreist, findet man nur wenige ausdrückliche Definitionen dieses Begriffs. Soweit ersichtlich, hat sich als erster *Salzwedel*[5] um eine solche Definition bemüht. Nach ihm sind beim öffentlich-rechtlichen Vertrag zwei Gruppen der Fehlerhaftigkeit zu unterscheiden. Ein öffentlich-rechtlicher Vertrag könne einmal mit Mängeln behaftet sein, die auch beim privatrechtlichen Vertrag auftreten. Hier handele es sich in der Regel um die Verletzung von Normen, bei denen (§§ 116 ff., 125, 138 BGB) das Staatsinteresse primär auf den Schutz von Individualinteressen ausgerichtet ist. Die Unzulässigkeit beziehe sich dagegen auf die speziell öffentlich-rechtliche Seite des Verwaltungsvertrages. Hier sei das in den Normen des öffentlichen Rechts objektivierte Staatsinteresse auf die Beibehaltung oder Veränderung einer bestimmten Rechtslage gerichtet und dulde abweichende Regelungen im öffentlich-rechtlichen Vertrage grundsätzlich nicht. Dieses Staatsinteresse betreffe den Vertragsgegenstand selbst. Unzulässig sei ein öffentlich-rechtlicher Vertrag dann, wenn sein Inhalt dem öffentlichen Recht zuwiderläuft. Demgemäß untersucht *Salzwedel* einerseits den Freiraum, den das öffentliche Recht dem Vertragsinhalt beläßt, zum anderen die atypischen Verwaltungsinteressen (Austausch- und Vergleichslage), welche seiner Ansicht nach auch die zwingenden Normen zurückdrängen.

Salzwedel stellt also unter der Bezeichnung der »Zulässigkeitsschranken« die Frage nach der Rechtmäßigkeit des *Inhalts* von Verwaltungsverträgen. Diese Definition konnte sich nicht durchsetzen. Soweit die neuere Literatur die Problematik untersucht, bezieht sie die Zulässigkeit vielmehr auf die *Handlungsform*[6]. Dieser Richtung folgt der Entwurf eines Verwaltungsverfahrensgesetzes und noch klarer das schleswig-holsteinische Landesverwaltungsgesetz. Sie liegt in der Tat dem Wortsinn näher als die Definition *Salzwedels.* Entscheidend dürfte aber sein, daß die beiden Probleme nur dann in erforderlichem Maße auseinandergehalten werden können, wenn sie auch unterschiedlich bezeichnet werden. Allerdings beruht die ständige Verwechslung beider Fragenkreise[7] zum Teil auch darauf, daß beide Probleme in enger Beziehung zueinander stehen. Die eigentliche Funktion des Zulässigkeitsbegriffs ist nämlich, angesichts der unterschiedlichen Rechtsfolgen von Verwaltungsvertrag und Verwaltungsakt durch die Beschränkung der Handlungsform auch bestimmten Rechtsfolgen Grenzen zu ziehen, Sicherlich kann die Frage nach der Handlungsform manchmal auch unab-

5 J. *Salzwedel,* Die Grenzen der Zulässigkeit des öffentlich-rechtlichen Vertrages, 1958, S. 103 ff.

6 E. *Stein,* Der Verwaltungsvertrag und die Gesetzmäßigkeit der Verwaltung, AöR 86 (1961), 320 ff., 323; G. *Beinhardt,* Der öffentlich-rechtliche Vertrag im deutschen und französischen Recht, VerwArch. 55 (1964), 151 ff., 212; J. *Kottke,* System des subordinationsrechtlichen Verwaltungsvertrages, 1966, S. 40; N.-Z. *Bisek,* Der öffentlich-rechliche Vertrag nach dem Musterentwurf eines Verwaltungsverfahrensgesetzes in der Fassung von 1963, in der »Münchener Fassung« von 1966 und dem schleswig-holsteinischen Landesverwaltungsgesetz, 1970, S. 39.

7 Vgl. hierzu *Beinhardt* aaO, S. 212; *Bisek* aaO, S. 39, 50 f.; *Kottke* aaO, S. 40.

hängig vom Inhalt und von den Rechtsfolgen des Verwaltungsvertrages entschieden werden. Das ist etwa der Fall, wenn die Handlungsforrn des Vertrages vom Gesetz ausdrücklich zugelassen oder ausgeschlossen wird. Aber auch hier stellt sich auf höherer Ebene die Frage nach der Verfassungsmäßigkeit dieses Gesetzes, die teilweise wieder nur durch eine Bewertung der unterschiedlichen Inhalte und Rechtsfolgen der Handlungsformen gelöst werden kann: Selbst wenn der Verwaltungsvertrag weitgehend dem Verwaltungsakt angenähert wird, hat er nämlich doch punktuell noch andere Rechtsfolgen, und es fragt sich, inwieweit die Verfassung solche Abweichungen duldet. Insbesondere wenn man der Auffassung ist, daß die Verwaltung beim Abschluß von Verwaltungsverträgen nicht in demselben Umfang einer gesetzlichen Grundlage bedarf oder an die Gesetzesschranken gebunden ist wie beim Verwaltungsakt, oder daß die Verletzung dieser Grundsätze den Bestand des Verwaltungsvertrages weniger stark berührt als den eines entsprechenden Verwaltungsaktes, könnten diese Grundsätze der Gesetzmäßigkeit der Verwaltung den Verwaltungsvertrag verbieten. Ist man umgekehrt der Auffassung, daß die Verwaltung beim Verwaltungsvertrag in demselben Umfang wie beim Verwaltungsakt gebunden ist, kann bei einer völligen Bindung der Verwaltung der – notwendig Freiheit voraussetzende – Vertragsbegriff den Verwaltungsvertrag ausschließen.

2. *Bisherige Schrankentheorien*

Die Diskussion über die Zulässigkeitsschranken des subordinationsrechtlichen Verwaltungsvertrages ist noch nicht abgeschlossen. Grob vereinfacht, werden folgende Auffassungen vertreten:

a) Ein Teil der Lehre und Rechtsprechung hält für den Abschluß solcher Verträge eine spezielle gesetzliche Ermächtigung für erforderlich[8]. Nach der wohl herrschenden Auffassung ist umgekehrt ein subordinationsrechtlicher Vertrag zulässig, soweit er nicht durch die Rechtsordnung ausgeschlossen wird[9]. Häufig wird in diesem Rahmen die Meinung vertreten, der Verwaltungsvertrag sei unzulässig, soweit die Verwaltung in der Form des Verwaltungsakts handeln könne oder wenigstens, soweit die Gesetze den Erlaß von Verwaltungsakten ausdrücklich vorsehen[10]. Nach anderen Autoren kann die Verwaltung öffentlich-rechtliche Verträge nur abschließen, soweit ihr das materielle Recht Dispositionsfreiheit einräumt. Dabei wird je nach der Beurteilung der notwendigen Handlungsfreiheit entweder im Rahmen der Eingriffsverwaltung jeder Vertrag ausgeschlossen oder auch in diesem Bereich der Vertrag zugelassen, soweit die

8 Vgl. insbesondere K. *Stern,* Zur Grundlegung einer Lehre des öffentlich-rechtlichen Vertrages, VerwAreh. 49 (1958), 106 ff., 139, sowie: Zur Problematik des energiewirtschaftlichen Konzessionsvertrages, AöR 84 (1959) 137 ff., 223 ff., 292. Weitere Lit. dort und bei *Kottke* aaO, S. 38.

9 Vgl. die in der Begründung zum Musterentwurf (§ 40, S. 190) zitierte Literatur und Rspr.

10 Vgl. etwa *Apelt,* Der verwaltungsrechtliche Vertrag, 1920, S. 161; *Baring,* DVBl. 1965, 180; *Beinhardt* aaO, S. 233; *Haueisen,* DVBl. 1961, 833 ff., 835; Württ. VwRO, Begründung S. 180. Umgekehrt ist *Stein* (aaO. S. 323 f.) der Auffassung, daß die Verwaltung, wenn sie einen Verwaltungsakt erlassen kann, auch Verwaltungsverträge abschließen darf. Nach *Martens* (Normenvollzug durch Verwaltungsakt und Verwaltugsvertrag, AöR 89 [1964], 429 ff.), *von der Groeben/Knack* (aaO, § 121 Rdnr. 7) und *Kottke* (aaO, S. 41) wird, wenn das Gesetz den Erlaß von Verwaltungsakten vorsieht, nur die Verwaltungspraxis augesprochen, nicht der Verwaltungsvertrag ausgeschlossen.

Ermessensfreiheit oder ein Beurteilungs- oder sogar Auslegungsspielraum der Verwaltung reicht[11].

b) Die Diskussion hat nun gezeigt, daß diese verschiedenen Auffassungen nicht immer in einem notwendigen Gegensatz zueinander stehen, sondern sich bei einer bestimmten Konkretisierung einander nähern können.

Die Auffassung, ein Verwaltungsvertrag sei nur auf Grund einer Ermächtigung zulässig, steht so nur dann in völligem Gegensatz zu der Meinung, ein Verwaltungsvertrag sei zulässig, soweit er nicht von der Rechtsordnung verboten wird, wenn man fordert, daß die Ermächtigung einerseits, der Ausschluß andererseits in einem bestimmten Gesetz für eine konkrete Vertragskategorie ausdrücklich ausgesprochen wird. Begnügt man sich dagegen mit einer allgemeinen Grundlage oder Einschränkung, die auch aus der Auslegung der die einzelnen Materien regelnden Gesetze oder Rechtsgrundsätze, im Ergebnis sogar aus der Sachstruktur bestimmter Materien, d.h. aber aus der Verfassungsmäßigkeit oder Angemessenheit der vom Verwaltungsakt verschiedenen Rechtsfolgen des Verwaltungsvertrages für die Erledigung einer bestimmten Verwaltungsaufgabe fließen kann[12], nähern sich beide Auffassungen bis zur Deckungsgleichheit. Kommt man nämlich zu dem Ergebnis, daß diese Sachstruktur für bestimmte Aufgaben den Verwaltungsvertrag zuläßt, für andere Aufgaben aber ausschließt, kann man einerseits die Zulassung als »Ermächtigung«, den Ausschluß als »gesetzliche Beschränkung« konstruieren, hat also andererseits der unterschiedliche Ausgangspunkt höchstens noch die Bedeutung einer Vermutung für oder gegen die Zulassung des Verwaltungsvertrages, einer Vermutung, die überdies das Ergebnis um so weniger präjudiziert, je stärker sie schon durch die unbedeutendsten Indizien aus der Sachstruktur widerlegt werden kann.

Wie weit sich diese beiden ursprünglich entgegengesetzten Auffassungen nähern können, zeigt sich insbesondere, wenn man die beiden anderen oben dargelegten Theorien in die Untersuchung mit einbezieht. Die Vertreter dieser Auffassungen gehen in der Regel davon aus, daß der Abschluß von Verwaltungsverträgen keiner Ermächtigung bedarf. Schließt man den Verwaltungsvertrag aber aus, soweit die Verwaltung durch Verwaltungsakt handeln kann oder das Gesetz der Verwaltung keinen materiellen Handlungsspielraum gewährt, greift man im Ergebnis auf dasselbe Verständnis des Verwaltungsakts als Regel und des Verwaltungsvertrags als Ausnahme zurück, das zumindest teilweise auch der Lehre von der Ermächtigungsgrundlage zugrunde liegt. Besonders deutlich wird diese Verbindung, wenn man in der Tatsache, daß die materielle Rechtsordnung der Verwaltung einen Handlungsspielraum gewährt, die dann auch von dieser Theorie für notwendig erachtete – Ermächtigung zur Verwendung der Handlungsform des Verwaltungsvertrages folgert. Diese Auffassung zum Verhältnis von Regel und Ausnahme kann – wie übrigens auch andere Bedenken gegen die Zulassung bestimmter Verwaltungsverträge – nicht nur bei der Aufstellung von Zulässigkeitsschranken, sondern auch bei der Qualifikation eines bestimmten Handelns als Verwaltungsakt oder Verwaltungsvertrag verwertet werden. Besonders deutlich wird dies bei

11 Vgl. insbesondere die unten A II 2 dargestellte Lehre von *Imboden.*

12 Hierzu M. *Bullinger,* Zur Notwendigkeit funktionalen Umdenkens des öffentlichen und privaten Vertragsrechts im leistungsintensiven Gemeinwesen, in : Gedächtnisschrift Hans *Peters,* Berlin 1967.

Salzwedel[13], der für diese Qualifikation zwar zunächst auf den Willen der Verwaltung zurückgreift und somit anscheinend von der Gleichwertigkeit von Vertrag und Verwaltungsakt ausgeht, den Willen zum Abschluß eines Verwaltungsvertrages aber dann doch nur bei einer seiner »atypischen Interessenlagen« für gegeben ansieht. Hier wird also unmittelbar auf die Atypizität der Vertragsform zurückgegriffen, die im Ergebnis auch den anderen Theorien mehr oder weniger stark zugrunde liegt.
Die Ermächtigungs- wie die Ausschlußtheorie können wie gezeigt bei einer gewissen Konkretisierung auf die Sachstruktur verweisen. Diese Sachstruktur könnte ihrerseit wieder durch die Frage nach der materiellen Handlungsfreiheit oder der Möglichkeit) einen Verwaltungsakt zu erlassen, konkretisiert werden. Andererseits kann die materielle Handlungsfreiheit und die Möglichkeit, einen Verwaltungsakt zu erlassen, aber auch aus tieferliegenden Sachstrukturen erschlossen werden. Und umgekehrt können die Theorien, welche auf die materielle Handlungsfreiheit oder auf die Möglichkeit des Erlasses eines Verwaltungsaktes abstellen, so formuliert werden, daß sie entweder die Ermächtigungs- oder die Ausschlußtheorie voraussetzen.

3. *Die Stellungnahme des Entwurfs zu den vorherigen Schrankentheorien*

Die vorhergehenden Ausführungen sollten zeigen, daß die dargelegten Schrankentheorien sich bei bestimmten Auslegungen einander nähern. Allerdings setzt diese Annäherung den weitgehenden Verzicht auf konkrete Kriterien voraus. Sobald diese für die Praxis unbedingt erforderlichen und von den Vertretern der einzelnen Theorien auch vorgeschlagenen konkreten Kriterien wieder eingeführt werden, gelangt man häufig zu unterschiedlichen Ergebnissen. Die Feststellung, welcher Auffassung der Entwurf folgt, bleibt also von entscheidender Bedeutung.

a) Gehen wir zunächst vom Wortlaut und von der Systematik des Entwurfs aus. Nach § 41 S. 1 kann die Verwaltung öffentliche Verträge, zu denen gemäß S. 2 auch subordinationsrechtliche Verträge zählen, abschließen, soweit Rechtsvorschriften nicht entgegenstehen. Die negative Generalklausel »soweit Rechtsvorschriften nicht entgegenstehen« scheint zwar ihrem Wortlaut nach der Verwaltung bis zur Grenze eines mehr oder weniger ausdrücklichen Verbots die freie Wahl der Handlungsform zu gewähren, wird aber bei weiter Auslegung völlig unbestimmt und läßt dann auch alle bisherigen Schrankentheorien zu. Das gilt jedenfalls dann, wenn man unter »Rechtsvorschriften« nicht nur ausdrückliche Bestimmungen des geschriebenen Rechts versteht, sondern auch das Gewohnheitsrecht, allgemeine Rechtsgrundsätze, aus der gesamten Regelung einer Rechtsmaterie oder aus der Eigenart der Verwaltungsaufgabe bzw. aus einzelnen Grundsätzen des Verfassungsrechts (Rechtsstaat: Gesetzmäßigkeit der Verwaltung; Souveränität: Verbot des Verzichts auf Hoheitsakte) fließende Rechts- und Strukturprinzipien[14] einbezieht. Eine stärkere Begrenzung ist auch dann nicht möglich, wenn

13 AaO, S. 52. Die atypische Interessenlage erweitert so zwar den materiellrechtlichen Handlungsspielraum der Verwaltung, ist aber andererseits im Rahmen der Qualifikation als Verwaltungsvertrag auch dann erforderlich, wenn die Verwaltung in Übereinstimmung mit dem materiellen Recht handelt.

14 Neben *Baring* (DVBl. 1965, 180) hebt vor allem *Bullinger* (Notwendigkeit aaO, S. 681) auf diese Sachstrukturen ab: Aus der Sachaufgabe der Verwaltung ergebe sich, in welchen Fragen die Behörde dem Bürger gegenüber für eine Entscheidung die volle Verantwortung für die rechtliche und sachliche Richtigkeit übernehmen (Verwaltungsakt) und in welchen Fra-

man mit der Begründung des Entwurfs[15] die Rechtsvorschriften auf geschriebenes Recht – das die Materie regelnde Gesetz – beschränkt, aber auch hier die Auslegung in weitestem Sinne genügen läßt, in welche dann wieder die obigen Schrankentheorien und Prinzipien einfließen können.

Im Ergebnis ist also durch den Wortlaut des § 41 S. 1 – wie schon *Bullinger* gezeigt hat[16] – nicht einmal der Rückgriff auf die Ermächtigungstheorie völlig ausgeschlossen, weil bei der Heranziehung der Sachprinzipien die Unterscheidung zwischen Ermächtigung und Schranke ihren praktischen Sinn weitgehend verliert.

Durch den Wortlaut des § 41 S. 1 sicher ausgeschlossen ist also nur die Auffassung, jeder Verwaltungsvertrag bedürfe einer *ausdrücklichen, speziellen* gesetzlichen Ermächtigung. Allerdings scheint mir, daß durch den Rückgriff auf andere Vorschriften des Entwurfs die von *Bullinger* gerügte Unbestimmtheit des § 41 S. 1 weitgehend reduziert werden kann:

Zunächst kann nach § 41 S. 2 die Behörde »anstatt einen Verwaltungsakt zu erlassen, einen öffentlich-rechtlichen Vertrag mit demjenigen schließen, an den sie sonst den Verwaltungsakt richten würde«. Nach bisher unbestrittener Meinung[17] handelt es sich hier allerdings nur um den überdies mißglückten Versuch einer Definition des subordinationsrechtlichen Vertrages, die zur Zulässigkeit dieses Vertrages nichts aussagen könne. Der reine Definitionscharakter der Bestimmung wird dabei nicht ausdrücklich begründet. Hervorgehoben wird in diesem Zusammenhang nur, daß der Wortlaut des § 41 S. 2 in doppelter Beziehung zu Irrtümern verleiten kann, weil er einerseits den freien Austausch von Verwaltungsakten durch den Verwaltungsvertrag zuzulassen, diesen Austausch aber andererseits auf den Fall zu beschränken scheint, in dem die Verwaltung einen Verwaltungsakt erlassen könnte. Damit wird aber gesehen, daß der Wortlaut des § 41 S. 2 bei unbefangenem Lesen nicht nur die Definition des öffentlich-rechtlichen Vertrages im ersten Halbsatz des S. 1, sondern auch dessen Schranken im zweiten Halbsatz präzisiert. Dafür, daß es sich hier um eine reine Definition des subordinationsrechtlichen Vertrages handelt, gibt zumindest der Wortlaut des Entwurfs nichts her. Wenn auch möglicherweise die Verwaltung nicht in allen Fällen, in denen sie einen Verwaltungsakt erlassen kann, einen Verwaltungsvertrag schließen darf, verbietet der Wortlaut des § 41 S. 2 aber doch sicher die Auffassung, daß die Verwaltung einen Verwaltungsvertrag schon dann nicht abschließen darf, wenn sie einen Verwaltungsakt erlassen kann. Auch aus dem Wortlaut der Ziffern 1-3 des § 46 Abs. 2, nach

gen die verantwortungsteilende Einigung für eine sinnvolle Handhabung der Verwaltung bereitstehe. Aus dem Sinn der Verwaltungsaufgabe müsse im Einzelfall abgewogen werden, in welchen Sachgebieten der Vertrag mit seinen besonderen Rechtsfolgen Rechtsfolgen zur Erfüllung der Aufgaben besser geeignet sei.

15 S. 63.

16 Notwendigkeit aaO, S. 676 f.: Ein Verbot kann sich »sinngemäß aus dem Gesamtinhalt des Gesetzes ergeben, etwa aus seiner abschließenden, ausführlichen und formstrengen Regelung. Ins Positive gewendet, bedeutet das kaum etwas anderes, als daß aus dem Gesamtinhalt eines Gesetzes entnommen werden muß, ob das Gesetz eine vertragliche Regelung ermöglichen, zulassen, offenhalten will oder nicht. Damit ist in der Begründung des Musterentwurfs nicht wesentlich weniger an gesetzlicher Deckung verlangt, als von denjenigen, die den Vertrag als atypische Regelungsform nur auf Grund spezialgesetzlicher Ermächtigung zulassen wollen. Zudem wird die Schriftform für den öffentlich-rechtlichen Vertrag nach § 43 des Musterentwurfs u. a. damit begründet, der Vertrag sei auch weiterhin im Gegensatz zum Privatrecht als ›atypische Regelung‹ gegenüber dem eingebürgerten Verwaltungsakt anzusehen«.

17 Vgl. *Bisek* aaO, S. 36; *Kottke* aaO, S. 7, ff.

dem ein Verwaltungsakt beim Vorliegen weiterer Voraussetzungen dann nichtig ist, wenn ein »Verwaltungsakt mit entsprechendem Inhalt« nichtig oder rechtswidrig wäre, muß geschlossen werden, daß ein Verwaltungsvertrag nicht schon dann unzulässig ist, wenn die Verwaltung einen Verwaltungsakt erlassen darf.

Selbst wenn der Gesetzesvorbehalt eine konkrete gesetzliche Grundlage für die Verwendung der Handlungsform des Verwaltungsaktes nicht zwingend fordert[18], läßt er eine solche Grundlage doch rechtspolitisch empfehlenswert scheinen. Hierauf und auf der Tatsache, daß der Verwaltungsakt bis in die neuere Zeit unbestritten als typische Handlungsform der Verwaltung galt, wird in der Regel die alleinige Hervorhebung des Verwaltungsakts in den bisherigen Gesetzen beruhen, die überdies heim damaligen Stand der Rechtsprechung und Lehre keinen Anlaß sehen konnten, zu der Zulässigkeit des Verwaltungsvertrages im konkreten Fall überhaupt Stellung zu beziehen. Auf diesem Hintergrund gelesen, schließt § 41 S. 2 wohl auch die dann nur aus der Atypizität des Verwaltungsvertrages geschlossene Auslegung aus, daß Verwaltungsverträge immer dann unzulässig sind, wenn die Gesetze ausdrücklich den Erlaß von Verwaltungsakten vorsehen. Dies verbietet eine Vermutung des Inhalts, daß solche Gesetze die Handlungsform zwingend bestimmen[19], ganz abgesehen, daß damit das im Entwurf geregelte Verhältnis zwischen Regel und Ausnahme in ihr Gegenteil verkehrt würde.

Abweichend von der Auffassung *Salzwedels*[20] läßt der Entwurf den Austausch des Verwaltungsakts durch den Verwaltungsvertrag auch nicht nur bei atypischen Lagen zu. § 41 will seiner Überschrift und seinem Inhalt nach die Zulässigkeit auch des subordinationsrechtlichen Vertrages *abschließend* regeln. Somit dürfen die Einführungsworte der §§ 42 und 43 nicht dahin gelesen werden, daß ein subordinationsrechtlicher Vertrag im Sinne des § 41 S. 2 nur abgeschlossen werden darf, wenn die dort für den Vergleichs- und den Austauschvertrag festgelegten Voraussetzungen erfüllt sind. Da die in den §§ 42 f. festgelegten Voraussetzungen die Hauptfälle einer atypischen Interessenlage umreißen, kann man davon ausgehen, daß der Rückgriff auf die Atypizität im Rahmen der Zulässigkeit allgemein ausgeschlossen sein soll. Es handelt sich hier überdies nicht um formelle, sondern um materiellrechtliche Voraussetzungen, die Gegenstand der besonderen Nichtigkeitsregelung im § 46 Abs. II Ziff. 3 und 4 des Entwurfs geworden sind und somit nicht unter die allgemeine Rechtsfolge der Verwendung der unzulässigen Handlungsform fallen. Der Entwurf läßt also auch andere subordinationsrechtliche Verträge[21] und Mischformen zwischen Vergleichs- und Austauschverträgen[22] zu.

Der Entwurf lehnt ferner auch die Auffassung ab, daß die Verwaltung nur im Rahmen eines materiellrechtlichen Handlungsspielraums Verwaltungsverträge abschließen

18 Vgl. zu dieser Frage die bei *von der Groeben/Knack* (§ 72, Rdnr. 3.7) und bei *Achterberg* (DÖV 1971, 397, 404) zitierte Lit. und Rspr.

19 In Art. 47 der Verwaltungsrechtsordnung für Württemberg 1931 hieß es »Durch Verträge können Rechtsverhältnisse begründet oder verändert werden, soweit Rechtsvorschriften nicht entgegenstehen.« Nach der Begründung (S. 180) stehen Rechtsvorschriften dem Verwaltungsvertrag entgegen, wenn ein Gesetz den Erlaß von Verwaltungsakten vorsieht. Die Ausschlußklausel des § 41 S. 1 Entwurf stimmt zwar wörtlich mit der Ausschlußklausel des Art. 47 der Verwaltungsrechtsordnung überein, die Verwaltungsrechtsordnung enthielt aber noch nicht eine dem § 41 Abs. 2 entsprechende Bestimmung.

20 S. o. Anm. 13.

21 Vgl. etwa die von *Zwahlen* (Le contrat de droit administratif, Zeitschrift für Schweizerisches Recht 77 [1958] II, 461 a ff. 611 a) genannten »contrats d'attribution« (»qui attribuent un certain avantage à l'administré sans contrepartie«) und »contrats de collaboration«.

22 *Bisek* aaO, S. 85; *Redeker* DÖV 1966, 548.

dürfe. Obwohl der die Nichtigkeitsgründe scheinbar abschließend regelnde § 46 dies nicht ausdrücklich hervorhebt, führt die Überschreitung der in § 41 festgelegten Zulässigkeitsschranke stets zur Nichtigkeit des Verwaltungsvertrages[23]. Wäre § 41 dahin auszulegen, daß die Verwaltung nur im Rahmen des ihr vom materiellen Recht eingeräumten Handlungsspielraums die Handlungsform des Verwaltungsvertrages benutzen darf, führte also jede Verletzung zumindest des materiellen Rechts zur Nichtigkeit des Vertrages. Dem steht entgegen, daß § 46 die Nichtigkeit des Vertrages nicht bei jeder Verletzung des materiellen Rechts, sondern erst beim Vorliegen weiterer Voraussetzungen eintreten läßt.

Zusammenfassend kann festgehalten werden, daß der Entwurf alle bisherigen Schrankentheorien ausschließt. Die Formel »soweit Rechtsvorschriften nicht entgegenstehen« läßt zwar auch dann noch den Rückgriff auf Gewohnheitsrecht, allgemeine Rechtsgrundsätze, Verfassungsrecht, Sachstrukturen und auf die Auslegung der Gesetze zu, bei der wiederum auf diese Grundsätze zurückgegriffen werden kann. Die klare Ablehnung der bisherigen Schrankentheorien dürfte aber auch verbieten, diesen Auffassungen einerseits im Rahmen dieses Rückgriffs, zum anderen bei der Qualifizierung eines bestimmten Verwaltungshandelns als Verwaltungsakt oder Verwaltungsvertrag durch eine Hintertür wieder Geltung zu verschaffen.

b) Besondere Probleme wirft die Frage nach der Stellungnahme des Entwurfs zur Atypizität des Verwaltungsvertrages auf. In der bisherigen Lehre war umstritten, ob der Verwaltungsakt oder der Verwaltungsvertrag rechtlich oder faktisch die Priorität im System der Handlungsformen beanspruchen kann oder ob schließlich beide gleichwertige Mittel des Gesetzesvollzuges darstellen. Die ursprüngliche Auffassung, im Rahmen eines Subordinationsverhältnisses sei das normale und angemessene Handlungsmittel der Verwaltungsakt, wurde dabei in wachsendem Maße angegriffen. Einerseits wurde das faktische Vordringen des Verwaltungsvertrages und der Abbau des Hoheitsdenkens auch beim Verwaltungsakt hervorgehoben, zum anderen wurde behauptet, die Prinzipien der Demokratie und des Rechtsstaates (Verhältnismäßigkeit, Menschenwürde) verlangten ein partnerschaftliches Zusammenwirken von Verwaltung und Bürger auf gleicher Ebene jedenfalls so lange, als eine Einigung möglich erscheint[24].

Wie gezeigt, steht der – seinerseits wieder teilweise auf allgemeine Rechtsprinzipien (Rechtsstaat, Souveränität) zum Teil auf das reine Faktum der überwiegenden Verwendung des Verwaltungsakts zurückgreifende Gedanke der Typizität oder der Priorität des Verwaltungsakts hinter den bisherigen Schrankentheorien, kann diese Auffassung aber auch ohne Umweg über diese Theorien auf die Zulässigkeitsschranken des Verwaltungsvertrages und auf die Qualifikation als Verwaltungsvertrag einwirken. Die oben kurz angeschnittene Frage nach der Stellung des Entwurfs zu diesem Problem muß also hier noch vertieft werden.

23 So *Bisek* aaO, S. 137.

24 Vgl. hierzu die Lit. bei *Bullinger,* Vertrag und Verwaltungsakt, 1962, S. 32 f., sowie *Stein* aaO, S. 327, *Knack,* DVBl. 1965, 709; *Pieper,* DVBl. 1967, 28. *Lerche* (Die verwaltungsgerichtliche Klage aus öffentlich-rechtlichen Verträgen, in: Staatsbürger und Staatsgewalt, Bd. II 1963, 59 ff. 61) zeigt, daß atypisch nur der norm-korrigierende, nicht dagegen der normabändernde, norm-setzende und statusformende Verwaltungsvertrag ist. Vgl. auch *Barocka,* VerwArch. 51 (1960), 1 ff., 2; *Haueisen,* DVBl. 1961, 837 und *Stern* VerwArch. 49 (1958), 146.

Berücksichtigt man nur den Wortlaut und die Systematik des Entwurfs, muß man zu dem Ergebnis gelangen, daß Verwaltungsakt und Verwaltungsvertrag als gleichwertige Handlungsmittel der Verwaltung anerkannt werden. Das zeigt sich einmal in der Ablehnung der zum großen Teil auf dem Gedanken der Atypizität des Verwaltungsvertrages beruhenden bisherigen Schrankentheorien, dann in der dargelegten Verneinung der Notwendigkeit einer atypischen Interessenlage als Voraussetzung der Zulässigkeit des Verwaltungsvertrages, und schließlich in der Tatsache, daß § 8 den Verwaltungsvertrag vollkommen gleichrangig mit dem Verwaltungsakt als Vollzugsmittel der Gesetze anerkennt.

Zweifel entstehen insoweit erst, wenn man in der Begründung[25] liest, der Verwaltungsvertrag gestatte in atypischen Lagen eine angemessene, flexible Lösung. Das kann aber bei Beachtung des Wortlauts und der Systematik des Entwurfs nur bedeuten, daß der Verwaltungsvertrag in solchen Fällen eine teilweise Durchbrechung der dem Verwaltungsakt gezogenen Schranken gestattet, in diesen Fällen also unbedingt erforderlich ist; nicht wird damit die Zulässigkeit auf atypische Fälle beschränkt.

Nicht bei der Zulässigkeit, wohl aber bei der Qualifizierung eines Verwaltungshandelns als Verwaltungsakt oder als Verwaltungsvertrag kann die Atypizität also noch eine Rolle spielen. In aller Regel wird die Verwaltung auch nach Erlaß des Entwurfs Verwaltungsakte erlassen, weil der Verwaltungsakt wie noch zu zeigen ist, in weiten Bereichen den Prinzipien des öffentlichen Rechts besser entspricht als der Verwaltungsvertrag. Damit muß das Verwaltungshandeln weiter als Verwaltungsakt qualifiziert werden, bis die atypische Lage (Atypizität der Interessen, der Form, des Verfahrens oder des Inhalts) Anlaß zur Prüfung gibt, ob ein Verwaltungsvertrag vorliegt. Der Grund dieser Qualifizierung liegt aber nicht mehr darin, daß die Verwaltung außerhalb dieser atypischen Lagen keinen Verwaltungsvertrag schließen *darf,* sondern daß sie außerhalb dieser Lagen keinen solchen Vertrag schließen *will,* bzw. in der Tatsache, daß diese Deutung objektiv am besten der Interessenlage entspricht (Folgerung aus der funktionellen Begrifflichkeit).

4. *Gegenstand der Prüfung der Verfassungsmäßigkeit*

Nach unserer Auffassung läßt § 41 den freien Austausch des Verwaltungsakts durch den Verwaltungsvertrag zu, soweit nicht ein Gesetz, allgemeine Rechtsgrundsätze oder die Strukturen eines bestimmten Sachgebiets den Verwaltungsvertrag ausschließen. Zur Bestimmung dieser Grenze darf weder unmittelbar noch mittelbar auf die bisherigen Schrankentheorien oder auf den Gedanken der Atypizität des Verwaltungsvertrages bzw. der Priorität des Verwaltungsaktes zurückgegriffen werden. Einerseits läßt eine solche Auslegung dem Verwaltungsvertrag einen sehr großen Spielraum, andererseits bleiben die Zulässigkeitsschranken auch dann immer noch relativ unbestimmt. Angesichts der bisherigen Rechtsprechung[26] wird man deshalb davon ausgehen müssen, daß die Zulässigkeitsschranken noch stärker zurückgedrängt, vielleicht sogar nur noch dann überprüft werden, wenn die Situation dies eindeutig nahelegt. Da es bei der Vorschrift des § 41 nicht um die Regelung einer bestimmten materiellen Rechtsfrage, sondern um eine mögliche Umpolung des gesamten Verwaltungshandelns durch eine bestimmte Verfahrensvorschrift geht, die durch nachträgliche Verfassungskontrollen

25 S. 61.
26 Vgl. insbesondere BVerwG 4.2.1966. DÖV 1966, 756 und VGH München 10.6.1970, DÖV 1970, 563.

kaum hinreichend korrigiert werden kann, wird man für die Beurteilung der Verfassungsmäßigkeit des § 41 weder die obige »richtige« noch eine verfassungskonforme Auslegung, sondern die wahrscheinlichste, möglicherweise sogar die unter Verfassungsaspekten bedenklichste Verwaltungspraxis zugrunde legen müssen.

II. *Zur Verfassungsmäßigkeit der Zulässigkeitsregelung des Entwurfs*

Bei der Prüfung der Verfassungsmäßigkeit des Entwurfs muß also davon ausgegangen werden, daß in Zukunft die Verwaltung bei der Verwendung der Handlungsform des Verwaltungsvertrages keinen, zumindest aber nicht mehr den von den bisherigen Theorien entwickelten Schranken unterworfen ist. Bedenken könnten insoweit aus der Tatsache erwachsen, daß diese Schranken zumindest teilweise aus dem Grundsatz der Gesetzmäßigkeit der Verwaltung entwickelt worden sind:

1. *Die normative Ermächtigungstheorie*

Die Notwendigkeit eines speziellen Ermächtigungsgesetzes für den Abschluß von Verwaltungsverträgen könnte auf verschiedenen Gründen beruhen, die zum Teil in der bisherigen Literatur anklingen, aber selten voll entwickelt worden sind. Einmal könnte der Gesetzesvorbehalt eine konkrete Ermächtigung auch für die Handlungsformen der Verwaltung und speziell für den Verwaltungsvertrag verlangen. Zweitens könnte die Bindungswirkung des Vertrages nur auf Grund eines konkreten Gesetzesbefehls eintreten. Drittens könnte es sich beim Verwaltungsvertrag um eine so atypische Handlungsform handeln, daß, wenn die Verwaltung durch Verwaltungsakt handeln darf oder ein Gesetz den Erlaß von Verwalungsakten vorsieht, eine ausdrückliche gesetzliche Durchbrechung erforderlich werden könnte. Viertens könnte sowohl der Vorrang als der Vorbehalt des Gesetzes eine gesetzliche Ermächtigung fordern, wenn die Verwaltung beim Abschluß von Verwaltungsverträgen vom Gesetzesvorbehalt und -vorrang weitergehend als beim Erlaß eines entsprechenden Verwaltungsakts freigestellt ist oder entsprechende Verletzungen die Beständigkeit des Verwaltungsvertrages weniger stark als die eines entsprechenden Verwaltungsaktes berühren.
Schon eine oberflächliche Prüfung zeigt aber, daß diese Gründe insbesondere unter ihrem verfassungsrechtlichen Aspekt nicht durchschlagen. Der Gesetzesvorbehalt kann beim einvernehmlichen Verwaltungsvertrag eine gesetzliche Ermächtigung nicht fordern, wenn eine solche Ermächtigung schon für die Verwendung des einseitig-hoheitlichen Verwaltungsakts nicht erforderlich ist[27]. Die Bindungswirkung kann durch den Rückgriff auf die allgemeinen Rechtsgrundsätze von Treu und Glauben und pacta sunt servanda[28] oder auf Gewohnheitsrecht begründet werden; sie fordert sicher kein Spezialgesetz, steht also zumindest nach der allgemeinen Anerkennung des Verwaltungsvertrages durch den zum Gesetz gewordenen Entwurf außer Frage. Die Entscheidung über die Typizität oder Atypizität des Verwaltungsvertrages mag verfassungsrechtliche Probleme aufwerfen, die einschlägigen Verfassungssätze greifen aber ohne Rücksicht darauf ein, ob sich das diese Frage regelnde Gesetz auf alle oder auf spezielle Verwaltungsverträge bezieht, verlangen also ebenfalls spezielle Gesetze nicht. Nur soweit die bisherigen Gesetze, die den Erlaß von Verwaltungsakten vorsehen, da-

27 S. O. Anm. 18.
28 Vgl. die Literatur bei *Bullinger,* Verwaltungsvertrag aaO, S. 40 ff.

hin ausgelegt werden müssen, daß sie den Verwaltungsvertrag ausschließen, kann unter dem Gesichtspunkt des Gesetzesvorranges die freie Zulassung des Verwaltungsvertrages problematisch werden. Aber einerseits ist diese Auslegung kaum gerechtfertigt, zweitens ergibt sie sich nicht aus dem Gesetz selbst, sondern aus selbständigen, über die Auslegung in das Gesetz hineinprojizierten Prinzipien, und drittens kann der Entwurf als allgemeines späteres Gesetz die bisherigen Gesetze global abändern. Wenn die Verwaltung schließlich beim Abschluß von Verwaltungsverträgen vom Grundsatz der Gesetzmäßigkeit der Verwaltung durch den Entwurf teilweise befreit sein sollte, müssen hieraus fließende Bedenken unmittelbar gegen diese Befreiung vorgebracht und sollten sie nicht im Rahmen der Zulässigkeit berücksichtigt werden; diese Bedenken würden überdies ebenso gegen ein spezielles Gesetz wie gegen die allgemeine Regelung des Entwurfs durchschlagen.

Wenn trotzdem die Gesetzmäßigkeit der Verwaltung häufig für die Notwendigkeit einer Spezialermächtigung bemüht wird, beruht dies überwiegend auf den Ausführungen *Sterns,* die deshalb hier abschließend durchleuchtet werden sollen:

Stern zeigt zunächst, daß der Vertragsbegriff der Rechtsordnung apriorisch vorgegeben ist. Solange keine Rechtsordnung bestehe, sei der Vertragsschluß unbeschränkt zulässig und schöpfe der Vertrag seine Geltungskraft aus sich selbst[29]. Das ändere sich in dem Augenblick, wo die Rechtsordnung entstehe. Die Rechtsordnung baue sich in Stufen auf. Die auf der jeweils höheren Stufe stehende Norm liefere dabei den Geltungsgrund oder die Ermächtigungsbasis für die niedrigere Norm oder für die Individualrechtsgestaltung durch Vertrag und Verwaltungsakt. Deshalb erscheinen die Verträge nur noch als Tatbestände dieser positiven Rechtsordnung, die über das Ob und Wie der Zulassung von Rechtsgeschäften selbständig und abschließend entscheide und dem Vertrag die Verpflichtungswirkung beilege[30]. Den Bereich der dem Vertrag freigegebenen Lebensgebiete charakterisieren die dispositiven Rechtssätze, die bisweilen in Form ausdrücklicher Ermächtigungsnormen zu näherer Rechtsgestaltung, bisweilen in Form von stillschweigend Rechtsgestaltung gewährenden Normen sich enthüllen[31]. Unmittelbar anschließend zeigt *Stern,* wie diese Dispositivnormen im öffentlichen Recht auszusehen haben: »Da wir es aber mit öffentlichem Recht zu tun haben, müssen wir von einer allgemeinen Rechtssatzgebundenheit des in rechtlichen Formen auftretenden Handelns ausgehen, und in Anerkennung dieser Rechtssatzgebundenheit eine Ermächtigung, im konkreten Fall einen öffentlich-rechtlichen Vertrag schließen zu können, fordern«[32]. Regelmäßig werde dieser Gedanke in Form des Prinzips der »Gesetzmäßigkeit der Verwaltung« angesprochen. Damit greift *Stern,* wie sich aus seinen folgenden Ausführungen ergibt, nicht auf den Vorrang, sondern auf den Vorbehalt des Gesetzes zurück, der sich nach seiner Auffassung auf die Eingriffs- und Leistungsverwaltung erstreckt. Damit die Verwaltung Verwaltungsverträge abschließen dürfe, sei also eine konkrete; hinreichend bestimmte Gesetzesgrundlage erforderlich[33]. Dieser Grundsatz wird im folgenden mit dem Gedanken näher begründet, daß die Verwaltung in Form des Verwaltungsakts handeln müsse, wenn das Gesetz diese typische Handlungsform zulasse[34]. Mit der Zulassung des Verwaltungsakts hat das Gesetz also den

29 Grundlegung, S. 122 ff., 127 ff.
30 AaO, S, 133 ff.
31 AaO, S. 134.
32 AaO, S. 139.
33 AaO, S. 140.
34 Die Notwendigkeit einer Spezialermächtigung begründet *Stern* in AöR 84 (1959), 137 ff., 273 ff., 292 nur mit der Atypizität des Verwaltungsvertrages.

Verwaltungsvertrag ausgeschlossen, so daß ein Verwaltungsvertrag in diesem Bereich gegen das Gesetz verstößt, wenn dieses Gesetz nicht ausdrücklich eine Ausnahme gestattet. Damit greift *Stern* aber nicht mehr wie oben auf den Vorbehalt, sondern auf den Vorrang des Gesetzes zurück; ein Verwaltungsvertrag wäre somit trotz fehlender Gesetzesgrundlage zulässig, soweit das Gesetz für das Handeln den Verwaltungsakt nicht ausdrücklich vorsieht!

Diese der Argumentation *Sterns* Schritt für Schritt folgende Darstellung zeigt, daß *Stern* die verschiedenen oben dargelegten Gründe (Bindungswirkung, Vorbehalt und Vorrang des Gesetzes, Atypizität des Verwaltungsvertrages), die für die Notwendigkeit einer Spezialermächtigung sprechen könnten, ohne Einsicht in deren Verschiedenheit und damit notwendig auch ohne echte innere Verbindung einfach nebeneinanderstellt. Deshalb kann die Durchschlagskraft der einzeln nicht überzeugenden Gründe auch bei ihrer Zusammenfassung nicht größer werden. Das gilt insbesondere auch für *Sterns* Ausführungen zum Gesetzesvorbehalt. Trotz deren Verbindung mit der Frage nach der Bindungswirkung und den Zulässigkeitsgrenzen im Rahmen der Stufentheorie stellt auch *Stern* dieses Problem im Ergebnis nicht anders als wir es oben getan haben. Liest man die Ausführungen *Sterns* zur Dispositivnorm, ist zwar nicht ohne weiteres ersichtlich, weshalb die Verwaltung, soweit ihr das Gesetz einen Ermessensspielraum einräumt, nicht schon die erforderliche Ermächtigung zum Abschluß von Verwaltungsverträgen besitzen soll, warum hier also im Gegensatz zur Auffassung von *Imboden* auf Grund des Gesetzesvorbehalts eine konkrete Ermächtigung erforderlich wird. In der Tat hat *Stern* diese »Ermessenstheorie« etwas später nicht wegen des Gesetzesvorbehalts, sondern wegen des Gesetzesvorrangs (Gesetze, die den Erlaß von Verwaltungsakten vorsehen, verbieten den Abschluß von Verwaltungsverträgen) ausgeschlossen[35]. Die Ausführungen von *Stern* werden also nur verständlich, wenn man etwas weiter ausholt. Seine Stellungnahme zur Dispositivnorm und zur Ermächtigung gehen offensichtlich von der Lage im Zivilrecht aus, die durch die rechtliche Anerkennung der Vertragsautonomie und der damit in Verbindung stehenden grundsätzlichen Subsidiarität der Rechtssätze gekennzeichnet ist und so dem Vertrag einen Freiraum schafft, der nur in äußersten Grenzen durch zwingende Rechtsnormen eingeschränkt ist. Eine solche Autonomie, so meint *Stern* wohl, gibt es im öffentlichen Recht nicht, die Verwaltung könne nur auf Grund von Gesetzen handeln[36] – Dabei untersucht *Stern* aber nicht, ob sich der Gesetzesvorbehalt selbst in der von ihm vertretenen Form des Totalvorbehalts nur auf den Inhalt oder auch auf die Form des Verwaltungshandelns bezieht.

2. *Theorie der materiell-rechtlichen Handlungsfreiheit*

Auch die Auffassung, die Verwaltung dürfe Verwaltungsverträge nur abschließen, soweit die Rechtsordnung ihr einen materiell-rechtlichen Handlungsspielraum einräume,

35 AaO, S. 144.

36 Sicherlich besitzt die Verwaltung im Rahmen des öffentlichen Rechts keine dem Privatrecht entsprechende Autonomie, kann sie vielmehr nur im Rahmen ihrer Kompetenzen handeln und begründet nicht schon die Kompetenz die Zulässigkeit und Bindungswirkung von Verwaltungsverträgen. Auch im Rahmen ihrer Kompetenz kann die Verwaltung zumindest dem Bürger gegenüber nur durch rechtlich anerkannte Handlungsformen handeln. Dafür reicht aber das Gewohnheitsrecht oder ein allgemeines Gesetz (Entwurf) aus.

wird aus dem Grundsatz der Gesetzmäßigkeit der Verwaltung abgeleitet. Diese Theorie ist am ausführlichsten von *Imboden*[37] entwickelt worden:
Imboden definiert den von ihm verwendeten Zulässigkeitsbegriff nicht. Es ist deshalb sehr schwierig festzustellen, ob er diesen Begriff durchgängig an den verschiedenen Stellen seiner Ausführungen auf die Handlungsform oder auf die Rechtmäßigkeit des Inhalts bezieht. Da einerseits gewisse Ausführungen schwer verständlich sind, wenn man sie nur auf die Rechtmäßigkeit des Inhalts bezieht, es zum anderen hier nur darauf ankommt, die Verfassungsmäßigkeit der Handlungsform zu überprüfen, soll im folgenden der durchgängige Bezug auf die Handlungsform unterstellt werden.
Für die Entwicklung der Zulässigkeitsschranken des Verwaltungsvertrages geht *Imboden* vom Gesetzesvorbehalt aus. Dabei tritt er für den Totalvorbehalt ein: die Verwaltung kann einerseits vom Bürger nur etwas verlangen[38], andererseits an den Bürger nur etwas leisten[39], soweit das Gesetz dies gestattet. Damit seien grundsätzlich Verträge praeter legem ebenso ausgeschlossen wie Verträge contra legem. Eigentlich würde es nun für die Sicherung des Gesetzesvorbehalts ausreichen, wenn man jede inhaltliche Abweichung vom Gesetz oder jeden nicht auf einem Gesetz beruhenden Inhalt unmittelbar für nichtig erklären würde. Für *Imboden* scheint dieser Grundsatz aber deshalb die Zulässigkeit von Verwaltungsverträgen abzugrenzen, weil wenn der Vertragsschluß insoweit zulässig wäre, die an sich zweiseitig-verbindliche Norm nicht mehr den Bestand des Vertrages berühren, sondern die Verwaltung nur noch im Innenverhältnis binden könnte[40]. Auch die Frage, ob mit dem Gesetz übereinstimmende Verträge, deren Inhalt eine Gesetzesgrundlage hat, unzulässig sind, untersucht *Imboden* nicht ausdrücklich. Die Unzulässigkeit solcher Verträge folgt für ihn aber wohl aus der Tatsache, daß der Vertragsbegriff eine minimale Gestaltungsfreiheit voraussetzt[41], die in solchen Fällen fehlt.
Grundsätzlich sind Verwaltungsverträge also durch den Gesetzesvorbehalt ausgeschlossen. Zulässig sind sie nur insoweit, wie der Gesetzesvorbehalt durchbrochen ist. Der Gesetzesvorbehalt wird durch die »Verfügungsermächtigung« durchbrochen, durch welche »die Behörde, die Befugnis (erhält), den Bürger außerhalb einer allgemeinen rechtssatzmäßigen Verhaltensnorm einen Befehl zu erteilen«[42] oder – so ist zu ergänzen –, eine Leistung zu erbringen. Eine solche Verfügungsermächtigung nimmt *Imboden* immer dann an, wenn die Rechtsordnung der Verwaltung Ermessen verleiht. Dieses Ermessen faßt *Imboden* sehr weit: nach ihm fällt darunter die polizeiliche Generalklausel ebenso wie Materien, in welchen die Verwaltung fast völlig freie Hand hat. In Überspringung der für das Problem der Zulässigkeitsschranken unbeachtlichen Konstruktion der Verfügungsermächtigung kann man festhalten, daß im Rahmen des Ermessens in diesem weiten Sinn Verwaltungsverträge zulässig sind[43]. Der Grund hierfür scheint zu sein, daß hier einerseits keine Rechtssätze bestehen, deren Sicherung

37 M. *Imboden,* Der verwaltungsrechtliche Vertrag, Zeitschrift für schweizerisches Recht, 77 (1958 II), 1 a ff. Vgl. auch *Pieper,* DVBl. 1967, 11 sowie die Lit. bei *Apelt,* AöR 84 (1959), 249 ff., 270.
38 AaO) S. 66 a f.
39 AaO, S. 74 a.
40 S. 67 a. Diesen Gedanken hält *Imboden* aber nicht durch. Auf S. 97 a ff. untersucht er vielmehr die einzelnen Fälle der Rechtsverletzungen durch den Vertrag; er will hier Abstufungen der Unwirksamkeit einführen.
41 AaO, S. 44 a.
42 AaO, S. 68 a.
43 AaO, S. 67 a.

den Ausschluß des Verwaltungsvertrages verlangt, und andererseits die vom Vertragsbegriff vorausgesetzte Freiheit der Verwaltung vorliegt.
Bei der konkreten Abgrenzung dieses Ermessensbereichs laufen sehr unterschiedliche Gedankenketten zusammen: Ein Vertrag contra legem sei niemals zulässig. »Wie weit aber ein Vertrag praeter legem zulässig sein kann, hängt davon ab, in welchem Maß die Forderung nach abschließender rechtssatzmäßiger Durchnormierung aller administrativen Bereiche Wirklichkeit wurde[44].« Auf diese Kriterien hin untersucht der Verfasser die Eingriffs- und die Leistungsverwaltung, die hier nicht nach den von der Verwaltung verfolgten Zwecken, sondern danach abgegrenzt werden, ob die Verwaltung dem Bürger eine Verpflichtung auferlegt oder eine Leistung erbringt. Dem traditionellen Gesetzesvorbehalt entsprechend sei die Eingriffsverwaltung stärker durchnormiert als die Leistungsverwaltung. *Imboden* sieht aber, daß es einerseits auch in der Eingriffsverwaltung »Freiräume« gibt und andererseits in der Leistungsverwaltung gesetzliche Regeln bestehen; insbesondere hält er auch hier für den Bereich der Leistungsverwaltung am Gesetzesvorbehalt fest. Trotzdem läßt er an dieser Stelle im Bereich der Leistungsverwaltung den Verwaltungsvertrag generell zu, während er ihn im Bereich der Eingriffsverwaltung allgemein ausschließt. Der Grund hierfür ist also im Ergebnis nicht, wie oben postuliert, der Grad oder Umfang der tatsächlichen Durchnormierung des einen oder anderen Bereichs. Der Ausschluß des Verwaltungsvertrags in der Eingriffsverhaltung wird vielmehr damit begründet, daß die Eingriffsverwaltung als abschließend geregelt *gilt:* Auch wenn das Gesetz keine Regel enthalte, sei der Verwaltungsvertrag ausgeschlossen; im Fehlen der Norm liege eine negative Norm, nämlich die Bestätigung der Freiheit[45]. Nur scheinbar greift *Imboden* hier auf den Gesetzesvorrang zurück; auch dem Gedanken der abschließenden Kodifikation liegt nämlich der Gesetzesvorbehalt zugrunde. In der Eingriffsverwaltung ist der Verwaltungsvertrag also durch den Gesetzesvorbehalt generell ausgeschlossen. Da der Gesetzesvorbehalt nach *Imboden* auch die Leistungsverwaltung ergreift, kann er die notwendige Folge des Ausschlusses des Verwaltungsvertrages auch in diesem Bereich nur abwenden, indem er unter Rückgriff auf den Vertrauensschutz dem Gesetzesvorbehalt – ebenso wie anscheinend auch den einzelnen anderen Rechtssätzen in diesem Bereich – die Wirkung nach außen abspricht und bis auf grobe Fehler Sanktionen nur im Innenverhältnis der Verwaltung zuläßt[46].

Hat *Imboden* so auf S.70 a/74 a den Verwaltungsvertrag generell für die Eingriffsverwaltung ausgeschlossen, für die Leistungsverwaltung zugelassen, findet sich etwas später (auf S. 75 a) die verblüffende Feststellung: »Die beiden Hauptbereiche administrativer Wirksamkeit, die Eingriffsverwaltung wie die Daseinsvorsorge, stehen – wie festgestellt wurde, unter dem Postulat rechtssatzmäßiger Bindung. Dem öffentlichrechtlichen Kontrakt kann nur da eine Chance verbleiben, wo sich innerhalb dieser Bereiche Sondergebiete feststellen lassen, die sich der Tendenz zur konsequenten Durchnormierung zu entziehen vermochten.« Die umfassende Ausschlußwirkung des Gesetzesvorbehalts bei der Eingriffsverwaltung, die generelle Zurückdrängung dieser Sanktion durch den Vertrauensschutz bei der Leistungsverwaltung wird also hier wieder zugunsten der faktischen Durchnormierung aufgegeben: es wird wie ganz zu Anfang der Ausführungen wieder auf das Ermessen im weiten Sinne abgestellt. Um in diesem

44 AaO, S. 69 a.
45 AaO, S. 70 a f.
46 AaO, S. 74 a f.

Rahmen die Zulässigkeit des Verwaltungsvertrages im Bereich der öffentlichen Sicherheit und Ordnung – also in dem diesmal nach den Zielen und nicht wie vorher nach der Wirkung abgegrenzten Bereich der Eingriffsverwaltung auszuschließen, wird jetzt nicht mehr auf den Gesetzesvorbehalt, sondern darauf zurückgegriffen, daß die ratio der Einräumung des Ermessens in diesem Bereich, die notwendige Verhinderung einer zu starken (gesetzlichen) Bindung der Verwaltung, auch der Bindung durch einen Verwaltungsvertrag entgegenstehe[47].

Bei der Beurteilung dieser Theorie können die mehrfachen Brüche in der Argumentation unberücksichtigt bleiben. Das wesentliche und berechtigte Anliegen *Imbodens* ist, den Vertragsinhalt im Rahmen der Gesetzmäßigkeit der Verwaltung zu halten. Ganz abgesehen von der Tatsache, daß *Imboden* im Ergebnis den Totalvorbehalt nur als eine politische Richtlinie zu verstehen scheint, kommt es für dieses Anliegen nicht auf den Inhalt an, den man den Prinzipien des Vorrangs und des Vorbehalts allgemein oder in bezug auf den Verwaltungsvertrag zuschreibt. Der Inhalt und der Umfang dieser Prinzipien hat insbesondere auch keine Auswirkungen auf die Frage, ob man diesem Anliegen durch die Fixierung entsprechender Zulässigkeitsschranken gerecht wird. Die Theorie *Imbodens* würde sich in der Tat nicht wesentlich ändern, wenn man ihr statt des Totalvorbehalts den klassischen Eingriffsvorbehalt unterstellen würde.

Dem Anliegen, den Vertragsinhalt im Rahmen der Gesetzmäßigkeit zu halten, wird man nun nur dann allein durch die Aufrichtung entsprechender Zulässigkeitsschranken gerecht, wenn man der Auffassung folgt, daß das Fehlen der auch für einen Vertrag erforderlichen gesetzlichen Grundlage einerseits, die Verletzung der auch für den Vertrag geltenden Bestimmungen des öffentlichen Rechts andererseits sonst keine hinreichende Sanktion finde. Das ist nach Ansicht *Imbodens* tatsächlich der Fall: Ist der Vertrag erst zulässig, führen diese Rechtsverletzungen seiner Ansicht nach nur zu Sanktionen im Verwaltungsinnenraum und berühren die Rechtsbeständigkeit des Verwaltungsvertrages nicht. Damit würden die an sich zweiseitig-verbindlichen Normen auf den Status von Verwaltungsverordnungen herabgestuft. Diese Auffassung *Imbodens* ist aber unrichtig. Wenn, was später geprüft werden soll, der Entwurf die Verletzung des Gesetzmäßigkeitsgrundsatzes nicht hinreichend sanktioniert, sind die einschlägigen Bestimmungen verfassungswidrig und damit nichtig; die vom Gesetzmäßigkeitsgrundsatz geforderten Sanktionen können und müssen dann unmittelbar aus diesem Grundsatz selbst abgeleitet werden.

Das Anliegen *Imbodens* fordert also eine Beschränkung der Zulässigkeit auch der Handlungsform nicht. Wesentlicher aber ist, daß diesem Anliegen so nicht voll Rechnung getragen werden kann. Nur darauf hingewiesen werden soll, daß die Theorie *Imbodens* nicht gestattet, der in der obigen Formulierung schon angedeuteten Tatsache Rechnung zu tragen, daß Vorrang und Vorbehalt des Gesetzes beim Verwaltungsvertrag möglicherweise anders zu konkretisieren sind als beim Verwaltungsakt. Entscheidend aber ist, daß *Imboden* davon ausgeht, daß man für die Zulässigkeit der Verwaltungsverträge gewisse Tätigkeitsbereiche der Verwaltung auf Grund bestimmter Kriterien des Ermessensbegriffs abgrenzen muß. Es kommt nach *Imboden* also nicht darauf an, ob die Verwaltung in diesen Bereichen innerhalb des Ermessens verbleibt. Hat die Verwaltung hinsichtlich einer bestimmten Materie ein solches Ermessen, ist der Vertrag also auch dann zulässig, wenn sein Inhalt diese Grenze überschreitet. Nichtig kann der Vertrag nach den obigen Ausführungen *Imbodens* in diesem Fall auch nicht sein,

47 AaO, S. 85 a f.

weil der rechtswidrige, aber zulässige Vertrag nur innerbehördliche Sanktionen auslöst. Ist der von *Imboden* mehrfach unterstrichene Grundsatz richtig, daß Verwaltungsverträge contra legem unzulässig sind, müßte es aber auf die Rechtmäßigkeit des Inhalts des konkreten Vertrages ankommen, ist also eine Abgrenzung nach Materien unzureichend.

Besser als durch die Beschränkung der Zulässigkeit wird man dem Grundsatz der Gesetzmäßigkeit der Verwaltung also gerecht, wenn man ihn unmittelbar auf den Inhalt des konkreten Verwaltungsvertrages bezieht und die Verletzung des öffentlichen Rechts entsprechend sanktioniert. Selbst wenn die Verwaltung in einem bestimmten Bereich auf diese Weise weitgehend gebunden sein sollte, steht angesichts der Entwicklung des Zwangsvertrages im Privatrecht der Vertragsbegriff der Zulässigkeit dieser Handlungsform nicht entgegen, weil einerseits der Verwaltung stets eine minimale Freiheit verbleiben wird[48], andererseits fraglich ist, ob der Vertragsbegriff selbst diese Minimalfreiheit heute noch voraussetzt.

3. Bekanntlich hat *Bullinger* in seiner Habilitationsschrift[49] zahlreiche Gründe gegen die Zulassung des Verwaltungsvertrages vorgebracht, deren verfassungsrechtliche Aspekte bedeutsam bleiben, obwohl *Bullinger* selbst in einem späteren Aufsatz[50] seine ursprünglichen Bedenken anscheinend weitgehend zurückgenommen hat. Zusammengefaßt und systematisch weiterentwickelt argumentiert *Bullinger:*

Die Verwaltung verliert ihre Handlungslegitimation, wenn sie, statt Verwaltungsakte zu erlassen, Verwaltungsverträge abschließt. An die Stelle des am Gesetz ausgerichteten Handelns tritt die im Vertragsprinzip des do ut des notwendig angelegte Ausrichtung an der Gegenleistung. Damit treten an die Stelle der Gesetzeszwecke fiskalische Interessen. Das auf eine objektive Aufklärung und Subsumption des Sachverhalts unter das Gesetz ausgerichtete Verwaltungsverfahren wird durch die Strategie und Taktik des Verhandelns ersetzt. Selbst wenn der Verwaltungsvertrag an dieselben Vorschriften gebunden ist wie ein entsprechender Verwaltungsakt, ändert die Verwendung der Vertragsform die Handlungsziele und -methoden der Verwaltung so stark, daß eine Verletzung des objektiven Rechts wahrscheinlicher wird. Bei durchgängiger Verwendung der Vertragsform wird so ein erheblich höherer Prozentsatz aller Rechtsakte der Verwaltung vom objektiven Recht abweichen. Dieser Prozentsatz ist um so größer, als die Verwaltung bei einer einvernehmlichen Lösung einen Rekurs ihres Partners an Gerichte oder Aufsichtsbehörden weniger zu fürchten hat als bei einer einseitigen Regelung. Auch der Umfang der Kontrolle der Gesetzmäßigkeit der Verwaltung wird also möglicherweise stark abnehmen.

Man wird nun zwar annehmen dürfen, daß der Grundsatz der Gesetzmäßigkeit der Verwaltung nicht nur die Bindung der Verwaltung an das objektive Recht, sondern auch die Beibehaltung oder Einführung von Verfahren fordert, welche die Einhaltung

48 Nicht auf den Gesetzesvorbehalt, sondern auf den Vertragsbegriff stützt sich etwa *Zwahlen* aaO, S. 479 a ff. für die Begründung der »Ermessenstheorie«. *Imboden* (S. 44 a f.) hat hervorgehoben, daß die Vertragsfreiheit vier Aspekte habe: Die freie Entscheidung, ob ein Verwaltungsvertrag geschlossen werden solle; die freie Wahl der Partner; die Gestaltungsfreiheit hinsichtlich des Inhalts und die freie Vertragsaufhebung. *Stern* (AöR 89, 1959, 137 ff., 273 ff., 285 f.) hat diesen Elementen die Typenfreiheit hinzugefügt.

49 Verwaltungsvertrag aaO. Die folgenden Ausführungen stützen sich insbesondere auf die Seiten 17 ff., 49, 245 f.

50 Notwendigkeit aaO.

des objektiven Rechts gewährleisten[51]. Angesichts der Schwierigkeiten, die Auswirkungen bestimmter Verfahrensprinzipien genau zu bestimmen, wird man dem Gesetzgeber aber insoweit einen weiten Beurteilungsspielraum zugestehen müssen. Dieser Spielraum ist wohl noch nicht überschritten, wenn der Gesetzgeber die Verwaltung in vollem Umfang an das objektive Recht und an eine zweckentsprechende Verfahrensordnung bindet und nur den Austausch des Verwaltungsakts durch den Verwaltungsvertrag zuläßt. Läßt man beim Verwaltungsakt der »Gegenleistung« des Bürgers im Verwaltungsvertrag entsprechende Auflagen zu und fordert man überdies aus rechtsstaatlichen Gründen eine Erörterung der Sach- und Rechtslage mit dem Bürger, die sich insbesondere bei der Inaussichtnahme einer Gegenleistung oder bei Unsicherheit der Sach- und Rechtslage weitgehend der Vertragsverhandlung annähern kann, ändern sich durch die Einführung des Verwaltungsvertrages die Handlungsprinzipien der Verwaltung überdies nicht so stark, wie *Bullinger* annimmt.

4. Der Grundsatz der Gesetzmäßigkeit der Verwaltung zieht dem Verwaltungsvertrag also keine Zulässigkeitsschranken. Die freie Austauschbarkeit des Verwaltungsaktes durch den Verwaltungsvertrag könnte aber zahlreiche andere Verfassungsprinzipien verletzen. In der Tat haben Lehre und Rspr. auf den Verwaltungsakt ein umfassendes System rechtsstaatlicher Sicherungen ausgerichtet, welche die jeweils betroffenen privaten und öffentlichen Interessen anhand aller einschlägigen Verfassungsprinzipien voneinander abgrenzen. Die Flucht in das weithin noch unerforschte Neuland des Verwaltungsvertrages könnte sich folglich noch bedenklicher auswirken als die so vielfach zitierte Flucht der Verwaltung in das Privatrecht[52]. Es wäre deshalb verfassungsrechtlich bedenklich, wenn der Gesetzgeber durch eine Generalklausel oder auch nur in dem etwa von *Stern* jeweils verlangten Spezialgesetz den Verwaltungsvertrag zuließe, ohne gleichzeitig die Rechtsfolgen verfassungsgemäß zu regeln. Gerade das versucht aber der Entwurf, indem er die Regelung des Verwaltungsvertrages in mehreren Punkten an die des Verwaltungsaktes angleicht:
In den §§ 43 und 46 wird die Verwaltung beim Abschluß eines Verwaltungsvertrages weitgehend an die für den Erlaß eines entsprechenden Verwaltungsakts geltenden Bestimmungen gebunden. Nach § 47 kann die Behörde den Vertrag kündigen, um schwere Nachteile für das Gemeinwohl zu verhindern oder zu beseitigen; dadurch wird eine übermäßige Bindung der öffentlichen Gewalt verhindert. § 48 gestattet die Unterwerfung unter die sofortige Zwangsvollstreckung und wird damit dem öffentlichen Interesse an einem schnellen Vollzug zumindest partiell gerecht. § 49 verlangt bei der Verletzung von Rechten Dritter deren Zustimmung und löst damit zumindest teilweise die Rechtsschutzproblematik.
Natürlich erfaßt diese Regelung den Verwaltungsvertrag nur punktuell und sind im übrigen bisher für dieses Institut zu wenig zweifelsfreie Rechtssätze entwickelt worden, als daß ein kritischer Vergleich der für den Verwaltungsakt und den Verwaltungsver-

51 Die neuere Lehre sieht den Rechtsstaat zu ausschließlich im Sinne allein des Schutzes subjektiver Rechte oder Interessen. Noch bei *Bähr* (Rechtsstaat, 2. Aufl. 1963, S. 182 ff.) dient der Rechtsstaat zumindest auch dem Schutz der objektiven Rechtsordnung. – Die Komplexität dieses Problems kann man nicht damit abtun, daß der Gesetzgeber einen eventuellen Mißbrauch nicht zu berücksichtigen habe *(Bisek,* S. 42 mit Hinweis auf *Dombrowski).* Wenn die Verfahrensordnung den Mißbrauch wahrscheinlich macht und die gesamte Verwaltung umgepolt werden kann, entstehen vielmehr rechtsstaatliche Probleme.
52 *Bullinger,* Verwaltungsvertrag aaO, S. 247 ff.

trag geltenden Bestimmungen[53] alle Bedenken ausräumen könnte. Doch erscheinen grundsätzlich die im Entwurf enthaltenen Ansätze für die Übernahme der Regeln des Verwaltungsakts[54] oder für eine Anpassung des Privatrechts an die Prinzipien des öffentlichen Rechts[55] ausreichend, um im konkreten Fall durch die Entwicklung neuer Normen den auftretenden Bedenken Rechnung tragen zu können. Soweit dies etwa wegen der Vertragsnatur nicht möglich sein sollte, kann man im Rahmen des § 41 neue Zulässigkeitsgrenzen entwickeln[56] oder aber wegen der Unmöglichkeit einer klaren begrifflichen Trennung des Verwaltungsvertrages vom Verwaltungsakt das Rechtsgeschäft ganz[57] oder teilweise[58] als Verwaltungsakt deuten oder ihm gedanklich einen Verwaltungsakt vor- oder nachschalten[59].

53 Die bisherigen Vergleiche sind offensichtlich noch unzureichend. Nur die Bindungswirkung vergleicht etwa *Pieper* (DVBl. 1967, 11 ff., 15 ff.). Wesentlich weiter geht *Bullinger* (Notwendigkeit aaO, S. 681), der den Bindungsmehrwert, die austauschlegitimierende Funktion, den Durchsetzungsminderwert, die Planungs- und Koordinierungsfunktion des Verwaltungsvertrages hervorhebt. Nach *Imboden* (S. 87 a f.) hat die Tatsache, daß die Verfügung als konkrete Manifestation des objektiven Rechts unter dem Gesichtspunkt ihrer »Richtigkeit«, das Rechtsgeschäft als gewillkürte Norm unter dem Gesichtspunkt rein subjektiver Motivierung zu beurteilen ist, Auswirkungen hinsichtlich der Auslegung (Berücksichtigung beider oder nur eines Parteiwillens bzw. des Gesetzeswillens), der Fehlerhaftigkeit (mangelhafter Wille – Gesetzeskonformität) und des Fortbestands (die Begründung im Parteiwillen bzw. auf einer Norm hat bei Normänderung oder Fortfall der Norm unterschiedliche Wirkungen). Wie wenig diese Unterschiede bewußt werden, zeigt die Entscheidung des VGH München vom 10.6.1970 (DÖV 1970, 563), die beim Fortfall einer Norm, auf welche der Verwaltungsvertrag hin abgeschlossen wurde, ständig zwischen der Anwendung des § 79 Abs. 2 BVerfGG und der clausula rebus sic stantibus schwankt. Berücksichtigt werden müssen ferner die prozessualen Unterschiede *(Lerche* aaO), die unterschiedlichen Rechtswirkungen bei Leistungsstörungen (L. *Simons,* Leistungsstörungen verwaltungsrechtlicher Schuldverhältnisse, 1967) und die unterschiedliche Bindungswirkung der Normen, des öffentlichen Rechts (s. u.).

54 Vgl. etwa *Bullinger,* Verwaltungsvertrag aaO, S. 35, und die dort zitierte Lit.

55 Wie die Einwirkung des im Hintergrund des subordinationsrechtlichen Vertrages stehenden Subjektionsverhältnisses und der – unterschiedlichen – öffentlichen Interessen berücksichtigt werden können, zeigen vorbildlich *Zwahlen* (aaO, S. 509 a ff., 630 a f.) und Simons aaO.

56 *Bullinger* fordert, daß die Angemessenheit der unterschiedlichen Rechtsfolgen des Verwaltungsvertrags vom Verwaltungsakt (s. o. Anm. 52) für die Erledigung der Sachaufgaben der Verwaltung in den einzelnen Materien festgestellt wird. Wie oben gezeigt, ist es im Rahmen des § 41 S. 1 auch nach dessen Konkretisierung aus dem System des Entwurfs noch möglich, die Zulässigkeit des Verwaltungsvertrags nach dieser Theorie auszurichten. Um so weniger Bedenken dürften bestehen, bei der Verfassungswidrigkeit bestimmter Rechtsfolgen des Verwaltungsvertrags hinsichtlich einer konkreten Materie die Zulässigkeit auszuschließen.

57 Soweit der Sachverhalt überhaupt Äußerungen der Verwaltung und des Bürgers aufweist, kann der Rechtserfolg konstitutiv entweder nur auf die Willenserklärung der Verwaltung (einseitiger Verwaltungsakt, eventuell mit Auflagen oder Bedingungen) oder auf Willenserklärungen der Verwaltung und des Bürgers zurückgeführt werden. Im letzten Fall können die Willenserklärungen rechtlich völlig gleichwertig sein (Verwaltungsvertrag), die Willenserklärung des Bürgers kann aber auch nur eine Bedingung des Rechtserfolgs (zweiseitiger Verwaltungsakt) oder dessen Rechtmäßigkeit (Verwaltungsakt auf Unterwerfung) darstellen. Diese Entscheidungen hängen nicht von den Kriterien der Willenserklärung oder des Verwaltungsakts ab. Bei der Qualifikation ist zunächst davon auszugehen, daß in zahlreichen Materien der Verwaltungsakt historisch als das angemessene Regelungsmittel angesehen wird. Nur wenn besondere Indizien vorliegen, kann man von einem Verwaltungsvertrag ausgehen. Solche Indizien können die Interessenlage, der Wille der Verwaltung oder beider Parteien, das eingehaltene Verfahren, die äußere Form oder der Inhalt des Geschäfts enthalten. Im einzelnen ist vieles umstritten. *Salzwedel* etwa stellt auf die Atypizität der Interessenlage oder des Inhalts ab. Andere stellen darauf ab, ob dem Akt eine Verhandlung vorausging (*Stern* AöR 84, 288; *Beinhardt* aaO, 249; *Imboden* aaO, 45; dazu *Bullinger,* Verwaltungsver-

Die verfassungspolitischen Bedenken gegen einen Schritt in weithin noch unerforschtes Neuland schlagen angesichts dieser Flexibilität des Entwurfs um so weniger durch, als der Verwaltungsvertrag heute vielleicht zwar weniger verwendet wird als dies nach Erlaß des Gesetzes der Fall sein kann, aber immerhin doch so häufig auftritt, daß hinsichtlich der obigen Punkte eine gesetzliche Regelung dringend erforderlich erscheint.

B. *Die Rechtmäßigkeit des Inhalts des Verwaltungsvertrages*

Nunmehr bleibt zu prüfen, ob der Umfang, in welchem der Entwurf die Verwaltung beim Abschluß von Verwaltungsverträgen an das Gesetz bindet und diese Bindung sanktioniert, dem Grundsatz der Gesetzmäßigkeit der Verwaltung entspricht.

I. *Die Regelung des Entwurfs*

Der Entwurf bestimmt nicht ausdrücklich, daß die Verwaltung beim Abschluß von Verwaltungsverträgen an die für den Erlaß eines entsprechenden Verwaltungsakts geltenden Bestimmungen gebunden ist. Vom Entwurf geregelt wird vielmehr nur die Nichtigkeit des Verwaltungsvertrages. Dabei wird allerdings im § 46 Abs. II Ziff. 1-3 für nahezu alle Nichtigkeitsfälle vorausgesetzt, daß »ein Verwaltungsakt mit entsprechendem Inhalt« nichtig bzw. rechtswidrig wäre. Wenn die Verletzung der für einen entsprechenden Verwaltungsakt geltenden Regeln so Voraussetzung einer Sanktion wird, ist implicite festgelegt, daß die Verwaltung auch beim Abschluß von Verwaltungsverträgen an die für den Verwaltungsakt geltenden Regeln gebunden ist. Unklar bleibt dabei nur der Umfang und der Grund dieser Bindung.

1. *Unbestimmt bleibt zunächst der Umfang dieser Bindung*

a) § 46 Abs. 2 setzt voraus, daß ein Verwaltungsakt »mit entsprechendem Inhalt« nichtig oder rechtswidrig wäre. Wie sich aus der ausdrücklichen Bezugnahme auch auf die Verfahrens- und Formvorschriften ergibt, sind damit nicht nur die auf den Inhalt, sondern grundsätzlich alle auf den Erlaß eines entsprechenden Verwaltungsakts gerichteten Vorschriften gemeint. Wörtlich verstanden ist damit auch das Zustandekommen des Verwaltungsvertrages nach den Regeln des Verwaltungsakts zu beurteilen;

trag aaO, S. 34), die Partei dabei nicht nur das Ob, sondern auch den Inhalt festlegen konnte (*Kottke* aaO, S. 19 f.), wobei es eventuell auf die Machtverhältnisse ankommen soll. Wieder andere untersuchen, ob der Wille der Verwaltung und des Individuums auf die Rechtsfolgen des Verwaltungsvertrages gerichtet ist (so *Imboden* aaO). Alle diese Theorien knüpfen also an faktische Kriterien an. Nicht ausgeschlossen dürfte aber sein, auch rechtliche Bedenken gegen die Zulässigkeit in die Qualifizierung einfließen zu lassen. Umdeutungen dieser Art sind im Verwaltungsrecht häufig zu finden (vgl. *Bullinger,* Verwaltungsvertrag aaO, S. 52, 54 f., 63 f., 57 f., 19, 32, 25 ff., 34 ff.).

58 Insbesondere könnte man in Einzelfällen oder generell nur die Verpflichtung dem Verwaltungsvertrag, die Erfüllung aber einem Verwaltungsakt zuschreiben *(Redeker).*

59 Beispiele hierfür bieten die Zweistufentheorie im Subventionsrecht und die Theorie des »acte détachable« im französischen Verwaltungsrecht.

insoweit drängt aber wegen der Vertragskonstruktion – Zusammentreffen mehrerer (fehlerfreier) Willenserklärungen – § 46 Abs. 1 den Abs. 2 wohl weitgehend zurück.

b) Wesentlich schwieriger ist das Verhältnis der einzelnen Nichtigkeitsgründe des § 46 Abs. 2 zueinander. Die Formel »ein Verwaltungsakt mit entsprechendem Inhalt« in den Ziffern 1 und 2 bezieht sich ihrem Wortlaut nach auf die Verpflichtung und Leistung sowohl der Verwaltung als des Bürgers in allen subordinationsrechtlichen Verträgen. So interpretiert, führt Ziffer 3 für die Vergleichs- und Ziffer 4 für die Austauschverträge nur zusätzliche Nichtigkeitsgründe ein, bleiben die Ziffern 1 und 2 also auch auf die Vergleichs- und Austauschverträge voll anwendbar. Geht man dagegen vom Wortlaut und Sinn der Ziffern 3 und 4 aus, stellen sich diese Bestimmungen als Sonderregelungen dar, welche die Anwendung der Ziffer 2 und wahrscheinlich auch der Ziffer 1 einerseits auf den gesamten Vergleichsvertrag, andererseits auf die Verpflichtung und wohl auch die Leistung des Bürgers beim Austauschvertrag ausschließen. Die Nichtigkeit der Vergleichsverträge wäre dann nur in Ziffer 3 geregelt, die Ziffern 1, 2 und 4 bezögen sich nur auf die Austauschverträge. Die Verweisung auf die Regeln des Verwaltungsakts bezöge sich in Ziffer 3 auf die Verpflichtungen und Leistungen der Verwaltung und des Bürgers, in den Ziffern 1 und 2 nur auf die Verpflichtungen und Leistungen der Verwaltung; die Verpflichtungen und Leistungen des Bürgers beim Austauschvertrag würden allein durch Ziffer 4 (in Verbindung mit § 43) geregelt.
Eine teilweise Bestätigung, aber auch Korrektur dieser Auslegung ergibt sich aus der Tatsache, daß in den entsprechenden Bestimmungen des § 45 Abs. 2 des Musterentwurfs, welche der Entwurf der Bundesregierung wohl nur redaktionell Verbessern will, durchweg vorausgesetzt wird, daß »ein Verwaltungsakt, der die im Vertrag übernommene *Verpflichtung* der Behörde zum Inhalt hätte«, nichtig oder rechtswidrig wäre. Die ausdrückliche Hervorhebung nur der *Verpflichtung* der Behörde schließt zwar die *Leistung* der Behörde nicht aus[60], wohl aber die Verpflichtung und Leistung des *Bürgers*. Die Entwicklungsgeschichte bestätigt insoweit zwar, daß beim Austauschvertrag die Leistung und Verpflichtung des Bürgers nur durch Ziffer 4 geregelt wird und die Ziffern 1 und 2 sich nur auf die Verpflichtung und Leistung der Behörde beziehen. Sie zeigt aber andererseits, daß Ziffer 3 beim Vergleich nur die Gesetzesverletzungen hinsichtlich der Verpflichtungen und Leistungen der Verwaltung sanktioniert. Die Verletzung des Bürgers kann nicht über die Anwendung der Ziffern 1 und 2 aufgefangen werden, weil diese Bestimmungen sich ebenfalls nur auf die Verpflichtungen und Leistungen der Behörde beziehen. Der Rückgriff auf Ziffer 4 ist andererseits wohl nur bei einem Vergleichsvertrag möglich, der sich dem Austauschvertrag nähert. Insoweit enthält der Entwurf also eine empfindliche, rechtsstaatlich bedenkliche Lücke.

2. Nur für die Beurteilung der Verpflichtung und Leistung der Behörde im Austausch- und Vergleichsvertrag verweist also der Entwurf auf die für einen entsprechenden Verwaltungsakt geltenden Bestimmungen. Die Verpflichtung und Leistung des

60 Nach *Bisek* aaO, S. 117 f. bezieht sich die Nichtigkeitsregelung des Entwurfs nur auf Verpflichtungsverträge und nicht auch auf Verfügungsverträge. Versteht man das dahin, daß der in § 46 des Gesetzentwurfs geregelte Verwaltungsvertrag nur die Verpflichtung zum Erlaß von Verwaltungsakten enthalten könne, wird aber unverständlich, wieso »ein Verwaltungsakt mit entsprechendem Inhalt« nichtig oder rechtswidrig sein könnte.

Bürgers ist beim Vergleichsvertrag rechtlich überhaupt nicht abgesichert, beim Austauschvertrag durch die selbständige Bestimmung des § 43 ohne Verweis auf die Regeln des Verwaltungsaktes geregelt.
Die Verletzung der für entsprechende Behördenpflichten in einem Verwaltungsakt geltenden Regeln zieht überdies dieselbe Sanktion wie beim Verwaltungsakt nur nach sich, soweit diese Verletzung zur Nichtigkeit eines entsprechenden Verwaltungsakts führen würde. Bei bloßer Rechtswidrigkeit eines entsprechenden Verwaltungsakts ist darüber hinaus die Kenntnis dieser Rechtswidrigkeit durch beide Parteien erforderlich, die beim Vergleich auf die (objektive) Ungewißheit reduziert wird.

3. Nicht nur hinsichtlich des Umfangs und der Sanktion, sondern auch hinsichtlich des Grundes dieser Bindung kann sich der Verwaltungsvertrag nach dem Entwurf vom Verwaltungsakt unterscheiden.
Wir haben gezeigt, daß der Entwurf die Verwaltung beim Abschluß von Verwaltungsverträgen nur an die für die Begründung einer entsprechenden Verpflichtung der Verwaltung geltenden Regeln des Verwaltungsakts bindet und daß auch insoweit die Sanktion hinter dem Verwaltungsakt zurückbleibt. Diese Regelung kann auf verschiedenen Auffassungen beruhen. Ihr kann zunächst der Gedanke zugrunde liegen, die Verwaltung sei auch beim Abschluß von Verwaltungsverträgen an alle für einen entsprechenden Verwaltungsakt geltenden Regeln gebunden. Die Beschränkung auf die für die Verpflichtung und Leistung der Verwaltung geltenden Bestimmungen ist aber so klar, daß nicht angenommen werden kann, die Verletzung der übrigen Regeln könne möglicherweise andere als die vom Entwurf geregelten Sanktionen haben. Mit dem Ausschluß aller Sanktionen wird aber wohl auch die Bindung selbst ausgeschlossen. Der Entwurf könnte auch dann noch davon ausgehen, daß die für den Verwaltungsakt geltenden Regeln die Verwaltung beim Abschluß von Verwaltungsverträgen nur in dem von ihm geregelten Umfang binden. Wesentlich wahrscheinlicher ist aber, daß der Entwurf annimmt, die für den Erlaß eines entsprechenden Verwaltungsakts geltenden Bestimmungen wollten die Verwaltung beim Erlaß eines Verwaltungsvertrages grundsätzlich nicht binden. Im Rahmen gewisser durch das Gesetzmäßigkeitsprinzip gezogener äußerster Grenzen wäre dann der Entwurf frei, die Bindung der Verwaltung an die für den Verwaltungsakt geltenden Gesetze und damit auch deren Sanktion selbst festzulegen. Nur eine solche verbindliche Festlegung schließt auch die Möglichkeit aus, nachzuweisen, daß bestimmte Regeln die Verwaltung beim Abschluß von Verwaltungsverträgen über die Regelung des § 46 hinaus binden oder innerhalb dieser Regelung nicht binden wollen. Nur so kann also die vom Entwurf gewollte Wirkung eintreten, daß die Nichtigkeit nur, aber auch immer an den durch § 46 geregelten Fällen eintritt. Diese Festlegung konnte einerseits in der in § 8 angeordneten Gleichstellung des Verwaltungsvertrages mit dem Verwaltungsakt als Mittel des Gesetzesvollzugs zu finden sein. Das hätte allerdings grundsätzlich die Übertragung aller auf den Verwaltungsakt bezogenen Regeln auf den Verwaltungsvertrag zur Folge, die theoretisch nur schwer wieder auf die in § 46 geregelten Fälle reduziert werden könnte. Wahrscheinlicher ist deshalb, daß § 46 in seinen Verweisungsformeln selbst die Bindung der Verwaltung an die Regeln des Verwaltungsakts begründen und so gleichzeitig begrenzen soll.

4. *Konkret auf den Vorbehalt und den Vorrang des Gesetzes bezogen, legt der Entwurf nach den bisherigen Darlegungen folgende Regelung fest:*

a) Beim Austauschvertrag wird die Verpflichtung des Bürgers vom Vorbehalt und Vorrang des Gesetzes weitgehend freigestellt. Die §§ 46 Abs. 2 Ziff. 4 in Verbindung mit § 43 verweisen weder ausdrücklich noch stillschweigend auf diese Grundsätze. Sie enthalten vielmehr eine selbständige Regelung, die nach ihrem Sinn und Wortlaut abschließend ist. § 43 Abs. 1 verlangt zwar, daß die Gegenleistung des Bürgers einen bestimmten Zweck haben, der Behörde zur Erfüllung ihrer Aufgaben dienen, den Umständen nach angemessen und in sachlichem Zusammenhang mit der Vertragsleistung der Behörde stehen muß. Diese Voraussetzungen sollen aber im wesentlichen nur der Sicherung bestimmter anderer rechtsstaatlicher Anliegen (Wahrung der Kompetenzordnung, Koppelungsverbot, Vermeidung des »Ausverkaufs von Hoheitsrechten«, Verhältnismäßigkeitsprinzip) dienen. Das Gesetzmäßigkeitsprinzip sichern sie nur insoweit, als der Sachzusammenhang die Einhaltung des Zwecks der die Behördenleistung regelnden Gesetze auch für die Gegenleistung verlangt. Die Behörde wird damit weder an ein die Leistung des Bürgers regelndes Gesetz gebunden noch wird verlangt, daß die Leistung des Bürgers oder auch nur der Zweck der Behördenleistung (und damit mittelbar auch der Leistung des Bürgers) gesetzlich festgelegt sein muß. Der Entwurf verzichtet also einerseits selbst auf eine gesetzliche Minimaldeckung der Bürgerleistung und stellt die Verwaltung andererseits von der Einhaltung der Regeln frei, welche die Festlegung der Leistung des Bürgers durch Verwaltungsakt regeln. Schließlich beziehen sich die §§ 43 und 46 Abs. 2 Ziff. 4 allgemein auf den Austauschvertrag, nicht aber auf *bestimmte* Verpflichtungen des Bürgers und enthalten damit selbst eine dem Vorbehalt genügende Gesetzesgrundlage nicht.
Die Behördenleistung beim Austauschvertrag ist dagegen durch § 46 Abs. 2 Ziff. 1 und 2 in vollem Umfang an die für Verwaltungsakte geltenden Regeln gebunden. Soweit der Gesetzesvorbehalt für einen entsprechenden Verwaltungsakt also eine Gesetzesgrundlage verlangt, gilt dies auch für den Verwaltungsvertrag, der überdies alle einschlägigen Gesetze einhalten muß. Eine Abweichung von den Regeln des Verwaltungsaktes könnte nur insoweit vorliegen, als § 43 ohne Verweis auf die Regeln des Verwaltungsakts der Verwaltung gestattet, ihre Leistung von einer Gegenleistung abhängig zu machen. Die Voraussetzungen, unter denen die Verwaltung diese Gegenleistung verlangen darf, sind aber weitgehend mit den für Nebenbestimmungen des Verwaltungsakts geltenden Bedingungen identisch[61], und diese Bedingungen sind gerade auch in Rücksicht auf die Tatsache entwickelt worden, daß die Verwaltung ihre Leistung nur im Rahmen des Gesetzes oder einer richtigen Ermessensausübung von Leistungen des Bürgers abhängig machen darf.
Bedenken erweckt die Regelung der Behördenleistung beim Austauschvertrag also nur insoweit, als die Bindung der Verwaltung an Vorbehalt und Vorrang des Gesetzes nur in Ausnahmefällen durch die Nichtigkeit des Vertrages sanktioniert wird.

b) Beim Vergleichsvertrag ist die Verwaltung zwar sowohl hinsichtlich der Leistung der Verwaltung als hinsichtlich der Leistung des Bürgers an die für Verwaltungsakte geltenden Regeln gebunden. Hier fehlt allerdings jegliche Sanktion hinsichtlich der Verpflichtungen und Leistungen des Bürgers, während die Nichteinhaltung der für die

61 Vgl. hierzu W. *Hönig,* Die Zulässigkeit von Nebenbestimmungen bei Verwaltungsakten, 1968.

Verpflichtung und Leistung der Verwaltung geltenden Regeln grundsätzlich durch die Nichtigkeit sanktioniert wird.

5. *Das Landesverwaltungsgesetz Schleswig-Holstein hat die Bindung der Verwaltung etwas abweichend geregelt:*

»a) Im Rahmen des die Nichtigkeit des Verwaltungsvertrages regelnden § 126 übernehmen die Absätze 1 und 2 zwar die entsprechenden Bestimmungen des Musterentwurfs, doch ist nach Abs. 3 Ziff. 1 darüber hinaus ein Subordinationsvertrag u. a. dann »unwirksam«, wenn die Voraussetzungen des Vergleichsvertrags (§ 122) oder der Verpflichtung des Bürgers beim Austauschvertrag (§ 123) nicht vorliegen und ein Verwaltungsakt, der die im Vertrag übernommene Verpflichtung zum Inhalt hätte, rechtswidrig wäre. Da die Verpflichtung der Verwaltung auch beim Vergleichsvertrag schon im § 126 Abs. 2 geregelt wird, betrifft § 126 Abs. 3 Ziff. 1 nur die Verpflichtungen des Bürgers beim Austausch- und Vergleichsvertrag[62]. Auch insoweit wird nunmehr also auf die für einen entsprechenden Verwaltungsakt geltenden Regeln Bezug genommen. Die Verwaltung bedarf also auch insoweit einer gesetzlichen Grundlage, soweit dies für einen entsprechenden Verwaltungsakt erforderlich ist, und ist an die Gesetze gebunden, welche die Forderung einer Leistung durch den Verwaltungsakt begrenzen. Diese Bindung wird überdies durch die Unwirksamkeit sanktioniert.
Damit ist aber nur scheinbar die volle Übereinstimmung mit den für entsprechende Verwaltungsakte geltenden Regeln hergestellt. Zunächst ist festzuhalten, daß die Sanktionierung der für die Behördenleistung geltenden Regeln im Rahmen des Musterentwurfs bleibt. Für den Austauschvertrag verbietet schon die Tatsache, daß § 126 Abs. 3 Ziff. 1 nur auf § 123 verweist und dieser nur die Verpflichtung des Bürgers betrifft, eine Ausdehnung der Unwirksamkeitssanktion auch auf die Verpflichtung und Leistung der Behörde. Die notwendige Paralellität zwischen Austausch- und Vergleichsvertrag scheint auch der Ausdehnung dieser Sanktion auf die Behördenleistung beim Vergleichsvertrag entgegenzustehen, obwohl die Verweisung auf den auch diese Leistung umfassenden § 122 und der im Gegensatz zum Abs. 2 nicht auf die Behördenleistung beschränkte Verweis auf die Regeln des Verwaltungsakts beim Vergleich eine solche Ausdehnung gestatten könnte. Da auch der Musterentwurf insoweit aber eine ausreichende Sanktion enthalten dürfte, hilft das Landesverwaltungsgesetz hinsichtlich der Behördenleistung gerade dem Hauptbedenken, der Beschränkung der Sanktion beim Austauschvertrag, nicht ab.
Entscheidender ist aber, daß § 126 Abs. 3 Ziff. 1 auch für die Leistung des Bürgers nur beim Vergleichsvertrag eine wirkliche Erweiterung der Regeln des Musterentwurfs enthält. Die Verpflichtung des Bürgers beim Austauschvertrag ist nach dem Landesverwaltungsgesetz nämlich nicht schon dann unwirksam, wenn die für einen entsprechenden Verwaltungsakt geltenden Regeln verletzt sind. Erforderlich ist vielmehr, daß auch die Voraussetzungen des § 123 nicht vorliegen. Das Nichtvorliegen dieser Voraussetzungen wird im § 126 Abs. 2 Ziff. 4 aber schon mit der Nichtigkeit sanktioniert. Es tritt also das absurde Ergebnis ein, daß § 126 Abs. 3 Ziff. 3 insoweit mehr verlangt als § 126 Abs. 2 Ziff. 4, sich aber mit einer geringeren Sanktion begnügt!

62 *Foerster* aaO, § 124 Anm. 4.

b) Nach § 121 S. 2 des Landesverwaltungsgesetzes kann die Behörde einen öffentlich-rechtlichen Vertrag, anstatt einen Verwaltungsakt zu erlassen, auch mit demjenigen abschließen, an den sie sonst den Verwaltungsakt richten »dürfte«. Mit diesem vom Musterentwurf (»würde«) abweichenden Wortlaut kann das Landesverwaltungsgesetz nicht zur Voraussetzung der Zulässigkeit machen wollen, daß ein entsprechender Verwaltungsakt rechtmäßig wäre, weil die Verletzung der für den Verwaltungsakt geltenden Regeln dann immer zur Unwirksamkeit wegen Unzulässigkeit der Handlungsform (§126 Abs. 3 Ziff. 2) führen würde und damit die abgestufte Nichtigkeitsregelung des § 126 ins Leere fiele.

c) § 72 des Landesverwaltungsgesetzes legt nach Überschrift und Inhalt den Grundsatz der Gesetzmäßigkeit der Verwaltung fest: »Die Behörde ist bei der Erfüllung ihrer Aufgaben an Gesetz und Recht gebunden. Sie darf in die Rechte des einzelnen nur eingreifen und dem einzelnen Pflichten nur auferlegen, soweit es gesetzlich zulässig ist.« Diese Bestimmung steht im ersten Teil des vierten Titels, der nach seiner Überschrift die »allgemeinen Grundsätze« des Verwaltungshandelns durch »Verwaltungsakt und öffentlich-rechtlichen Vertrag« festlegt. Dieser Überschrift nach bezieht sich der Eingriffsvorbehalt auch auf Belastungen im Verwaltungsvertrag, während der Wortlaut des § 72 (»eingreifen«, »auferlegen«) den Vorbehalt auf den Verwaltungsakt zu beschränken scheint. Wenn § 72 auch die Belastung durch Verwaltungsvertrag umfaßte, stünde er im Widerspruch zu § 123, der eine solche Belastung vom Gesetzesvorbehalt freistellt und selbst eine hinreichende Grundlage nicht enthält. § 72 kann sich deshalb nur auf Verwaltungsakte beziehen. Obwohl § 72 nur deklaratorischer Natur ist, enthält er somit wertvolle Hinweise für die Auffassung des Gesetzgebers hinsichtlich der Anwendung des Gesetzesvorbehalts auf Verwaltungsverträge.

II. *Zur Verfassungsmäßigkeit des Entwurfs*

1. Die Stellungnahmen der Lehre und Rechtsprechung zur Anwendung des Prinzips der Gesetzmäßigkeit der Verwaltung auf den Verwaltungsvertrag können heute wohl nur noch in einer umfassenden, jede Äußerung sorgfältig prüfenden Monographie voll erfaßt werden[63]. Der Stand der Diskussion soll deshalb im folgenden etwas vergröbert wiedergegeben werden. Ausscheiden sollen dabei alle Erwägungen mehr technischer Art, die das Problem etwa durch Auslegung des § 134 BGB[64] oder durch Rückgriff auf die Natur des Gesetzesvollzugs durch Verwaltungsvertrag[65] in den Griff bekommen wollen. Der verfassungsrechtliche Aspekt der Frage bedingt in der Tat die Besinnung auf die Grundlagen der Verfassung selbst.

a) Ausdrückliche Stellungnahmen zur Anwendung der Grundsätze des Vorbehalts und des Vorrangs des Gesetzes auf den Verwaltungsvertrag finden sich in Lit. und Rspr. relativ selten. Soweit solche Stellungnahmen vorliegen, bleiben sie häufig recht unklar[66]: Einerseits wird meist nicht untersucht, welchen konkreten Inhalt diese

63 Vgl. hierzu etwa *Bisek* aaO, S. 125 ff.; *Kottke* aaO, S. 76 ff.
64 Vgl. hierzu die Lit und Rspr. bei *Bisek* aaO, S. 64 ff., 127 ff., und *Kottke* aaO, S. 79 ff.
65 Siehe hierzu unten bei Anm. 91.
66 Vgl. im einzelnen die Nachweise bei P *Kleiser,* Der Vorbehalt des Gesetzes nach dem Bonner Grundgesetz, 1961, S. 117 ff.

Grundsätze in bezug auf Verwaltungsverträge haben[67], zum anderen scheinen sich diese Äußerungen zum Teil mehr auf die Zulässigkeits- als auf die Rechtmäßigkeitsproblematik zu beziehen[68]. Soweit die Stellungnahmen deutlich die Rechtmäßigkeit des Inhalts betreffen, kommen sie zu entgegengesetzten Ergebnissen. Dabei wird nicht versucht, das eine oder andere Ergebnis näher zu begründen:

In seiner Habilitationsschrift[69] hat *Bullinger* gezeigt, daß die frühere Rspr. die Verwaltung mit wenigen Ausnahmen etwa bei Dispensen vom Bauverbot und beim Wohnungsfreikauf vom Vorbehalt und Vorrang des Gesetzes freistellte, ganz gleich ob der betreffende Vertrag öffentlich- oder privatrechtlicher Natur war. Ebenfalls ohne Rücksicht auf die Qualifikation als Verwaltungsakt, privat- oder öffentlich-rechtlicher Vertrag hat umgekehrt der BayVerfGH in einer Entscheidung vom 23.12. 1956[70] zu der Frage, ob der Dispens vom Bauverbot an unfertigen Straßen von der Zahlung der Straßenbaukosten oder einer Abtretung abhängig gemacht werden darf, ausgeführt, der Rechtsstaatsgedanke fordere, daß »die gesetzlichen Tatbestände, auf Grund deren Leistungen von einem Rechtsunterworfenen beansprucht werden können, nach Inhalt, Gegenstand, Zweck und Ausmaß klar umschrieben und begrenzt sein müssen«. In dieselbe Richtung geht die Rspr. des BVerwG zum Wohnungsfreikauf und zur Reichsgaragenordnung. In einer Entscheidung vom 24.10.1956[71] führte das Gericht aus, nach Art. 20 Abs. 3 GG sei die vollziehende Gewalt an Gesetz und Recht gebunden. Damit sei der Grundsatz der Gesetzmäßigkeit in der Verfassung selbst niedergelegt. Dieser Grundsatz bedeute »Verwaltung auf Antrieb des Gesetzes und innerhalb dessen Schranken«. Daraus folge, daß die Grenzen zwischen dem öffentlich-rechtlichen Bereich, in dem die Verwaltung hoheitlich gegen den Bürger vorgehen dürfe, und seiner privaten Rechtssphäre, innerhalb deren ihm als der Staatsgewalt unterworfen keine Pflichten ihr gegenüber obliegen, durch Gesetz und Recht bestimmt würden. Diese Grenzen seien grundsätzlich den Vereinbarungen der Beteiligten entzogen. Es gebe keinen allgemeinen Satz des Inhalts, daß durch rechtsgeschäftliche Vereinbarung diese Grenzen verschoben werden könnten, sei es zugunsten des Bürgers, sei es zugunsten der Verwaltung. Es gebe auch keinen allgemeinen Satz des Inhalts, daß die Ausübung der staatlichen Gewalt durch rechtsgeschäftliche Vereinbarung anders geregelt werden könne, als durch Gesetz vorgesehen. In der Leistungsverwaltung sei dies allerdings möglicherweise anders. Diese Entscheidung wurde durch das Urteil des BVerwG vom 26.6.1957[72] bestätigt. Das Gericht führte hier aus, jedenfalls im Bereich der Eingriffsverwaltung sei ein Verzicht des Bürgers auf Grundrechte und den »Gesetzesvollziehungsanspruch« nicht möglich; der Satz volenti non fit iniuria könne insoweit nicht eingreifen. Neuerdings hat das BVerwG in einer Entscheidung vom 4.2.1966[73] ausgeführt, Verwaltungsverträge seien zwar auch im Subordinationsverhältnis zulässig, hier müsse aber besonders sorgfältig geprüft werden, ob die Grundsätze des Vorrangs und des Vorbehalts des Gesetzes eingehalten worden seien.

Auch die Rspr. des BVerwG ist nun nicht so eindeutig, wie man auf Grund dieser Zitate meinen könnte. In der Tat könnten die Urteile zum Wohnungsfreikauf stärker auf

67 Vgl. etwa BVerwG 4.2.1966, DÖV 1966, 756.
68 Nicht auseinandergehalten werden beide Fälle etwa in der Literaturübersicht bei K. *Vogel*, Gesetzgeber und Verwaltung, VVDStRl. 24 (1966), S. 125 ff., Anm. 95 auf S. 155.
69 S. 25 ff., 65 ff.
70 BayVBl. 1957, 61.
71 BVerwGE 4, 111.
72 BVerwGE 5, 128.
73 DÖV 1946, 756. Vgl. auch VGH München 10.6.1970, DÖV 1970, 563.

den Bedenken gegen die Begründung oder den Ausschluß umfassender Hoheitsbefugnisse durch Vertrag[74] als auf dem Grundsatz der Gesetzmäßigkeit der Verwaltung beruhen; andererseits hat das BVerwG in seiner Entscheidung von 1966 Inhalt und Tragweite dieses Grundsatzes beim Verwaltungsvertrag nicht festgelegt und konkret die Gesetzesgrundlage für die Abstandszahlung durch eine sehr freie, nur am Ziel des Gesetzes ausgerichtete Auslegung der Reichsgaragenordnung im Ergebnis selbst erst geschaffen. So steht diese Rspr. nicht notwendig im Widerspruch zu der Tatsache, daß das BVerwG den Vergleich vom Grundsatz der Gesetzmäßigkeit fast völlig freistellt[75].

b) Nach der wohl überwiegenden Ansicht der Lit. ist der Verwaltungsvertrag an die Grundsätze des Vorrangs und insbesondere des Vorbehalts des Gesetzes gebunden[76]. Je nachdem man sich auf den Eingriffs- oder den Totalvorbehalt bezieht, wird eine Gesetzesgrundlage nur für die Verpflichtungen des Bürgers oder auch die der Verwaltung gefordert. Die Notwendigkeit einer solchen Grundlage wird dabei ebensowenig begründet wie untersucht wird, wieweit die für Verwaltungsakte erlassenen Gesetze die Verwaltung auch beim Abschluß von Verwaltungsverträgen binden wollen und deshalb der Vorrang des Gesetzes reicht. Manchmal stützen sich die Vertreter des Eingriffsvorbehalts ferner zwar auf die traditionelle Formel des Handelns durch »Zwang und Befehl«, erstrecken den Vorbehalt aber anschließend ohne Begründung auch auf den Vertrag[77]. Nur selten wird unter Berufung auf diese beschränkte Formel behauptet, der Verwaltungsvertrag beziehe sich nur auf den Verwaltungsakt, nicht auf den Verwaltungsvertrag[78].

c) Lehre und Rspr. neigen also weitgehend zu der Annahme, der Grundsatz der Gesetzmäßigkeit der Verwaltung sei in vollem Umfang auch auf Verwaltungsverträge anzuwenden. Statt diese Problematik zu vertiefen, hat sich die Diskussion weitgehend auf die Frage verlagert, wieweit der Grundsatz des volenti non fit iniuria das Gesetzmäßigkeitsprinzip zurückdrängt[79]. Auch insoweit wird nicht allgemein das Verhältnis dieser Grundsätze zueinander, sondern nur untersucht, ob man beim Verwaltungsvertrag von einem wirklich freien Willen des Bürgers gegenüber dem Staat sprechen könne:

Die Gegner des »volenti non fit iniuria«[80] behaupten in diesem Rahmen, der Staat habe durch die Zunahme seiner Aufgaben und die wachsende Abhängigkeit des Bürgers von den staatlichen Leistungen soviel Macht gewonnen, daß man von einer freien Entscheidung des Bürgers nicht mehr sprechen könne. Seine Befürworter meinen, trotz dieser Entwicklung habe die Macht des Staates eher abgenommen. Infolge der starken Dezentralisation und Dekonzentration trete der einzelne niemals dem Staat global, sondern immer nur einer sehr beschränkt zuständigen Behörde hinsichtlich eines kleinen Ausschnitts all seiner öffentlich-rechtlichen Rechtsverhältnisse gegenüber[81]. Fer-

74 Vgl. H. J. *Wolff*, Lehrbuch des Verwaltungsrechts, Bd. 1, 4. Aufl., S. 107.
75 Vgl. hierzu *Bisek* aaO, S. 66 f.
76 Vgl. die Lit. und Rspr. bei *Kleiser* aaO, S. 117 ff., bei *Vogel* aaO, sowie *Pieper*, DVBl. 1967, 11 ff.
77 Etwa *Maunz-Dürig*, Kommentar zum Grundgesetz, Art. 20, Rdnr. 129 und 138 (für die Zulässigkeit des Verwaltungsvertrages).
78 *von der Groeben-Knack*, § 72 Nr. 3.4; *Zwahlen* aaO, S. 84 a f.
79 Diese Verlagerung wird von *Vogel* aaO empfohlen.
80 Im Anschluß an *Forsthoff*, DVBl. 1957, 725 etwa *Beinhardt* aaO, S. 224; *Pieper* aaO; *Stein* aaO, S. 321.
81 Darauf weist *Bullinger*, Verwaltungsvertrag aaO, S. 47 f. hin.

ner baue das gesellschaftliche Bewußtsein die Autoritätsstrukturen ab. Überdies entspreche es dem demokratischen Gedanken und der Würde des Menschen, wenn der Staat vom Podest seiner einseitig handelnden Hoheitsgewalt herabsteige, dem Bürger auf gleicher Ebene begegne und ihn an seinen Entscheidungen beteilige[82]. Eine Mittelmeinung schließlich stellt für die Anwendung des Grundsatzes volenti non fit iniuria einerseits auf die Verzichtbarkeit der konkreten Rechtspositionen, andererseits auf die Willensfreiheit im konkreten Fall ab[83].

2. Der Totalvorbehalt[84] fordert eine gesetzliche Grundlage für alle Teile des Verwaltungsvertrages mit Sicherheit nur, soweit er sich auf die Behauptung stützt, mit der Einführung der Volkssouveränität bedürfe die gesamte Verwaltungstätigkeit einer demokratischen Legitimation, die nur durch ein Gesetz des gewählten Parlaments geschaffen werden könne. Gerade diese Begründung aber ist auf schwerwiegende Gegenargumente gestoßen: Trotz einer gewissen Zäsur in der Entwicklung von der konstitutionellen Monarchie zur parlamentarischen Demokratie bestätigt die Verfassung in der Tat eine gewisse, in jeder Staatsform erforderliche und im gewaltenteilenden Staat geradezu vorausgesetzte Selbständigkeit der Verwaltung und schafft damit die von der Volkssouveränität verlangte demokratische Legitimation selbst. Sobald man dagegen die Ausdehnung des Vorbehalts nur darauf stützt, im sozialen Wohlfahrtsstaat seien Begünstigungen für den Bürger von größerer Bedeutung als Eingriffe oder jede Begünstigung stelle auch einen Eingriff dar, weil ihre Gewährung Dritte oder ihre Ablehnung den Betroffenen belaste, trägt diese Begründung einerseits nur eine Erstrekkung auf die tatsächliche Belastung und nicht den Totalvorbehalt, folgt aus ihr andererseits nicht notwendig auch die Einbeziehung des nicht einseitig-hoheitlichen Handelns. Mit der noch herrschenden Lehre und Rspr. soll im folgenden vom Eingriffsvorbehalt ausgegangen werden. Diese Beschränkung rechtfertigt sich überdies durch die Tatsache, daß der Entwurf für die Behördenpflichten auf die Regeln für entsprechende Verwaltungsakte und damit generell auf die für diese Akte geltende Konkretisierung des Gesetzesvorbehalts verweist und nur für die Bürgerpflichten den Gesetzesvorbehalt ausschaltet. Diese Ausschaltung wäre verfassungswidrig, wenn der Gesetzesvorbehalt sich auf alle Belastungen und nicht nur auf Belastungen in Form eines Verwaltungsakts erstreckt.
Der Eingriffsvorbehalt erstreckt sich auf das hoheitliche Handeln durch Zwang und Befehl[85]. Die Notwendigkeit einer Gesetzesgrundlage bezog sich dabei ursprünglich

82 Vgl. die Lit. bei *Bullinger*, Verwaltungsvertrag aaO, S. 17, 32; ferner *Apelt* AöR 84 (1959) 249 ff.

83 So wohl *Vogel* aaO, *Pieper* aaO, S. 14; *Zwahlen* aaO, S. 483 a f.

84 Zum folgenden unter dem Aspekt des Verwaltungsvertrages die Übersicht bei *Bullinger*, Verwaltungsvertrag aaO, S. 93 ff.; *Pieper* aaO, S. 12 ff.

85 So *Maunz/Dürig* aaO, Rdnr. 129. Der Begriff des Eingriffs wird in der Literatur zum Eingriffsvorbehalt und zur Eingriffsverwaltung meist nicht ausdrücklich definiert. Häufig wird allerdings hervorgehoben, daß es sich um »Verbote« oder »Gebote« handeln müsse, die einseitig-hoheitliches Handeln voraussetzen. Daß mit dem Eingriff Verwaltungsakte gemeint sind, ergibt sich meist aus dem Zusammenhang: so, wenn hervorgehoben wird, die klassischen Bereiche der Eingriffsverwaltung seien die Gefahrenabwehr und das Steuerwesen, oder wenn untersucht wird, ob der Eingriffsvorbehalt vom belastenden auf den begünstigenden Verwaltungsakt ausgedehnt werden müsse. Die Grenzen sind allerdings fließend, weil der Begriff der Eingriffsverwaltung wie gezeigt zwischen der Form, der Wirkung und den Zielen des Verwaltungshandelns schwankt (vgl, M. *Völcker*, Der Grundsatz der Gesetzmäßigkeit und die Leistungsverwaltung, 1960).

wie alle anderen Elemente des rechtsstaatlichen Schutzsystems auf das einseitige Handeln durch Verwaltungsakt. Mit der Begründung des Wohlfahrtsstaates wuchs die Erkenntnis, daß hoheitliches Handeln auch in anderer Form denkbar sei und der Bürger auch insoweit geschützt werden müsse. Die rechtsstaatlichen Prinzipien wurden deshalb zum Teil nicht mehr an die Form, sondern an das Ziel oder – dem Rechtsschutzgedanken besser entsprechend – an die Wirkung des Verwaltungshandelns geknüpft. Bei dieser Wirkung wurde – der Bedeutung der Leistungsverwaltung entsprechend überdies nicht mehr auf die Unterscheidung Einschränkung – Ausweitung der Rechtspositionen, sondern *auf* den Gegensatz Belastung – Begünstigung abgestellt. So scheint denn der Gesetzesvorbehalt heute jede Belastung des Bürgers zu erfassen. Bei näherer Prüfung zeigt sich aber, daß dies nur bedingt richtig ist. Niemand denkt nämlich daran, auch die durch Privatrechtsvertrag begründeten Pflichten des Bürgers gegenüber der Verwaltung dem Gesetzesvorbehalt zu unterwerfen. Die unterschiedliche Qualifizierung des Vertrages oder die verschiedene Zielrichtung des Verwaltungshandelns begründen aber um so weniger Unterschiede in der Schutzbedürftigkeit des Bürgers, als die Abgrenzung des öffentlichen vom privaten Handeln auch heute noch weitgehend unsicher und damit ein Produkt des Zufalls ist. Deshalb erscheint es sehr fraglich, ob man heute den »Zwang und Befehl« des Eingriffsvorbehalts nicht mehr formell, sondern materiell konkretisieren, also nicht mehr allein auf den Verwaltungsakt, sondern auf jedes Handeln beziehen muß, hinter dem materiell die Autorität und die Macht des Staates steht.

Hier zeigt sich überdies, daß die so unterschiedlich beantwortete Frage nach der Freiwilligkeit der Verpflichtung des Bürgers im Rahmen des Gesetzesvorbehalts zwei Funktionen hat: Sie dient einerseits der Konkretisierung der Eingriffsformel. Kommt man zu dem Ergebnis, daß der Eingriffsvorbehalt bei einem bestimmten Akt eingreift, kann die Freiwilligkeit immer noch im Rahmen des Grundsatzes des volenti non fit iniuria den Vorbehalt punktuell zurückdrängen.

Zweitens zeigen unsere Erwägungen, daß man angesichts der historischen Entwicklung nicht davon ausgehen darf, der Gesetzesvorbehalt erstrecke sich auf alle Belastungen und dann fragen muß, inwieweit er bei einer bestimmten Handlungsform auf Grund des einen oder anderen Prinzips ausgeschlossen wird. Vielmehr ist der umgekehrte Ausgangspunkt richtig: Der Vorbehalt erstreckt sich nur auf das Handeln durch Zwang und Befehl. Darunter wurde ursprünglich nur das einseitige Handeln durch Verwaltungsakt verstanden. Es fragt sich nur, inwieweit der Grundgedanke des Vorbehalts angesichts der modernen Entwicklung auf alle oder bestimmte Belastungen in anderer Form als durch den Verwaltungsakt ausgedehnt werden muß. Die Wahl dieses Ausgangspunktes beeinflußt als Vermutung angesichts der Unsicherheit der Rechtslage die Lösung entscheidend.

Mir scheint nun, daß die Ausdehnung des Vorbehalts auf die Belastung durch Verwaltungsvertrag nicht nur deshalb unbefriedigend bleibt, weil eine Begründung der unterschiedlichen Lösungen für Verwaltungs- und privatrechtliche Verträge dann nicht mehr gefunden werden kann. Die unbegründete Ausdehnung des Gesetzesvorbehalts führt bekanntlich zu einer Paralysierung der Verwaltung und im Ergebnis auch der Gesetzgebung. Sie sollte als »schweres Geschütz« deshalb nur dort ins Auge gefaßt werden, wo der Rechtsschutz anders nicht mehr verwirklicht werden kann. Nichts spricht dafür, daß die Verwaltung beim Abschluß von Verwaltungsverträgen heute schon *generell* so mächtig ist und ihre Macht auch bedenkenlos ausschöpft, daß eine generelle Schranke erforderlich wird. Die auftretenden *Einzelfälle* aber wird man mit Rückgriff auf eine vielleicht etwas großzügigere Anwendung der §§ 826 und 123 BGB lösen können. Daneben könnte man an die Einführung neuer rechtsstaatlicher Prinzipien denken: etwa könnte die Verwaltung verpflichtet sein, den Bürger auf die gesetzlichen Grenzen seiner Pflichten ausdrücklich hinzuweisen. Daß die einseitige Handlungsform durch Verwaltungsakt auch heute noch im Vergleich zum Verwaltungsvertrag und anderen Handlungsformen besondere Gefahren aufwirft, denen durch besondere Mittel begegnet werden muß, zeigt sich schließlich in der Tatsache, daß Lehre und Rspr. die Ausdehnung der rechtsstaatlichen Rechtsschutzelemente in der Regel nur auf die durch begünstigenden *Verwaltungsakt* eintretende rechtliche oder faktische Benachteiligung Dritter fordern.

Diesem Ergebnis widerspricht es nicht, daß die Verwaltung beim Abschluß öffentlichrechtlicher Beiträge, also bei der unmittelbaren Verfolgung öffentlicher Interessen in öffentlich-rechtlicher Form[86], unmittelbar und in vollem Umfang an die Grundrechte gebunden ist. Weitergehend als beim Privatrechtsvertrag greifen die Grundrechte hier also nicht über die Generalklauseln, sondern unmittelbar ein, weil der Verwaltungsvertrag als Institution des öffentlichen Rechts der unmittelbaren Einwirkung der öffentlichen Rechtsprinzipien ganz allgemein offener steht als der Privatrechtsvertrag. Die Verwaltung kann also die Grundrechte beim Abschluß von Verwaltungsverträgen grundsätzlich nicht weiter einschränken als ein entsprechendes Gesetz. Dabei ist allerdings zu beachten, daß je nach der Auslegung der einzelnen Grundrechte die Zustimmung des Betroffenen diese Grenze zu seinen Lasten verrücken kann.

Daß die Verwaltung beim Abschluß von Verwaltungsverträgen unmittelbar an die Grundrechte gebunden ist, bedeutet nicht notwendig auch, daß Belastungen durch solche Verträge dem Gesetzesvorbehalt unterliegen. Obwohl alle Elemente des Rechtsstaatsbegriffs am Schutz des Individuums gegen Eingriffe in seine Grundrechtssphäre ausgerichtet sind, können doch sowohl der Begriff des Eingriffs als auch die Abgrenzung der geschützten Grundrechtssphäre bei den einzelnen entsprechend unterschiedliche Wege einschlagen. Daß dies tatsächlich geschehen ist Elementen des Rechtsstaatsbegriffs den besonderen Umständen jeder Kategorie und die Auseinanderentwicklung der ursprünglich einheitlichen Begriffe weitergeht, zeigt sich in einer Reihe von Tatsachen. So ist etwa die Verwaltung auch bei der Verfolgung unmittelbar öffentlicher Zwecke in privater Form an die Grundrechte gebunden, bleibt aber die Rechtsschutzgarantie des Art. 19 IV GG weiterhin am Eingriff im klassischen Sinn orientiert. Daß gerade der Gesetzesvorbehalt sich nicht mit dem Grundrechtsschutz deckt, zeigt die Grundrechtsbindung des Verwaltungsprivatrechts, der Auflage beim Verwaltungsakt und der Akte im besonderen Gewaltverhältnis, der keine Bindung an den Gesetzesvorbehalt entspricht. In der Tat verfolgen die Grundrechte des Grundgesetzes zwei unterschiedliche Anliegen: Einmal wollen sie die Grundrechtssphäre der Bürger generell gegen Eingriffe schützen, zum anderen wollen sie sicherstellen, daß Eingriffe nur auf Grund eines Gesetzes zulässig sind. Der Eingriffsbegriff der beiden verschiedenen Anliegen kann also unterschiedliche Wege gehen. Für den Gesetzesvorbehalt verweisen die Grundrechte dabei auch heute noch auf die klassische Eingriffsformel. Dieser Eingriffsbegriff kann also nur durch den Rückgriff auf diese Formel, nicht aber wie etwa der Eingriffsbegriff bei der Enteignung durch Auslegung der einzelnen Grundrechte gewonnen werden. Nicht nur hinsichtlich des Eingriffsbegriffs steht überdies auch heute noch entgegen der Ansicht von *Vogel*[87] der allgemeine Gesetzesvorbehalt neben den Grundrechten. Obwohl die Schutzgüter des allgemeinen Gesetzesvorbehalts heute

86 Vgl. im einzelnen *Maunz/Dürig* aaO, Art. 1 III Rdnr. 107 ff.
87 AaO, S. 150 f.

im allgemeinen durch die einzelnen Grundrechte konkretisiert werden, gilt dies wohl nicht für ausländische juristische Personen, denen Art. 19 Abs. 3 GG zwar den Grundrechtsschutz verweigert[88], für die der Gesetzesvorbehalt aber weiterhin eingreifen muß.
Selbst wenn schließlich die Auferlegung von Verpflichtungen durch einen Verwaltungsvertrag einer gesetzlichen Ermächtigung bedürfte, wäre die Regelung des Entwurfs nicht verfassungswidrig, weil § 43 besser noch als § 28 die gewohnheitsrechtlich entwickelten Grenzen der Auflagen durch Verwaltungsakt umreißt, für die jedenfalls die h. L. keine gesetzliche Ermächtigung fordert.

3. Es bleibt die Frage, ob der Entwurf gegen den Vorrang des Gesetzes verstößt. Das könnte für mehrere Bestimmungen zutreffen:

a) § 43 Abs. 1 bindet die Verwaltung hinsichtlich der Forderung nach einer Gegenleistung über den erforderlichen Sachzusammenhang zwar an die Ziele des die Behördenleistung festlegenden Gesetzes[89], nicht aber auch an die Grenzen, welche dieses oder andere Gesetze den Forderungen der Verwaltung zieht. Ein Verstoß gegen den Gesetzesvorrang liegt hierin aber wohl nicht. Denn die meisten Gesetze wollen mit der Festlegung der Pflichten der Bürger nur dem Gesetzesvorbehalt genügen und deshalb nur den einseitigen Verwaltungsakt, nicht auch den Verwaltungsvertrag binden. Der Gedanke, daß diese Gesetze die Verpflichtungen des Bürgers gegen die Verwaltung abschließend regeln wollen, die Verwaltung also nicht mehr und nichts anderes vom Bürger fordern darf als diese Gesetze gestatten, dieser Gedanke einer durchnormierten Kodifikation ist im Ergebnis meist auf die Forderungen des Gesetzesvorhehalts zurückzuführen und kann folglich nur eingreifen, soweit der Gesetzesvorbehalt reicht, also nicht beim Abschluß von belastenden Verwaltungsverträgen. Nur wenn die Gesetzesziele mit den konkreten Mitteln nach Art eines Planes eng verbunden sind oder die Festlegung der Verpflichtungen wie bei den Steuergesetzen auch der Verwirklichung des Gleichheitssatzes dient, darf die Behörde auch beim Verwaltungsvertrag nicht mehr fordern als das Gesetz gestattet. Gerade diese spezielle Bindung will die allgemeine Bestimmung des § 43 Abs. 1 aber wohl nicht ausschließen.

b) Nach § 43 Abs. 1 darf die Verwaltung ferner eine in ihrem Ermessen stehende Leistung von einer Gegenleistung abhängig machen. Ermessen bedeutet aber immer gebundenes Ermessen. Von einer echten Gegenleistung darf die Verwaltung folglich ihre Leistung nur abhängig machen, wenn das Gesetz ihr dies wie etwa bei den Gebühren ausdrücklich gestattet. Mit dem verunglückten Terminus »Gegenleistung« meint der § 43 nach seinem Inhalt aber wohl nur eine Leistung des Bürgers, die beim Verwaltungsakt Gegenstand einer Auflage sein könnte. Die in § 43 Abs. 1 umrissenen Voraussetzungen dieser Gegenleistung lehnen sich nämlich eng an die von Lit. und Rspr. entwickelten Voraussetzungen der Auflage an. Damit ist aber auch gesichert, daß die Ver-

88 Zur Rspr. des BVerfG hinsichtlich dieser Frage vgl. A. *Bleckmann,* Deutsche Rechtsprechung in völkerrechtlichen Fragen 1966-1968, ZaöRV 31 (1971), 271 ff., 315.

89 Diese Bindung beruht nicht auf dem Gesetzesvorbehalt oder dem Gesetzesvorrang, sondern ist von Lehre und Rspr. als selbständige Ermessensgrenze des Koppelungsverbots entwickelt worden: *Beinhardt* aaO, S. 226 f.; *Bisek* aaO, S. 95; V. *Goetz,* JUS 1970 1 ff., 5; *Zwahlen* aaO, S. 483 a f.; BVerwG 21.10.1970, DÖV 1971, 167.

waltung den ihr für die Leistung gewährten Ermessensspielraum nicht überschreitet, wenn sie diese Leistung von einer Gegenleistung abhängig macht.

c) § 46 Abs. 2 Ziff. 1 und 2 binden die vertraglichen Verpflichtungen und Verfügungen der Verwaltung zwar an die für entsprechende Verwaltungsakte geltenden Bestimmungen, lassen aber die Nichtigkeit nur bei besonders schweren Gesetzesverletzungen und bei einer Kollusion der Vertragspartner, also in relativ seltenen Fällen eintreten. Damit ist die Nichtigkeitsgrenze so klar festgelegt, daß sie nicht durch Rückgriff auf § 46 Abs. 1 in Verbindung mit § 134 oder 119 ff. BGB verschoben werden kann. Nur wenn die Rechtsverletzung schwere Nachteile für das Gemeinwohl nach sich zieht, die später noch andauern, kann die Verwaltung über § 46 hinaus den Vertrag nach § 47 mit ex nunc-Wirkung kündigen.
Obwohl in der Diskussion um die Rücknahme rechtswidriger Verwaltungsakte manchmal eine andere Auffassung vertreten wurde, verlangt der Grundsatz des Gesetzesvorrangs nun grundsätzlich nicht nur die Bindung der Verwaltung an das Gesetz, sondern auch eine wirksame Sanktion der Gesetzesverletzung, die nicht nur in innerbehördlichen Kontrollen, in Disziplinarverfahren oder in Schadensersatzansprüchen bestehen darf, sondern die Beständigkeit des Rechtsaktes selbst in Frage stellen und so auch einen effektiven richterlichen Rechtsschutz (Art. 19 Abs. 4 GG) gewährleisten muß[90].
§ 46 Abs. 2 Nr. 1 und 2 verstößt also gegen die Verfassung, wenn das bisherige Gesetzesrecht die Verwaltung auch beim Abschluß von Verwaltungsverträgen binden will, der Entwurf diese Bindung nicht aufheben kann und andere Verfassungsprinzipien wie die Rechtssicherheit und der Vertrauensschutz den Grundsatz des Gesetzesvorrangs nicht zurückdrängen.
(1) Legt ein Gesetz die Verpflichtungen und Leistungen der Verwaltung fest, ist im Gegensatz zur Festlegung der Verpflichtungen und Leistungen des Bürgers grundsätzlich davon auszugehen, daß es die Verwaltung selbst dann beim Abschluß von Verwaltungsverträgen binden will, wenn es diese Grenzen wörtlich nur auf einen Verwaltungsakt bezieht. Diese Intention des Gesetzgebers fließt aus dem Grundsatz des Gesetzesvorrangs, der auch den Vorrang des Gesetzgebers bei der Festlegung der Staatsziele garantieren will. Das Gesetz darf deshalb niemals dahin ausgelegt werden, daß es der Verwaltung gestattet, sich durch den Austausch der Handlungsform dem Gesetzesvollzug zu entziehen.
(2) Der zum Gesetz gewordene Entwurf kann zwar vorherige Gesetze ändern. Diese Änderung kann auch beinhalten, daß die Verwaltung beim Abschluß von Verwaltungsverträgen an bestimmte für den Verwaltungsakt geltende Gesetze nicht gebunden

90 Der Grundsatz des Gesetzesvorrangs verlangt, daß die Verwaltung einen rechtswidrigen begünstigenden Verwaltungsak jedenfalls solange zurücknehmen kann oder sogar muß, wie das Verfassungsprinzip des Vertrauensschutzes nicht eingreift (F. *Ossenbühl,* Die Rücknahme fehlerhafter begünstigender Verwaltungsakte, 1964, S. 12 ff.; W. *Storz,* Die Rücknahme begünstigender Verwaltungsakte wegen ursprünglicher Fehlerhaftigkeit, 1963, S. 32, 63). Auch der Erstattungsanspruch für rechtswidrig gewährte Leistungen wird vom Grundsatz des Gesetzesvorrangs abgeleitet (neuerdings: BVerwG 17.9.1970, DÖV 1971, 348; OVG Münster 5.8.1970, DÖV 1971, 350). Der Grundsatz der Gesetzmäßigkeit der Verwaltung verlangt also eine wirksame Sanktion des rechtswidrigen Verwaltungshandelns. Wie die Sanktion insbesondere beim Verwaltungsvertrag aussehen muß (Nichtigkeit, Aufhebung, Anfechtung, Kündigung usw.) hängt teilweise von der Konstruktion des betreffenden Rechtsinstitutes ab, steht aber andererseits teilweise auch im Ermessen des Gesetzgebers.

ist. Als ein minus hierzu kann das Gesetz bestimmen, daß die Gesetzesverletzung die Rechtsbeständigkeit des betreffenden Vertrages nicht in Frage stellt. Solche Änderungen sind aber immer nur hinsichtlich bestimmter Einzelgesetze möglich. Der Gesetzgeber kann nämlich die Verwaltung von der Einhaltung der Gesetze bei der Verwendung bestimmter Handlungsformen nicht generell freistellen. Das liefe auf einen Verzicht des Parlaments auf sein Primat bei der Bestimmung der Staatsziele, auf eine Durchbrechung des Art. 20 Abs. 3 GG hinaus[91].

(3) § 46 Abs. 2 Nr. 1 und 2 verstoßen also gegen den Gesetzesvorrang und sind damit verfassungswidrig, wenn der Gesetzesvorrang nicht im Umfang der Regelung des Entwurfs durch die Rechtsstaatsprinzipien der Rechtssicherheit und des Vertrauensschutzes zurückgedrängt wird.

aa) Der Gedanke der Rechtssicherheit liegt allen Lösungen zugrunde, welche die Vergleichslage auf die Gesamtheit des Verwaltungsvertrages ausweiten. Als hervorragender Vertreter dieser Richtung ist *Martens* zu nennen[92], der vorherige Ansätze von *Menger* weiterentwickelte. Nach *Martens* ist die Verwaltung heute weitgehend Normenvollzug. Normenvollzug sei die verbindliche Festlegung der Rechtsfolge, die im jeweiligen Fall maßgeblich sein soll. Da jede Norm der Auslegung bedürfe, und deshalb einen Rest an Ungewißheit notwendig in sich trage, werde ihr eigentliches Ziel, die Bestimmung der Verhaltensweise des Rechtssubjekts, erst durch die Feststellung im Einzelakt erreicht. Der Akt der Rechtsanwendung durch Feststellung der Rechtsfolge erweise sich dabei als ein Vorgang, der eine von der Rechtsnorm in gewisser Weise verselbständigte Grundlage für den Einzelakt schaffe. Diese Selbständigkeit bestehe in dem Maße, in dem das Gesetz auch der mit der Norm nicht übereinstimmenden Feststellung eine Anerkennung zugestehe. Damit werde der Verwaltung nicht die Befugnis zugestanden, sich über das Recht hinwegzusetzen. Es gebe angesichts der Ungewißheit des Gesetzes keinen Widerspruch zwischen Gesetz und Einzelakt, sondern nur einen solchen zwischen verschiedenen Auslegungen. Die Frage sei also nur die, in welchem Umfang die jeweils Beteiligten eine verbindliche Feststellung treffen könnten und wessen Vorstellungen vom Inhalt der Norm maßgeblich seien. Auch beim Verwaltungsakt beruhe nun die Verbindlichkeit der behördlichen Feststellung nicht mehr auf hoheitlichem Befehl. Seit Errichtung der Verwaltungsgerichtsbarkeit hänge diese Verbindlichkeit vielmehr im Ergebnis entweder vom Richter oder aber von der in der Nichtanfechtung bestehenden »Mitwirkung« des Adressaten ab. Da die von der Behörde durch Verwaltungsakt bestimmte Rechtsfolge ohne richterliche Bestätigung nur bei – zumindest stillschweigender – Zustimmung des Betroffenen verbindlich werden könne, bestehe kein grundlegender Unterschied zwischen Verwaltungsakt und

91 Daß der Gesetzgeber die Verwaltung nicht generell von der Befolgung der Gesetze freistellen kann, hat die Lit. und Rspr. in zwei Fällen festgestellt: Einerseits kann nach BVerfG 8, 155 ff., 172, das Gesetz sich zwar gegenüber einer allgemeinen Verwaltungsvorschrift subsidiäre Wirkung beilegen, darf der Gesetzgeber aber nicht Vorschriften von solchem Umfang und von solcher Bedeutung für subsidiär erklären, daß sich dadurch innerhalb des Staatsgefüges eine Gewichtsverschiebung zwischen der gesetzgebenden Gewalt und der Verwaltung ergibt. (Hierzu *Jesch,* AöR 84, 74, und neuerdings H. *Sinn,* Die Änderung gesetzlicher Regelungen durch einfache Rechtsverordnung, 1971.) Andererseits kann nach R. *Mußgnug* (Der Dispens von gesetzlichen Vorschriften, 1964, 133) zwar der gewaltenteilende Staat auf die Ermächtigung zur Dispensation nicht verzichten; aber er darf damit nicht so großzügig verfahren, daß den ermächtigten Stellen ein Übergewicht über das Gesetz eingeräumt wird, da jedes Gleichgewicht zwischen den Gewalten zum Nachteil des Gesetzgebers aufhebt.

92 J. *Martens,* Normenvollzug durch Verwaltungsakt und Verwaltungsvertrag, AöR 89 (1964) 429 ff.

Verwaltungsvertrag mehr. Die so der Verwaltung und ihrem Partner erteilte Ermächtigung zur Festlegung der Rechtsfolgen sei aber nur des Normenvollzugs wegen gegeben. Wenn dabei der für den Einzelfall festgestellten Rechtsfolge die Funktion einer von der Norm in gewisser Weise verselbständigten Grundlage zugesprochen werde, so nur deshalb, weil die durch die Allgemeinheit des Gesetzes bedingte Ungewißheit nicht stets mit völliger Sicherheit beseitigt werden könne. Die Verselbständigung dürfe aber nicht so weit gehen, daß objektiv oder subjektiv jegliche Verbindung zur Norm entfalle. Das sei der Fall, wenn ein entsprechender Verwaltungsakt nichtig wäre oder der Verwaltungsvertrag wie bei der Kollusion den Normenvollzug nicht einmal intendiere. So gelangt *Martens* also zu denselben Nichtigkeitsgründen des Verwaltungsvertrags wie der Entwurf.

Diese Theorie einer der Verwaltung und dem ihr gegenüberstehenden Partner erteilten Ermächtigung zur verbindlichen Auslegung des Gesetzes durch Festlegung seiner Rechtsfolgen im Vertrag beruht auf einer Kette von Trugschlüssen. Durch den Erlaß eines Verwaltungsakts und die faktische Nichtanfechtung entsteht weder ein vertragliches noch ein vertragsähnliches Rechtsverhältnis. Die Nichtanfechtung durch den Adressaten kann einer vertraglichen Willenserklärung nicht gleichgestellt werden. Die Verwaltung muß einen rechtswidrigen Verwaltungsakt aufheben, selbst wenn dieser vom Adressaten nicht angefochten wird. Der Verwaltungsakt kann häufig nicht nur vom Adressaten, sondern auch von Dritten angefochten werden. Eine verbindliche Feststellung des Rechts kann nicht von den Vertragsparteien, sondern nur vom Richter ausgehen. Die Bestandskraft des Verwaltungsakts beruht nicht darauf, daß den Beteiligten ein Feststellungsrecht eingeräumt ist oder der Inhalt des Verwaltungsakts als richtig vermutet wird, sondern auf der Tatsache, daß der Verwaltungsgerichtsschutz im wesentlichen nicht der Durchsetzung des objektiven Rechts, sondern dem Rechtsschutz des Betroffenen dient. Die Abweichung des Verwaltungsakts vom Gesetzesinhalt ist deshalb eher ein von der Rechtsordnung geduldeter »Verkehrsunfall« denn eine gewollte Einrichtung. Überdies decken die Prämissen von *Martens* höchstens Abweichungen vom »richtigen« Recht im Rahmen der Grenzen einer vertretbaren Auslegung, die nicht bis an die Nichtigkeitsgrenze heranreichen dürfte.

Schließlich zeigt die Vergleichsregelung des Entwurfs, daß § 46 Abs. 2 gar nicht auf einer ausweitenden Anwendung der für den Vergleich geltenden Prinzipien beruht. Danach ist ein Vergleich nichtig, wenn eine bei verständiger Würdigung des Sachverhalts oder der Rechtslage bestehende Ungewißheit nicht besteht und der betreffende Rechtsfehler den Verwaltungsakt rechtswidrig machen würde. Für § 46 Abs. 2 Ziff. 2 reicht dagegen die rein subjektive Ungewißheit nur einer der beiden Parteien aus. Am Rande sei die Absurdität vermerkt, daß die Verletzung von Rechtsvorschriften, die nicht unmittelbar Gegenstand des Vergleichs sind, durch § 46 Abs. 2 Ziff. 2 in weiterem Umfang gedeckt werden als der Vergleich selbst.

bb) Nach der Begründung beruht die Regelung des Entwurfs vielmehr auf den Grundsätzen des pacta sunt servanda und des Vertrauensschutzes[93]. Der Grundsatz des pacta sunt servanda bezieht sich nun nur auf rechtmäßige Verträge[94] und verlangt höchstens noch eine vernünftige Beschränkung der Nichtigkeitsgründe. Wie *Bullinger* gezeigt hat, ist dieser Grundsatz allerdings vorzüglich geeignet, jedem Inhalt eine rechtsethische Scheinbegründung zu verleihen und so die vertragliche gegen die ge-

93 S. 65 f.

94 H. *Heller,* Die Souveränität, 1927, S. 132 f.; C. *Schmitt,* Verfassungslehre, S. 69 f.; H. *Schneider,* VVDStRL 19, S. 1, 16 f., zitiert bei *Bullinger,* Verwaltungsvertrag aaO, S. 41 f.

setzliche Legitimität auszuspielen[95]. In dieser Falle scheinen sich auch die Verfasser des Entwurfs gefangen zu haben, denn der Vertrauensschutz trägt die Zurückdrängung der Nichtigkeit bis zur Kollusionsgrenze nicht. Das Verhältnis zwischen den Prinzipien der Gesetzmäßigkeit der Verwaltung und des Vertrauensschutzes hat in der Tat bei der Rücknahme begünstigender Verwaltungsakte und bei der rechtswidrigen Zusage eine wenn auch in Einzelpunkten noch umstrittene, so doch im Prinzip feststehende Lösung gefunden, von der abzuweichen für Verwaltungsverträge kein Anlaß besteht. Danach ist die grundsätzlich erlaubte oder durch das Gesetzmäßigkeitsprinzip sogar geforderte Rücknahme rechtswidriger begünstigender Verwaltungsakte ausgeschlossen bzw. auch eine rechtswidrige Zusage verbindlich, wenn der Bürger auf die dadurch geschaffene Rechtslage vertrauen durfte und sein Verhalten entsprechend ausgerichtet hat. Der Entwurf geht über diese Regelung für die Austauschverträge weit hinaus, obwohl er sie auf der anderen Seite bei der Rücknahme des Verwaltungsaktes und beim wesentlich schutzwürdigeren Vergleich unterschreitet. Die Nichtigkeit des Austauschvertrages soll in der Tat nur bei Kenntnis der Rechtswidrigkeit durch Bürger und Verwaltung eingreifen. Damit wird auch das vom Rechtsstaatsprinzip nicht gedeckte Vertrauen der Verwaltung geschützt. Es ist ferner unbeachtlich, daß der Bürger die Rechtswidrigkeit kannte, kennen mußte oder sogar durch Täuschung verursacht hat. Ferner ist nicht erforderlich, daß der Bürger sein Verhalten am Vertrag ausgerichtet und relevante Aufwendungen gemacht hat.

95 S. 19.

Professor Dr. Dr. Albert Bleckmann, Münster

B. Die öffentlichrechtlichen Verträge der EWG*

Der EWG-Vertrag sieht in Art. 181 neben privatrechtlichen auch öffentlichrechtliche Verträge der EWG vor. Der folgende Aufsatz versucht, die Zulässigkeit und rechtliche Behandlung dieser Verträge zu klären.

I. *Gegenstand der Untersuchung*

Art. 181 EWGV setzt voraus, daß die EWG privatrechtliche und öffentlichrechtliche Verträge schließen kann. Was dabei unter öffentlichrechtlichen Verträgen zu verstehen ist, sagt das Europäische Gemeinschaftsrecht nicht. In der bisherigen Praxis der Europäischen Gemeinschaften scheinen solche Verträge auch noch nicht abgeschlossen worden zu sein, so daß auch der Praxis die Definition der öffentlichrechtlichen Verträge nicht entnommen werden kann.

Öffentlichrechtliche Verträge sind zunächst die Völkerrechtsverträge, welche die EWG mit Drittstaaten und anderen internationalen Organisationen einerseits und mit Mitgliedstaaten andererseits schließt; auch Verträge zwischen den Organen der Europäischen Gemeinschaft gehören möglicherweise dazu. Daß die EWG mit Drittstaaten und mit internationalen Organisationen im Rahmen ihrer Befugnisse völkerrechtliche Verträge schließen kann, ist unbestritten[1]. Ob die EWG-Organe unter sich und die EWG mit Mitgliedstaaten völkerrechtliche Verträge abschließen kann, ist bisher noch nicht untersucht worden. In Anlehnung an die Kompetenz internationaler Organisationen, hinter deren Befugnissen die Europäischen Gemeinschaften sicher nicht zurückbleiben sollten, wird man völkerrechtliche Verträge der EWG zumindest mit den Sitzstaaten (Belgien, Frankreich, Luxemburg, für bestimmte europäische Institutionen auch Italien) zulassen müssen, welche die Einzelheiten der Immunitäten, Privilegien und anderen Sonderbeziehungen zwischen der EWG und dem jeweiligen Sitzstaat regeln. Auch außerhalb der Sitzstaatsabkommen werden völkerrechtliche Verträge mit einzelnen Mitgliedstaaten zur Durchführung der Gründungsverträge und des Sekundärrechts sich manchmal als erforderlich erweisen können. Dabei darf zwar das den europäischen Gründungsverträgen zugrunde liegende, im gemeinsamen Interesse der Mitgliedstaaten fixierte Wirtschaftsprogramm nicht verändert werden; es kann aber sein, daß die EWG im Rahmen solcher Verträge den Mitgliedstaaten Pflichten auferlegen kann, die im EWG-Vertrag noch nicht oder nur unbestimmt enthalten sind und daß auf der anderen Seite die EWG-Organe in einem solchen Vertrag ihre Ermessenskompetenzen konkretisieren. Denn soweit die Verträge die Kompetenzen der EWG nicht

* NJW 1978, 464. Abdruck erfolgt mit freundlicher Genehmigung des Beck Verlags.

1 Vgl. neuerdings *Krück*, Völkerrechtsverträge im Recht der Europäischen Gemeinschaften, 1977.

im Allgemeininteresse der Mitgliedstaaten, sondern nur im Interesse der Souveränität eines oder mehrerer Mitgliedstaaten begrenzen, steht der Übernahme neuer Verpflichtungen durch die Mitgliedstaaten nichts entgegen. Das gilt insbesondere dann, wenn die Mitgliedstaaten sich in einem solchen völkerrechtlichen Vertrag verpflichten, im Interesse der Ziele der EWG über die konkreten Einzelpflichten der Mitgliedstaaten hinauszugehen. Insbesondere wäre es denkbar, daß in einem völkerrechtlichen Vertrag die EWG eine Genehmigung bestimmter Abweichungen vom Vertrag[2] im Interesse der Ziele der EWG von Auflagen und Bedingungen abhängig macht; denn daß die einseitigen Entscheidungen der EWG zugunsten der Mitgliedstaaten von Auflagen und Bedingungen abhängig gemacht werden dürfen, die im Interesse der Ziele der EWG liegen, erscheint trotz der übereinstimmenden Zulassung von Auflagen und Bedingungen im Verwaltungsrecht der Mitgliedstaaten[3] noch nicht sicher.
Wenn damit auch nicht endgültig geklärt ist, ob Art. 181 EWGV die Zulässigkeit völkerrechtlicher Verträge zwischen der EWG und den Mitgliedstaaten voraussetzt, wird man doch annehmen können, daß diese Bestimmung selbst eine Schiedsklausel in völkerrechtlichen Verträgen zwischen der EWG und Drittstaaten einerseits, der EWG und Mitgliedstaaten andererseits mit der Folge zuläßt, daß der *EuGH* für solche Verträge zuständig wird[4].

II. *Koordinationsrechtliche und subordinationsrechtliche Verträge*

Die parallele Erwähnung der privatrechtlichen und der öffentlichrechtlichen Verträge in Art. 181 EWGV läßt vermuten, daß diese Bestimmung in erster Linie öffentlichrechtliche Verträge zwischen der EWG und Privatpersonen sowie mit unterstaatlichen juristischen Personen des öffentlichen Rechts der Mitgliedstaaten im Auge hat. Art. 181 setzt also die Zulässigkeit von sogenannten Verwaltungsverträgen voraus. Dabei ist zunächst unklar, ob diese Bestimmung nur koordinationsrechtliche oder auch subordinationsrechtliche Verwaltungsverträge meint. Unter koordinationsrechtlichen Verträgen werden dabei Verträge verstanden, vor deren Abschluß die Vertragspartner in einem Koordinationsverhältnis standen, während bei subordinationsrechtlichen Verträgen die EWG vor Abschluß den Individuen oder den juristischen Personen des öffentlichen Rechts aufgrund eines Subordinationsverhältnisses rechtliche Bindungen durch einen einseitig-hoheitlichen Akt (Entscheidung, Verordnung, Richtlinie) auferlegen konnte[5].
Koordinationsrechtliche Verträge zwischen der EWG und insbesondere nationalen juristischen Personen des öffentlichen Rechts mögen erforderlich werden, um die Koordination und Kooperation zwischen den Vertragspartnern zu fördern. Daß die EWG sich für die Erreichung ihrer Ziele nicht nur an die Mitgliedstaaten, sondern auch an einzelne juristische Personen des öffentlichen Rechts wenden und mit ihnen Rechtsbeziehungen eingehen darf, ergibt sich aus der Tatsache, daß in der stark integrierten Europäischen Gemeinschaft die juristischen Personen des öffentlichen Rechts der Mitgliedstaaten nicht wie im Völkerrecht durch die Mitgliedstaaten mediatisiert werden, sondern unmittelbar dem Zugriff der europäischen Rechtsordnung ausgesetzt sind.

2 Vgl. etwa Art. 226 EWGV.
3 *Forsthoff,* VerwR 1, 10. Aufl. (1973), S. 215 ff.
4 Vgl. *Daig,* in: *Groeben-Boeckh-Thiesing,* EWG-Vertrag II, 2. Aufl. (1974), Art. 181.
5 *Badura-Erichsen-Martens,* Allg. VerwR, 2. Aufl. (1977), S. 212 ff.

Auch mit Privatpersonen und juristischen Personen des Privatrechts wird die EWG öffentlichrechtliche Verträge auf der Basis der Koordination schließen dürfen, etwa um die Koordination und Kooperation zwischen der EWG und diesen Privatpersonen zu fördern, um etwa ein privates Forschungsinstitut in das Programm der EWG zu integrieren, aber auch, um im Rahmen der Ziele etwa des Euratom-Vertrages Konzessionen zu vergeben.

Das Schwergewicht der in Art. 181 EWGV angesprochenen öffentlichrechtlichen Verträge liegt aber sicherlich bei den subordinationsrechtlichen Verträgen zwischen der EWG und Privatpersonen sowie mit juristischen Personen des öffentlichen Rechts der Mitgliedstaaten. Diese Verträge sollen deshalb im Mittelpunkt der folgenden Ausführungen stehen.

III. *Kriterien der Öffentlichrechtlichkeit der Verträge*

Dabei ist zunächst unklar, nach welchen Prinzipien die Öffentlichrechtlichkeit solcher Verträge bestimmt werden soll. Denkbar sind hier drei Möglichkeiten. Entweder nimmt man an, die Frage, ob ein bestimmter Vertrag dem öffentlichen oder dem privaten Recht angehört, richte sich nach der jeweils zuständigen nationalen Rechtsordnung. Zuständig wäre dann die nationale Rechtsordnung, deren Gerichte über Streitigkeiten aus solchen Verträgen zu entscheiden hätten. Wir werden aber später sehen, daß die nationalen Gerichte der Mitgliedstaaten für öffentlichrechtliche Verträge der EWG nicht zuständig sind. Damit ist dieser erste Weg verbaut. Dann besteht die Möglichkeit, nach dem Vorbild der Entwicklung allgemeiner Rechtsgrundsätze des Europäischen Gemeinschaftsrechts[6] durch einen Vergleich der nationalen Rechtsordnungen gemeinsame Kriterien für den öffentlichrechtlichen Vertrag zu entwickeln. Aber auch diese Methode ist nicht gangbar, nicht nur weil etwa das britische Recht öffentlichrechtliche Verträge nicht kennt, sondern auch weil etwa die französische und die deutsche Auffassung über diese Frage zu weit voneinander abweichen[7]. Nach französischem Recht handelt es sich um öffentlichrechtliche Verträge, wenn der Vertrag inhaltlich unmittelbar einem service public dient oder wenn er Klauseln enthält, die über das Privatrecht hinausgehen (clauses exorbitantes)[8]. Nach deutschem Recht liegt dagegen ein öffentlichrechtlicher Vertrag vor, wenn er im Rahmen von Materien des öffentlichen Rechts geschlossen wurde[9].

Dann besteht nur die Möglichkeit, in Anlehnung an die nationalen Lösungen die Frage nach der Öffentlichkeit eines Vertrages nach zu entwickelnden europarechtlichen Kriterien zu entscheiden. Hier bieten sich zwei Möglichkeiten an. Danach liegt ein öffentlichrechtlicher Vertrag entweder vor, wenn er unmittelbar die in der Präambel, in Art. 2 und 3 und in den Einzelbestimmungen des EWG-Vertrages genannten Ziele verfolgt oder aber, wenn er im Bereich der Materien des EWG-Vertrages geschlossen wurde. Die erste Lösung lehnt sich an die französische Lehre vom service public an, die im engeren Sinne die unmittelbare Verfolgung öffentlicher Interessen zum Inhalt hat[10], die zweite Definition an die Auffassung der deutschen Gerichte. Denkbar ist auch eine

6 Vgl. die Literatur bei *Bleckmann,* EuropaR, 1976, 78.
7 Vgl. *Beinhardt,* VerwArch 55 (1964). 151 ff.
8 *De Laubadère,* Traité de droit administratif 1, 7. Aufl. (1976), S. 345 ff.
9 *Badura-Erichsen-Martens* (o. Fußn. 5), S. 212 ff.
10 *De Laubadère* (o. Fußn. 8). S. 42 ff.

Definition, die beide Kriterien miteinander verbindet: öffentlichrechtlich wäre dann ein Vertrag, der im Rahmen der Materien des EWG-Vertrages die Ziele dieses Vertrages unmittelbar verfolgt. Da mit der Definition des öffentlichrechtlichen Vertrages i. S. des Art. 181 EWGV schon über die Zulässigkeit solcher Verträge entschieden wird, soll diese Frage zurückgestellt werden, bis wir über die Grenzen der Zulässigkeit solcher Verträge Klarheit gewonnen haben.

IV. *Zulässigkeit der Verträge*

Die Zulässigkeit öffentlichrechtlicher Verträge und insbesondere der subordinationsrechtlichen Verwaltungsvertrage der EWG kann nicht danach beurteilt werden, ob und in welchem Umfang solche Verträge im nationalen Recht der Mitgliedstaaten zulässig sind. Das britische Recht etwa schließt die Zulässigkeit von Verwaltungsverträgen aus[11]. Ebenso dürfte nach französischem Recht die Verwaltung einen Verwaltungsakt kaum durch einen Verwaltungsvertrag ersetzen können. Dennoch setzt Art. 181 EWGV generell die Zulässigkeit öffentlichrechtlicher Verträge voraus. Die Zulässigkeit solcher Verträge und ihr Umfang können sich deshalb nur nach den Prinzipien des EWG-Rechts bestimmen.

1. *Der Grundsatz der Einzelkompetenz*

Keine Grenzen zieht der Zulässigkeit öffentlichrechtlicher Verträge der europarechtliche Grundsatz der Einzelkompetenz, nach dem die EWG nur handeln darf, wenn und soweit eine Einzelbestimmung des EWG-Vertrages dies vorsieht[12]. Denn die Einzelbestimmungen des EWG-Vertrages und Art. 189 über die möglichen Aktarten der EWG sprechen öffentlichrechtliche Verträge nicht an, und dennoch wird die Zulässigkeit des öffentlichrechtlichen Vertrages in Art. 181 EWGV vorausgesetzt. Die Abgrenzung der Zuständigkeiten der EWG zum Abschluß öffentlichrechtlicher Verträge muß sich deshalb aus den in Art. 2, 3 und in den Einzelbestimmungen des EWG-Vertrages umrissenen Aufgaben der EWG in Verbindung mit der Lehre von den implied powers[13] ergeben. Danach kann die EWG alle öffentlichrechtlichen Verträge anschließen, die zur Erreichung ihrer Ziele (Aufgaben) erforderlich sind. Das bedeutet aber, daß die EWG nicht nur im Rahmen der Materien des EWG-Vertrages, sondern zur Erreichung der Ziele des EWG-Vertrages auch außerhalb dieser Materien öffentlichrechtliche Verträge schließen darf. Die Definition des öffentlichrechtlichen Vertrages nach Art. 181 EWGV muß also auf die Ziele der EWG und darf nicht auf deren Materien abstellen.

2. *Wahlfreiheit zwischen den festgelegten Aktarten und dem öffentlichrechtlichen Vertrag?*

Eine andere Frage ist, ob die EWG innerhalb der Materien des EWG-Vertrages rechtliche Beziehungen nur durch die in Art. 189 EWGV und in den Einzelbestimmungen des Vertrages festgelegten Aktarten (Verordnung, Richtlinie, Entscheidung) begrün-

11 *Bullinger,* Vertrag und Verwaltungsakt, 1962.
12 Dazu neuerdings *Bleckmann,* DÖV 1977, 615.
13 Dazu neuerdings *Becker,* Die Anwendbarkeit der Theorie von den »implied powers« im Recht der Europaischen Gemeinschaften, 1976.

den darf, oder ob sie sich zur Erreichung der Ziele des EWG-Vertrages auch des öffentlichrechtlichen Vertrages bedienen kann (Wahlfreiheit der EWG zwischen den Aktarten Art. 189 EWGV und dem öffentlichrechtlichen Vertrag).
Mir scheint nun, daß die Festlegung der Aktarten in Art. 189 und in den Einzelbestimmungen des EWG-Vertrages ebenso wie die gesamte Lehre von der Einzelkompetenz nur Anwendung finden, soweit die Akte der EWG in die Rechte der Mitgliedstaaten oder der Individuen einseitig-hoheitlich eingreifen[14]. Beim öffentlichrechtlichen Vertrag liegt wegen des Satzes volenti non fit iniuria ein solcher Eingriff in die Souveränität der Mitgliedstaaten und in die Rechte der Individuen nicht vor. Das bedeutet aber, daß die EWG im Bereich der Materien des EWG-Vertrages anstelle der in Art. 189 und in den Einzelbestimmungen des EWG-Vertrages festgelegten Aktarten öffentlichrechtliche Verträge schließen darf.

3. *Kein Abweichen vom festgelegten Wirtschaftsprogramm*

Wieder eine andere Frage ist, ob und in welchem Umfang die EWG beim Abschluß öffentlichrechtlicher Verträge von den materiellen Bestimmungen des EWG-Vertrages abweichen darf. Hier wird man die Grundsätze anwenden dürfen, die ich oben für die völkerrechtlichen Verträge der EWG mit den Mitgliedstaaten dargelegt habe. Ein Abweichen von dem im öffentlichen Interesse der EWG festgelegten Wirtschaftsprogramm ist danach nicht möglich. Dagegen wird es möglich sein, daß einerseits die EWG-Organe ihren Ermessensspielraum vertraglich einschränken. Auf der anderen Seite dürften keine Bedenken dagegen bestehen, daß die Individuen im Interesse einer besseren Realisierung der Ziele des EWG-Vertrages Pflichten übernehmen, die im EWG-Vertrag noch nicht oder nur unbestimmt festgelegt worden sind. Das gilt insbesondere für Auflagen und Bedingungen im Interesse einer besseren Durchsetzung des EWG-Wirtschaftsprogramms.

4. *Zwischenergebnis*

Der Grundsatz des Gesetzesvorbehalts kann nicht mit der Folge aus dem nationalen Recht in das Europarecht übernommen werden, daß vertragliche Verpflichtungen der Individuen in einem öffentlichrechtlichen Vertrag nur auferlegt werden dürfen, soweit ein Gesetz dies vorsieht, ganz abgesehen davon, daß wegen des Satzes volenti non fit iniuria und wegen der Beschränkung des Gesetzesvorbehalts auf einseitig-hoheitliche Akte ein solcher Grundsatz auch dem deutschen Recht fremd sein dürfte[15].
Auch daß durch die Verschärfung der Bestimmungen des EWG-Vertrages in öffentlichrechtlichen Verträgen die von den Staaten dem gemeinsamen Bereich gezogenen Schranken der EWG erweitert werden, dürfte solchen öffentlichrechtlichen Verträgen mit Privaten nicht entgegenstehen, solange die EWG nicht in Bereiche eingreift, die nach der klaren Entscheidung der Europäischen Verträge der Kompetenz der Mitgliedstaaten vorbehalten sind – solche klaren Schranken der vergemeinschafteten Materien aber finden sich im EWG-Vertrag kaum, wie die Entwicklung der Praxis in zahlreichen neuen Bereichen zeigt.

14 *Bleckmann* (o. Fußn. 12).
15 *Bleckmann*, VerwArch 63 (1972), 404; aA. *Bosse*, Der subordinationsrechtliche Vertrag als Handlungsform der Verwaltung unter besonderer Berücksichtigung der Subventionsverhältnisse, 1975, S. 51 ff.

V. *Zuständigkeit für Streitigkeiten über öffentlichrechtliche Verträge*

Art. 183 EWGV scheint davon auszugehen, daß auch Streitigkeiten über öffentlichrechtliche Verträge nach Art. 181 in die Zuständigkeit der nationalen Gerichte fallen, solange die Verträge keine Schiedsklausel zugunsten des *EuGH* enthalten. Bei näherer Betrachtung läßt sich diese Auffassung nicht halten. Art. 183 begründet keine neuen Zuständigkeiten der nationalen Gerichte, sondern geht von der bisherigen Zuständigkeit dieser Gerichte aus. Unbestreitbar sind aber die nationalen Verwaltungsgerichte – etwa die deutschen Verwaltungsgerichte aufgrund des § 40 VerwGO – nur für Streitigkeiten aus öffentlichrechtlichen Verträgen zuständig, die von einer deutschen Behörde abgeschlossen wurden, und dasselbe gilt für die Verwaltungsgerichte der anderen Staaten. Es ist auch zweifelhaft, ob aufgrund des Art. 183 EWGV die Mitgliedstaaten das Recht haben, die Zuständigkeit ihrer Verwaltungsgerichte auf öffentlichrechtliche Verträge der EWG auszudehnen. Denn es handelt sich hier um eine hoheitliche Tätigkeit der EWG, die nach Art. 5 EWGV der Zuständigkeit der Mitgliedstaaten auch dann entzogen ist, wenn die ausdrücklichen Vorschriften des Europarechts über die Immunitäten der EWG die öffentlichrechtlichen Verträge der EWG nicht umfassen. Die Mitgliedstaaten dürfen aufgrund des Prinzips der Gemeinschaftstreue in der Tat in die Ausübung der öffentlichen Funktionen der EWG nicht eingreifen[16].

Auf der anderen Seite geht Art. 181 EWGV davon aus, daß die Zuständigkeit des *EuGH* sich auf die öffentlichrechtlichen Verträge solange nicht erstreckt, als diese keine Schiedsklausel zugunsten des *EuGH* enthalten. Im Interesse des Rechtsschutzes, also einer Folgerung aus dem Rechtsstaatsprinzip, das auch auf der europäischen Ebene Gültigkeit beanspruchen muß[17], wird man deshalb in Anlehnung an die deutsche Zweistufentheone[18], die auch im französischen Recht vertreten wird, annehmen müssen, daß die Entscheidung über den Abschluß eines öffentlichrechtlichen Vertrages nach Art. 173, 175 EWGV in die Zuständigkeit des EuGH fällt; dabei muß der Inhalt des öffentlichrechtlichen Vertrages weitgehend in die Entscheidung über den Abschluß des Vertrages einbezogen werden, um auch den Inhalt des Vertrages in möglichst großem Umfang justitiabel zu machen. Streitigkeiten über den Inhalt des Vertrages werden auch dann nur noch selten der Zuständigkeit des *EuGH* unterliegen. Deshalb wird man aufgrund des Rechtsstaatsprinzips annehmen müssen, daß die EWG verpflichtet ist, in einen öffentlichrechtlichen Vertrag dem Art. 181 entsprechend eine Schiedsklausel zugunsten des *EuGH* zu übernehmen.

VI. *Anwendung europäischen Gemeinschaftsrechts*

Fraglich ist schließlich, welches Recht auf die öffentlichrechtlichen Verwaltungsverträge der EWG anwendbar ist. Nach den vorangehenden Ausführungen wird man annehmen müssen, daß es sich hierbei nicht um nationales Recht handeln kann, sondern daß das Europäische Gemeinschaftsrecht herangezogen werden muß. Zur Füllung der Lücken des Europäischen Gemeinschaftsrecht ist insoweit auf einen Vergleich der nationalen Rechtsordnungen zurückzugreifen. Diesen Rechtsordnungen ist insbesondere die starke Berücksichtigung des öffentlichen Interesses bei der Ausarbeitung der

16 *Bleckmann*, DVBl. 1976, 483 ff.
17 Dazu *Bleckmann*, Jahrbuch für Internationales Recht, 1977.
18 *Zuleeg*, Die Rechtsform der Subventionen, 1965, S. 7 ff.

konkreten Regeln gemeinsam. In der Tat erfordert die Durchsetzung auch des im gemeinsamen Interesse der Mitgliedstaaten liegenden Wirtschaftsprogramms der EWG und insbesondere auch der Gedanke der effektiven Durchsetzung der europäischen Rechtsordnung, daß das öffentliche Interesse der EWG bei Verträgen der EWG mit Privatpersonen vor den Interessen dieser Privatpersonen den Vorrang genießt. Die Interessen der Privatpersonen werden dabei in der Regel insoweit Berücksichtigung finden müssen, als ihnen angesichts des Vorrangs der Allgemeininteressen ein finanzieller Ausgleich gewährt werden muß (»Dulde und liquidiere«).

Professor Dr. Dr. Albert Bleckmann, Münster

C. Verfassungsrechtliche Probleme des Verwaltungsvertrages*

Der Verfasser setzt sich in seinem Beitrag mit bestehenden verssungsrechtlichen Problemen des Verwaltungsvertrages auseinander. Insbesondere behandelt er die Frage, inwieweit die Verwaltung beim Abschluß eines Verwaltungsvertrages an die allgemeinen Gesetze gebunden ist. Außerdem wird allgemein erörtert, inwieweit Verwaltungsverträge mit den rechtsstaatlichen Garantien in Einklang stehen.

I. *Einführung*

Bis zum Erlaß der Verwaltungsverfahrensgesetze des Bundes und der Länder war die Verfassungsmäßigkeit des öffentlichrechtlichen Vertrages in der Literatur heftig umstritten[1]. Befürchtet wurde damals im wesentlichen ein »Ausverkauf der Hoheitsrechte«[2]; aber auch der Umfang, in welchem der Gesetzesentwurf ein Abweichen von den an sich zwingenden Vorschriften des öffentlichen Rechts beim Vertragsschluß gestattete, war Gegenstand heftigster Angriffe[3]. Umgekehrt wurde aber auch begrüßt, daß dem Staat nunmehr dem modernen Demokratieverständnis entsprechend gestattet wurde, von seinem »hoheitlichen Podest« herabzusteigen und dem Bürger Vertragsverhandlungen auf gleicher Ebene zu begegnen[4]. Seither ist, wenn man einmal die Debatte um den Vorbehalt und den Vorrang des Gesetzes beiseite läßt[5], die eigentlich nur ein Nachgeplänkel darstellt, die Diskussion um die Verfassungsmäßigkeit des Verwaltungsvertrages oder besser: um eine Anpassung des Rechts des öffentlichrechtlichen Vertrages an das Grundgesetz weithin verstummt[6]. Der folgende Aufsatz will diese Problematik unter neuen Gesichtspunkten erneut aufgreifen, wenn hier natürlich auch

* NVwZ 1990, 601. Abdruck erfolgt mit freundlicher Genehmigung des Beck Verlags.

1 Zu der den Verwaltungsverfahrensgesetzen vorangegangenen Diskussion in Lehre und Rspr. vgl. *Bleckmann,* VerwArch 63 (1972), 404; *BVerwGE* 23, 213 = NJW 1966, 1936; schon früher war die Zulässigkeit umstr., vgl. *Mayer,* AöR 3 (1888), 3 (42) einerseits, *Laband,* AöR 2 (1887), 159, andererseits; vgl. zum Verwaltungsvertrag allg. *Achterberg,* Allg. VerwR, 2. Aufl. (1986), Rdnrn. 226 ff.; *Battis,* Allg. VerwR, 1985, Rdnrn. 239 ff.; *Erichsen-Martens,* Allg. VerwR, 8. Aufl. (1988), §§ 24 ff.; *Maurer,* Allg. VerwR, 6. Aufl. (1988), S. 14 m. w. Nachw.

2 Vgl. *Bullinger,* Vertrag und VA, 1962, S. 18, 140, 254 f.

3 Vgl. *Bleckmann,* VerwArch 63 (1972), 404; *Schimpf,* Der verwaltungsrechtliche Vertrag unter besonderer Berücksichtigung seiner Rechtswidrigkeit, 1982, S. 122 ff.; *Bramsche,* Rechtsfolgen verwaltungsrechtlicher Gesetzesverstöße, 1986, S. 55 ff.

4 Vgl. etwa *Apelt,* Der verwaltungsrechtliche Vertrag, 1920, S. 5; *ders.,* AöR 84 (1959), 249 (253); *Bullinger* (o. Fußn. 2), S. 1, der sich aber gegen den Verwaltungsvertrag ausspricht.

5 *Maurer* (o. Fußn. 1), Rdnr. 25; vgl. die Lit bei *Bramsche* (o. Fußn. 3), S. 53 ff. und *Schimpf* (o. Fußn. 3), S. 131 ff.

6 *Maurer* (o. Fußn. 1), Rdnr. 21

nicht die Gesamtheit der durch den Vertrag aufgeworfenen verfassungsrechtlichen Fragen eingehend diskutiert werden kann.

II. *Die Bindung des Vertrages an das öffentliche Recht – Zum Vorbehalt und zum Vorrang des Gesetzes*

1. *Anwendbarkeit des § 134 BGB im Rahmen des § 59 I VwVJG*

a) *Problemstellung.* Wie oben andeutet, ist die Diskussion um den Vorrang und den Vorbehalt[7] der Verfassung beim Abschluß von Verwaltungsverträgen auch heute noch nicht beendet. Die betreffenden Bedenken kreisen um das Problem, ob § 59 I VwVfG, der die Nichtigkeit von Verwaltungsverträgen bei entsprechender Anwendung von Vorschriften des Bürgerlichen Gesetzbuches vorsieht, dahin ausgelegt werden muß, daß ein Verwaltungsvertrag auch dann nichtig ist, wenn er, dem § 134 BGB entsprechend, gegen ein »zwingendes Gesetzesverbot« verstößt[8]. Bei unbefangener Lektüre ist trotz des globalen Verweises auf die Vorschriften des Bürgerlichen Gesetzbuches in § 59 I VwVfG diese Frage nämlich zu verneinen, weil die auf einem Gesetzesverstoß fußende Nichtigkeit des Verwaltungsvertrages in § 59 II Nr. 1 und 2 VwVfG anders als in § 134 BGB und damit entsprechend den allgemeinen Regeln über das Verhältnis der leges specialis zu den leges generales abschließend geregelt ist. Zur Unterstützung ihrer These berufen sich die Vertreter der Ansicht, § 134 BGB spiele auch bei Verwaltungsverträgen eine entscheidende Rolle, auf den Vorrang und den Vorbehalt des Gesetzes: Da das Verwaltungsverfahrensgesetz die Verwaltung beim Abschluß eines Vertrags von diesen beiden Verfassungsprinzipien und damit von der Einhaltung des öffentlichen Rechts gar nicht entbinden könne, müsse § 59 I VwVfG verfassungskonform dahin gelesen werden, daß er auch auf § 134 BGB verweise[9].

b) *Kritische Auseinandersetzung.* Auf die ungemein feingliedrigen Nuancen der Argumentation, die die Gegner und Befürworter dieser These in die Diskussion eingebracht haben, soll nicht näher eingegangen werden. Weil sich die Gründe und Gegengründe weitgehend die Waage halten, kommt es im folgenden vielmehr darauf an, aufzuzeigen, daß bei diesem Problem wie so oft in der Jurisprudenz ein Mittelweg einzuschlagen ist:
aa) *Zurücktreten der Gesetze hinter Verwaltungsverträge.* Generell ist dabei vorweg hervorzuheben, daß der Gesetzgeber, wenn er letztlich auch die verfassungsrechtlichen Grundsätze des Vorbehalts und des Vorrangs des Gesetzes nicht aufheben, ändern oder durchbrechen kann, durchaus in einem einzelnen Gesetz und deshalb auch im Verwaltungsverfahrensgesetz global für alle Gesetze festlegen darf, daß der Inhalt dieser Gesetze hinter die Regelung eines konkreten Verwaltungsvertrages zurücktritt. Der Gesetzgeber hebt damit also die Geltung des Gesetzes beim Abschluß eines Verwaltungsvertrages weitgehend auf.

7 Vgl. hierzu mit umfangreichen Nachw. aus Rspr. und Lit. *Erichsen-Martens* (o. Fußn. 1), § 27 III; zum Gesetzesvorbehalt *BVerfGE* 40, 237 (248 f.) = NJW 1976, 34; *BVerfGE* 41, 251 (260 f.) = NJW 1976, 1309; *BVerfGE* 43, 165 (192).
8 Vgl. insb. die Lit. bei *Bramsche* (o. Fußn. 3), S. 4 ff., und bei *Maurer* (o. Fußn. 1), Rdnr. 56.
9 *VGH München,* BayVBl 1977, 246; *Bielenberg,* DVBl 1967, 255 (257 Fußn. 20); *Mellwitz,* DVBl 1962, 601 (602 f.); *Obermayer,* in: Festschr. zum 100jährigen Bestehen des VGH München, S. 275 [281]; *Schenke,* JuS 1977, 281 (288 f.).

Die Rechtslage ist hier ähnlich wie beim gewollten Rücktritt eines Gesetzes hinter einer Rechtsverordnung oder gar einer Verwaltungsverordnung, welche das *BVerfG*[10] und die Lehre[11] für möglich halten, soweit die betreffende Materie nicht dem Gesetzesvorbehalt oder sogar einem noch weiterreichenden Parlamentsvorbehalt unterliegt. Fraglich könnte höchstens sein, ob etwa die bestehenden Gesetze zum Schutz bestimmter öffentlicher Interessen und vor allem der Grundrechte der betroffenen Individuen nicht zwingend erforderlich sind und so ein umfassender Gesetzgebungsauftrag oder zumindest ein verfassungsrechtliches Verbot besteht, diese Gesetze ersatzlos aufzuheben. Weiterhin wäre fraglich, ob die globale Anordnung eines solchen Rücktritts des Gesetzes aber vor allem nicht deshalb rechtlich bedenklich ist, weil der Gesetzgeber hier den Umfang seiner Regelung nicht übersehen kann, deshalb die Interessen nicht wie nach dem Rechts- und Sozialstaatsprinzip erforderlich im konkreten Einzelfall sachgerecht miteinander abgewogen hat und ob auf der anderen Seite es dem Verwaltungsverfahrensgesetz damit nicht an der für den Vertrauensschutz der Bürger notwendigen Bestimmtheit fehlt.

Andererseits wird aufgezeigt werden, daß der Gesetzesvorbehalt beim Abschluß von Verwaltungsverträgen nur noch beschränkt greift. Bedeutet das also, daß der Gesetzgeber beim Erlaß des Verwaltungsverfahrensgesetzes an diese beiden verfassungsrechtlichen Grundsätze nicht gebunden war? Entscheidend kommt es darauf an, ob der Gesetzgeber mit dem § 59 II Nr. 1 und 2 VwVfG die Verwaltung vom öffentlichen Recht freistellen wollte. Dafür aber spricht, daß die Beschränkung der Bindung an die öffentlichrechtlichen Gesetze in § 59 II Nr. 1 und 2 VwVfG ihre selbständige Bedeutung weitgehend verlöre, wenn darüber hinaus über § 59 I VwVfG auch § 134 BGB zum Zuge käme[12].

Die Gegenmeinung könnte darauf abstellen, daß, wie die Nummern 1 und 2 des § 59 II VwVfG deutlich zeigen, der Gesetzgeber mit dieser Regelung der Nichtigkeitsfolgen nicht eigentlich die Gesetze hinter den Verwaltungsverträgen generell zurücktreten lassen wollte, weil ja bei einer evidenten Verletzung wesentlicher Vorschriften und vor allem bei einer Kollusion der Vertragspartner hinsichtlich aller zwingenden Gesetze die Nichtigkeit eingreifen soll und deshalb die Verwaltung an die betreffenden Gesetze grundsätzlich auch gebunden sein muß; der Gesetzgeber wollte hier vielmehr nur die üblichen *Rechtsfolgen* eines Verstoßes gegen diese Vorschriften ausschließen; und insoweit verlange der Vorrang des Gesetzes eine effektive Sanktion, die hier nur in der Nichtigkeit des Vertrages bestehen könne[13]. Demgegenüber kann man wiederum vortragen, auf der einen Seite sehe § 59 II Nr. 1 und 2 VwVfG durchaus den Rücktritt des Gesetzes in allen in diesen Vorschriften nicht geregelten Fällen vor; auf der anderen Seite sei unklar, ob die Verfassung bei einem Verstoß gegen das Gesetz bei Verwaltungsverträgen die Nichtigkeit verlange, da in diesen Fällen die für den Verwaltungsakt greifende reine Anfechtbarkeit wenig praktikabel sei – Fragen über die man trefflich streiten kann. So verliert sich die Diskussion um diesen Fragenkreis weitgehend im rein Formellen: das Problem muß aber letztlich durch Rückgriff auf materielle Gesichtspunkte gelöst werden.

bb) *Unterscheidung nach den Funktionen der Gesetze.* Danach ist letztlich der Streit in diesem Bereich, wenn auch aus anderen als den bisher vorgebrachten Gründen, zu-

10 Vgl. *BVerfGE* 8, 155 (169 f.) = NJW 1959, 235.
11 Vgl. *Bleckmann,* JZ 1978, 222; *Erichsen-Martens* (o. Fußn. 1), § 3 II 1.
12 *Göldner,* JZ 1976, 352 (357); *Götz,* DÖV 1973, 298 (299); *Maurer,* JuS 1976, 485 (494).
13 *Bramsche* (o. Fußn. 3), S. 26; *Schenke,* JuS 1977, 281 (288).

mindest partiell im Sinne der Autoren zu entscheiden, die sich für die Unanwendbarkeit des § 134 BGB ausgesprochen haben[14]. Die Rechtslage wird aber deutlicher, wenn man auf die unterschiedlichen Funktionen der einzelnen öffentlichrechtlichen Gesetze abhebt: Es gibt nämlich zunächst einmal Gesetze wie etwa das Polizeirecht von Bund und Ländern, deren letzter Endzweck darin besteht, den Behörden für die Durchsetzung bestimmter öffentlicher Interessen eine hinreichend konkrete Ermächtigungsgrundlage zur Verfügung zu stellen, die sie im Einzelfall nach ihrem Ermessen einsetzen können. Diese Gesetze enthalten also auf der einen Seite eine Ermächtigung zur Durchsetzung ganz bestimmter öffentlicher Interessen, auf der anderen Seite aber auch rechtsstaatliche Garantien zum Schutz der entgegenstehenden Grundrechte des Bürgers. Da, wie im folgenden zu zeigen sein wird, beim Abschluß eines Verwaltungsvertrages die Behörde einer gesetzlichen Grundlage für den Eingriff in Grundrechte der Bürger nicht bedarf, kommt es für die Durchsetzung der Gesetzeszwecke in diesen Fällen nur darauf an, daß auch beim Abschluß eines Verwaltungsvertrages die entsprechenden rechtsstaatlichen Garantien für den Bürger, wenn auch möglicherweise durch Rückgriff auf andere Bestimmungen, erhalten bleiben. Aus dem Sinn und Zweck dieser Gesetze ergibt sich also, daß die Verwaltung an sie beim Abschluß eines Verwaltungsvertrages grundsätzlich nicht gebunden ist.

Die meisten modernen Gesetze enthalten dagegen, wie etwa das Bau-, Wasser-, Atom- und Umweltschutzrecht eine auch die Behörden strikt bindende, einheitlich-effektiv in jedem Einzelfall durchzusetzende Gesamtregelung einer bestimmten Materie. Die hier angesprochenen öffentlichen Interessen können also nur dann voll durchgesetzt werden, wenn ihre Regelungen in jedem Einzelfall strikt eingehalten werden. Von solchen Gesetzen darf die Verwaltung auch beim Abschluß eines Vertrages folglich nach dem Willen dieser Gesetze nicht abweichen.

Bezogen auf das oben dargelegte Problem der Anwendbarkeit des § 134 BGB im Rahmen des § 59 I VwVfG kann diese Rechtslage in einem doppelten Sinne gedeutet werden. Einmal ergibt sich aus einer Auslegung etwa des Bau- und des Wasserrechts, daß das Verwaltungsverfahrensgesetz mit § 59 II die Verwaltung von der Einhaltung dieser Gesetze eben nicht freistellen wollte. Das kann rechtstechnisch dahin gedeutet werden, daß entweder grundsätzlich § 134 BGB auch durch die Verweisung in § 59 I VwVfG generell auf Verwaltungsverträge anwendbar wird, es dann aber – wie es der Auslegung des § 134 BGB durch Lehre[15] und Rechtsprechung[16] entspricht – im Einzelfall auf die Auslegung des Gesetzes ankommt, von welchem im konkreten Fall abgewichen werden soll. Man kann das so entstehende Problem rechtstechnisch aber auch dadurch lösen, daß ohne Rückgriff auf § 134 BGB der Verstoß gegen im obigen Sinne zwingende Gesetze aufgrund des Gesetzesvorrangs unmittelbar zur Nichtigkeit des Vertrages führt.
Dabei ist, wie oben schon dargelegt, die Rechtsfolge eines Verstoßes gegen das Prinzip des Gesetzesvorrangs durch den Verwaltungsvertrag anhand der Auslegung des Grundgesetzes zu bestimmen. Diese Rechtsfolge muß dabei zumindest effektiv sein.

14 Vgl. *Bramsche* (o. Fußn. 3), S. 11, 14 f., 18 f.
15 Vgl. *Bramsche* (o. Fußn. 3), S. 32 ff.; *Palandt,* BGB, 47. Aufl. (1988), § 134 Rdnrn. 1 f.; *Schimpf* (o. Fußn. 3), S. 286.
16 Vgl. *BGHZ* 71, 358 (361) = NJW 1978, 1970 = LM § 134 BGB Nr. 84 und § 812 BGB Nr. 133; *BGHZ* 78, 263 (265) = NJW 1981, 399 = LM § 138 (Lf) BGB Nr. 10.

Dafür aber reicht die der Anfechtung von Privatrechtsgeschäften analoge Aufhebung der Verträge wohl nicht aus.
Darüber hinaus ist zu beachten, daß bei Gesetzen, wie etwa über das Bau- und Wasserrecht, die Verwaltung noch aus anderen Gründen als dem Vorrang der Verfassung gegen das Grundgesetz verstoßen würde, wenn sie von diesen Gesetzen abwiche. In der Tat handelt es sich nämlich bei den grundlegenden Vorschriften des Bau-, Wasser-, Atom- und Umweltschutzrechts um Gesetze, die der Staat aufgrund seiner aus den Grundrechten erwachsenden Schutzpflicht[17] erlassen und durchführen muß. Das heißt aber, daß der Staat gegen diese Schutzpflicht verstößt, wenn und soweit er der Verwaltung gestattet, beim Abschluß von Verwaltungsverträgen von diesen Vorschriften generell abzuweichen. Ein Vertrag, der gegen diese Verfassungspflicht verstößt, ist dann entweder über den Umweg des § 134 BGB oder unmittelbar wegen des Verfassungsverstoßes nichtig. Diese Theorie hat, da die Schutzpflicht sich nicht auf alle konkreten Einzelheiten der betreffenden Gesetze richtet, den Vorteil, der Verwaltung beim Abschluß des öffentlichrechtlichen Vertrages einen gewissen flexiblen Spielraum zu eröffnen, ohne die grundlegenden öffentlichen und privaten Interessen zu verletzen.

cc) *Gesetzesvorbehalt und Verwaltungsvertrag.* Auch das Problem des Gesetzesvorbehaltes hat mehrere Facetten, die in der bisherigen Diskussion nur bruchstückhaft berücksichtigt worden sind. Auf der einen Seite fragt sich nämlich, ob die Verwaltung für den Abschluß eines Verwaltungsvertrages und insbesondere für die Begründung der einzelnen Vertragspflichten des Bürgers – also die inhaltliche Gestaltung des Vertrages – generell einer gesetzlichen Grundlage bedarf. Angesichts der Tatsache, daß dieser Grundsatz heute äußerst umstritten ist[18], wird man insoweit auf das Prinzip »volenti non fit iniuria« nicht ohne weiteres zurückgreifen dürfen[19]. Insoweit entfällt, was die Literatur bisher übersehen hat, der Gesetzesvorbehalt aber aus einem ganz anderen Grund.

In der Tat besitzen die Individuen aufgrund des Art. 2 I GG eine umfassende Handlungsfreiheit, die nach Lehre[20] und Rechtsprechung[21] auch die Vertragsfreiheit, also das Recht zur Eingehung vertraglicher Pflichten umfaßt, weil das Individuum sonst nicht, wie von den Grundrechten vorausgesetzt, die für die Erfüllung seiner sozialen Bedürfnisse notwendigen Gegenleistungen der anderen Glieder der Gesellschaft oder des Staates erhalten kann. Das Individuum bedarf damit für sein Handeln keiner gesetzlichen Ermächtigung. Der Gesetzesvorbehalt greift vielmehr typischerweise nur in dem Bereich ein, in welchem das Individuum in Ausübung seiner Grundrechte seine sozialen Bedürfnisse nicht mehr erfüllen kann. Das Grundgesetz stellt auf eine Optimierung der durch die klassischen und sozialen Grundrechte geschützten Individualinteressen ab. Diese Optimierung aber ist grundsätzlich nur möglich, wenn das Individuum seine Interessen und ihr gegenseitiges Gewicht selbst definiert und durchsetzt.

17 Vgl. dazu die Rspr. des *BVerfG* bei *Bleckmann,* StaatsR II, 2. Aufl. (1985), S. 235 ff.; *BVerfGE* 39, 1 (41) = NJW 1975, 573.
18 *Achterberg* (o. Fußn. 1), Rdnr. 251, m. w. Nachw.; *Bleckmann,* VerwArch63 (1972), 429 ff.; *Erichsen-Martens* (o. Fußn. 1), § 27 III, jeweils m. w. Nachw.
19 So auch *Achterberg* (o. Fußn. 1), Rdnr. 251, m. w. Nachw.
20 Vgl. *Lauke,* in: Festschr. f. Lehrmann, 1956, S. 145 ff. m. w. Nachw., insb. S. 162; *Schmidt-Salzer,* NJW 1970, 8.
21 Vgl. *BVerfGE* 8, 274 (328) = NJW 1959, 475; *BVerfGE* 65, 196 (210) = NJW 1984, 476; *BVerfGE* 17, 306 (309) = NJW 1964, 2075.

Ist es zur Durchsetzung dieser Interessen auf staatliche Entscheidungen angewiesen, soll der Gesetzesvorbehalt mit der Rückbindung des Parlaments an den Wählerwillen und die Öffentlichkeit des Gesetzgebungsverfahrens gewährleisten, daß der Staat die klassischen und sozialen Grundrechte im Lichte der Wertordnung der Bürger definiert und sachlich-gerecht miteinander abwägt. Das bedeutet, daß der Gesetzesvorbehalt für die Festlegung der Pflichten der Bürger dann nicht greift, wenn die Individuen diese Pflichten in einem Vertrag selbst bestimmen. In dieser Sicht hat der Gesetzesvorbehalt also nur die Funktion sicherzustellen, daß auch in den Fällen, in welchen das Individuum zur Durchsetzung seiner Interessen auf eine staatliche Entscheidung angewiesen ist, diese staatliche Entscheidung die Interessen des Bürgers so wertet, wie dies der Bürger tun würde, wenn er seine Interessen selbst und allein durchsetzen könnte. Der Gesetzesvorbehalt erfüllt damit, wenn eine staatliche Entscheidung erforderlich wird, grundsätzlich dieselbe Funktion wie die Selbstbewertung der Interessen durch den Bürger in den Fällen, in denen er seine Interessen entweder allein oder im Zusammenwirken mit den anderen Gliedern der Gesellschaft durchsetzen kann.

Von dem Gesetzesvorbehalt für die rechtlichen Verpflichtungen der Bürger als Vertragspartner ist der Gesetzesvorbehalt zu unterscheiden, der sich gerade auf die durch das konkrete Gesetz etwa im Bereich des Bau- und Wasserrechts geregelte Materie bezieht. Die vorangehenden Ausführungen haben dabei schon klargestellt, daß und insoweit der Gesetzesvorhehalt in seiner klassischen, auf das Rechtsstaatsprinzip gestützten Funktion des Eingriffsvorbehalts nicht greift, weil insoweit der Bürger über den Inhalt und das gegenseitige Gewicht seiner Interessen in einem konkreten Vertrag selbst verfügt. Nun hat das *BVerfG* den Gesetzesvorbehalt auch auf alle grundrechtsrelevanten Fragen erstreckt[22]. Wie wir gesehen haben, werden durch die Bestimmungen des Bau- Wasser-, Atom- und Umweltschutzrechtes aber nicht nur Ermächtigungsgrundlagen für den Eingriff in die Grundrechte der Individuen geschaffen, welche den Verwaltungsvertrag abschließen. Diese Bereiche sind vielmehr grundrechtsrelevant auch insoweit, als der Staat hier seiner Schutzpflicht[23] entsprechend auch die Grundrechte Dritter schützt. Über diese Grundrechte kann aber nicht das den Vertrag abschließende Individuum, sondern nur der Dritte oder die Allgemeinheit verfügen. Das bedeutet aber, daß die Verwaltung in diesem Rahmen einer gesetzlichen Ermächtigung bedarf, also insoweit strikt an das entsprechende öffentlichrechtliche Gesetz gebunden ist. Auch hier ist die Lösung rechtstechnisch über § 134 BGB oder aber unter unmittelbarem Rückgriff auf die Verfassung möglich. Gegen diese Gesetze verstoßende Verwaltungsverträge sind also grundsätzlich nichtig. Auch bei diesen Konstruktionen läßt der Rückgriff auf die Schutzpflicht der Verwaltung dabei einen Spielraum, soweit die konkreten Regelungen des betreffenden Gesetzes diese Grundrechte nicht berühren.

2. *Ausnahmen von der Gesetzesbindung*

Selbst wenn nach den obigen Darlegungen die Behörde auch beim Abschluß von Verwaltungsverträgen grundsätzlich an die entsprechenden öffentlichrechtlichen Gesetze strikt gebunden ist, können die folgenden Erwägungen den Behörden beim Abschluß von Verwaltungsverträgen einen gewissen Gestaltungsfreiraum gewähren, den sie beim Erlaß eines Verwaltungsaktes nicht besitzen.

22 Vgl. *BVerfGE* 47, 46 (79 f.) = NJW 1978, 807; *BVerfGE* 57, 295 (321) = NJW 1981, 1774.
23 *Achterberg* (o. Fußn. 1), Rdnr. 251 m. w. Nachw.

a) *Erlaß von Verwaltungsakten.* Einige dieser Ausnahmen gestatten der Verwaltungsbehörde dabei ein Abweichen vom Wortlaut des Gesetzes schon beim Erlaß von Verwaltungsakten. In der Tat mag es vorkommen, daß im konkreten Fall die Interessenlage anders liegt, als sie vom Gesetzgeber generell vorausgesetzt worden ist. So kann etwa aufgrund der konkreten Umstände einerseits das öffentliche Interesse im Einzelfall schwächer sein als vom Gesetzgeber angenommen, oder aber das öffentliche Interesse die weitreichenden gesetzlichen Maßnahmen nicht verlangen. Insoweit ist eine teleologische Reduktion des Gesetzeswortlauts gestattet, greifen auch die allgemeinen Regeln, insbesondere das Verhältnismäßigkeitsprinzip ein. Auf der anderen Seite kann aber im konkreten Einzelfall auch das Privatinteresse stärker sein, als vom Gesetzgeber vorausgesetzt worden ist. Dann greifen die allgemeinen Regeln über die Einzelfallgerechtigkeit, aber auch die allgemeinen Härte- und Billigkeitsklauseln ein. Dabei kann es im Einzelfall durchaus sein, daß die Verwaltung, während das Gesetz wegen der notwendigen Typisierung der Voraussetzung des Verwaltungsaktes die Behörde weiterhin strikt bindet, beim Abschluß von Verwaltungsverträgen aber die abweichende Interessenlage stärker berücksichtigen darf.

b) *Abschluß von Verwaltungsverträgen.* Andere Ausnahmen von der strikten Gesetzbindung greifen dagegen von vornheren nur beim Abschluß voll Verwaltungsverträgen ein.

aa) *Vergleichsvertrag.* Zunächst einmal ist die Rechtslage gerade im Bereich des öffentlichen Rechts mit seinen zahlreichen Generalklauseln und unbestimmten Rechtsbegriffen häufig unsicher. Ein Verwaltungsakt darf auch in einem solchen Fall nur erlassen werden, wenn er der endgültig vom Richter festzulegenden Rechtslage eindeutig entspricht. Die Verwaltung und der Bürger haben aber ein starkes Interesse an einer möglichst frühzeitigen Klärung der Rechtslage, weil sie für ihr zukünftiges Handeln hierauf bauen müssen. In diesen Fällen ist es der Verwaltung gestattet, durch den Abschluß eines *Vergleichsvertrages (§ 55 VwVfG)*[24] die Rechtslage zumindest vorläufig zu klären. Dabei ist vor allem auch im öffentlichen Interesse ein gewisses Abweichen von der endgültig festzustellenden Rechtslage gestattet. Diese Vergleichsverträge dürfen vom Gesetz nur dann nicht mehr abweichen, wenn und soweit einerseits die Rechtslage eindeutig ist, andererseits wichtige Grundrechte Dritter erheblich verletzt werden.

bb) *Berücksichtigung weiterer Interessen.* Eine strikte Bindung an das öffentliche Recht muß ferner dann entfallen, wenn im konkreten Einzelfall neben den vom Gesetzgeber beim Erlaß eines Gesetzes berücksichtigten privaten und öffentlichen Interessen weitere relevante private und öffentliche Interessen beachtet werden müssen.

Dabei ist zunächst zu berücksichtigen, daß der Abschluß des Verwaltungsvertrages und damit in der Regel auch seine Erfüllung für das Individuum freiwillig ist. Das aber bedeutet, daß im Gegensatz zum Verwaltungsakt öffentlicher Zwang vermieden und eine schnellere Durchsetzung des öffentlichcn Interesses gewährleistet ist. Diese beim Verwaltungsvertrag zusätzlich zum Verwaltungsakt geförderten privaten und öffentlichen Interessen gestatten auch keine Abweichung von an sich strikt verbindlichen Gesetzen, soweit die öffentlichen und eventuelle Interessen Dritter nicht ganz erheblich verletzt werden.

24 Vgl. *Achterberg* (o. Fußn. 1), Rdrn. 253; *Maurer* (o. Fußn. 1), Rdnr. 15 m. w. Nachw.

In den meisten Verwaltungsverträgen verpflichtet sich das Individuum ferner zu einer *Gegenleistung,* die das Gesetz selbst nicht vorgesehen hat. Soweit all dieser Gegenleistung ein erhebliches öffentliches Interesse besteht, hätte der Gesetzgeber beim Erlaß des Gesetzes dieses öffentliche Interesse möglicherweise dahin berücksichtigt, daß er die betreffenden gesetzlichen Regeln anders gefaßt hätte. Hier hat der Richter durch eine hypothetische Interpretation des Gesetzes festzustellen, inwieweit eine Abweichung vom strikten Wortlaut des Gesetzes beim Abschluß entsprechender Verwaltungsverträge gestattet ist.
Es kann ferner sein, daß im konkreten Einzelfall, weil etwa Wasser- und Umweltinteressen in den baurechtlichen Bereich hineinspielen, neben den vom Gesetzgeber berücksichtigten noch andere öffentliche und private Interessen eine Rolle spielen, die ebenfalls eine Abweichung im konkreten Verwaltungsvertrag gestatten können.

Schließlich ist zu berücksichtigen, daß es in der Regel mehrere Wege gibt, die etwa im Bau-, Atom- und Umweltschutzrecht geschützten öffentlichen Interessen durchzusetzen; der Gesetzgeber muß dabei notwendig vom Normalfall ausgehen und sich grundsätzlich für eines der möglichen Mittel zur Durchsetzung der öffentlichen Interessen entscheiden. Dabei wird er dem Verhältnismäßigkeitsprinzip entsprechend die Mittel der Durchsetzung der öffentlichen Interessen vorsehen, die für die betroffenen Individuen im Durchschnitt aller Fälle das mildeste Mittel darstellen. Es ist damit aber unter Umständen im konkreten Einzelfall möglich, die im Gesetz geschützten öffentlichen Interessen durch eine andere Regelung – etwa durch entsprechende Auflagen oder Gegenleistungen – durchzusetzen. Dabei kann es insbesondere sein, daß im konkreten Einzelfall abweichend von der Normalsituation das vom Gesetzgeber vorgesehene Mittel für die Individuen härter ist als ein anderer Weg. In all diesen Fällen dürfte der Verwaltung ein Abweichen vom Gesetz gestattet sein, wenn und soweit die entsprechenden neu eingesetzten Mittel das durch das Gesetz geschützte öffentliche Interesse ebenso effektiv oder sogar vielleicht besser durchsetzen als das vom Gesetzgeber festgelegte Modell. Eine Grenze finden diese Regeln nur dort, wo das vom Gesetz verfolgte öffentliche Interesse eine völlig einheitliche Lösung aller Fälle verlangt.

III. *Generelle Bedenken gegen den Abschluß von Verwaltungsverträgen*

Im Gegensatz zum Vorbehalt und zum Vorrang des Gesetzes wird die vielleicht noch wichtigere Frage, ob und in welchem Umfang Verwaltungsverträge nach der Verfassung überhaupt gestattet sind, offenbar wegen der positivrechtlichen Entscheidung im Verwaltungsverfahrensgesetz des Bundes heute überhaupt nicht mehr erörtert[25]. Wie noch zu zeigen ist, liegt in diesem Bereich die Problematik aber durchaus nicht so eindeutig, wie die herrschende Lehre annimmt. Dabei wollen wir das von *Bullinger*[26] ausführlich behandelte Problem des »Ausverkaufs von Hoheitsrechten« hier nicht erneut aufrollen, sondern uns auf zwei Gesichtspunkte konzentrieren, die von der Lehre bisher etwas vernachlässigt worden sind.

25 So wohl auch *Achterberg* (o. Fußn. 1), Rdnr. 243; *Maurer* (o. Fußn. 1), Rdnrn. 22, 23.
26 *Bullinger* (o. Fußn. 2), S. 18, 140, 254 f.

1. *Beeinträchtigung der rechtsstaatlichen Garantien*

Fraglich erscheint nämlich zunächst, ob und wie beim Verwaltungsvertrag die im Laufe langer Jahrzehnte entwickelten rechtsstaatlichen Garantien des Verwaltungsaktes gegenüber den Vertragspartnern und Dritten aufrechterhalten werden können, deren Nichteinhaltung insbesondere, wenn beim Abschluß des Vertrages die Verwaltung »am längeren Hebel sitzt«, häufig zur Verletzung der Grundrechte führen können[27].

a) *Eingriff in Grundrechte Dritter.* Etwa kann die Verwaltung beim Abschluß eines öffentlichrechtlichen Subventionsvertrages zumindest mittelbar[28] in Grundrechte Dritter eingreifen. Nach der Rechtsprechung der Gerichte[29] und nach Ansicht der Lehre[30] kann sich hier der Konkurrent auf eine mittelbare Verletzung der Art. 12, 2 I oder 3 I GG stützen, um den die Subvention gewährenden Verwaltungsakt vor den Verwaltungsgerichten anzufechten. Hier stellt sich einerseits das Problem, daß, wenn dem Dritten nicht die Feststellungsklage ermöglicht wird, er im Gegensatz zu einem Verwaltungsakt gegen einen zwischen der Verwaltung und einem anderen Bürger geschlossenen Verwaltungsvertrag gerichtlich nicht vorgehen kann. Dieses Problem wird in der Lehre nicht eigentlich unter verfassungsrechtlichen Gesichtspunkten, sondern meist recht vage dahin diskutiert, welche Rechtsakte der Verwaltung in solchen Fällen zur Verfügung stehen. Nach der auch heute noch durchaus herrschenden Lehre besitzt die Verwaltung auch bei der Verfolgung öffentlicher Interessen ein völlig freies Wahlrecht zwischen dem Verwaltungsakt, dem Verwaltungsvertrag und dem Abschluß eines privatrechtlichen Vertrages[31].
Nach einer allmählich vordringenden Lehre soll die Verwaltung bei der Verfolgung solcher öffentlicher Interessen dagegen grundsätzlich nur zwischen dem Verwaltungsakt und dem Verwaltungsvertrag wählen dürfen[32]. Beide Thesen sichern das Rechtsschutzinteresse eines durch den Rechtsakt mittelbar in seinen Grundrechten verletzten Dritten dann nicht, weil man in diesen Fällen nicht die Feststellungsklage zuläßt. Einen ersten Ausweg bietet in diesem Rahmen die Zweistufentheorie, nach welcher etwa bei einer Subvention das »Ob« der Subventionsgewährung durch einen Verwaltungsakt, das »Wie« in einem privatrechtlichen Vertrag geregelt wird[33]. Der Nachteil dieser Theorie ist, daß sie für diese Regelung nicht auf das Verfassungsrecht zurückgreift und auf der anderen Seite der Dritte häufig nicht nur durch das »Ob«, sondern gerade auch

27 I. d. S. auch *Erichsen-Martens* (o. Fußn. 1), § 27 III.

28 Vgl. *Bleckmann-Eckhoff,* DVBl 1988, 373.

29 Vgl. die Nachweise bei *Bleckmann,* SubventionsR, 1978, S. 149 ff.; ferner: *BVerfGE* 16, 25 (26) = NJW 1963, 1195; *BVerfGE* 18, 1 (12) = NJW 1964, 1315; *BVerfGE* 30, 292 (311 ff.) = NJW 1971, 1255. Das *BVerfG* bezieht sich auf Art. 2 GG; vgl. *BVerwGE* 30, 191 = NJW 1969, 522 = DVBl 1969, 365.

30 Vgl. etwa umfassend: *Weinhardt,* Die Klagebefugnis der Konkurrenten, 1973, S. 74-130; *Zuleeg,* Subventionskontrolle durch Konkurrentenklage, 1974, S. 73 ff.

31 Vgl. *Bleckmann* (o. Fußn. 29), S. 85 ff. und die dort zit. Lit. und Rspr.; vgl. *Erichsen-Martens* (o. Fußn. 1), § 41 m. w. Nachw. auch für die gegenteilige Ansicht.

32 Vgl. *Bosse,* Der subordinationsrechtliche Verwaltungsvertrag als Handlungsform öffentlicher Verwaltung, 1974, S. 22 ff.; so wohl als auch allg. *Erichsen-Martens* (o. Fußn. 1), § 27 II.

33 Vgl. *Bleckmann* (o. Fußn. 29). Diese »Zweistufentheorie« geht auf *Ipsen,* Öffentliche Subventionierung Privater, 1956, zurück.

durch das »Wie« der Subventionsgewährung in seinen Grundrechten betroffen wird[34]. Eine andere Theorie[35] greift deshalb auf die Tatsache zurück, daß wenn diese Frage in dem betreffenden Rechtsakt nicht eindeutig geregelt ist, angesichts der Unbestimmtheit der hierfür entwickelten Kriterien weitgehend offenbleibt, ob sich die Verwaltung im Rahmen ihrer Wahlfreiheit für einen Verwaltungsakt oder einen Verwaltungsvertrag entschieden hat: Immer dann, wenn dies durch das Rechtsschutzinteresse eines Dritten verlangt wird, könnte man dann den betreffenden Akt als Verwaltungsakt deuten. Ist dagegen aufgrund des Inhalts des Rechtsgeschäftes klar, daß die Verwaltung einen Verwaltungsvertrag hat abschließen wollen, besteht, um die Grundrechte der Dritten zu wahren, die Möglichkeit einer verfassungskonformen »Umdeutung« des Rechtsaktes.

Alle diese Konstruktionen kranken aber daran, daß ein Verwaltungsakt nach dem Verwaltungsverfahrensgesetz konkret festgestellt werden muß und nicht einfach fingiert werden darf und die Praxis überdies für die Frage, ob die Verwaltung im konkreten Fall einen Verwaltungsakt erlassen oder einen Verwaltungsvertrag hat abschließen wollen, zwar recht unbestimmte, aber doch Kriterien entwickelt hat[36], welche jedenfalls im Rahmen einer gewissen Bandbreite die Entscheidung des Richters verbindlich lenken. Das bedeutet aber, daß wenn die rechtsstaatlichen Garantien der Grundrechte Dritter beim Abschluß eines Verwaltungsvertrags nicht berücksichtigt werden, die Verfassung selbst den Abschluß solcher Verwaltungsverträge verbietet. Solche Verwaltungsverträge sind deshalb unter Rückgriff auf § 134 BGB oder unmittelbar auf die Verfassung für nichtig anzusehen.

Darüber hinaus gestattet § 40 VwGO die nach Art. 101 GG notwendige Festlegung des gesetzlichen Richters nicht. Der Rechtsweg zu den ordentlichen oder zu den Verwaltungsgerichten kann nicht hinreichend sicher bestimmt werden, wenn der Dritte entweder die Subvention an den Konkurrenten anfechten oder aufgrund des Gleichheitssatzes selbst eine ähnliche Subvention erstreiten will[37]. Denn im ersten Fall kann, was vielleicht selbst schon gegen Art. 101 GG verstößt, die Verwaltung durch die völlig freie Wahl der Abschlußformen entweder den öffentlichrechtlichen oder den ordentlichen Rechtsweg eröffnen, sind andererseits, wenn die Entscheidung der Verwaltung unklar bleibt, die Kriterien für die Entscheidung, ob die Verwaltung sich für einen Verwaltungsakt, einen privatrechtlichen oder einen öffentlichrechtlichen Vertrag entschieden hat, zu unbestimmt, um Art. 101 GG zu genügen. Will der Dritte dagegen aufgrund des Gleichheitssatzes selbst eine ähnliche Subvention erstreiten, gestattet letztlich keine der für den öffentlichrechtlichen Charakter des Rechtsstreites entwickelten Theorien eine Festlegung des Rechtsweges, eben weil die Verwaltung, soweit sie nicht durch den Gleichheitssatz auch an die Form der dem Konkurrenten gewährten Subvention gebunden ist, auch bei der Subvention an den Konkurrenten zwischen diesen Aktformen frei wählen kann. Diese prozessual-verfassungsrechtlichen Probleme können offensichtlich nur gelöst werden, wenn die Wahlfreiheit der Verwaltung und damit auch die Zulässigkeit des Verwaltungsaktes durch ein Gesetz hinreichend konkret be-

34 Vgl. dazu *Bleckmann,* Ordnungsrahmen für das Recht der Subventionen, Gutachten D zum 55. DJT in Hamburg, 1984, S. D 102 ff.

35 Vgl. dazu bei *Bosse* (o. Fußn. 32), S. 96 ff. m. w. Nachw.

36 Vgl. etwa *Bosse* (o. Fußn. 32), S. 30 ff.

37 Vgl. *Bleckmann* (o. Fußn. 34); allg. wird auf den Gegenstand des Vertrages abgestellt, vgl. *Erichsen-Martens* (o. Fußn. 1), § 25 II m. w. Nachw. in Fußn. 4 aus Rspr. und Lit.

schränkt wird oder wenn das Gesetz für alle Subventionen und ähnliche Akte mit Wahlfreiheit einen bestimmten Rechtsweg verbindlich festlegt.
Dasselbe gilt nun, was die Lehre bisher übersehen hat, hinsichtlich der materiellen Rechtslage. In der Tat kann der Dritte auch im Rahmen einer Feststellungsklage, nicht wie bei einem Verwaltungsakt, unmittelbar die Verletzung seiner Grundrechte, sondern nur geltend machen, der Vertrag sei nach § 59 VwVfG nichtig. Insbesondere wenn man der Auffassung folgt, daß diese Bestimmung auf § 134 BGB nicht verweist, wenn also die Nichtigkeit eines Vertrages, der gegen das öffentliche Recht verstößt, in § 59 II VwVfG abschließend geregelt wird, könnte die Verletzung der Grundrechte des Dritten auch im Rahmen einer Feststellungsklage nicht hinreichend berücksichtigt werden. Insoweit ist aber der Rückgriff auf eine Beschränkung des Rechts zum Abschluß von Verwaltungsverträgen dann nicht notwendig, wenn man mit den obigen Darlegungen annimmt, die Verletzung der Grundrechte müsse im Rahmen des § 59 VwVfG oder unter unmittelbarem Rückgriff auf die Verfassung sanktioniert werden. Dafür besteht umso mehr Anlaß, als das Verwaltungsverfahrensgesetz bei der Regelung des Verwaltungsvertrages offensichtlich neben den öffentlichen Interessen nur die geschützten Interessen des jeweiligen Vertragspartners berücksichtigt hat, nicht aber die Grundrechte auch der Dritten. Selbst wenn man also der Auffassung folgt, die Nichtigkeitsgründe des § 59 II VwVfG seien abschließend, muß angenommen werden, daß diese Bestimmung nur die sozusagen in der Person der Verwaltung und des jeweiligen Vertragspartners liegenden Nichtigkeitsgründe berücksichtigt, nicht aber die Nichtigkeitsgründe allgemein abschließend festlegt, die aus der Verletzung der Grundrechte Dritter erwachsen können.

b) *Eingriff in Grundrechte des privaten Vertragspartners.* Aber auch die Grundrechte der jeweiligen privaten Vertragspartner werden unter Umständen durch § 56 VwVfG nicht hinreichend geschützt. Insoweit ist zunächst zu beachten, daß die durch Art. 2 I GG verankerte Vertragsfreiheit der Individuen grundsätzlich ihre Grenze in der Verletzung des Wesensgehalts der Grundrechte (Art. 19 II GG) findet. Insbesondere wenn die Verwaltung bei dem Vertragsschluß eine größere Verhandlungsmacht besitzt, wird das Individuum beim Vertragsschluß diese auch im öffentlichen Interesse liegende Grenze der Verfügungsbefugnis über seine Grundrechte häufig überschreiten. Auf der anderen Seite kann der Staat sich auch beim Vertragsschluß nicht auf die Grundrechte und damit auf die Privatautonomie berufen, ganz abgesehen davon, daß diese Privatautonomie nur beim Abschluß von privat-rechtlichen, nicht auch von öffentlichrechtlichen Verträgen zum Zuge kommt. Nach der ständigen Rechtsprechung des *BVerfG* darf der Staat aber zunächst nur seine öffentlichen Interessen durchsetzen[38]. Das bedeutet, daß insbesondere bei Eingriffen in Grundrechte auch durch den Abschluß von Verwaltungsverträgen zunächst einmal das Verhältnismäßigkeitsprinzip greifen muß. Die den Individuen im Vertrag auferlegten Pflichten müssen zur Durchsetzung von durch das Grundgesetz und das jeweils einschlägige öffentliche Recht zumindest zugelassenen öffentlichen Interessen geeignet und erforderlich sein. Ob dagegen auch beim Abschluß von Verträgen das Verhältnismäßigkeitsprinzip im engeren Sinne greift, der Richter also die einander gegenüberstehenden öffentlichen und privaten Interessen miteinander abwägen muß, erscheint fraglich, weil grundsätzlich das In-

38 Vgl. z. B. für Eingriffe in das Eigentum *BVerfGE* 76, 220 (238) = NZA 1988, 373; *BVerfGE* 72, 9 (23) = NJW 1986, 1159 = NZA 1986, 301; bei Rückwirkung *BVerfGE* 72, 175 (196) = NJW 1986, 2561 = NVwZ 1986, 1007 L mit jew. w. Nachw.

dividuum im Rahmen seiner Vertragsfreiheit diese seine Interessen selbst definieren und gewichten muß.
In seiner Auslegung durch einen Teil der Lehre[39] gestattet § 56 I 2 VwVfG die Heranziehung des Verhältnismäßigkeitsprinzips bei der Bestimmung der »Gegenleistungen des Bürgers« dagegen nicht. Allerdings kann diese Bestimmung verfassungskonform entsprechend ausgelegt werden. Denn nach dieser Vorschrift muß die »Gegenleistung«, müssen also alle dem privaten Vertragspartner im Vertrag auferlegten Pflichten, der Behörde zur Verfolgung »ihrer öffentlichen Aufgaben dienen«. Das ist nicht der Fall, wenn die Gegenleistung zur Förderung dieser öffentlichen Interessen weder geeignet noch erforderlich ist. Auch in einem zweiten Punkt verkennt diese Lehre, daß in verfassungskonformer Auslegung dieser Wortlaut des § 56 I 2 VwVfG den Grundrechten der Vertragsparteien dient. Es wird nämlich nur erörtert, ob unter den »öffentlichen Aufgaben der Behörde« die Aufgaben der Behörde i. e. S. oder aber die der juristischen Person des öffentlichen Rechts zu verstehen sind, welcher diese Behörde angehört[40]. Mit dieser Bestimmung als »Kompetenznorm«[41] wird aber abgeleugnet, daß auch dieser Hinweis auf die öffentlichen Aufgaben der Behörde – wie der ganze § 56 VwVfG – materiell-rechtlich nur sicherstellen soll, daß die »Gegenleistung« in einem sachlichen Zusammenhang mit der Leistung der Behörde steht. Dabei kann es aber nicht auf die mehr oder weniger zufällige Aufgabenhäufung bei einer Behörde oder einer juristischen Person ankommen. Sachlich in Zusammenhang mit der Leistung der Behörde steht die Gegenleistung nur dann, wenn sie der Durchsetzung gerade der öffentlichen Interessen dient, die nach der Lehre vom Ermessensmißbrauch die Behörde im konkreten Fall verfolgen darf. Da nun auch die anderen Gründe für einen Ermessensfehler letztlich nur der Durchsetzung des Rechtsstaatsprinzips und der Grundrechte der Individuen dienen, wird man auch im übrigen diese Theorien auch auf den Abschluß von Verwaltungsverträgen beziehen müssen. Das bedeutet aber, auch wenn die Verwaltung einen weiten Ermessensspielraum besitzt, dieser Spielraum beim Abschluß von Verwaltungsverträgen durch die Lehre von den Ermessensfehlern beschränkt werden muß. Im übrigen bleibt, wie die Lehre durchaus richtig sieht, auch das sogenannte Kopplungsverbot[42] auf Verwaltungsverträge in vollem Umfang anwendbar[43].

2. *Gefährdung der Durchsetzung der öffentlichen Interessen*

Obwohl das öffentliche Recht und insbesondere das Verwaltungsrecht seiner Definition nach der Durchsetzung der öffentlichen Interessen dient, hat der Gesetzgeber, die Rechtsprechung und die Lehre sich im Verwaltungsrecht der klassischen Tradition folgend, primär immer nur um den Schutz der den öffentlichen Interessen entgegenste-

39 Vgl. *Meyer-Borges,* VwVfG, 1982, § 56 Rdnr. 21; demgegenüber *Achterberg* (o. Fußn. 1), Rdnr. 254, zu § 56 VwVfG vgl. auch *BVerwG,* DVBl 1990, 376.
40 Vgl. *Stelkens-Bonk-Leonhard,* VwVfG, 2. Aufl. (1983), § 56 Rdnr. 42; *Kopp,* VwVfG, 4. Aufl. (1986), § 56 Rdnr. 11
41 *Achterberg* (o. Fußn. 1), spricht unter Hinweis auf *Menger,* VerwArch 69 (1978), 93 (101) von rechtsstaatlichen Ansprüchen genügenden Handlungsformen.
42 *Forsthoff,* Lehrb. des VerwR, Bd. I, 10. Aufl. (1973), S. 293 f.; vgl. *Erichsen-Martens* (o. Fußn. 1), § 27 III, Fußn. 45 m. w. Nachw.
43 Vgl. *Kopp* (o. Fußn. 40), § 56 Rdnr. 16; *Stelkens-Bonk-Leonhard* (o. Fußn. 40), § 56 Rdnr. 40.

henden privaten Interessen bemüht[44]. Angesichts der »Hypertrophie« der Grundrechte[45] und der außerordentlich weiten Auslegung des Rechtsstaatsprinzips insbesondere in der Rechtsprechung des *BVerfG* erscheint es deshalb heute umgekehrt besonders angebracht, mit dem »objektiven« Rechtsstaatsprinzip[46] sicherzustellen, daß gerade auch die öffentlichen Interessen hinreichend durchgesetzt werden.

Der Gesetzgeber, die Rechtsprechung und die Lehre sind nun anscheinend bei der Festlegung der Regeln über den Verwaltungsvertrag einem erheblichen Irrtum unterlegen. In der Tat stellt nach der liberalen Tradition des Bürgerlichen Gesetzbuches der privatrechtliche Vertrag jedenfalls dann dem Rechts- und Sozialstaat entsprechend eine ganz besonders sichere Gewähr für eine sachlich-gerechte Abwägung aller betroffenen Interessen dar, wenn und soweit die Bargaining-Power der Vertragspartner annähernd gleich ist. Nur soweit, wie im Arbeits- und Mietrecht, die Gleichheit der Vertragspartner nicht mehr gewährleistet ist und besonders fundamentale Privatinteressen berührt werden, bemüht sich der Gesetzgeber deshalb durch den Erlaß von zwingendem Recht den Inhalt dieser Verträge im einzelnen festzulegen. Die Lehre meint nun offenbar, daß diese besondere Gewährleistung einer richtigen Interessenabwägung, die der Interessenabwägung durch das Parlament sogar noch vorzuziehen ist, generell auch dann greift, wenn der Staat von seinem hoheitlichen Podest herabsteigt und Verwaltungsverträge abschließt. Dabei wird aber übersehen, daß, sofern im Privatrecht den gegenläufigen privaten Interessen grundsätzlich dasselbe Gewicht zufällt, im Verhältnis zwischen dem Staat und dem Bürger normalerweise öffentliche Interessen durchgesetzt werden müssen, die jedenfalls bis zu einer äußersten Grenze Vorrang vor den Privatinteressen beanspruchen. Dementsprechend wurden diese öffentlichen Interessen im klassischen Verwaltungsrecht eben nicht durch Verträge, sondern im Subordinationsverhältnis durch Verwaltungsakte durchgesetzt. Dabei bestand schon aufgrund des Rechts zum Erlaß einseitig-bindender Akte eine hinreichende Gewähr für die Durchsetzung der öffentlichen Interessen, so daß nur die entgegengesetzten privaten Interessen der Bürger durch das klassische Verwaltungsrecht geschützt werden mußten.

Soweit nun die Bargaining-Power des Vertragspartners größer als die der Verwaltung oder selbst soweit die Bargaining-Power zwischen den beiden Vertragspartnern gleich ist[47], wird die Verwaltung aber das öffentliche Interesse meistens gegenüber den Privatinteressen nicht mehr hinreichend durchsetzen können. Das gilt insbesondere, soweit § 56 VwVfG der Verwaltung gestattet, von dem auch die öffentlichen Interessen schützenden öffentlichen Recht zumindest punktuell abzuweichen. Auch soweit dieser Regelungsinhalt des Vertrages durch das Gesetz bestimmt ist, besteht dann noch keine hinreichende Garantie für die Durchsetzung des öffentlichen Interesses, dessen »Hüter« nach der neueren Rechtsprechung des *BVerfG* das Parlament ist[48]. Aber auch in dem Bereich, wo das Gesetz und das Recht der Verwaltung einen breiten Ermessensspielraum beläßt, besteht die Gefahr, daß bei gleicher oder ungleicher Bargaining-Po-

44 Vgl. *Bleckmann* (o. Fußn. 34), S. D 94.
45 *Bettermann,* Hypertrophie der Grundrechte, 1984.
46 *Bleckmann,* JöR 36 (1987), 1.
47 Als Beispiel muß hier die Industrieansiedlung dienen: Unternehmer weisen hierbei oft auf Arbeitskräfte und Steueraufkommen hin, die für viele Kommunen äußerst wichtig sind.
48 *BVerfGE* 33, 125 (158 f.) = NJW 1972, 1504.

wer von Verwaltung und Bürger das öffentliche Interesse nicht mehr mit dem notwendigen Gewicht durchgesetzt wird. Die hieraus fließenden Bedenken gegen die Vertragsform können generell durch eine Anwendung der §§ 59 I VwVfG, 123 BGB nicht hinreichend abgewendet werden, weil bei gleicher oder ungleicher Bargaining-Power nicht notwendig eine vom Recht verbotene Drohung vorliegt.
Die hieraus fließenden Bedenken sind um so gewichtiger, je weiter man mit der herrschenden Lehre der Verwaltung bei dem Abschluß von Verträgen ein Abweichen von den Regeln des zwingenden öffentlichen Rechts gestattet. Selbst wenn man aber für eine strikte Gesetzesbindung eintritt, werden diese Probleme nicht umfassend gelöst. Denn auf der einen Seite wird das Individuum insbesondere dann zu einer »Anfechtung« des Vertrages wenig geneigt sein, wenn es aufgrund seiner überragenden Bargaining-Power eine für ihn günstigere Regelung erreicht hat, als sie vom Gesetz vorgesehen ist. Auf der anderen Seite werden auch die Aufhebungsrechte der Behörde beim Vertragsabschluß sehr stark begrenzt. Denn einmal gestattet § 60 I 2 VwVfG der Behörde nur dann eine Kündigung des Vertrages, wenn schwere Nachteile für das Gemeinwohl zu verhüten oder zu beseitigen sind. Ganz abgesehen davon, daß diese Vorschrift die rechtsstaatlichen Interessen des dem Gemeinwohl entgegengesetzten Interesses des Bürgers nicht hinreichend konkretisiert – insoweit könnte man an eine analoge Anwendung der §§ 48 f. VwVfG im Rahmen des § 60 I 2 VwVfG denken – und trotz des Wortlauts nicht ganz eindeutig ist, ob diese Kündigung auch dann möglich ist, wenn das Gemeinwohl schon beim Abschluß des Vertrages verletzt wurde, gestattet doch § 60 I 2 VwVfG nicht die Aufhebung des Vertrages ex tunc, sondern nur eine Kündigung mit Wirkung ex nunc.
Eine Lösung dieser Problematik ließe sich erreichen, wenn man annimmt, daß soweit der Vertrag gegen entsprechende öffentliche Interessen verstößt, nicht § 60 VwVfG, sondern § 59 VwVfG greift. Das ist aber nur soweit möglich, als diese öffentlichen Interessen durch ein Gesetz ausdrücklich geschützt werden. Der Verwaltung ist damit die Möglichkeit genommen, die Aufhebung ex tunc eines Vertrages zu erreichen, der gegen durch ein Gesetz nicht geschütztes Gemeinwohl verstößt. Auch hier bliebe zu erwägen, ob man im Rahmen des § 60 VwVfG den § 49 Nr. 5 VwVfG auf diesen Fall nicht analog anwenden muß.

Eine andere Frage ist, ob nicht schon die Tatsache, daß bei gleicher Bargaining-Power von Verwaltung und Bürger oder bei überwiegender Bargaining-Power des Bürgers die Durchsetzung des öffentlichen Interessen generell gefährdet ist, zu einer Beschränkung der Zulassung des Verwaltungsvertrages führen muß. Nicht gangbar erscheint dabei insbesondere der oben schon behandelte Weg, daß, da der Verwaltung die Wahlfreiheit zwischen dem Erlaß eines Verwaltungsaktes und dem Abschluß eines Verwaltungsvertrages zusteht, vom Erlaß eines Verwaltungsaktes immer dann auszugehen ist, wenn die Bargaining-Power der Verwaltung nicht überwiegt. Denn gerade in solchen Fällen sprechen, wie die herrschende Lehre richtig erkannt hat, ganz erhebliche Gründe für den Abschluß eines Verwaltungsvertrages[49].

Im übrigen läßt sich die Gleichheit oder die Ungleichheit der Bargaining-Power offensichtlich nur unter Berücksichtigung des Inhalts des Vertrages eindeutig feststellen. Sind Vertragsleistungen des Bürgers und der Verwaltung »ungleich-gewichtig«, ist

49 Vgl. *Stelkens-Bonk-Leonhard* (o. Fußn. 40), § 54 Rdnrn. 51 ff.; *Kopp* (o. Fußn. 40), Vorbem. § 54 Rdnrn. 7 ff.

von der überlegenen Bargaining-Power der einen oder anderen Seite auszugehen. Statt bei ungleicher oder gleicher Bargaining-Power den Abschluß von Verwaltungsverträgen zu verbieten, kann man deshalb unmittelbar auf den Grundsatz zurückgreifen, daß »ungleiche« Verträge, also die sogenannte laesio enormis im Verwaltungsrecht verboten und damit nichtig sind. Auch durch Rückgriff auf das Verwaltungsverfahrensgesetz läßt sich eine solche Lösung erreichen, wenn man § 56 VwVfG umgekehrt-analog auch auf diese Fälle anwendet[50]. Nicht nur die Gegenleistung des Individuums muß dann in angemessenem, sachlichen Verhältnis zur Leistung der Verwaltung stehen, sondern umgekehrt auch die Leistung der Verwaltung zur Gegenleistung des Bürgers. Für diese analoge Anwendung spricht dabei die Tatsache, daß beim Abschluß von Verträgen eben nicht nur die Interessen der Bürger, sondern auch die öffentlichen Interessen geschützt werden müssen, die Austauschverträge aber weitgehend synallagmatisch sind und deshalb dem Gegenseitigkeitsprinzip entsprechend die für die eine Seite geltenden Regeln auch für die andere Seite greifen müssen.

3. *Verletzung des Gleichheitssatzes*

Schließlich ist zu beachten, daß insbesondere soweit der Verwaltung beim Abschluß von Verwaltungsverträgen ein Abweichen vom öffentlichen Recht und damit von der notwendigen Allgemeinheit des Gesetzes gestattet ist, der Vertrag dem Gleichheitssatz stärker und häufiger widersprechen kann als der Verwaltungsakt. Diesem Umstand kann man nun dadurch begegnen, daß wegen der Vorteile, welche der Verwaltungsvertrag gerade auch den Individuen bietet, die Verwaltung aus Gründen der Selbstbindung nach Art. 3 I GG in analogen Fällen auch Dritten gegenüber zum Abschluß von Verwaltungsverträgen verpflichtet ist.

50 *Erichsen-Martens* (o. Fußn. 1), § 27 III, verweisen darauf, daß die vertragliche Leistung der Verwaltung in § 56 VwVfG nicht erwähnt sei, sie aber den Grundsätzen von Vorbehalt und Vorrang des Gesetzes unterliege.

Literaturverzeichnis

A. *Ausländisches Recht*

I. *Schweiz:*

Max Imboden/Réné A. Rhinow, Schweizerische Verwaltungsrechtsprechung, 2 Bde., 1986; *André Grisel*, Droit administratif suisse, 1970; *Pierre Moor*, Droit administratif, 2 Bde., 1991; *Blaise Knapp*, Précis de droit administratif, 1991; *Thomas Fleiner*, Grundzüge des allgemeinen und schweizerischen Verwaltungsrechts, 1977.

II. *Spanien:*

Agustin A. Gordillo, Tratado de derecho administrativo, 3 Bde., 1979 (Argentinien); *José Maria de Sulas Rafecas*, Contratos administrativos y contratos privados de la administratión, 1990; *Sabino Alvarez-Gendín*, Tratado general de derecho administrativo, 3 Bde., 1958; *Francisco González Navarro*, Derecho administrativo español, 2 Bde., 1987; *Juan Alfonso Santamaria Pastor*, Principes de derecho administrativo, 1990; *Rafael Entrena Cuesta*, Curso de derecho administrativo, 2 Bde., 9. Aufl. 1990; *Jesús González Pérez*, Manuale de derecho administrativo, 2. Aufl. 1990; *Eduardo Barrachina Juan*, Curso de derecho administrativo, 2. Aufl. 1986; *Juan Alfonso Santamaria Pastor*, Fundamentos de derecho administrativo, 2 Bde., 1991; *Agustin A. Gordillos*, Teoria general del derecho administrativo, 1984; *Ramon Parada*, Derecho administrativo, 3 Bde., 4. Aufl. 1991; *Luis Cosculluela Montaner*, Manual de derecho administrativo, 7. Aufl. 1992.

III. *Griechenland:*

Epaminondas Spiliotopoulos, Droit administratif hellénique, 1991.

IV. *Österreich:*

Ludwig K. Adamovich/Bernd-Christian Funk, Allgemeines Verwaltungsrecht, 3. Aufl. 1987; *Ludwig Adamovich*, Handbuch des österreichischen Verwaltungsrechts, 2 Bde., 5. Aufl. 1954.

V. *Niederlande:*

G. A. Poelge u. a., Nederlands bestuursrecht, 1971; *Van Wijk/Konignenbeet*, Hoofdstukken van administratief recht, 1990; *P. Nicolai/B. K. Olivier*, Bestuursrecht, 1990; *P. de Haan u.a.*, Bestuursrecht in de sociale rechtsstaat, 2 Bde., 3. Aufl., 1986; Algemeene bepartingen van administratief recht. Rapport van de commisie inzake algemene bepalingen van administratief recht, 1980; *A. A. Donner*, Nederlands bestuursrecht, 1986.

VI. *Belgien:*

A. Mast/A. Alen/J. Dujardin, Précis de droit administratif belge, 1989; *Pierre Wigny*, Droit administratif, 1962; *Maurice-André Flamme*, Droit administratif, 2 Bde., 1989; *Maurice Vauthier*, Précis de droit administratif de la Belgique, 2 Bde., 1980; *André Buttgenbach*, Manuel de droit administratif, 1959.

VII. *Portugal:*

Mário Esteves de Oliveira, Direito administrativo, 2 Bde., 1980; *Marcello Caetano*, Manual de direito administrativo, 2 Bde., 1980.

VIII. *Italien:*

Massimo Severo Giannini, Diritto amministrativo, 2 Bde., 2. Aufl. 1988; *Aldo M. Sandulli*, Manuale di diritto amministrativo, 2 Bde., 15. Aufl. 1989; *Cino Vittà*, Diritto amministrativo, 2 Bde., 4. Aufl. 1955; *C. Lavagna*, Istituzioni di diritto pubblico, 1982;

IX. *Großbritannien:*

Willian Wade, Administrative Law, 6. Aufl. 1992; *P. P. Craig*, Administrative Law, 2. Aufl. 1989; *B. L. Jones*, Garner's Administrative Law, 3. Aufl. 1989; *Peter Cane*, An Introduction to Administrative Law, 2. Aufl. 1992; *E. C. S. Wade/A. W. Bradley*, Constitutional and Administrative Law, 10. Aufl. 1985; *David Foulkes*, Administrative Law, 7. Aufl. 1990; *J. Beatson/M. H. Matthews*, Administrative Law. Cases and materials, 2. Aufl. 1989; *S. H. Bailey/B. L. Jones/A. R. Mowbray*, Cases and Materials on Administrative Law, 2. Aufl. 1992.

X. *USA:*

Winfried Brugger, Einführung in das öffentliche Recht der USA, 1992; *Gellhorn u. a.*, Administrative Law, Cases and Comments, 8. Aufl. 1987; *Reginald Parker*, Das öffentliche Recht, Verfahrensrecht und Allgemeines Verwaltungsrecht in den Vereinigten Staaten, 1963; *Jost Pierce u. a.*, Administrative Law and Process, 1985; *Robert A. Riegert*, Das amerikanische Administrative Law, 1967; *Bernard Schwarz*, Administrative Law, 3. Aufl. 1991; *Peter L. Strauss*, An Introduction to Administrative Justice in the U.S., 1989.

XI. *Kanada:*

René Dussault, Traité de droit administratif, 2 Bde. 1974; *Patrice Garant*, Droit administratif, 1981.

XII. *Dänemark:*

Bent Christensen, Forvaltningsret, 1988; *Jon Andersen*, Forvaltningsret, 1986; *Cal Aage Norgaard/Jens Garde*, Forvaltningsret, 3. Aufl. 1988; *E. M. Basse u.a.*, Forvaltningsret, 2. Aufl. 1989.

B. *Rechtsvergleichung*

L. Prakke/C. A. J. Kortmann, Het bestuursrecht van de landen der Europese Gemeenschappen, 1986.I.

C. *Deutsches Recht*

I. *Lehrbücher zum Allgemeinen Verwaltungsrecht*

Norbert Achterberg, Allgemeines Verwaltungsrecht, 2. Aufl. 1986; *Hans Peter Bull*, Allgemeines Verwaltungsrecht, 5. Aufl. 1997; *H.-U. Erichsen* (Hrsg.), Allgemeines Verwaltungsrecht, 10. Aufl. 1995; *Heiko Faber*, Verwaltungsrecht, 4. Aufl. 1995; *Ernst Forsthoff*, Verwaltungsrecht, 10. Aufl. 1973; *Maurer*, Allgemeines Verwaltungsrecht, 11. Aufl. 1997; *Mayer/Kopp*, Allgemeines Verwaltungsrecht, 5. Aufl. 1985; *Wilhelm Merk*, Deutsches Verwaltungsrecht, 2 Bde. 1970; *H. J. Wolff/O. Bachof*, Verwaltungsrecht I, 9. Aufl. 1974.

II. *Kommentare zum Verwaltungsverfahrensgesetz*

Hans-Joachim Knack, Verwaltungsverfahrensgesetz, 5. Aufl. 1996; *Ferdinand O. Kopp*, Verwaltungsverfahrensgesetz, 5. Aufl. 1996; *Meyer/Borgs*, Kommentar zum Verwaltungsverfahrensgesetz, 2. Aufl. 1982; *Klaus Obermayer*, Kommentar zum Verwaltungsverfahrensgesetz, in: Dirk Ehlers/Christoph Link (Hrsg.), 2. Aufl. 1990; *Stelkens/Bonk/Leonhardt*, Verwaltungsverfahrensgesetz, 4. Aufl. 1993.